本書得到陝西省教育廳哲學社會科學重點研究基地項目（15JZ005）及寶雞文理學院中文重點學科建設經費資助

《關中石刻文字新編》
點校匯編

(清)毛鳳枝 編　　魏宏利 點校匯編

中國社會科學出版社

圖書在版編目（CIP）數據

《關中石刻文字新編》點校匯編／（清）毛鳳枝編；魏宏利點校匯編．
—北京：中國社會科學出版社，2018.9
ISBN 978-7-5203-3200-2

Ⅰ.①關…　Ⅱ.①毛…②魏…　Ⅲ.①石刻—匯編—關中—古代
Ⅳ.①K877.4

中國版本圖書館 CIP 數據核字（2018）第 214979 號

出 版 人	趙劍英
責任編輯	周曉慧
責任校對	無　介
責任印製	戴　寬

出　　版	中國社會科學出版社
社　　址	北京鼓樓西大街甲 158 號
郵　　編	100720
網　　址	http://www.csspw.cn
發 行 部	010-84083685
門 市 部	010-84029450
經　　銷	新華書店及其他書店

印　　刷	北京明恒達印務有限公司
裝　　訂	廊坊市廣陽區廣增裝訂廠
版　　次	2018 年 9 月第 1 版
印　　次	2018 年 9 月第 1 次印刷

開　　本	710×1000　1/16
印　　張	35.75
插　　頁	2
字　　數	551 千字
定　　價	138.00 元

凡購買中國社會科學出版社圖書，如有質量問題請與本社營銷中心聯繫調換
電話：010-84083683
版權所有　侵權必究

目 錄

例言 ··· (1)

前言 ··· (1)

《關中石刻文字新編》卷一（碑碣類）

漢 ··· (3)
 西嶽廟神道石闕題字 ··· (3)

三國魏 ··· (4)
 曹真殘碑 ··· (4)
 曹真殘碑陰 ··· (5)

北魏 ··· (12)
 暉福寺碑 ··· (12)
 魏氏造像記 ··· (16)
 郭法洛造像記 ··· (21)
 都督樊奴子造像記 ··· (23)
 邑子羅暉造像題名 ··· (26)
 邑子李暎超造像記 ··· (27)
 造像殘字 ··· (29)
 僧櫚造像題名 ··· (30)

西魏 ··· (32)

王知明造白玉石像記	(32)
北周	(34)
邑子五十人等造像記	(34)
甘州刺史宋金保十七人等造像記	(39)
邑子一百廿八人等造像記	(41)
僧緒造像	(47)
陳歲造像	(49)
陳歲造像同前	(49)
邑義一百六十人等造像記	(50)
邑子甾仲茂八十人等造像記	(52)
建崇寺造像記	(55)
平東將軍造像題字	(60)
三原縣令張永達造像	(61)
造像殘字	(62)
隋	(64)
嚴始榮造像記	(64)
扈志碑	(65)
滕欽造天尊像記	(71)
德陽公碑	(72)
強伏僧造像	(77)
唐	(79)
太倉粟窖磚文	(79)
齊士員造像記	(80)
于孝顯碑	(87)
豆盧寬碑	(95)
樊興碑	(119)
襄邑王李神符碑	(127)
慧了法師塔銘	(137)
于德芳碑	(140)

《關中石刻文字新編》卷二（碑碣類）

唐 ………………………………………………………… (149)
  清河長公主碑 ………………………………………… (149)
  西峰秦皇觀基浮圖銘 ………………………………… (155)
  同官縣武定村造阿彌陀四面像銘 …………………… (157)
  房仁裕碑 ……………………………………………… (161)
  淨住寺釋迦牟尼文賢劫像銘 ………………………… (171)
  覺禪師塔銘 …………………………………………… (174)
  夫人程氏塔銘 ………………………………………… (178)
  趙克弼造阿彌陀像記 ………………………………… (180)
  僧神智造像記 ………………………………………… (181)
  李承基造像記 ………………………………………… (183)
  元思叡造像記 ………………………………………… (184)
  元□等造像記 ………………………………………… (186)
  高叔夏造像記 ………………………………………… (187)
  順陵碑 ………………………………………………… (189)
  彭城縣主造像記 ……………………………………… (202)
  李齊妻武氏造像記 …………………………………… (204)
  漢川郡公造像殘碑 …………………………………… (206)
  朝□郎造像殘石 ……………………………………… (208)
  殘造像記 ……………………………………………… (209)
  李延祚、董□□造像銘文 …………………………… (209)
  光宅寺寶□□ ………………………………………… (210)
  寶慶寺造像銘 ………………………………………… (211)
  敬節法師塔銘 ………………………………………… (212)
  任令則碑 ……………………………………………… (215)
  多寶塔銘 ……………………………………………… (226)
  優婆姨段常省塔銘 …………………………………… (228)

3

肚痛貼	(229)
尉遲氏造像題名	(230)
空寂寺大福和上碑	(232)
一切如來心真言並明光寺持律尼心印記	(239)
張維岳碑	(240)
東陵聖母帖	(247)
藏真、律公二帖	(253)
應福寺西閣功德記	(257)
劉沔碑	(258)
唐安寺尼廣惠塔銘	(270)
沙洲千佛洞李氏再修功德記	(272)
三階大德禪師碑額	(279)
沙弥清真塔銘	(280)
奉先縣懷仁鄉敬母村經幢	(282)
好畤縣鎮經幢	(284)
千手千眼觀世音咒	(287)
靜難軍梨園鎮經幢銘記	(288)
尊勝陀羅尼經幢並記	(291)
華岳廟題名(八種)	(292)

《關中石刻文字新編》卷三(墓誌類)

北周	(297)
賀屯植	(297)
隋	(304)
惠雲法師	(304)
張通妻陶	(309)
蘇慈	(312)
尉安女富娘	(317)
宋永貴	(324)

唐 ·· (329)

尹貞 ·· (329)

湯君夫人傷氏 ·· (331)

蕭勝 ·· (333)

杜延基妻薛氏 ·· (337)

路詮 ·· (340)

楊智積 ··· (343)

李府君夫人王氏 ····································· (346)

裴可久 ··· (347)

朱遠 ·· (349)

劉守忠 ··· (352)

王某妻柏氏 ··· (356)

張仁 ·· (359)

王善相夫人祿氏 ····································· (362)

法樂法師 ·· (364)

法燈法師 ·· (368)

楊政本妻韋氏 ·· (370)

張懿 ·· (374)

杜君夫人朱氏 ·· (376)

孫義普 ··· (379)

王行威 ··· (384)

張某妻田氏 ··· (386)

仇道朗 ··· (390)

趙智侶 ··· (394)

安令節 ··· (397)

許公夫人楊氏 ·· (402)

鄭玄果 ··· (405)

韋希損 ··· (411)

沙陁夫人阿史那氏 ·································· (416)

張思道 ··· (418)

5

來慈	（422）
孝子房惠琳	（425）
李仁德	（426）
歐陽瑛夫人裴氏	（430）

《關中石刻文字新編》卷四（墓誌類）

唐	（435）
韋元倩	（435）
崔君夫人獨孤氏	（436）
宇文琬	（440）
檢校安東副都護□永	（443）
張璈	（445）
韋瓊	（450）
張毗羅	（453）
劉智壂妻孫氏	（454）
劉奉芝	（457）
焦璀	（460）
淨住寺智悟律上人	（463）
張銳	（465）
楊某妻裴氏	（469）
張公夫人王氏	（472）
李藩女孫孫	（474）
王郱	（477）
陳義	（480）
裴承章	（482）
神兮尼姜氏	（484）
邵才志	（487）
石忠政	（489）
權秀嵒	（491）

范傅正女阿㝢	(493)
張倖	(495)
鄭君夫人杜氏	(497)
王公夫人李氏	(499)
辛幼昌	(504)
李琮	(508)
楊逈	(511)
朱公夫人趙氏	(515)
裴澣夫人杜氏	(518)
陳士揀	(522)
柳氏女	(525)
翟君夫人高氏	(526)
李從証	(530)
李梛夫人宇文氏	(532)
楊發女子書	(536)
張師儒	(538)

跋 …………………………………………… (545)

參考文獻 …………………………………… (546)

例　　言

　　一　本次整理以顧氏（燮光）民國二十四年（1935）金佳石好樓石印本為底本，具體篇目校勘則廣采諸家金石著述之足資利用者，因其數甚夥，此不一一臚列。

　　二　本次整理，凡毛氏《關中石刻文字新編》（以下簡稱《新編》）所錄明顯有誤，可據原石拓本或其他錄文予以糾正者，於文內徑改，並出校記說明。

　　三　凡《新編》所錄與他本有異，无拓本可據，或拓本漫漶无可釐正，得據上下文意定其是非者，則斷以己意，於文內徑改，並出校記說明。

　　四　凡《新編》所錄與他本有異，无拓本可資利用，且無從斷其是非者，則於校記一一臚列異文，以備讀者檢索考正。

　　五　《新編》所錄文字有訛、脫、衍、倒，需加校正，如他本所據釐定者文字相同，則不一一羅列出處（錄文出处已於文末著錄，故不繁列），徑以"其他各本"或"其他諸本"稱之，以節省篇幅。遇有他本所錄文字互異，且无从定其是非者，則詳列出處，以便讀者考索。

　　六　本次整理，除文字點校之外，凡《新編》所錄石刻有見於其他金石著述者，擇要列其目於正文之末，以便讀者檢索。又，凡諸家金石著述之考證文字有裨今人研究者，以"匯考"為目列於"校記"之後。其中，或有諸家言之未盡，校者欲有申論者，則以"校者按"列於最末。

　　七　《新編》所錄文字中凡古今字、通假字、異體字，一般不作

1

改動,以見原書舊觀。遇有碑别字可能影響上下文意理解時,於文内徑改,一般不出校記。

八　凡避諱字,首次出現時予以改正,並出校記。後文同一諱字,但於文内徑改,不另作說明。

前　　言

　　陝西向為石刻資料富集之地，其中尤以隋、唐兩代為夥，在輯錄整理這一時期石刻資料的著述中，清代學者毛鳳枝的《關中石刻文字新編》（以下簡稱《新編》）是比較有特色的一種①，此書與《關中金石文字存逸考》（以下簡稱《存逸考》）同為毛氏金石學的代表作，對研究關中地區的金石文獻具有重要的學術價值。

　　毛鳳枝（1836—1895），字子林，號蟬叟，江蘇甘泉（今江蘇揚州）人，清末著名金石學家，其生平事蹟主要見於《續修陝西通志稿》卷八五"人物"，其他零星資料則散見於《存逸考》等書序跋中。毛氏一生著述頗豐，金石學之外，歷史地理、文獻校勘等亦多所涉獵，較重要者如《陝西南山谷口考》《汲古閣兩漢書校勘記》《漢書地理志今釋》《通鑒地理今釋》（後兩種未完成）等，除少數刊刻流傳外，大多散佚。

　　本書是對毛氏《新編》所作的整理，意在為研究者提供一個相對可靠的基礎文本，全書對《新編》所錄篇目進行標點之外，凡文字迻錄中存在的訛、奪、衍、倒等問題，則廣采諸本，一一正、補、刪、乙。此外，為提供研究上的便利，校者對以往的研究成果擇要以"匯考"為目列於"校記"之後，校者如有意見補充則以"校者按"列於最末，以便讀者檢正，有關體例在"例言"中已另有說明，此不贅言。以下就《新編》的成書、體例、學術價值及版本情況略作說明。

---

①　是書卷一、卷三雖錄隋前石刻多種，但就整體而言，仍以隋、唐兩代為主。

一

《新編》之刊印在民國二十四年（1935），校印者顧燮光（1875—1949），字鼎梅，浙江會稽人，近代藏書家，目錄學家。燮光父顧家相（1853—1917）為毛氏門生，鳳枝卒後於光緒乙丑（1901）曾刊行其《存逸考》（十二卷），燮光參與了是書的整理、出版。《新編》之刊刻，據燮光跋尾所稱，其稿本係武昌柯逢時（1844—1912）視學陝西時錄自毛氏，其說略云：

> 武昌柯遜庵中丞昔年視學關輔，與毛公有文字之雅，曾繕錄其金石全稿，未付梓也。嗣中丞開府江西，諗知《存逸考》業已印行，乃舉繕稿以授先君，而《金石萃編》、《古志石華》兩補遺各二卷在焉。庋諸行篋有年，甲戌以還，燮光棲遲湖上，得暇讀書，爰取整理，釐為四卷，得文百六十四篇，更名為《新編》。

據此可知，顧氏最終付印之錄本脫胎于柯遜庵（逢時）轉錄毛氏之本，其時在柯逢時視學陝西時，據柯氏甥殷應庚所纂《鄂城柯尚書年譜》（殷應庚、黃健，《江漢考古》，1989年1期），柯逢時光緒十四年（1888）簡放陝西學政，至十七年（1891）十一月即離陝赴都，在陝前後不過三年，則柯氏錄本至晚不出1891年十一月之前。據光緒乙丑顧氏刻本《存逸考》毛氏序，《存逸考》完稿於光緒己丑（1889）秋，毛氏"例言"中又稱：

> 是編以存逸為重，……而全文不能盡錄，所有全文已經前人著錄者，注明見某書中。未經前人著錄者，拙作有《金石萃編補遺》及《古志石華續編》二書。成書後，再行呈教。

據此，則至1889年毛氏《金石萃編補遺》（以下簡稱《補遺》）、

《古志石華續編》（以下簡稱《續編》）二書尚未最後完成，那麼柯氏至晚不出1891年所錄之本是否為毛氏定稿遂成疑問。臺灣新文豐出版公司所刊《石刻史料新編》第二輯（1977年）二冊收錄了毛氏這兩種著述，係由臺灣圖書館所藏善本影印，與顧氏所刊《新編》比勘，可以初步得出以下幾點結論：

首先，柯逢時轉錄之本應為毛氏之定稿。《續編》卷二目錄末毛氏記稱：

> 右關中續出古志，全文計七十七種，自《古志石華續編》錄出，編為二卷，爰付剞劂，與《存逸考》相輔而行，以為考古之一助。其已見《金石萃編》、《隋唐石刻拾遺》、《古志石華》者均不贅。毛鳳枝記。

《補遺》卷二目錄後所記亦云：

> 右關中續出碑碣，全文八十七種，自《金石萃編補遺》中錄出，編為二卷，爰付剞劂。

據"爰付剞劂"一語可知，臺灣圖書館所藏二本當為毛氏定稿，柯氏繕寫之本今雖不可見，但基本可以肯定其轉錄者即此定稿。原因有三：第一，顧燮光跋稱柯氏所贈繕稿"各二卷在焉"，此與臺灣圖書館所藏本分卷相符；第二，《新編》四卷（其一、二卷即《補遺》一、二卷，三、四卷即《續編》一、二卷）所列石刻目錄與臺灣所藏本全同，且先後次序一致；第三，具體錄文及文末考證兩者也若合符節。臺灣所藏本雖為寫樣待刻本，但仍偶有以行書補充者，如《補遺》卷一所錄北魏《暉福寺碑》，起首有"夫元宗□□"一句，後改"元"為"玄"，避諱缺末筆一點，"□□"右邊補"幽窈"二字，今查《新編》所錄，正作"夫玄宗幽窈"。此外，臺灣所藏本所錄未及碑陰題名，毛氏後來補充於末，並附錄考證，今顧氏所刻《新編》所補者一一皆在。據此，則柯氏所錄之本為毛氏待刻之定稿無疑。

其次，顧氏將鳳枝二書合為一編時，因毛氏體例將全書分"碑碣""墓誌"分別收錄，又因每類之下以年代先後相次，遂將收錄有漢魏碑碣的《補遺》二卷列首成《新編》一、二卷，而將《續編》二卷置後作三、四卷。顧氏又稱"將《存逸考》著錄未載全文者注明卷數、縣名，以便參考"，今查臺灣所藏《補遺》《續編》，則卷數、縣名俱在，且文字全同，頗疑顧氏所言不確。

最後，據上引資料，毛氏《補遺》《續編》二書當完成於1890年左右，在寫樣待刊後仍有增補修改。

二

金石學研究自宋人濫觴，元、明兩代頗衰落，至清復振起，研究者一時稱盛。其中，陝西作為金石資料極富之地，亦為學者矚目，顧炎武《金石文字記》、王昶《金石萃編》、孫星衍《寰宇訪碑錄》諸書，所錄金石出自關中者獨多。此外，專以陝西一地為研究對象者，亦不乏人，朱楓《雍州金石記》、畢沅《關中金石記》可為其中代表。就體例而言，乾嘉以後金石學研究也形成一定之規範，概而論之，約分兩類：一種以著錄金石基本信息為主，凡撰人、書體、年月、地點、存逸靡不登載，兼資考證，歐、趙之作為其開端，餘波流衍，漸成大觀。其中亦有變體，或專意著錄，以見一代之全，如《寶刻叢編》《寶刻類編》皆是，前引孫星衍《寰宇訪碑錄》亦屬此類。或用心考證，意在闡幽燭隱，錢大昕《潛研堂金石文跋尾》即其例。一種以繕錄文字為主，間或附以考證，洪適《隸釋》首創其例，至王昶之《金石萃編》乃集其大成。鳳枝生於清末，其金石學研究正是在繼承前人成果的基礎上加以發展，並取得了較為突出的成績。

據《續修陝西通志稿》，毛氏金石學著述，《存逸考》《新編》之外，尚有《關中金石文字古逸考》《關中金石文字古存考》兩種，其中最受研究者重視的首推《存逸考》。關於"存逸"之意，毛氏自序稱：

> 顧古物之出，顯晦無常，或為庸工所鑿，或為土人所瘞，向之箸錄者，今已十失其七八。而地不愛寶，隋唐碑誌時時間出，又多前人所未見。每遇好事之流，購歸藏弄，遷徙他鄉，使古人之作顯而復晦，久而無徵，是可慨矣！

因此是書之成，意在"網羅放失舊聞，博採金石諸書，分別郡縣，集為一編。俾存者可知其方隅，逸者仍留其姓氏"。金石之書著錄存逸，前人已開其例，如清代學者吳式芬的金石研究，但以關中一隅為著錄對象此前則未見其人，朱楓、畢沅等人的著述對此雖偶有涉及，但失之簡略，未若《存逸考》之詳瞻可據。此外，是書亦以考證精審見稱，範圍涉及音韻、文字、史實、制度、地理等多方面，足為研究者借鏡。所以，《存逸考》雖偶有繕錄金石全文之情形，但總體上仍屬於歐、趙所開創的研究範式，其核心乃在著錄金石基本信息並附以考證。

但毛氏同時注意到著錄金石文字的學術價值，在為《存逸考》所作後序中，他回溯歐、趙以來幾乎所有的金石學大家，獨未及王昶，但正如有學者所指出的那樣，毛氏的金石研究在很大程度上是以王氏《金石萃編》為其起點，而王書正是收錄金石文字的集大成之作，觀毛氏以《金石萃編補遺》為書名，其意涵不言自明。所以，《新編》一書意在保存關中漢魏以來之石刻文字，雖間有考證，但主要為文字辨析，其與《存逸考》互作區隔、相輔以行之目的非常明顯，三書基本信息之互見也消息可通。

職此之故，《新編》的首要價值是保存了許多珍貴的石刻資料，為相關研究提供了重要的文獻參考，這其中不乏當時未見他書之孤本，如《新編》卷四所收隋開皇十四年（594）十一月《扈志碑》。隋代歷史研究資料無多，研究者每感困難，岑仲勉先生《隋書求是》（商務印書館，1958年，4頁）即稱"隋祚短促，著述不多，甚而唐人之片拾舊聞……今亦幾全數散逸，欲借他山之助，殊艱越絕之篇", 所以隋代碑誌就成為研究者非常重要的資料來源。但較唐代碑誌洋洋大觀者不同, 隋代碑誌所出甚少, 隋碑傳世者更是寥若晨星,《新編》著錄此碑則大體完整, 全文幾一千五百字, 對研究隋史具有相當重要之價值, 岑先生即據此碑撰成《扈志事略》, 收入其《〈隋書〉求是》（商務印書館, 1958年, 129頁）一書。

在這些資料中, 特別值得注意的是其中有相當一部分為宗教文獻, 包括造像、墓誌、墓碑、經幢等, 其內容十分豐富, 對研究北朝以迄隋唐的宗教、民族、姓氏等問題極具價值, 如《新編》卷二所錄唐貞元五年（789）一月《奉先縣懷仁鄉敬母村經幢》, 毛氏于經咒序文均不錄, 但詳列了參與刊經的眾多題名, 而這些信息對於研究中唐時期渭北地區的民族分佈與構成提供了難得的第一手資料, 馬長壽先生在《渭河以北各州縣的羌民和他們的漢化過程》（《碑銘所見前秦至隋初的關中部族》, 廣西師範大學出版社, 2006年）一文中就充分利用這一材料進行相關討論, 其他如北魏太昌元年（532）六月《都督樊奴子造像記》、唐大曆六年（771）十二月《淨住寺智悟律上人墓誌》等, 這裏限以篇幅, 不煩具引。

亦有所錄石刻雖見於他書, 但毛氏所據拓本較佳, 錄文獨多, 可資校勘者, 如《新編》卷三所錄隋《德陽公碑》, 此碑亦見孫三錫《昭陵碑考》卷一一, 但毛氏所錄較孫氏精審, 如碑末《新編》作 "乃□碑於神道。其辭曰",《昭陵碑考》則作 "乃□□效神道蕩辭□", 其辭不文, 賴《新編》其意方可知, 這樣的例子很多, 這裏不一一列舉了。

《新編》以著錄文字為主, 已如前述, 但間附考證亦有可觀之處, 其內容主要為文字辨析, 涉及北朝以來大量存在之碑別字, 毛氏所作考辨對解讀文意頗有幫助, 如《新編》卷一所錄北魏孝昌二年（526）二月《郭法洛造像記》, 毛氏于文後按稱：

> 碑中 "今右" 之 "右", 當作 "有"; "奇請" 之 "奇", 當作 "祈"; "尅彫" 之 "尅", 當作 "刻"; "聖姤" 之 "姤", 當作 "后"。又, 記文辭句多不連屬, 蓋工匠所為, 有

脫字也。

又稱：

> 此造像題名有李道伈，《金石萃編》云字書無伈字（見卷二十七"北魏伈和寺造像"）。今考"北周五十人等造像記"（見本卷第二十七頁）有"皇帝延祚"之語，"延"字作"延"。然則，"止"字既可作"山"，"山"字亦可作"止"，是"伈"字當作"仙"字矣。

文字之外，亦偶有論及文體者，如《新編》卷二收錄唐麟德元年（664）四月《于德芳碑》，毛氏按云：

> 志甯此文徵典豐富，聲調和諧，似庾開府、王子安四六文字，惜十損七八，僅存吉光片羽耳。蔡邕嘗為橋太尉撰東、中、西三鼎銘，碑云"橋玄三鼎"，即用此事。

碑體自中古以來深受駢文影響，至唐不衰，"徵典豐富，聲調和諧"正是其刻意追求的藝術風格。此外，碑誌須鋪敘傳主資歷、政績，"散文難於措辭，駢體易得含糊而已"（岑仲勉《隋唐史》，河北教育出版社，2000年，177頁），毛氏的概括可稱精當。

當然，毛氏此書也存在一些不足，主要是部分篇目錄文質量不高，其中大部分是因其所據拓本不佳，以至文字漫漶難以辨認。也有抄錄時筆誤導致的文字訛、奪，這些問題在具體篇目的校記中都有詳細說明，這裏就不再辭費了。

三

關於《新編》之版本，今可知者只有顧氏民國二十四年（1935）金佳石好樓石印本，《續修四庫全書》即據此本將其收入

《史部·金石類》中。而毛氏《補遺》《續編》二書待刻本今藏於臺灣圖書館，新文豐出版公司已據之影印出版，收入其《石刻史料新編》第二輯二冊，相關情況具見上文討論，此不贅述。

除此之外，據張興成《法國國家圖書館寫本部藏明清漢文要籍及其價值舉隅》（《廣東第二師範學院學報》，2015年1期）一文介紹，法國國家圖書館寫本部所藏漢籍中有《金石萃編補遺》（法藏定名）一種，封面題簽左邊為"金石萃編補遺卷上"，右邊為"毛子林傳"，扉頁上有李月溪一段題識，其文略云：

> 此冊散亂，經僕摭拾手訂，匯為兩本。據目次，稽核唐文共五十三種，而以後所錄唐文實六十餘種，但以目次挨查，多前後紊亂耳。

張文據此及是編體例、內容，認為此本係將《補遺》《續編》二書混合為一，法藏《伯稀和書目》沒有釐清二者關係，籠統稱為《金石萃編補遺》，有欠精審，並根據其實際情況題為《〈金石萃編補遺〉及〈古志石華續編〉殘稿本》，並推測法藏稿本為較早之本，臺灣所藏是經增訂後的重抄本，其結論大抵可信，今略述其意於此，讀者省焉。

《關中石刻文字新編》卷一

(碑碣類)

甘泉毛子林鳳枝輯撰
會稽顧燮光鼎梅校印

漢

西嶽廟神道石闕題字
(永和元年五月　見《存逸考》卷八"華陰縣上")

石闕丈尺見本文篆書。

永和元年五月癸丑朔六日戊午弘[一]農太守常山元氏張勳為西嶽華山作石闕，高二丈二尺。(《金石錄》卷一四。《金石錄補續跋》卷二。《金石錄廣跋》卷一。《天下金石志》。《寰宇訪碑錄》卷一。《關中金石文字存逸考》卷八。《金石萃編補遺》卷一。)

鳳枝案：石闕久佚，趙氏明誠《金石錄》中載此數語，跋尾又云："此序之後為韻語，文詞頗怪。又字多假借，時有難曉處。"永和"，漢順帝、晉穆帝、姚泓皆有此年號，穆帝時華陰不屬晉，以此碑字畫驗之，恐非姚泓時，蓋漢刻也。"

[校記]：

[一]"弘"，《新編》作"宏"，當係避乾隆諱改，今據《金石錄》改。

三國魏

曹真殘碑

(見《存逸考》卷一"西安府上")

碑前高二尺三寸，後高一尺三寸，八分書，二十行，行十七字至十字不等。

（缺）之後，陳氏有齊國，當湣王時，□宋并其（缺）基長，以清慎為限交，以親仁為上仕，以忠懃[一]（缺）騎矢石間豫侍[二]坐公子將和同生，使少長有（缺）公，使持節、鎮西將軍，遂牧我州。張掖張進（缺）羌胡詆之妖道，公張羅設罕，陷之坑網（缺）公不能，於是徵公拜上軍大將軍，擁（缺）轂，節鉞如故（缺）蜀□諸葛亮稱兵上邽，公拜大將軍，授（缺）援於賊，公斬其造意，顯有忠義，原其脅（缺）約[三]立化柔嘉，百姓恃戴，若仰陽春（缺）冬霜於陸議，奮雷霆於未[四]然，屠蜀[五]賊於（缺）績[六]家有注記，豈我末臣所能備載（缺）兵，如何勿旌一命，而俯宋孔之敬（缺）從俗以枉[七]灋，不恣世以違憲，寬（缺）嗟悼，群寮哀酸，賻賵之贈，禮（缺）冀令趙護太尉掾嚴武雍州（缺）岳，登華岱，鑽玄[八]石，示後嗣（缺）為周輔，東平峨峨，作漢（缺）毛杖鉞，牧我陝西，威同

霜（缺）潺湲[九]，立碑作頌，萬載不刊（缺）

曹真殘碑陰

上層

碑前高二尺三寸，後高一尺三寸，廣三尺，八分書，二十行，行字十七字至十字不等。碑陰僅二層，三十行，行字不等。

定皇甫□□忠、□孚泰甫、翊山泰伯謀、季超、珍仲儉、詳元衡、矣安定梁瑋稚才、郎北地梁幾彥章、隴西彭紃士蒲、安定皇甫聲季雍、尉北地謝述祖然、□代公時、□竺誼公達、地傳均休平、騎都尉西鄉矣京兆張緝敬仲、司馬馮翊李翼國祐、農丞北地傅信子思，茂材北地傅芬蘭石、將軍司馬安定席觀仲歷、尉主簿中郎天水姜兆元龜、將軍馮翊李先彥進、廣武亭矣南安龐孚山奉、尉參戰事郎中京兆韓汜德脩、領司金丞扶風韋曷巨文、前典虞令安定王嘉公惠、民京令京兆審安偉、民臨濟令扶風士孫秋鄉伯、民郿令隴西李溫士恭、民永平令安定皇甫肇幼載、民中郎扶風士孫□□。

下層

州民中郎□□□、州民中郎北地郡衛普、州民中郎京兆郭允、州民中郎安定胡牧、州民中郎隴西辛纘、州民秦國長史馮翊、州民護羌長史安定、州民西郡長史安定郭、州民下辨長天水趙、州民廣至長安定胡、州民脩武長京兆郭、州民武安長京兆趙欽、州民玉門長京兆宗恢、州民小平農都尉安定、州民曲沃農都尉京兆、州民郎中扶風姜潛公隱、州民郎中安定皇甫隆始、州民郎中馮翊王濟文雍、州民郎中京兆尹夏休和、州民郎中天水尹韇叔轂、州民郎中安定胡廣宣祖、州民郎中安定楊宗初伯、州民玉門矦京兆鄔靖幼□、州民騎副督天水古成凱伯、州民雍州部從事天水梁苗、州民雍州部從事安定皇甫、州民雍州部從事安定梁馥、州民雍州部從事天水孫承季、州民雍州部從事京兆蕭儀公、州民雍州書佐安定□。(《開有益齋金石文字記》。《十二硯齋金石過眼錄》卷二。《求是齋碑跋》卷一。《壬癸金石跋》。《金石聚》。《匋齋藏石記》卷三。《寶鴨齋題跋》上。《縶廬金石記》。《關中金石文字存逸考》卷一。《金石萃編補遺》卷一。《關中金石記附記》。《陝西金石志》卷六。《八瓊室金石補正》卷八。《續修陝西通志稿》卷一四〇。《咸寧長安兩縣續志》卷一二。《增補校碑隨筆》一七三頁。《碑帖敘錄》一五三頁。《北京圖書館藏中國歷代石刻拓本彙編》二冊七頁。)

[校記]：

[一]"憼"，《新編》所錄從闕，今據北圖藏拓補。

[二]"侍"，《新編》作"仕"，今據其他諸本改。

[三]《八瓊室金石補正》"約"後有"日"，其他諸本無，審北圖藏拓，"日"非全文，僅其下半耳，故不錄。

[四]"未"，《新編》作"朱"，《八瓊室金石補正》及北圖藏拓同，《十二硯齋金石過眼錄》作"未"。以上下文意推之，"朱"當是"未"之譌，今據改。

[五]"蜀"，《新編》未識作"□"，今據北圖藏拓補。

[六]北圖藏拓"績"前一字似作"行"，《新編》從闕，其他錄本同。

[七]"柱"，《新編》未識作"□"，今據其他諸本補。

[八]"玄"，《新編》作"元"，當避康熙諱改，今據改。後遇同一諱字於文內徑改，不出校記。

[九]"潺湲"，《新編》"潺"字從闕，"湲"作"爰"，今據北圖藏拓補正。

[匯考]：

[一]《關中金石文字存逸考》稱："今在西安府城內書院門拜石齋胡氏帖肆中，石厚尺許，兩側刻蟠龍，極工緻也。真，字子丹，《三國志·魏志》有傳。"

[二]《十二硯齋金石過眼錄》稱："右魏大將軍曹真殘碑，他書未經著錄，僅于黃叔璥《中州金石考》引述《述征記》云在北邙山，並云刊石既精，書亦甚工。碑八分書，工整嚴毅，有似梁鵠。碑僅中一段文字，不能屬次，謹攄大略書之。碑云'公，使持節、鎮西將軍，遂牧我州。張掖張進'，真傳云：文帝即王位，以真為鎮西將軍，張進等反於酒泉，真遣費耀討破之，斬進等。又按《蘇則傳》，張掖張進執太守杜通，時雍、梁諸郡皆驅略羌，故以從進。則與武威太守毋丘興擊進於張掖，破之，斬進等。與真傳遣費耀破之斬進異，當從碑為是。碑云'蜀□諸葛亮稱兵上邽，公拜大將軍，授'，傳僅曰：明帝即位，封邵陵侯，遷大將軍。又云：諸葛亮圍祁山、南安、天水，安定三郡反，應亮。帝遣真督諸軍，軍郿，遣張郃擊亮將馬謖，大破之。安定民楊條謂其眾曰：'大將軍自來，我願早降耳。'遂自縛。碑故曰'公斬其造意，顯有忠義，原其脅'。碑云'冬霜於陸議'，《吳書·陸遜傳》，遜本名議。又云'奮雷霆於朱然，屠'，……黃初三年，魏遣真等攻江陵，朱然為江陵守，中外斷絕，真等起土山，鑿地道，立樓櫓臨城，弓矢雨注，故碑云如此。……大興徐松考為太和間，是矣。惟趙之謙《補寰宇訪碑錄》謂碑在陝西長安，未知何據。是碑有陰，碑陰僅兩層，五十九人俱稱州民，下系邑名並銜，與他碑異，抑又一例也。"

[三]《金石聚》稱："右曹真碑，……劉燕庭方伯所貽，方伯跋云：道光癸卯秋日青門書友吳耐軒訪得，云今出長安南門外十里許，農民耕田得之土中，因分贈許星伯太守、沈朗亭太史。二君皆據《三國志》考為魏曹真碑。……案此碑從來金石家未經著錄，黃氏《中州金石考》雖有'曹真祠堂碑'，然亦久佚。據《魏志》真傳，文帝即王位，以真為鎮西將軍、假節都督雍涼州諸軍事，碑有'遂牧我州'之語，是則真為雍州牧，州民勒石頌德之碑也。惟真遷大將軍在明帝即位時，禦蜀在太和二年，卒於太和五年三月，碑中有'群寮哀酸，賻贈之

贈'等語，則此碑之立當在真卒以後，非在牧雍時矣。真病還洛陽薨，銘辭亦祇有頌詞無哀詞，故知碑雖卒後所立，要是頌德碑非神道碑也。"

[四]《壬癸金石跋》稱："按《世本》稱曹叔振鐸之後。《左傳·哀八年》：宋公入曹，以曹伯陽歸曹，遂滅地入于宋。《史記》：宋王偃四十七年，齊湣王與魏、楚伐宋，遂滅宋。此碑首行所以有齊湣王伐宋之文也。第三行存'騎矢石間豫仕坐公子，將和同生，使少長有敘'，此似言真嘗侍太祖，其將、和二子孿生者，亦使少長有序也。然考真六子爽、羲、訓、則、彥、皚，無所謂將、和者，未能明也。……碑陰所刻皆雍涼部民，惟安定皇甫隆後為敦煌太守，有善政，見《魏志·倉慈傳》注。及《齊民要術》序又有'小平農都尉安定某'，按漢、晉志並無小平縣。《水經》'河水注'：河水又東逕平縣故城，北俗謂之小平也。據此，則三國時'小平'已入碑版，非僅俗稱也。又有'典虞令安定王嘉'，稱為'令'，似是縣名，而'典虞縣'無可考。《晉書·職官志》：太僕統典農、典虞都尉，是典虞為官名非縣名，當再詳考。真傳為太祖族子，卒於洛陽，而此碑出長安者，真久鎮關中，吏民為之頌德立石，非其塚墓之碑也。"

[五]《匋齋藏石記》稱："碑座存中段，高二尺三寸七分，廣三尺一寸六分。二十行，行十字至十七字不等，字徑一寸，有界線，分書。"

又稱"右'曹真碑'，張、楊二跋均考為州民頌德立石，非其墓碑，其說良是。……顧仍有未盡者。……趙護、嚴武蓋即立碑之人也。碑陰存二列，凡六十人。就可見者，安定十七人，京兆十一人，北地、天水各六人，馮翊、扶風各五人，隴西三人，南安一人，皆雍涼二州屬郡也。觀此，則上列亦當各冠以'州民'二字，與下一律。今後五行尚各存民字，更可見也。各人姓名見於史傳者僅六七人，餘皆無考。張緝為張既子，事附既傳，裴松之注又與李翼並附見《夏侯玄傳》，及注中傳稱既封西鄉侯，則緝乃襲其父爵位。裴注引《魏略》'緝，字敬仲，拜騎都尉'，與碑正合。惟傳稱既為馮翊高陵人，而碑作京兆。案玄傳載翼為李豐之弟，亦稱豐與緝俱馮翊人，裴注亦云緝與豐同郡，今碑書馮翊李翼，與史合，而署緝京兆，則必係碑誤矣。嘉平中，安定皇甫隆代趙基為敦煌太守，已見楊跋。又《鍾會傳》注載：胡遵，安定人，子廣，字宣祖。《晉書·胡奮傳》亦同，今碑所書與兩史合，惟裴注以廣為奮弟，《晉書》以為奮兄，未詳孰是。《曹爽傳》注引《世語》謂爽解印綬將出，主簿楊綜止之，又云綜字伯初，與此碑合。惟綜字，碑作宗，小異，固當是一人也。《傅嘏傳》載嘏字蘭石，北地泥陽人，司空陳群辟為掾令，碑有北地傅芬字蘭石是。惟名不同，且亦題司空茂才，當即係陳群所舉，或其時年尚少，後更名嘏歟？又碑有'廣武亭矦南安龐孚'，案《龐德傳》：德，南安狟道人，戰歿，後賜子會等四人爵關內侯，邑各百戶，似乎即德之子，由關內侯進封亭侯者，其後會亦進封臨渭亭侯，又其證也。士孫氏見《元和姓纂》及《氏族略》。案《後漢書》：士孫瑞，扶風人，今碑上列有扶風士孫秋，末一行殘缺，似亦扶風士孫□也。第二列有北地'衙□'，案《集韻》：衙音馭，鄉名。今以諸人例之，則衙仍係其姓，而姓氏及字書皆不載。豈即以鄉為氏，而諸書悉缺漏歟？《姓纂》《氏族略》載有'古成氏'，碑有古成凱伯，則古成當是姓，凱名伯□，其字也。《晉書·地理志》謂漢武置天水郡，孝明改為漢陽，晉復為天水。故近人作《三國會要》仍書漢陽郡，且謂曹真等傳已作天水，蓋史臣由後稱之之詞，不知此碑立於魏代，實已作天水，是魏時確已改復，不始於晉，晉志誤也。……碑中所列官名多不列於史傳者，韓暨以監冶謁者就加司金都尉，見暨本傳。據碑，則又有司金丞。《通典》載魏官有'典虞都尉'，第六品。據碑，則又有典虞令。《續漢志》注引《魏志》云：曹公置典農都尉，秩六百石或四百石，蓋以郡縣大小而異。《毋邱儉傳》注載：儉表有云'移三征及州郡國典農，各安慰所部吏民'，是典農分置郡國州邑之證。觀毋邱儉為洛陽典農，《鄧艾傳》注有襄城典農可知。碑又有'小平農都尉'、'曲沃農都尉'，可考見當時之制。《通典》有騎督，第五品，據碑則有騎副督，凡此皆可補入諸書者。……《三國會要》謂'太尉參戰事郎中'，蓋軍中暫置。又疑玉門侯，即關都尉之屬，當亦可信。然'參戰事'與下'郎中'字似不應連讀，蓋郎中是其本官耳。……洪氏《三國職官表》謂《初學記》《通典》皆云魏無三署郎，而本書中有郎中、中郎，未知何署官品。今此碑有中郎六人，郎中八人，亦未能定其何屬。蓋魏不應無三署郎，或自晉以來始無之，仍如洪氏之說耳。'秦國長史'，蓋王國屬官，考《明帝紀》：青龍三年八月，封皇子詢為秦王，計是時

9

始置官屬。據此，則是碑之立，當在青龍三、四年間。陳群卒於青龍四年十二月，與傅芬一條時亦相合。徐松第據其卒年，以為太和間立者，猶未確也。凡"木"旁皆作"禾"，已開後人習氣。'誈'、'柱'右旁兼用；《說文》：'夫'即'矢'字；'毛'即'旄'字。"

[六]《關中金石記附記》云"此碑近出於土，上下俱缺，中存二百餘字。大將軍，不詳其人，以官爵、事蹟考之，當為曹真碑。按《魏書·曹真傳》，文帝即王位，以真為鎮西將軍、假節鉞都督雍梁州諸軍事，錄前後功，遷封東鄉侯。張進等反於酒泉，真遣費耀討破之，斬進等。黃初三年還京都，以真為上軍大將軍、都督中外諸軍事、假節鉞，與皇甫尚等征孫權，擊牛渚屯，破之，尋拜中軍大將軍。明帝即位，封邵陵侯，遷大將軍。諸葛亮圍祁山、南安、天水，安定三郡反，應亮。帝遣真督諸軍，軍郿，遣張郃擊亮將馬謖，大破之。安定民楊條等略吏民，保月支城。真進軍圍之，條降，三郡皆平。碑文斷續，多不成讀，而所稱拜官與事蹟可辨者，正與傳合。又玩後數行語意，應是真歿後二州之民追念其德，為立碑耳。碑陰字差小，上下兩層俱書州名某地某官某姓字，與漢碑陰署名例同。謹錄缺文於左，以俟博雅"。

[七]《八瓊室金石補正》稱："高不計廣，漢尺四尺一寸上下。殘缺，存二十行，行字不等，字徑一寸九分，分書。在陝西長安。"

又稱"右大將軍曹真殘碑在西安出土。……《述征記》云：曹真祠碑在北邙山，刻石既精，書亦甚工。此于長安出土當別是一碑。蓋真嘗有功於陝，雍州吏民思其德而立碑以頌之也。真卒於太和五年三月，此碑之立，當在其時。……碑陰吏民五十余人，史俱無傳。侯二人，一封西鄉，一封廣武亭。令五人，典虞當即水衡之屬。京屬河南尹，濟屬青州樂國，鄠屬右扶風郡。永平縣，東漢無之，當在涼州。長史三人，長五人，下辨屬涼州武都郡，廣至屬涼州敦煌郡，脩武屬司隸河內郡，武安屬冀州魏郡，玉門屬涼州酒泉郡。農都尉二人，一曰小平，一曰曲沃，小平未詳。有參戰事郎中一人，有司金、司農丞各一人，余多司馬中郎、郎中從事之類。衙姓一人，漢有衙謹卿，嘗為長平令。士孫二人，漢有士孫瑞，與王允同謀誅卓，此其裔歟？"

[八]《陝西金石志》稱"（此碑）年號闕，隸書，無姓名，在長安民家。"

校者按：有關曹真殘碑所涉歷史事實及地理、職官、姓氏等方面的考證，前引資料已論之甚詳，尤其是陸增祥氏之研究可謂集其大成。此外，值得注意的還有以下幾個方面：首先，就碑陰所涉職官而言，猶有可申論之處，比如，題名中有"護羌長史"一職，此為護羌校尉屬官之一，曹魏時秩六百石，七品銜。護羌校尉之設在漢武帝元鼎六年（前111），起初為臨時設置，後成為正式官制。王莽時，一度被廢，東漢建武中恢復，治涼州部。據《魏書·曹真傳》，真曾假節鉞都督雍涼州諸軍事，其碑陰既然有"護羌長史"之題名，說明至曹魏時，護羌校尉仍治涼州，具體位置在隴西令居縣。至於其具體職責，《後漢書·西羌傳》稱"持節領護，理其怨結，歲時循行，問所疾苦。又數遣使驛，通導動靜，使塞外羌夷為吏耳目，州部因此可得儆備"（中華書局，1965年，2878頁），其核心是羈縻撫控羌人不使為患。其屬吏，除長史之外，尚有"護羌司馬"，與長史同級。此外，比較低階的還有"護羌從事"等。又，題名中屢次出現"雍州部從事"一職，所謂"部從事"，是"部郡從事史"之省稱，《通典》卷三二《職官一四·州郡上》稱"州之佐吏，漢有別駕、治中、主簿、功曹書佐、簿曹……部郡國從事史、典郡書佐等官。……皆州自辟除，通為百石"（中華書局，1982年，889頁），又稱"部郡國從事史，每郡國各一人，漢制也。主督促文書，舉非法"（中華書局，1982年，891頁），實則州刺史下亦設此職，其職掌相同。此一職務，至北朝石刻中仍屢屢見之，如北魏永平二年（509）四月《嵩顯寺碑》（《魏晉南北朝敦煌文獻編年》，新文豐出版公司，1997年，159頁）碑陰題名中就有多人擔任此職。其次，從碑陰題名姓氏所出郡望觀察，可以發現出自安定皇甫氏有五人，安定梁氏四人，安定胡氏三人，北地傅氏三人，天水趙氏一人，天水姜氏一人，隴西辛氏一人，隴西李氏一人，共計十九人，占到全部題名人數的三分之一強，這里還不包括郡望與姓名漫漶不清者。以上所舉諸姓，除少數外，自晉以迄李唐，數百年間人物代出，門風不替，成為關隴地區重要的門閥世家。從曹真碑陰題名可知，這些家族自漢末曹魏以來已經成為當地之豪門，州刺史以下屬官之辟舉其子弟已經佔據極大優勢了。

北　魏

暉福寺碑

（太和十二年七月　見《存逸考》卷八"澄城縣"）

碑高四尺五寸，廣二尺三寸。二十四行，首二三行二十六字，第四行三十四字，第六行四十四字。正書，額題"大代宕昌公暉福寺碑"，計三行，行三字，篆書陽文。

大代宕昌公暉福寺碑

夫玄宗幽窈，非名相之所詮；至韻沖莫，非稱謂之所攝。妙絕稱謂，微言以之載揚；體非名相，圖像以之而應。故群有殊致，道以經焉；萬流競津，法以紀焉。是以神曦騰曜，鏡重昏於大千；三乘肇唱，拯沈黎於炎宅。用能慈泇流於當時，惠慶光於曠劫。自世道交喪，靈燭潛暉，攸攸群夢，靡照靡矜。我皇文明自天，超世高悟，皷淳風以懷萬邦，灑靈澤以霑九服。兼遐想虛宗，遵崇道教，太皇太后聖慮淵詳，道心幽暢。協宣皇極，百揆挺惟新之明；緝熙庶績，八表流擊壤之詠。雖智周世紀[一]，而方外之志不虧；形應萬機，而恬素之真弗撓。故能優遊紫宮，憲章遺法，紹靈鷲於溥天，募祇桓於振旦。非夫天縱在躬，量齊虛受，其孰能令英風藹而重扇，玄猷淪而再揚哉。散騎常侍、安西將軍、吏部內行尚書、宕昌公王慶时，資性明茂，秉心淵懿，位亞台衡，任總機密，翼贊之功，光於帝庭，忠規之節，彰於朝司。每惟會施之誠罔申，謝生之勳莫報，庶憑冥津，玄期有寄，乃罄竭丹誠，於本鄉南北舊宅，上為二聖造三級佛圖各一區。規崇爽塏，擇形勝之地，臨沃衍，據條[二]剛[三]。面脩巇而帶洛川，佩黃河而負龍門。伐良松於華畎之陰，掇文瑤於荊山之陽。桂功銳巧，窮妙極思。爰自經始，三載而就。崇基重構，層欄疊起。法堂禪室，通閣連暉。翠林淥流，含榮遞暎。蔚若靈椿之茂春陽，瑰若翔雲之籠濛汜。金儀赫曜，彩絢光備。覲之者，則瀅發道心，藻除塵垢；悕玄者，則陶真練和，遺形忘返。諒罕代之神規，當今之壯觀者矣。夫功高德盛，徽聲播於管弦；業隆曠載，利迹流於後昆。所以光宣軌摹，永垂不朽。故姻舊慶慈善之至，邑里感惠訓之誠，遂鐫石立言，式揚暉烈，庶洪因鍾於聖躬，微津延於先住，其辭曰：

　　淵哉沖猷，微矣虛宗。昏邪交扇，氛徒競鋒。有覺爰興，超悟玄蹤。志懃淨境，開拯塵蒙。於顯大代，長发其祥。景運承符，世有喆王。后皇高悟，道風載揚。哀此群惑，照彼析鄉。化因道感，道由人敷。惛惛安西，秉德陳謨。冥期幽屬，廓茲靈圖。曾是暉福，慶宗皇居。爰建靈寺，妙契天規。飛甍雲翔，浮櫺籠曦。金儀燭曜，功殫世奇。蔚如琨峰[四]，瑛[五]若珠麗。閑堂寂寥，禪室虛沖。朱欞吐霞，翠戶含風。僧徒遊宴，幽宗是融。心栖化表，形寓俗中。靈津匪遠，□□則鏡。蛻神豈緬，藻荃則淨。庶運徹因，慶鍾皇聖。爰覬先慈，永超塵徑。

　　太和十二年歲在戊辰七月己卯朔一日建。

　　鳳枝案：趙氏明誠《金石錄》目錄第三百二十五載有"後魏

造三級浮圖"（浮圖之浮碑作佛），太和十二年七月。孫氏星衍《寰宇訪碑錄》亦載"後魏造三級浮圖碑"，太和十二年七月。河南洛陽董氏拓本所言，皆此碑也。趙、孫二家未見碑額，故題為"造三級浮圖碑"，今始得其主名耳。又案：商人則商殷並稱，元魏則魏代同用。太延五年"華嶽廟碑"（今逸），題為"大代"。又延昌三年"司馬景和妻孟氏墓誌"（今在河南孟縣），題為"魏代"，此碑題為"大代"，即其例也。又碑中"祇桓"之"桓"，當作"洹"，"熟能"之"熟"當"孰"，"軌摹"二字當作"規模"二字。

碑陰

父佛弟子安西將軍秦州□□□城（以下缺）兄佛弟子華州主簿（以下缺）兄佛弟子寧遠將軍、澄城太守、遷雍州刺史、澄城侯（以下缺）兄佛弟子寧朔將軍、河東太守、澄州子、遷澄城太守（以下缺）兄子佛弟子本郡功曹、□為威遠太守、澄城太守（下缺）兄子佛弟子鷹揚將軍、華州□將王元雍（下缺）世子佛弟子內行內小、□□王道訓（下缺）第二子佛弟子中書□生王。

案：《魏書·閹宦傳》，王慶時父守，嘗為郡功曹，卒。遇既貴，追贈安西將軍、秦州刺史、澄城公，則首行當是守貴贈官及名。傳又云，遇眷，弟子本郡太守，稍近至右軍將軍，襲封宕昌侯，此時當未得官也。（《金石錄》卷二。《寶刻叢編》卷二〇。《寰宇訪碑錄》卷二。《十二硯齋金石過眼續錄》卷五。《漢唐存碑跋》。《求是齋碑跋》卷一。《關中金石文字存逸考》卷八。《金石萃編補遺》卷一。《陝西金石志》卷六。《續修陝西通志稿》卷一四〇。《同州府志》卷二六。《魯迅輯校石刻手稿·碑銘中》。《增補校碑隨筆》二四五頁。《碑帖敍錄》一〇三頁。《善本碑帖錄》六三頁。《北京圖書館藏中國歷代石刻拓本彙編》三冊一七頁。）

[校記]：

[一]"紀"，《新編》未識作"□"，今據北圖藏拓補。

［二］"條"，《新編》所錄未全，今據北圖藏拓補。

［三］"剛"，諸本所錄同，北圖藏拓亦作"剛"，揆之上下文意，當是"崗"之譌。

［四］"琨峰"，《新編》所錄"琨"只左邊"玉"旁，"峰"則闕"山"旁，今據其他各本補。

［五］"瑛"，《新編》所錄只左邊"玉"旁，今據其他各本補。

[匯考]：

［一］《關中金石文字存逸考》稱："碑略云散騎常侍、安西將軍、吏部內行尚書、宕昌公王慶皆時於本鄉南北舊宅上為二聖造三級浮圖各一區云云，《寰宇訪碑錄》所謂'北魏造三級浮圖碑'，河南洛陽董氏拓本者即此碑也。碑額題'大代宕昌公暉福寺碑'，篆書陽文，完好如新。王慶時系宦者。北魏書《佞幸傳》云，王慶時本李潤羌也。案李潤鎮名，《方輿紀要》云在同州東北，以地望准之，正當今澄城縣境，澄城固在同州府城東北也。碑云於本鄉南北舊宅造三級浮圖，以此知立碑之處即李潤故地矣。《寰宇記》云李潤在奉先縣東北五里，奉先為今蒲城，在同州府之西，似覺未合。"

又稱："一帖賈云此碑在距澄城縣二十里之楊家堽以東，暉福寺內四面皆有字。一帖賈云在澄城縣北寺村。案《澄城縣誌》，暉福寺在澄城縣北北寺村，宋太和十二年建，即此碑之暉福寺矣。惟縣誌誤以北魏之'太和'為宋之'太和'。宋固無'太和'年號也。"

［二］馬長壽《北朝前期的李潤羌和北魏造像題名的四種方式》（《碑銘所見前秦至隋初的關中部族》，廣西師範大學出版社，2006年，44頁）稱："古籍中最初指出李潤鎮的方位者，為唐代賈耽的《郡國縣道記》。此書在宋初猶存，樂史《太平寰宇記》卷二八《關西道四·同州》條記北魏置華州事云：'按《郡國記》云，自今奉先縣東北五十里李潤鎮，分秦州置華州，理於此。'賈耽分秦州之華山、澄城、白水置華州之說，本自《魏書·地形志》；治李潤堡則本自《安定王休附子燮傳》。賈氏更能結合唐代地理現狀指出李潤堡在奉先縣東北五十里。這種貢獻為前後數百年諸治地理沿革者所不及。唐代的奉先縣建置於開元四年，以葬睿宗於蒲城縣西北三十里之豐山，為橋陵，故改

縣名為奉先。由縣治而東北五十里入澄城縣境之李潤鎮，則鎮在澄城縣治之西南明矣。欲證實此說，太和十二年的《宕昌公暉福寺碑》為絕好資料。清代光緒年間揚州毛鳳枝著《關中金石文字存逸考》，在第八卷內企圖以《宕昌公暉福寺碑》的所在地澄城，證明古代的李潤鎮即在澄城縣內，這種說法顯然是有見地的。然他對《寰宇記》的引文表示懷疑，並認為澄城在同州府城的東北，俱屬錯誤，今不可不辨。按《宕昌公暉福寺碑》云：'於本鄉南北舊宅，上為二聖造三級浮圖各一區。規崇爽塏，擇形勝之地，臨沃衍，據脩剛。面修嶽而帶洛川，佩黃河而負龍門。伐良松於華畎之陰，掇文瑤於荊山之陽。桂功銳巧，窮妙極思。爰自經始，三載而就。'碑文所云造像地區，'面修嶽'（即華嶽）而帶洛川，佩黃河而負龍門"，與澄城的地勢完全相合。暉福寺在澄城縣何方，碑無記載。據李子春先生云，此碑現在澄城縣南門內一初級中學內。這已經不是碑的原在地了。舊《澄城縣誌》云：'暉福寺在澄城縣北北寺村，宋太和十二年建。''宋太和十二年建'顯系'北魏太和十二年'之誤，唯云暉福寺在北寺村則頗堪注意。若以《郡國縣道記》為准，李潤鎮在奉先縣東北五十里，今蒲城縣距澄城縣一百一十里，則李潤鎮的治所在澄城縣的西南和蒲城縣的東北甚明。但李潤堡自十六國前秦時即為長安東北重鎮，赫連夏既設豫州牧於前，拓拔魏更置華州刺史於後，其範圍當不限於澄城和蒲城間的幾個村鎮，所以王慶時雖世居縣北亦不妨以李潤羌見稱了。"

［三］《陝西石刻文獻目錄集存》稱："（碑）原刊立於同州府城東北李潤鎮，一九七二年由澄城縣遷入西安碑林。"

魏氏造像記

(正光五年歲次甲辰六月　見《存逸考》卷七"富平縣")

碑高五尺一寸，廣一尺九寸。上作佛龕，下層皆係畫像，題名在畫像之間。字數多寡不等，計刻碑側，共七行，行三十四字，正書。

碑側

邑胄魏豐□、邑主魏始歡。

右第一層

正光五年歲次甲辰六月庚辰[一]朔□十日己亥[二]，合邑□□□□□□□緣[三]

右第二層

□念波□□非□□無□□其元□□□□非□□□[四]造其極（缺）已如□損

身命□□□已[五]求□□之（缺）七珍九候[六]元□之寶[七]，大願既成[八]，已要[九]無上之道，行慈悲已藏蒙惑[十]之類[十一]□□□□□□六□□不□□□□□是□□[十二]三會永麦二聖，沉淪苦海，莫若所趣。唯憑□□□□□□真□□□□□世□□共□□道□捨[十三]七珍，远取名石，延及[十四]師匠，造像一軀。運□□□□若□□□□□主□□□遼□□國土[十五]清大願弟子等捨身受身，恒值佛□□□□□□□□□□□至[十六]成佛。後[十七]願亡[十八]□所生，歷劫[十九]師徒，現存眷屬，有佛性□□□□□□□□□□□六道蒼生□佛□□□□□□□[二十]所願如是。

碑陽

邑主李、平望□三玉[二一]、但官魏阿□、平□□□□[二二]。

右刻於佛龕之右

□□魏[二三]阿清、門師节、□官[二四]魏道。

右刻於佛龕之左

化主魏宗□[二五]、□□魏願興[二六]、侍者□□□、侍者□□□、侍者□□□、但官魏豐國[二七]、化主魏趙虎[二八]。

17

右第一列

邑子□願[二九]□、邑子魏柴[三十]玉、邑子魏□□、邑子魏先[三一]生、邑子魏後生、邑子魏道洛、邑子魏漢川、邑子魏□□。

右第二列

邑子□姜周、邑子魏、邑子魏益先[三二]、邑子、邑子魏道歡、邑子、邑子。

右第三列

邑子魏養宜、邑子□輔箱、邑子李毛周、錄生魏更、錄生魏□容、邑子魏、邑子□□央[三三]。

右第四列

邑子魏酉歡[三四]、邑子魏清受、邑子魏阿歡、邑子魏柴洛、邑子魏定國、邑子魏清毛、邑子魏伏憙。

右第五列

邑子魏道保、邑子魏道始、邑子魏上容、邑子魏君宏、邑子魏鬼引[三五]、邑子魏□國[三六]、邑子魏平番、邑子魏□、錄生魏歡憙。

右第六列

鳳枝案：此造像，《金石萃編》所載，僅題名數行，且多遺漏，今為補錄于此焉。（《金石萃編》卷三二。《金石續編》卷一。《關中金石文字存逸考》卷七。《金石萃編補遺》卷一。《八瓊室金石補正》卷一六。《陝西金石志》卷六。《續修陝西通志稿》卷一四〇。《北京圖書館藏中國歷代石刻拓本彙編》四冊一六六頁。）

[校記]：

[一] "庚辰"，《新編》未識作"□□"，今據《八瓊室金石補正》補。

[二] "朔□十日己亥"，《新編》未錄從闕，今據《八瓊室金石

補正》補。

　　[三]"合邑"後九字,《新編》未錄從闕,今據《八瓊室金石補正》補。

　　[四]"□念波"以下廿二字,《新編》未錄從闕,今據《八瓊室金石補正》補。

　　[五]《新編》"求"前空兩格作"□□",《金石續編》空五格,今據《八瓊室金石補正》補。

　　[六]"七珍九候",《新編》未錄從闕,《金石續編》作"七□□□",今據《八瓊室金石補正》補。

　　[七]"寶",《新編》未錄從闕,今據《八瓊室金石補正》補。

　　[八]"大願既成",《新編》未錄從闕,今據《八瓊室金石補正》補。

　　[九]"要",《新編》未識作"□",今據其他諸本補。

　　[十]"惑",《新編》未識作"□",今據其他諸本補。

　　[十一]"類",《新編》未識作"□",今據其他諸本補。

　　[十二]"三會"前廿字,《新編》未錄從闕,今據《八瓊室金石補正》補。

　　[十三]"七珍"前廿一字,《新編》未錄從闕,今據《八瓊室金石補正》補。

　　[十四]"延及",《新編》未識作"□□",今據其他諸本補。

　　[十五]"清"前廿二字,《新編》未錄從闕,今據《八瓊室金石補正》補。

　　[十六]"成佛"前十六字,《新編》未錄從闕,今據《八瓊室金石補正》補。

　　[十七]"後",《八瓊室金石補正》作"復"。

　　[十八]"亡",《新編》未識作"□",今據《八瓊室金石補正》補。

　　[十九]"劫",《新編》作"故",今據其他諸本改。

　　[二十]"所願"前廿六字,《新編》未錄從闕,今據《八瓊室金石補正》補。

　　[二一]"□三玉",《新編》未錄,今據《八瓊室金石補正》補。

[二二]"魏阿□、平□□□□",《新編》未錄,今據《八瓊室金石補正》補。

[二三]"□□魏",《新編》未錄,今據《八瓊室金石補正》補。

[二四]"□官",《新編》未錄,今據《八瓊室金石補正》補。

[二五]"宗□",《新編》未錄,今據《八瓊室金石補正》補。

[二六]"興",《新編》未錄,今據其他諸本補。

[二七]"國",《新編》未錄,今據《八瓊室金石補正》補。

[二八]"魏趙虎",《新編》未識作"□",今據《八瓊室金石補正》補。

[二九]"願",《新編》未識作"□",今據《八瓊室金石補正》補。

[三十]"柴",《新編》未識作"□",今據《八瓊室金石補正》補。

[三一]"先",《八瓊室金石補正》作"老"。

[三二]"先",《八瓊室金石補正》作"老"。

[三三]"□□央",《新編》未錄從闕,今據《八瓊室金石補正》補。

[三四]"歡",《新編》未識作"□",今據《八瓊室金石補正》補。

[三五]"鬼引",《新編》未錄從闕,今據《八瓊室金石補正》補。

[三六]"邑子魏□國",《新編》未錄,今據《八瓊室金石補正》補。

[匯考]:

[一]《金石續編》稱:"案此因魏氏造像而記於碑側,時為北魏孝明帝正光五年。《萃編》以造像碑附西魏大統之後,未見碑側所題歲月也。六月下所闕,以《通鑒目錄》考之,當是庚辰二字。"

[二]《八瓊室金石補正》稱:"石高五尺八寸,八分。上列佛像一龕,龕旁皆供養像,凡三截,每截題字兩行,分列左右。龕下中刻蓮台,兩旁亦有供養像題字各一行,皆王氏所未見者。此下六截亦皆

供養像，像旁均有題字，第五截六行，餘均八行，王氏謂有七行者，脫一行耳。其所錄亦多偽缺，《續編》錄此碑側，亦有未審出者。茲據拓本校補之。碑極漫漶，不能得其全也。"

［三］《關中金石文字存逸考》稱："今在富平縣，碑陽刻佛像，皆魏氏題名，碑側刻記。"

郭法洛造像記

（孝昌二年二月　見《存逸考》卷七"涇陽縣"）

　　碑高一尺七寸五分，廣一尺三寸。中作像龕，記刻於龕之右側，計四行，行十八字，正書。年月刻於像龕上，餘皆題名，字數不等。

　　夫至道不遵，則沖妙之跡靡彰；玄宗不習，則□[一]微隱絕相。凡夫莫知其蹤，捨妙入塵[二]。誘行[三]窮子，季俗荒迷，識覺者尠。今右郭法洛、李道仙者，少遺聞度物為美，即命同修，宿殖奇請，尅彫堅剛，基將□來身之福，伏願皇帝聖姞□□宜□□[四]守□下。大魏孝昌二年歲次丙午二月卅日造訖。

　　張天宜、王敬容、劉廣興、李□□。

右刻記之下方

　　劉□達、劉恭仁、像主劉延達、費[五]宜暉、李華輝、周英要。

右刻佛龕下方

　　道士楊迴壽、道士郭法洛、都[六]元師李道仙、張定興。

右刻佛龕左側上方

　　梁伏香、楊女貴、壇像主張敖、邢妙妃、李桑子[七]、

21

杜女容、韓香好[八]。

　　右刻佛龕左側下方

　　趙喜啟、馮□勝、李妃、張伏、孫天敬、劉廣□、柏□、金無□、劉娥妃。

　　鳳枝案：碑中"今右"之"右"，當作"有"；"奇請"之"奇"，當作"祈"；"尅彤"之"尅"，當作刻；"聖姤"之"姤"，當作后。又，記文辭句多不連屬，蓋工匠所為，有脫字也。

　　又案：此造像題名有李道仦，《金石萃編》云字書無仦字（見卷二十七"北魏仦和寺造像"）。今考"北周五十人等造像記"（見本卷第二十七頁）有"皇帝延祚"之語，"延"字作"延"。然則，"止"字既可作"山"，"山"字亦可作"止"，是"仦"字當作"仙"字矣。（《關中金石文字存逸考》卷七。《金石萃編補遺》卷一。《北京圖書館藏中國歷代石刻拓本彙編》五冊一九頁。）

[校記]：

　　[一]"不遵"至"則□"十五字，《新編》未錄，今據北圖藏拓補。

　　[二]"塵"，《新編》未識作"□"，今據北圖藏拓補。

　　[三]"行"，《新編》未識作"□"，今據北圖藏拓補。

　　[四]"宜□□"，《新編》未錄，今據北圖藏拓補。

　　[五]"費"，《新編》未識作"□"，今據北圖藏拓補。

　　[六]"都"，《新編》未識作"□"，今據北圖藏拓補。

　　[七]"桑子"，《新編》未識作"□□"，今據北圖藏拓補。

　　[八]"韓香好"以下題名，《新編》未錄，今據北圖藏拓補。

[匯考]：

　　[一]《關中金石文字存逸考》稱："帖賈李氏云在涇陽，未詳所在。"

　　[二]《陝西石刻文獻目錄集存》稱："北魏孝昌二年（526）三月（《新編》作二月）刻。正書，原在涇陽縣。"

都督樊奴子造像記

（太昌元年六月　見《存逸考》卷七"富平縣"）

碑高四尺，廣一尺四寸。碑陽、碑陰上方皆作佛龕，其下皆畫像。題名刻於畫像之間，字數不等。碑側上方亦作佛龕，記刻於下，十行，行十八字。正書。

大魏太昌元年歲次壬子六月癸亥朔七日庚午，樊奴子體解四非，玄識幽旨，心洪慈善，自竭家珍，敬崇石像一區。上為帝主延境，遐方啟化。偃甲收[一]兵，人民寧怗。又願奴子父母，七世師徒，歷劫兄姪妻息，六親中表，身安行吉，神和調暢，管舍清美，萬善慶集，吉祥敢應，福于來生。七世先亡，上生兜率，面奉慈尊，湌聽大乘，悞無生忍。及三界眾生，三會初興，願登先[二]聞，果報成佛。

八世祖樊坦，生□、生奪、生世，世生雷，雷生倭，倭生寶。

北雍州北地郡高望鄉東嚮北魯川佛弟子樊奴子為七[三]□□□一區。

右刻于造像記後，記中"管舍"之"管"，當作"館"；"敢應"之"敢"，當作"感"；"湌聽"之"湌"，當作"參"；"悞無生忍"，當作"悟"。

比丘僧龜一心、比丘僧慶一心、佛弟子樊奴子供養、祖樊倭供養。

右刻于碑側佛龕之下

碑陽

亡父寶供養時。

右刻于碑陽佛龕之右

23

道師張道洛。

右刻于碑陽佛龕之左

息蓓賜[四]供養、亡兄樊客生供養、亡兄樊蚩供養、道民樊奴子供養、弟雙歡供養。

右碑陽畫像題字第一列

第二列画像作仪仗排列，一人乘马行其间，画像之中刻六字云"亡姪定洛乘马"；后刻官爵二行云"積射將軍、泥陽富平三原三縣令、州主簿、鎮西府□□[五]、後除龍驤將軍、都督使[六]持節、渭南北□二郡太守、廣陽[七]縣開國子、復從[八]隴西王征西都督、使持節、□池[九]縣開國子身故贈逕州刺史樊客生"。

碑中逕州之逕當作涇

碑陰

□□道士。

右四字于於碑陰佛龕之右

息純陁一心供養、姪明達一心供養、姪□得一心供養、姪□侯[十]一心供養、姪龙駒供養、姪陁[十一]得一心供養、姪□魯供養。

右碑陰畫像題字第一列

宣威將軍、騎都尉、梁泉縣伯、彰縣令、驤威將軍、奉朝請、都督樊奴子碑中騎都尉之尉當作尉、亡兄蚩前統軍、身[十二]故贈北地太守蚩字碑中兩見不可識、亡兄寶幡兵軍主一心。

右碑陰畫像題字第二列

第三列畫像一屋，無四壁，古所謂堂無四壁曰皇是也。室中榻上坐一神人，作鞫獄狀，其右題云：此是閻羅王治□。神坐之前畫二羊，作跪訴狀，又畫一人縛于架格上，一人持刀屠割之，題字云：此是屠仁、今常羊命。碑中屠仁之仁當作人，常羊命之常當作償。又畫一人縛于柱上，題字云：此是五[十三]道大神□罪人。又畫二人裸身荷長枷，題字云：此人是盗、今□此人加頭部加即枷字。

又畫一神人，坐胡床上，手執長戈，前畫六道輪迴像。又此碑畫像儀仗中有乘橐駝負弓矢而前導者，蓋當時儀制如此。其繖蓋多作曲柄云。

（《關中金石文字存逸考》卷七。《金石萃編補遺》卷一。《陝西金石志》卷六。《續修陝西通志稿》卷一四〇。《魯迅輯校石刻手稿·造像上》。《北京圖書館藏中國歷代石刻拓本彙編》）五冊一六五頁。）

［校記］：

［一］"收"，《新編》未識作"□"，今據其他諸本補。

［二］"先"，《新編》未識作"□"，今據其他諸本補。

［三］"七"，《新編》未識作"□"，今據其他諸本補。

［四］"蓓賜"，《新編》未識作"□□"，今據其他諸本補。

［五］"府□□"，《新編》"鎮西"後未錄從闕，今據其他諸本補。

［六］"使"，諸本所錄皆作"史"，當是"使"之譌，今正之，下"使"字同。

［七］"陽"，《新編》未識作"□"，今據其他諸本補。

［八］《新編》"從"前兩字未識作"□□"，今據其他諸本刪、補。

［九］"池"，《新編》作"地"，今據其他諸本改。

［十］"侯"，《新編》未識作"□"，今據其他諸本補。

［十一］"陁"，《新編》未識作"□"，今據其他諸本補。

［十二］"身"，《新編》作"躬"，今據其他諸本改。

［彙考］：

［一］《關中金石文字存逸考》稱："今在富平縣。碑陰碑陽皆刻佛像及地獄變相並題名，碑側刻造像記，字樸而秀。"

［二］《陝西石刻文獻目錄集存》稱："原在富平縣，現仍在富平縣。"

25

校者按：本造像題名除列一般供養人姓名外，尚鐫刻若干地獄報應事及文字說明，此為北朝造像所僅見。葉昌熾《語石》（中華書局，1994年，311頁）卷五引唐貞觀十三年齊士員獻陵造像，稱其像側題字四則，皆冥律也，"第一則云：王教遣左右童子，錄破戒虧律道俗，送付長史，令子細勘，當得罪者將過。……第二則云：奉閻羅王處分，比□大□雜人知而故犯，違律破戒及禽獸等，造罪極多，煞害無數，飲酒食肉，貪淫嗜欲，劇於凡人，妄說罪福，誑惑百姓，如此輩流，地域內何因不見此等之人。……第三則云：閻羅王教遣長史子細括訪，五五相保，使得罪人，如有隱藏，亦與同罪。仰長史括獲送枷，送入十八地獄受罪訖，然後更付阿鼻大地獄。……第四則云：王教語長史，但有尊崇三教，忠孝竭誠，及精進練行（下闕）乘苦勤，祇承課役，如此之徒，不在括限"，所言與本造像鐫刻地獄變相用意正同，不過藉佛教因果報應之說以寓勸善懲惡之意。所異者，齊氏造像所述之冥律更為詳盡也更為嚴苛，不但"違律破戒"者自身難逃身後之恢恢法網，與其相關各家更"五五相保"，如隱其罪則"亦與同罪"，此即《史記·商君列傳》（中華書局，1959年，2230頁）所稱"令民為什伍，而相牧司連坐"之法。"什伍"者，以十家為伍，一家有罪而九家連舉發，若不糾舉，則十家連坐。佛教徒援此人間酷法以入冥律，亦可謂煞費苦心矣。

邑子羅暉造像題名

（見《存逸考》卷六"藍田縣"）

石已殘缺，尺寸、字數無考。正書。

邑子羅暉、邑子姚、邑子石伏和、邑子田、邑子姚篆、邑子宙、邑子苻、邑子姚平元、邑子姚僧、邑子吳世和、邑子乾、邑子姚暉、邑子王善、邑子姚世珍、邑子呂張、邑子姚世明、邑子張伏、邑子徐苟生、邑子姚海、邑子杜僧迴、邑子楊元、邑子呂定歡、邑子張曇、齋主姚暉、香火、治律姚略、錄姚伏、日。

　　右係一石

　　□□姚要、□維那、□化主□□、邑□姚小伏、像主雷曇暢、像主姚□□、比邱□海、比邱法顯（缺）。

　　右係一石

　　□□羅要、□□田元安、典錄、治律焦金女、□香火徐雲明、□面齋主朱慎、邑子李羅、邑子李大女、□□李難、邑子道容、邑子姜、邑子侯好、邑子景光、邑子阿妃、邑子徐、邑子辛、容、邑子卞金光、邑子翟映朱。

　　右係一石（《關中金石文字存逸考》卷七。《金石萃編補遺》卷一。《陝西金石志》卷六。《續修陝西通志稿》卷一四〇。）

邑子李暎超造像記
（見《存逸考》卷七"三原縣"）

　　石已殘，缺尺寸，字數無考。正書。

　　測自（缺）大道（缺）而毀至真（缺）不□而（缺）宗至道從（缺）等其□轉輪九天（缺）合一切，邑子李法、李道穆、李□生（缺）見□大捨身受身，常□三寶為因（缺）

　　右係一石

　　定洛、神□、道定、奴生李安國、濟生李□迴、□生李安和、熾生李三保、邑子李暎超、邑子李休和、秀生李道保、始生李榮族、雙生李安世、早生李法、儁生李景業、勝生李暎哲、□安生李遵和、暢生向道□、永生李榮世、敘生李欣慶、瓮生李定和、惠生李景和、敘生李輔慶、要

27

生向蒬洛、李神敢、李暎成、□生李延和、□生李延慶、元智生李□蘭、□生李、桃生李㺵和。

右係一石(《關中金石文字存逸考》卷七。《金石萃編補遺》卷一。《陝西金石志》卷六。《續修陝西通志稿》卷一四〇。《魯迅輯校石刻手稿·造像上》。)

[匯考]：

[一]《關中金石文字存逸考》稱："吳縣吳清卿副憲視學秦中，訪得此石於三原渠水內。正面刻題名，多李姓。似富平曹氏造像。記刻碑側，又一側亦刻題名。字體古拙，為北魏書無疑也。"

[二]《陝西石刻文獻目錄集存》稱："北魏，年月不詳。正書，原在三原縣。"

校者按：毛氏錄此碑未全，闕略甚多。本碑係兩方造像刻於一石：一為邑子"李洪秀"等二十七人所發起之合邑造像，一為"李神祐"為家內大小發起之家庭造像，今據《魯迅輯校石刻手稿·造像上》(李新宇《魯迅大全集》卷25，長江文藝出版社，2001年，91—93頁)補錄全文如下：

(上闕)自然(下闕)是以大道沖(下闕)冥不可得而毀，至真不可而滅，逕涉雷風(下闕)崇至道從化，須允等其量，轉輪九天□崇衍(下闕)菩(下闕)合一切。邑子李洪秀，李道穆，李瓮生廿七人(下闕)募建立儀邑，共相倡導，各出家珍，以川(下闕)上為帝主、太子、王公、宰守、令長，下為邑子(下闕)過去見在，大捨身受身，常與三寶為因，同為(下闕)年歲□庚子十一月(下闕)朔(下闕)壬申。

(上闕)二(上闕)肆海(上闕)定洛(上闕)神□(上闕)通(上闕)□。(上闕)□(上闕)迴定。

奴生李安國、濟生李文迴、□生李安和、熾生李三保、邑子李映超、邑子李叔和、秀生李道保、始生李榮族、雙生李安世、早生李法□。

儁生李景業、勝生李暎哲、成安生李遵和、暢生向道□、永生李榮世、敘生李欣慶、瓮生李定和、憙生李景和（下闕）

虎生李□和、敘生李輔慶、要生向萇洛、（上闕）李神散（上闕）李暎成、幻生李延和、□生李延慶、元智生李馬蘭、桃生李□、桃生李琜和。

夫刑響生於自然，三□道曠濟其里□（下闕）為刑響至矣。是以大道澹泊，分炁教化，此皆（下闕）幽至里，是故實想不可得而數至□（下闕）微冥風，影像神移，瞻不見其刑聲□□（下闕）生李神祐，共發善意，為家口大小，存亡（下闕）一軀。上為帝王，宰守，令長，下為己身七世（下闕）受身（下闕）寶為因（下闕）正光元年。

造像紀年殘缺，有研究者從造像風格斷其為北魏晚期作品，如此則庚子歲當為正光元年（520）。又，從造像願文可知，兩方造像之發起人，一為"李洪秀，李道穆，李瓮生廿七人"等，一為"李神祐"，《新編》作"李暎超"，不確。

造像殘字
（見《存逸考》卷七"三原縣"）

石已殘缺，尺寸、字數無考。正書。

（缺）□月戊申朔（缺）□世不週六（缺）言花□範（缺）□大□勸（缺）懷珍（下闕）（《關中金石文字存逸考》卷七。《金石萃編補遺》卷一。《陝西金石志》卷六。）

[匯考]：

[一]《關中金石文字存逸考》稱："前有一佛像，後題有'□月戊申朔'等字。"又云："帖賈惲氏云出於三原。"

[二]《陝西石刻文獻目錄集存》稱："魏，年月不詳。正書，原出於三原，已佚。"

29

僧欗造像題名

（見《存逸考》卷七"富平縣"）

碑高三尺八寸五分，廣一尺一寸，上作佛龕，餘皆題名。正書。

沙彌僧欗、比邱法顔、比邱僧□一心、曾祖□□□□功曹涇陽令供養。

右第一列

嫂雷迴姬供養、嫂魏阿女供養、母□□好供養、曾祖親翬豐姜、祖親魏迴香一心。

右第二列

姪女華容一心、妻梁咨訓供養、妻魏小姬供養、嫂馮醜□供養、姪女阿容供養、□瓮□供養。

右第三列

第四列畫牛車二，又畫二人乘馬，題字云：姪明達乘馬、息純阤乘馬。（《關中金石文字存逸考》卷七。《金石萃編補遺》卷一。《陝西金石志》卷六。《續修陝西通志稿》卷一四〇。）

[匯考]：

[一]《關中金石文字存逸考》稱："今在富平縣。"

校者按：造像題名中有"曾祖□□□□功曹涇陽令供養"字樣，據《魏書·地形志下》所載，"涇陽"屬北地郡，又稱"真君七年併富平，景明元年復"（中華書局，1974年，2609頁）云云。據此可知，本造像題名或作於北魏太平真君七年（446）之前，或作於景明元年（500）後。又，元魏太平真君七年太武帝拓跋燾發動了中國佛教史上第一次滅佛運動。據史載，運動發起地長安及其附近地區的佛教寺院、經像等悉被廢毀。作為這一運動的直接結果，今西安附近所發現的佛教造像多為五世紀後半以來的作品，很少有可以追溯到廢佛以前的創作。綜上所述，本造像題名很可能鐫刻於北魏景明之後。

此外，從造像題名者的身份觀察，本造像應屬於家庭造像。值得注意的是，造像題名所列家族成員中有雷姓、瓮姓者兩人，"瓮"字頗疑為"甏"。雷、甏皆為中古西羌大姓。又，北朝關中渭河流域多羌人聚居，這一地區出土的造像記中多有彼族合邑或家族造像，馬長壽先生《碑銘所見前秦至隋初的關中部族》一書對此有專門分析，可參考。校者頗懷疑本造像中雷、甏二氏即出西羌。如果這一推斷大致不誤，則本造像所涉及之家族當為一漢、羌混合家庭。

西　　魏

王知明造白玉石像記

（大統九年　見《存逸考》卷二"西安府補遺"）

　　石高一尺一寸，廣二寸五分。兩面皆刻佛像，記刻于佛像之下，八行，每行字數多寡不等。正書。

　　大統九年歲次水□[一]仵月辛卯朔四日甲仵，佛弟子王知明，沙門何僧初為帝主臣民，七世父母，一切含生造玉浮。

　　右字五行刻于碑陽，云歲次水，考大統九年歲次癸亥也。仵字本係五字，轉作伍，又轉作仵。魏齊時，俗書多如此。

　　物來□有崩落，後人見還，治三人迴逕，八難不受，萇命大富大貴。

　　右字三行刻于碑陰，文義奧。前五行不能連屬，蓋碑側有字，工匠失拓耳。（《關中金石文字存逸考》卷二。《金石萃編補遺》卷一。《咸寧長安兩縣續志》卷一三。）

[校記]：

　　[一] "水□"，当作"癸亥"，毛氏於文末稱"云歲次水，考大統九年歲次癸亥也。……魏齊時，俗書多如此"云云。按：此種寫法

在高昌墓表中屢有見之，如侯燦《解放後新出吐魯番墓誌錄》所錄章和十三年十二月"朱阿定妻楊氏墓表"（《敦煌吐魯番文獻研究論集》第五輯，北京大學出版社，1990年），紀年作"章和十三年水亥歲十二月丙辰朔囗日壬午"，侯氏注稱"'水亥'即'癸亥'，'水'同'癸'，墓表中常見"，但在北朝關中地區造像文中卻極為少見。

[匯考]：

[一]《關中金石文字存逸考》稱："向在西安府城內甜水井報恩寺中，山陰萬賓耀光遠訪得之，今未詳所在矣。"

[二]《陝西石刻文獻目錄集存》稱："正書，原在長安縣。"

校者按：造像碑陰刻有"物來囗有崩落後人見還治三人迴逕八難不受葘命大富大貴"語，毛氏稱其"文義奧"。按之實際，北朝關中造像甚而整個北朝造像中，此種文字都極為少見，雖然句中有"八難"這樣純粹的佛教用語，但這種說法卻更接近於中國道教的厭劾之辭。與此性質類似的語句曾出現在北朝墓誌中，如北齊河清元年（560）八月《庫狄迴洛墓誌》（《北齊庫狄迴洛墓》，《考古學報》，1979年3期），銘文末稱"囗天度八百年後開吾墓，改封更塋起丘墳，宜官享祿多福祚"，與本造像之用語、命意正相仿佛。也有反其意而用之者，如隋開皇四年（584）十二月《徐之範墓誌》（《新出南北朝墓誌疏證》，中華書局，2005年，357頁），銘辭末稱"卜此葬地，得泰卦。後一千八百年為孫長囗所發。所發者滅門"，一則以利誘之，一則以禍懼之，用辭雖異，用意正復相似。也有將兩者合而為一者，如開皇九年（589）十月《趙洪磚志》（羅振玉，《磚誌徵存》）末云"此川崗西，實墓宅。千七百年，為樂受所發，發者滅門，還覆大吉"，福、禍兩相比照，較之單言福、禍，無疑更具震懾力。從此也不難看出，造像內容大體雖是祈求佛祐以獲福報，但具體文辭中卻雜糅佛、道，這也正是北朝關中造像中極為普遍的傾向。

北　周

邑子五十人等造像記

（武成二年二月　見《存逸考》卷六"咸陽縣"）

　　石高六寸，廣一尺九寸。一面刻記，三面刻題名。正書，字數多寡不等。

　　蓋大範攸[一]寂，非一念無以顯其原；妙理澄湛，非表像何以暢其旨。是故影跡雙林，示[二]蒼生離合[三]；□蟻聚[四]沙，知善可崇[五]。邑子五十人等，并宿樹蘭柯，同茲明世，爰託鄉親，義存香火，識十惡之徒炭，體五道之新吉。既沈處娑婆，實思宏願，僉竭[六]家資，共成良福。遂於長安城北、渭水之陽，造釋迦石像一軀。永光聖[七]宅，願周皇帝延祚，常登安樂。晉國公忠孝，慶算無窮。又邑子亡者，值佛聞法，見在眷屬，恒與善居。將來道俗，世世同脩。使如來福業，不墜於今奕。藉因之感，終美於去在。

　　鐘主韋宜如[八]。

　　武成二年歲次庚辰二月癸未□[九]八日辛丑。

　　天[十]宮主吳香女、邑師比邱尼法光、塔主杜孃、□主王顯女、化主寶遷、□主王妙暉、天宮[十一]主豆石客、塔主曹[十二]妃。

右刻一面。鳳枝案：碑中大範之範，當作梵；徒炭之徒，當作塗；新㚖之新，當作辛；㚖即苦字。仳祚之仳，當作延。晉國公者，宇文護也。

像主边[十三]薛姜、像主王元嬰、邑主劉女勝、典坐彌姐妻、邑主呼延蠻獠、邑主施英光、邑主、典坐韓仕資、邑主杜資、客登主王舍、化主馬白、女登主袁征女、化主段春嫗、邑謂段磨尼、邑謂呂敬容、邑謂陸敬容、都維那段顯資、都維那高阿香、典坐何阿妃、行維那趙將男、典錄曹道女、香火杜香暎、香火寶勝貴、登明主王阿舍、登明主袁仏女、邑子王伏光、邑子陽女勝、邑子王五男、治律晉央女、維那賀保勝、邑子慕容妃、邑子苟妃、邑子、典坐高那朱。

右刻一面

邑子陳孃、邑子聞獠是、邑子成令□、邑子于阿□、邑子張阿□、香火張僧暉、香火劉榮資、登明主王康[十四]、登明主閻□、行維那高□、行維那高□□、行維那□、邑謂賀□、邑謂□□、典錄張□、典錄胡□、化主宋□、化主丁香□、都維那王洪暉、都維那王妙資、典坐劉伏香、典坐秦處[十五]醜、都化主杜香暎、都化主潘石妃、邑主陸阿休、邑主審容資、行[十六]主陳資容、但日主王。

右刻一面

典坐王恩嫗[十七]、香火孫女賜、邑子孫黃頭、邑子楊須[十八]磨、邑子蘭買女、邑子高舍女、邑子袁保嫗、邑子李榮妃、邑子王始[十九]蠻、香火張孟暉、邑子馮外嫗、邑子杜香暎。

右刻一面

鳳枝案：此造像已見《金石萃編》，題為"王妙暉造像記"，惟字多舛誤，今為校錄於此。又案：東魏武定八年"太公廟碑"云

35

"慶傳曾胄",《金石萃編》謂"胄"即"冑"字。北魏造像多有"邑冑"之名，此碑又加言旁作"謂"，其時俗書固無定格也。(《金石萃編》卷三六。《寰宇訪碑錄》卷二。《關中金石文字存逸考》卷六。《金石萃編補遺》卷一。《全後周文》卷二一。《八瓊室金石補正》卷二三。《陝西金石志》卷六。)

[校記]：

[一]"攸"，《新編》作"修"，《金石萃編》作"攸"，當以"攸"為是，今據改。

[二]"示"，《新編》未識作"□"，今據《八瓊室金石補正》補。

[三]"離合"，《新編》作"雖□"，今據《金石萃編》補正。

[四]"蟻聚"，《新編》未識作"□□"，今據其他各本補。

[五]"崇"，《新編》未識作"□"，今據《金石萃編》補。

[六]"竭"，《新編》作"渴"，《金石萃編》所錄同。校者按："渴"當是"竭"之譌，今據改。

[七]"永光聖"，《新編》未識作"□□□"，今據《金石萃編》補。

[八]"如"，《八瓊室金石補正》作"姬"。

[九]"□"，《金石萃編》"癸未"後徑接"八日辛未"。

[十]"天"，《新編》未識作"□"，今據《金石萃編》補。

[十一]"天宮"，《新編》未識作"□"，今據《金石萃編》補。

[十二]"塔主曹"，《新編》作"□主□"，今據《金石萃編》補。

[十三]"像主边"，《新編》未識作"□□□"，今據其他諸本補。

[十四]"康"，《新編》未識作"□"，今據《金石萃編》補。

[十五]"處"，《新編》未識作"□"，今據《金石萃編》補。

[十六]"行"，《金石萃編》作"像"。

[十七]"嫗"，《金石萃編》作"姬"。

[十八]"須",《新編》未識作"□",今據《金石萃編》補。

[十九]"始",《新編》未識作"□",今據《金石萃編》補。

[匯考]:

[一]《金石萃編》稱:"按記末稱'武成二年歲次庚辰二月癸未朔八日辛丑',《周書》明帝本紀,武成二年正月癸丑朔,則二月為癸未朔無疑。八日乃庚寅,非辛丑。是月辛丑,乃在十九日也。文云'晉國公忠孝,慶算無窮',謂宇文護也。護,字薩保,周文帝長兄,灝之子。孝閔建祚,拜大司馬,封晉國公。是年二月,晉大冢宰。明帝二年,為太師,四月為雍州牧。碑但稱晉國公而不敢斥其名,且與周皇帝並列,則護之權重而望尊可見矣。碑書'塗炭'作'徒炭','辛苦'作'新苦',僉竭家資,'竭'作'渴',或由借用,或由偏旁小訛耳。"

[二]《關中金石文字存逸考》稱:"記云'於長安城北、渭水之陽,造釋迦石像一區',所云長安城,乃漢長安城也,在今西安府城西北十餘里,一名陽甲城,又名未央宮。又曰'渭水之陽',則在渭北矣。《寰宇訪碑錄》有武成二年二月'王妙暉等五十人造像銘',在咸陽,即此碑也。"

[三]《八瓊室金石補正》稱:"'弥姐'即'彌姐',關西複姓,'吱延'疑亦複姓,不見於氏族諸書。"

[四]《陝西金石志》稱:"石座方三寸五分,厚九寸。四面刻,前二十八行,左右二十六、二十四行,後十二行。字數每行五、六或八、九至十二不等。正書。在咸陽。"

[五]馬長壽《碑銘所見前秦至隋初的關中部族·序言》稱:"碑在咸陽縣渭河南岸。"又,同書《北朝後期鮮卑雜胡入關後的聚居和散居》一文稱:"在咸陽發現的《王妙暉等五十人造像銘》有邑主呼延蠻獠、邑子慕容妃、邑子蘭買女三人。呼延氏、蘭氏在漢代為匈奴人的名族大姓,到隋唐時成為鮮卑。慕容氏則為白部鮮卑或遼東鮮卑。此北方部族之在咸陽者。"

校者按:有關本碑之用字,王、毛二氏已有論述,然仍有遺漏。

如題名中有"登主""登明主"之稱，此"登"字當即"燈"字。又，陸增祥氏以"呼延"作"吱延"，亦誤，馬長壽先生分析本造像題名中之民族來源，以見匯考所引資料。除此而外，題名中之陸、于、賀、劉四姓也可能出自北族，姚薇元先生《北朝胡姓考》"勳臣八姓"中就列有其姓。又，竇氏亦可能出自北族，而非漢代扶風竇氏之舊。《魏書·官氏志》稱"次南紇豆陵氏，後改為竇氏"（中華書局，1974年，3012頁），《舊唐書·柳沖傳》引柳芳《氏族論》也說"代北則為虜姓：元、長孫、宇文、于、陸、源、竇首之"（中華書局，1975年，5678頁）。而段氏，則可能出自東部鮮卑。又，呂氏，當出氐族，彌姐則為羌姓無疑。概言之，本造像題名就其民族構成看，既有北朝末期當東、西魏分裂之際始大量遷入之北方鮮卑諸姓，也有久已居於此地之氐、羌，這中間當然也包含相當部分的漢族成員。這種各民族雜居一處的情形越到北朝後期越是普遍，其歷史作用正如馬長壽先生在《渭河以北各州縣的羌民和他們的漢化過程》一文中所說"不祇在婚姻方面，就是其他政治、宗教以及命名方面等等，渭北羌族因與漢胡雜居，自然而然就走上了相互融合的道路"，其意義是深遠的。

又，王昶《金石萃編》稱"碑但稱晉國公而不敢斥其名，且與周皇帝並列，則護之權重而望尊可見矣"，此種情形於關中北周造像中屢屢見之，如北周保定二年（562）十二月"李曇信兄弟等造像記"即云"上為皇帝、晉國公，延祚無窮，萬方歸化"，儼然將宇文護與周帝並列而稱。保定二年，其時周武帝剛即位不久，羽翼未豐，一般普通庶民都知道北周實際統治者是宇文護而非武帝宇文邕。更有甚者，《藝文類聚》卷七六（上海古籍出版社，1965年，1307頁）收錄王褒所作《京師突厥寺碑》一首，內稱"太祖文皇帝道被寰中，華覃無外，提群品於萬福，濟蒼生於六道，大塚宰晉國公功高寅亮，位隆光輔"云云，史載孝閔受禪，追尊宇文泰為文王，廟號太祖，至明帝武成元年始尊泰為文皇帝，王褒既稱宇文泰為"太祖文皇帝"，則其時自在周明帝武成之後。碑未言作時，但無論是當明帝還是武帝時，王褒在文內竟然祇提到了北周開國者宇文泰和宇文護，而於當時在位之周帝竟不置一辭，則當時一般官僚之看法可知。

甘州刺史宋金保十七人等造像記

（天和元年十一月　見《存逸考》卷八"同州府"）

石高七寸，廣二尺。兩面皆刻字，正書。記文十二行，行十一字，其餘題名，字數多寡不等。

夫旨理幽微，非言不宣；法身常住，非像不表。是以佛弟子十七人等，仰憑聖容，囷覩靈顏，誠心發願，罄捨家珍，敬造釋迦石像一軀。莊瑩雕華，麗同金質；相好之美，等昔真容。藉此福因，仰諮皇家，帝祚天長，公休地久。寇難自消，六合等一。存亡父母，援及七世，法界蒼生，普蒙沾益。共越□□，俱蹬妙果。天和元年歲次丙戌十一月甲戌廿日癸□。

香火主礼平國母王金香、典坐任魯仁母梁至貴、典錄伯達父楊蠻奴、維那嚴景雲母劉訛女、邑政嚴肆浩母成歡姿、邑冑肆浩父鎮遠將軍左銀青光祿步兵校尉故縣開國伯師都督嚴忻、□主天忿父王買奴、□主平國父礼阿洛、像主顯智父張興。

右題名十行，刻于造像記前，記中援及之援，當作爰；俱蹬之蹬，當作登。

邑師衍覺寺比邱僧妙、邑主輔達父郭雙歡、化主尼仁父前將軍左銀青光祿都督甘州刺史宋金保、□□郭輔達母張伏香、□□郝[一]和母傅花容、邑子嚴景雲父嚴阿和、邑子魏阿景父魏歡洛、邑子李神穆父李安洛、□□礼國女須摩提。

右題名九行，刻于造像記後。

39

右係一面

□曠野將軍員外司馬斌州市令礼平國、邑子郝阿和、邑子嚴肆浩、邑子李神穆、邑子張顯智、邑子魏阿景、邑子楊伯達、邑子賈顯祥、邑子李舍和、邑子郭輔達、邑子董相貴、邑子嚴景雲、邑子任魯仁、邑子宋尼仁、邑子宋益德、邑子王天忩、書生呂稚卿、□□負[二]稼和。以下空格十行，後單刻題名一行。

□鄶稽郡山陰縣民潘弘理。

右係一面

鳳枝案：此時會稽山陰不屬北周，此人當係南朝之人而流寓北地者，故其題名特列一行，蓋尊之也。（《關中金石文字存逸考》卷八。《金石萃編補遺》卷一。《魯迅輯校石刻手稿·造像下》。《北京圖書館藏中國歷代石刻拓本彙編》八冊一二八頁。）

[校記]：

[一]"郝"，《新編》未識作"□"，今據其他諸本補。
[二]"負"，《新編》未識作"□"，今據其他諸本補。

[匯考]：

[一]《關中金石文字存逸考》稱："今在同州府城內，字跡古秀而整齊，北碑佳刻也。"
[二]《陝西石刻文獻目錄集存》稱："正書，原在同州府。"

校者按：本造像題名，毛氏作"甘州刺史宋金保十七人等造像記"，魯迅作"張興十七人等造釋迦像記"，皆不確。題名中有"像主顯智父張興"者，則像主當為張興之子張顯智，故題名當作"張顯智十七人等造像記"。又，題名中又有"邑子張顯智"者，或非一人。當然也不排除即為張興子，北朝關中造像題名中偶有同一姓名重復出現且身份不同之情形。

造像題名中有"斌州市令"一職,《通典》卷八《食貨·錢幣上》(中華書局,1982年,170頁)云"楚莊王以為幣輕,更以小為大,百姓不便,皆去其業。孫叔敖為相,市令言於相曰:'市亂,人莫安其處,行不定。'叔敖白於王,遂令復如故,而百姓乃安也",則其設置遠在先秦之際,其具體職掌當為管理市場之商品交易。又,《通典》卷二六《職官·諸卿中》(中華書局,1982年,731頁)"太府卿"下有"諸市署"之設,杜祐敘其官制源流稱:"周官有司市下大夫,掌市之理。漢京兆尹屬官有長安市長、丞,後漢則河南尹屬官雒陽市長、丞。魏晉因之。……後魏有京邑市令。北齊則司州牧領東西市令、丞。後周司市下大夫。隋初,京市令、丞屬司農,煬帝改隸太府。大唐因之,每市令一人,丞二人。"杜祐所述為京都之情狀,事實上地方亦有同一性質官員之設置。唐制,"兩京市令"屬流內從六品,"上州錄事、市令"為從九品。如此,中、下州"市令"應屬流外無疑。北周官制改革,一切從周制,故改"市令"為"司市下大夫",但本造像既稱"市令",則至少到北周末期已改回舊稱。至於其員數、品秩等情形,史未明言,或去唐不遠。又,《通典》卷一八《選舉六·雜議論下》(中華書局,1982年,451頁)錄"請改革選舉事條",內稱"上州省事、市令,中州參軍、博士,下州判司。中下縣丞以下及關、津、鎮戍官等。右請本任刺史補授訖,申吏部、兵部,吏部、兵部給牒,然後成官,並不用聞奏",所述為唐代地方"市令"之除授,並不包括中央"兩京市令",改革的關鍵在於具體任命後給牒中央之外是否需要奏聞。北朝地方屬員多系主官自行辟舉,"市令"一職之除授當與唐時差別不大。

邑子一百廿八人等造像記
（天和元年　見《存逸考》卷十"附錄古碑"）

　　石高一尺九寸,廣一尺八寸。造像記十九行,正書,字數多寡不等,餘皆題名。

天和元年歲次丙戌□□□子朔廿三日戊戌，佛弟子一百廿八人等共發宏願。維天地開闢，陰陽運轉。明則有日月之照，幽則有鬼神之影。故神濟不測，品物斯願載形；權道無方，理識所以日[一]照。是以釋迦如來慨四諦之蔣輪，改三乘之未證。發宏誓於八解之津，廣大悲於五濁之域。得信士、都邑主昨和拔祖合邑等，共發積[二]道場，迭相勸率，造石迦像一區。知一沉恩愛之獄，永拘名色之獄[三]。輪轉三界，迴服[四]五道。福盡合村，輪回憂禍[五]，至與灌[六]湯等耀，既捨家資及妻子之分，於堯山之鄉，壙川之裏，左挾同升，右臨白徑。採石脩願，遠[七]召名匠。出巧思之奇，樹茲釋迦像一區。上為皇帝陛下，延祚無窮，師僧父母，因緣眷蜀，法界含識，成斯同願，咸登妙覺。合邑普同敬礼。

碑中蔣輪當作將淪；恩愛之獄當作欲；眷蜀之蜀，當作屬。

都維那賀蘭元[八]吉、南面化主昨和洪智、南面光明主昨和子亮、南面邑負[九]蘇馬歡、南面維那雷歡引、南面[十]典錄昨和無[十一]暢、左廂侍幢昨和伏[十二]子、南面[十三]邑正武鄉縣□先長和[十四]、右廂侍幢昨和伯龍、都邑正昨和景實、都邑負[十五]昨和孫安、南面香火主昨和□□、南面齋[十六]主虎賁給事中散大夫昨和富進、邑子昨和元豐、邑子昨和楊奴、邑子罕井法榮、邑子昨和歡智、邑子唐山壽、邑子昨和法慎、邑子呂儵德、邑子昨和法安、邑子昨和猥子、邑子昨和永樂、邑子昨和山虎、邑子昨和僧寶、邑子姚引□奴、邑子昨和道穆、邑子昨和景儁、邑子罕井阿祥、邑子屈男顯業、邑子昨和樹建[十七]、邑子昨和榮安、邑子昨和仲粲、邑子荔非慎伯、邑子昨和明引、邑子昨和景洛[十八]、當陽像主昨和醜奴、都化主□□將[十九]軍□員外常侍都督罕井舉[二十]、南面邑主都督[二一]賀蘭延暢[二二]、邑

（缺）邑子昨和□□、邑子王歸郎、邑子昨和先[二三]生、邑子雷陽昌、邑子昨和子康、邑子昨和景業、邑子罕井曹生、邑子罕井胡祥、邑子昨和羊皮[二四]、邑子昨和醜奴、邑子昨和顯[二五]熾、邑子昨和顯和、邑子昨和顯慎、邑子昨和伏奴、邑子昨和蘭奴、邑子荔非思祖、邑子荔非思暢、邑子昨和師奴、邑子昨和仲賓、邑子昨和儒粲、邑子昨和仕粲、邑子昨和清㒵、邑子昨和貴□、邑子昨和安樂、邑子昨和□□、邑子荔非佛女、邑子呂右妃、邑子昨和暉高、邑子昨和大吉[二六]、邑子昨和輝吉、仏堂主昨和真慶、邑子昨和孝通、邑子昨和早[二七]洛、邑子昨和洛容、邑子昨和思平、邑子昨和思達[二八]、邑子早[二九]洛丑、屈男長資、邑子昨和輝緒、邑子昨和長達、邑子昨和永貴、邑子王貴母罕井阿□、邑子昨和□非、邑子

　　右題名中有昨和猥子，猥字不可識。昨和、罕井、屈男、荔非，皆羌姓，詳《存逸考》第九卷蒲城縣"北周四面像銘"跋語中。又，碑內題名仏堂主，仏，即佛字也。（《關中金石文字存逸考》卷十。《金石萃編補遺》卷一。《八瓊室金石補正》卷二三。）

[校記]：

[一]"日"，《新編》未識作"□"，今據《八瓊室金石補正》補。

[二]"積"，《新編》未識作"□"，今據《八瓊室金石補正》補。

[三]"獄"，《新編》未識作"□"，今據《八瓊室金石補正》補。

[四]"服"，《新編》未識作"□"，今據《八瓊室金石補正》補。

[五]"禍"，《新編》未識作"□"，今據《八瓊室金石補正》補。

［六］"灌"，《新編》未識作"□"，今據《八瓊室金石補正》補。

［七］"遠"，《新編》未識作"□"，今據《八瓊室金石補正》補。

［八］"元"，《八瓊室金石補正》作"萬"。

［九］"貟"，《新編》未識作"□"，今據《八瓊室金石補正》補。

［十］"南面"，《新編》未識作"□□"，今據《八瓊室金石補正》補。

［十一］"無"，《新編》未識作"□"，今據《八瓊室金石補正》補。

［十二］"伏"，《新編》未識作"□"，今據《八瓊室金石補正》補。

［十三］"南面"，《新編》未識作"□"，今據《八瓊室金石補正》補。

［十四］"長和"，《新編》未識作"□"，今據《八瓊室金石補正》補。

［十五］"貟"，《新編》未識作"□"，今據《八瓊室金石補正》補。

［十六］"南面齋"，《新編》未識作"□□"，今據《八瓊室金石補正》補。

［十七］"建"，《新編》未識作"□"，今據《八瓊室金石補正》補。

［十八］"洛"，《新編》未識作"□"，今據《八瓊室金石補正》補。

［十九］"將"，《新編》未識作"□"，今據《八瓊室金石補正》補。

［二十］"舉"，《新編》未識作"□"，今據《八瓊室金石補正》補。

［二一］"主都督"，《新編》未識作"□□□"，今據《八瓊室金石補正》補。

［二二］"延暢",《新編》未識作"□",今據《八瓊室金石補正》補。

［二三］"先",《八瓊室金石補正》作"老"。

［二四］"羊皮",《新編》未識作"□□",今據《八瓊室金石補正》補。

［二五］"顯",《新編》未識作"□",今據《八瓊室金石補正》補。

［二六］"大吉",《新編》未識作"□□",今據《八瓊室金石補正》補。

［二七］"早",《新編》未識作"□",今據《八瓊室金石補正》補。

［二八］"達",《新編》未識作"□",今據《八瓊室金石補正》補。

［二九］"早",《新編》未識作"□",今據《八瓊室金石補正》補。

［匯考］：

［一］《關中金石文字存逸考》稱："碑云'堯山之鄉,壞川之裏',堯山在今蒲城縣北二十里,此石當在其地,但未能實指其處耳。碑內題名多姓昨和者,蓋羌姓也。"

［二］《關中金石文字存逸考》卷九蒲城縣"聖母寺四面像銘"後,毛氏按稱："罔即罕字,則井字當作开。《漢書·趙充國傳》'先零罕、开',師古曰：罕、开,羌之別種也。此下言开豪雕庫,罕、开之屬。又云：河南大开、小开。則罕羌、开羌,姓族殊矣。开音口堅反,而《地理志》天水有罕开縣,蓋以此二種羌來降,處之此地,因以名縣也。而今之羌姓有罕开者,總是罕、开之類合而言之,因為姓耳。變开為井,字之偽也。由是以觀,此碑罔井二字即罕开二字之變體書也。《方輿紀要》云：漢天水郡罕开縣城,在今陝西秦州南。一云漢罕开縣城在今甘肅隆德縣、莊浪縣丞治所東南,是當在秦安縣東北矣。又,《陝西通志》蒲城縣北四十里有罕井鋪,即以罕井而得名焉。"

45

［三］《八瓊室金石補正》稱："右'昨和拔祖等造像記'，未詳所在。天和元年，當陳文帝天康元年、梁世宗天保五年、齊後主天統二年，子朔上缺，以廿三日戊戌逆推之，是丙子朔也。《通鑒目錄》，是年周初用天和曆，正己卯、二戊申、四丁未、六丙午、八乙巳，是丙子朔非五月即七月也。記文後題名七行，下方題名三列，共八十七人，與記文所稱一百廿八人者不符。姓氏不必盡載，造像諸刻中恒有之也。姓昨和者五十八人，姓荔非者五人，惟子和作荔枭，即荔非也，譯音本無定字。姓罕井者六人，罔即罕字。惟平貴母作甬井，即罔井也，字體小變耳。姓屈男者一人。昨和、荔非、罕井、屈男，皆關西復姓，然則碑當在秦中也。荔非，《元和姓纂》《萬姓統譜》皆作荔菲，隋有荔菲雄，涇州人。唐有彭州刺史荔菲某生，寶應節度使荔菲元禮，寧州人。《姓氏急就篇》及'聖母寺碑'，均作荔非。此碑非作枭，字雖異，而姓實同也。《隋書‧煬帝紀》有荔非世雄，安定人，即荔非雄也，唐人避諱去世字耳。'修太尉祠碑'有姓利非者，代北又有姓麗飛者，利非、麗飛、荔非、荔菲、荔枭，只一姓也。《姓纂》'屈南氏'云：屈原裔孫，仕後魏，以自南來，故加南字，或作男。昨和、罕井、屈男亦均見於"聖母寺碑"，王侍郎釋罕井為南井，誤矣。碑以日照，為日昭，餘多偽俗。'慨四諦之蔣輪'，蔣輪蓋將淪之誤；'改三乘之未證'，改疑致之誤；'一沉恩愛之獄'，獄蓋獄之誤。……其餘俗字，南北朝碑刻所習見也。"

［四］馬長壽《前秦〈鄧太尉祠碑〉和〈廣武將軍□產碑〉所記的關中部族》一文稱："五曰井氏。此碑（校者按：指《廣武將軍□產碑》）只一人，即井琒。'井'原作'开'或'兀'，應劭音羌肩反，今關中音讀如'其'。《漢書‧趙充國傳》，充國上書云：'遣开豪雕庫宣天子至德，罕、开之屬皆聞知明詔。'又云'河南大开、小开。'唐代顏師古注《漢書‧趙充國傳》時據此二條判斷罕羌與开羌原來為不同的姓族，至唐罕、开二姓合二為一。從《廣武將軍□產碑》的井琒可以說明在前秦時，罕、开二姓仍然分離，到北周保定四年（564），《聖母寺四面像碑（銘）》罕、开二姓已合而為一，成為'罔井'，即罕开。凡此皆可補師古注之不足。"

馬長壽《渭河以北各州縣的羌民和他們的漢化過程》一文又稱：

"堯山鄉在蒲城縣北十里，唐時稱為堯山驛。'同升'之義不詳，疑與同州有關。白徑似指通白水的道徑。蒲城縣有堯山鄉，左同州而右白水，其為碑銘所在地無疑。銘文謂造像者一百廿八人，實際只有八十七人。題名的姓氏屬於羌姓者五：昨和氏五十八人，罕开氏六人，荔非（一人作'菜'）氏五人，屈南、雷氏各二人，共七十三人。此外尚有姚氏一人，似亦羌姓。如是在八十七人中羌姓占85％以上。另外姓賀蘭者二人，為北族大姓；呂姓者二人，似一氏姓。其餘皆為漢姓。"

僧緒造像

（天和二年　見《存逸考》卷十"附錄古碑"）

此造像共二石。一刻造像記，石高八寸五分，廣一尺三分。十三行，行七字，正書。一刻題名，石高九寸，廣一尺九寸。人名刻於畫像之間，字數多寡不等。

夫至道幽玄，資靈萬品，登遐道樹，以垂真容，使長迷曉茲正路不殄者哉。然比邱僧緒抽減珍賄，造石像一區，惟皇祚永隆，壽靈萬歲，又願七世父母，超昇彼岸，檀越主及見在眷屬，都廬善慶，法界衆生，咸同斯福。大周天和二年十一月十六日工訖。

鳳枝案：此造像記文句不屬，語多脫漏，近閱即墨周楙臣直刺史銘旂所撰《乾州志稿》有北周"烏木傲造像記"一通，其文與此相同，而字句連屬，今附錄於此，可以證誤，其詞曰：夫妙道幽玄，資靈萬品，登遐道樹，以垂真容。使彼長途，曉茲正路。豈非造福無量，善業不殄者哉。大施主烏木傲抽減珍賄，造石像一區。惟皇祚永隆，壽靈萬歲，又願世世父母，超昇彼岸，及見在眷屬，都歸善慶，法界衆生，咸同斯福。比丘僧緒刻字，大周天和二年五月五日云云。案烏木傲造像在天和二年五月，僧緒代為刻字。僧緒造像在天和二年十一月，襲用"烏木俶造像記"文而刪頭截尾，竟致不成句讀。僧徒不曉文理，信手為之，是可哂也。又"烏木俶造像記""都歸善慶"，僧緒記改為"都廬"，"廬"字當係"盧"字，然"都廬善慶"，其文不詞也。

　　□□馬賜一心、□□張靜光一心、清信女法猥一心、比丘尼法閨一心、佛弟子段孝遵一心、許桃攀一心侍佛、主簿仇要與一心侍仏、像主比丘法顯一心侍仏、比丘法遵、司水功曹像主劉聰明、明妻姚娑花、佛弟子和妻郭洪蘭、佛弟子羅妻杜磨耶。

　　右題名另刻一面。猥字不可識。（《關中金石文字存逸考》卷十。《金石萃編補遺》卷一。）

　　校者按：毛氏引"僧緒造像記"改"都歸"為"都廬"，不過是證明自己"僧徒不曉文理"之判斷。但"都廬"一詞究屬何意，是否如毛氏所言為"都歸"之訛奪，則需稍作辯證。事實上，"都廬"二字並非僅見於"僧緒造像記"，隋開皇四年（584）九月"阮景暉等造像記"（《八瓊室金石補正》卷二四）中亦有"咸言湧至，悉道飛來。金容都廬並是，惟恨地非王舍"句，這裏"都廬"應作"統統"解，連下"並是"意指佛之金身遍滿虛空，所在皆是。"都廬善慶"一語中，"都廬"也是取此意而言，願文祈禱"諸檀越"及"見在眷屬"皆為"善慶"，與北朝造像記中"咸同"一詞語意正相仿佛。

　　"都廬"一詞也見於唐人小說、詩歌中，張文成《遊仙窟》記十娘之語云"遮三不得一，覓兩都廬失"（中國古典文學出版社，1955年，16頁），注解稱"都廬"為"當時的口語，有統統、完全等意思"。又，白居易《贈鄰里往還》詩"骨肉都廬無十口，糧儲依約有三年"（《白居易集箋校》，上海古籍出版社，1988年，1940頁），"都廬"也作"統統"意解。由此可知，"都廬"為中古時期常見之口語詞，非僧徒生造語，毛氏之論斷殊非公允。

　　又，"都廬"亦為古國名，宋賀鑄《送周開祖出守鄱陽》詩"鄱陽不乏江山助，高興都廬屬謝公"，注者以張衡《西京賦》"非都廬之輕趫"與之比類，並引李善注稱"《漢書》曰：自合浦南有都盧國。《太康地志》曰：都盧國其人善緣高"（《慶湖遺老詩集校注》，河南大學出版社，2008年，480頁），可參考。

陳歲造像

（天和六年 見《存逸考》卷十"附錄古碑"）

石高四寸，廣九寸。十四行，行六字，正書，陰文。

□至道沖虛，必業以詮果，但眾生久溺苦河之中，輪轉生死之域。是以如來垂迹影，布言麓野。曉示長遠，永斷煩惚。佛弟子陳歲為亡父母於天和六年歲次辛卯六月丁丑十日丙戌敬造□迦石像一□，□願皇帝□。

陳歲造像_{同前}

石高四寸，廣三寸，七行，行十二字，正書，陽文。

息至道沖虛，必業以銓果，但眾生受溺苦河之中，輪轉生死之域。是以如來垂跡影，布言原野。曉示長遠，永垂煩惚。佛弟子陳歲為亡父母，時天和六年歲次辛卯六月丁丑朔日丙戌敬告釋迦音像一尊，願皇帝鑒。

右北周陳歲造像，一陰文，一陽文，同係一人所造而文中即有不同者。如陰文"以詮"，陽文作"以銓"；陰文"久溺"，陽文作"受溺"；陰文"言麓"，陽文作"言原"；陰文"永斷"，陽文作"永垂"；陰文"煩惚"，陽文作"煩惚"；陰文"於天和六年"，陽作"時天和六年"；陰文"敬造"，陽文作"敬告"；陰文"丁丑

49

十日",陽文作"丁丑朔日";陰文"石像一尊",陽文作"音像一尊"。而"願皇帝鑒"以下語氣未全,二刻皆同,殊不可解,今並錄之,存以俟考。(《關中金石文字存逸考》卷十。《金石萃編補遺》卷一。《八瓊室金石補正》卷二三。《北京圖書館藏中國歷代石刻拓本彙編》八冊一四九頁。)

[匯考]:

[一]《關中金石文字存逸考》稱:"'陳歲造像'有二,一為陰文大字,一為陽文小字。"

[二]《八瓊室金石補正》稱:"右造像鏤刻極精,而文字多舛錯奪偽,首尾均似未了。日丙戌上奪一十字,《補訪碑錄》以為丙戌朔,誤矣。(熖)、(熄)之變,即惱字,造作告。釋迦音像,它處未見。舊藏漢陽葉氏,今在張侍御盛藻家。"

校者按:據毛氏錄文,《八瓊室金石補正》卷二三所錄文字為陽文文字,陸氏不知因何未見陰文。又,陸氏稱石藏張侍御盛藻家,今碑藏甘肅天水市博物館,頗疑毛、陸所見並非一石。北朝關中造像中偶有文字全同而石在兩處之情形,如北魏太和七年(483)"追遠寺造像記",一石西安西郊出土,現藏西安博物院。另有一件錄文見《中國歷代紀年佛像圖典》(文物出版社,1994年,447頁),原注云"日本個人收藏"。又,北周天和四年(569)六月"夏侯純陁造像記",一件藏於西安碑林博物館,一件藏甘肅省博物館,《甘肅佛教石刻造像》(甘肅人民美術出版社,2001年)一書的作者張保璽先生稱其系鄧寶珊舊藏。

邑義一百六十人等造像記

(天和□年二月 見《存逸考》卷五"咸寧縣")

石高一尺七寸六分,廣一尺五寸四分。記文刻碑陽上方,二十一行，行十字，正書。下方及兩側皆鐫畫像、題名，字數多寡不等。

夫至道無名□□□□真姓虛寂□□□宗，然則藉理詮名假名□□□□法□法洪故□□□□則□有報（缺）已去真假（缺）漸斯（缺）王宮遷（缺）窮達貯生滅（缺）洪四界之位，究竟□□□塈，蓋欲引茲群生□□□續□封（缺）金圖狀，聚沙起念□□□因有諸邑義一百六十人等，減割資財，造石像一軀，復願國祚遐延，朝野□□□願諸邑義等，永□善因，不生退轉（缺）智惠山積右生□□，咸同斯福，俱遊道□，□時成佛。天和□年二月十五日造。

碑中真姓之姓，當作性；復願之復，當作伏；右生之右，當作有。

邑主王要□、□□菩薩主□時□、沙彌尼法□、比邱□法明、北面像主趙妙暉、□住主韓□□、邑主杜□生、邑齋主杜甕生、□□□□□姿、都錄尹□□、冶律樂賜□、化主皇甫□□、化主王寄□、冶律□□□、都錄江□□、□□揚。

右碑陽

典坐、邑子。

右碑側，僅存典坐、邑子四字，餘均不可識。

邑謂郎婆女、菩薩主張□□、菩薩主□□生、邑謂楊□容、邑子趙豐容、典坐杜天姿、典坐高□絮、齋主王胡女、邑子常道女、邑子劉伏□、邑子□□□、邑子杜□□、邑子卞□□。

右碑側，題名存字略多。（《關中金石文字存逸考》卷五。《金石萃編補遺》卷一。《陝西金石志》卷六。《續修陝西通志稿》卷一四〇。《咸寧、長安兩縣續志》卷一二。）

[匯考]：

[一]《關中金石文字存逸考》稱："此石同治時新出在咸寧縣南鄉。上層刻銘記中層刻北面像主，趙妙暉等題名共兩列，兩側亦刻題名。"

[二]《陝西石刻文獻目錄集存》稱："北周天和□年二月（一說六月）刻。正書。清同治時出土於咸寧縣南鄉，已佚。"

邑子鼟仲茂八十人等造像記

（建德元年　見《存逸考》卷卄"附錄古碑"）

石高一尺三寸，廣五寸五分。碑陽刻造像記，廿二行，行十九字，正書。碑陰刻題名，字數多寡不等。

　　□大覺之寺，軒羲之世，真容寂漠□彰□□之年，爰及□室，肇現閻浮，生滅相因，報應斯□，是以慧心獨悟之智，自登彼岸之果，耳目所見之□，永沈苦海之際，佛弟子邑主都督鼟仲茂、邑師比邱智盛合邑子八十人等，思五濁之多果，慕須達之金錢，深體無常，同導正覺，造石像壹區，高七尺五寸，莊嚴種好，垂相滿□，慈悲道俗，咸慶國中，永勝因於曩劫，獲妙果於當今。在村處中置立，南臨白水，北背馬蘭，東俠洛水，西望堯山，地居爽塏，眾所歸仰。藉此微功，願皇帝陛下，與日月齊暉，群公百辟，與天壤同□，□等合邑、七世父母，長居安樂，見在眷屬，迴向上道。竊惟竹素是播演之宗，金石是記善之原。非刊非琢，何以宣言，其辭曰：

　　巍巍紫山，獨秀童童。娑羅集聖，遍滿虛空。亭歷□子，出入相容。不有不無，非紫非紅。悠哉大智，實惟世尊。拯彼衆生，濟此重昏。五欲自屏，三惑無根。拔苦伊何，歸依法門。生同泡沫，滅若電飛。白日恒照，夜月長暉。業淺福倚，道勝身肥。百年俄頃，營營何希。分財奉寶，□彩圖形。鏤以金玉，餝以丹青。祥光鬱起，曠濟群生。舟梁苦海，歷劫踰明。

建德元年歲次壬辰四月癸酉朔八日庚辰建立。

右碑陽

檀越主曠野將軍、殿中司馬甞□□，邑子甞顯暉，邑子甞子儒，邑子甞慶和，邑子甞□□，典錄甞景亮，邑子郭明仁，邑子甞□□，邑子縣主簿甞定昌。

右碑陰（《關中金石文字存逸考》卷十。《金石萃編補遺》卷一。）

[匯考]：

[一]《關中金石文字存逸考》稱："碑云'南臨白水，北背馬蘭，東俠洛水，西望堯山'，案白水在今白水縣南，馬蘭山在同官縣東北五十里，洛水在白水、宜君兩縣之東，堯山在蒲城縣北二十里，此石疑在蒲城境內，但未能實指其處耳。題名多甞姓，蓋羌姓也。甞丁浪切，讀當，去聲。"

[二]馬長壽《渭河以北各州縣的羌民和他們的漢化過程》一文稱："馬蘭山在銅川縣東北五十里，白水在白水縣南，洛水在白水縣東，堯山在蒲城北。然則此碑當在銅川、白水之間。"

[三]《陝西石刻文獻目錄集存》稱："正書。原在蒲城縣。"

校者按：本造像題名如毛氏所稱多出西羌之大姓甞氏，而造像所稱諸地名中，馬蘭山頗值得注意。《隋書・地理志》（中華書局，1973年，809頁）"馮翊郡"下有白水縣，北魏太和二年置，先屬白水郡，後改隸馮翊，境內有"有五龍山，馬蘭山"，毛氏云此山在同官縣東北五十里，則其在白水之西南無疑。又，同官北魏時屬北地郡，與馮翊郡密迩相接，此一地區正為關中羌族聚居的核心區之一，其中馬蘭山一帶更因其重要性而屢見於史籍所載。《晉書·惠帝紀》（中華書局，1974年，94頁）載"（元康六年）匈奴郝散弟度元帥馮翊、北地馬蘭羌、盧水胡反，攻北地，太守張損死之。馮翊太守歐陽建與度元戰，敗績"，馮翊、北地之羌人既以"馬蘭羌"為名，則馬蘭山附近為彼族之重要聚居地自无疑問。

又，《晉書·張光傳》稱"張光，字景武，江夏鐘武人也。……遷江夏西部都尉，轉北地都尉。初趙王倫為關中都督，氐羌反叛，太守張損戰沒，郡縣吏士少有全者，光以百餘人戍馬蘭山北，賊圍之百餘日，光撫厲將士，屢出奇擊賊，破之"（中華書局，1974年，1563頁），《後漢書·西羌傳》描述羌人作戰的特點稱"其兵長在山谷，短於平地，不能持久，而果於觸突"（中華書局，1965年，2869頁），但圍困張光的羌人前後卻持續了百餘日，其所以能長期堅持的一個重要原因即在於馬蘭山周圍為彼族傳統之聚居地，因而作戰容易得到後方之支持。又，《晉書·懷帝紀》"（永嘉三年七月）辛未，平陽人劉芒蕩自稱漢後，誑誘羌戎，僭帝號於馬蘭山。支胡五鬥叟郝索聚眾數千為亂，屯新豐，與芒蕩合黨"（中華書局，1974年，119頁），《晉書·石勒載記》"（延熙元年）長安陳良夫奔於黑羌，招誘北羌四角王薄句大等擾北地、馮翊，與石斌相持。石韜等率騎掎句大之後，與斌夾擊，敗之。句大奔於馬蘭山，郭敖等懸軍追北，為羌所敗，死者十七八"（中華書局，1974年，2755頁），劉芒蕩選擇在馬蘭山僭帝號，原因也在於其依靠的主要力量為"羌戎"。同樣，薄句大為石韜等擊敗後選擇奔於馬蘭山，還是因為馬蘭山一帶為羌人聚居之地，是其根本勢力範圍之故，而郭敖所率追北之師為羌敗死者十七八，正說明其地羌人實力之強大。

從本造像題名來看，直到北周建德年間，此地仍有羌族居住。而且，本碑屬合邑造像，參與者據發願文稱有八十多人，碑末題名不及此數，所以難以確知其他成員的民族構成。但從所刻題名看，羌性佔有絕對優勢，這就意味著直到北朝末期，馬蘭山周圍地區仍有大量羌人居住，而且他們在很大程度上還維持著聚族而居的生活方式。

又，本碑尚存，現藏於白水縣文管會。

建崇寺[一]造像記

（建德三年　見《存逸考》卷十"秦安縣"）

　　石高二尺八寸，廣一尺四寸。兩面皆作佛龕，碑陽刻造像記，十六行，行十一字。碑陰額上刻建崇寺三字，正書。佛龕下方刻題名，十六行，行十四字。碑側刻題名三行，字數多寡不等。

　　惟建德三年歲次甲午二月壬辰朔廿八日己未，佛弟子本姓呂，蒙太祖賜姓宇[二]文建崇。夫靈像神容，遺形異品，毗倫讚道，敷五抽[三]之刼化，顯揚設教，斯疇百代，聚[四]沙起塔，欲崇虛之妙旨。崇寔[五]因業淺[六]，又息別將法和，為國展効，募衝戎首，從柱國、銚國公益州征討，因陣身故，是以削[七]竭家珍興起[八]福，刊[九]造浮圖七級，石銘壹，立師子乙夒，輒於冥積，採取將[十]來之[十一]因。身骸分流，欲追之懷，寓[十二]於乙念[十三]之善。又願帝祀[十四]永隆，萬國來助，普濟一切，曠劫師宗。六道衆生，同登斯福。

　　右碑陽。案：此記文義多不屬，又多缺字，疑出工匠之手，故語多費解耳。刼即劫字，夒即雙字。

　　建崇寺[十五]。

　　亡[十六]祖秦州都酋長呂帛冰、女定羌女、驃騎大將軍、南道大行臺、秦州刺史、顯親縣開國伯亡伯興成，伯母帶神，龍驤將軍、都督、浙州刺史亡父興進，亡母元要，亡母男娥，亡母僧姿，亡叔法成，叔雙進，兄天猥，弟道伯，亡姊李姿，姊男姿，妹伯男，輔國將軍、中散、都督、開國子宇文建，輔國將軍、中散、大都督宇文嵩，弟進周，

55

崇息雍周，法達，孫[十七]洪濟，崇妻王光容，息女含徽，亥[十八]子明月，息妻王花，姪季和，姪子孝，子慎，子恭，保和，達和，善和，伯[十九]母王阿[二十]松，佐阿男，兄妻作[二一]思妙，弟妻王逯輝，姪女仙輝，小輝，□女，弟婦[二二]權帛[二三]妙，息□女，姊赤女。

右碑陰。案：浙州刺史，浙當作淅。

佛弟子權法超、妹皂花、妹明光、佛弟子王湛書，佛弟子權仕賓。（《關中金石文字存逸考》卷十。《金石萃編補遺》卷一。《寫禮廎讀碑記》上。《隴右金石錄》卷一。《甘肅新通志》卷九二。《魯迅輯校石刻手稿·碑銘下》。《北京圖書館藏中國歷代石刻拓本彙編》八冊一六四頁。）

[校記]：

[一]《新編》無"寺"字，今據文意補。

[二] "宇"，《新編》作"帛"，今據其他諸本改。

[三] "抽"，《新編》未識作"□"，今據其他諸本補。

[四] "聚"，《新編》未識作"□"，今據其他諸本補。

[五] "寔"，《新編》未識作"□"，今據其他諸本補。

[六] "淺"，《新編》作"發"，今據其他諸本改。

[七] "削"，《新編》未錄從闕，今據其他諸本補。

[八] "起"，《新編》未識作"□"，今據其他諸本補。

[九] "刊"，《新編》未識作"□"，今據其他諸本補。

[十] "將"，《新編》未識作"□"，今據其他諸本補。

[十一] "之"，《新編》未識作"□"，今據其他諸本補。

[十二] "寓"，《新編》作"竊"，今據其他諸本改。

[十三] "於乙念"，《新編》未識作"□□□"，今據其他諸本補。

[十四] "祀"，《新編》未識作"□"，今據其他諸本補。

[十五] "建崇寺"，《新編》未錄從闕，今據北圖藏拓補。

[十六] "亡"，《新編》未識作"□"，今據其他諸本補。

［十七］"孫"，《新編》未錄從闕，今據其他諸本補。
［十八］"亥"，《新編》未識作"□"，今據北圖藏拓補。
［十九］"伯"，《新編》未錄從闕，今據其他諸本補。
［二十］"阿"，《新編》作"河"，今據其他諸本改。
［二一］"仵"，《新編》作"弥"，今據其他諸本改。
［二二］"婦"，《新編》未識作"□"，今據北圖藏拓補。
［二三］"帛"，《新編》作"常"，今據其他諸本改。

［匯考］：

［一］《關中金石文字存逸考》稱："王湛正書。建德三年。此石近出秦安縣。記云：佛弟子本姓呂，蒙太祖賜姓帛文建崇，可為姓氏家言之一助。碑額有'建崇寺'三字，故題為'建崇寺造像記'。帛文建崇，疑四字姓也。太祖即宇文泰，孝閔受禪，追尊為文王，廟號太祖。明帝武成元年，追尊為文皇帝。"

［二］《甘肅新通志》稱石在"秦安城南十里之鄭家川。碑高三尺餘，寬二尺餘。上截皆鑿佛像，下截鐫以文。額題'建崇寺'，碑陰匯載其家世存亡及官爵、名字，末綴親黨三人，字跡均完好。國朝光緒戊子三月初六日，鄭家川山頹，居人由土掘出，移置村廟，今尚存。其為北周物無疑。碑文錄左。"

編者於碑文末稱："按呂氏《周書》無傳，其祖帛為秦州都酋長，則氏也。漢文帝初，呂文和自沛徙秦，世為略陽酋豪。傳至婆樓，羽翼苻堅，官至太尉。子光，生有異瑞，僭位為後涼，偽諡武皇帝，廟號太祖。傳二世國滅，然其族黨之在略陽者眾矣，綿綿延延，至後周太祖賜姓宇文，仍為都酋長，蒙顯秩，則呂氏之澤長矣。秦安，古略陽地，此碑出縣城南川，呂氏之世為略陽人，益信。而論者疑之，謂建德三年正月，周武帝下詔普毀天下佛寺，勒令僧尼還俗，呂建崇以賜姓大臣竟敢于二月內營造塔廟佛像，顯違詔旨，一可疑也；查《綱目》，周禁佛、道二教，經像悉毀，沙門、道士並還俗，淫祠非祀典所載者，悉除之。詔旨在是年五月，建崇寺成於二月，不得以違旨論。……又謂後周即顯親縣故地置成紀縣，並未另置顯親也，而建崇伯父興成封顯親縣開國伯，二可疑也；查前代封贈，或以郡望，或以里居，且有並不在此數者。李氏

57

隴西、王氏太原、趙氏天水、崔氏河東之類，此以郡望封也。以里居，如權德輿，天水略陽人，而封成紀伯，則舉其初言之也，建崇之亡伯封顯親伯，亦猶是耳，此疑之無可疑之也。……所稱銚國公，史冊無考。"

[三]《寫禮廎讀碑記》稱："是碑三面有文，碑陽十六行，行十一字，碑陰亦十六行，行十三四字不等。碑側三行，字數無准。碑陰上方有'建崇寺'三字，蓋營寺者為宇文建、宇文崇，寺以此名也。碑陽之'崇'，碑陰作'嵩'，崇、嵩字本同。《蜀志·秦宓傳》'貪尋常之高，而忽萬仞之嵩'，王延壽《桐柏廟碑》'宮廟嵩峻'，皆以'嵩'當'崇'，故知碑陰之'宇文嵩'即'崇'也。《周書》柳慶、韋孝寬、叱羅協、張軌、李彥、申徽、柳敏、唐瑾、趙昶、王悅、崔謙、崔猷、令狐整、劉志、寮允、李昶、韋瑱、韓雄皆賜姓，宇文氏而建崇賜氏，不見於史，亦可見當時賜氏之濫矣。碑云'又息別將法和，為國展效，募衝戎首，從柱國、銚國公益州征討'，《周書·盧辯傳》'別將，正六命'。《文帝紀》：魏廢帝二年三月，太祖遣大將軍魏安公尉遲迥率眾伐梁武陵王蕭紀於蜀，八月克成都，劍南平。《尉遲迥傳》：迥督開府元珍、乙弗亞、萬俟呂陵、始叱奴興、綦連、宇文升等六軍，甲士一萬二千，騎萬匹，伐蜀，碑稱'益州征討'，當即指是役。迥所督開府元珍等六人，《周書》並無傳，銚國公殆即六人之一乎？古無銚國之名，疑姚國之假借。陰'□祖秦州都酋長呂帛'，州都即大中正，詳餘所撰《〈鄭道昭論經書〉石刻跋》。《隋書·百官志》流內比視官十三等，第一領人酋長，視從第三品；第一不領人酋長，視第四品；第二領人酋長、第一領人庶長，視從第四品；諸州大中正、第二不領人酋長、第一不領人庶長視第五品；諸州中正、畿郡邑中正、第三領人酋長、第二領人庶長視從第五品，……'領人'本作'領民'，史臣避唐諱改。帛以諸州大中正兼酋長，以隋志證之，當是第二不領民酋長也。'帛'下有'冰女定羌女'五字，於文為不可解，竊疑此五字當在末行'姊赤女'之下，蓋末行祇空二格，不能容，故書於此，正古人簡率之法。碑又稱'驃騎大將軍、秦州刺史、顯親縣開國伯亡伯興成'，案《魏書·官氏志》：驃騎將軍，第二品，加大者，位在都督中外之下，從第一品。《晉書·地理志》：秦州天水郡顯新，漢顯親縣；《魏書·地形志》：秦州天水郡顯新，後漢屬漢

陽，晉屬。太平真君八年，併安夷，後屬。案：後漢漢陽郡屬縣有顯親無顯新，魏收不云漢曰顯親，可見自漢迄魏，其名無改，魏志作'新'當是字誤。唐臣修晉志，亦是承魏志之誤文也。此碑作'顯親'，與《北史·王思政傳》'恭弟幼封顯親縣伯'、《周書·權景宣傳》'封顯親縣男'，正相脗合，足證魏志之文誤。……建、崇軍號及散官並同，惟建官都督，崇官大都督。又，建爵開國子，崇無爵為異。《盧辯傳》：大都督，八命；帥都督，正七命；輔國將軍、中散大夫、都督，並七命。'中散大夫'，碑首稱'中散'，當時風尚如是。'聖母寺四面像碑'有'中散別將同琋永孫'可證。建爵當襲自興成，故無縣名，其改伯為子，或是禪代之際，隨例降也。銘文雖建、崇並舉，而崇既為息法和興造浮圖，則此銘實崇所建，以碑陰文義推之，建與崇當是從兄弟，興成則建之父，興進則崇之父也。碑自崇立，文故稱興成為'亡伯'耳。此碑如'伯母帶神'之類，凡女子皆有名，亦是習俗所尚，與'王甕生造像'、'宇文達造像'正同。"

［四］宋莉《北魏至隋代關中地區造像碑的樣式與年代考證》稱："碑陰的碑額處刻'建崇寺'三個字，可能是寺廟的名字，是由'呂建崇'或其家族發願建造寺廟或舍宅為寺，因而起名'建崇寺'。"

［五］馬長壽《北朝後期鮮卑雜胡入關後的聚居與散居》一文稱："《建崇寺造像記》在秦州秦安縣鄭家川，……像主宇文建崇，原姓呂，係一氏人。……建崇妻王光容，伯父王阿松，兄妻仵時妙，弟妻王還輝，弟婦權帛妙。從其娶婦的性質，可知氏族早與漢族、鮮卑通婚。宇文建崇雖是氏族改姓，但其母姓元，而天水有《宇文廣墓誌銘》，岷州又有《宇文貴紀功碑》，可知北周時散居在秦州、南秦州各地的北方鮮卑族是很多的。"

校者按：《北京圖書館藏中國歷代石刻拓本彙編》八冊一六四至一六五頁收錄本碑拓本，編者稱石藏"山東泰安"，誤。尋其致誤之由，當是將《隴右金石錄》所稱之"秦安"誤作"泰安"，遂推測原石藏於山東。本碑1954年由陝西省博物館收藏，現藏西安碑林博物館。

關於本造像之發起人，《寫禮廎讀碑記》認為是宇文崇，並以建、崇為從兄弟，其論證之出發點為碑陰題名中有"輔國將軍、中散、大都督宇文嵩"，王氏以"崇""嵩"字本同，又聯繫到發願文內有"崇實因業淺，又息別將法和"一語，加之碑陰另一題名作"宇文建"，遂以建崇為兩人而分論之。實則，所謂宇文建、宇文崇者應是一人，即宇文建崇，宇文嵩者別是一人，與建崇無涉。因為果如王氏所說，建、崇為二人，則碑陰題名中既有"崇息""崇妻"，則亦當有"建"之直系親屬，但題名未見其名。又，王氏稱浮圖實際為宇文崇所造，那麼碑陰之"建崇寺"又作何解。事實上，發願文內之"崇實因業淺"與碑陰題名中之"崇息""崇妻"皆為"宇文建崇"之自稱，故略去"建"字而已。又因碑陰題名中"宇文建"後漏刻"崇"字，遂有王氏之誤解。換言之，只有將宇文建崇視為一人，以上所有矛盾始可得到合理解決。

值得注意的是，本造像題名中保留了書者的身份和姓名，這在北朝造像中並不多見，與此相似者有耀縣出土北魏永熙二年（533）五月"儁蒙文姬合邑子卅一人等造像記"，造像題名中有"書人夫蒙顯達"字樣，可參考。

平東將軍造像題字

（見《存逸考》卷一"西安府上"）

石高七寸，廣一尺七寸，四面皆刻畫像，題名刻畫像之間。正書，字數多寡不等。

□□劉子粲、邑子杜子建、邑子劉碩、香□平東將軍右銀青光祿封□、治律常侍逯淵、治律秘書省楷書令史程□。

右一面

典坐秘書省楷書令史劉、邑子、邑子李和、邑子、邑子典士張□、邑子趙壽。

右一面

都維那、邑□□李暉、邑師比丘慧□、邑主內固將軍□伏□、道場主李□□、□□□馬典軍。

右一面

□□□蔡母、□□□女嚴景、□妻宋□女、治律□□、都維那妻王河玉、□場主妻、□□□張洪勝。

右一面（《關中金石文字存逸考》卷一。《金石萃編補遺》卷一。《陝西金石志》卷六。《續修陝西通志稿》卷一四〇。）

[匯考]：

[一]《關中金石文字存逸考》稱："今在西安府城內車家巷南口三聖宮內，呂子珏大令申訪得之。內有'治律常□逯淵'名，淵字不諱，知為唐以前物，書法似北周人書，故列於此。"

校者按：造像題名中有"秘書省揩書令史"一職，凡兩見，"揩"當為"楷"字。查北朝史料，未見有此職之設。《通典》卷三八《職官二〇》（中華書局，1982年，1053頁）稱北齊"其諸省臺府，因其繁簡而置吏，有令史、書令史、書史之屬。……其員因繁簡而立。其餘司專其事者，各因事立名，條流甚眾，不可得而具也"，西魏、北周之情形雖不可知，然本造像所稱之"揩書令史"或即杜佑所稱"書令史、書史之屬"，其職蓋"因事立名，條流甚眾"，以至史未詳書耳。

三原縣令張永達造像

（見《存逸考》卷十"附錄古碑"）

石高五寸，廣九寸四分。四面皆刻佛像，題名刻佛像之間。正書，字數多寡不等。

租婆劉、租婆薛、租婆王照、叔母劉妃、嫂楊女暉、弟孝遠、弟洪遠、兄洪義、叔父顯和、租三原縣令張永達。

  右一面。碑中租字，均當作祖字。

  勝父岐山郡守田柴龍、元父參軍。

  右一面

  勝母李元妃、勝姑岐僧妃。

  右一面

  佛弟子張洪元、像主田勝暉。

  右一面（《關中金石文字存逸考》卷十。《金石萃編補遺》卷一。《魯迅輯校石刻手稿·造像下》。）

［匯考］：

［一］《關中金石文字存逸考》稱："正書，無年月。"

［二］《陝西石刻文獻目錄集存》稱："北周，年月不詳。正書。"

  校者按：造像題名中有"三原縣令"字樣，據《太平寰宇記》，前秦苻堅曾於此地置三原護軍，以其地南有酆原，西有孟侯原，北有白鹿原，故名。北魏太平真君七年置縣，屬北地郡，後隸建忠郡，北周建德初又改屬馮翊郡。又，題名中有"岐山郡守"語，據《隋書·地理志》（中華書局，1972年，809頁），"扶風郡"下有雍縣，"後魏置秦平（校者按：當作平秦）郡，西魏改為岐山郡，開皇三年郡廢，大業初置扶風郡"，如此則本碑當作於西魏、北周時，毛氏置題名於北周應為有據。

造像殘字

（見《存逸考》卷一"西安府上"）

  僅存殘石一片，高二寸，廣一尺二寸。正書，行數、字數無考。

巳日、巳日、□主、化主、治律、治律、都維那、都維那、直維那、直維那朱、典錄成、典錄、典坐、典坐、行唯、行唯、香、香、邑、夫、寶。(《關中金石文字存逸考》卷一。《金石萃編補遺》卷一。《咸寧長安兩縣續志》卷一二。)

[匯考]：

[一]《關中金石文字存逸考》稱："正書，無年月。內有治律、都維那、典錄、典坐等名，未詳所在。"

[二]《陝西石刻文獻目錄集存》稱："魏，年月不詳。正書。原出土于咸寧先縣。"

隋

嚴始榮造像記

(開皇七年　見《存逸考》卷五"咸寧縣")

石高二尺六寸，廣一尺一寸九分。上作佛龕，下刻造像記，共九行，字數多寡不等。正書。

夫玄宗澄靜，藉像形以樹道；蒼生[一]沉淪，價[二]經教以遞[三]音，是以大聖能仁，歸口藏謁[四]。惟開皇七年歲次丁未二月八日，口信佛弟子嚴始榮，故能識悉[五]非常，體口無我，知財非有，割捨家資，為亡父母敬造釋迦石像一區，著[六]於上都，上為帝主人口，及自己身[七]、妻兒[八]眷屬、僧[九]口口口六道眾生、龍花三會，口登初首，因此之功口口口，一時成[十]佛。(《關中金石文字存逸考》卷五。《金石萃編補遺》卷一。《陝西金石志》卷七。《續修陝西通志稿》卷一四一。《咸寧、長安兩縣續志》卷一二。《北京圖書館藏中國歷代石刻拓本彙編》九冊三六頁。)

[校記]：

[一] "蒼生"，《新編》未識作"口口"，今據北圖藏拓補。

[二] "價"，《新編》未識作"口"，今據北圖藏拓補。

[三]"遞",《新編》未識作"□",今據北圖藏拓補。

[四]"藏謁",《新編》未識作"□□",今據北圖藏拓補。

[五]"悉",《新編》未識作"□",今據北圖藏拓補。

[六]"著",《新編》未識作"□",今據北圖藏拓補。

[七]"身",《新編》未識作"□",今據北圖藏拓補。

[八]"妻兒",《新編》未識作"□□",今據北圖藏拓補。

[九]"僧",《新編》未識作"□",今據北圖藏拓補。

[十]"成",《新編》未識作"□",今據北圖藏拓補。

[匯考]:

[一]《關中金石文字存逸考》稱:"新出咸寧縣南鄉。"

[二]《陝西石刻文獻目錄集存》稱:"正書。清代出土於咸寧縣南鄉。"

校者按:《陝西金石志》題名作"嚴姑榮造像記",誤"始"為"姑",當以形近而訛。

扈志碑

(開皇十四年十一月　見《存逸考》卷五"咸寧縣")

碑高七尺一寸,廣二尺八寸。二十八行,行五十七字,正書。額題"大隋上開府城皋公扈使君碑",三行,行四字,篆書,陽文。□□□□□□□□□□□□□□□□□□□□□史城□□開(下缺)觀夫在天成象,眾□□□□□□□地成形□□□□海之大。然則聖王馭□□□□□□□□□股肱心□□□□□棟薨斯寄,良史揚其茂實,樂府歌其德音。尚想古人,清塵莫嗣,公其投跡,芳猷何遠。

公諱志,字須提,魏郡內黃人也。昔者首戴干戈,爰

65

命八風之樂；胸懷玉斗，載表九河之功。崇基累構，長源峻遠，槐棘鬱以交陰，青紫紛而析[一]暎。曾祖周，魏隴西太守，馴民調俗，露惠霜威，境有虎浮之異，門無犬吠之警。及拂衣漳滏，築室雲川，雖蘭移桂徙，而風流未絕。祖興，贈安定太守，藻身浴德，遊藝依仁，賓實光於當世，哀榮洽於邱壟。父敬，儀同三司，寧、鹵二州刺史。政猶風偃，化若神行。甘瓠脯以忻然，酌貪泉而不易。

公岳靈受氣，星精流祉，湛乎萬頃，竦其千仞。儀形秀麗，何止羊車之玉；符彩照人，即是龍池之種。及染近朱藍，梗概文史。□[二]韜鈐之術，好揣摩之書，舌口過人，劍端莫敵。至于彎弧若畫，拂翼貫心之伎；舞筆入神，蠆尾龜文之妙。固以群藝咸舉，我無慙焉。周太祖剖判二□[三]，經營九服，張羅設餌，言求異士，乃引為內親信。魏武晏駕，擢為挽郎，出身殿內將軍，仍加蕩寇之号。大統末，入監御食，濟其不及。鼎實斯調，不失醯醢之和，能辨淄澠之雜。周元年，授都督左侍上士，轉帥都督、宮伯，襲爵鄢陰縣開國男，食邑二百戶，進為大都督、領前後侍二命士，遷左宮伯、都上士。出入九重，往來八襲，宮闈以肅，軒陛生光。保定五年，授使持節、車騎大將軍、儀同三司。於時海內橫分，車書未壹。結罝屢脫，刁斗爭喧。背河面洛之地，飛塵尚擾；拔距投輪之士，衝冠未息。乃敕從齊王憲東襲宜陽。又領所部□張披公於鹿盧交，與賊對戰，前麾挫衂，後騎將奔，彼眾我寡，豺狼得志。公瞋目張膽，氣溢如山，挾雙戟以抑揚，出三軍以奮發。兇徒振駭，煙披沫散。策勳第一，酬庸□[四]在，授驃騎大將軍、開府儀同三司、大都督領兵，增邑二百戶。逮雲旗東指，將會盟津，武王至河而返斾，文帝臨江而未可。雖變化之機，事興帷幄，而首尾之勢，功實居多。帝乃嘉之，賞帛□百段，授開府儀同、大將軍，給鼓吹一部。從討平陽，金湯失嶮，仍隨鑾駕，破高延宗於并州。雲行電轉，山崩水決。既制犬羊之群，即起鯨鯢之觀。進授上開府，封脩武縣開國公，食邑一千四百戶。既而前歌後舞，平蕩鄴城。冀部遊魂，不知天命，蚊攢[五]蚋集，欲競迅雷之威；鷰幕魚釜，自許太山之固。公出從神武，乘勝北馳，右拂左縈，覆其巢穴。建德六年，除使持節、鄭州諸軍事、鄭州刺史。朱驂戾止，清風穆如。兒童馭竹以來迎，貪殘解印而爭去。尋以江淮未靜，仗節南轅，麾旆所臨，若照光景。授右內雄俊中大夫，刺史如故。尉迥猖獗，所在亂階，狼顧鴟張，將半天下。公撫導黎庶，諭以安危。闔境懾[六]然，□羅不[七]□，時有洛州反賊邢流水，聚眾一萬，竊據康城。公折捶驅之，應時瓦解。兼以至誠動物，嘉瑞駢羅，芳樹則連理成陰，□□則含清鏡澈。何必縣令字民能馴乳雉，郡守為政獨返明珠而已[八]哉。

周道陵遲，三靈改卜；大隋啟運，萬國朝宗。贊道少陽，非賢莫可。授太子右宗衛率，賜爵城皋郡開國公。開皇七年，出除使持節、商州諸軍事、商州刺史。

惟公英規拓落，逸氣宏舉，幼懷四海之心，早有萬夫之望。其動也智，其靜也仁。愛敬之方，曾閔□[九]其家範；閨門之內，荀陳謝其士則。時逢多故，驅馳不已，鼓舞橫流之日，軒鼖開闢之初。既而身名並泰，儀台建社，雷動朱輪，雲浮鮮蓋。持滿不溢，豈以富貴驕人？損之又損，惟以謙恭下物。宜其燮理陰陽，正位論道，濟窮民於溝壑，仰吾君於堯舜。而汸桐之露，倏矣不追；集草之塵，俄焉已落。春秋六十六，以開皇十四年二月十九日薨於京師弘政鄉敬仁里。朝旨考其事行，易以嘉名，諡曰容公，禮也。即以其年十一月十二日安厝於大興城西南合郊鄉脩福里。世子車騎將軍、儀同三司世宗等，以為過隙不留，趨庭莫覿，一興霜露之感，三覆劬勞之詠。乃式鑴金石，載序芳菲，縱陵谷之驟徙，庶英名之獨飛。其詞曰：

盛緒休風，蟬聯不窮。承雲命樂，踈河立功。從茲厥後，世襲良弓。閈閤竦峻，珩組玲瓏。自南徂北，東齜西峙。橘性無變，薑辛不已。庭茂芝蘭，門羅杞梓。我憑堂構，必復其始。神衿肅肅，高韻軒軒。如松之茂，如玉之溫。仁義非獎，文武兼存。虛弦雁落，搦管雲奔。三分構業，聿來趨步。千門洞啟，龘飛以赴。函谷封泥，崤山擁霧。抽戈躍馬，載清天路。宣成名立，□□寮。克終克始，無諂無驕。商山布政，穎水班條。暫流時雨，俄逐驚飆。永辭朝市，言歸巖穴。服歷志□，□車緩轍。霜逢□卷（下闕）。

碑中"棟薨"之"薨"，當作"甍"；"結睪"，當作"桔橰"；"杖距"之"杖"，當作"拔"；"獨返明珠"句，而字下脫一"已"字。(《關中金石文字存逸考》卷五。《金石萃編補遺》卷一。《陝西金石志》卷七。《續修陝西通志稿》卷一四一。《咸寧、長安兩縣續志》卷一二。《善本碑帖錄》八九頁。《北京圖書館藏中國歷代石刻拓本彙編》九冊九三頁。)

[校記]：

[一]"析"，《新編》未錄，北圖藏拓似作"析"，今姑據補。

[二]"□"，《新編》空而未錄，北圖藏拓模糊難辨，今以"□"代。

[三]"□"，《新編》空而未錄，北圖藏拓模糊難辨，今以"□"代。

[四]"□"，《新編》空而未錄，北圖藏拓模糊難辨，今以"□"代。

[五]"攢"，《新編》錄作左"虫"右"贊"，北圖藏拓同，當是

"攢"之譌，今據改。

［六］"儡"，《新編》空而未錄，今據北圖藏拓補。

［七］"羅不"，《新編》作"□不"字，今據北圖藏拓補。

［八］"而已"，《新編》與北圖藏拓均作"而"，據上下文意，"而"後應缺"已"字，今據補。

［九］"□"，《新編》空而未錄，北圖藏拓模糊難辨，今以"□"代。

[匯考]：

［一］《關中金石文字存逸考》稱："此石未經前人著錄，同治時出咸寧南鄉，然不能實指其處。志於周隋時以軍功顯，周隋書及北史均未立傳，賴此碑以傳，金石刻之功豈淺鮮哉。《隋書·元亨傳》，尉遲迥作亂，洛陽人梁康、邢流水等舉兵應迥，旬日之間，眾至萬餘。碑中所言邢流水，即指此事。碑云邢流水據康城，《方輿紀要》云康城在河南禹州西北三十里，夏少康故邑，後魏孝昌中置康城縣，屬陽城郡。夫尉遲迥，固周之忠臣，邢流水起兵應迥，亦周之義士。惟隋人呼之為賊耳，而不知己之篡弑乃真為國賊也。後人讀史于此等處須明眼觀之，庶不致顛倒是非，變亂黑白。余嘗以為，自曹魏篡漢後，以至北宋，惟元魏及五代後唐、後漢得國尚正，餘皆篡弑相仍，如出一轍，其時盡忠本朝之士，修史者率以叛逆目之。……緣修史之人，多事二姓，己既失身，不得不污蔑正人以掩己之惡。又前朝忠臣，新主所忌，所謂盜憎主人是也，故謬為曲筆以逢迎之，其用心亦良苦矣。"

又稱："碑云封城皋郡公，皋即皋字。《隋書·地理志》：滎陽郡滎陽縣，舊置滎陽郡，後齊省卷、京二縣入，改曰城皋郡，開皇初郡廢。志封郡公，蓋在未經廢郡之前也。《說文》'本部'（本讀若滔，與本字異），皋皋，氣白之進也，從白從平（古勞切。《說文》：本，進趣也，故皋字亦訓進）。是成皋之皋本作皋，自隸變為皋，別體遂出。……又案，地以皋名，一訓高；《詩·大雅·綿》之詩曰'迺立皋門，皋門有伉'。《毛傳》：'王之郭門曰皋門。'伉，高貌，《禮記》：'明堂位庫門，天子皋門。'鄭康成注曰：'皋之言高也。'陶淵

69

明《歸去來辭》'登東皋以舒嘯'，既曰登其地，必高矣。一訓澤；《詩·小雅》'鶴鳴於九皋'，《毛傳》云：'皋，澤也。'《韓詩》：'九皋，九折之澤。'《春秋·昭二十八年·左氏傳》'御以如皋，射雉獲之'，杜注云：'為妻御之皋澤。'一訓澤曲；《離騷》'步余馬於蘭皋'，注云'澤曲曰皋。'《漢書·地理志》：河內郡有平皋縣。應劭曰：'以其在河之皋處，勢平夷，故曰平皋。'應氏所謂'河之皋處'，即河之曲處。澤之曲，曰皋；河之曲，亦可曰皋也。《方輿紀要》云：漢成皋城，在河南汜水縣西北。平皋城在河南懷慶府城東南七十里，入溫縣界。"

又稱："案北周文帝欲行周官，命蘇綽專掌其事。綽卒，盧辯成之。自是，官制屢改。故《北史·盧辯傳》云'朝出夕改，莫能詳錄'，《隋書·百官志》有後齊而無北周，蓋以其梗概具辯傳中也。馬端臨《文獻通考》'職官·官品·命數門'亦載北周官制。又案《北周書·李遠傳》有'大丞相親信'，此碑內親信，即其類也。《泉企傳》有'左侍上士'，《宇文護傳》有'宮伯'，《宇文孝伯傳》有'左、右宮伯'，其加都督者，則兼官也。《裴寬傳》有'司金二命士'，碑中'前後侍二命士'，亦即此類。又考《文獻通考》'職官考'云：凡士一命而受爵。《周禮》'爵及命士'，故云一命而受爵。是命士之名，亦周制也。考志於襲封鶉陰縣男之後，時已有爵，始領前後二侍，故曰命士也。'右內雄俊中大夫'，蓋勇爵也，《隋書·達奚長儒傳》有'左前軍勇猛中大夫'，亦即此類。碑云：保定五年，勅從齊王憲東襲宜陽。又領所部□張掖公於鹿盧交，與賊交戰，策勳第一。案'鹿盧交'，地名，見（校者按：《存逸考》無見字，據文意補）《北齊書·斛律光傳》。'張掖公'者，宇文傑也，即王傑，賜姓宇文氏。又案《北周書·魏元傳》：天和元年，陝州總管尉遲綱遣元（校者按：元，當為玄字，避康熙諱改）率儀同宇文能、趙乾等步騎五百於鹿盧交南邀擊東魏洛州刺史獨孤永業，敗之。案《北周書》之'鹿盧交'即《北齊書》之'鹿盧交'矣，兩國交兵。此為出奇制勝之所也。"

[二]《陝西石刻文獻目錄集存》稱："此石于清同治年間出土于咸甯南鄉（《帖錄》雲出土于清道光年間），已佚。"

校者按：碑中所稱之"鹿盧交"，毛氏已有論述，但尤有可申論之處：首先，所謂"鹿盧交"者，實為兩地，《隋書·李穆傳》（中華書局，1972年，1116頁）稱"天和中，進爵申國公（據《北史》穆本傳，其進爵申國公在天和二年），持節綏集東境，築武申、旦郊、慈澗、崇德、安民、交城、鹿盧諸鎮"，則"鹿盧交"即穆所築"鹿盧""交城"二鎮，因其地密邇相接，故史書以"鹿盧交"連稱耳，其地正當北周東境，為周、齊交戰之前沖要地；其次，碑所稱發生於"鹿盧交"之戰役，其時當在北齊武平元年（570），即北周天和五年，去李穆修築兩城不到三年。關於此次戰役，《北齊書·後主紀》未置一辭，《周書·武帝紀》（中華書局，1972年，78頁）則稱"是冬，齊將斛律明月寇邊"，未言勝負，實則大敗，《北齊書·斛律光傳》（中華書局，1972年，224頁）記此戰經過稱"周將張掖公宇文桀、中州刺史梁士彥、開府司水大夫梁景興等又屯鹿盧交道，光擐甲執銳，身先士卒，鋒刃才交，桀眾大潰，斬首三千餘級"，即碑所稱"又領所部□張掖公於鹿盧交，與賊對戰，前麾挫軔，後騎將奔，彼眾我寡，豺狼得志"。至於碑後文所渲染的勝利，不過是碑誌常有的誇飾之辭，不足采信。

滕欽造天尊像記
（開皇十六年四月　見《存逸考》卷一"西安府上"）

石高三寸，廣四寸，共三石，刻字十六行，正書，字數不等。

開皇十六年四月廿日，道民滕欽為家內大小，敬造天尊像一区訖[一]。

□父曠野將軍、殿中司馬歸洛、伯父洪暉。

右一石

亡母龐富女、妻劉阿醜、女□□。

右一石

男□和、男默奴、男枕榮、男小榮、男阿老、男阿陸。

右一石（《關中金石文字存逸考》卷一。《金石萃編補遺》卷一。《陝西金石志》卷七。《續修陝西通志稿》卷一四一。《咸寧、長安兩縣續志》卷一二。）

[校記]：

[一]"訖"，《新編》所錄只左半"言"旁，審文意，當是"訖"字，今據補。

[匯考]：

[一]《關中金石文字存逸考》稱："此石近出西安。題字無多，楷法極為精整，今則未詳所在矣。"

[二]《陝西石刻文獻目錄集存》稱："正書。清代出土於西安，已佚。"

德陽公碑

（見《存逸考》卷八"醴泉縣"）

碑之長短廣狹及行數、字數未詳。額題"大隋柱國德陽公之碑"，九字，篆書。

若夫□□人達（下闕）。未始□以一心可事百君□□□□□□楚材□□晉用，然後書功竹素，□銘鐘鼎，□□合□其（下闕）烏氏人也。晉為盟主，弘乃御戎，漢□□□松□受邑□□□傳芳於拙隱□擅若□□□□□□□可得□言矣。祖□□□武衛將軍（下闕）□□□□謚□公。運屬興王，時逢卜洛，存握□於禁□□

□□□□□□□□□□□□□大總管府滄州刺史，除司空公，有□□傑殊稱□夢□三刀，遂增榮於六府，公秉□冲氣，□神□岳□□繼禮悟邁□□□超□□□□□□□□□郎有巢阿之□，早為□太祖所知，□□文宣□□處時，年才□學，智已大成，踵武□□，追蹤衛霍，豈直□□之□□□□□□益尋□□□□□□□□□贈□□□□魏□□□□□論□□□□□（下闕）□見親厚，俄除驤威將軍、員外奉朝請，寵光□號号榮□二□□□□□□□□簪□□□服□□□□□□□□□□□□□□□（下闕）不□時，推食解衣，賞無虛日。授御庫真直長，□□蕩□□□□衛職□□□□□□□□□□□聞□□之力，莫不□其衡□□□□□□□□□□□□□謙光，每授受之次，必深存搗挹。俄□□劍無□故爵位未□□□內猶真，齊都督□□□□□將軍舊□□□□□□其□從於內寢，捍□□□□□□□□□岳國，齊王率眾東伐，師次伊川，公領騎北芒，兵交洛汭，擊□將之決獨□□□□□□□□□□□男爵，授都督雍州諸軍事、雍州刺史，封平□□□伯。擁旄揚斾，□群牧之尊；鳴玉析珪，表諸侯之貢。尋加驃騎大將軍、□□直閣□□□儀同三司。霍□姚之出塞，功□絕□□□□之居□□□□□周武帝親鳴鉦鼓，躬馭貔貅。孟津有再駕之師，晉陽無□校之□，齊□□行□窘□□□□□□勇亡□□□□率所領備身，並皆用□□□□□□壽春之報，無救夷陵之禍。於是計□力屈，釋甲投戈，初從文御之禮，更荷純臣之遇。周□使持節□開府儀同、大將軍，封德陽郡公，食邑一千五百戶。□□□燕入趙，昌國君之爵命；背楚□漢，淮陰侯之典□。擬必□倫，斯之謂也。俄□□□□虎賁中太□黃扉金印己□□□儀槐而比棘，青組銀章，復乘軒而□□□□□尉

□迴俶擾三魏，叛換兩河，引天齊而包地□，塞成皋而臨□□，□甚□理眾均□□□□上時推納揆□開霸業□廟□□□勳節之兵□□□□□□□□ □□（下闕）□□□□□□□□□□□七之戎斯授，乃以公為行軍總管。公密運豹韜，深□虎穴，蹤□□□識成□□之勢，克□□猾，實□□□，授大將軍，尋轉柱國，□封一子，□□□□□□□□（下闕）任專屯□，柏梁有鎮撫之辭；官如丞相，祔人有□□之秩。固乃以□□而非真□前拜□□□光□，談者為榮。洎乎俗變弦歌，□逢樹□□□□□□（下闕）□□□同出羽儀□攀鯖。衛王以帝弟之尊，鎮之隴右，凡□□□妙選英傑□□詔用公以□王之副，仍帶□官，別道行軍。公□略有方□□□□□□□□□柝之警，荒服來款關之貢。朝旨褒稱，宣示遐邇。涼□□□□□州□我戍□北闕，路通西域，接流沙於千里，統強兵於五郡。自□□□□□ □□□□□□（下闕）持節、總管涼甘瓜三州諸軍事、涼州刺史。臨飛□之城，□□□之地。護羌校尉，非無別□；居延屬國，摠入宣條。公正身率下，乘□奉上。□□□□□□□□□□□□（下闕）□遠安邇肅，風移俗改，烽侯不□□□□□□□□□□□□□寇恂之借□□□□□月十四日，薨於京第，春秋七十有九。惟公經文□□□□□□□□□（下闕）□□墳素，銳意兵戈，價□三□□□雨□□□□□□□□之□其撫□昔在□□□□□舉□□□□□□屬□榮，爰及□□□□□□□□□□□□（下闕）由□□□比大□□何之□以其年□月廿九日，厝於九嵕山□□塋之□□□□□□□也。嗣子武泉郡開國公孝讓□□□□□□□□遵之□□ □□（下闕）欲旌德於廟□，乃□碑於神道。其辭曰：

　　□□□□，□□□□，□□□□，□□□□。□□□

□，□□□□，□□□□，（下闕）星辰降祉，□□□□。玉田流潤，□豌□芳。□猗於□，德繼□前。□□□□，□□歲□。□□技□，知□心通。理□□□，□袖漁□□□□□□□□□（下闕）禮度，從□□□。仁者必勇，□者不□。出□入□，自家形國。□□柔□，□□□□□□□司□感升降密□□□□□□□□□□□□□□□□（下闕）威名遠張，震□□泉，□□□□楚降□之□虎□槐其□□下□□內□聲華□□□西寄□□□□□□□□□□□（下闕）之金，□含榮□，無犯無侵，□□□□□□音□□□□光陰□□□□□□□□武庫□唐□陵松□□□令□□□□□□□□□□□□（下闕）□□□□□□□□□□□□□□□。（《關中金石文字存逸考》卷八。《金石萃編補遺》卷一。《昭陵碑考》卷一一。《陝西金石志》卷七。《續修陝西通志稿》卷一四一。）

[匯考]：

[一]《關中金石文字存逸考》稱："此碑今在醴泉縣昭陵墓田之內，一云在醴泉叱幹村，距縣九十里。碑額篆書，陽文，題曰'大隋柱國德陽公之碑'，平湖孫桂珊氏三錫著《昭陵碑考》，曾錄其文。鳳枝又以拓本證之，其可識者有曰：'……。'此其大略也。案碑中三代名諱及本人之名均已磨泐。因碑云'晉為盟主，弘乃禦戎'，係用《左傳》梁弘禦戎事；'漢□□□松□受邑'，係用《後漢書》梁松嗣封陵鄉侯事；'傳芳於拙隱'，係用《後漢書》梁鴻事。而安定烏氏實為梁氏郡望，故定為梁君，而其名則不可考矣。碑中所謂齊王，則西魏宇文泰子齊王宇文憲也。此碑存字無多，而書法精整，實隋刻之佳者。《文獻通考》：貞觀十八年，太宗詔營山陵於九嵕山之上，左右兆域內禁人無得葬埋，古墳則不毀之，故此碑得存也。"

[二]《昭陵碑考》稱："右碑磨泐特甚，撰、書人名不可考，惟

75

額尚存，題'大隋柱國德陽公之碑'九篆字，墓中人姓名亦不可考。……有云'□府虢州刺史司空與文宣'云云，文宣北齊顯祖高洋，又云'除驤威將軍、員外'，此公在齊所除官位。又云'周武帝親鳴鉦鼓，躬馭貔貅'，又云'壽春之報，無救夷陵之禍，於是計□力屈，釋甲投戈'，此指周武帝建德五年十月總戎伐齊事。《北史·武帝紀》云'十二月，齊主自將輕騎走鄴，周主詔齊王公以下，示以順逆之道，於是齊將帥降者相繼'，據碑所云似亦在此時降于周也。又云'周使持節□、儀同、大將軍，封德陽郡公，食邑一千戶'，又云'以公為行軍總管，又授大將軍，尋轉柱國，封一子'，此在周所除之秩也。又云'王以帝弟之尊，鎮之隴右'，又云'使持節、總管涼甘瓜三州諸軍事、涼州刺史'，此指在隋所除之官。考《北史》，隋文帝子秦王俊，開皇三年遷秦州總管、隴右諸州盡隸焉，即碑所謂'帝弟之尊，鎮之隴右'是也，德陽公亦在所隸也。……考北朝梁氏為安定烏氏人，德陽公或亦梁姓也。此碑雖在昭陵墓田之內，而非陪葬者。因在其地，故附錄之。其書法頗似虞永興'廟堂碑'，不知是虞書否也。"

校者按：此碑碑主如毛氏所考當出安定梁氏，梁姓為魏晉以來隴右著姓之一，頗有人物。志主一生經歷頗為曲折，初仕北齊，宇文邕東伐時降周。入周後據碑文所載，應參與了平定尉遲迥之亂。隋受周禪，梁氏頗受重用，歷職西北甘、涼地區時為穩定和發展與邊境民族關係做出了一定貢獻。至於碑中所稱"帝弟之尊"者，《昭陵碑考》以為即秦王楊俊，不確。碑中"王"前有"衛"字，当为其封爵，查《隋書》宗室諸王傳，封衛王者只有衛昭王爽，傳稱爽"字師仁，小字明達，高祖異母弟也"（中華書局，1972年，1223頁），則碑所稱"帝"為文帝楊堅而非煬帝楊廣。又，傳敘爽歷官云"及受禪，立為衛王。尋遷雍州牧，領左右將軍。俄遷右領軍大將軍，權領并州總管。歲餘，進位上柱國，轉涼州總管"，與碑所稱"鎮之隴右"者相合。合而論之，碑所稱衛王當即楊爽無疑。又，碑稱梁氏"詔用公以□王之副，仍帶□官，別道行軍"，則其似乎參與了楊爽北伐沙鉢略可汗的戰爭。關於這次戰爭，史稱"大軍北伐，河間王弘、豆盧勣、竇榮定、高熲、虞慶則等分道而進，以爽為元帥，俱受爽節度"（《北史》，中華書局，1974年，2454頁），梁氏或即分道進擊之一部，而史未載其名耳。

強伏僧造像
（大業三年四月　見《存逸考》卷十"汧陽縣"）

　　石高一尺，廣三寸八分。碑陽、碑側皆作佛龕。記刻碑側，共五行，正書，左行字數多寡不等。
　　大業三年四月八日，佛弟子強伏[一]僧□出宏願，減割家珍，造四面像一區。為至尊、皇后、師徒、歷劫七世父母，所[二]生父母，及善知識離苦寿樂，龍三[三]会，彌勒出世，願在初首。
　　右碑側。后即后字。
　　妻徐暉容、息光[四]和、息光玉、息玉蘭。
　　右碑陽（《關中金石文字存逸考》卷十。《金石萃編補遺》卷一。《汧陽述古編》卷一。《陝西金石志》卷七。《續修陝西通志稿》卷一四一。《魯迅輯校石刻手稿·造像下》。）

[校記]：
[一]"伏"，《魯迅輯校石刻手稿·造像下》作"佐"。
[二]"所"，《新編》未錄作"□"，今據《魯迅輯校石刻手稿·造像上》補。
[三]"龍三"，《新編》未錄作"□□"，今據《魯迅輯校石刻手稿·造像下》補。
[四]"光"，《魯迅輯校石刻手稿·造像下》作"先"。

[匯考]：
[一]《關中金石文字存逸考》稱："成都李雲生大令嘉績訪得於

77

汧陽。"

［二］《汧陽述古編》："右隋'強伏僧造像記'，在汧陽縣城東龍泉山普濟寺。石高一尺三寸，徑四寸五分。四面作種種佛像，前、左兩面鎸記，正書。左行字雖不工，頗有古拙之趣。記中'至'字下三字，模糊不可識。枝案：河南洛陽龍門北魏正光三年'比邱慧暢造像記'云'仰為皇帝、太后、師僧父母、兄弟姊妹、一切眾生'云云，是此後'至'字下當是'尊'字，'尊'字下當是'皇后'二字。蓋'后'字即北魏'慧暢造像記'之'后'字也。北魏別體字最多，每有字書所無者，俗所謂攔路虎比比皆是。近得一法，以碑證碑，往往十得八九。……此石未經前人著錄，李雲生大令始訪得之。"

唐

太倉粟窖磚文
（貞觀八年十二月　見《存逸考》卷一"西安府上"）

　　磚高一尺，廣七寸二分，題字七行，正書，字數多寡不等。
　　貞觀八年十二月廿二日，街東從北向第二院北，向南第三行，從西向東第十三窖納轉運敖倉粟四遷，碩太倉署史郭威、監事馬斌、丞方善才、令蕭和禮、右監門翊衛扈子光、左監門翊衛宇文英、司農丞鄭務、司農卿武城男崔樞。
　　四遷之遷，當作千；碩即石字。（《關中金石文字存逸考》卷一。《金石萃編補遺》卷一。《八瓊室金石補正》卷三〇。《匋齋藏石記》卷一七。《北京圖書館藏中國歷代石刻拓本彙編》一一冊六二頁。）

[匯考]：
　　[一]《關中金石文字存逸考》稱："此磚當出西安，今久逸矣。"
　　[二]《匋齋藏石記》稱："右按《舊唐書·職官志》：太倉令廩藏凡鑿窖置屋，皆銘磚為庚斛之數與其年月日受領粟官吏姓名，此磚記其方向並第幾窖及倉令、丞、監事諸人名，皆與志合，故定為太倉窖之銘磚。志言：太倉署令三人，丞二人，史二十人，監事十人，兼

言司農丞、司農卿者，以太倉署屬司農卿也。司農卿，職掌邦國倉儲委積之事，總上林、太倉、鉤盾、導官四署，惟左、右監門翊衛不隸司農，或以翊衛監造倉窖，例得附書，亦未可知。其謂'轉運敖倉粟'，《唐書》'職官'、'食貨'二志，不言敖倉所在。《新書·裴耀卿傳》'數東幸以就敖粟'與《李密傳》'敖庾之粟，有時而賜'，似泛指黎陽、洛口諸倉而言，不必果有敖倉也。"

[三]《八瓊室金石補正》稱："右'敖倉粟窖題字'。四遷，當是用為四千，下空一格無字，'碩'用為'柘'。《新唐書·百官志》：司農寺卿一人，從三品；丞六人，從六品上。掌倉儲委積之事，總上林、太倉、鉤盾、導官四署。太倉署令三人，從七品下；丞五人，從八品下；監事八人，史二十人。翊衛，正八品上，分配各衛。《六典》'凡鑿窖置屋，皆銘磚為庚斛之數與其年月日受領粟官吏姓名'，此文當刻於磚也。宜興湯氏曾得'和糴窖題字'四種，亦係磚刻。《金石續編》'和糴磚文'跋云：宋呂大防《唐宮城圖》'太倉在宮城西偏'。元李好文《圖志雜說》云'宮城西有小城垣，即掖庭宮，其處止可容置一宮，而圖乃以太倉雜處其中，大非所宜'，故李圖宮城西偏無太倉，不能確指所在也。《宰相世系表》崔氏清河大房有名樞者，官秘書監，未知即此崔樞否？又《唐書·薛收傳》云：所薦豪俊士，若任希古、高智周、郭正一、王義方、孟利貞、鄭祖元、鄭元挺、崔融等皆以才自名，時代相符，當即其人。"

齊士員造像記

（貞觀十三年歲次己亥正月乙巳朔　見《存逸考》卷七"三原縣"）

石高一尺三寸，廣六尺四寸。中刻佛像，前後刻造像記并題名。後刻地獄變相及題字，共七十二行，每行二十三字、二十字，字數不等。正書。

貞觀十三年歲次己亥正月乙巳朔一日，右監門中郎將、延陵子齊士員，恒州行唐人也。王保府折衝都尉趙伽，頻陽府田阿女，懷信府果毅都尉獨孤範，天齊府斛律環，長豐府王仁感，頻陽府關文瓚，左右監門校尉、三原縣令、檢校陵署令崔鏨[一]玉、署丞裴珉，內省禦侮尉郭元宗，陵寢二所宿衛人呂村、任村、王村、劉村、朱村、唐祿村、房村、袁呂村、謝村宿老等，但士員奉詔，賜以終身供奉陵寢，許生死不離宮闕，縱令灰骨喪軀，無能報國。今分割宦祿之資，為太武皇帝、太穆皇后，敬造石佛殿一所，并造彌陀像、二菩薩、師子香爐座，四面為宮內存亡寫金剛波若、觀世音經各一部，及一切經目。昔前漢數終□運，長安絕跡三[二]年，後隋歷季之期，天下分崩累載。軍兵箕斂而給，黎庶析骸而食。皆悲杼柚之空，咸結傾[三]匡之恨。金符去其王室，玉帛出自私門。四國是遑，三川若沸。太上皇應天順命，伐罪吊民。發義晉陽，除兇京輔。八荒懷服，萬國朝宗。率土來蘇，群生再造。荷斯極[四]□，建此神功。託聖德以濟[五]橫流，仰慈悲而登彼岸。設使高山銷[六]鑠，大谷陵移。冀等日月而長懸，同天地之永固。此報聖上之恩，冀存萬代。但恐無識之徒，輒有輕毀。後若有人敲打佛像，破滅經字者，願當[七]來世恒墮三塗地獄，世世不復人身，常值災窮之報。後刻佛像二尊、香爐座，另行題曰：

太武皇帝穆皇后供養石像之碑

若夫妙覺誕因，庶[八]幾綿劫。塵磨天[九]地，籌斬灌聚[十]。草木與□壁同華，日月與邱陵等觀。皆有生滅之起[十一]，無分[十二]帝王之果[十三]。太武皇帝早感樞星，晚逢電影。開基榖[十四]右，則天啟聖。升霞而去閶闔，橋山而葬衣冠。穆聖后德並乾坤，明同日月。不終十善[十五]，早棄六宮。同寢獻陵，永辭長樂。高陵與靈岳等峻，夜臺共渭水俱深。陵廟近，松楊悲，笳管息，人禽思。上柱[十六]國、延陵縣開國子齊士員，宿殖善根，家傳妙勝。早悟正覺，共敬育王。義旗同[十七]盟，即沾佐命。心如白水，節等秋霜。悟大品而識大乘，辯大悲而歸大智。聚沙為塔，累璧成臺。妻捨生資，夫施象馬。求妙絕之工，開秘密之藏。初[十八]雕玉石，開[十九]發金光。為彌陀像一區、二衛菩薩，太武皇帝、穆皇后二聖供養，萬劫崇善，梵響長聞，香煙[二十]不絕。金山寶崛，狐兔不栖；淳潭深海，蛙蠅不宿。無二之性，即是法性；心無生滅，即是涅槃。塵滿由旬，衣拂大石。塵消石盡[二一]，福報斯隆。祇闍之山，重逢湧出。無量壽國，宛在目前。其銘曰：

帝膺紫宸[二二]，后歸真淨。福興天連，業同主聖。臣悟三空，為脩八正。萬善修緝，十力雕瑩。無去無來，湛然常定。永安天闕，長歸法性。

右監門中郎將、右勳衛郎將、檢校左右領府郎將、長樂宮大監、定州刺史、上柱國、延陵縣開國子齊士員；曾祖常[二三]，□[二四]平南將軍、豫州汝南郡太守；祖恩，齊尚食[二五]典御；父羨[二六]，隋荊州記室參軍；兄傲，隋盧州司兵參軍；妻呂氏，延陵郡君；世子小[二七]師，右翊衛。息世武，文德皇后挽郎；息世文、世才、世貴；孫神感、神法、神雨。世文已下並幼，未登仕。長女潘水府果毅和直妻，女娘兒。然士員早承華緒，先人餘福。開皇之歲，宿衛宮闈。尋配兵曹，以為品子。久滯武庫，未騁文房。大業末年，乾綱落紐。幸逢開闢，運屬周旋。立佐命之元勳，成割地之鴻業。義旗之始，即授正議大夫、左一軍頭。惟幄之中，決勝千里。陣場之上，身敵萬人。爵賞既隆，領禁天闕[二八]。每承機要三十餘年。太武皇帝壽極升霞，即奉敕於獻陵供奉，生死[二九]不離。仍於陵後千步賜以塋域。既盡君臣之禮，冀申忠孝之誠。建功業於前，存正念於後。立頌報德，勒石記恩。庶使萬古千秋，湛然不朽。

造像記後刻閻羅王像，一卒持蓋，一吏捧文書於前。後畫荷校者三人，又畫虎、狼、鹿、犬、鼠、兔、飛禽之類，禽獸亦有荷校者，上刻題字云：

王教遣左右童子錄破戒虧律道俗，送付長史，令子細勘。當得罪者，將過奉閻羅王處分。比丘大有雜人，知而故犯，違律破戒，及禽獸等，造罪極多。煞害無數，飲酒食宍，貪淫嗜欲，劇於凡人。妄說罪福，誑惑百姓。如此輩流，地獄內何因不見此等之人。閻羅王教遣長史，子細括訪，五五相保，使得罪人，如有隱藏，亦與同罪。仰長史括獲，並枷送入十八地獄，受罪訖，然後更付阿鼻地獄。

題字之後又畫僧徒四人，後刻題字云：

王教語長史，但有尊崇三教，忠孝竭誠，及精進練行，□□□，□庶苦[三〇]勤。祇承課役，如[三一]此之徒，不在括限。(《關中金石文字存逸考》卷七。《金石萃編補遺》卷一。《續語堂碑錄丙》。《唐文拾遺》卷一二。《非見齋碑錄》。《陝西金石志》卷七。《續修陝西通志稿》卷一四一。《碑帖敘錄》二一六頁。)

［校記］：

［一］"毉"，《新編》未識作"□"，今據《唐文拾遺》《非見齋碑錄》補。

［二］"三"，《新編》作"之"，疑誤，今據《唐文拾遺》《非見齋碑錄》改。

［三］"傾"，《新編》未識作"□"，今據《唐文拾遺》《非見齋碑錄》補。

［四］"極"，《新編》未識作"□"，今據《唐文拾遺》《非見齋碑錄》補。

［五］"濟"，《唐文拾遺》《非見齋碑錄》作"渡"。

［六］"銷"，《新編》未識作"□"，今據《唐文拾遺》《非見齋碑錄》補。

［七］《新編》"當"後空一格，《唐文拾遺》《非見齋碑錄》作"當當"，以上下文意推之，後一"當"字應為衍文，從刪。

［八］"庶"，《唐文拾遺》《非見齋碑錄》作"歷"。

［九］"天"，《唐文拾遺》《非見齋碑錄》作"大"。

［十］"籌斬灌聚"，《新編》未識作"□□□□"，今據《唐文拾遺》《非見齋碑錄》補。

［十一］"起"，《新編》未識作"□"，今據其他各本補。

［十二］"分"，《新編》未識作"□"，今據其他各本補。

［十三］"果"，《新編》未識作"□"，今據其他各本補。

［十四］"殷"，《新編》未識作"□"，今據其他各本補。

［十五］"善"，《新編》未識作"□"，今據其他各本補。

［十六］"柱"，其他各本所錄無。

［十七］"同"，《新編》未識作"□"，今據其他各本補。

［十八］"初"，《新編》未識作"□"，今據其他各本補。

［十九］"開"，《新編》未識作"□"，今據其他各本補。

［二十］"煙"，《新編》未識作"□"，今據其他各本補。

［二一］"盡"，《新編》未識作"□"，今據其他各本補。

［二二］"宸"，其他各本作"震"，據文意，當以"宸"為是。

［二三］"常"，《新編》未識作"□"，今據其他各本補。

［二四］"□"，諸本此字均未識作"□"，然以後文祖"齊尚食典御"、父"隋荊州記室參軍"句例推之，當是"魏"字。

［二五］"食"，《新編》作"令"，誤，今據其他各本改。

［二六］"羨"，《新編》未識作"□"，今據其他各本補。

［二七］"小"，《新編》空此格未錄，今據其他各本補。

［二八］《新編》所錄自"左一軍頭"直接"領禁天闕"，中間"惟幄之中，決勝千里。陣場之上，身敵萬人。爵賞既隆"二十字據其他各本補。

［二九］"生死"，其他各本作"死生"。

[三〇]"庶苦",《新編》未錄作"□□",今據其他各本補。

[三一]"如",《新編》未錄作"□",今據其他各本補。

[匯考]:

[一]《關中金石文字存逸考》稱:"此碑當出三原縣獻陵。士員為守陵之官,故為太武皇帝、太穆皇后造像,以資冥福。太武皇帝,唐高祖也。(《新唐書·本紀》:高祖初諡太武,廟號高祖。上元元年,改諡神堯皇帝。天寶八載,諡神堯大聖皇帝。十三載,增諡神堯大聖大光孝皇帝。)太穆皇后,竇后也。(《新唐書》本傳:竇后初諡曰穆,及祔獻陵尊為太穆皇后。上元中,益諡太穆神皇后。)碑刻于唐初,而書法精整,頗得隋人楷法。所載守衛陵寢制度,亦可以資考證。碑書'斛'作'百升',《通鑒·陳紀》太建七年'北周勳州刺史韋孝寬間北齊將斛律光,密為謠言曰:百升飛上天。祖珽與光相惡,解之曰:百升者,斛也','百升'字本此。又碑中'升遐'之'遐'作'霞','蛙黽'之'黽'作'蠅',當係筆誤。《新唐書·地理志》京兆有府百三十一,今有名者僅十一府,此碑所載之王保府、頻陽府、懷信府、天齊府、長豐府、潘水府,共六府,皆百三十一府中所逸之名也,可補地志之闕。《新唐書·百官志》:左、右監門衛將軍所屬中郎將各四人,正四品下。又有校尉三百二十人,武散階,從八品上。曰禦侮校尉,從八品下;曰禦侮副尉、左右領軍尉、左右郎將各一人,正五品上。宗正寺卿所屬諸陵臺令各一人,從五品上;丞各一人,從七品下。本名陵署令,天寶十載改,獻、昭、乾、定、橋五陵,署為臺,升令品,碑中崔某蓋以三原縣令兼檢校陵署令也。三原在唐為畿縣,畿縣令正六品上。司農寺卿所屬京都諸宮苑總監各一人,正五品下。長樂宮監之名,《新唐書·百官志》未載。案《方輿紀要》云:漢長樂宮在今陝西西安府城西十四里長安故城東隅,週二十里,本秦興樂宮也。漢高帝五年都長安,九月治長樂宮,七年宮成。東漢初廢,西魏以後復修治之。隋大業十三年,唐公淵軍馮翊,進趣長安,命世子建成等自永豐西趨新豐,進至長樂宮是也,天寶以後廢。此碑刻於貞觀時,故有長樂宮監之名。其後宮廢官省,故《百官志》未載其名也。碑云士員嘗為'左一軍頭',《百官志》'左右果毅都尉'下注云:武德元年改鷹揚郎將曰軍

85

頭，正四品下。"

［二］《語石》稱："以我法喻之，釋迦彌勒之類，聖賢象也，此則如杏壇闕裏諸圖及與武梁石室畫周秦故事正同。此後唯吳越王金塗塔，亦繪梵夾故事。雕鏤精巧，得未曾有。"

［三］《八瓊室金石補正》稱："右刻經無年月，上半磨泐，當在陝西。《關中金石記》有重興寺石柱刻經，疑即此種。"

校者按：毛氏所錄造像文字未全。據張總《初唐閻羅圖像及刻經——以〈齊士員獻陵造像碑〉拓本為中心》一文介紹，本碑拓本共有三紙，現藏於北京大學圖書館善本部。其基本情況，張文描述稱"此拓本現編號為藝風堂20123B號，存三紙。第一紙高48、寬160釐米。其中央為香爐與二舞菩薩的線刻圖，兩側刻文，文與圖十分接近。起首為紀年與齊士員等相關人士造佛殿像刻經之記。文20行，滿行23字，界格1.8、字徑1釐米。後段題《太武皇帝穆皇后供養石像之碑》，共22行（內容未完），字格同上。第二紙高55、寬88釐米，前段為接上第一紙的碑文，共11行，行20字。界格2、字徑1.5釐米。後段為線刻閻羅王審斷圖，上配冥律。第三紙高112、寬89釐米。共51行，行58字。字徑同上。全刻佛經，上部漫泐，下部可識，知前段為《觀世音經》，後為《金剛經》"。經張氏實際考察，齊士員造像位於獻陵東北一公里三原縣與富平縣交際處。前置石佛殿，後5米處為石座，均南向。三紙拓片出自石座的正面與右側面、石佛殿的右側面。據此，張氏指出前人著錄、研究此碑存在不足，其文略云"如《藝風堂金石文字目》著錄此條為'齊士員造像並心經'，實際此拓之刻經內容為《觀音經》與《金剛經》；《語石》未及刻經等內容；毛鳳枝《新編》有錄文及閻羅圖文描述，《關中金石文字存逸考》有碑文及部分考證，亦未及刻經部分；陸心源將此拓分為《太武皇帝穆皇后供養石像之碑》與《獻陵造像碑》錄入《唐文拾遺》，亦未明其間關係及閻羅刻經等；《八瓊室金石補正》卷七八有'上柱國趙文會經刻題名'條，並不知所屬，其實正為此拓的刻經一紙"。今據張文，補錄《八瓊室金石補正》所錄題名於下：

造佛殿都近終南縣人張世基、上柱國趙文會。

本造像之發起者齊士員隋初曾"宿衛宮闈"，後配給兵曹，在李唐代隋之際因"佐命"之勳而得到封賞，志文稱其"領禁天闕，每承機要三十餘年"，這與題名中齊氏的職掌正合。"右監門中郎將"為唐代禁軍首領之一。隋時曾置左、右監門府，至唐高宗時改為左、右監門衛，皆為統率親近禁軍的指揮機構，掌宮殿門禁及守衛。也正是因為齊氏與唐高祖李淵有著這樣密切的關係，所以他才會獲得"仍於陵後千步，賜以塋域"的殊遇。有關本碑所刻冥律，在《新編》所錄北魏太昌元年六月"都督樊奴子造像記"的按語中校者已有論述，此不贅述。

于孝顯碑

（貞觀十四年十一月　見《存逸考》卷一"西安府上"）

　　碑高四尺二寸五分，廣二尺。共二十七行，行五十七字，正書。額題"大唐故騎都尉濮州濮陽縣令于君之碑"，共四行，行四字，篆書，陽文。

大唐故騎都尉濮陽縣令于君之碑

　　君諱孝顯，字犀角，河陰河南人也。肇自赤雀棲戶，白魚躍舟，時經百代，歲逾千祀。崇基緬邈，與嵩岱而齊高；華胄芬芳，共蘭蓀而竝馥。廷尉以陰□□□，名播漢朝；將軍以陷陳揚麾，聲流魏室。自此琳琅接耀，軒冕連陰，雖張湯之七葉珥貂，郗鑒之四世台鼎，方之蔑如也。曾祖提，魏孝文以敕勤地居□□，氣接幽都，陸梁狼望之前，掘強龍庭之外，遂授節鉞，奉使宣威。公喻以存亡，示其禍福，敕勤挈顙樹領，獻馬稱藩。主上嘉使乎之功，授以征北將軍、隴西太守。自魏曆將終，周圖已兆，先臣舊佐，咸加爵賞，蒙授使持節、太傅、柱國大將軍，封建平郡開國公，從班例也。祖瑾，周太師、三老、尚書右僕射、柱國、燕國公，謚曰文。巨川舟楫，鼐鼎鹽梅。爕理陰陽，寒燠無急舒之變[一]；弼諧王道，政令[二]有清淨之歌。父禮，周使持節、大侯正、大將軍、趙州刺史，安平郡開國公。周武帝親御六軍，問罪東夏，躬麾九伐，爰整西師，乃以公為大使，總知兵馬節度。申公居鼎臣之□，齊王處帝弟之親，咸皆稟其英謨，諮其進止。公厥[三]施十計，閒出六奇，或飛書下城，或搴旗陷陣，猶衝[四]飆之卷寒籜，旭日之泮春冰，曾未浹辰，偽都平蕩。□武平齊之日，總集偽官，謂高阿那肱曰："平卿國者，由此人也。"昔呂子牙之佐周，號鷹揚[五]而滅紂；王士治之翼晉，歌龍驤而殄吳。隔[六]代相望，□無慚德。

君稟川岳之靈，膺星辰之氣，角立傑出，高騫獨翔，括百[七]行之樞機，軼九德之軌躅。一室不掃，陳仲舉之生平；萬里封侯，班仲升之意氣。發爓電於神彩，韞荊玉於胸懷，騫騫如積風之運鵬，昂昂如籋雲而迴驥。開皇十三年，起家任右親衛，非其好也。阮嗣宗之傲誕，屈以步兵；馬犬子之文詞，登之武騎。俄而文皇晏駕，煬帝嗣興，剗刮舊章，草刱新政。璿室瑤臺之制，邁辛癸之宮；車轍馬跡之行，越姬劉之幸。公乃告歸託疾，養素邱園，不事王侯，鑿壞而已。於是親賓斷問，慶弔不通，保周陂而訪三姜，依蔣徑而尋二仲。甘樂山藪，木石為鄰，樵歌唱而白雲凝，邱琴奏而玄鶴舞。讀張衡之賦，且悅歸田；諷宋玉之詞，甯憂失職？

逮隋風已替，率土分崩，九服移心，三靈改卜，天星驟落，海水□飛[八]，萬姓嗷嗷，瞻烏靡所[九]。太上皇龍躍晉野，鳳舉秦川，揮寶劍而斬素靈，擁神兵而膺赤伏，群雄畢湊，眾善咸歸。遂仗劍轅門，投□獻款，蒙補左武侯錄事參軍，于時義寧元年也。皇圖俶落，帝典權輿，王世充叛換洛川，竇建德憑陵河朔，蟻聚蜂扇，狼顧鴟張，驅掠我黎元，違拒我聲教。眷言經略，理資英傑，乃授元帥府鎧曹參軍。於是破八關堡、清城宮，軍太陽門，陷陣先登，獲勳第一，蒙授騎都尉。武德四年，授雍州錄事參軍。處神州之要，居輦轂之下，五方雜沓，四民設阜，糾擿姦伏，思若有神，不待楮污之權[十]，詎勞鉤距之詐。貞觀元年，又授朝議郎，行濮州濮陽縣令。君下車布政，除煩去瘼。而移風易俗，不待[十一]三年；俗富刑清，纔踰期月。還牛恕米，是表於深仁；馴雉移蝗，彌彰於善政。豈止沈丕鄴縣，留神灌壇而已哉！水積歸塘，竟滔滔而東注；日沉昧谷，遂黯黯而西徂。辰巳之夢忽鍾，膏肓之祟便及。以貞觀十年四月四日寢疾，卒于濮陽官舍，春秋六十四。陶潛琴酒，對彭澤而誰歡；言偃絃歌，臨武城而莫奏。嗚呼哀哉！

　　君器宇淹[十二]凝，風神秀逸。襟懷肅穆，與寒松而並勁；志氣蕭條，共秋天而競爽。履仁為度，蹈義成基，不以富貴驕人，常以謙處待物，可謂淑人君子，邦家之彥者歟！爰以貞觀十四年歲次庚子十一月壬寅朔十日戊子，遷窆於雍州三原縣洪壽鄉之原。夫人李氏，平昌縣主，皇帝堂姑。王姬下降，作嬪君子，四德□□中饋，六行懋於閨儀，婉嫕馳聲，幽閑表德。既而于君長逝，守志孀居，同穴之義莫從，異路之悲奄至。撫育遺稚，皆遵禮度，雖享豕存教，斷織貽訓，曾何足云！嫡子正則等，並學稟箕裘，德齊顏閔，竭忠貞以事主，極愛敬以安親，列鼎切季路之懷，從車軫曾參之歎。乃詢諸古老，考之前代，紀素譽於玄石，刻遺範於幽埏。庶[十三]感風樹之悲，以慰寒泉之思。文曰：

遙矣洪源，邈哉峻趾。崇山億丈，長河千里。陸離英彥，森梢杞梓。纓冕遞承，琳琅間起。（其一）迺祖英果，懍懍申[十四]霜。迺父誠績，謗謗勤王。雄圖獨運，逸氣孤翔。東征獻凱，北使歸壇。（其二）篤生君子，風神特達。□侍丹墀，警巡紫闥。腰鞬負羽，橫戈戴鶡。驥騄既馳，湛盧方割。（其三）有隨道喪，滄海橫流。知機體命，卜築林邱。一人御物，六合承休。翻然筮仕，佐府參州。（其四）參州伊何？繩違糾惡。佐府伊何？櫜弓砥鍔。姦魁息訟，邊隅靜柝。衢路風生，戈矛霜落。（其五）一同出宰，百里□風。霜威狡猾，露惠鳌窮。庶期永錫，如何不終。武城絃絕，彭澤樽[十五]空。（其六）人事浮[十六]促，生靈□脆[十七]。孫楚長埋，韓□永逝。朝思餘藻，野悲遺惠。先秋刈蘭，當春翦桂。（其七）[十八]□□□□，□□□□。俄悲谷徙，遽歎舟藏。松風厲（以下闕）[十九]

　　碑中"乎施十計"，"乎"當作"厥"；"四民設阜"，"設"當作"殷"；"沈丕鄴縣"，"丕"當作"巫"；"言偃弦哥"，"哥"即"歌"字；（唐碑以"哥"為"歌"固屢見也）"富貴嬌人"，"嬌"當作"驕"；"享豕存教"，"享"當作"烹"；"露惠鳌"，當作"藜"。（《平津讀碑再續》。《關中漢唐存碑跋》。《金石萃編補略》卷一。《宜祿堂金石記》卷二。《關中金石文字存逸考》卷一。《金石萃編補遺》卷一。《金石續編》卷四。《續語堂碑錄丁》。《唐文拾遺》卷六二。《八瓊室金石補正》卷三四。《懷岷精舍金石跋尾》。《九鐘精舍金石跋尾甲編》。《唐三家碑錄》中。《陝西金石志》卷七。《續修陝西通志稿》卷一四一。《咸寧、長安兩縣續志》卷一二。《增補校碑隨筆》四九三頁。《碑帖敘錄》九頁。《北京圖書館藏中國歷代石刻拓本彙編》一一冊九〇頁。）

[校記]：

[一]"變"，《新編》未識作"□"，今據其他各本補。

[二]"政令",《新編》未識作"□□",今據其他各本補。

[三]"厥",《八瓊室金石補正》所錄同,《唐文拾遺》作"牙",北圖藏拓近"手"形,當是"厥"之別體。

[四]"衢",《新編》未識作"□",今據其他各本補。

[五]"揚",《新編》作"陽",《八瓊室金石補正》作"楊",《唐文拾遺》作"揚",北圖藏拓作"楊"。按:此碑書體多別字,尚沿六朝陋習,北碑"扌""木"多混用不分,當以"揚"為是,今據改。

[六]"隔",《新編》未識作"□",今據其他各本補。

[七]"百",《新編》未識作"□",今據其他各本補。

[八]"飛",《新編》未識作"□",今據其他各本補。

[九]"所",《新編》未識作"□",今據其他各本補。

[十]"權",《新編》未識作"□",今據其他各本補。

[十一]"不待",《新編》未識作"□□",今據《唐文拾遺》補。

[十二]"淹",《新編》未識作"□",今據其他各本補。

[十三]"庶",《新編》未識作"□",今據其他各本補。

[十四]"申",《新編》未識作"□",今據其他各本補。

[十五]"樽",《新編》未識作"□",今據其他各本補。

[十六]"浮",《新編》未識作"□",今據其他各本補。

[十七]"生靈□脆",《新編》未識作"□□□□",今據其他各本補。

[十八]"其七",《新編》未識作"□□",今據其他各本補。

[二十]《八瓊室金石補正》"厲"後補"□□□□□□□□□□□□□"。

[匯考]:

[一]《關中金石文字存逸考》引碑陰刻跋稱:"右'唐濮陽令于孝顯碑',道光癸未出富平土中,今移西安府學碑林。無撰、書人姓名,其字頗類虞永興,間作隸體,唐初諸碑多有此格,蓋去漢未遠,分法猶存也。碑云:曾祖提,魏建平公;祖瑾,周太師、燕國公;父禮,周安平公。考《周書》,提封荏平伯,追贈公爵。瑾太師,亦贈

官，碑文追述固應如是耳。（鳳枝案：于提之太傅、大將軍、建平公諸銜當書追贈，碑中作為補授，於體例未合，且敍次眉目亦不清晰，詳考見下。）'瑾'，碑作'瑾'，史作'謹'，當以碑為是。孝顯，《唐書》無傳，賴有此碑得以正史之誤，金石之有裨於史傳，信然。道光甲辰長至涿鹿盧坤跋。此跋刻於碑陰，係八分書。"

又稱："此碑今在西安府學碑林，本出富平，盧厚山中丞坤移置碑林，作亭覆之，得免敲火厲角之厄，誠為盛舉。碑無書人名，而字跡精整，猶有隋人楷法，筆意可寶也。碑云孝顯為河陰河南人，考魏收《地形志》云：元象二年置河陰郡，領河陰一縣，屬洛州，而河南縣則屬新安郡。如碑云'河陰河南人'，是河南縣曾屬河陰郡，《地形志》及隋、唐二書均未載，疑史有缺文也。（《方輿紀要》云：漢平陰縣屬河南郡，故城在今河南孟津縣東五里。三國魏文帝改曰河陰，東魏分置河陰郡於此。其後周武攻齊，拔河陰大城是也，隋初郡廢。）又案：孝顯為于栗磾八代孫，于瑾之孫，《魏書》《北史》均言栗磾為代人。《北周書·于瑾傳》云瑾為'河南洛陽人'，《唐書·宰相世系表》云于瑾從西魏孝武帝入關，遂為京兆長安人，而碑則云孝顯為'河陰河南人'，是可異也。又案：北魏孝文帝時于提使敕勤事（敕勤，《魏書》作敕勒，今從碑改訂。）見《魏書·高車傳》，云：高車本赤狄之種，初號為狄，歷北方以為敕勒，諸夏以為高車、丁零，其語略與匈奴同，時有小異，或云其先匈奴之甥也。太和十四年，阿伏至羅（高車酋長）遣商胡越者至京師，以二箭奉貢云：蠕蠕（一作柔然）為天子之賊臣，諫之不從，遂叛來至此而自豎立，當為天子討除蠕蠕，高祖未之信也。（北魏孝文帝廟號高祖）遣使者于提往觀虛實，阿伏至羅與窮奇（亦高車酋長）遣使者簿頡隨于提來朝，貢其方物。詔員外散騎侍郎可足渾長生復與于提使高車，各賜繡袴褶一具，雜綵百匹，其事在北魏孝文時，于提奉使敕勒，當即此事。蓋碑之敕勤，即北魏書之敕勒，亦即高車也。又云于提以奉使之功授'征北將軍、隴西太守。自魏曆將終，周圖已兆，先臣舊佐，咸加爵賞，蒙授使持節、太傅、柱國大將軍，封建平郡開國公，從班例也'云云，似生時所授官爵，惟《北周書》云'瑾父提，隴西郡守、茌平縣伯，保定二年以瑾著勳，追贈使持節、柱國大將軍、太保、建平郡公'，《北史》亦作追贈，碑中敍述未晰，自當從史為正。全碑作'太傅','傳'作'太保',則係傳聞異辭也。又案:于提官爵附見《北周書·于瑾傳》,于禮官爵附見其兄于寔傳,均與碑合。《新唐書·宰相世系表》云:于瑾有子九人,禮居第八。禮之官爵及孝顯名字表中未載,得此可補其闕焉。又案:碑云周武平齊,于禮之功居多,故周武謂高阿那肱曰'平卿國者,由此人也',今考附傳但紀禮之官爵,未紀其功,是史中失載也,宜補之。申公謂李穆,時官太保。齊王,謂宇文憲,周武帝之弟。……《新唐書·百官志》:吏部司勳郎中掌官吏勳級,凡十有二轉,五轉為騎都尉,視正五品。吏部郎中掌文官階品,文散階二十九。正七品上曰朝議郎;雍州錄事參軍四人,從九品上;上縣令一人,從六品上;上中縣令一人,正七品上;中下縣令一人,從七品上;下縣令一人,從七品下。司封郎中掌會朝賜予之級,親王女為縣主,從二品。碑云孝顯父禮,周時為大候正,候正官名見《北周書·劉雄傳》。"

[二]《筠清館金石記》稱:"父禮,瑾之第四子,上大將軍、安平郡公,《周書》附見瑾子寔傳,《唐書·宰相世系表》誤以禮為瑾之第八子。《世系表》又謂:瑾從孝武帝入關,遂為'京兆長安人',《周書》瑾傳則云'河南洛陽人',此碑又云'河陰河南人也',《唐書》瑾曾孫志甯傳亦云'京兆高陵人'。蓋瑾子寔、翼、義,皆家關中,其後為京兆人。孝顯父子則仍居祖籍,為河南人。河陰郡,東魏所置,今孟津縣地。河南縣,即今洛陽縣地。孝顯之祖,《周書》本傳及《唐書·世系表》皆作'瑾',獨此碑作'瑾'。孝顯之窆以壬寅朔十日,當是辛亥,碑作戊子,誤。"

[三]《金石續編》稱:"案《唐書·宰相世系表》:于氏出自姬姓,周武王子邘叔,子孫以國為氏。其後去邑為于氏。自東海剡縣隨拓拔隣徙代,改為萬紐于氏,後魏孝文帝時,復為于氏。……此碑云河陰河南人者,後魏都洛陽,洛拔諸子皆徙河南,從孝武入關則自瑾始,而周、隋史傳仍以瑾為河南洛陽人,蓋于氏兩京皆有第宅。……'白魚'、'赤雀',系溯姬周;'廷尉名播漢朝',謂于公之啟定國將軍;'聲流魏室',謂栗磾以冠軍將軍佐道武平趙魏也。……《唐書·回紇傳》:其先匈奴,元魏時亦稱高車部,或曰敕勒。碑云'奉使敕勤','敕勤'即'敕勒','敕勒'即'高車',與《魏書》《北史》

正合。《唐書》又稱回紇依託高車臣屬特厥，近謂之'特勒'。又《突厥傳》：可汗者，猶古之單于，其子弟謂之特勒。《通鑒考異》：'特勒'，諸書或作'特勤'，今從新、舊二唐書。予藏'涼國公契苾明碑'，乃武后時婁師德制文，殷元祚正書，序云'明祖繼莫賀特勤'，銘云'特勤垂裕'。顧氏炎武《金石文字記》載柳公權《神策軍碑》有'大特勤嘔沒斯'，並作'特勤'。是碑'敕勤地居□□'、'敕勤犁纇'，一見再見，字皆作'勤'。蓋敕之作特，以音近而通，勤之作勒，以形似而誤。顧氏據史而疑石刻，錢氏大昕《養新錄》則據碑以訂史文，得此證之，錢說彌允。史多傳寫失真，碑乃當時手蹟，必以為書碑筆誤，焉有一碑屢誤，諸碑同誤，不謀而畫一耶？是史誤而碑不誤也。……《宰相世系表》：謹九子'實、翼、義、智、紹、弼、簡、禮、廣'，《表》詳實、翼、義子孫世次，餘皆未列。《北史》謹子實，實弟翼、翼弟義、義弟禮、禮弟智、智弟紹、紹弟弼、弼弟蘭，蘭弟曠。蘭與簡，曠與廣，字既小異，而序次亦殊。實子仲文《獄中上書》有云'第二叔翼、第三叔義、第五叔智'，則禮次於翼較為有據。……碑文'武平齊'句上闕一字，即周字。……《隋書·百官志》'左右衛'，掌宮掖禁禦，督攝仗衛，各統親衛。……隋《地理志》'濮陽縣'，屬東郡。武德三年，杜子漼以濮州降唐，蓋新附之地，方資綏輯，特以孝顯為濮陽令也。貞觀十年，孝顯年六十四，則生於周武帝建德元年，是歲陳宣帝太建四年，齊後主武平三年。"

［四］《八瓊室金石補正》稱："碑在三原縣淡村，……碑言大候正，史所不詳。大候正，北周官名，未詳所屬。"

［五］《金石證史》"犁纇樹領"條稱："《于孝顯碑》有一語，《續編》四著錄為'敕勤犁纇樹領'（《金石補正》三四同），《補略》一作'敕勤犁□樹□'，《文字新編》一作'敕勤犁纇樹鵠'。余按漢楊雄《長楊賦》，'稽顙樹領'，如淳云：'叩頭時項下向，則領樹上向也。'宋祁引蕭該《音義》云：'案韋昭曰，稽顙樹領，當依古本作犁纇樹領，犁纇，纇攊也，樹領、領觸土也，今作稽顙，傳寫誤耳。'想原碑當作'樹領'，《續編》《新編》所錄皆誤。"

［六］《陝西金石文獻目錄集存》稱："清道光二年在富平縣出土，現存西安碑林。"

豆盧寬碑

（永徽元年二月　見《存逸考》卷八"醴泉縣"）

碑高八尺四寸四分，廣四尺六寸，額高一尺五寸，廣一尺二寸。三十三行，行六十九字。額題"唐故特進芮定公之碑"九字，篆書。

□□□□□開國[一]□李義府撰

□□□□□□□□□□□□□□□□□□□□□□□□□能[二]□□□□□□□□□□□□之[三]茂祉[四]，若乃門[五]□□保，地[六]華卿相[七]，□膏□之族[八]，稟[九]英傑之才[十]，道契興王[十一]，功□造物，□□□□□軫，指□□而聯□，闡芳言於來□，□彭烈於□古者。其定公□□□[十二]。公諱寬[十三]，字□奴，前燕元[十四]帝之後，今為河南洛陽人也。黃軒之際，得姓者為賢，紫蒙[十五]之郊，開□者稱貴。掩[十六]□□於遙代，總[十七]□□於□年。□□□而□□，□□□而□□。慕□□□德，□□□□□，□□攸[十八]分[十九]，□□斯[二十]廣。因功[二一]命氏，涉[二二]魏光[二三]周，圖史紛綸，可略言矣。曾祖萇，魏使持節□□□□□，魏少保、柱國、□陵郡公，譽□清階，□凝紫微，嘉□□□□□，縟禮備於□□。祖[二四]永恩，魏使持節、車騎大將軍、儀同三司、侍中[二五]、鄜[二六]州刺史，周鄜[二七]、利、沙、文四州刺史，□官府司□□□□□諸軍事，幽、冀、□、相、并五州刺史，□□□□□□範□□□□□□以臨□振芳□□□□。父[二八]通，周[二九]使持節、車騎大將軍、驃騎大將軍[三十]、開府儀同三司，襲

95

沃野縣公，虎□□□□□□□□□□□□□□□□□□□□□□□□□□□□洪州總管，諡曰安[三一]，器□前脩[三二]，藝優往哲[三三]。榮肅雍於魯館，標[三四]績譽於周行。公居□□□□□□□□□□□□□□□□□□□□□□□□□□□□於□□備覽[三五]□之言，尤慕六韜[三六]之術。袁楊之資既重，韓白之材兼[三七]妙，朝英[三八]□□□□□□□□□□□□□□□□□□□黨居有康濟之心[三九]，□無[四十]台輔[四一]之□。隋開皇□年[四二]，授南[四三]陳公世子[四四]，仁壽五年，以獻□挽郎[四五]，授吏[四六]部驍騎尉。大業九[四七]年，授河清郡梁泉縣令，奉身清風[四八]，處物[四九]□平，財□□□□□□□□廿□詔□□路[五十]□屈[五一]□□□常□□時，炎[五二]□崩離，瀛區[五三]版蕩。妖氛亙[五四]地，黑□之路未夷[五五]；大浸稽天，白波[五六]之勢方濫[五七]。公撫全[五八]閫境，密侯□昌期，遵卓[五九]令之高風[六十]，□肅之□□。義□□□□率[六一]□□新朝[六二]投義，蒙授銀青光祿大夫，三月授元帥府屬[六三]。四月，授趙[六四]國公府司馬。武德元年，遷秦王府司馬，加授柱國。二年正月，授兼攝陝[六五]東道行臺□□□□□□□□□三年，授[六六]教檢校行[六七]臺左丞。四年，封南陳縣開國公，轉天策上將府從事中郎。既而唐郊纘[六八]慶，代谷承天，□資參乘之[六九]勞，□降知人之舉。九年，授殿中監，典□□袞，趨□□渥，□□冠於朝[七十]□，□□□於皇揆。貞觀二年，轉衛尉卿[七一]，□□□垣，儀□漢服，掌宮屯於南北，總都丞於左右，追芳趙喜[七二]，匪懈為心，繼[七三]踵辛毗[七四]，忘私効節[七五]。三[七六]年，除禮部尚書、北□□□，南□荊□，八□表[七七]其聲望，萬機由[七八]其損益。特賜龍泉之劍，榮禮軼於[七九]韓稜；弗避武賁之弓，忠勤超於朱[八十]穆。六年，授左衛大[八一]將軍，職冠□□，寵優王[八二]濟。□皇流□，葉恂恂之美；□□□□，□□□□之材[八三]。九年，奉□□敕副[八四]皇太子於太極殿前留[八五]守，務極殷[八六]總，情兼調[八七]諭，警□途於舜貳，誘[八八]義□於堯儲。中外式清，聲華自[八九]遠，殊榮[九十]既總，誠盈[九一]斯□。每奉清問之□，□□止足之誠。勇[九二]退學□，優詔不許。十[九三]二年，方遂所請[九四]，授鎭軍大將軍、芮國公。位重黃初，德符清邃。揮[九五]金逸賞，無慚於二賢；讓田高志，有踰於兩國。□子之道方叶，□□之命俄□。十六年，□□州刺史，□□右輔，寄□[九六]左陽，遷南虢[九七]之□，靜西吳之陬，京[九八]里欽其素[九九]譽，侯服仰其□塵。廿三年，表請致事，授光祿大夫，祿賜同京官，榮□特羊[一〇〇]，禮優行馬[一〇一]。膺茲□秩，□□□禮。□園綺□□□□□□□。未□陶陶之趣，□□□□之輝[一〇二]。三公無徵，百年俄盡[一〇三]。永徽元年六月四日薨於京城之弘德里第，春秋六十有九[一〇四]。嗚呼哀哉[一〇五]！惟公器量□深，□情簡□，言行無玷，忠義有[一〇六]聞。爰在[一〇七]弱齡，早騰□譽。□奉興運[一〇八]，遽□□徵。委質藩朝，竭誠霸業。綢繆款遇，契闊旌麾。霜雪驟零，松筠無改。參玉幔，肅金鉦[一〇九]，振沉[一一〇]沙之奇，摧觸山之□。□□□□，□寶建德，除徐圓□，□劉武周，破劉黑闥，搴旗陷敵[一一一]，□進□千，班[一一二]賞疇庸，常居第一。登省[一一三]闥，陪軒禁，歷華寺，撫[一一四]名藩，莫不循猛兼[一一五]□，絃韋適度[一一六]，故得累[一一七]彰□□，特簡帝[一一八]心，□□□□□百餘紙[一一九]□□□□邁□倫[一二〇]，始慶懸車，奄嗟奔

97

馴[一二一]。□□□悼，纓[一二二]佩銜悲，固以事切柳莊，情深隨會者矣。□詔曰：念功惟舊，前□之令[一二三]圖；悼往[一二四]飾終，有國之通典。故光祿大夫、芮國公豆盧寬□名運[一二五]始，累著勳庸[一二六]，宣力[一二七]□朝，□展誠[一二八]節。入司[一二九]□□，□懃效於軒墀；出[一三〇]總華藩，洽美化於謠頌。奄然薨謝，震悼[一三一]良深。永言徽烈，宜旌泉壤。可□特進、使持節、都督□、□、并、汾四州諸軍事[一三二]、并州刺史，餘官封並[一三三]如故。諡曰定公。賻[一三四]絹布二百端、米粟三[一三五]百石，陪葬[一三六]昭陵，賜東園秘器，葬事所須，並令官給。仍令金紫光祿大夫、行光祿卿柳□□護、都水使者□□□□，儀仗[一三七]送至墓所往還[一三八]。夫人楊氏，周金紫光祿大夫[一三九]、左衛大將軍、儻城信公紹之孫，隨京兆尹、太子太傅、司空、司徒公觀王雄之女也。胄□鐘鼎[一四〇]，性稟幽閑，七德兼優，四□□□。□□□淑，早世清華。□□克隆，榮□□□□□□□□□□詔曰：故[一四一]特進、并州都督、芮[一四二]國公妻楊氏操擬松筠，志齊冰玉[一四三]，景□零落，弗逮朝榮[一四四]。將啟□門之殯，欲□同□之□。□□□靈，式旌幽隧。□□芮國□□□□□□禮也[一四五]。長子□州刺史、上柱國、芮國公仁業，次子右衛將軍、上柱國、蠱吾縣開國公承基等，並夙承家範，早擅[一四六]□□，□□□□□□方□□高陽□□□參□之□□□□□□□哀□□[一四七]，鏤鼎刻鐘，□彰功伐，披文相質[一四八]，載闡徽風，爰樹豐碑，貽芳來葉。猥以虛薄[一四九]，側奉清塵，敢課□材[一五〇]，迺為銘曰：

軒邱錫宇[一五一]，蒙[一五二]野開疆。樹功分帝，率□□。□基峻起，慶緒波長。家□逾劭，臺□□昌。涪陵抗節，望□□鄙。□聊推誠[一五三]，譽光圖史。南陳襲慶，載揚風軌[一五四]。顯允君侯，克傳遐祉。操植淹遠，情期簡素[一五五]。□□玄成，□□□度。義□□□，□□沿□。□劍□□，□□□□。□□交喪，□□□□。□慕□□，□□□[一五六]昱。鱗翼可附[一五七]，公侯斯複。藩寓聲馳，朝行譽穆[一五八]。參贊機謀，升降軒陛。既列□芮，還同聚米[一五九]。曳履明光，□□□□。□□司城，□□□□。□□□□，志欽□□。散□魚弋，□□禽尚。風□清[一六〇]，霞襟猶暢。光陰遽盡，簪纓流愴[一六一]。□陵虛靜[一六二]，武圖脩直。鳥像既□，魚軒□飾[一六三]。兩欟歸兆，雙旐赴域。加[一六四]等斯降，榮哀兼□。□□□□，□□□□。□□□□，□□□□。□□寒日，□□秋雲。傷哉隴樹，無復辞勳[一六五]。(《集古錄目》卷五。《金石錄》卷四。《寶刻從編》卷九。《金石文字記》卷三。《來齋金石刻考略》中。《關中金石記》卷二。《雍州金石記》卷二。《關中漢唐存碑跋》。《石墨鐫華》卷二。《寰宇訪碑錄》卷三。《關中金石文字存逸考》卷八。《金石萃編補遺》卷一。《金石續編》卷四。《八瓊室金石補正》卷三五。《昭陵碑石》。《昭陵碑錄》上。《昭陵碑考》卷三。《天下金石志》。《陝西金石志》卷八。《續修陝西通志稿》卷一四二。《西安府志》卷七三。《碑帖敘錄》一六七頁。《北京圖書館藏中國歷代石刻拓本彙編》一二冊七頁。)

[校記]：

[一]"開國"，《新編》未識作"□□"，今據《昭陵碑錄》及北圖藏拓補。

[二]《新編》稱"上闕四十字"，其他各本亦未錄從闕，今據北圖藏拓補"能"字。

[三]"之"，《新編》未識作"□"，今據《昭陵碑錄》及北圖藏拓補。

[四]"祉"，《新編》作"食"，今據《昭陵碑錄》及北圖藏

拓改。

［五］"門"，《新編》未識作"□"，今據《昭陵碑錄》及北圖藏拓補。

［六］"地"，《新編》作"此"，今據《昭陵碑錄》及北圖藏拓改。

［七］"相"，《新編》錄左邊木旁，今據其他各本補。

［八］"族"，《新編》未識作"□"，今據《昭陵碑錄》及北圖藏拓補。

［九］"稟"，《新編》作"冥"，《八瓊室金石補正》作"寓"，《金石續編》錄吳氏《筠清館》似作"實"，今據《昭陵碑錄》及北圖藏拓改。

［十］"英傑之才"，《新編》作"英□□揚"，其他各本作"英傑之□"，今據《昭陵碑錄》及北圖藏拓補正。

［十一］"王"，《新編》未識作"□"，今據其他各本補。

［十二］《新編》自"功□造物"至"其定公□□□"皆未識作"□"，其他錄本從闕，今據北圖藏拓補。

［十三］"寬"，《新編》脫文，今據《昭陵碑錄》及北圖藏拓補。

［十四］"元"，《新編》未識作"□"，其他錄本同，今據北圖藏拓補。

［十五］"蒙"，《新編》未識作"□"，其他錄本同，今據北圖藏拓補。

［十六］"掩"，《新編》未識作"□"，《金石續編》《八瓊室金石補正》作"竹"，今據《昭陵碑錄》及北圖藏拓改。

［十七］"總"，《新編》未識作"□"，今據《八瓊室金石補正》《昭陵碑錄》及北圖藏拓補。

［十八］"攸"，《新編》未識作"□"，其他各本從闕，今據北圖藏拓補。

［十九］"分"，《新編》未識作"□"，今據《昭陵碑錄》及北圖藏拓補。

［二十］"斯"，《新編》作"其"，今據《昭陵碑錄》及北圖藏拓改。

〔二一〕"功"，《新編》未識作"□"，今據《昭陵碑錄》及北圖藏拓補。

〔二二〕"涉"，《新編》作"後"，今據《昭陵碑錄》及北圖藏拓改。

〔二三〕"光"，《新編》未識作"□"，今據《昭陵碑錄》及北圖藏拓補。

〔二四〕"魏使持節"至"祖"前一段，《新編》未識作"□"，今據《昭陵碑錄》及北圖藏拓補。

〔二五〕"中"，《新編》未識作"□"，今據其他各本補。

〔二六〕"鄯"，《新編》未識作"□"，今據《金石續編》《八瓊室金石補正》補。

〔二七〕"鄯"，《新編》作"鳳□"，今據其他各本刪、正。

〔二八〕"四州刺史"至"父"前一段，《新編》未識作"□"，今據《昭陵碑錄》及北圖藏拓補。

〔二九〕"周"，《新編》未識作"□"，今據其他各本補。

〔三十〕"驃騎大將軍"，《新編》未錄，今據其他各本補。

〔三一〕"諡曰安"，《新編》作"□□女"，今據《昭陵碑錄》及北圖藏拓補正。

〔三二〕"前脩"，《新編》未識作"□□"，今據其他各本補。

〔三三〕"哲"，《新編》未識作"□"，《昭陵碑錄》作"冊"，《金石續編》《八瓊室金石補正》作"哲"，北圖藏拓作"哲"，當以"哲"為是，今據補。

〔三四〕"標"，《新編》未識作"□"，今據《昭陵碑錄》及北圖藏拓補。

〔三五〕"備覽"，《新編》未識作"□□"，今據北圖藏拓補。

〔三六〕"韜"，《新編》未識作"□"，今據其他各本補。

〔三七〕"之材兼"，《新編》作"材操"，今據其他各本補正。

〔三八〕"英"，《新編》未識作"□"，今據《昭陵碑錄》及北圖藏拓補。

〔三九〕"有康濟之心"，《新編》未識作"□"，今據《昭陵碑錄》及北圖藏拓補。

〔四十〕"無",《新編》未識作"□",今據《昭陵碑錄》《金石續編》及北圖藏拓補。

〔四一〕"輔",《新編》所錄只左邊"車"旁,今據其他各本補。

〔四二〕"隋開皇□年",《新編》作"門門□□車",今據《昭陵碑錄》及北圖藏拓補正。

〔四三〕"南",《新編》未識作"□",今據《昭陵碑錄》及北圖藏拓補。

〔四四〕"子",《新編》未識作"□",今據其他各本補。

〔四五〕"挽郎",《新編》作"槐即",今據其他各本改。

〔四六〕"吏",《新編》作"禮",今據其他各本改。

〔四七〕"九",《新編》作"元",今據其他各本改。

〔四八〕"清風",《新編》未識作"□□",今據其他各本補。

〔四九〕"物",《新編》未識作"□",今據其他各本補。

〔五十〕"路",《昭陵碑錄》作"雖"。

〔五一〕"屈",《新編》作"海",今據其他各本改。

〔五二〕"炎",《新編》作"欠",今據其他各本改。

〔五三〕"瀛區",《新編》作"霸昌",今據《昭陵碑錄》改。

〔五四〕"氛沍",《新編》未識作"□□",今據其他各本補。

〔五五〕"夷",《新編》作"昏",今據其他各本改。

〔五六〕"白波",《新編》只錄"波"字,今據其他各本補。

〔五七〕"勢方濫",《新編》作"□方□"。"濫",《金石續編》《八瓊室金石補正》《昭陵碑錄》作"溢",誤,北圖藏拓作"濫",今據補。

〔五八〕"全",《新編》未識作"□",今據其他各本補。

〔五九〕"遵卓",《新編》作"進車",今據其他各本改。

〔六十〕"高風",《新編》作"苟□",今據《昭陵碑錄》及北圖藏拓補正。

〔六一〕"高風"後至"率"前十一字,《新編》未識作"□",今據北圖藏拓補。

〔六二〕"新朝",《新編》未識作"□□",今據《金石續編》《八瓊室金石補正》及北圖藏拓補。

［六三］"屬"，《新編》未識作"□"，《金石續編》《八瓊室金石補正》作"虞"，誤。今據《昭陵碑錄》及北圖藏拓補。

［六四］"四月，授趙"，《新編》未識作"□□□□"，《金石續編》《八瓊室金石補正》作"侯尋授越"，誤。今據《昭陵碑錄》及北圖藏拓改。

［六五］"攝陝"，《新編》作"檢校"，今據其他各本改。

［六六］"授"，《昭陵碑錄》作"奉"。

［六七］"行"，《新編》未識作"□"，今據其他各本補。

［六八］"纘"，《新編》作"績"，今據其他各本改。

［六九］"參乘之"，《新編》未識作"□乘□"，今據其他各本補。

［七十］"朝"前十三字《新編》未識作"□"，今據《昭陵碑錄》及北圖藏拓補。

［七一］"轉衛尉卿"，《新編》未識作"□衛□□"，據《金石續編》《昭陵碑錄》及北圖藏拓補。

［七二］"喜"，《新編》未識作"□"，今據《昭陵碑錄》及北圖藏拓補。

［七三］"繼"，《新編》只錄左邊"糸"旁，今據其他各本補。

［七四］"辛毗"，《新編》未識作"□□"，今據《昭陵碑錄》及北圖藏拓補。

［七五］"忘私効節"，《新編》作"慝□□節"，今據其他各本補正。

［七六］"三"，《新編》未識作"□"，今據《金石續編》《八瓊室金石補正》補。

［七七］"尚書"後十一字，《新編》未識作"□"，今據其他各本補。

［七八］"萬機由"，《新編》作"尚□申"，今據其他各本補正。

［七九］"特賜龍泉之劍，榮禮軼於"，《新編》作"□□□泉□□□禮□□"，今據其他各本補正。

［八十］"朱"，《新編》作"求"，今據其他各本改。

［八一］"大"，《新編》作"上"，今據其他各本改。

103

〔八二〕"冠□□寵優王",《新編》作"□□□□□上",今據《昭陵碑錄》補正。

〔八三〕"濟"下廿字《新編》未識作"□",今據《昭陵碑錄》及北圖藏拓補。

〔八四〕"副",《新編》未識作"□",今據《昭陵碑錄》補。

〔八五〕"留",《新編》未識作"□",今據《昭陵碑錄》補。

〔八六〕"殷",《新編》未識作"□",今據其他各本補。

〔八七〕"調",《新編》未識作"□",今據《昭陵碑錄》補。

〔八八〕"誘",《新編》所錄只左邊"言"旁,《金石續編》《八瓊室金石補正》作"請",今據北圖藏拓補。

〔八九〕"清,聲華自",《新編》未識作"□□□□",今據《昭陵碑錄》《八瓊室金石補正》補。

〔九十〕"殊榮",《新編》作"□策",今據《昭陵碑錄》及北圖藏拓補。

〔九一〕"誠盈",《新編》未識作"□□",今據《昭陵碑錄》及北圖藏拓補。

〔九二〕"斯"下十四字,《新編》作"□無□□險之□□□□□□□",今據《昭陵碑錄》及北圖藏拓補正。

〔九三〕"十",《新編》未識作"□",今據《昭陵碑錄》補。

〔九四〕"方遂所請",《新編》作"□遂□□",今據《昭陵碑錄》及北圖藏拓補。

〔九五〕"揮",《新編》作"擇",今據其他各本改。

〔九六〕"國"後廿六字,《新編》錄"葉"字,餘未識作"□",今據《昭陵碑錄》補。

〔九七〕"遷南號",《新編》未識作"□□□",今據其他各本補。

〔九八〕"之隩京",《新編》未識作"□",今據《昭陵碑錄》補。

〔九九〕"素",《新編》未識作"□",《昭陵碑錄》作"惠",《金石續編》《八瓊室金石補正》作"素",作"素"是,今據補。

〔一〇〇〕"大夫"以下九字,《新編》未識作"□",今據《昭陵碑錄》《八瓊室金石補正》及北圖藏拓補。

［一〇一］"行馬"，《新編》未識作"□□"，今據《昭陵碑錄》《八瓊室金石補正》補。

［一〇二］"膺"後三十一字《新編》未識作"□"，今據《昭陵碑錄》及北圖藏拓補。

［一〇三］"盡"，《新編》未識作"□"，今據其他各本補。

［一〇四］"九"，《新編》未識作"□"，今據其他各本補。

［一〇五］"嗚呼哀哉"，《新編》未識作"□□□"，應脫一格，今據《昭陵碑錄》《八瓊室金石補正》補。

［一〇六］"惟"後十六字，《新編》只錄得"情"字，餘皆未識作"□"，今據《金石續編》《昭陵碑錄》《八瓊室金石補正》補。

［一〇七］"爰在"，《新編》作"□君"，今據《昭陵碑錄》補正。

［一〇八］"早騰□譽，□奉興運"，《新編》作"果□□□，□奉□□"，今據《昭陵碑錄》及北圖藏拓補正。

［一〇九］"參玉幔，肅金鉦"，《新編》作"參凶□，□本鉛"，今據其他各本補正。

［一一〇］"振沉"，《新編》未識作"□□"，今據《昭陵碑錄》及北圖藏拓補。

［一一一］"奇"後三十字，《新編》僅錄得"除""劉""隒歿"，"隒歿"當為"陷敵"之譌，今據《昭陵碑錄》及北圖藏拓補正。

［一一二］"班"，《新編》未識作"□"，今據《昭陵碑錄》補。

［一一三］"省"，《新編》未識作"□"，今據《昭陵碑錄》補。

［一一四］"撫"，《新編》未識作"□"，今據《昭陵碑錄》補。

［一一五］"猛兼"，《新編》作"禮曹"，今據其他各本改。

［一一六］"絃韋適度"，《新編》作"□韋適□"，今據其他各本補。

［一一七］"得累"，《新編》作"仰思"，今據其他各本改。

［一一八］"簡帝"，《新編》作"節虎"，今據其他各本改。

［一一九］"百餘紙"，《新編》未識作"□□□"，今據《昭陵碑錄》補。

[一二〇]"邁□倫",《新編》作"邁□",今據《昭陵碑錄》補。

[一二一]"始慶懸車,奄嗟奔駟",《新編》作"始慶縣□□左馬",今據《昭陵碑錄》補正。

[一二二]"纓",《新編》只錄左邊"糸"旁,今據北圖藏拓補。

[一二三]"之令",《新編》未識作"□□",今據其他各本補。

[一二四]"悼往",《新編》未識作"□□",今據其他各本補。

[一二五]"終"後十九字,《新編》只錄得"通""祿"兩字,餘皆未識作"□",今據其他各本補。

[一二六]"勳庸",《新編》作"刀□",今據其他各本補正。

[一二七]"宣力",《新編》未識作"□□",今據《昭陵碑錄》補。

[一二八]"展誠",《新編》未識作"□□",今據《昭陵碑錄》補。

[一二九]"入司",《新編》未識作"□□",今據《昭陵碑錄》補。

[一三〇]"出",《新編》未識作"□",今據《昭陵碑錄》補。

[一三一]"悼",《新編》未識作"□",今據其他各本補。

[一三二]"深"後廿六字,《新編》所錄譌闕特甚,以"永言"為"冊書",以"宜"為"遙",以"使"為"候",以"汾"為"洛",餘皆未識,今據《昭陵碑錄》補正。

[一三三]"並",《新編》未識作"□",今據其他各本補。

[一三四]"諡曰定公贈",《新編》未識作"□□□□",今據《昭陵碑錄》補。

[一三五]"三",《新編》作"二",今據其他各本補。

[一三六]《新編》"陪葬"後作"□昭陵",其他各本均作"陪葬昭陵",北圖藏拓"葬"後空一格書"昭陵",當是尊諱,毛氏所錄誤,今從刪。

[一三七]"給"後廿七字,《新編》所錄闕譌甚夥,所錄僅"行光"兩字無誤,其他以"令金"為"今人",以"祿"為"後",今據《昭陵碑錄》補正。

106

[一三八]"往還",《新編》以"墓所"徑接"夫人",後脫兩字,今據其他各本補。

[一三九]"夫人"後九字,《新編》空十格,只錄得"光"字,今據其他各本補正。

[一四〇]"雄之女也,胄□鐘鼎",《新編》所錄以"人"作"鐘",餘皆未識,今據其他各本補正。

[一四一]"閑"後三十六字,《新編》所錄惟"純""早世""隆"四字,"純"為"七"之譌,今據《昭陵碑錄》補。

[一四二]"芮",《新編》未識作"□",今據其他各本補。

[一四三]"操擬松筠,志齊冰玉",《新編》作"操擬□算,□齊人□",今據其他各本補正。

[一四四]"景□零落,弗逮朝榮",《新編》作"□□零落,服還朝□",今據其他各本補正。

[一四五]"啟"後三十四字,《新編》所錄惟"旃幽""禮"三字。其中,"旃"為"旌"之譌,今據其他諸本補正。

[一四六]"範早擅",《新編》未識作"□□□",今據《昭陵碑錄》補。

[一四七]"擅"後三十字,諸本所錄皆闕泐特甚,今據《昭陵碑錄》補"方""參""哀"三字。

[一四八]"鏤鼎刻鐘,□彰功伐,披文相質",《新編》作"鏤鼎□□,□彰□代,枝□質",今據《昭陵碑錄》補正。

[一四九]"爰樹豐碑,貽芳來葉。猥以虛薄",《新編》作"□樹豐碑,□追來□,假□□薄",今據其他各本補正。

[一五〇]"側奉清塵,敢課□材",《新編》作"側□清□,課□行",今據其他各本補正。

[一五一]"錫宇",《新編》未識作"□□",今據其他各本補。

[一五二]"蒙",《新編》未識作"□",《金石續編》《八瓊室金石補正》作"鉅",誤,"蒙"者即碑序所稱之"紫蒙",今據《昭陵碑錄》補。

[一五三]"疆"後三十六字,《新編》所錄僅"陵""節望""聊推"五字,今據《昭陵碑錄》及北圖藏拓補。

107

［一五四］"譽光圖史。南陳襲慶，載揚風軌"，《新編》所錄"譽"後十五字未識作"□"，下接"南陳龍慶軍楊□□"，以他本所錄及北圖藏拓所見，知"史"後十二格空而未書，毛氏誤將空格作闕字處理，今據《昭陵碑錄》及北圖藏拓補正。

［一五五］"顯允君侯，克傳遐祉。操植淹遠，情期簡素"，《新編》作"顯允□□，克傳□恤。操□淹遠，□簡□□"，今據《昭陵碑錄》補正。

［一五六］"素"後三十九字，《新編》所錄惟"玄（避康熙諱作元）""慕"，今據《昭陵碑錄》補。

［一五七］"附"，《新編》未識作"□"，今據其他各本補。

［一五八］"藩寓聲馳，朝行譽穆"，《新編》作"藩寓□馳，朝□譽穆"，今據《昭陵碑錄》補。

［一五九］"升降軒陛。既列□芮，還同聚米"，《新編》作"□降□陛。□列□芮，逮□孰迷"，今據《昭陵碑錄》補正。

［一六〇］"米"後三十六字，《新編》所錄僅"展""可""敢""漁"四字，"展"為"履"之譌，"可"為"司"之譌，"敢"為"散"之譌，今據《昭陵碑錄》補正。

［一六一］"猶暢。光陰遽盡，簪纓流愴"，《新編》作"酉暢。元陰□盡，□纓流□"，今據其他諸本補正。

［一六二］"陵虛靜"，《新編》作"陽□□"，今據北圖藏拓補正。

［一六三］"武圖脩直。鳥像既□，魚軒□飾"，《新編》作"武□□□。馬像既□，魚軒□□"，今據《昭陵碑錄》補正。

［一六四］"兩櫬歸兆，雙旐赴域。加"，《新編》所錄"軒"後十五字未識作"□"，下接"開□屯雙□赴"，北圖藏拓"魚軒□飾"後空十二格下接"兩櫬歸兆"，毛氏誤將空格作闕文，今據其他各本補正。

［一六五］《新編》所錄"等斯"後三十七字闕而未錄，今據《昭陵碑錄》補。

[匯考]：

［一］《集古錄目》稱："唐'豆盧寬碑'，門下侍郎李義府撰，

正書，不著名氏。寬，字（一字缺）恕，位至光祿大夫，封芮國公，贈并州都督，諡曰定。碑以永徽中立，在昭陵。"

　　[二]《金石錄》稱："唐光祿大夫豆盧寬碑，李義甫撰，正書，無姓名，永徽元年六月。"

　　[三]《昭陵碑考》稱："右'豆盧寬碑'，李義府撰，無書人名，立于永徽元年。……按：寬，北周沃野縣公豆盧永恩之孫，唐宰相欽望之祖也。高祖改其姓，獨著盧氏，永徽中復姓豆盧氏。《宰相世系表》云：豆盧氏本姓慕容，燕王廆弟西平王運生尚書令臨澤敬侯制，制生右衛將軍、北地愍王精，降後魏。北人謂歸義為豆盧，因賜以為氏，居昌黎棘城。二子醜、勝，醜孫萇，萇子永恩，永恩子通，通子寬，《唐書》'表'載譜系如此。而後燕《慕容寶傳》云：精為慕容麟所殺，未嘗降魏。《南燕錄·慕容鐘傳》：鐘封北地王，降後秦，封歸義侯。是北地王之封歸義者，乃南燕之北地王鐘，非後燕之北地王精也。《北史·豆盧寧傳》但云'本姓慕容氏，燕北地王精之後'，未嘗云降魏，亦不言歸義，止云高祖勝以燕皇始初歸魏，授長樂郡守，賜姓豆盧氏。是勝之歸魏，始賜豆盧氏，所謂歸義為豆盧，似未確也。又'豆盧建碑'云：豆盧氏，前燕枝族，九世祖萇，在魏賜姓豆盧氏，封北地王。庾子山'豆盧恩碑'云：恩本慕容燕文明皇帝皝之後，自天市星妖，連津兵覆，尚書府君改姓豆盧，筮仕於魏。又云避地改焉。又'豆盧寧碑'云：尚書府君因魏室之難，改姓豆盧氏，仍為官族。《元和姓纂》云：慕容運孫北地王精之後，魏道武賜姓豆盧氏。精生醜，醜曾孫萇生寧。諸書所言，皆參差互異。惟張氏介侯《姓氏尋原》云：豆盧氏之得姓，似以避難改姓為得其實。然唐去北朝未遠，士大夫已茫然不知其得姓之自，以致史傳與碑載諸說分歧，其可考乎？又《世系表》載精二子醜、勝，醜孫萇，萇生永恩，永恩生通，通生寬，是寬為萇之曾孫，碑稱曾祖是矣。而寧傳云：高祖勝，父萇。考《世系表》，勝為醜之弟、萇之祖也，寧既稱高祖，而又曰父萇，是必有一誤也。又云：初寧未有子，養弟永恩子勣為嗣，是永恩與寧同父兄弟也。永恩曾祖醜亦為寧之曾祖，傳稱勝亦誤也。碑稱寬'河南洛陽人'，《世系表》稱'昌黎棘城人'，《豆盧寧傳》稱'昌黎徒何人'，《唐書·豆盧欽望傳》稱'雍州萬年人'，其籍屬之不

109

同如此。……而唐史寬無專傳，附見欽望傳，稱寬'隨文帝外孫，為梁泉令，高祖定關中，與郡守蕭瑀率豪姓進款，擢累殿中監'，傳之簡略如此，不及碑十之一二，此可以補傳之闕。碑云'特進、并州都督、芮國公'，似指薨後所贈之官也。按《公主傳》稱：長沙公主下嫁寬子懷讓，'豆盧遜墓誌'同。碑則云長子'武衛將軍、上柱國、芮國公仁業，次子右衛將軍、上柱國、蠱吾縣開國公承基'，而無懷讓名，亦不及尚公主事，或在碑之泐處也。惟《宰相世系表》載寬三子：長承業，官領軍將軍；次懷讓，不著官爵；次方則，而無承基。且承基作仁基，其缺誤如此，是當以碑為正。考長沙公主有二，皆高祖女，一下嫁馮少師，一為始封萬春，改封長沙，下嫁懷讓者也。考《文獻通考》載陪葬昭陵諸臣有長沙公主駙馬豆盧讓，又有芮國公、行業將軍承基，諸書抵牾如此。……又檢《宰相世系表》證之，稱：國生紹，字子周，後周驃騎大將軍、黨城信公。紹子士雄，隨雍州牧、司空觀德王。士雄為夫人之父也。惟傳稱紹字'子周'，表作'子安'；傳稱紹子'雄'，表作'士雄'，為少異耳。考雄弟士貴、士達，皆以士名，兄弟義當一體，疑《北史》有誤。"

[四]《關中金石文字存逸考》稱："《雍州金石記》云在醴泉縣西北二十里下巖峪昭陵南十里。正書，精健有法。《關中金石記》云在醴泉縣西峪村。"

[五]《石墨鐫華》稱："寬，欽望祖也。……有子懷讓，尚萬春公主。又有子仁業，即欽望父也。……碑已殘泐，僅數十字，無從考其始末，幸碑額亡恙，知為寬碑。正書精健有法，而無名氏。撰者據《金石錄》為李義府。"

[六]《關中金石記》稱："碑在醴泉西谷村，芮定公者，豆盧寬也。《唐書》欽望傳'祖寬，高祖初擢殿中監，子懷讓尚萬春公主。貞觀中，遷禮部尚書，左衛大將軍，芮國公，卒贈特進、并州都督，諡曰定'，此碑額題曰'唐故特進芮國公'，與史所稱正合。文甚泐，趙氏《金石》目錄以為李義府所撰，當無誤也。"

[七]《金石續編》稱："高八尺，广三尺一寸。三十二行，行六十九字。……在陝西醴泉西谷村。……'柱國、蠱吾縣開國公承基'，即寬嗣子，《宰相世系表》作'承業'。《舊唐書》欽望父'仁業'，

高宗時為左衛將軍。趙崡所引本《舊唐書》。疑寬固有四了，'承業'當作'承基'、'仁業'也。……《長安志》：昭陵陪葬功臣，大將軍以下六十四，其第二十一'光祿大夫、芮國公豆盧寬'。"

［八］《筠清館金石記》稱："此碑寬祖泐其名，《唐書·宰相世系表》名'永恩'，未載其官。《周書》附兄寧傳云：其先慕容氏，……弟永恩，大統十六年拜使持節、車騎大將軍、儀同三司。孝閔踐祚，授鄀州刺史。入周，遷都督利、沙、文三州諸軍事、利州刺史。此碑'州刺史'上缺一字，當是'鄀'字。周下缺一字，當是'授'字。《宰相世系表》載寬子有'承業'、'懷讓'、'方則'三人，而無'仁業'、'承基'之名，表既以二名合為一人。仁業為武后中宗時相欽望之父，見《舊唐書》欽望傳。表乃以承業為欽望之父，皆誤也。惟表後周儻城信公楊紹及紹子隋雍州牧士雄之名與碑載寬妻之父祖合。"

［九］《八瓊室金石補正》稱："昭陵諸碑，殘泐居多，工人每不全拓，求一完整之本，卒不可得。……碑敘寬之卒年云'永徽元年六月四日薨於京城之弘德里第'，《金石錄》所據以定年月者即此卒年。而陸氏跋云：立碑年月泐，所見未全之確證也。……《表》載寬子承業、懷讓、方則三人。《姓纂》云：'寬'生'承業'、'懷讓'，下文又云'通'孫'方則'，不謂'方則'為'寬'子，與《表》不符。吳、陸兩家所見石本，均無'方則'名，知表固有誤也。餘所見本僅有'仁業'名，而下有'次子右衛將軍'語，則'仁業'之為長子無疑，碑與《表》及《姓纂》均不合。竊疑'承業'即'承基'，後避明皇諱追改，與'鄭崇基'之改為'鄭崇業'相同，'懷讓'或即'仁業'之字，以字行耳，《表》不書'仁業'名耳書其字，又與'承業'、'懷讓'長幼之序誤相倒置，遂致以'欽望'為'承業'之子矣。'欽望'為'通'長子之子，此實不誤也。"

［十］《陝西金石文獻目錄集存》稱："原在禮泉縣下嚴峪（或西谷村），現存昭陵博物館。"

［十一］《豆盧氏世系及其漢化——以墓碑、墓誌為線索》一文稱：豆盧家族成員的墓碑、墓誌資料見於金石著錄及中華人民共和國成立後新發現者，計有以下諸例：

1. 慕容（豆盧）寧墓碑　此碑現已不存。碑文撰者為庾信，刻於北周保定五年（565）十月。碑首題"周柱國楚國公岐州刺史慕容公神道碑"。……慕容甯即豆盧甯，《周書》卷十九、《北史》卷六十八有傳。

2. 豆盧恩墓碑　碑原在咸陽文王廟，乾隆間佚，1919年在文王陵附近被重新發現，現存咸陽博物館。……碑文隸書，原題"周隴右總管長史贈太子少保豆盧公神道碑"，庾信撰文，刻於北周天和元年（566）二月。……豆盧恩為豆盧甯之弟，見《周書》卷十九、《北史》卷六十八、《隋書》卷三十九等。

3. 豆盧毓墓碑　《寶刻叢編》卷八稱"隋持節大將軍正義滑公豆盧毓碑"。碑原存陝西咸陽縣。碑文正書，刻于隋大業三年（607）。豆盧毓系豆盧甯之孫，事蹟略見於《周書》卷十九、《北史》卷六十八、《隋書》卷三十九。

4. 豆盧通及世子僧奴造像題記　山西平定開河寺石窟摩崖造像左側菩薩下有隋開皇元年（581）開鑿摩崖大像的紀年題記，題記中有"大施主使持節定州諸軍事南陳郡開國公定州刺史豆盧通，世子僧奴"的記載。此碑在金石著述中已有著錄，見胡聘之《山右石刻叢編》卷三、丁紹基《求是齋碑跋》卷二。豆盧通即豆盧恩之子，但"僧奴"一名文獻失載。……今查《昭陵碑石》有"豆盧寬碑"，稱"公諱寬，字（僧）奴"。……豆盧通鑿窟造像的地址當不止這一處，陸增祥《八瓊室金石補正》卷二十六就錄有"豆盧通造彌勒大像殘碑（並陰）"一通。

5. 豆盧寬碑。（從略）

6. 豆盧行（仁）業碑　碑原在陝西禮泉縣嚴峪村北豆盧仁業墓前，1974年發現，已斷為三截，1975年移入昭陵博物館。……碑文正書，三十行，滿行五十七字。額篆書"唐故右武衛將軍芮敬公豆盧府君之碑"，首題"唐故右武衛將軍上柱國芮敬公豆盧府君碑文"。碑文所記下葬年代為唐高宗儀鳳三年（678）。……豆盧仁業即豆盧寬長子。

7. 豆盧承基墓誌　《金石錄》卷四稱"唐右衛將軍豆盧承基墓誌"，永徽六年（655）二月立。豆盧承基即豆盧寬次子。

8. 豆盧懷讓墓碑　《寶刻叢編》卷八稱"唐駙馬都尉豆盧懷讓

碑"，碑原在陝西禮泉縣。刻於唐永徽元年（650）。豆盧懷讓即豆盧寬第三子。

9. 豆盧欽望墓碑　1995年7月出土於陝西唐僖宗李儇靖陵墓室，……碑現存陝西乾陵觀光園。……碑面上部文字清晰，下部多處損泐，右側下部則已缺失。碑文隸書，共三十行，滿行七十三字，存2005字。首題"大唐故開府儀同三司尚書左僕射上柱國贈司空芮國元公豆盧府君之碑并序"，豆盧欽望之名還見於"唐尚書省郎官石柱題名"。豆盧欽望即豆盧仁業長子，《舊唐書》卷九十及《新唐書》卷一百一十四均有傳。

10. 豆盧遜墓誌　原出陝西咸寧縣，誌石方一尺八寸，誌文正書，三十二行，行三十二字，刻於唐顯慶四年（659）。首題"大唐故駙馬都尉衛尉少卿息豆盧君墓誌銘并序"。據墓誌，豆盧遜字貞順，為豆盧懷讓之第三子。

11. 豆盧貴妃墓誌　1992年出土於洛陽南郊龍門鎮花園村南側的唐睿宗貴妃豆盧氏墓。……誌蓋篆書"唐故貴妃豆盧氏墓誌銘"。誌文吳鞏撰，徐潾正書。計三十一行，滿行二十九字，共796字。……據墓誌，豆盧貴妃為豆盧仁業孫女，豆盧欽肅之女。

12. 豆盧光祚妻薛氏墓碑與墓誌　民國版《萬泉縣誌》卷七"藝文志"錄有《唐萬泉縣主薛氏神道碑》，碑文為張說所撰。墓誌出土於陝西咸陽底張灣4號墓，誌文正書，首題"大唐故萬泉縣主薛氏墓誌銘并序"，盧藏用撰，豆盧欣期書。……薛氏系唐駙馬都尉右散騎常侍薛紹與鎮國太平長公主的第二女，其夫豆盧光祚則為豆盧懷讓之孫。

13. 豆盧建墓誌、墓碑　墓誌出土於陝西省咸陽市底張灣，現藏西安碑林博物館。……呂向撰，裴炫隸書。墓碑原在陝西咸陽，張泊撰，韓擇木八分書並篆額。誌、碑的鐫刻年代均為唐玄宗天寶三年（744）。豆盧建即豆盧光祚之子。

14. 豆盧君妻魏氏墓誌　出土於河南洛陽。蓋篆書"魏夫人誌"，誌文正書。墓誌所記下葬年代為唐德宗貞元十七年（801）。

15. 故澤州錄事參軍賀蘭府君豆盧氏墓誌　據誌文，豆盧氏死於載初元年（689）九月十四日，誌文撰寫年代為聖武二年（安祿山年號，即唐肅宗至德二年，西元757年）二月十八日。

此外，"唐尚書省郎官石柱題名"中還有豆盧欽望、豆盧友、豆盧瑑、豆盧署、豆盧籍的題名。

校者按：關於本碑之考證已見上引諸說，概而言之，集中在以下幾個方面：首先，是豆盧寬先世之出處；一則稱其為後燕北地王慕容精之後，一則稱南燕慕容䟭後，所說互相牴牾，岑仲勉先生《〈元和姓纂〉四校記》（中華書局，1994年，1391—1392頁）以為"恩（編者按：指豆盧永恩）、寧（編者按：指豆盧甯）武人，或數典忘祖，庾氏操筆（編者按：指庾信所撰《豆盧永恩神道碑》），徒見《燕錄》載北地王（編者按：指南燕慕容鐘），不知同時先後有二人，遂至妄引，故勘之史實而種種牴牾。……遙遙華冑，莫可考矣"。趙超先生於《〈新唐書·宰相世系表〉集校》（中華書局，1998年，753頁）"豆盧氏"條亦云，"諸說互有差池，其先世確為如何？不可遽斷"，亦慎之也；其次，豆盧寬諸子之名諱及行輩；本碑列寬兩子作"仁業""承基"，《元和姓纂》列"承業""懷讓"，《新唐書·宰相世系表》列"承業""懷讓""方則"，各有不同，以致眾說紛紜。有謂"疑寬固有四子，'承業'當作'承基'、'仁業'"者（《金石續編》），有以"疑'承業'即'承基'，後避明皇諱追改，……'懷讓'或即'仁業'之字，以字行耳，《表》不書'仁業'名耳書其字，又與'承業'、'懷讓'長幼之序誤相倒置"者（《八瓊室金石補正》），亦有以"承基""承業""仁業"為一人者（勞格《讀書雜識》）。岑仲勉先生則以羅振玉《遼居稿》"寬殆三子，曰仁業，曰承基，曰懷讓"之說為近是。其所據之理如下：其一，承業固是承基避明皇李隆基諱所改，然據寬碑，仁業並非與承基同人，又據《寶刻叢編》卷六所錄"大將軍芮國公豆盧行業碑"與寬碑，以為襲芮公者應為仁業，仁、行涉形近而訛；其二，《新唐書·宰相世系表》所列"方則"係誤書，《元和姓纂》但稱"通孫方則"，並未與前寬子承業、懷讓同列，《新表》本自《姓纂》，不詳方則之父名，故遂以方則附寬諸子之後。如此，寬子可確認者有三人：仁業、承基（業）、懷讓。其說似較合理，但北京圖書館藏拓有天寶三載八月十二日《大唐故銀青光祿大夫太僕卿駙馬都尉中山郡開國公豆盧

（建）公墓誌銘》，內稱"曾祖皇金紫光祿大夫、行太府卿、駙馬都尉、上柱國、芮國公懷讓，曾祖母皇長沙公主"，如此則襲芮國公者應為懷讓，而寬碑於長子仁業前亦書芮國公，1974年於醴泉縣煙霞鄉岩峪村北發現有《唐故右武衛將軍芮敬豆盧府君之碑》（校者按：岑仲勉先生所引《寶刻叢編》卷六"大將軍芮國公豆盧行業碑"或即此碑），碑主正豆盧仁業，題額既有"芮敬"字樣，可證寬碑不誤。如此，"懷讓"與"仁業"似如《金石補正》所云當即一人。然"豆盧建墓誌"謂其祖為"貞松"，與《元和姓纂》《新唐書·宰相世系表》所述正合。而仁業子為欽望等，開元廿八年七月《唐睿宗大聖真皇帝故貴妃豆盧氏墓誌》稱"定公即妃之烈曾也，……諱寬。敬公，大父也，皇右武衛大將軍，贈太子少保，諱仁業。汾州王，考也，……諱欽肅"，亦可證欽望、欽肅為仁業子，則"懷讓"與"仁業"斷非一人可知。事實上，造成這種困擾的原因在於襲豆盧寬芮國公爵者究竟為何人，以仁業襲爵者，除"豆盧寬碑""豆盧仁業碑"外，尚有1995年於陝西乾縣唐僖宗李儇靖陵出土之"豆盧欽望碑"，其碑額題稱"大唐故開府儀同三司尚書左僕射上柱國贈司空芮國元公豆盧府君之碑并序"，碑中敘其世系云"祖寬，唐禮部尚書、鎮軍大將軍、岐州刺史，贈特進、并州大都督、芮國定公。父仁業，唐右武衛將軍，贈太子少保、芮國敬公"，又有仁業四子"豆盧欽文墓誌"稱"考仁業，唐成州刺史、右武衛將軍、上柱國、芮國公，諡曰敬，贈豳州刺史、代州都督"，以"豆盧寬碑""豆盧仁業碑"及"豆盧欽望碑""豆盧欽文墓誌"合而勘之，則襲芮國公爵位者為寬長子仁業，而非懷讓。以懷讓襲爵者，則只有"豆盧建墓誌"，其言似非實。或以為，"仁業"卒後由"懷讓"襲封，"懷讓"身後又傳於"欽望"，但"豆盧欽望碑"明言"敬公憂，去職。……服闋，襲爵芮國公"，則不存在轉封"懷讓"之可能。關於"懷讓"未襲爵事在其子"豆盧遜墓誌"中也可略窺端倪，遜誌於父歷官但云"駙馬都尉、尚輦奉禦衛□□□□、太府衛尉少卿"，而未及芮公爵，其間消息可通。其三，史料與豆盧諸碑所載屬籍互異。概言之，寬碑及"豆盧遜墓誌""豆盧建墓誌"作"河南洛陽人"，《新唐書·宰相世系表》《元和姓纂》作"昌黎棘城人"，《周書·豆盧寧傳》及庾信撰"豆盧寧碑""豆盧恩碑""豆盧欽望碑"

作"昌黎徒何人",《舊唐書·豆盧欽望傳》作"京兆萬年人"。初看似極紛紜,實則為中古時代所習見。究其實質,不過一稱郡望,一書占籍而已。具體來說,《新唐書·宰相世系表》《周書·豆盧寧傳》及"豆盧寧碑""豆盧恩碑""豆盧欽望碑"作"昌黎"者,因慕容氏自燕歸魏時即居於"昌黎",遂以此為其郡望所出。至於其中或言"昌黎棘城",或稱"昌黎徒何",是因為"棘城""徒何"同屬"昌黎",慕容氏曾先後遷徙於兩地。《讀史方輿紀要》卷一八即稱"徒河城:在營州東百九十里,漢縣,屬遼西郡。後漢屬遼東屬國。魏省入昌黎。晉太康十年,慕容廆以遼東僻遠,徙居徒河之青山,尋又徙棘城。建興初,幽州都督王浚檄徒河慕容廆討遼西鮮卑段疾陸眷,廆遣子翰攻之,取徒河新城至陽樂。翰因留壁徒河之青山,後遂復置徒河縣"(商務印書館,1937年,812頁)。據此可知慕容氏先居於徒何,後徙棘城,這是造成上述差異的原因所在。要之,無論"昌黎棘城"或"昌黎徒何"都是就其郡望而言。至於寬碑及"豆盧遜墓誌""豆盧建墓誌"作"河南洛陽",其地則為豆盧氏後來遷徙之所,是就占籍而言。至於唐書欽望傳稱其為"京兆萬年人",是因為此時欽望一支因宦居於秦中,遂以最新占籍之地為其籍屬耳,史書與諸碑不過各舉一端而已,殊無足怪。瞿氏《古泉山館金石文編》亦嘗以此為疑,且以《元和姓纂》有所遺失,岑仲勉先生辨之云"'豆盧遜志'稱河南洛陽者,祇是敘其占籍,遜固懷讓之子,以《姓纂》為遺,瞿氏蓋未明郡望、占籍之有異"(《〈元和姓纂〉四校記》,中華書局,1994年,1393頁),可為參考。又,《新編》同卷所錄"于孝顯碑"稱其為"河陰河南人",《新唐書·宰相世系表》則稱其先為代人,後于瑾從孝武入關遂為"京兆長安人",唐書謹曾孫志甯傳又作"京兆高陵人",情形與豆盧氏正復相似。于氏本為代北鮮卑豪酋,孝文帝遷洛以代北勳貴並為"河南洛陽人",于氏遂以"河南洛陽"為其郡望。後于瑾一支入關,傳所稱"京兆高陵人",亦其新占籍也。

關於豆盧氏之世系,姜波《豆盧氏世系及其漢化——以墓碑、墓誌為線索》(《考古學報》,2002年3期)一文已有考證,然尚有疑問。姜氏根據《新唐書·宰相世系表》和《舊唐書·豆盧琢傳》以豆盧琢"祖"豆盧願為豆盧友子,然大曆四年十月《唐故汝州司倉參軍豆盧公（願）墓誌銘并序》稱"有唐相國公欽望，生宣州牧靈昭，靈昭生公"，豆盧友亦為靈昭子，則願與友為兄弟行也，"豆盧願誌"後即云"公之弟兄曰回、曰友，皆出入臺閣，望於當時"，可證。又，《舊唐書·豆盧琢傳》稱："豆盧琢者，河東人，祖願，父籍，皆以進士擢第"，然"豆盧願誌"稱"夫人隴西李氏，勖其二子：長曰岑，……少曰協"，未見豆盧籍之名，《舊唐書》所記應有訛誤。校者以為豆盧籍應非出豆盧願後，《新唐書·宰相世系表》以豆盧籍為豆盧友之後，為得其實。但《宰相世系表》以籍為豆盧友孫，似亦未確，以《舊唐書·豆盧琢傳》行輩推之，頗疑籍為友之子而非其孫也，琢傳不過誤友為願耳。另有意見以為豆盧願為豆盧籍之祖，說見吳傑華、管凱燕《豆盧氏世系糾補及唐代"過期不葬"問題研究》（《洛陽師範學院學報》，2013年12期）一文，然其說並無其他直接資料支撐，似未可信。誌文書者署名"侄前大理寺主簿巽"，當出器、參、回、友中之一支。

又有大和五年二月《唐故張府君墓誌故夫人豆盧氏墓誌銘》（《唐代墓誌彙編續集》，上海古籍出版社，2001年），志稱豆盧氏為"故御史中丞忻王傅諱靖女"，曾祖"光祚，皇丹、延二州刺史；祖雄，皇司農卿，贈左散騎常侍"，誌文撰者為"朝請大夫、守河南（下泐）豆盧署"，書者為"前邕管經略推官、給事郎、試大理評事、兼監察禦史豆盧卓"。按：豆盧光祚係豆盧懷讓孫，豆盧貞松子，與豆盧建為兄弟行。據誌可知，光祚有子雄，雄子靖，可補豆盧氏之世系。本誌撰者豆盧署為豆盧友兄豆盧器孫，豆盧鶚子，以世系推之與誌主豆盧氏為同輩。書者豆盧卓雖未知所出，或亦源自懷讓一系也。

又天寶二載《□□□□州大都督參軍隴西李公墓誌銘并序》（《唐代墓誌彙編續集》，上海古籍出版社，2001年）稱："公諱尚旦，隴西狄道人也。……夫人河南豆盧氏，僕射欽望之妹，□縣令懷素之女"，則"仁業"除"欽望""欽爽""欽肅"諸子外，尚有一女。然誌又稱其為"□縣令懷素之女"，據《唐書·欽望傳》及碑，欽望為仁業子無疑，此誌又以"欽望"為"懷素"子，"懷素"之名又不見於上引諸碑誌，未知其所據，姑存疑待考。

豆盧寬家族成員碑、誌除《豆盧氏世系及其漢化——以墓碑、墓誌為線索》一文著錄數條之外，近年又陸續有新誌出土，現就筆者搜檢

117

所及略志如下：

一是《唐故蜀州司戶豆盧（軌）府君墓誌》　武周長安三年（703）十月。誌2007年河南出土，墓誌拓印本見趙君平、趙文成主編《秦晉豫新出墓誌搜佚》（國家圖書館出版社，2012年，369—370頁），錄文見李永《河南洛陽新出豆盧軌墓誌研究》（《鄭州大學學報》，2013年5期，156—157頁）。墓誌正書，二十九行，行二十九字。誌主豆盧軌，字欽文，為豆盧仁業四子，誌文出自兄子豆盧靈均之手。

二是《故泉州司馬豆盧（頊）府君墓誌文并序》　大曆三年（768）十一月。2003年河南尹川縣出土，墓誌拓印本見趙君平、趙文成主編《河洛墓刻拾零》（北京圖書館出版社，2007年，423頁）。誌石高37.5釐米，寬38釐米。誌文正書，十八行，行十八字。

三是《唐故汝州司倉參軍豆盧（願）公墓誌銘并序》　大曆四年（769）十月。誌1997年河南龍門鎮出土。墓誌拓印本見趙君平、趙文成主編《河洛墓刻拾零》（北京圖書館出版社，2007年，424頁），錄文見《全唐文補遺》第八輯（三秦出版社，1994年，78頁）。誌石高38.5釐米，寬37.5釐米。誌文正書，二十一行，行二十二字，誌文書丹為願侄前大理寺主簿豆盧巽，撰者為大理評事張翔。

豆盧氏見於碑誌者除豆盧寬一支外，尚有其他幾例，今一并列之於下：

一是宮人豆盧氏墓誌。隋大業九年（613）八月。誌出河南洛陽，墓誌拓印本見《漢魏南北朝墓誌集釋》卷十（科學出版社，1956年）、《隋唐五代墓誌彙編·洛陽卷》第一冊（天津古籍出版社，1991年），錄文見《全隋文補遺》（三秦出版社，2004年）。誌稱豆盧氏"京兆人也，上大將軍豐寧公孫"，未知所稱豐寧公者為何人。

二是豆盧寔墓誌。隋大業九年（613）十月。誌出河南洛陽，墓誌拓印本見《漢魏南北朝墓誌集釋》（科學出版社，1956年）卷九、《隋唐五代墓誌彙編·洛陽卷》（天津古籍出版社，1991年）第一冊，錄文見《全隋文補遺》（三秦出版社，2004年）。誌稱"君諱寔，字天裕，本河南洛陽人也，今屬京兆郡鄭縣威菩鄉之赤水里"，其祖為豆盧懷德，"魏使持節、征西大將軍，青、齊二州刺史，豫州大中正"；父景，"周使持節、車騎大將軍、儀同三司、大都督內外府掾，懷歸縣開國公"。

三是合邑生一百三十人等造像記。北周保定元年（561）一月。1984年出土於甘肅正寧縣羅川鄉聶店隊，現藏正寧縣博物館。造像記錄文見陳瑞琳《甘肅正寧縣出土北周佛像》（《考古與文物》，1985年4期）、周偉洲《甘肅正寧出土的北周造像題銘考釋》（《西北民族史研究》，中州古籍出版社，1994年）、韓理洲先生《全北齊北周文補遺》（三秦出版社，2008年）。造像題名中有"都像主前將軍右銀青光祿大都督明水縣開國公豆盧相""西面典錄豆盧寄受""邑生豆盧武長""東面邑主都督豆盧子光""邑生豆盧子惠"。

四是合邑綱維並諸邑子造像記　北周保定二年（562）二月。二十世紀八十年代發現於耀縣演池鄉呂村，現藏藥王山博物館。造像記錄文及部分造像拓本見陝西文物普查隊《耀縣新發現的一批造像碑》（《考古與文物》，1994年2期，51、53頁），錄文又見韓理洲先生《全北齊北周文補遺》（三秦出版社，2008年）。造像記后刻有大量題名，據《耀縣新發現的一批造像碑》一文統計，約有96人，其中有姓"豆盧"者。

據上引石刻可知，豆盧氏自內徙之後，除居於洛陽、長安兩地之外，至北朝後期已經分佈於渭河以北的今耀州及甘肅東部地區，其遷徙原因可能與北魏後期六鎮起義所引起的戰亂有關，其說可參考馬長壽先生《碑銘所見前秦至隋初的關中部族》一書相關論述。

樊興碑

（永徽元年七月　見《存逸考》卷七"三原縣"）

碑高六尺，廣三尺，正書。三十一行，行六十一字。

大唐故左監門大將軍襄城郡開國公樊府君碑銘并序

若夫軒弧登御，威有截而開基；媯戚陳階，格遠方而裁化。是知器之攸假，理無廢於五材；國之所隆，業有偕於七德。皇家躍龍而啟千載，翦鴻而清九野，叱咤而會風

119

雲，抑揚而徙舟壑。其有應衙珠之象，縱傑挺生；延捧日之徵，程材命世。繫桑以申其略，坐樹以挹其庸，唯襄城公為體之矣。

公諱興，字積慶，安陸人也。將軍感燕，取貴易濱之義；舞陽讓楚，終高戲下之功。學稼問仁，暎闕里而騰譽；推田削契，掩湖陽而劭美。自時厥後，支分派流，昭彼青編，可得而略也。高祖弼，魏武陵太守；曾祖叡，魏員外散騎常侍、巴州刺史、新淦縣開國侯；祖文寔，隨南陵太守。並資忠為德，置言成範，體三棘[一]而流潤，苞六象而揚輝，雅達從政，□□俗，召父延於時諺，任子悅於旰心。父方，皇朝金紫光祿大夫、慶善宮監，藏器虛室，戢影太玄，偶出震之休期，縻賓王之華秩，公攀鱗晉野，奉靮汾川，霈□露於紫宸，燭靈輝於黃道，體仁而賈其勇，由衷而講其信，埒勁心於風草，比貞節於霜筠。言表身文，慎機樞於自遠；行成士則，總枝葉於昌年。超越女之工，五校豈傳其術；高楚臣之藝，七札本謝共能。至於當敵制權，臨機授律，明其可否之算，審其向背之宜，聊取鑠金之□，□踐蚩鋒之地。義旗肇建，乃授朝請大夫，隨班例也。尋破西河，授通議大夫。又平霍邑，加金紫光祿大夫。特以戰功，踦加勳級，殊貸稠疊，難用詳言。既而尅定京畿，加左光祿大夫，除左監門郎將。恩流□□，□屬宸階，嘉猷輶於紀明，未伫司徒之表；茂識逾於安世，甯資博陸之賢。未幾，以功次除左監門將軍。周衛斯俟，折衝伊寄，宮禁肅清，簡在惟穆。昆夷舊壤[二]，尚結妖氛，聽鳴犖而載懷，命寅車而戡罰，以破薛舉勳，授上柱國、西華縣開國公，賞物五百段。楚班為貴，躡昭陽之大功；漢誓斯永，聯穎陰之茂爵。劉武周□兵[三]絳水，肆虐懷生，公廼奉旌麾而電邁，溺驂驪而風掃，乃封襄城郡開國公，賞物千段。

于時山川振蕩，群醜虔劉，元戎歲駕，預誅千紀，王世充、竇建德因茲大潰[四]，□勳餘十二轉，廻授其子，賜物二千段、金卅斤。武德五年，建德重茲兒聚，帶州挺亂，於是長驅銳騎，封狶滅妖，加勳八[五]轉，賜物千段，幷奴婢牛馬。劉黑闥跋扈□□，陳兵曠歲，公克宣智勇，殲厥奸渠，以超輩之勳，賚物六百段。六年破徐員朗於徐、兗，厥功斯懋，賞物千段，□廿七年，手詔以公策名自久，立効居多，因授[六]□□軍將。八年，獯獫犯塞，大駭涇陽，權烽夕舉，胡塵曉望，公摧鋒轉鬭，群凶折首。九年，以公夙昭勤効，給封四百戶，授[七]營國公。貞觀六年，破陵州群獠，賞口六□□□，授左驍衛將軍。坐公事削。十一年，還除右監門將軍。望重禁闡，誠深貞固，驟招榮晉，亟踐便繁。十五年，扈從巡方，檢[八]授左驍衛大將軍，領千騎。十八年，授雲麾將軍，守左監門大將軍，封襄城郡開國公，食邑二千戶。十九年，鑾輿東指，龔行遼隧，公於定州奉令，乘馹還□，副梁國公宮城留守。任寄之重，莫或與京。宸駕凱旋，特蒙勞喻，賜物三百段，撿校右武侯大將軍。廿二年，從幸玉華宮，因而留守。有頃，乃嬰風疾，勅遣名醫就療，賜告還京，砭藥亟加，閒月而愈。廿三年，除左監門大將軍。屬宮車晏出，縛翽晨移，奉端闈而限赴，望疑山而崩摽，從而負茲彌固，愒景推辰。有司以寢瘵逾時，因而奏解。爰降綸汗，恩瞻尤多，給防閤祿，賜國官府，佐帳內一依見職，幷遣醫齎藥，終始將療。又降中使，就第慰問，賜絹□四。終期介胄為禮，孤摽細柳之名；鐵石居心，獨擅下江之懿。如何尺波行閱，風駭龍驤之水；一葉可悲，霜凋馬陵之樹。以永徽元年四月廿三日終於雍州長安縣懷遠里第，春秋六十有三。聖情念功惟舊，傷悼者久之。贈左武衛大將軍、洪州都督、江饒吉袁鄂虔撫八州諸軍事、使持節、洪州刺史，贈絹布二百匹，陪葬獻陵，賜東園秘器，喪事所須，隨由資辦，給儀仗去還，諡曰思公，禮也。粵以其年歲次庚戌七月戊戌朔九日景午陪葬于獻陵。惟公德符先覺，利見在田，立功立事，威稜憺遠，信義行於州里，孝友著於家風，喜慍不形，寵辱惟一。歌鍾繼發，無累虛白之心；軒蓋交陰，詎隔濠梁之想。踐三宮之奧，先實涇流之毒；獎萬夫之勇，方投越水之醪。宜其克壯風猷，永綏多祜。俄而丹烏迅景，下崦山而靡息；白馬奔濤，委歸塘[九]而□□。長子[十]護軍濮王府兵曹參軍事脩義、世子上騎都尉荊王府法曹參軍事脩武等，下堂斯慎，恭孝之道夙彰；趨庭有奉，敦悅之風先備。遽纏手澤之慕，科嬰心瞿[十一]之哀。懼□紀驟[十二]遷，坻壑相貿，思騰鼎之餘範，懷景鍾之遺籀，翠琬勒其鴻規，清芬垂而靡究。其銘曰：

叔世道消，夷羊在牧。乘時啟聖，長鯨且暴。瑞興碭野，祥開柳穀[十三]。式寄爪牙，久資心腹。（其一）山甫姬相[十四]，□□命氏。峻構[十五]巖巖，豐源[十六]瀰瀰。祖考昭德，騰華綈綺。政體山岯，業甄河豕。（其二）介福潛衍，克昌厥嗣。贊軌驚冥，承羈絕轡。□□□□，□□□□。聚米均聲，沉沙比懿[十七]。（其三）明[十八]□於□，持損於[十九]益。同[二十]志如蘭，堅心匪石。家存衛劍，門趨鄭驛。藝優方窨，道希函席。（其四）得人斯盛，多士維寧。飾躬文陛[二一]，局□彫[二二]扃。拂[二三]鍾挺銳，括羽□貞。功深越國，績[二四]□□□。（其五[二五]）負舟[二六]□□，鏧楹貽譽。泗水廻瀾，武山頹仞。九京可作，百身靡悋。麗龜輟枝，飛龍罷引。（其六）遠日告辰，如疑戒禮。容車夙載，嚴闈旦啟。煙景空濛，風□□□。□□□而[二七]。稅駕聆[二八]□，蒞而揮涕。（其七）

此碑《關中金石志》及諸家金石書皆不載，道光八年周貞木學使得之獻陵，昇置使署，字畫完好，具褚、薛規模，可寶也。二十三年六月，錢塘沈兆霖記，同觀者吳縣郭鳳[二九]。此行小正書，刻碑右空處。(《寶刻叢編》卷十。《古泉山館金石文編殘稿》。《金石粹編補略》卷一。《補寰宇訪碑錄》卷三。《宜祿堂金石記》卷三。《八瓊室金石補正》卷三五。《十二硯齋金石過眼錄》卷九。《關中金石文字存逸考》卷七。《金石粹編補遺》卷一。《續語堂碑錄》丁。《唐文續拾》卷六二。《懷岷精舍金石跋尾》。《陝西金石志》卷八。《續修陝西通志稿》卷一四二。《碑帖敘錄》二二五頁。《增補校碑隨筆》五〇五頁。《善本碑帖錄》一〇五頁。《北京圖書館藏中國歷代石刻拓本彙編》一二冊九頁。)

[校記]：

[一]"棘"，《新編》未識作"□"，《八瓊室金石補正》作"珠"，誤，今據北圖藏拓改。

[二]"夷舊壤"，《新編》未識作"□□□"，今據北圖藏拓補。

[三]"兵"，《新編》未識作"□"，今據北圖藏拓補。

[四]"大潰"，《新編》未識作"□"，《金石萃編補略》作"□蕩"，誤，今據北圖藏拓補。

[五]"八"，《新編》未識作"□"，今據北圖藏拓補。

[六]"授"，《新編》未識作"□"，今據《八瓊室金石補正》及北圖藏拓補。

[七]"授"，《新編》未識作"□"，今據《八瓊室金石補正》及北圖藏拓補。

[八]"方，檢"，《新編》未識作"□，□"，今據北圖藏拓補。

[九]"塘"，《新編》未識作"□"，今據《八瓊室金石補正》及北圖藏拓補。

[十]"長子"，《新編》作"更□"，《十二硯齋金石過眼錄》所錄同，今據《金石萃編補略》《八瓊室金石補正》及北圖藏拓補正。

[十一]"科嬰心瞿"，《新編》作"□□心□"，今據北圖藏

123

拓補。

［十二］"紀驟"，《新編》未識作"□□"，今據北圖藏拓補。

［十三］"柳穀"，《新編》未識作"□□"，今據《八瓊室金石補正》及北圖藏拓補。

［十四］"相"，《新編》未識作"□"，今據北圖藏拓補。

［十五］"構"，《新編》未識作"□"，今據北圖藏拓補。

［十六］"豐源"，《新編》未識作"□□"，今據北圖藏拓補。

［十七］"懿"，《新編》未識作"□"，今據《八瓊室金石補正》及北圖藏拓補。

［十八］"明"，《新編》未識作"□"，今據北圖藏拓補。

［十九］"持損於"，《新編》未識作"□□□"，今據《八瓊室金石補正》及北圖藏拓補。

［二十］"同"，《新編》未識作"□"，今據北圖藏拓補。

［二一］"陛"，《新編》未識作"□"，今據北圖藏拓補。

［二二］"局□彫"，《新編》未識作"□□□"，今據北圖藏拓補。

［二三］"拂"，《新編》未識作"□"，今據《八瓊室金石補正》及北圖藏拓補。

［二四］"越國績"，《新編》未識作"□□□"，今據北圖藏拓補。

［二五］"其五"，《新編》未識作"□□"，今據《八瓊室金石補正》及北圖藏拓補。

［二六］"負舟"，《新編》未識作"□□"，今據北圖藏拓補。

［二七］"而"，《新編》未識作"□"，今據《八瓊室金石補正》補。

［二八］"稅駕聆"，《新編》未識作"□□□"，今據北圖藏拓補。

［二九］《八瓊室金石補正》所錄"鳳"後有"翔"字。

[匯考]：

［一］《宜祿堂金石記》稱："按：樊興，本名樊世興，見劉煦

《舊唐書·高祖本紀》及《劉文靜傳》，皆無世字，與碑合。興卒於永徽元年，故避太宗諱去"世"字。樊之封爵，《唐會要》紀陪葬獻陵姓氏，有'榮國公樊興'，而本傳則曰'營國公'，今碑中'營'字適泐，雖下半隱隱有口字，然不敢據以斷也。碑紀戰功，則有破西河、平霍邑、討武周、走黑闥、克徐員朗、備突厥諸績。其記世系，則有高祖弼，曾祖叡，祖文寔，父方，子脩義、脩武諸人，以及字積慶，諡思公，皆史所未紀，此足補史之闕也。又從平京城，授左監門將軍，劉煦誤以為'右'，《新唐書》與碑合。卒後贈'左武衛大將軍'，新、舊唐書皆以為'左武侯'，是當以碑為正也。至碑略而史詳者，則傳紀貞觀六年前曾坐事削爵，為碑所無。又從李靖擊吐谷渾，為赤水道行軍總管，坐遲留不赴軍期，以勳減死。碑皆未言，但云'坐公事削'而已。碑無撰、書人姓氏，文有六朝遺韻，書勢雅有河南筆意，是唐碑之最完妙者。"

[二]《關中金石文字存逸考》稱："《後漢書·王常傳》：光武帝於大會中指常謂群臣曰'此家率下江諸將輔翼漢室，心如金石，真忠臣也'，是日遷常為漢忠將軍。碑中'鐵石居心，獨擅下江之懿'，即用此事。……《新唐書·百官志》：慶善宮監一人，從六品下；文散階從二品曰光祿大夫；左、右驍衛大將軍各一人，左、右監門衛大將軍各一人，左、右武衛大將軍各一人，均正三品。又注云：龍朔二年，改'左、右候衛'為'左、右金吾衛'，而無'左、右武侯大將軍'之名，左右候衛、左右武侯，是否即係一官，未知其審。"

[三]《筠清館金石記》稱："樊興，唐初功臣，新、舊書皆附《裴寂傳》。《新書》云'安州人'，《舊書》云'安陸人'。唐置安州安陸郡，治安陸縣，一書其州，一書其縣也。《新書》云'以罪為奴'，《舊書》云'父犯罪，為奴'，碑言'父方，官慶善宮監'，未及犯罪事，諱之也。……傳又云'太宗征遼，以興忠謹，副房玄齡留守京師'，即碑所謂'副梁國公宮城留守'也。是碑僅泐百餘字，餘文皆完好，筆跡絕類褚河南。又陪葬獻陵，而歷來金石家惟《金石錄》及《寶刻叢編》載之。"

[四]《古泉山館金石文編》稱："碑文幾兩千言，而漫漶不辨者，止九十餘字，無撰、書人姓名，然文甚詳贍，楷法秀勁，頗有歐、虞、

125

褚、薛風度，蓋書、撰皆出朝廷翰苑名公手也。……傳於朝請大夫、朝議大夫、金紫光祿大夫、雲麾將軍等皆不錄，乃階官也，例尚可刪。……而本傳敘坐事削爵於貞觀六年'陵州獠反，命討之，為左驍衛將軍'之前，又云'又從李靖擊吐谷渾，為赤水道行軍總管，後期，軍多死亡，失器杖，以勳減死'。而考《本紀》'貞觀八年夏，吐谷渾寇涼州，左驍衛大將軍段志玄為西海道行軍總管、左驍將軍樊興為赤水道行軍總管以伐之。十一月，吐谷渾寇涼州，執行人鴻臚丞趙德楷。十二月，特進李靖為西海道行軍大總管，膠東郡公道彥為赤水道行軍總管'，則興之從擊吐谷渾乃段志玄而非李靖，蓋先因段志玄與興失利，後乃改李靖與膠東郡公。然則武德時坐事削爵，恐即貞觀八年伐吐谷渾失利，傳所謂以勳減死，乃誤分一事為二也。又'副梁公留守京師，檢校左武侯大將軍'，傳脫去'大'字。'贈左武衛大將軍'，又誤'衛'為'候'。惟《本紀》書'貞觀六年正月，靜州山獠反'，傳作'陵州'，碑亦作'陵州'，則《本紀》之誤也，皆當據碑正之。又考房梁公薨於貞觀二十二年七月，碑所云'廿二年從幸玉華宮，□而留守'者，蓋梁公卒後，興即獨為留守，而傳亦未詳。……碑文用樊家故事於樊於期、樊噲、樊遲，下云'推田削契，掩湖陽而劭美'者，乃樊宏之父重也，詳《後漢書·樊宏傳》。樊姓因周仲山甫封於樊為氏，亦見宏傳，故銘中有'山甫姬□'句也。……長安縣'懷遠里'及興之第宅，皆不見於《長安志》，與《本紀》書'貞觀十四年正月，敕雍州長安縣免延康里租稅'之'延康里'同。……唐制，諸王子封王，每開府設官。濮王為太宗子泰，貞觀二十一年封。荊王為高祖子智雲，武德四年封，並見《本紀》及宗室表。文中'兒據帶州'之'兒'，疑即'完'字，顏魯公《幹祿字書》列'兒'、'完'字，二字云'上俗下正'。張參《五經文字》亦云'完俗作兒'。毛詩《邶風·燕燕》序'戴媯生子名完'，《釋文》云'完字又作兒，俗音完'。"

[五]《八瓊室金石補正》稱："篆額九字題云'唐故大樊將軍君之碑'，蓋'樊'字本在'將軍'下，誤書在上耳。吳氏跋云'歷來金石家惟《金石錄》及《寶刻叢編》載之'，檢趙德甫書，並無是碑，豈別有善本耶？"

［六］《金石證史》"樊興原名世興"條稱："按興，《舊唐書》五七、《新唐書》八八均有傳，大致與碑相符，唯左監門將軍，《舊唐書》誤右（《新唐書》不誤），坐事削爵，列於貞觀六年之前，檢校右武侯大將軍，奪'大'字，贈左武衛大將軍，作'武侯'（舊、新《唐書》同），均似從碑為是。興父，傳不舉其名，只云犯罪配沒為皇隸，又八年從李靖擊吐谷渾，以後軍期多損失減死，碑均諱而不言也。（據《通鑒》一九四，削爵在九年七月乙卯）復考《元龜》九九〇，武德八年五月，以右監門將軍樊世興為天節將軍，知興本名世興，（《舊唐書》二亦作'樊世興'，'興'即'世興'，宜祿堂《金石記》已略言之。）《元龜》鈔自《高祖實錄》，係太宗朝修，故不諱'世'，迨高宗詔諱世，故單名興，猶'李世勣'之作'李勣'，'唐世宗'之作'唐宗'也。《舊唐書》五六《羅藝傳》'以本官領天節軍將'，《李神符碑》，為平道軍將，蓋其官雖號將軍，而當日通稱則曰某某軍將，碑與史並不抵觸，所小異者，《元龜》以左監門為右監門，又繫其事於八年耳。依上考定，碑文'軍將'之上，可補'天節'字。"

又稱："王言云：'樊公《唐書》無傳，……惟樊公史作榮國，碑作開國公稍異，……元皇帝為高祖之姪，太宗之從昆弟，名昺。'（《金石萃編補略》一）以樊興為無傳，以榮國公與開國公相比，以李昺為太宗從昆，其言似未嘗讀史者，他不足論矣。"

又稱："《長安志》一〇，朱雀街西之第四街有懷遠坊，即碑之懷遠里。古泉山館《金石文編》謂興之陪葬，不見《長安志》，非是，《志》有'楚將軍'，乃'樊將軍'之訛。"

［七］《陝西金石文獻目錄集存》稱："現存三原縣。"

襄邑王李神符碑

（永徽二年十月　見《存逸考》卷七"三原縣"）

碑高七尺八寸，廣三尺五寸。共三十行，行六十九字。八分書。

大唐司空開府儀同三司楊州荊州□大都督并州大總管上柱國以下闕

竊惟麗天凝[一]景，藩衛紀其躔次；括地分區，侯王胙其疆域。巨唐經綸帝業，光啟皇圖，茂[二]功延賞，弘以五□之□；□□□□，□□□□之□。其有績宣[三]□□□□□龍斾，兼重望於親賢，樹英猷於家國者，其在襄邑王乎！

王諱神符，字神符，隴西成紀人。景皇帝之孫，鄭孝王之子，太宗文皇帝之從父，今上之從祖也。昔繞樞流慶，肇基□□，貫月摛神[四]，嗣興寶籙[五]。齊聖廣深之德，既[六]肸嚮於虞庭；可道非常之教，亦葳蕤於周史。景皇帝功高定霸，珪瓚攸歸；鄭孝王業盛經邦，舟驥斯在。若殷契之佐夏，景亳終啟其祥；喻姬昌[七]之作酆，鎬京乃隆其祚。浮天引派，浚委[八]咸池之源；拂日疏柯，遙披若華之景。王累聖鐘美，積德垂裕，辰象陶其粹氣，山岳感其英靈。抱義含仁，轢神宮而峻趾；騰文擊武，跨仙澗[九]以鳴律。雄姿映徹，逸韻韶[十]舉，曲臺靈樹，禮樂以成其德；□宇緇林，詩書以弘其道。尋其軌躅，矯如北唐之駕；窺其陳秘，煥若東山之府。屬江都不守，中京圮歷，毀櫝挺災，噬[十一]驂昭贙。火焚彝器，驚[十二]巨燎於炎[十三]昆；水覆[十四]王舟，揚洪波於沸海。戰爭方始，亂離云瘼，金刀興而素靈哭，玉鏡隱而黃神吟。王劃迹韜光，待時藏器，智周朝墅之際，神恬宇宙之間，戢[十五]此潛鱗，□孟諸而未躍；理□大翼，臨扶搖而將舉。我高祖太武皇帝撫歸運，握禎圖，橫姬鉞，攖[十六]軒弧，正傾維於地紐，締落構於乾樞，掩參郊而大誓，望井域以長驅。及四門允穆[十七]，太尉翊□□之命；萬邦作乂，司空膺□象之尊。爰[十八]以茂親，用昭縟禮。義寧元年，封安吉郡公，食邑二千戶，仍拜太府少卿。俄而天地革運，品物咸亨，則大居宸，履端垂統。黃初受命，載隆禦侮之功[十九]；太始開[二十]元，式[二一]降分封之冊。武德元[二二]年，封襄邑郡王，邑三千戶，餘如故。轉雍州司馬。展其驥足，仰叶題輿，屈此鴻材，俯膺持板，德刑具舉，寬猛兼濟，期月成化，輦轂肅清。于時文軌未同，國步斯阻。西羌煽禍，猶拒奚[二三]城之仗[二四]；北狄稱兵，時[二五]引蕭關之寇。天子聞輦軫慮，推轂佇能，將申橫墅之功，必在光朝之選。乃以王為平道軍將，出[二六]鎮岐州。其年，除稷州諸軍事、稷州刺史。俄儀[二七]軒戒塗，閏[二八]景山之靈雨[二九]；建旗臨境，翊夢諸之雄風。照以秋陽，流之冬愛。坐棠所以垂訓[三十]，伐枳於是興謠。四年，除并、汾、壽[三一]、遼、太、榆七州諸軍事，并州總管。以善政，入為太府卿，加右光祿大夫、檢校兵部尚書。大哉元氣，制之者鼎臣；赫矣天臺，參之者國器。六材膺務，八座分司，蜀劍駭其光芒，鄭履騰其聲實。固已道高損益，効彰出納者焉。九[三二]年，除使持節、大都督、揚潤常和楚方滁七州、壽[三三]蘇越括歙宣舒循泉九州都督諸軍事、揚州刺史。連率居綜兵之禮，獨坐受班條之任，俗變偷生，人無輕死。義陽之牧涼[三四]部，威化臨邊；太原之鎮許都[三五]，忠謀□帝。貞觀元年，入為將作大匠，兼散騎常侍。東園[三六]徙□，藻梲凝華；南郊陪乘，貂璫絢美。神居博敞，無慚百郡之吏；武庫縱橫，自表一時之傑。尋轉宗正卿，餘官如故。既而留神系表[三七]，探至頤於鳴謙；屬[三八]想帝先，遵炯誡於知止。赤松可仰，紫艾非榮。巖廊逾峻，屢竭叫閽之請；綸璽載嚴，未允掛冠之志。王事非飾讓，備陳誠懇，有感聖懷，方優[三九]散秩，乃加光祿大夫。歲時朝請，防閤祿賜，並同京官[四十]。望極尊榮，居惟爽麗，門施棨戟，地兼山水。

129

雲華春菀，登紫臺而肆目；月淨秋軒，迥綺筵而命駕。玳簪恒滿，玉樹生光[四一]，陶陶然不覺[四二]萬物之為細也。聖上以至仁馭寓，大明踐極，丕承[四三]景歷，率由舊章。載仁宗臣、首命儀台之秩；洒睠尊屬，獨荷升輿之恩。貞觀廿三年，又下詔授開府儀同三司。車同畫鹿，服授文鱗[四四]，居此達尊，俾[四五]其終吉。雍宮執爵[四六]，膺乞言之大禮；嬴里鳴鑾，奉升中之壯觀。登天肇夢，夾日成災。遽切嵩亭之歌，空祝麥邱之壽。以永徽二年五月薨於私[四七]第，時年七十五。惟王德包上善，道邁中庸，揭日月之鴻暉，疏風雲之逸[四八]氣，澹乎川鏡，嶷然山跱，管籥內嚴，菁華外發。抑揚賢哲，必蹈功名之軌；枕席邱墳，不求章句之業。孝敬冥極，地義為重，友悌兼資[四九]，天倫斯穆，蘊奇略，懷遠圖，詞軼藏牙[五十]，藝優摧骼[五一]。分麾受律，一劍非其務；釃酒投醪，三軍被其德。出莅藩岳，美政洽於萌[五二]謳；入司元凱，雅譽光於朝列。觀宥卮而取則，深懼滿盈；聽鳴弦[五三]而告老，言追閑曠。位鄰中穗[五四]，敬賢之道[五五]不渝；景[五六]側下□，樂善之心彌固。不夷不惠，非吏非隱，含元自守，居榮待終。所謂皇室之羽儀，鼎門之標牓者矣。而電驚虛牖，瞻馴影而不留[五七]；星沉德[五八]門，託[五九]龍光而遂遠。悲夫！以永徽二年歲次辛亥十月庚寅朔八日丁酉，詔陪葬于獻陵，贈司空、使持節、都督荊硤岳朗四州諸軍事，并賜東園秘器，儀仗送至墓所。先[六十]是，主上舉哀於別次，禮也。子少府監、柱國、臨川縣公德懋，鳳州刺史、廣川縣公義範，懷州刺史、上柱國文暕等，並擢秀藩枝，自分華於棣屏；呈材邦[六一]幹，方演慶於槐庭[六二]。而窮慕艱情，隨[六三]霜露而彌積；庶光猷懿範，將日月以曾[六四]懸。故旌美玄廬，圖芳翠琬，俾夫峰頹峴曲，寄沉石以流芬；室毀滕城，仁生金而表絢。其詞曰：

巖巖崇構，縣縣茂緒。祥叶壽邱，祉光華渚。地德攸薦，慶靈斯佇。天秩逾繁，人英克舉。（其一）肇[六五]□磐石，大啟[六六]維城。藩枝表秀，□萼標榮。地隆芃蔣，道茂閒平。惟良緝譽，樂善馳聲。（其二）馭俗垂范，威邊作鎮。惠政霜明，德音雷震。玉府崇博，紫機嚴峻。列岳弘風，括河疏潤。（其三）無私[六七]逾洽，聖澤彌深。緬惟賢□[六八]，遐覽□箴。醉榮裾玉[六九]，誡滿持盈。貞風有勵[七十]，雅俗攸欽。（其四）鳳邸臨年，猰巖驚曙。軒蓋盈列，歌鐘在御。寒菊浮香，春薁拂絮。四美攸極，百齡多豫。（其五）川驚箭水，景迫輪曦[七一]。玉摧梁竹，□落唐椅。庭滋帶草，流澗書思。寂寥[七二]陳跡，仿佛崇規。（其六）地邇文園，塋通神闕。梓庭杳靄，松阡蕪沒。寒木啼風，荒墳思月。琬宇無昧，金聲靡歇。（其七）[七三]

校書郎殷仲容書。

碑中銘詞"芃蔣"之"芃"，當作"凡"。（《關中金石文字存逸考》卷七。《金石粹編補遺》卷一。《唐三家碑錄》上。《陝西金石志》卷八。《續修陝西通志稿》卷一四二。）

[校記]：

[一] "凝"，《新編》未識作"□"，今據《唐三家碑錄》補。

[二] "茂"，《唐三家碑錄》作"延"。

[三] "宣"，《新編》未識作"□"，今據《唐三家碑錄》補。

[四] "摛神"，《新編》未識作"□□"，今據《唐三家碑錄》補。

[五] "寶籙"，《新編》未識作"□□"，今據《唐三家碑錄》補。

[六] "既"，《新編》未識作"□"，今據《唐三家碑錄》補。

[七] "喻姬昌"，《新編》未識作"□□□"，今據《唐三家碑

131

錄》補。

［八］"委"，《新編》未識作"□"，今據《唐三家碑錄》補。

［九］"澗"，《新編》未識作"□"，今據《唐三家碑錄》補。

［十］"韶"，《新編》未識作"□"，今據《唐三家碑錄》補。

［十一］"噬"，《新編》未識作"□"，今據《唐三家碑錄》補。

［十二］"驚"，《新編》未識作"□"，今據《唐三家碑錄》補。

［十三］"炎"，《新編》未識作"□"，今據《唐三家碑錄》補。

［十四］"覆"，《新編》未識作"□"，今據《唐三家碑錄》補。

［十五］"戢"，《新編》未識作"□"，今據《唐三家碑錄》補。

［十六］"攖"，《新編》未識作"□"，今據《唐三家碑錄》補。

［十七］"允穆"，《新編》未識作"□□"，今據《唐三家碑錄》補。

［十八］"爰"，《新編》未識作"□"，今據《唐三家碑錄》補。

［十九］"功"，《唐三家碑錄》作"効"。

［二十］"開"，《新編》未識作"□"，今據《唐三家碑錄》補。

［二一］"式"，《新編》未識作"□"，今據《唐三家碑錄》補。

［二二］"元"，《新編》闕而未錄，今據《唐三家碑錄》補。

［二三］"奚"，《新編》作"吳"，《唐三家碑錄》作"奚"。校者按："奚城"，即丁奚城，在今寧夏靈武南，東漢時滇零羌所建，與前"西羌煽禍"句相合，今據改。

［二四］"仗"，《新編》未識作"□"，今據《唐三家碑錄》補。

［二五］"時"，《新編》未識作"□"，今據《唐三家碑錄》補。

［二六］"出"，《新編》未識作"□"，今據《唐三家碑錄》補。

［二七］"俄儀"，《新編》空一格未識作"□"，今據《唐三家碑錄》補。

［二八］"塗，閨"，《新編》未識作"□□"，今據《唐三家碑錄》補。

［二九］"雨"，《新編》未識作"□"，今據《唐三家碑錄》補。

［三十］"訓"，《唐三家碑錄》作"詠"。

［三一］"壽"，《新編》未識作"□"，今據《唐三家碑錄》補。

［三二］"九"，《新編》未識作"□"，今據《唐三家碑錄》補。

［三三］"壽"，《新編》未識作"□"，今據《唐三家碑錄》補。

［三四］"涼"，《新編》作"京"，《唐三家碑錄》作"涼"，以"威化臨邊"一語斷之，當以"涼"為是，今據改。

［三五］"鎮許都"，《新編》作"□許□"，今據《唐三家碑錄》補。

［三六］"東園"，《新編》未識作"□□"，今據《唐三家碑錄》補。

［三七］"留神系表"，《新編》作"□神□□"，今據《唐三家碑錄》補。

［三八］"屬"，《新編》未識作"□"，今據《唐三家碑錄》補。

［三九］"優"，《新編》未識作"□"，今據《唐三家碑錄》補。

［四十］"官"，《新編》未識作"□"，今據《唐三家碑錄》補。

［四一］"生光"，《新編》未識作"□□"，今據《唐三家碑錄》補。

［四二］"不覺"，《新編》未識作"□□"，今據《唐三家碑錄》補。

［四三］"丕承"，《新編》未識作"□□"，今據《唐三家碑錄》補。

［四四］"授文鱗"，《新編》未識作"□□□"，今據《唐三家碑錄》補。

［四五］"俾"，《新編》未識作"□"，今據《唐三家碑錄》補。

［四六］"雍宮執爵"，《新編》未識作"□□□爵"，衍一格，今據《唐三家碑錄》補正。

［四七］"私"，《新編》未錄，今據《唐三家碑錄》補。

［四八］"逸"，《新編》未識作"□"，今據《唐三家碑錄》補。

［四九］"資"，《新編》作"賢"，《唐三家碑錄》作"資"，以語意推之，當以"資"為是，今據改。

［五十］"詞軼藏牙"，《新編》未識作"□軼藏□"，今據《唐三家碑錄》補。

［五一］"骼"，《新編》未識作"□"，今據《唐三家碑錄》補。

［五二］"萌"，《新編》作"明"，《唐三家碑錄》作"萌"，以文

意推之，作"萌"是，今據改。

［五三］"鳴弦"，《新編》未識作"□□"，今據《唐三家碑錄》補。

［五四］"位鄰中穗"，《新編》作"位□中□"，今據《唐三家碑錄》補。

［五五］"道"，《新編》未識作"□"，今據《唐三家碑錄》補。

［五六］"景"，《新編》未識作"□"，今據《唐三家碑錄》補。

［五七］"留"，《新編》未識作"□"，今據《唐三家碑錄》補。

［五八］"沉德"，《新編》未識作"□□□"，衍一格，今據《唐三家碑錄》補正。

［五九］"託"，《新編》未識作"□"，今據《唐三家碑錄》補。

［六十］"先"，《新編》未識作"□"，今據《唐三家碑錄》補。

［六一］"邦"，《新編》未識作"□"，今據《唐三家碑錄》補。

［六二］"演慶於槐庭"，《新編》作"□慶於□□"，今據《唐三家碑錄》補。

［六三］"窮慕艱情，隨"，《新編》作"□慕□□□"，今據《唐三家碑錄》補。

［六四］"曾"，《新編》未識作"□"，今據《唐三家碑錄》補。

［六五］"肇"，《新編》未錄從闕，今據《唐三家碑錄》補。

［六六］"大啟"，《新編》未識作"□□"，今據《唐三家碑錄》補。

［六七］"無私"，《新編》未識作"□□□"，衍一格，今據《唐三家碑錄》補正。

［六八］"聖澤彌深。緬惟賢□"，《新編》作"□□□□，□惟□□"，今據《唐三家碑錄》補。

［六九］"箴辭榮襯玉"，《新編》未識作"□□□□□"，今據《唐三家碑錄》補。

［七十］"貞風有勵"，《新編》未識作"□風有□"，今據《唐三家碑錄》補。

［七一］"輪曦"，《新編》未識作"□□"，今據《唐三家碑錄》補。

〔七二〕"玉"後十七字，《新編》未識作"□"，然只十五格，當奪兩格，今據《唐三家碑錄》補正。

〔七三〕"地邇文園"以下三十四字，《新編》未錄從闕，今據《唐三家碑錄》補。

[匯考]：

〔一〕《關中金石文字存逸考》稱："此碑未經前人著錄，當出三原縣獻陵，今未詳所在矣。神符，新、舊唐書皆有傳。《新唐書·鄭孝王亮傳》中所載官爵、事蹟，多與碑合，惟所歷官秩次序，則碑詳於傳也。《新唐書·兵志》：武德初，始置軍府，析關中為十二道，一曰岐州道。三年，更以岐州道為平道軍，軍置將、副各一人，以督耕戰，以車騎府統之。《通鑒·唐紀》：高祖武德八年，以襄邑王神符檢校揚州大都督，始自丹陽徙州府及居民於江北。胡身之注曰'由此廣陵專揚州之名，此吾鄉掌故也，故記之'。洪氏《乾隆府廳州縣誌》云'唐武德三年，改上元縣曰歸化，為揚州治，即今江蘇江寧府之上元縣也'。余案秦漢之丹陽縣在今安徽太平府當塗縣境，一名小丹陽。東晉、宋、齊、梁、陳之丹陽郡，治所均在今江蘇江寧府城內。至今江蘇鎮江府之丹陽縣，乃秦漢之曲阿縣，自唐天寶八載以後始改丹陽，非漢晉以來之丹陽也。《新唐書·百官志》：太府寺卿一人，從三品；將作監二人，從三品；注云：武德初，改令曰大匠。天寶十一載，改大匠曰大監。少府監一人，從三品。又案《新唐書·百官志》：光祿大夫，從二品，而無左、右之名，惟《隋志》有左、右光祿大夫，正二品。神符曾拜右光祿大夫，蓋唐初仍因隋制也，其後乃去左、右之名而改光祿大夫，為從二品，今光祿大夫則為正一品，為文官極崇之階，此又古今之不同也。神符本傳謚曰'恭'，此碑題銜'恭'字正當缺處，而碑中亦未述賜謚之事。"

〔二〕《金石證史》"李神符碑"條稱："按《舊唐書》六〇、《新唐書》七八《神符傳》敘次略同，惟省去所歷太府少卿、雍州司馬、穰州刺史、將作大匠數官，年七十五作七十三（以上舊、新《唐書》傳同）；《舊唐書》傳云，義寧初授光祿大夫，與碑忤，《新唐書》傳云，以足疾改光祿大夫歸第，與碑合，疑《舊唐書》傳乃明人輯刊時所錯簡也。《舊唐書》傳'尋授開府儀同三司'，《新唐書》傳無'尋'

字，據碑則《新唐書》傳文合。傳載破頡利可汗，徙揚州治江北二事，碑所未及，復據傳封郡王乃元年，除揚州都督乃九年，可補碑之殘缺也。"

又稱："傳稱神符子七人，碑祇三人，意餘已早卒，然《新唐書》七〇上《宗室世系表》亦祇列五人，德懋、義範、文暕外，則廣宗郡公仁鑒及文舉也。"

又稱："《雍州金石記》三云：'《比丘尼法琬碑》，……又稱神符贈荊州都督，今碑稱荊、揚、并三州大都督，……皆史之缺誤也。'按《舊唐書》六〇《神符傳》：'武德……四年，累遷并州總管，……九年，遷揚州大都督，……永徽二年薨，……贈司空荊州都督。'《新唐書》七八略同，唐初之總管，後來改稱都督，碑稱荊、揚、并三州大都督者概言之，史並未缺，何朱氏竟未細參本傳耶。又荊州都督祇是贈官，而碑與實官混書之，以碑證史時，此等處最須注意，不必碑文皆可盲信也。"

［三］《陝西石刻文獻目錄集存》稱："原在三原縣獻陵，今已毀。"

校者按：以碑與新、舊唐書對勘，除過毛氏所稱"所歷官秩次序，則碑詳於傳"外，尚有可申論之處。《新唐書》神符本傳稱"高祖兵興，神符留長安，為衛文昇所囚"，碑則云"王劃跡韜光，待時藏器，智周朝野之際，神恬宇宙之間"，蓋諱之也。傳稱神符除并州總管後，"突厥頡利可汗率眾來寇，神符出兵與戰於汾水東，敗之，斬首五百級，虜其馬二千匹。又戰於沙河之北，獲其乙利達官並可汗所乘馬及甲獻之"，並由此"召拜太府卿"，但碑於此次大捷卻未置一辭，僅以"以善政，入為太府卿"一語輕輕帶過。碑為頌德之體，前之諱飾固其題中應有之意，而於此節勳績卻置而不書，誠可怪也。神符傳稱"累擢宗正卿，以足不良改光祿大夫，歸第，月給羊酒"，碑則云"留神系表，探至頤於鳴謙；屬想帝先，遵炯誡於知止。赤松可仰，紫艾非榮，嚴廊逾峻，屢竭叫閽之請；綸璽載嚴，未允掛冠之志。王事非飾讓，備陳誠懇，有感聖懷，方優散秩，乃加光祿大夫。歲時朝請，防閣祿賜，並同京官"，亦諱言之也。如前所述，此固碑之正體，誠不足怪也。傳稱神符有子七人，其中以"次子德懋、少子文暕最知名"，而本碑僅列其"德懋""義範""文暕"三人。又，據傳德懋為神符次子，則其他未列姓名者或為庶出，故不及書也。

又碑末列書者為"校書郎殷仲容"，仲容為初唐著名書法家、畫家，字元凱，陳郡長平（今河南西華縣）人。除本碑外，其所書《褚亮碑》《馬周碑》《武氏碑》等，皆有名於世。

顏真卿《顏元孫碑》稱"仲容以能書為天下所宗"，張懷瓘《書斷》則云"殷侍御仲容善篆隸，題署尤靜"，本碑正八分書，固其所擅也。又，竇泉《述書賦》稱仲容所題"汴州安業寺額，京師衰義、開業、資聖寺，東京太僕寺，靈州神馬觀額，皆精妙曠古"，與《書斷》"題署尤靜"之說亦頗相合。

又，神符子文舉志近時出土，現藏西安碑林博物館，其題銜作"中散大夫、行尚乘奉御"，具體錄文可參見馬志祥《〈李文舉墓誌〉考釋》（《文博》，2013年1期）一文。

慧了法師塔銘

（顯慶二年二月　見《存逸考》卷三"長安縣上"）

此文自裝本錄出，尺寸、行數、字數無考，正書。

大唐光明寺故大德僧慧了法師銘

法師諱慧了，俗姓宋[一]氏。若夫西京纂曆，車騎建其英謀；東漢握符，司徒鼎[二]其鴻業。曾構與靈山比峻，昌原共德水俱長，人物備在典□，徽烈煥乎篆籀。法師道心天縱，解行自然，不假薰修，已達四禪之趣；無勞雕琢，便登八正之途。七歲出家，久著老成之德；十三依眾，早識性相之原。有信行禪師者，釋氏之冠冕，桑門之棟樑。達究竟於沖襟，窮權實於靈府，濟群生於正覺，闢眾品於重昏。一見法師，歎之良久，曰："紹隆三寶，非仏子而誰？"法師游刃三乘，括囊十地，闡龍宮之奧旨，演鹿野之微言，遠近歸依，道俗鑽仰。尔乃心敦寂滅，志絕攀緣，晦跡林泉，韜光巖谷。文帝既行輪王之聖教，將窮正法之玄宗，敕令太子太保宋公瑀大德僧內銓簡三人，所以辟召。法師方擬對揚宸極，宋公共論法相，鄙咨便袪，似遇天親，如逢無著。因而居□□□□範緇徒，其有鍱腹決疑，杖錫請法，咸剖錯節，俱釋盤根。但□居諸，晦明迭代，崦光易落，閱水難留，既傷壞木之哥，還切□舟之歎。顯慶元年八月五日寢疾，遷神於光明寺禪坊，春秋□十有四。即以二年二月十五日於終南山梗梓谷。禪師□□，□骨起塔。昔郭泰飛英，漢室尚勒無愧之文；賈逵擅譽，□□□□不朽之頌。況津梁六道，濟度四生，理須播美縑緗，□□□□□為銘曰：

偉哉開士，道濟群生。跨躡龍樹，牢籠馬鳴。□□□□，□□□□。既登勝果，永斷無明。

太[三]子太傅、尚書左僕射、兼修國史、上柱國（以下缺）（《金石續編》卷五。《關中金石文字存逸考》卷三。《金石萃編補遺》卷一。《長安縣誌》卷二四。《陝西金石志》卷九。《續修陝西通志稿》卷一四三。）

[校記]：

[一]"宋"，毛氏作"宗"，《金石續編》作"宋"。按：塔銘稱慧了姓氏源起有"西京纂曆，車騎建其英謀；東漢握符，司徒鼎其鴻業"之句，前者當指西漢初宋昌迎立漢文事；據《史記·孝文本紀》載，丞相陳平、太尉周勃等使人迎代王繼承漢祚，眾人議稱當"稱疾毋往，以觀其變"，獨昌力排眾議，以為"大臣因天下之心而欲迎立大王，大王勿疑"。後事果如昌所言，文帝"乃命宋昌參乘，張武等六人乘傳詣長安"。後者所稱"東漢握符"者應為宋弘，《後漢書》弘本傳未言其任司徒事，惟稱建武二年（26）代王梁為大司空，或史缺

未書。隋大業十二年（616）十一月《宋永貴墓誌》敘宋氏世系也稱"昌則參謀代邸，夜拜九卿；弘乃燮輔中興，職登三事"，所謂"三事"即指司空、司馬、司徒而言，其用辭命意與本碑正同。又，隋開皇九年（589）正月《宋忻及其妻韋氏墓誌》亦云"司徒鳴玉於漢朝"，與本文"司徒鼎其鴻業"之說相符。而宗氏，秦、漢間並無人物可與本碑所述相稱者。據此，今從《續編》作"宋"字。

［二］"鼎"，《新編》未識作"□"，今據《金石續編》補。

［三］"太"，《新編》未識作"□"，今據《金石續編》補。

[匯考]：

［一］《關中金石文字存逸考》稱："《長安志》云：'此石在百塔寺。'《寺觀志》云：'百塔寺在府城南五十里。'石齋帖賈胡氏云'曾赴寺內搥拓唐碑，此石尚存，然磨泐太甚矣'。志中'仏'字即'佛'字。"

又稱："此石末行題云'太子太傅、尚書左僕射、兼修國史、上柱國'，而缺其名。按《新唐書·宰相表》：永徽二年八月己巳，于志寧為尚書左僕射，同中書門下三品。顯慶元年正月甲申，志寧為太子太傅。此銘刻於顯慶二年，則末行題銜與《新唐書·宰相表》所載志寧授官日月適相符合，題銜之人當為志寧矣。又考《新唐書·百官志》，張文瓘以東台侍郎同東、西台三品，《新唐書·百官志》：龍朔元年，改中書省曰西台。二年，改門下省曰東台，黃門侍郎曰東台侍郎。同三品入銜自文瓘始。又《通鑒·唐高宗紀》'總章二年春二月辛酉，以張文瓘為東台侍郎，以右肅機、檢校太子中護譙人李敬元為西台侍郎'，《新唐書·百官志》：龍朔元年，改尚書左、右丞曰左、右肅機。三年，改左右春坊、左右庶子曰左右中護。並同西台三品。先是，同三品不入銜，自是始入銜。此石末行題銜不書'同中書門下三品'者，蓋此時尚未入銜，是以'志寧神道碑'今在三原縣亦云'永徽二年八月，拜尚書左僕射'，而無'同中書門下三品'字樣，至監修國史之銜，則見《新唐書》志寧本傳矣。"

［二］《金石續編》稱："按此石嘉慶初出土，金石家皆未著錄，塔亦無存。云於終南山楩梓谷起塔，則知與'信行禪師塔'相近。

'仏子'之'仏'，乃古文'佛'字。京口甘露寺鐵鑊文'梁天監造仏殿前'，'佛'亦作'仏'。宋公瑀，即蕭瑀也。"後有陸增祥志云："'曾構'之'曾'，古文'層'字，見於古書者甚多。'壞木之哥'，'哥'字亦古文，見《說文解字》。'冠冕'作'冤'，乃碑之誤然。"

[三]《陝西石刻文獻目錄集存》稱："原在長安終南山白塔寺。"

校者按：法師慧了所葬之"終南山梗梓谷"，建有當時非常著名之佛教道場，《關中金石文字存逸考》卷三著錄有大業五年（609）正月"終南山舍利塔銘"（又稱"王摩侯舍利塔記"），文略稱"大隋大業五年歲次己巳正月己巳朔二十日，京兆郡大興縣御宿鄉梗梓谷至相道場，建立佛舍利塔。弟子王摩侯供養"，其地隋時屬京兆郡大興縣，唐時屬萬年縣。關於"御宿鄉梗梓谷"之具體所在，《金石續編》卷三云："隋至相道場，亦名至相寺，即唐百塔寺也。在今西安城南五十里，隋為至相道場，唐為信行禪師塔院。《長安志》'御宿川在萬年縣西南四十里'。楊雄《羽獵賦序》：'武帝開上林，東南至御宿川。'《漢元后傳》：'夏遊御宿。'師古曰：'御宿苑在長安城南，今御宿川是也。'御宿鄉因川而名。'御宿'作'御肅'，'梗'作'便'，音同而誤。"

碑文所稱"有信行禪師者，釋氏之冠冕，桑門之棟樑"，當即唐神龍二年（706）八月所立越王李貞撰、薛稷書《隋大善知識信行禪師興教之碑》之碑主。

于德芳碑

（麟德元年四月　見《存逸考》卷七"三原縣"）

碑高六尺六寸二分，廣二尺六寸三分。前幅無字，行數無考，後幅僅存十一行，其一行字跡隱隱可辨，餘十行鋒穎如新，字跡亦有鑿去者，每行八十字，八分書。額題"大唐故越州都督禽昌定公碑"，三行，行四字，篆書。

（上缺）開國男（下缺）軍事（下缺）好賢愛丕（下缺）大中大夫行（下缺）年□□銀青光祿（下缺）曳之□□使（下缺）郡（下缺）都督原慶□□四州諸軍□□□□史。永徽元年，授□□□。三年[一]（下缺）蹤[二]能官逾於鄧訓。顯慶三年，授金紫光祿[三]大夫、使持節、隴州諸軍事、行隴州刺史，任□北畿□以□□□肅□□，化洽華夷。公志在縣車，□敦止足[四]（下缺）恩詔矜遂庶，侍聽政於陽館，陪展采於石間，未膺禮於上庠，遂歸全於長夜。以龍朔三年歲次癸亥二月乙酉朔二十六日[五]庚戌，遘疾薨於隆慶里之私第，春秋七十有七，其年五月癸丑朔二十日壬申葬于三原縣萬壽鄉，謚曰定公，禮也。

惟公稟榮河之純粹，降仙掌之英靈，類邢顒之堂堂，芳齊往哲；比周舍之諤諤，□冠前脩。案牒披圖，以信順而[六]為本；敦詩悅禮，用忠[七]孝以成基。譬虞代五臣，將稷偰而竝騖；若軒朝六佐，與風力而競馳。意在恤冤，甚張季之折獄；情存周急，似魯肅之指囷。囊括五車，惠施慙其博物；遊□百氏，胥[八]臣愧其多聞。體物[九]緣情之篇，遒文光於翰菀；摘藻□鞭之筆，符彩麗於詞林。攝□名藩，黎獻於焉詠德；式遏寇虐，亭鄣於是無虞。對彼安仁，時稱連璧；偶斯元禮，俗號仙舟。追電伏轅，懸知駿骨；孫枝入爨，便識琴[十]音。開閣以接名流，置驛以招英彥。慕疏廣之解印，仰魏舒之抽簪，抗表陳情，遂蒙昭允。角巾私第，杖策邱園，或追梓澤之遊，時習蘭亭之賞。但四序不止，千月難終，儵斂魂於窮泉，俄沉照於悲谷。嗣子前荊州大都督府[十一]錄事參軍事、武州司馬護軍昶，居憂之禮，殆不勝喪；至孝之情，幾將滅性。以為橋玄三鼎，騰茂實於祠堂；楊震四碑，飛英聲於神道。庶金生翠碣，長標賈氏之墳；劍掛貞松，永識徐公之墓。乃為銘曰：

141

三山崇構，九水鴻源。將軍樹績，丞相高門。服袞調飪，書社開藩。祉襲前葉[十二]，慶鍾後昆。風雲蘊氣，珪璋表質。據德依仁，銜華佩實。博該金匱，學窮石室。辯軼[十三]談天，誠深捧日。束髮肆業，彈冠入仕。道屬時屯，生逢運否。黑山霧結，白波浪起。戟指望夷，兵興新市。九五應期，千年啟聖。殄此元惡，戡茲放命。地紐克平，天保大定。榮名委質，濯纓從政。秩宗著稱，恒岳揚聲。漳濱訟息，晉水□清。□□□譽[十四]，□□□□。□流[十五]□□，名高鄴城。榮顯五都，光照千里。照耀金玉，芬芳蘭芷。譽超四佐，德高八士。貴盛丹轂，聲傳青史。橫海鱗摧，磨霄羽戢[十六]。森沈松檟，蒼茫原隰。金鉉未調，玉棺奄及。東都駐馬，南陽下泣。搖落宰樹，荒涼夜臺。墳修燕集，壟空烏來。鳳簫嘹唳，熊軾徘徊。玉人不作，泉扃詎開。

大唐麟德元年歲次甲子四月戊寅朔八日乙酉建此豐碑。

鳳枝案：此碑前幅無字，撰、書人名俱闕。《金石萃編》及《雍州》《關中》二記未載此碑。惟《寶刻類編》云："'越州都督于德芳碑'，從弟志寧撰，蘇季子書。"《寰宇訪碑錄》與此同。又案：志寧此文徵典豐富，聲調和諧，似庾開府、王子安四六文字，惜十損七八，僅存吉光片羽耳。蔡邕嘗為橋太尉撰東、中、西三鼎銘，碑云"橋玄三鼎"，即用此事。(《寶刻叢編》卷一〇。《寶刻類編》卷二。《來齋金石刻考略》下。《潛研堂金石文跋尾》卷四。《隋唐石刻拾遺》上。《關中漢唐存碑跋》。《古泉山館金石文編殘稿》卷一。《八瓊室金石補正》卷三七。《寰宇訪碑錄》卷三。《關中金石文字存逸考》卷七。《金石萃編補遺》卷一。《懷岷精舍金石跋尾》。《續語堂碑錄》乙。《唐文續拾》卷六二。《唐三家碑錄》中。《陝西金石志》卷九。《續修陝西通志稿》卷一四三。《碑帖敘錄》九頁。《北京圖書館藏中國歷代石刻拓本彙編》一四冊一〇四頁。)

[校記]：

［一］"三年"以前《新編》未錄從闕，今據《唐文續拾》補。

［二］"蹤"，《新編》未錄從闕，今據《八瓊室金石補正》補。

［三］"能官逾於鄧訓，顯慶三年，授金紫光祿"，《新編》作"能官□於□□□三□□□□□"，今據其他各本補。

［四］"大夫"以下四十字，《新編》未錄從闕，今據《唐文續拾》補。

［五］"乙酉朔二十六日"七字，《新編》未錄，徑以"二月"接"庚戌"，今據其他各本補。

［六］"而"，《新編》未識作"□"，今據其他各本補。

［七］"忠"，《新編》未識作"□"，今據其他各本補。

［八］"百氏胥"，《新編》未識作"□"，今據其他各本補。

［九］"物"，《新編》未識作"□"，今據其他各本補。

［十］"琴"，《新編》未識作"□"，今據《唐文續拾》補。

［十一］"督府"，《新編》未錄，今據其他各本補。

［十二］"葉"，《新編》作"萊"，今據其他各本改。

［十三］"軼"，《新編》未識作"□"，今據其他各本補。

［十四］"譽"，《新編》未識作"□"，今據《唐文續拾》補。

［十五］"流"，《新編》未識作"□"，《八瓊室金石補正》作"昆"，《唐文續拾》作"流"，今姑據《唐文續拾》補。

［十六］"戢"，《新編》未識作"□"，今據其他各本補。

[匯考]：

［一］《寶刻叢編》引《複齋碑錄》稱："從弟志甯撰，蘇季子分書。麟德元年四月八日，建在三原。"

［二］《潛研堂金石文跋尾》稱："右定公碑，八分書。余得之繡谷蔣氏，蓋裝潢之本而失其前半。其敘事可見者云'恩詔矜遂'云云，考唐初大臣諡'定'者，豆盧寬、韓仲良、于志寧，各有豐碑。此定公，未詳何人。金石家未有著錄者，畢中丞撰《關中金石記》，

143

搜羅最富，亦未載此碑，不審世間尚有全本否？……余蓄此碑有年，後讀陳氏《寶刻叢編》載有'越州都督于德芳碑，從弟志甯撰，蘇季子分書。麟德元年四月八日，建在三原'，計其立碑年月日與此碑正合，又係分書，而在三原，當即德芳碑也。《唐會要》'隴州刺史、會稽郡公于德方，諡曰定'，亦是一證。《會要》及《唐書·宰相世系表》俱作'德方'，獨陳氏作'德芳'。表不載其子，而碑有嗣子昶，疑表有脫文。"

[三]《古泉山館金石文編殘稿》稱："右碑文前半俱已漫漶不能辨，止存後半十一行。……八分書，每行八十字，字徑寸許。此碑原來有簽標云：'祝府君碑，子欽明撰，在三原縣。'據趙氏《石墨鐫華》跋'祝府君碑'云'此祝欽明敍述其父緅之碑。書法是習伯施、登善而有得者'，今此碑乃隸書，其非祝碑明矣。考少詹外舅跋尾有此碑，云'右定公碑'云云。中溶案：此碑與蔣本仿佛相同，據《寶刻類編》與《叢編》同，'方'亦作'芳'，可見碑在宋時其碑題及撰、書人名姓尚可見，今則碑雖存，而前半或多磨滅，故拓工遺而未拓歟？考《宰相世系表》于氏以德字為名者，有德基、德威、德行及德方，其為即'德芳'之誤無疑。《表》以德基、德威列於德行、德方之下一格，如依德行、德方之格，則與志甯之父同行，今此碑稱'從弟志甯'，可知表中德行、德方乃刻本誤高一格明矣。（陸增祥按：汲古閣本不誤）又《表》於德方下云'越州刺史、黔昌男'，而不及其官終越州都督，及諡下又無其子昶名及官，皆脫也。文云'薨於隆慶里之私第'，'隆慶里'當即京城之'隆慶坊'，宋氏《長安志》言'皇城東第三街第二坊為興慶坊，本名隆慶，明皇即位改'，明皇名隆基，故改'隆'為'興'。此碑立於高宗時，故尚稱'隆慶'也。《長安志》又言'萬壽鄉在三原縣北管邨北'。蘇季子亦見《唐書·宰相世系表》，乃魏都亭剛矦則之後，與明皇時相蘇頲同宗，然未有書名。《類編》亦止載此碑，脫注'八分書'三字。觀其所書八分，雖不甚佳，然燕公之文，駢驪典贍，不可湮沒。"

[四]《筠清館金石記》稱："碑泐前三行，失其姓名、敘官、履處，又缺六十餘字。……與于志甯俱為周太師于瑾曾孫。祖實，周司空、燕安公；父象賢，隋驃騎大將軍、黔昌定公，皆是碑所未及。第

表稱謚'定'者為其父，而此碑亦云'謚曰定'，則表之誤也。"

［五］《關中金石文字存逸考》稱："《寰宇訪碑錄》云：'在三原縣。'"

［六］《八瓊室金石補正》稱："高七尺六寸，廣一尺七寸。……丁卯夏見此拓本於長沙市上，紙墨頗舊。……前四行尚辨得廿四字，較諸家所見為多。惜其未拓前半耳。……《陝西通志》三原縣陵墓有于志寧、于大猷，而不及德芳，可見此碑之磨滅已久，無復知有德芳墓矣，據此碑可以補之。志甯葬於萬壽鄉清池里，大猷葬於萬壽鄉長均之先塋，德芳亦葬於萬壽鄉，蓋于氏族葬於此者，亦是姓于之旁證。"

［七］《陝西石刻文獻目錄集存》稱："（此碑）原在三原縣三家店，現存三原縣陵前鎮東面。"

《關中石刻文字新編》卷二

（碑碣類）

甘泉毛子林鳳枝輯撰
會稽顧燮光鼎梅校印

唐

清河長公主碑

（麟德元年十月　見《存逸考》卷八"醴泉縣"）

　　碑高尺寸，廣三尺九寸四分，額高一尺六寸，廣一尺三寸。二十七行，行字。正書。額題"大唐故清河長公主碑"九字，篆書。

　　（上闕）隴西李儼字仲思制文
　　□雍州長安縣品子暢[一]整書
　　雍州長安縣上騎都尉辛胡師鐫字

　　（上闕）稟慶宸樞[二]，分光日[三]馭，依紫廬[四]而擢秀，藹彤闈以凝質。若金娥之秘影，託照仙輪；疑寶婺（下闕）□□□□清河[五]長公主而見[六]之乎！□□□□公主諱敬，字德賢，隴西狄道人也。繞星舒電，明一以（下闕）□□□□□□□□□門攸歸，允開昌[七]運。曾祖世祖元皇帝，稟乾巛之休氣，降山岳之淑精，夢（下闕）□□□□□高祖太武皇帝，□嚮揆候，養晦乘時，提名於溟涬之初，播物於氤氳之始。履（下闕）葉□文□錫命[八]□□□奄□階[九]立，遂奔甸通萌，運天舞地之功；輯寧區宇，鞭電震雷之（下闕）□□□□□□□□□□□□□□□姿朗媚，如彼仙菊；曜彩秋潯，如彼幽松。

149

擢茂春巘,聰幾達妙,寧佇訓□□□□□□□□而[十]□鑒。淑慎之道,自[十一]追蹤於襄□;貞靜之風,必取誠於縣冊[十二]。翔詩鷟禮□□□□□□□□□□式崇笄□,載[十三]加湯沐。貞觀二年,詔封清河郡公主,食邑三千戶。榆衣在飾,翟(下闕)□□□□□□□□□使持節瀛州諸軍事、瀛州刺史婁之孫,岐州諸軍事、岐州刺史、鎮軍大將軍(下闕)□□□□□□□□□□東阿縣開國公,食邑一千戶。茂族華宗,人英時彥。同謝莊之風貌,類殷冲之(下闕)□□□□□□□□□□之重,王姬之威,□降情抑志[十四],流謙自[十五]牧,弗恃貴以宣驕,豈矜榮而黜禮。纚笄褵[十六]篲(下闕)□□□□□□情[十七]□賓友□□忘卑,每嗤險謁,追仰螽斯之德,遂奉關雎之化。若洒茸宇披軒,依(下闕)□□□□□□□□□白花分態,驕禽亂曲[十八],公主尤非所樂。恬然自處,惕彼畢侈,務兹儉約(下闕)□□□□□□□□□□□□山之耀笄[十九],若槐江之駐躓。公主地惟近屬,駙馬任光巡警,粵因扈(下闕)□□□□□□□□□□□□期□芝桂而[二十]符壽。豈謂明靈爽鑒,福履徒欺,龍門迅流,隨奔箭而(下闕)□□□□□□□□□□□□春秋□有[二一]一。皇帝情深共萼,慟切分枝,躬為舉哀,廢朝三日。(下闕)□□□□□□□□□昭陵[二二],儀仗送至墓所往返,送葬家人並官給食料,仍令殷王府司馬屈(下闕)□□□□□□□□□□□□廿三[二三]日,□□遷窆[二四]□陵南一十一里,禮也。重惟公主中樞演照,方載□□□□□□□□□□□□□風態獨高[二五],綽[二六]而能和,華而不冶,琅情書史,瑤[二七]心組織,飛文屬思,錦(下闕)□□□□□□□□□□□□□□□我[二八]有餘地,降年不永,今古長辭。追帝子於湘川，從密妃於洛浦。（下闕）□□□□□□□□ □□□□□□餘之□神[二九]傷，撫遺孤而情换[三十]。眷言千載，期乎同穴，而恐葭灰驟飛，柘燧（下闕）□□□□□□□ □□□□□□□□其辭[三一]曰：

（上闕）□允[三二]□。□□賢明，凤標[三三]柔令。撫懷莊德，循躬砥行，桂馥貞襟，蘭薰淑（下闕）□□□□□□□□□□□丹□辱，□貴[三四]忘嬌。金無匪[三五]贊，寶瑟攸調。去奢崇儉，樂靜澄嚚。其風（下闕）□□□□□ □□□□□□□□帳屬飄[三六]。幽□莫莫[三七]，潛室寥寥[三八]。山昏霧景，林斷霜飆。曾徽不昧，馳（下闕）□□□□□□□□ □□□□□□□□□。

　　碑中"宓妃"之"宓"作"密"（《金石錄》卷二四。《寶刻叢編》卷九。《雍州金石記》卷三。《平津讀碑三續》上。《關中金石文字存逸考》卷八。《金石萃編補遺》卷二。《昭陵碑錄》卷中。《昭陵碑考》卷八。《唐文續拾》卷二。《陝西金石志》卷八。《續修陝西通志稿》卷一四二。《碑帖敘錄》一六一頁。《善本碑帖錄》一一一頁。《北京圖書館藏中國歷代石刻拓本彙編》一四冊一一七頁。）

［校記］：

［一］"暢"，《新編》作"楊"，今據《金石錄》改。

［二］"樞"，《新編》未識作"□"，今據其他各本補。

［三］"日"，《新編》未識作"□"，今據其他各本補。

［四］"廬"，《新編》未識作"□"，今據其他各本補。

［五］"清河"，《新編》作"□可"，今據其他各本補正。

［六］"見"，《新編》未識作"□"，今據其他各本補。

［七］"攸歸，允開昌"，《新編》未識作"□□□□□"，今據其他各本補。

［八］"葉□文□錫命"，《新編》未識作"□□□□□"，今據

151

其他各本補。

［九］"奄□階"，《新編》作"奄□□"，今據其他各本補。

［十］"而"，《新編》未識作"□"，今據其他各本補。

［十一］"自"，《新編》未識作"□"，今據其他各本補。

［十二］"冊"，《新編》未識作"□"，今據其他各本補。

［十三］"式崇笲□，載"，《新編》作"武□□□"，今據其他各本補正。

［十四］"威，□降情抑志"，《新編》作"□□降□□□"，今據其他各本補。

［十五］"自"，《新編》未識作"□"，今據其他各本補。

［十六］"襠"，其他各本作"獨"。

［十七］"情"，《新編》未識作"□"，今據其他各本補。

［十八］"曲"，《新編》未識作"□"，今據其他各本補。

［十九］"耀笲"，《新編》作"□竿"，今據其他各本補正。

［二十］"期□芝桂而"，《新編》未識作"□□□□□"，今據其他各本補。

［二一］"春秋□有"，《新編》未識作"□□□□"，今據其他各本補。

［二二］"昭陵"，《新編》未識作"□□"，今據其他各本補。

［二三］"廿三"，《新編》未識作"□□□□"，今據其他各本補。

［二四］"遷窆"，《新編》作"□定"，今據其他各本補正。

［二五］"風態獨高"，《新編》作"夙□猶高"，今據其他各本補正。

［二六］"綽"，《新編》未識作"□"，今據其他各本補。

［二七］"瑤"，《新編》未識作"□"，今據洽談各本補。

［二八］"我"，《新編》未識作"□"，今據其他各本補。

［二九］"神"，《新編》未識作"□"，今據其他各本補。

［三十］"撫遺孤而情換"，《新編》作"□遺□而情□"，今據其他各本補。

［三一］"其辭"，《新編》作"□詞"，今據其他各本補正。

[三二]"允",《新編》作"免",今據其他各本改。

　　[三三]"標",《新編》未識作"□",今據其他各本補。

　　[三四]"貴",《新編》未識作"□",今據其他各本補。

　　[三五]"匪",《新編》未識作"□",今據其他各本補。

　　[三六]"飄",《新編》未識作"□",今據其他各本補。

　　[三七]"莫莫",《新編》未識作"□□",今據其他各本補。

　　[三八]"潛室寥寥",《新編》未識作"□室□□",今據其他各本補。

[匯考]：

　　[一]《金石錄》稱："右'唐清河公主碑'。公主，太宗女也。碑云'下嫁程知節之子處亮'，'知節碑'及《唐史·知節列傳》《元和姓纂》所載皆同，惟《公主列傳》作'懷亮'，非是。《唐史》一書而首尾自相乖戾者甚眾，非特此也。"

　　[二]《昭陵碑錄》稱："碑二十七行，上截全泐，每行字數不可計。正書，額題'大唐故清河長公主碑'九字，篆書。在醴泉縣北老軍營。"

　　[三]《昭陵碑考》稱："右'清河公主碑'，上截磨泐，每行約存三四十字不等，卒葬年歲及立碑年月俱不可考。可讀者有云'公主諱敬，字德賢，隴西狄道人也'、'曾祖世祖元皇帝'、'下嫁程處亮'、'貞觀二年，詔封清河郡公主，食邑三千戶'，證之新史《公主傳》載'太宗二十一女，清河列第十一，下嫁程懷亮，薨麟德時，陪葬昭陵'，懷亮，知節子，官終甯遠將軍，而《知節傳》與《元和姓纂》作'處亮'，與碑同，是以碑為可證也。又云'清河長公主而□之'，蓋公主已封長公主矣，傳不及此，略也。碑云'使持節瀛州諸軍事、瀛州刺史婁之孫'，此指處亮之祖也，《知節傳》不載其父名婁，據此可補傳之闕。碑云'岐州諸軍事、岐州刺史、鎮軍大將軍'，指知節官位。《知節傳》'麟德時，除鎮軍大將軍'，與碑合。碑云'東阿縣開國公，食邑一千戶'，《公主傳》載處亮事蹟甚簡，封爵、食邑俱不載及，略也。碑雖磨泐，惟撰、書人及鎸字皆歷歷可考。云'隴西李儼字仲思'撰，獨缺其題銜耳，撰《許洛仁碑》，即其人也。書者為

153

'長安縣品子暢鏊','品子'之稱,他碑所未見,惟見此耳。《唐書·選舉志》:凡用蔭一品子,正七品上;二品子,正七品下;三品子,從七品上;從三品子,從七品下;正四品子,正八品上;從四品子,正八品下;正五品子,從八品上;從五品及國公子,從八品下。凡品子,任雜掌,及王公以下親事、帳內,勞滿而選者,七品以上子,從九品上敘。其任流外而應入流內,敘品卑者亦如之。九品以上及勳官五品以上子,從九品下敘。三品以上蔭曾孫,五品以上蔭孫。凡納課品子,歲取文武六品以下,勳官三品以下。五品以上子,年十八以上每州為解上兵部納課。十三歲而試,第一等送吏部,第二等留本司,第三等納資二歲,第四等納資三歲。納已,復試量文武,授散官。唐方盛時,著於令者,納課品子萬人。葉九來《金石錄補跋》'梁府君墓誌'有'四品孫'、'五品孫'之稱,此《選舉志》所謂'五品以上蔭孫'者是也。葉氏以為'從無以品字入銜者,稱為四品、五品,而不言其所守何職,殊不可解',殆未詳考《選舉志》耳。又云'長安上騎都尉辛胡師鐫字',古人於鐫字特重,如元省己伏靈芝、黃仙鶴之類,皆李北海手剜而託之也。顏魯公碑必使家僮摹刻,而米元章猶為顏碑多失真。予以古人重鐫字,因表而出之。'上騎都尉',升轉之勳級,凡十有二轉為上柱國,視正二品;十有一轉,為柱國,視從二品;十轉為上護軍,視正三品;九轉為護軍,視從三品;八轉為上輕車都尉,視正四品;七轉為奉車都尉,視從四品;六轉為上騎都尉,視正五品;五轉為騎都尉,視從五品;四轉為驍騎尉,視正六品;三轉為飛騎尉,視從六品;二轉為雲騎尉,視正七品;一轉為武騎尉,視從七品。此稱'上騎都尉',六轉之勳職也。碑云'墓所往返送葬,家人並官給食䉆',此指飾終之典也。惟'䉆'二字無考,疑"䉆"即'料'字。《增韻》'祿料也,又牛馬所食芻豆'。《唐書·李林甫傳》'立仗馬食三品料,一鳴輒斥去',但'料'字當從'米'、'斗',此從'斤'。按古書'斗'字從'升',與'升'字形相似,漢碑'升'、'斤'二字往往易誤。……古人二字易誤,故正書改'升'為'斗',至唐承襲已久,不應若此之誤也。……碑云'稟乾巛之休氣',《隸辨》云'《易·乾卦》釋文云:坤本亦作巛。巛今字也。'《六書正譌》云'巛字三畫,作六段,象小成。'乾卦'巛,古坤字,陸氏以為今字,誤矣'。案《玉篇》'巛，齒緣切，注讀曰川，古為坤字'，據此則'巛'即'川'字，而又為古'坤'字。……《漢書·律曆志》'小周乘巛策'，《王莽傳》'乘乾車，駕巛馬'，《後漢書·輿服志》'蓋曲諸乾巛'，字猶作'巛'。翟氏曰：'《六書正誤》之說雖精切，然古訓所無，未敢據以斷諸碑之偽。其譏陸氏以巛為今字為誤，亦臆說耳。'"

[四]《雍州金石記》稱："今在醴泉縣北二十里老軍營，昭陵南十里。碑首篆書'大唐故清河長公主碑'九字，碑已漫滅，僅有二、三（校者按：疑二、三後脫百字）字可識，知為正書。《唐書》：'太宗二十一女清河公主，下嫁程懷亮，麟德時，陪葬昭陵。'"

[五]《關中金石文字存逸考》稱："《寶刻類編》云'麟德元年十月立'，存。全文見《昭陵碑考》。《雍州金石記》云：'在醴泉縣北二十里老軍營，昭陵南十里。'清河公主，太宗女也，《新唐書》有傳。"

[六]《陝西石刻文獻目錄集存》稱："原在醴泉縣昭陵，現存昭陵博物館。"

校者按：《存逸考》卷八稱"《寶刻類編》云'麟德元年十月立'"，今查《寶刻類編》未著錄此碑，楊殿珣《石刻題跋索引》本碑下亦未列《寶刻類編》，毛氏應誤以《叢編》為《類編》也。

西峰秦皇觀基浮圖銘
（上元二年七月　見《存逸考》卷八"華陰縣上"）

此文自《華嶽志》中錄出，尺寸、行數、字數無考。《金石文字記》云"八分書"。

巖巖靈嶽，峻極氛氳。下飛懸瀑，遙橫陣雲。雄峰異立，觀起秦君。即高因遠，超然出羣。詎假祇園，無勞孤給。乘基表列，再懷興葺。月桂嶺松，參差相及。天歌人梵，往來謠習。伊初就列，走實馳名。晚行應止，何為振纓。匈奴樂獵，關塞道清。越裳奉贄，風塵不驚。縱誕務閑，皈依淨域。蓮池化造，削成神力。繪綵無施，煙霞為飾。以斯莊敬，回資動植。今之建塔，昔者沉碑。桑田不定，陸谷須移。有非真有，離非久離。思超彼岸，願入禪枝。(《金石文字記》卷三。《華嶽志》。《關中金石文字存逸考》卷八。《金石萃編補遺》卷二。《陝西金石志》卷九。《續修陝西通志稿》卷一四三。)

[匯考]：

[一]《關中金石文字存逸考》稱："喬師望撰並（校者按：並後脫書字），八分書。上元二年七月。全文見李蔭伯氏榕所撰《華嶽志》中。《金石文字記》云：'此當在華山西峰，今不得其處。基字不諱，而文有云"匈奴□獵，關塞□清。越裳奉贄，風塵不驚"，知其為前上元也。師望時為華州刺史。'案《新唐書·諸公主列傳》，高祖女廬江公主下嫁喬師望，為同州刺史，疑即撰銘之喬師望也。"

[二]《關中石刻文獻目錄集存》稱："隸書。原在華陰縣華山西峰，已佚。"

校者按：本文係毛氏從李榕所撰《華嶽志》中錄出，不見鐫刻年月及撰、書人姓名，其題名後所列"上元二年七月"及《存逸考》卷八所言"喬師望撰并書"等信息當是照錄顧氏《金石文字記》原文。此石清初已佚，顧氏所見亦只拓本。惟因時代稍早，拓本尚存雕刻年月及撰、書人姓名，至李榕編錄《華嶽志》時所見已非全拓耳。

同官縣武定村造阿弥陀四面像銘

（儀鳳三年見　《存逸考》卷八"同官縣"）

碑陽殘缺，僅存二十六行，石之高、廣及每行字數均無考。碑側高三尺三寸，廣六寸。畫像題名，正書。

大唐雍州同官縣□□武定村碑之以下缺

若夫二儀□□，日月於是麗空；陰陽創分，（缺）其形五帝□興，千法[一]通於巨[二]海。自尔□賢（缺）是知岱嵩靈岳，鎮大地以順蒼生；四瀆分（缺）體於摩耶，植善三祇，降神[三]容於淨梵，輪光西曜[四]（缺）十[五]力自在，廣備六通，觀三世朗若目前，曬十方[六]（缺）須臾粉碎，含靈[七]蠢動，誓許牢籠，幽厄迷愚[八]（缺）知淼宏流，洗羣氓於鹿苑。今敬崇尊像，號為莊[九]（缺）临瑞□，右敞[十]丹崖，卻望周□，前瞻漢像，青楊聳漢[十一]（缺）□皎潔，遶宇迴流，芳馥名花，依菌放彩，以儀鳳三[十二]（缺）於村所仏堂內，爰建像碑一口，使[十三]□人敬拜宿□[十四]（缺）殊。王舍說法，未異孤菌；月六念誦，下救泥黎□□[十五]（缺）願皇基永固，聖祚無窮，牧宰賢明[十六]（缺）方[十七]法界，六道含靈，解□惡之津，俱登正覺之路[十八]（缺）玉□而非堅，遂發菩提心，求無上狂象，奔而不[十九]（缺）業，敬造阿弥陀像□面，四區勢至觀音，巍然左右[二十]（缺）奇工，雕刊[二一]□麗。昔聚砂童子，猶傳祇夜之經燃[二二]（缺）於天地，刻琬畢以桑溟，庶陵谷頻遷，箇所餘芳[二三]（缺）混[二四]沌初啟，七曜麗天，三皇威化，五帝稱賢。周姬度影[二五]（缺）□（其一）宗靈鎮地，四瀆潮溟。諸侯異

157

管，百郡秦并。堯風正[二六]（缺）聲。（其二）□行六年，悟證無生。超茲八解，燭此幽冥。鷲峯□[二七]（缺）威名。（其三）狂象馳奔，朽藤垂斷。淨土時長，人間日短。捨□[二八]（缺）□茲為伴。（其四）建斯武定，大聖居堂。遐迩瞻[二九]矚，遠近謠揚。□[三十]（其五）昔堡称黃。（其五）憑均刊式，鏤乃輪斑。文武二□，綰接山原[三一]（缺）立，日月齊懸。

張懷志書[三二]

刻像人趙懷悲[三三]

佛弟子雷□妻□、佛弟子殷大娘、尹知久母殷一心供養佛[三四]。

碑久委路旁，蓮友陳炳琳築亭安護。

曩嘗見舊拓本，第一行題銜有"阿彌陀四面像銘"七字，末行有"儀鳳三年"等字。"張懷志"題名下有一"書"字，今亡矣。陳蓮友大令，廣西馬平人，道光丁酉選，拔宦陝西，莅官所至，喜拓諸碑以贈同好，其人亦好古士也。

□□子同琛□運、佛弟子雷定□、佛弟子雷覽仁、佛弟子翊衛殷文威、佛弟子殷懷義、佛弟子雷雙仁、佛弟子雷智靜、殷表妻裴七娘、佛弟子。

右一側

佛弟子夫蒙士進、佛弟子夫蒙士幹、佛弟子支阿仁、佛弟子張平川、佛弟子張公、佛弟子張靜、佛弟子雷三娘、佛弟子尹慈愍、知久□、魏晉妻□□、佛弟子李遷供養佛、□男□□供養佛。

右一側（《關中金石文字存逸考》卷八。《金石萃編補遺》卷二。《唐文續拾》卷六三。《陝西金石志》卷九。《續修陝西通志稿》卷一四三。《北京圖書館藏中國歷代石刻拓本彙編》一六冊八六頁。）

[校記]：

[一]"法"，《新編》未識作"□"，今據其他各本補。

[二]"巨"，《新編》未識作"□"，今據其他各本補。

[三]"三祇，降神"，《新編》未錄，徑以"善"接"容"字，今據其他各本補。

[四]"西曜"，《新編》未錄從闕，今據北圖藏拓補。

[五]"十"，《新編》未錄從闕，今據其他各本補。

[六]"十方"，《新編》未錄從闕，今據北圖藏拓補。

[七]"靈"，《新編》作"生"，今據其他各本改。

[八]"迷愚"，《新編》未錄從闕，今據北圖藏拓補。

[九]"為莊"，《新編》未錄從闕，今據北圖藏拓補。

[十]"敞"，《新編》未識作"□"，今據其他各本補。

[十一]"楊聳漢"，《新編》未錄從闕，今據北圖藏拓補。

[十二]"儀鳳三"，《新編》未錄從闕，今據北圖藏拓補。

[十三]"使"，《新編》未識作"□"，今據其他各本補。

[十四]"拜宿□"，《新編》未錄從闕，今據北圖藏拓補。

[十五]"黎□□"，《新編》未錄從闕，今據北圖藏拓補。

[十六]"明"，《新編》未錄從闕，今據北圖藏拓補。

[十七]"方"，《新編》作"力"，今據其他各本改。

[十八]"之路"，《新編》未錄從闕，今據北圖藏拓補。

[十九]"而不"，《新編》未錄從闕，今據北圖藏拓補。

[二十]"然左右"，《新編》未錄從闕，今據北圖藏拓補。

[二一]"刊"，《新編》作"刻"，今據北圖藏拓改。

[二二]"之經燃"，《新編》未錄從闕，今據北圖藏拓補。

[二三]"所餘芳"，《新編》未錄從闕，今據北圖藏拓補。

[二四]"混"，《新編》未錄從闕，今據《唐文續拾》補。

[二五]"周姬度影"，《新編》未錄從闕，今據北圖藏拓補。

[二六]"并。堯風正"，《新編》未錄從闕，今據北圖藏拓補。

[二七]"幽冥。鷲峯□"，《新編》未錄從闕，今據北圖藏拓補。

[二八]"間日短。捨□"，《新編》未錄從闕，今據北圖藏拓補。

［二九］"瞻"，《新編》未錄，今據其他各本補。

［三十］"遠近謠揚。□"，《新編》未錄從闕，今據北圖藏拓補。

［三一］"□，綰接山原"，《新編》未錄從闕，今據北圖藏拓補。

［三二］"書"，《新編》未錄從闕，今據北圖藏拓補。

［三三］"悉"，《新編》未識作"□"，今據北圖藏拓補。

［三四］"佛弟子"以下廿三字，《新編》未錄從闕，今據北圖藏拓補。

［匯考］：

［一］《關中金石文字存逸考》稱："全文見《金石萃編》。今在同官縣。張懷志無書名，而書法流麗可翫。舊拓本有'儀鳳三年'字，新拓則無，蓋下截已為人斲去數字矣。"

［二］馬長壽《渭河以北各州縣的羌民和他們的漢化過程》稱："關於同蹄氏的來源，前面已經提到，乃是東漢時的滇零等羌曾經在上黨郡銅鞮縣長期居住過的緣故。這些羌人雖然以滇零羌為主，但亦雜有武都的參狼種和上郡、西河的諸雜羌。因此而知同蹄氏羌的祖先是多元的。本來西羌的姓氏都是從同一祖源派生出來的，而同蹄氏則是從不同祖源的諸羌匯合而為一個姓氏。這種事實在民族史上頗有意義。同蹄（即同蹄）一姓在十六國時始見於著錄。前述《廣武將軍□產碑》的右側有同蹄氏三人，此同蹄羌姓之在馮翊郡；《聖母寺四面造像碑》以同蹄為姓者亦三人，此同蹄羌姓之在蒲城縣；唐代有《雍州美原縣頻陽府校尉同蹄武幹造像記》，此同蹄羌姓之在美原縣（富平縣東）；《新唐書·孝友傳》記同官縣有同蹄智壽、智爽兄弟，此同蹄羌姓之在同官縣（今銅川縣）；《洛川縣誌》縣城西面西河鋪通鄜州的道路上有同蹄鋪，最近《陝西省行政區劃圖》洛川縣東北二十裏有'桐堤村'，此同蹄羌之在洛川縣。"

校者按：本造像碑可注意者有以下幾個方面：首先，碑銘所在之同官縣自北朝以來即為羌族聚居之地，碑末題名中之"同蹄氏""夫蒙氏""雷氏"皆為西羌大姓，屢見於北朝後期渭北地區之造像中。本碑刻於唐儀鳳三年（678），說明直到唐初這一地區仍有大量羌人居住。但與此同時，造像題名中"殷""裴""張""魏""李""尹"等漢姓的出現，說明造像所在地同官縣武定村為一漢、羌混居之村落，而這一情況自北朝後期就已經出現。馬長壽先生在《渭河以北各州縣的羌民和他們的漢化過程》一文中指出："在渭河以北同州、華州東部雖成為北族麇集之區，而蒲城、白水、宜君、同官（銅川縣）、宜州（耀縣）等地則仍為西羌諸姓的集中分佈所在。但這些州縣自古以來就有漢族分佈其間，故當羌族徙入之時，漢羌二族分別居住，形成漢村與羌村的犬牙相錯狀態。最初有一部分漢人還回避與羌人同居，但時間一久，相安無事，漢羌兩族逐漸產生同村雜居的現象了"，到唐初這種趨勢則更加明顯。其次，本碑保留了書者和刻像人之姓名，毛氏稱"張懷志無書名，而書法流麗可翫"，倘無此碑，則其姓名與書跡並湮沒無聞矣。最後，陸心源《唐文續拾》卷六三著錄此碑，但未取碑末題名。陸氏稱其所錄出自毛氏《新編》，但文字頗有異同，校者疑其除《新編》外尚有其他出處，本次整理，以兩者互校。又，毛氏《關中金石文字存逸考》稱"全文見《金石萃編》"，然查王氏《萃編》未見此碑，而毛氏《金石萃編補遺》卷二著錄本文，則《金石萃編》當為《金石萃編補遺》。

房仁裕碑

（見《存逸考》卷八"醴泉縣"）

　　碑拓僅半截，高若干無考，廣三尺四寸。三十四行，每行字數無考，正書。額題"大唐故清河房忠公□□之碑"，三行，行四字，篆書。

　　（缺）事□州[一]刺史（缺）贈兵部尚書房忠公神道碑并序

　　（缺）史、上柱國[二]、清河縣開國子崔融撰

　　孝孫國子監丞琳書

　　（缺）牧□□□遇主[三]靜難□人[四]。師旅繫以存亡，社

稷由其輕重。隨曆云季，喪亂弘多。帝用不臧，式（缺）惟有若房公運□□箅[五]匡我丕烈，巨魚縱壑，高鳥候阿。其生也榮與（缺）子□秦[六]有常山，後徙家靈壽，漢有甘陵守，著族清河，子光，名在儒林，人傳其學。伯武（缺）高□載[七]乎□史；清忠惠利，遺愛存乎雅俗。祖敬道，官至司空府集曹參軍、侍（缺）薄於□位，□於天爵，□敬叔[八]高談且勞於州縣，而仲弓令望，自重於□衡。德必不孤，善（缺）氣淩□雲[九]，□德兼於三端咸備，遭煬帝[十]失馭，海內騷動，公時年十八，雄畧過人，出入將（缺）充所□，充授公[十一]□龍驤將軍，公知充非真主[十二]，又與裴仁基等謀背王充將歸（缺）令、通事舍人韋慶基[十三]等檢校，所須官給，常[十四]賜坐於（缺）州刺史，武□四年，□□未息，高祖[十五]以綏撫為急，攻戰□勞。方與王充割據而化（缺）管，□馬雲擾，羽旄星[十六]流，出□秦京，至於洛□，所向風靡，賊徒慴怖，是以建德受縛，王充請降（缺）□魏正孝[十七]所嫉，坐招毀擯，徙[十八]授公麟州刺史，及（缺）侍□□散□[十九]列侍以榮，杖節褰襜，共理尤切，尋遷□州[二十]刺史（缺）朝廷以公族茂（缺）人□察[二一]著惠愛，□敦孝義，□□□不[二二]□□刑禮□□□有倫，遷使持節、都督潭[二三]道（缺）內憂去[二四]職，有制葬事官給，尋而奪禮授金紫光祿大夫、行（缺）江左制命，公杖鉞出征，賜寶刀一口，以（缺）帝用嘉之，遷鄭州刺史[二五]。屬河洛建都周漢，光宅四方，表（缺）□□闈[二六]是掌周衛，惟穆公以[二七]年過致[二八]仕，夜行可□，詣[二九]闕上（缺）宗，有事岱宗，□□□從[三十]，公會疾，不果行，中使相望，名醫結轍，春秋七十六，粵以二年歲（缺）而惜之[三一]，詔贈左驍衛大將軍、使持節、都[三二]（缺）日，陪葬（缺）□□□□太[三三]宗從容問群臣□□□□□□□[三四]（缺）是時□蒙[三五]恩（缺）登（缺）皇運中興，乃下[三六]□□□□（缺）幽[三七]州□□、上柱國□□[三八]公仁裕軒[三九]（缺）於後湜[四十]，可贈兵部尚書（缺）四[四一]州刺史，次□先質[四二]，歷通事□□□□□□□（缺）□□□□□□□□□□□等□□□□□□□□□（缺）□□□，勒功頌德，其辭曰：

（缺）載弄[四三]之璋。命代非常，無忝前良[四四]。隋運不綱，群黎靡康。宇宙[四五]（缺）謀莫當，所向□攘，擒彼偽王[四六]。混壹遐荒，俾侯封疆。其有寵章[四七]（缺）厥聲奕奕，□□獻替。□[四八]地一登，其位（缺）□□□忠□[四九]葬于鄷[五十]，樹碑勒[五一]功，攄（缺）（《寶刻叢編》卷九。《關中金石文字存逸考》卷八。《金石萃編補遺》卷二。《昭陵碑錄補》。《筠清館金石記》。《八瓊室金石補正》卷三六。《陝西金石志》卷八。《續修陝西通志稿》卷一四二。《碑帖敘錄》一〇三頁。）

[校記]：

[一]"事□州"，《新編》未錄從闕，今據《昭陵碑錄補》補。

[二]"史、上柱國"，《新編》未錄從闕，今據《昭陵碑錄補》補。

[三]"牧□□□遇主"，《新編》未錄從闕，今據《昭陵碑錄補》補。

[四]"人"，《新編》未識作"□"，今據《昭陵碑錄補》補。

[五]"惟有若房公運□□籌"，《新編》未錄從闕，今據《昭陵碑錄補》補。

[六]"子□秦"，《新編》未錄從闕，今據《昭陵碑錄補》補。

[七]"高□載"，《新編》未錄從闕，今據《昭陵碑錄補》補。

[八]"薄於□位，□於天爵，□敬叔"，《新編》"叔"前未錄從闕，"叔"作"敬"，今據《昭陵碑錄補》補正。

163

[九]"氣淩□雲",《新編》未錄從闕,今據《昭陵碑錄補》補。

[十]"兼於三端咸備,遭煬帝",《新編》作"□於三□□□遭楊□",今據《昭陵碑錄補》補正。

[十一]"充所□,充授公",《新編》未錄從闕,今據《昭陵碑錄補》補。

[十二]"知充非真主",《新編》未錄從闕,今據其他各本補。

[十三]"令、通事舍人韋慶基",《新編》作"□□□韋慶□",今據《昭陵碑錄補》補正。

[十四]"所須官給,常",《新編》未錄從闕,今據《昭陵碑錄補》補。

[十五]"州刺史,武□四年,□□未息,高祖",《新編》"祖"前未錄從闕,"祖"作"公",今據《昭陵碑錄補》補正。

[十六]"管,□馬雲擾,羽旄星",《新編》未錄從闕,今據《昭陵碑錄補》補。

[十七]"□魏正孝",《新編》"孝"前未錄從闕,"孝"作"者",今據《昭陵碑錄補》補正。

[十八]"徙",《新編》未識作"□",今據其他各本補。

[十九]"侍□□散□",《新編》未錄從闕,今據《昭陵碑錄補》補。

[二十]"州",《新編》未識作"□",今據《昭陵碑錄補》補。

[二一]"人□察",《新編》未錄從闕,今據《昭陵碑錄補》補。

[二二]"不",《新編》未識作"□",今據《昭陵碑錄補》補。

[二三]"潭",《新編》未識作"□",今據《昭陵碑錄補》補。

[二四]"内憂去",《新編》未錄從闕,今據《昭陵碑錄補》補。

[二五]"嘉之,遷鄭州刺史",《新編》所錄惟"遷"字,餘皆未識作"□",今據其他各本補。

[二六]"闈",《新編》未識作"□",今據《昭陵碑錄補》補。

[二七]"惟穆公以",《新編》作"□□公□",今據其他各本補。

[二八]"致",《昭陵碑錄補》所錄同,《八瓊室金石補正》作"強",誤。

164

［二九］"詣"，《新編》未識作"□"，今據《昭陵碑録補》補。

［三十］"宗，有事岱宗，□□□從"，《新編》未録從闕，今據《昭陵碑録補》補。

［三一］"而惜之"，《新編》未録從闕，今據《昭陵碑録補》補。

［三二］"軍、使持節、都"，《新編》未録從闕，今據其他各本補。

［三三］"太"，《新編》未識作"□"，今據《昭陵碑録補》補。

［三四］"問群臣□□□□□□"，《新編》未録從闕，今據《昭陵碑録補》補。

［三五］"是時□蒙"，《新編》未録從闕，今據《昭陵碑録補》補。

［三六］"下"，《新編》未録從闕，今據《昭陵碑録補》補。

［三七］"幽"，《新編》未録從闕，今據《昭陵碑録補》補。

［三八］"上柱國□□"，《新編》未録從闕，今據《昭陵碑録補》補。

［三九］"軒"，《新編》未録從闕，今據《昭陵碑録補》補。

［四十］"於後渥"，《新編》未録從闕，今據《昭陵碑録補》補。

［四一］"四"，《新編》未録從闕，今據《昭陵碑録補》補。

［四二］"次□先質"，《新編》未識作"□□□□"，今據《昭陵碑録補》補。

［四三］"載弄"，《新編》未録從闕，今據《昭陵碑録補》補。

［四四］"無忝前良"，《新編》作"□□前後"，今據其他各本補正。

［四五］"黎靡康。宇宙"，《新編》未録從闕，今據其他各本補。

［四六］"莫當，所向□攘，擒彼偽王"，《新編》未録從闕，今據《昭陵碑録補》補。

［四七］"侯封疆。其有寵章"，《新編》未録從闕，今據其他各本補。

［四八］"厥聲奕奕，□□獻替。□"，《新編》未録從闕，今據《昭陵碑録補》補。

［四九］"忠□"，《新編》未録從闕，今據其他各本補。

165

［五十］"鄠"，《新編》未識作"□"，今據《昭陵碑錄補》補。
［五一］"勒"，《新編》未識作"□"，今據其他各本補。

［匯考］：

［一］《寶刻叢編》稱："'唐戶部尚書房仁裕碑'，崔融撰，房琳正書，顯慶二年立。"

［二］《關中金石文字存逸考》稱："崔融撰，房琳正書，年月泐，未詳所在。《唐會要》及《文獻通考》所著昭陵陪葬諸臣有兵部尚書房仁裕，案此即其墓碑也。（碑名見《京兆金石錄》）此碑亦當在醴泉昭陵，今僅存半截，未詳所在矣。篆額云'大唐清河房忠公神道之碑'，……蓋拓本僅得其半，鑿字尤多，以意連屬之，僅得梗概，幸碑額尚存'仁裕'之名，未經刓去，故知為'房仁裕碑'也。此碑之名僅見於《京兆金石錄》，其餘金石諸書及平湖孫桂珊三錫《昭陵碑考》均未著錄，餘得拓本，因為表而出之，且加考訂焉，時光緒紀元六月八日，高樹早涼，清風拂拂也。碑云'子充，名在儒林'，蓋用《漢書·儒林傳》房鳳事，《漢書》'充'作'元'。撰文之崔融，字安成，齊州全節人，《新唐書》有傳。《藝文志》'崔融集'六十卷，今逸。《全唐文》載融文，此碑未載。前人撰著散失者多矣，偶賴石刻以傳，又為風雨剝蝕、牧豎椎毀，是可憾也。"

［三］《筠清館金石記》稱："碑凡三十四行，拓本闕其上截，無名字年月。第廿四行有'公仁裕'三字，第廿五行'可贈兵部尚書'六字，蓋贈官之詔稱曰'忠公仁裕'，則碑為房仁裕而立也。'仁裕'之名不見於《唐書》，今有其母'李夫人碑'，立於永徽三年，其時仁裕以左領軍大將軍奪情起用，此碑所云'葬事官給，尋而奪禮'，即其事。仁裕之葬碑存'粵以二年'四字，永徽後之二年，則顯慶丁巳歲也，是碑為顯慶二年所立矣。仁裕初事王世充（碑避太宗諱稱王充），後歸於唐，官至大將軍，贈兵部尚書，諡曰忠，陪葬昭陵。撰文之崔融，字文成，封清河公，諡曰文，見《唐書·宰相世系表》。"

［四］《八瓊室金石補正》稱："碑為仁裕之孫琳所書，而琳名亦不見於史傳。文云'公知充非真□，又與裴仁基等謀背王充'，《隋書·王充傳》'光祿大夫裴仁基以武牢降於密'，《唐書·王充傳》不

載，《李密傳》云'隋虎牢將裴仁基降，以仁基為上柱國'，皆不言及仁裕。"

校者按：此碑之撰者崔融，諸家考證皆以為即"文章四友"中之崔融，史稱其"為文華婉，當時未有輩者。朝廷大筆，多手敕委之"，房仁裕碑託其為文，亦情理之中事。但《舊唐書·崔融傳》稱，神龍二年融撰《則天哀冊文》，"用思精苦，遂發病卒，時年五十四"，新傳略同，惟不及年份。武后神龍二年五月葬，撰文當在葬前，由此上推五十四年，則其應生於唐高宗永徽四年（653）。本碑果如《寶刻叢編》及《金石補正》所言立於顯慶二年（657），則此崔融撰碑時年方四歲，這顯然是不合情理的。那麼就存在兩種可能：一是立碑時間不誤，而撰碑之崔融另有其人；或者本碑作者即"文章四友"之崔融，而房碑之撰不在顯慶二年。先看前一種可能，據文獻所載，唐代有二崔融，宋馬永易《實賓錄》卷四稱"唐國子司業崔融，文章獨步當時，莫出其右。時有左司郎中崔融，婚宦絕倫，為山東甲族，時人謂之'二絕'"。任國子司業之崔融即"文章四友"之崔融，任左司郎中之崔融見《新唐書·宰相世系表》崔氏"清河小房"，曾任戶部員外郎，其名又見於"唐尚書省郎官石柱題名"。但兩人並不同時，'戶外崔融'之時代更在其後，則其絕非本碑之作者可知。那麼，只有一種可能就是房碑並非立於顯慶二年，碑文中有"春秋七十六，粵以二年歲"等殘文，《寶刻叢編》卷九稱其"顯慶二年立"，《筠清館金石記》也推斷碑為此年撰寫。但是，碑文於"粵以二年歲"前有"有事岱宗，□□□從，公會疾，不果行"之句，所謂"有事岱宗"，當指高宗李治封禪泰山事，據史載其時在高宗乾封元年（666），如此，聯繫上下語境，碑文所稱之"二年"當指"乾封二年"無疑，《寶刻叢編》及《筠清館金石記》以為"顯慶二年"立，顯屬臆斷。那麼，本碑是否就立於乾封二年呢，答案也是否定的，因為乾封二年只是房氏下葬的時間，立碑當在其後，這一點可從房仁裕之母"清河太夫人李氏碑"立碑年代的爭論中得到說明。《八瓊室金石補正》卷三六收錄李碑，陸氏於文後跋稱"李氏，房仁裕之母也，葬於永徽三年二月十五日，至顯慶元年六月十五

167

日乃立是碑。趙氏（校者按：指趙明誠）作永徽三年二月，蓋未見碑陰，即以祔葬之日為建碑之日也。碑陰'歲次景辰'上字已缺泐，碑文有'□□□府，已歷五年，今於潤州□寧縣躬自採石造碑，不獲身□□□□長子先禮安立'等語，合諸'歲次景辰'，正符五年之數，是'歲次景辰'上所缺乃'顯慶元年'也。"由此可知，房母李氏下葬在永徽三年（652），而建碑卻在五年之後的顯慶元年（656）。同理，房仁裕於乾封二年下葬，其立碑亦不必正在同年。校者推斷，如房碑撰者確為曾任國子司業之崔融，則本文應在其儀鳳元年（676）應"辭殫文律科"制舉及第後撰寫，此前崔氏文名未盛，寫作此類文章的可能性不大。

關於碑主，正如諸家所稱，其名不見於新、舊《唐書》，惟《資治通鑒·唐紀十五》載其事蹟，文略稱"（永徽四年）初，睦州女子陳碩真以妖言惑眾，與妹夫章叔胤舉兵反。……敕揚州刺史房仁裕發兵討之。……十一月，庚戌，房仁裕軍合，獲碩真、叔胤，斬之，餘黨悉平"（中華書局，1956年，6282頁）。本碑於房氏歷官殘缺特甚，然文中有"授金紫光祿大夫、行（缺）江左制命，公杖鉞出征"句，應指其莅官揚州事。前引"李氏碑"所載則較本碑為詳，文稱"授金紫光祿大夫、行揚、潤、宣、常、滁、和六州諸軍事、揚州都督"，則"揚、潤、宣、常、滁、和六州諸軍事、揚州都督"正房碑所缺之歷官也。又，據"李氏碑"，房氏此授是在其母永徽三年二月下葬後奪情起復，而《通鑒》稱仁裕以揚州刺史身份平定陳碩真、章叔胤之亂在永徽四年十一月，前後時間正相吻合。

關於房氏家族之記述，除本碑之外尚有其母《清河太夫人李氏碑》，立于顯慶元年六月，已見上述，全文著錄於《八瓊室金石補正》卷三六。據碑載，房仁裕妻出太原王氏，生五女十男，其中長女为虢王妃，十六未嫁而亡。二女及六子先貞亦早夭，其他見於李碑者有：長子先禮，雲騎尉、朝請郎、密王府戶曹參軍事、奉義郎、行泉州錄事參軍事；子先孝，雲騎尉、左親衛通直郎，行相州司士參軍、奉議郎、行并州陽曲縣令；子先忠，上騎都尉、宣德郎、奉義郎；子先恭，通直郎、行杞王府兵曹參軍事；子先慎，宣德郎、守江王府兵曹參軍事、武騎尉；子先□，年十三任宏文館學生，授太子左千牛。此外，有景雲二年十月《大唐故章懷太子並妃清河房氏墓誌銘》(《唐代墓誌彙編》，上海古籍出版社，1992年，1130頁)，志稱房氏為"皇朝左領軍大將軍、衛尉卿、贈兵部尚書仁裕之孫，銀青光祿大夫、宋州刺史、贈左金吾大將軍先忠之女也"，"先忠"之名已見李碑，為仁裕三子。"先忠"有子名渙，開元十八年於忻州七巖山刻有摩崖題銘，全文見《定襄金石考》卷一，內稱"祖金紫光祿大夫、領軍大將軍諱仁裕，佐命功臣，名書唐史。父銀青光祿大夫、左金吾大將軍，諱先忠。……大唐開元十八年二月廿三日朝散大夫、守忻州刺史清河房渙"云云，知渙與章懷太子妃房氏同出先忠，惟其長幼不詳。仁裕有子名"先質"，其名不見於"李氏碑"碑陰所刻(校者按：或即碑末所稱"任宏文館學生，授太子左千牛"者)，開元二十七年《唐故岐州司倉參軍房公墓誌銘》(《唐代墓誌彙編》，上海古籍出版社，1992年，1502頁)稱"公諱宣，清河人也。……曾祖子曠，隋常州別駕。祖仁裕，皇贈兵部尚書。父先質，皇銀青光祿大夫、贈兗州都督。公兗州府君之第四子也。……有二子：都、寧"，是"先質"為仁裕子，據志亦可知仁裕父諱子曠。"先質"子除房宣外，還有名溫者，天寶十三載《大唐法雲寺尼辯惠禪師神道志銘并序》(《唐代墓誌續編》，上海古籍出版社，2001年，657頁)稱"俗姓房氏，清河人也，……曾祖父皇金紫光祿大夫、衛尉卿、贈兵部尚書、清河忠公，諱仁裕。王父皇銀青光祿大夫、冀州刺史、膠東成公、諱先質；列考皇朝太子文學，諱溫"，據"房宣志"，"宣"為先質四子，"溫"不知則不知行第也。

　　房仁裕出於清河房氏一族，與隋任監察御史之房彥謙同出房諶之後。房諶北燕初南渡寓於齊境，後燕成武帝慕容垂時任貴鄉太守(《北史》則曰"位太尉掾"，《房彥謙碑》亦同)，有子四：裕、坦、邃、熙，號房氏"四祖"。房諶有一女，其事蹟略見《魏書·列女傳》，為鉅鹿魏溥妻。仁裕六世祖史書無載，有學者疑為諶次子坦，生平未詳。五世祖元慶，劉宋孝武時歷七郡太守，後為青州建微府司馬。劉宋末，皇室內亂，元慶為青州刺史沈文秀所殺。元慶子愛親，獻文時北魏平青齊，愛親以"平齊戶"身份隨例內徙，一度西遷平城。愛親三子：景伯、景先、景遠，仁裕出景遠一脈。據史載，景遠字叔遐，曾官齊州主簿，後為益州刺史傅豎眼徵為昭武府功曹參軍，以母老不應。有子一，名敬道，即"房仁裕碑"所稱"祖敬道，官至司空府集曹參軍"者，與《北史》（中華書局，1974年，1425頁）"永熙中開府參軍"記述相合。仁裕父諱子曠，史傳無載，據其曾孫《唐故岐州司倉參軍房公墓誌銘》，曾官隋常州別駕。又據"李氏碑"，子曠享年不永，碑稱"仁裕弱冠而孤"可證。子曠與李氏育有八女一男，仁裕為唯一男嗣。綜合以上史料，仁裕一支自房諶以下之世系傳承為：

房諶
↓
（房坦）
↓
房元慶
↓
房愛親→房景伯→文烈
　　　　房景先→延祐
　　　　房景遠
　　　　↓
　　　　房敬道
　　　　↓
　　　　房子曠
　　　　↓
　　　　房仁裕→先禮
　　　　　　　先孝
　　　　　　　先忠→渙
　　　　　　　　　　章懷太子妃房氏
　　　　　　　先恭
　　　　　　　先慎
　　　　　　　先□（宏文館學生、太子左千牛）
　　　　　　　先質→宣→都
　　　　　　　　　　　　寧
　　　　　　　　　　溫→辯惠禪師
　　　　　　　先貞
　　　　　　　　　　琳？

淨住寺釋迦牟尼文賢劫像銘

（見《存逸考》卷一"西安府上"）

碑係上半截，石高若干尺無考，廣二尺三寸。碑陽額上刻"唐淨住寺賢劫功德碑"三行，行三字，篆書。下刻佛像二十五行，每行佛像二十尊，本係千佛，今僅存其半也。碑陰額上刻佛像一尊，下刻銘文，共二十行，字數無考，八分書。

唐淨住寺釋迦文賢劫像銘并序

朝[一]（缺）

蓋聞昆軸僊居，爍能光而西峙；瀛環秘宇，影籠抃（缺）物有變於阽危，豈若地接王城，門通鼎室，控黃山（缺）寫韻銀宮，照日絢堯景而分燎；理會真空，規符化（缺）顯報。爰有河東裴行純，胄啟膏腴，姻連（缺）棣華，而捻[二]思承顏，靡託罔極之戀，逾深同氣，無依（缺）門，遽虧鄰社。故知毀形從滅，未釋塵勞，履孝歸誠（缺）釋迦牟尼像一龕，并賢劫千佛，即於淨住寺供養（缺）工[三]鎣玉瑂珉，俯藍田而洞彩；千光萬字，照京兆而（缺）足鷲頭，已對難陀之室；蕙樓菌閣，還開末利之居。（缺）空，終令欲大含清，惠川澄映，頂禮歸其影說，種相（缺）林，遊闐賓而可期，瞻羅衛而非遠。有道成瀘師者（缺）清像極鑒虛，體包觀露，紐桑門之落構，徹[四]俗諦之（缺）難名。玉豪韜聖，覽聲塵而可紀。況周王神眛，尚勒（缺）地之初，故可史籀垂文，用寫四禪之妙。其銘曰：

惟彼仙宗，詞標有相。豈如正覺，義歸無量。惠炬開（缺）似香爐。神超繫象，妙極規模。花開勝跡，月寫真圖。（缺）照牖，八解疏池。瞻顏頌德，顯相標奇。多寶非遠，

171

千（缺）異。覺樹含芬，禪河引泌。義踰得一，情期不二。（其四）菩（缺）重昏克明。方超苦岸，永濟香城。（其五）

　　文林（《寶刻叢編》卷七。《寶刻類編》卷七。《新編長安志》卷十。《金石文字記》卷五。《關中金石記》卷四。《寰宇訪碑錄》卷四。《古墨齋金石跋》卷六。《金石續編》卷一二。《石墨鐫華》卷四。《天下金石志》。《關中金石文字存逸考》卷一。《金石萃編補遺》卷二。《唐文續拾》卷一二。《八瓊室金石補正》卷七八。）

[校記]：

[一]"朝"，《新編》未識，今據其他各本補。

[二]"捻"，《新編》未識作"□"，今據其他各本補。

[三]"工"，《新編》未識作"□"，今據其他各本補。

[四]"徽"，《新編》未識作"□"，《金石續編》作"激"，《唐文續拾》作"徽"，今姑據《唐文續拾》補。

[匯考]：

[一]《寶刻叢編》引《京兆金石錄》稱："唐崔行功撰，隸書，無年月。"

[二]《新編長安志》稱："崔行功撰，隸書。真正無名，自受禪中學來，可以為法式。今在開元寺官塔院。"

[三]《關中金石記》稱："淨慈寺釋迦牟尼並賢劫像銘。號年缺，分書，在西安府。今世佛寺每造千佛閣者，即賢劫像也。《水經注》據釋氏《西域記》言：放弓仗塔國王有千子，勇健無比，來伐一國。先是，一國王有小夫人，生肉胎，大夫人妒之，即盛以木函，棄之恒水。國王游觀，開函見千小兒，端正殊好，取歸養之。後伐父國，父大恐，小夫人曰'勿愁，但於城西作高樓，賊來，置我樓上'。賊來，小夫人令千子張口，以兩手捊乳，乳作五百道，俱墜千子口中。賊知是母，即放弓仗。後於其處立銘者，即其事矣。象為裴行純造。"

[四]《關中金石文字存逸考》稱："此石為河東裴行純造，本係千佛像，今僅存上方佛像五百尊，雕鏤極為精緻。碑陰銘文亦僅存其半，

分書精婉挺拔有褚河南筆意焉。又有'朝議'字及'文林'等字，當係書、撰人名題銜之首。今在西安府城内車家巷南口三聖宫内後圃中。《寶刻類編》云此碑為崔行功撰並隸書，在京兆。案京兆，今西安府地也。《類編》所載係全本焉。行功，恒州井陘人，見《新唐書・文藝傳》。《藝文志》：《崔行功集》六十卷。"

[五]《金石續編》稱："碑缺下截，造像歲月與撰銘書碑之人，皆無可考。首行末存'朝'字，末行末存'文林'二字，當是撰、書結銜殘字。前題'唐淨住寺釋迦文賢劫像銘并序'十三字，畢氏《關中金石記》以'淨住'為'淨慈'，孫氏《寰宇訪碑錄》'文賢劫'為'普賢劫'，皆誤。'淨住寺'，《兩京新記》《長安志》皆未載，不詳何地。"

[六]《八瓊室金石補正》稱："拓本高二尺四寸，廣二尺四寸七分。額高一尺，廣九寸二分。……右碑當在西安，題額九字，篆書。碑無字，刻佛像廿列，每列像廿五區。疑拓本未全，尚有廿列，共為千佛也。案《潛研堂金石文字目錄》載有千佛碑，云武后時立，無字，惟有佛像，在鳳翔府法門寺。碑側正書，疑即是此。惟錢先生不言有額，余又未見碑側，未敢遽定也。又案《金石續編》載有'裴行純造像銘'，其首行云'唐淨住寺釋迦文賢劫像銘'，文内有'並賢劫千佛，即於淨住寺供養'云云，碑在西安府，僅存半截。此碑額有'淨住寺賢劫'字，亦只見有半截，似即裴行純造像碑陰矣。而所記高廣尺寸不符，仍以'淨住寺佛像碑'題之。"

校者按：此碑今藏西安碑林博物館。《陝西金石文獻目錄集存》亦著錄此碑，題作"唐淨住寺文賢像銘"，又錄有"淨慈寺釋迦牟尼並賢劫像銘"一種，稱"著錄見《關記》（校者按：即畢沅《關中金石記》）卷四，頁三〇至三一；《寰錄》（校者按：即孫星衍《寰宇訪碑錄》）卷四，頁三五"，是編者誤將一碑作二碑也，說見《金石續編》陸氏跋語。"淨住寺"，不詳何地，《唐代墓誌彙編》（上海古籍出版社，1992年，1780頁）收錄大曆六年十二月《大唐故淨住寺智悟律上人墓誌銘并序》一方，其所稱之"淨住寺"當即本碑之"淨住寺"也。

覺禪師塔銘

（見《存逸考》卷一"西安府上"）

石已殘缺，尺寸及行數、字數無考，正書。

（缺）覺禪師塔銘

（缺）以測其聖，凡處生死之塗者，不足知（缺）五蘊皆空，是故空中三寶常住哉。（缺）蘭氏，河南人也。高祖蕃，周驃騎大將（缺）隋禮部尚書，曾祖仁，唐朝戶部尚書（缺）祖石，岐陽縣令。父溫，絳州曲沃（缺）聲高調下，材期登於金紫，位奄屈於銅（缺）與蘭桂而齊芬。特稟善根，向菩提而結（缺）出禪之心，辭舍俗流，無染人緣之事，遂（缺）垂，攀八普之真輪，遊四依之正轍，弱冠（缺）密威儀，恭敬檀□，□妙曉自其誠等觀（缺）是布衣服體，□□身以忍辱，而當違（缺）言於性向（缺）尼眾供養（缺）（《關中金石文字存逸考》卷一。《金石萃編補遺》卷二。《陝西金石志》卷一〇。《續修陝西通志稿》卷一四四。）

[匯考]：

[一]《關中金石文字存逸考》稱："此石本出西安，今未詳所在矣。案《北史·趙才傳》附載仁壽、大業間有蘭興洛、賀蘭蕃'俱為武侯將軍，剛嚴正直，不畏強禦，咸以稱職知名'，志云禪師'高祖蕃，周驃騎大將軍'，即《北史》所謂賀蘭蕃也。此石存字無多，書法精整。"

校者按：本碑誌主俗姓賀蘭，碑文略紀其父、祖姓名、歷官，毛氏於《存逸考》跋語中已指出禪師高祖賀蘭蕃見於《北史》，其他則未詳。《唐代墓誌彙編》（上海古籍出版社，1992年，1243頁）收錄有《唐故正議大夫使持節相州諸軍事守相州刺史上柱國河南賀蘭公墓誌銘并序》一方，撰者為"故吏尚書工部郎中隴西李昇期"，文內序其家世源流稱"公諱務溫，字茂弘，河南洛陽人也。其先太公之後，代為慶氏，至侍中純，避漢安帝父諱，改為賀氏。洎後魏尚書令訥，以元舅之貴，定建立之策，封賀蘭國君，始賜姓賀蘭氏。……曾祖蕃，周開府儀同三司，隋禮部尚書，成安郡公。祖師仁，皇朝銀青光祿大夫、散騎常侍、應山公。父越石，朝散大夫、洺州長史"，又《全唐文補遺》第二輯（三秦出版社，1995年，402頁）所收景龍三年八月《大唐故賀蘭府君墓誌》稱"公諱敏之，字常住，河南洛陽人，其先軒轅黃帝后也。□□幽都為賀蘭國公□□□山下，因命氏焉。……十四代祖伏，後魏桓帝時中，為北部左輔□□□姓西破□□□□□□拜平朔將軍。其後軒冕赫弈，圭組蟬聯。武穆文昭，銀黃（十二字泐）候正替長、左右利真府總管、上開府儀同三司，隋累騎將軍、□□□□□□□□□將軍、禮部尚書。皇朝尚衣奉禦、魯王府長史、銀青光祿大夫、散騎常侍、使持節□州諸軍事、□□州刺史、應山縣開國男，贈司元太常伯。……父安石，襲爵應山縣開國男，贈衛尉卿、戶部尚書、駙馬都尉、韓國公"，與本碑對勘，知覺禪師當為務溫子。碑稱"曾祖仁"，"仁"當作"師仁"；"祖石"，"石"當作"越石"；"父溫"，"溫"當作"務溫"。"賀蘭務溫"亦見於《唐尚書省郎官石柱題名》（岑仲勉，《金石論叢》，上海古籍出版社，1981年，383、387頁）"祠部郎中"及"主客員外郎"條，與墓誌稱其"累遷主客員外、祠部郎中"之記述正合。"賀蘭越石"見於《舊唐書·武承嗣傳》（中華書局，1975年，4727頁），傳稱"初士彠娶相里氏，生元慶、元爽。又娶楊氏，生三女，長適越王府功曹賀蘭越石，次則天，次適郭氏。……賀蘭越石早卒，封其妻為韓國夫人"云云。按：《舊唐書》所稱"賀蘭越石"當為"賀蘭安石"，兩人同出賀蘭師仁，其原因如下：首先，"賀蘭務溫墓誌"稱其父"越石"，但沒有提及其母與武則天的特殊關係，而"賀蘭敏之墓誌"則稱"公鄭國夫人武氏子，則天大聖皇后外甥，應天神龍皇帝從母兄也"，如果務溫母果為武則天之姊，墓誌斷無理由隱而不書；其次，"賀蘭敏之墓誌"稱其父名"安

175

石",《集古錄目》卷五著錄有乾封三年（《金石錄》作"乾封二年二月"）所立《唐鄭國夫人武氏碑》，亦稱"夫人名順，字□則，太原壽陽人。武后之妹，司衛卿賀蘭安石之妻。封韓國夫人，追贈鄭國"云云，則武順丈夫即敏之父亦作"安石"，與"賀蘭敏之墓誌"所述吻合。碑誌不同於史傳，其於志主父、祖等之官歷容或致誤，但於其名諱絕不至以"越"作"安"，反之亦然。概言之，"安石"與"越石"同係"師仁"子，娶士彠女武順者為"安石"，《舊唐書》誤作"越石"。關於賀蘭氏父、祖之官歷，本碑與"賀蘭務溫墓誌""賀蘭敏之墓誌"所載互有詳略，如碑稱賀蘭蕃"周驃騎大將（缺）隋禮部尚書"，務溫志作"周開府儀同三司，隋禮部尚書，成安郡公"，敏之志作"左右利真府總管、上開府儀同三司，隋累騎將軍、□□□□□□□□□□將軍、禮部尚書"，其"禮部尚書"一職可能並非實授而係死後贈官。又，"賀蘭師仁"本碑稱其"唐朝戶部尚書"（編者按：當係卒後贈官），務溫誌則云"皇朝銀青光祿大夫、散騎常侍、應山公"，敏之誌則詳稱"皇朝尚衣奉御、魯王府長史、銀青光祿大夫、散騎常侍、使持節□州諸軍事、□州刺史、應山縣開國男，贈司元太常伯"。關於"賀蘭越石"，本碑但云"岐陽縣令"，務溫誌則稱"朝散大夫、洺州長史"，當是各舉一端。"賀蘭安石"之官歷，《武承嗣傳》稱"越王府功曹"，《唐鄭國夫人武氏碑》作"司衛卿"，敏之誌則云"襲爵應山縣開國男，贈衛尉卿、戶部尚書、駙馬都尉、韓國公"，"司衛卿"即"衛尉卿"，《初學記》（中華書局，1962年，307頁）卷一二《職官部下·衛尉卿第十九》稱"衛尉，秦官也。掌宮門衛屯兵。……漢因之。景帝更名中大夫令，尋復舊為衛尉。自王莽及後漢初並省之，至獻帝復置。魏晉宋齊因之。《五代史·百官志》稱'至梁，加卿字，曰衛尉卿，後代並因之。唐武德初省之，貞觀中復置。龍朔二年改為司衛卿，咸亨初復舊。光宅初又改為司衛卿，神龍初復舊'"，"武順碑"所立之乾封三年正當龍朔二年與咸亨初之間，而敏之誌撰於景龍三年亦當神龍之後，所以一稱"司衛"，一稱"衛尉"。關於"安石""越石"之行第，應以"安石"為長，因為襲師仁"應山"爵位者為安石。據《武承嗣傳》，安石尚有一女，後入宮頗承恩寵，為則天所嫉，終被毒殺。則天又以敏之為士彠嗣，改姓武氏，後因恃寵恣犯，流雷州，中道以馬韁自縊死，《通鑒》則云"至韶州，以馬韁絞死"，敏之誌則僅稱"以咸亨二年八月六日終於韶州之官第，春秋廿有九"而已，顯然是為死者諱。敏之有子名琬，神龍二年（706）《大唐故雍王（李賢）墓誌銘并序》（《唐代墓誌彙編》，上海古籍出版社，1992年，1061頁）稱，"乃敕……正議大夫、行太子率更令、騎都尉、韓國公賀蘭琬監護喪事"，而景龍三年（709）"賀蘭敏之墓誌"作"銀青光光祿大夫、太僕卿"，此前後歷官之不同也。"賀蘭務溫墓誌"稱其"有子晉、臨、貴、恒等"，應不包括覺禪師在內。

值得注意的是碑文對賀蘭務溫仕宦生涯的記述，碑云"父溫，絳州曲沃（缺）聲高調下，材期登於金紫，位奄屈於銅"，當是對務溫才高位下深致不滿，"賀蘭務溫墓誌"則稱"（務溫）解褐授鄭州參軍，非其好也。……太后親政，獄連皇枝，公婚結河間，官因左退，貶授泉州莆田主簿，大牢、介休二令，重貶汴州司倉，……尋而有敕改括蒼令。公自流落不偶，十七八年"云云，則務溫之不遇似因其與李唐皇室關係密切，遂於武周一朝接連被斥，前後近二十年。中宗即位後，務溫仕途才出現轉機，誌稱"中宗龍飛，再張日月，……入拜少府監丞，仍加朝散。累遷主客員外、祠部郎中"，後開元九年終於相州刺史任上，而碑不及此，則覺禪師去世時務溫應尚未入京拜少府監丞一職。如此，則本碑當作於唐中宗神龍之前，又觀碑中稱李唐為"唐朝"，亦可證本碑作於武周時無疑。

又，賀蘭蕃有子名淹，其墓誌二十世紀中期於陝西銅川出土，內稱"君諱淹，字天德，河南洛陽人也。遠祖伏，居賀蘭山，因以命氏。……祖澄，周上開府儀同三司、左右武伯、武還大夫、馮翊郡太守、淩州刺史、臨戎縣開國公，……父蕃，隋上開府、左武侯將軍、長州刺史、檢校戶部尚書、城安郡開國公。……以武德七年七月廿二日卒於終南館，春秋卅二。……少子知禮"（《陝西碑石精華》，三秦出版社，2006年，57頁）云云。淹誌特別之價值在於記述了賀蘭蕃之父賀蘭澄的名諱和歷官，其他則與前引諸誌無大差異。誌稱蕃曾為隋"左武侯將軍"，此與《北史·趙才傳》所記亦合。惟本碑與"賀蘭務溫墓誌""賀蘭敏之墓誌"均稱蕃位"隋禮部尚書"，而淹誌則作"檢校戶部尚書"，本碑則記其子師仁為"唐朝戶部尚書"，未知孰是。

177

關於賀蘭氏族姓所出，"賀蘭務溫墓誌"稱其為太公之後，"賀蘭敏之"則係以"軒轅黃帝后"，顯係偽冒，其真正之出身為代北鮮卑。姚薇元先生《北朝胡姓考》（中華書局，1962年，32頁）一書於勳臣八姓"賀氏"條稱"《官氏志》：'賀賴氏，後改為賀氏。'下又云：'北方賀蘭氏，後改為賀氏。'……按賀賴即賀蘭，本一氏也"。關於賀蘭得姓之由，《太平御覽》（中華書局，1960年，210頁）卷四四"賀蘭山"條引《涇陽圖經》稱"鮮卑等類多依山谷為氏族，今賀蘭姓者，皆因此山名"，"賀蘭淹墓誌"亦稱"遠祖伏，居賀蘭山，因以命氏"。賀蘭山在今河套西，然據《魏書·太祖紀》，賀蘭部當居於陰山北麓，陰山即今內蒙古自治區之大青山。對此，姚薇元先生推測稱"或此族後自陰山徙居，亦未可知；惟魏初賀蘭部不在今賀蘭山，則可確言也"，可參考。又，《通典》（中華書局，1988年，5402頁）卷一九七"突厥"條稱"匈奴謂馬為賀蘭"，《元和郡縣圖誌》（中華書局，1983年，95頁）卷四"賀蘭山條"亦云"北人呼駮為賀蘭"，則"賀蘭"為北族呼馬之稱，"賀賴"不過音譯之異耳。綜上資料，今簡列賀蘭蕃一支世系如下：

賀蘭伏→……賀蘭紇→……賀訥→……賀蘭澄→賀蘭蕃→賀蘭師仁→賀蘭安石→賀蘭敏之
　　　　賀盧　　　　　　　　　　　賀蘭淹→賀蘭知禮　賀蘭氏（高宗妃）
　　　　　　　　　　　　　　　　　賀蘭越石→賀蘭務溫→賀蘭晉
　　　　　　　　　　　　　　　　　賀蘭臨
　　　　　　　　　　　　　　　　　賀蘭貴
　　　　　　　　　　　　　　　　　賀蘭恒
　　　　　　　　　　　　　　　　　覺禪師

夫人程氏塔銘

（文明元年十月　見《存逸考》卷三"長安縣上"）

石高九寸，廣九寸，右邊缺上角。共十五行，字數多寡不等。

（缺）夫人程氏塔銘并序[一]

（缺）果，東郡東阿人，魏汝（缺）□裔也。若乃道風門慶（缺）史牒詳之矣。夫人[二]貞規（缺）冰[三]融，少崇龍女之因[四]，長勵（缺）託生應化。雖順軌於六塵（缺）竟騰身於百寶，以顯慶四（缺）四日終於京第，春秋五十有（缺）文明元年十月五日，遷葬於終（缺）祔徵士靈塔安□，遵先志也。其（缺）噫！將恐二天地，一山川，敬勒徽（缺）昭不朽。其詞曰：

東阿女訓，西鄂婦德。貝葉因成，蓮花□陟。巖巖兮神構，杳杳兮靈闕。將畢□而恒[五]存，與終峰而罔極。（《關中金石記》卷二。《寰宇訪碑錄》卷三。《雍州金石记》卷三。《關中金石文字存逸考》卷三。《金石萃編補遺》卷二。《續語堂碑錄》丁。《八瓊室金石補正》卷三七。《陝西金石志》卷一〇。《續修陝西通志稿》卷一四四。《增補校碑隨筆》五三九頁。《北京圖書館藏中國歷代石刻拓本彙編》一七冊一一頁。）

[校記]：

[一]"并序"，《新編》未錄，今據其他各本補。

[二]"夫人"，《新編》未錄，今據其他各本補。

[三]"冰"，《新編》未識作"□"，今據其他各本補。

[四]"因"，《新編》作"同"，今據其他各本改。

[五]"恒"，《新編》作"長"，今據其他各本改。

[匯考]：

[一]《關中金石記》稱："顯慶四年立，正書，在西安府城南。碑石失去一角，云'夫人程氏塔銘'者，蓋俗家夫婦用浮屠法安厝者也。"

[二]《關中金石文字存逸考》稱："《寰宇訪碑錄》云'在長安'，《雍州金石記》云'在西安府城南，已失去一角，字跡清婉可

179

喜'。案：原石久逸，都門有重摹本，字跡、規模似磚塔銘一派，惜未覩廬山真面目也。"

［三］《八瓊室金石補正》稱："碑已殘損，如式錄之。前云'顯慶四□'，後云'元年十月五日'，蓋以龍朔元年十月五日葬也，畢氏云'顯慶四年'者，卒年非葬日也。書法秀麗，較諸磚塔銘有過無不及。餘又得一舊拓精本，為高江邨所藏，神采煥發，倍勝今本，惜已破損不全矣。"

［四］《陝西金石志》稱："按'程氏塔銘'，久失去一角，近於翰墨堂段氏得之，云是'程氏塔銘'所失行，字長短不齊，共一百五十字，字跡端好，是唐初手筆。惜又失去原石，不能璧合，亦無從徵實也。文不能句，故不錄。"

［五］《增補校碑隨筆》稱："此石舊在陝西西安，已佚，拓本稀見。……書似'王居士磚塔銘'，有'小磚塔銘'之稱。"

校者按：本塔銘刻時，《關中金石記》《寰宇訪碑錄》均作"顯慶四年"，是所見拓本於葬年缺泐所致，《雍州金石記》《八瓊室金石補正》以為"龍朔元年"立，亦誤。

趙克弼造阿彌陀像記

（垂拱元年四月　見《存逸考》卷三"長安縣上"）

石佛龕高一尺四寸，廣一尺一寸。龕左右側刻造像記，座下刻題名，字數多寡不等。

垂拱元年二月八日敬造阿彌陀像一鋪，上為皇（缺）眾生□歸淨土。

右刻佛龕兩側

弟子趙克弼一心供養諸佛菩薩、□妻李真妃□心同供養一切諸佛。（《寰宇訪碑錄》卷三。《關中金石文字存逸考》卷三。《金石萃編補遺》卷二。《陝西金石志》卷一〇。《續修陝西通志稿》卷一四四。《咸寧、長安續志》卷一三。）

[匯考]：

[一]《寰宇訪碑錄》稱："正書，陝西長安。"

[二]《關中金石文字存逸考》稱："垂拱元年二月，正書，未詳所在。"

僧神智造像記

（長壽二年七月　見《存逸考》卷九"邠州"）

石高八寸九分，廣一尺四寸。十八行，行九字，正書。

詳夫安居三日[一]，未下神儀；道樹六年，尚隔靈[二]軌。是以三千刹土，百億大[三]王，各寫神[四]容，僉慕聖跡。近如來之相好，四八無[五]虧；工妙質於荊山，三千具足。神智私[六]祈覺力，遂[七]感玉裕[八]，姿[九]星彩□嚴[十]日暉圓□，夙願克[十一]成，□符靈相，但一言履[十二]善，非海壑所遷[十三]；六度居心，非江淮能變[十四]。報同指[十五]掌，義無差惑[十六]。比邱神智上為聖神皇帝，下及師僧父母，一切善[十七]神，法界有情，咸沐此因[十八]，俱昇仙果。大周長壽二年歲在癸巳七月十三日神智記。（《邠州石室錄》卷一。《關中金石文字存逸考》卷九。《金石萃編補遺》卷二。《唐文續拾》卷八。《陝西金石志》卷一〇。《續修陝西通志稿》卷一四四。）

[校記]：

[一]"安居三日"，《新編》作"□□三□"，今據其他各本補。

181

［二］"靈"，《新編》作"虛"，今據其他各本改。

［三］"大"，《新編》未識作"□"，今據其他各本補。

［四］"神"，《邠州石室錄》所錄同，《唐文續拾》作"真"。

［五］"無"，《新編》未識作"□"，今據其他各本補。

［六］"私"，《新編》未識作"□"，今據其他各本補。

［七］"遂"，《新編》未識作"□"，今據其他各本補。

［八］"裕"，《新編》未識作"□"，今據其他各本補。

［九］《新編》"姿"前有一字未識"□"，今據其他各本刪。

［十］"嚴"，《新編》未識作"□"，今據其他各本補。

［十一］"夙願克"，《新編》未識作"風韻□"，今據其他各本改。

［十二］"履"，《新編》未識作"□"，今據其他各本補。

［十三］"遷"，《新編》未識作"□"，今據其他各本補。

［十四］"變"，《新編》未識作"□"，今據其他各本補。

［十五］"指"，《新編》未識作"□"，今據其他各本補。

［十六］"惑"，《新編》未識作"□"，今據其他各本補。

［十七］"善"，《唐文續拾》作"含"。

［十八］"此因"，《新編》未識作"□□"，今據其他各本補。

［匯考］：

［一］《邠州石室錄》稱："右刻雖漫漶，文字尚可屬。第八行'感'字下'玉□奕'三字，'玉'旁一點，疑是石裂紋，當為'王'字，人姓名也。……考《通鑒》，是年武后加號金輪聖神皇帝，越二載，又加號。越古造夾紵大像於明堂，作無遮會，結綵為宮殿、佛像，佞佛之風，宜其侵淫及於邊裔。"

［二］《關中金石文字存逸考》稱："右造像二種（校者按：含'李承基造像記'）均在邠州大佛寺（造像記中稱為'應福寺'焉），同治時吳清卿學使訪得之。"

［三］《陝西金石志》稱："正書，在邠州大佛寺。"

李承基造像記

（長壽三年四月　見《存逸考》卷九"邠州"）

石高八寸五分，廣九寸。十四行，行十二字，正書。

夫以提邪[一]妙說，法聲應而降魔；如[二]意寶珠，神光觸而除惡。由[三]是百千菩薩，俱求[四]稽首之尊；八十頻婆，會集歸依之聖。故得天花遍滿，天[五]雨飛騰，淨[六]有儼其稱揚，渴仰恭[七]其讚歎。司馬李承基誠心法印，願庇慈雲，是用抽捨淨財，敬造出家菩薩，雕琅作像，感[八]德巍巍，畫綵端容，莊嚴□□。伏願三明具足，四果迴流，長依成□之緣，永證無生之忍。

大周長壽三年歲次甲午四月八日中大夫行鹵州司馬弟子李承基敬造。(《邠州石室錄》卷一。《關中金石文字存逸考》卷九。《金石萃編補遺》卷二。《唐文續拾》卷十一。《陝西金石志》卷一〇。《續修陝西通志稿》卷一四四。)

[校記]：

[一]"邪"，《唐文續拾》作"那"。
[二]"如"，《新編》作"知"，今據其他各本改。
[三]"由"，《新編》作"田"，今據其他各本改。
[四]"求"，《新編》未識作"□"，今據其他各本補。
[五]"天"，《新編》作"大"，今據其他各本改。
[六]"淨"，《新編》未識作"□"，今據《唐文續拾》補。
[七]"恭"，《唐文續拾》作"承"。
[八]"感"，《新編》作"威"，今據其他各本改。

[匯考]：

[一]《邠州石室錄》稱："此刻與前石（校者按：指'行豳州司馬李承基造像題名'，即《新編》所錄本碑末行'大周長壽三年歲次甲午四月八日中大夫行豳州司馬弟子李承基敬造'一行字。）同時造，一為題名，一紀檀施功德也。……如下'李齊與妻武氏造像'，亦各有兩通，詳略互見。出家為歸墨之通稱，非佛號，以此二字冠於菩薩之上，所造疑不止一龕。"

元思叡造像記

（聖曆元年四月　見《存逸考》卷九"邠州"）

石高七寸六分，廣一尺一寸九分。共十六行，行十字，正書。

夫日容含晬，卅相之殊姿；月面流光，八十種之奇狀。故能獨高天上，稱[一]妙覺而為尊；孤標[二]地前，顯能仁以居大。昭惠燈於冥隧，運慈栊[三]於迷津。思叡敬造地藏菩薩一區，莊嚴已畢，庶超三界，希[四]遊四禪，既登巒而□□□琰而斯鐫[五]銘曰：

□□□□，依依[六]鷲峰。爰疏石壁[七]，式啓[八]金容。巖傳清梵，谷響疏[九]鐘。爐煙霏栢，蓋影臨[十]松。瞻[十一]顏如在，式展[十二]虔恭。

大周聖曆[十三]元年四月八日宣德郎行豳州司戶參軍事元思叡造。（《邠州石室錄》卷一。《關中金石文字存逸考》卷九。《金石萃編補遺》卷二。《唐文續拾》卷二。《陝西金石志》卷一〇。《續修陝西通志稿》卷一四四。）

[校記]：

[一]"稱"，《新編》作"利"，今據其他各本改。

[二]"孤標",《新編》未識作"□□",今據其他各本補。
　　[三]"栱",《新編》作"槩",今據其他各本改。
　　[四]"希",《新編》未識作"□",今據其他各本補。
　　[五]"琰而斯鎸",《新編》未識作"□□□□",今據其他各
本補。
　　[六]"依",《新編》未識作"□",今據其他各本補。
　　[七]"石壁",《新編》未識作"□□",今據其他各本補。
　　[八]"啟",《新編》未識作"□",今據其他各本補。
　　[九]"疏",《新編》未識作"□",今據其他各本補。
　　[十]"臨",《新編》未識作"□",今據其他各本補。
　　[十一]"瞻",《新編》未識作"□",今據其他各本補。
　　[十二]"展",《新編》未識作"□",今據其他各本補。
　　[十三]"聖曆",《邠州石室錄》作"證聖"。

[匯考]：
　　[一]《邠州石室錄》稱："元姓為拓拔後裔,隋時,元景山、元弘嗣皆躋顯列,至唐初漸衰。《唐書·文苑傳》有元思敬,但言'總章中,為協律郎,預修《芳林要覽》',而不詳其所出。此像造於證聖元年,上距總章不過二十八年,以其時考之,又以敬、叡字義推求之,思敬、思叡頗疑為昆弟行,但無徵不信耳。《新唐書·百官志》：州置刺史一員,上州屬有司功、司倉、司戶、司兵、司法、司士六曹參軍事各一人,並從七品下；中州無司兵,正八品下；下州但有司倉、司戶、司法三曹,從八品下。又考《地理志》,邠為上州,則司戶官為從七品下,而其散階為宣德郎,又為正第七品下,本品往往躐職事官之上也。詞采豐贍,固不失文苑家風。首二句以'卅相'與'八十種'對文,但取意義相足,不以句之短長為病,王楊盧駱當時體,醇樸猶未散。"
　　[二]《關中金石文字存逸考》稱："右造像記四種（校者按：含"元□等造像記"、"高叔夏造像記"、"彭城縣主造像記"）均在邠州大佛寺,光緒甲申灌縣彭古香大令洵訪得之。"

元□等造像記

（見《存逸考》卷九"邠州"）

石高七寸六分，廣九寸。十行，行八字。正書。

竊以妙[一]覺慈，啟四緣之靈跡；大雄□聖，明六□之芳類[二]，故能非□現□，納[三]羣生於壽城，無相示[四]相，引庶品於長[五]源。朝散郎行豳州司法參軍元□、通直郎行豳州參軍事元□等因生此州，□[六]於此寺敬造[七]地藏□□像各一龕，雕鎪始就，□素（缺）琅壁以□容□玉□而□□，翰墨以勒銘（缺）大千宏□妙□，廣開□緣，金容炫彩，紺（缺）營此生業，當來生之福田。（《邠州石室錄》卷一。《關中金石文字存逸考》卷九。《金石萃編補遺》卷二。《陝西金石志》卷一〇。《續修陝西通志稿》卷一四四。）

[校記]：

[一]"妙"，《新編》未識作"□"，今據《邠州石室錄》補。

[二]"靈跡；大雄□聖，明六□之芳類"，《新編》所錄惟"雄"字，餘皆未識作"□"，今據《邠州石室錄》補。

[三]"□現□，納"，《新編》未識作"□□□□"，今據《邠州石室錄》補。

[四]"城，無相示"，《新編》未識作"□□□□"，今據《邠州石室錄》補。

[五]"長"，《新編》未識作"□"，今據《邠州石室錄》補。

[六]"事元□等因生此州，□"，《新編》未錄從闕，今據《邠州石室錄》補。

[七]"敬造"以下《新編》未錄，今據《邠州石室錄》補。

[匯考]：

[一]《邠州石室錄》稱："此刻鋒穎磨損，兩'元'字下僅存殘筆，上一字似'海'，下一字似'會'。考《舊唐書·職官志》：上州六曹參軍事之下，別有參軍事四人；中州三人，正九品上；下州一人，從九品下，惟上州品闕。元會散階'通直郎'，第六品下，以唐制通例言之，散階必視職事為崇，降於六品一等，其官當在七品以下，八品以上。元海之官，視元會為崇，而其階'朝散郎'，祇第七品上，雖卑於元會，較其本官，猶超一階也（司法參軍為從七品下）。元魏自孝文徙都中夏，其後散居京邑，《隋書》諸元皆洛陽人，今云'因生此州'，或是父母宦游邠土，生長於斯，非必土著也。首句'妙覺'下脫一字。"

[二]《關中金石文字存逸考》稱："右與'元思叡造像記'同刻一石。"

高叔夏造像記

（聖曆元年四月　見《存逸考》卷九"邠州"）

　　石高一尺一寸五分，廣二尺二分。二十一行，行十二字，正書。

　　大周聖曆元年四月八日□□郎行豳州新平縣丞高叔夏於應福寺造地藏兩軀。夫蠢爾迷俗，小哉羣品，皆桎梏於聲利，共樊籠於貪欲，焉知苦海無涯[一]，重昏不曉，叔夏薄游豳土，懷祿[二]自安，歎泡沫之須臾，嗟蜉蝣[三]之倏忽。而淨信迴向，歸依勝果。疏崖鑿石，啟經行之坒；面林□葩[四]，對禪誦之室[五]。然而圖滿月之晬容，開天[六]日之靈相。憑[七]茲八□，汎[八]寶船而救沉溺；託彼雙林，□惠[九]陰而庇交喪[十]。嗚呼！光陰驟[十一]□，□代不留，

187

雖復釋梵貽教,歷□劫[十二]而逾闡,將恐丹青遺像,經歲年[十三]而湮滅。所以刻石甄形,期於永固;鏤金為宇,庶之無窮。乃為銘曰:

重昏旨旨,彼岸悠悠。□耀資其惠日,利涉憑其寶舟。歎浮生之俟瞬,悲人代之流易。希樹福於禪門,庶傳銘於巖石。(《邠州石室錄》卷一。《關中金石文字存逸考》卷九。《金石萃編補遺》卷二。《陝西金石志》卷一〇。《續修陝西通志稿》卷一四四。)

[校記]:

[一]"涯",《新編》未識作"□",今據《邠州石室錄》補。
[二]"懷祿",《新編》未識作"□",今據《邠州石室錄》補。
[三]"蚴",《新編》未識作"□",今據《邠州石室錄》補。
[四]"面林□葩",《新編》未識作"□□□□",今據《邠州石室錄》補。
[五]"室",《邠州石室錄》作"堂"。
[六]"天",《新編》未識作"□",今據《邠州石室錄》補。
[七]"憑",《新編》未識作"□",今據《邠州石室錄》補。
[八]"汎",《新編》未識作"□",今據《邠州石室錄》補。
[九]"惠",《新編》未識作"□",今據《邠州石室錄》補。
[十]"交喪",《新編》未識作"□",今據《邠州石室錄》補。
[十一]"驟",《新編》未識作"□",今據《邠州石室錄》補。
[十二]"劫",《新編》未識作"□",今據《邠州石室錄》補。
[十三]"年",《新編》未識作"□",今據《邠州石室錄》補。

[匯考]:

[一]《邠州石室錄》稱:"高氏自北齊神武蒣縣兩支,詳於《新唐書·宰相世系表》。又有京兆高氏、晉陵高氏,皆無叔夏名。新平,隋縣,屬北地郡。唐武德、貞觀中,分其地置永壽、宜祿二縣,今州附郭為唐新平縣舊治。唐制:上、中、下縣皆有丞一人,位在令下簿

上，上縣從八品下。給事郎，散階，正八品下，超一階。此剎，唐為應福寺，開成元年'西閣功德記'猶沿舊額，至'宋安□、宋唐輔題名'，始書曰'慶壽'，何時改額未詳。銘詞'人代'為'人世'之變文，'一生'即武后所制'人'字，改'世'為'代'，避太宗諱也。其言曰'薄遊幽土，懷祿自安，歎泡沫之須臾，嗟蜉蚴之倏忽'，是時女主臨朝，政綱峻急，作者其有憂患乎？"

校者按：《邠州石室錄》卷一、《陝西金石志》卷十、《續修陝西通志稿》卷一四四、《陝西金石文獻目錄集存》尚著錄有邠州"雲景嘉造像記"，造像發起人為"朝請郎、行豳州□□參軍事雲景嘉"，聖曆元年四月刻，亦位於邠州大佛寺，今略誌於此。

順陵碑

（長安二年正月　見《存逸考》卷六"咸陽縣"）

此文由《續古文苑》中錄出，碑之尺寸、行數、字數無考。
大周無上孝明高皇后碑銘并序
特進太子賓客兼修國史上柱國梁王臣三思奉撰
太子左奉裕率兼檢校安北大都護相王臣旦奉敕書
　　臣聞二儀合德，中黃承太紫之庭；兩曜齊明，玉兔儷金烏之象。是以九霄高映，星躔垂婺女之精；十野傍羅，嬀水叶娥皇之德。亦有西陵美族，□□軒帝之宮；南土嘉媒，入娉夏王之幃。其後大任端一，即創文基；太姒勤勞，還開武運。故知皇三事業，咸資坤載之功；帝五風謠，必藉陰靈之化。無上孝明高皇后，弘農仙掌人也，出自有周，蓋唐叔虞之後。原夫赤烏流火，丹雀銜書，初開夢梓之祥，旋茂翦桐之業。自唐郊徙[一]邑，晉野裁封，即胙土而有家，啟禎符而得姓。周則志為大將，承九伐之餘資；秦則款為上卿，居七城之重任。豈直十人丹轂，金荸焉奕於都畿；四代白環，玉緒蟬聯於海縣。子雲博識，吐鳳摛詞；伯起高材，銜鱣襲祉。誕聖不墜，降靈相屬；神基與紫嶽爭高，仙派共黃河俱遠。所以山隆鍾鼎，地積衣冠，五公則異代相傳，八子則殊年間出。詳諸國史，可畧而言。

曾祖諱定，後魏都督，歷新興、太原二郡太守、并州刺史，晉昌穆侯。宏材卓犖，峻局深沈，丹山有像日之彩，綠地見遺風之步。褰帷按俗，風行馭竹之郊；露冕臨人，化偃焚林之皋。豈直鄧攸罷郡，深歎雞鳴；劉寵辭官，方憂犬吠。祖諱紹，後魏征西將軍、金紫光祿大夫、兼通直散騎常侍、驃騎大將軍，周開府儀同三司，封儻城郡公，酈、齒、燕三州刺史，贈使持節、大將軍、成文扶鄧洮五州諸軍事、成州刺史，諡曰信。聲飛漸陸，響逸鳴皋，器重南金，材橫東箭。謀深八陣，勇冠三軍，既隆投石之勳，果踐銜珠之秩。加以金龜結紐，銅虎分符，轉扇揚風，停車待雨。童兒結要，無欺一日之期；親友論刑，自得二天之詠。父鄭恭王，諱達，周內史中大夫，隨開府儀同三司、黃門內史、吏部刑部二侍郎、尚書左右丞、趙鄁二州刺史、工部吏部二尚書、上言、營東都大監、將作大匠、武衛將軍、左光祿大夫，遂寗恭公，贈吏部尚書，唐贈尚書左僕射，垂拱二年封鄭王，食邑一萬戶，依舊諡曰恭，即雍州牧、司徒、觀德王之季弟也。量包江海，氣逸煙霄，文則《呂氏春秋》，武則《孫吳兵法》。箕裘代襲，鏘鏘萬石之君；禮樂基身，翼翼千金之子。鸞迴玉札，雁落珝弓，激水張鱗，遙浮渤澥。搏風理翰，直上扶搖，累踐崇階，頻昇顯秩。腰韉北闕，位摠貔貅；曳履南宮，聲高鵷鷺。貂冠入侍，氣應連珠，隼斾分班，榮參執玉，加以累仁鍾祉，積德延祥，四履開封，寵及九泉之路；千乘□禮，恩覃萬古之前。棠棣相輝，鶺鴒交映。劉家兩驥，譽滿寰中；荀氏八龍，名高海內。通門向術，冠蓋成陰；甲第當衢，歌鐘就列。伏惟無上孝明高皇后資靈月魄，毓粹星宮，承茂祉於瑤筐，降仙儀於金屋。聲馳卅歲，潛流夢日之祥；譽表笄年，暗積捫天之貺。蘭襟散馥，蕙問揚翹，懿則重於邦家，柔儀冠於今昔。忠圖孝範，援翠竹而淩霜；媛德嬪容，引青松而冒雪。禮枝合秀，藻七誡於情田；行葉分芳，籠九師於性府。徽猷內湛，韶姿外發，懸明鏡於積水之間，振青飆於長松之上，貞規漢遠，亮節秋高，翠縷紅紈，從來未重；龍梭鳳杼，本自多輕。簡素鄙肇繡之工，靜默尚韋編之道。明詩習禮，豈唯秋菊之銘？閱史披圖，寧止春椒之頌？學標天縱，開道德之清關；業契生知，入文章之妙境。曾於方寸，具寫千言，摠游霧於毫端，窮偃波於筆杪。芝英雲氣，入魏帳而分輝。龍爪魚形，映張池而散彩。嘗題一簡，密記貞心，置以緘縢，藏之屋壁，云當使惡無聞於九族，善有布於四方，指此立身，期之必遂。後因修宅，匠者得之，恭王見而歎曰："此隆家之女矣！"昔者書堂欲壞，唯聞絲竹之音；劍匣將開，空覿蛟龍之氣。未有仁心暗徹，睿德冥通，橫宇宙而無違，滿乾坤而自應。若乃行該地義，孝極天經，親枕席而忘疲，候晨昏而靡倦。及乎風枝不靜，露蓼含□，哀哉！履厚地而無追，仰曾穹而莫報。思欲托三乘之妙果，憑五演之玄宗，永奉嚴親，長栖雅志。昔随季喪亂，海內沸騰，伏鱉垂天，風塵暗起，羣龍戰野，旗鼓潛張，白騎於是爭馳，青犢由之競擾。蚩尤則餐沙食石，項羽則索鐵申鉤，赤眉探盆子之籌，黃巾聚天師之米。夫三才合契，惟神膺大寶之名；六位乘時，惟聖運洪爐之德。唐高祖神堯皇帝材雄鵲起，業峻龍飛，用丹宸而寧人，將朱旗而撥亂。天綱既紐，竟收龍鳳之圖；

地角咸清，遂翦豺狼之毒。無上孝明高皇帝觀時有作，應運而生，先知赤伏之言，預識黃星之兆。功深坐樹，績茂披荆，負伊鼎而陳謀，入張幰[二]而建策。龍鈐獨運，當赤地之三千；獸節長駈，偶皇天之百六。息崑山之巨燎，並藉中權；定滄海之橫流，咸資上畧。志同魚水，契若鹽梅，如魏武之得荀攸，似漢光之逢鄧禹。雖英圖盛烈，昭鶴鼎於高門；而閨則嬪風，闕魚軒於中饋。高祖神堯皇帝位膺元首，任切股肱，利涉大川，寄隆舟檝。式崇勳舊，為結潘楊，酬功草昧之時，賞效雲雷之日。高后以孝誠純至，雅操虛沖，拒縟禮於移天，誓閑襟於初地。六塵不染，孤標水上之花；四諦方披，獨晤星中之月。洎乎鳳凰開繇，獨堅匪席之心；烏鶴成橋，果迫如綸之命。於是使桂陽公主為婚主，禮娉所須，並令官給。既而三星叶兆，百兩邀歡，與松蘿而比茂，諧琴瑟而流響。風閨少女，襲蘭蕙而馳芬；月幌仙娥，韻珩璜而動步。光生綺殿，比桃李而增鮮；影發春樓，視雲霞而掩色。八紘欽其雅躅，四海挹其鴻徽，猶羽翼之宗鸑鳳，風雲之隨龍虎者矣。廟見斯畢，即拜應國夫人，從班例也。于時帝圖肇建，王業初基。三戶亡秦，覺風塵之始定；四門闢舜，識雷雨之將調。天無鬭日之祅，地息崩山之禍。主上方勤庶政，屬想羣黎，將貽共理之憂，式廣求賢之務。無上孝明高皇帝以勳兼竹帛，義重金蘭，備歷文武，昭昇內外。三踐八元之位，四臨九百之途，中臺飛署劍之榮，南服摠班條之任。高后以業光圖大[三]，道叶塤箎，欲啓仁明，寔具儉助。是以量如江海，令未發而風移；化穆荆衡，澤將流而人悅。呼鷹臺下，尚隔去思；抵鵲巖前，始歌來晚。俄而高祖晏駕，瞻脫屣而無留；太祖崩號，奉遺弓而積慕。沈綿邃軫，終無就日之期；痾疾遄淹，忽切乘星之釁。高后哀深杞堞，誓切柏舟，悲一劍之先沈，怨雙桐之半死。昔時寶鏡，愴對孤鸞；舊日瑤琴，悲聞獨鶴。銜冤茹痛，撫繐帳而增號；弔影傷魂，踐嬬闈而凝慕。方祈淨業，敬托良緣，憑慧炬於幽途，艤慈舟於覺海。於是心持寶偈，手寫金言，字落貫花，詞分半月，龍藏豈及，象負難勝，將佛日而長懸，共慈燈而不滅。及龍旌首次，蜃緋遵途，永惟憑附之誠，顧託丘榛之側。方冀鴛栖梓樹，近接埏庭；鶴舞松枝，傍依壞路。特以聖上年居膝下，愛切掌中，理藉劬勞，方資顧復。宣和諭善，屢積葭灰，日就月將，頻移柘火。至永徽六年，聖上母儀萬國，正位六宮，將開煉石之基，乃遂頹沙之祉。大帝以西京命賞，平原之秩未弘；東漢崇恩，新野之封猶褊。於是廣流玄霈，大啓黃扉，稽石窌之遺塵，裂寶符之氣昂，以其年十一月時[四]拜代國夫人，食湯沐邑一千戶，品正第一，位在王公母妻之上。魚軒水鷖，颺輕影於龍池；翟服霞明，下鮮文於鳳披。榮由德被，位匪恩昇，驟應嘉名，徒昭洪澤，以顯慶五年十月轉拜榮國夫人，尋改封鄧國夫人。自家疏槐里，門荷椒庭，累沐殊輝，頻膺茂典。南鄰夜靜，奏鐘磬於高臺；北里晨通，列笙竽於廣榭。門有躡珠之客，家豐饌玉之廚，恒處逸而思勞，每將昇而必降。綠墀青瑣，特忝王根；火布金地，深非梁冀。謙撝之美，萬國仰而知勸；端潔之風，九圍欽而取則。智周寰宇，識洞古今，思所以匡國庇人，濟時執物。嘉謨讜說，屢發於神襟；厚利豐功，頻彰於帝念。奏便削藁，人莫能知。每以孔光秘言，合為臣之道；山濤密啓，得事君之要。可久可大，置黔首于生成；惟幾惟深，頓蒼元於覆載。至若緣情體物，屬事比辭，取之以義方，先之以風化。清詞海富，縟藻雲繁，凡所著述，皆成典詞。其動也方，其靜也直，其恩也若春雨之流津，其威也若秋霜之應節。接上以禮，逮下以仁，君子感其德，小人歡其惠。天機獨轉，靈臺迥燭，虛鑒與日月齊明。神理共陰陽比奧，洋洋乎不可得而稱也。既而離宮霧闢，遙橫坒乳之山；別館星開，上戴天眉之宿。甘泉避暑，方陪萬乘之遊；景福追涼，更扈六龍之駕。不謂災纏霧露，疢積膏肓。丹宸凝慈，召名醫而接軫；紫霄流渥，下琛藥而相望。玉釜徒煎，竟乏長生之術；金丹莫就，終無駐壽之期。咸亨元年八月二日崩於九成宮之山第，春秋九十有二。聖上以身齊霄極，禮闕晨昏，戀隔九重，望長筵而下泣；心馳五起，瞻厚褥而銜悲。大帝慮不勝哀，秘慈凶問，苴筵欲對，仍流不次之恩；蔂服將臨，更下非常之澤，仍改封衛國夫人，以諭聖上之憂懸也。后疾將大漸，時落高春，雅志無昏，神情不撓。影隨燈滅，自此長辭；魂逐香銷，終無蹔反。以為合葬非古，禮貴從宜，將追罔極之慈，願在先塋之側。聖上奉遵遺旨，無忒徽音，割同穴之芳規，就循陔之懿躅，即以其年庚午閏九月辛丑朔廿一日辛酉遷座於雍州咸陽縣之洪瀆原鄭恭王舊塋之左，禮也。尒其郊原堄兆，林薄阡眠。秦坒關河，迥接寶雞之野；漢家墳壟，平依金狄之川。松檟森沈，何年烏住？風煙蕭索，幾代人亡？於是凝恨九天，廢朝三日。空山露泣，痛結飛行；曠野雲愁，悲矓草樹。乃下制贈魯國太夫人，謚曰忠烈。仍令司刑太常伯盧承慶攝同文正卿充監護大使，右肅機皇甫公義等為副，賜東園秘器，每事官供，務從優厚，仍令西臺侍郎、道國公戴至德持節弔祭，京官文武九品以上，及諸親命婦，並赴宅弔哭。仍送至渭橋，葬事並依王禮，給班劍四十人，羽葆鼓吹儀仗送至墓所往還，官為立碑，親紓衘禮。聖上因心轉切，錫類方宏，希申莫大之懷，冀展飾終之請。烏墳欲列，思增茅土之儀；鶴壟將崇，願廣山河之誓。遂得五雲飛彩，墜仙液於松塋；

十日迴光，被增輝於蒿里。乃下制贈太原郡王妃，餘並如故，所司備禮冊命，大帝親御橫門，開軒悲哭。紫宸哀恸，黃屋淒涼，天垩為之寢光，煙雲由其輟色。聖上以幽明永隔，屺岵長辭，終無再見之因，鎮結千秋之恨。奔曦已遠，薦霜菫而無年；逝水難追，饋冰魚而未日。又以嚴規早墜，遠卜厝於鄉墳；慈蔭重傾，近陪親於京塋。陵塋眇隔，長懸兩地之悲；關塞遙分，每切百身之痛。遂命大使備法物，自昊陵迎魂，歸於順陵焉。遊冠遠降，墜舄遙遷，方移沛邑之魂，更啓橋山之域。白雲朝起，乍伴龍輀；明月宵懸，時低鳳衛。文明元年，聖上臨朝。其年九月，追尊先妃曰魏王妃，食邑一萬戶，實封加滿五千戶，改咸陽園寢曰順義陵，大名天啓，奧壤星分。古樹捎雲。近對黑龍之水；荒墳映月，傍鄰丹鳳之城。徽號既崇，園陵載廣。屬以圖書河洛，龜負鳳銜，窗闈方圓，雲攢霧矯。合宮重屋，既布政而嚴禋；玉輦金輿，且巡河而拜洛。永昌元年，追尊先妃曰忠孝太后，既而謳歌允集，獄訟知歸，天垂革命之符，垩湧受終之籙。玄珪錫禹，還逢揖讓之年；黑玉歸商，即啓休明之運。九莖仙草，依漢殿而抽芳；五色祥雲，繞軒宮而布彩。下從人望，上應天心，乘寶位於通三，建瑤圖於得一。黃琮蒼璧，祀垩郊天，複廟重簷，宗文祖武。鴻名肇創，光鳳闉於幽泉；茂禮將加，飾鸞圍於長夜。天授元年，追尊曰孝明高皇后，陵曰順陵[五]。復以祥分貝葉，瑞演龍花，金容開十垩之圖，玉相告三空之識。龍軒黯黯，俄為兜率之天；鳳閣昭昭，忽似須彌之座。金輪既轉，玉鏡方懸，式詮無上之文，載顯崇親之義。長壽二年，后位之上又加無上兩字，尋又下制改順陵曰望鳳臺。東京故事，西漢遺塵，封樹空存，追崇未廣。豈若宸襟鎮結，長懷露序之哀；睿念恒纏，永積霜旻之慕。遙瞻鳳野，式建嘉名；遠望鵷郊，長懸美稱。且夫功成翼贊，尚畫雲台；勳擅勳庸，猶題麟閣。況乎倪天茂德，貫月殊禎，垂母則於寰區，導嬪風於邦國。豈可使炎涼暗積，陵谷潛移，唯栽舞鶴之松，不刻盤龍之石？聖上凝懷萬化，長想千齡，恐坴軸之西迴，懼天關之北轉。方圖琬琰，式[六]降絲綸，永嗟仙鶴之歌，用固靈龜之卜。微臣攀輝日樹，沐潤星潢，榮忝綠車，職兼青史。奉先追遠，恒積慕於丹誠；相質披文，忽承恩於紫誥。是用恭抽弱思，敬述洪猷，屑瓦徒勤，生金媿妙。揮毫奪魄，陳萬一而寧窮；伏紙驚魂，辭再三而不獲。逡巡拜首，乃作詞云：

邈矣上古，悠哉厥初。天迴紫府，坴轉黃輿。陰陽蕩薄，日月居諸。靈龜負讖，寶鳳銜書。（其一）六位既陳，三才乃立。帝皇欝起，后妃更襲。蛟電遙凝，虹星下入。渭涘疏派，塗山是葺。（其二）明明高后，奕奕輝光。白環代欝，丹穀家昌。靈基嶽峻，曾派河長。捫天集祉，裕後開祥。（其三）爰自生育，早彰尊貴。月出星流，青龍紫氣。金屋是貯，玉衣方萃。燕卵非奇，雞珠寧異。（其四）芝蘭吐葉，桃李開花。黃雲白氣，夜月朝霞。賢明自負，仁孝無加。曾霄降藥，秘篋飛沙。（其五）聰晤天資，惠才神與。河漢靈匹，瀟湘帝女。筆動鸞迴，絃調鶴儛。滌想金坴，坴心寶聚。（其六）仙容婉婉，豔質峨峨。星妃恥出，月媛羞過。椒花入頌，柳絮縈歌。詞峯秀嶽，學海馳波。（其七）魴鯉成詩，鳳凰開兆。琴瑟既合，室家斯紹。兩鶴齊飛，雙龍並繞。德行方肅，言容是昭。（其八）九圍母則，六合嬪風。恩流海內，化被區中。銀環曉上，金珮夜□。祥開梓闕，位冠椒宮。（其九）習禮明詩，披圖閱史。漢朝馬鄧，周年任姒。陰化聿宣，坤儀載理。貫月騰瑞，驚雷送祉。（其一十）高春忽墜，上壽俄騫。金丹不熟，玉釜徒煎。黃泉九垄，白日三天。六宮恨積，萬國哀纏。（其一十一）寂寞丘壟，淒涼原隰。畢坒難追，終天靡及。薤露晨清，秋霜降急。伏紙銜悲，揮毫灑泣。怨聖賢之同盡，感昏明之遞襲。紀盛德於豐碑，冀神猷兮永立。（其一十二）

長安二年歲次壬寅金正月己巳木朔五日癸酉金建。

鳳枝案：此碑久已殘缺，汪太史士鋐嘗得全文，孫觀察星衍錄入《續古文苑》中，其文始傳。顧亭林先生曾見拓本，撰、書之銜列於碑前，《續古文苑》則列撰、書人名於後，因思顧氏所見拓本較傳本尤為真確，故全文則依孫氏，而撰、書人名則移置于前。(《金石錄》卷五。《寶刻叢編》卷八。《石墨鐫華》卷四。《金石文字記》卷三。《來齋金石刻考略》中。《金石錄補續跋》卷六。《續古文苑》。《天下金石志》。《關中金石記》卷二。《雍州金石記》卷四。《寰宇訪碑錄》卷三。《金石萃編》卷六四。《平津讀碑記》卷五。《關中漢唐存碑跋》。《宜祿堂金石記》卷三。《八瓊室金石補正》卷四五。《關中金石文字存逸考》卷六。《金石萃編補遺》卷二。《西安府志》卷七三。《陝西金石志》卷一〇。《續修陝西通志稿》卷一四四。《增補校碑隨筆》五四七頁。《碑帖敘錄》一八五頁。《善本碑帖錄》一一九頁。)

[校記]：

[一]"徒"，《新編》作"徙"，今據《八瓊室金石補正》改。

[二]"幛"，《八瓊室金石補正》作"帷"。

[三]"大"，諸本皆錄作"大"，據上下文意，似當為"史"之譌，《豆盧寬碑》有"譽光圖史"句，可證。

[四]"時"，《八瓊室金石補正》作"特"。

[五]"曰順陵"，《新編》未錄，今據《八瓊室金石補正》補。

[六]"式"，《新編》未錄，今據《八瓊室金石補正》補。

[匯考]：

[一]《金石錄》稱："武三思撰，相王旦正書，長安二年六月。"

〔二〕《石墨鐫華》稱："書不知真出旦否，方整遒健，可錄也。碑已僕於乙卯之地震，而亡於縣令之修河。"

〔三〕《金石文字記》稱："正書，長安二年正月。拓本。……此武后追尊其母楊氏之碑，其時睿宗為相王，奉敕書之字體與'景龍觀鐘銘'同，內'虎'字再見，末筆俱不全，'簴'字'號'字亦同，猶未斥唐諱。……武后改易新字，以山水土為地，千千萬萬為年，永主久王為證，長正主為聖，一忠為臣，一生為人，一人大吉為君。按：《舊唐書·蘇頲傳》'玄宗欲於靖陵建碑，頲諫曰：自古帝王及后無神道碑，若靖陵特建，則祖宗之陵皆須追造。玄宗乃止'，《韋湊傳》語亦同。靖陵者，玄宗母昭成后竇氏之葬也。然則，唐之高祖、太宗皆無碑矣。順陵之有碑，蓋武后創為之。而乾陵之有碑，則中宗踵為之乎。"

〔四〕《金石錄補續跋》稱："按：《武后紀》'天授二年，立武氏七廟，追尊太皇曰太祖孝明高皇帝，楊氏為孝明高皇后'，又十一年而立此碑，號順陵。先天中，詔削士𧵽偽號，仍為太原王，七廟遂廢，不聞有議及陵者。虞世南所書'孔子廟堂碑'，亦相王旦書額，云'大周孔子廟堂之碑'。文宗時，馮審為祭酒，請琢去'周'字，而士𧵽兩碑至今猶存，何也？"

〔五〕《關中金石記》稱："長安二年正月立。……此武后追尊其母楊氏之碑也。今止存三塊，得百餘字。一在縣署，一在縣學，一在北原。"

〔六〕《雍州金石記》稱："今在咸陽縣。順陵在咸陽北原，明時地震，碑僕，取以修砌渭河之岸。近於岸中崩出三段，一移縣署，二在民間。訪得其一，存百三十五字，又一存四十八字，又一存三十六字。碑甚鉅，河岸中當不僅此也。碑字大一寸五分，書法亦自可玩。"

〔七〕《金石萃編》稱："順陵為武后葬其母楊氏，《舊唐書·高宗紀》'咸亨元年九月甲申，衛國夫人楊氏薨，贈魯國夫人，諡曰忠烈，閏月壬子加贈太原王妃。甲寅葬太原王妃，京官文武九品已上及外命婦送至便橋宿次'，其時葬所未稱陵也。《新書·則天紀》'光宅元年九月己巳追尊武氏考士𧵽為太師、魏王，妣楊氏為魏王妃。十月丙申，追諡考魏王為忠孝。天授元年九月丙戌，追尊忠孝太皇曰太祖孝明高皇帝，妣曰孝明高皇后'，據《金石文字記》，以此碑立於長安二年正月，則上距追尊皇后又十三年矣。宋敏求《長安志》：'順陵在咸陽縣東北三十里。唐武后追尊其母曰孝明皇后，號順陵。及檢《咸陽古跡圖》，又作周孝則皇后順陵，蓋刻訛也。'《新書·天后傳》'永昌元年，享萬象神宮，號士䕶周忠孝太皇，楊忠孝太后。以文水墓為章德陵，咸陽陵為明義陵。天授元年，號章德陵為昊陵，明義陵為順陵'，此順陵之名所由始。據傳則昊陵為士䕶墓，在文水；順陵專為楊氏墓，在咸陽，即此碑額亦只題曰'大周無上孝明高皇后碑銘'，其非合墓明矣。乃《陝西通志·陵墓卷》載魏王武士䕶墓，云'在咸陽縣北三十里，則天父母追贈帝、后，名其墓曰順陵'，是誤以為父母合葬一墓也。碑題三思銜曰'特進、太子賓客、兼修國史、上柱國、梁王'，睿宗銜曰'太子左奉裕率、兼檢校安北大都護、相王'，與《唐書》紀、傳合，歷官俱在聖曆初年。然《睿宗紀》又稱'長安中，拜司徒右羽林衛大將軍'，而不詳何年，據碑，則在長安二年後矣。……《金石文字記》謂'順陵有碑，蓋武后創為之。乾陵有碑，中宗踵為之'，案：乾陵碑即'述聖記'，武后撰，中宗書，非中宗為之也。又，前乎此者有'孝敬皇后叡德記'，則高宗先為之，是陵碑不始於乾陵、順陵矣。"

　　[八]《續古文苑》稱："此碑明末地震而僕，後遭縣令鑿□，用之修渭河岸。《咸陽金石遺文》言尚僅存十之二三，至王氏《萃編》所載，衹二百十八字。予所藏汪太史士鋐手跡二冊，題云'《唐碑錄存》內有此種，獨為完全，必出地震前舊拓也'，亟錄之以補《萃編》之缺。"

　　[九]《八瓊室金石補正》稱："據《續古文苑》補之，碑共四千四百四十餘字，今有五石，計二百四十四字，磨泐十五字，實存二百廿九字，以存字計之，每行九十八字，加以提行、空格，約五十六七行，字徑一寸四分，連額約高兩丈，廣約一丈三四尺，侈大極矣。……碑敘先世云：曾祖諱定，祖諱紹，父鄭恭王諱達。案：楊定無傳，《北周書·楊紹傳》云'字子安，弘農華陰人。祖興，魏新平郡守，父國，中散大夫'，《北史》同。'紹'父名'國'，與碑言曾祖諱'定'者不符，碑不應誤，蓋史之誤。案《宰相世系表》楊氏'觀王房'：興，後魏新平郡守；生國，後魏中散大夫；生定，并州刺

史、晉昌穆侯；生紹，後周驃騎大將軍、黨城信公；生士雄、士貴、達、白、澤。士雄，隋雍州牧、司左、觀德王；達，字士達，隋納言、始安泰侯。是'興'為'紹'之曾祖，'國'為'紹'之祖，《周書》《北史》失考其父，並誤以興、國為祖若父也。'定'之官位，表與碑合，至'紹'之歷官，則史為詳備。其與碑歧異者，'開府儀同三司'及'鄜、燕州刺史'，皆魏時事，而碑敘於周時。史有'衡州刺史'，不見於碑，碑有'豳州刺史'，不見於史，或'衡'即'豳'之誤。《周書》《北史》云'進位大將軍，卒贈成、文等八州刺史'，而碑云'贈使持節大將軍、成文扶鄧洮武州諸軍事、成州刺史'，皆不相合。又，《隋書·楊雄傳》云'父紹，仕周歷八州刺史'，則歧之又歧矣。其封'黴城郡公'，不見於《周書》，而《北史》有之，《隋書》以為'縣公'，蓋誤，表以為'黨城'，亦誤。《北史》云'賜姓叱呂引氏'，《隋書》同《周書》，作'叱利氏'，表作'屋呂引氏'，碑不言之，未知孰是。……碑言'上言、營東都大監'，傳言'納言，營東都副監'，皆小異，疑'納言'寫刊之誤。又碑言'遂寧恭公'，傳言'始安侯，諡曰恭'，表誤為'泰'。案《隋書》，郡、縣皆有'始安'之名，但言'始安'，不知其為郡為縣。據傳，達於周時封遂寧縣男，入隋進爵為子，《地志》'遂寧郡，大業初置；遂寧縣，大業初改吳房'，達之進爵當是遂寧縣，達之卒當是遂寧郡矣。'遂寧'在洛，'始安'在桂，相距窵遠，不知何以舛錯，竊疑'始安'為'始寧'之誤。'始寧'，梁置遂寧郡，開皇初郡廢，碑承其始封時言之，故稱'遂寧'，傳就其追贈時言之，故稱'始寧'，然別無可證也。碑稱'公'者，或唐所加贈，唐贈尚書左僕射，及垂拱年，封鄭王，《唐書》所不載。'雍州牧、司徒觀德王'者，即雄也。雄初名惠，隋高祖族子，為丞相，以誅畢王功，授柱國、雍州牧。高祖受禪，由邢國公進封廣平王嗣，拜司空，改清漳王。仁壽初，改安德王，拜京兆尹。征吐谷渾，還軍改觀王。卒贈司徒，諡曰德。'司徒'，表誤'司左'。'雄'作'士雄'，疑亦表誤，或即'雄'之字也。《金石錄目》載'觀德王楊雄碑'，亦無'士'字，其最後之官為檢校左翊衛大將軍，碑舉其始終大略言之，故但言雍州牧而已。史言'弘農華陰人'，碑言'弘農仙掌人'。案：華陰，漢置，屬弘農郡。隋屬雍州，大業間改稱京兆郡。唐初，嘗隸虢州虢郡。聖曆二年，改屬太州。垂拱二年，以武后祖諱改華陰爲仙掌，長安中省。立碑時尚未省縣，故稱仙掌。其稱弘農者，虢州之稱弘農郡在天寶元年，華陰之改屬太州在聖曆二年，碑立于長安二年，並不相合。蓋從舊郡言之，並以楊氏郡望故也。……碑敘楊氏始從班例拜應國夫人，永徽六年十一月，特拜代國夫人，顯慶五年十月，轉拜榮國夫人，尋改封鄭國夫人，又改封衛國夫人。卒贈魯國太夫人，謚曰忠烈。案：武士彠武德中封應國公，故楊氏拜應國夫人，其封代國、榮國，見《新唐書·士彠傳》，餘見《弘簡錄》。《弘簡錄》以榮國爲武后之姊封，殊誤。《舊唐書》以魯國爲晉國，亦誤。《新書》'永徽中，士彠贈周國公'，當是武后初立，楊氏封代國之時。《弘簡錄》以爲顯慶元年改封周國公，恐亦誤。碑又云'贈太原郡王妃。文明元年，追尊先妃曰魏王妃；永昌元年，追尊先妃曰忠孝太后；天授元年，追尊曰孝明高皇后；長壽二年，又加无上兩字'，皆与史合。碑敘卒葬'咸亨元年八月二日，崩於九成宮之山第，即以其庚午閏九月辛丑朔廿一日辛酉遷座於雍州咸陽縣之洪瀆原'，'遷座'二字，他處未見，不識孫氏所錄有誤否？據碑，楊氏卒於八月二日，尚未封衛國，而《舊書·高宗紀》云'九月甲申，衛國夫人楊氏薨'者，碑云'秘茲凶問'，又云'更下非常之澤，仍改封衛國夫人'，碑從其實，史從其發喪書之。甲申爲九月十四日，距卒時四十二日，其實並無不合。碑言'辛酉遷座'，而紀云'甲寅葬太原王妃'，相去七日。史以啟殯言，碑以下窆言，亦無不合。碑云'令司刑太常伯盧承慶攝同文正卿充監護大使，右肅機皇甫公義等爲副，西臺侍郎、道國公戴至德持節弔祭'，盧承慶、戴至德均有傳。承慶，字子餘，幽州涿人，官至刑部尚書，以金紫光祿大夫致仕，不言其'攝同文正卿'，史之漏也。至德，相州安陽人，戴冑之兄子，爲冑後。乾封中，累遷西臺侍郎，其稱'道國公'者，襲冑封也。龍朔二年，改'刑部'爲'司刑'，'尚書'曰'太常伯'，'鴻臚寺'曰'同文寺'，'卿'曰'正卿'。龍朔元年，改'左、右丞'曰'左、右肅機'，'中書省'曰'西臺'，楊氏葬於咸亨元年，在光宅更名之前，所稱官名皆合。……碑又云'文明元年改咸陽園寢曰順義陵，天授元年曰順陵，長壽二年曰望鳳臺'，《新書·武后紀》所不載。《弘簡錄》所載順陵之名與碑相符，而以順義為明義，且系於永昌元年，誤也。《萃編》以為《新書》非是，望鳳台亦不載。"

〔十〕《關中金石文字存逸考》稱："今在咸陽縣署，番禺姚壽農大令國齡跋云：'《石墨鎸華》云：碑已僕於乙卯之地震，而亡于縣令之修河，乾隆間朱楓著《雍州金石記》云：近於渭河岸崩出順陵殘碑，一移縣署，二在民間。一存百三十五字，一存四十八字，又一存三十六字。國齡莅咸邑，詢知三段俱在署內，其百三十五字者，已裂而為二。一存六十二字，一存五十二字。其四十八字者，今存四十一字，三十六字者僅存二十五字。因飭工嵌之東壁，以垂不朽，時道光戊申孟冬之月，咸陽令番禺姚國齡壽農氏記。'又上元馬箓斐刺史毓華官咸陽知縣時，於同治丙寅重修。"

〔十一〕《增補校碑隨筆》："杭州高愚鑽藏本存三千余字，宋拓也。上海中華書局先後曾以珂羅版及金屬版影印行世，上虞羅氏以為翻刻，非也。蘇州虎邱山孫氏祠有宋嘉定間重刻本。"

〔十二〕《陝西石刻文獻目錄集存》稱："明嘉靖三十四年（1556）時裂毀，後被咸陽縣令派人打成碎塊，用於修補渭河堤岸。清初渭岸決堤，崩出三塊，移藏縣署。其後最大一塊又裂為三截，原存變為五塊。1964年，文物部門在底張水利工地上，掘得兩塊。1965年又在原縣文廟門前下水道工地上掘得一塊，共得殘碑八塊，二百八十三字，現藏咸陽博物館。"

彭城縣主造像記

（長安二年七月　見《存逸考》卷九"邠州"）

石高一尺八寸九分，廣三寸五分。二行，字數不等，八分書。

大周長安二年歲次壬寅七月丁卯朔十五日庚辰，皇堂姪女彭城縣主敬造等身像三區、千佛□鋪。（《邠州石室錄》卷一。《關中金石文字存逸考》卷九。《金石萃編補遺》卷二。《陝西金石志》卷一〇。《續修陝西通志稿》卷一四四。）

[匯考]:

[一]《邠州石室錄》稱："李齊夫婦同日造像，又各有二石，其一無文字，但直書官階、姓氏。唐制：皇女封公主，視正一品；皇太子之女，封郡主，視從一品；王之女封縣主，視正二品。今武氏封為縣主，非則天疏屬可知。九族內稱從父兄弟之子曰堂姪。考《舊唐書·武承嗣傳》，則天諸父士逸封蜀王，士讓封楚王，李齊妻雖未能定著所生，要之，與睿宗（士逸孫）、攸甯、攸暨（士讓孫）等親屬當不甚遠。銘序'秦樓'、'魯館'、'龍巌'、'鳳篆'，皆王姬下嫁之詞，非攀鱗附翼，亦可知也。彭城，隋郡，唐改徐州，其地即今徐州府。"

[二]《陝西金石志》稱："二行，行二十字，正書。在邠州。"

校者按：葉氏《邠州石室錄》稱"李齊夫婦同日造像，又各有二石，其一無文字，但直書官階"，毛氏《新編》未錄李齊造像，其文見《邠州石室錄》卷一、《陝西金石志》卷十，略云"大周長安二年歲次壬寅七月丁卯朔十五日庚辰，通議大夫、行豳州司馬、柱國、漢川郡開國公李齊敬造"。葉氏於文後按稱："金輪稱制，武氏子女皆與帝室聯姻。後兄子承嗣之子延基尚永泰郡主，延秀與三思子崇訓先後尚安樂公主，伯父士讓孫攸暨尚太平公主。如李齊者，史雖無徵，觀其妻武氏造像銘'李'上冠以隴西郡望，又云'偶帝子於秦樓'，其為維城之望，無可疑者。《新書·宗室世系表》代祖玄皇帝名下'蜀王湛房'第六世有名'齊'者，終於京兆府戶曹參軍，官秩較卑，時亦差後，非一人也。'豳州司馬'，其職事官也；'通議大夫'，正第四品下階，其散官也；'柱國'，其勳官也；'漢川郡開國公'，其爵也。開國郡公，正第二品，按品勳當為上柱國，今無上字，為柱國，已降一等，勳與爵不必同品也。今之漢川縣為漢陽府地，宋置。此漢川為隋郡，古梁州之域，於唐屬山南西道，武德元年置梁州總管府，七年改都督府。開元十三年，改梁州為褒州，至天寶元年始改為漢中郡，乾元元年又復舊。是梁州之為漢中郡，不過天寶、至德一刹那間，此像造於長安二年，其地正為梁州，尚無漢中郡，更何得有漢川郡，不知唐州郡沿革，十道所同，非獨一漢中為然。凡唐初封國，皆襲隋郡舊名，李齊所封武德以前之漢川郡非天寶以後之漢中郡也。七月十五日庚辰，當為丙寅朔，茲云丁卯，差一日。"

李齊妻武氏造像記
（見《存逸考》卷九"邠州"）

石像銘
朝散大夫守長史同行塞梓
沙門廣濟書

　　自獨園闡[一]化，雙樹流音，慈悲遍供大千，覆護周於實際。或火宅流爍，引以三千車，茲於暗室，□然[二]朗以四[三]天之炬，能使愛河息浪，苦海澄波，為品彙之津梁，作羣黎之戶牖。迎之不見，恍惚若無，修之[四]果成，歎未曾有。皇堂姪女彭城縣主、通議大夫、行幽州司馬、柱國、漢川郡開國公隴西李齊妻武氏，偶帝子於秦樓，比王姬於魯館。內光六行，外備三從。既耀質於龍巖，寔摛文於鳳篆。而鹿園勝業，誠出代之良田；柰苑妙因，實[五]離塵之福境。於是徵匠伯，召工輪，覽原野之瓌奇，度巖泉之形勝，涇流森漫，即瀉禪河，齒嶺參差，還圖鷲岳。爰捨珎物，敬憑福坴，謹造等身釋迦像一鋪，觀音菩薩一，勢至菩薩一。并為男女及女聓左千牛楊玄道等造小像二十七區。并三千降神，四眾圍繞。蓮花入座，光涵定水之暉；貝葉抽榮，彩鬱禪林之美。三十二相既極妙於丹青，八十種好亦窮神於造化。隨巡允應，禮尊足而何辭；至願克從，摩[六]戴頂而授記。庶三千境界，共蔭慈雲；流趣飛沈，俱承慧日。其詞曰[七]：

赫矣大雄，廣蔚[八]慈風。超踰生死，拯救樊籠。離一切相，越三界中。處染不染，至終無終。空不異色，色即是空。(其一)爰啓尊容，託茲危岊。金繩表[九]淨，玉毫呈潔。教闡羊車，仁深象設。衆靈[十]侍衛，諸類駢咽。巍巍堂堂，難可談說。(其二)

鳳枝案：碑中題銜"守長史"下"同行塞梓"四字，語氣不連，疑後人題名之字羼入碑中者。又，"引以三千車"，此語亦不可解。(《邠州石室錄》卷一。《關中金石文字存逸考》卷九。《金石萃編補遺》卷二。《陝西金石志》卷一〇。《續修陝西通志稿》卷一四四。)

[校記]：

[一]"闡"，《新編》未識作"□"，今據《邠州石室錄》補。

[二]"□然"，《邠州石室錄》作"汾迷"。

[三]"四"，《新編》未錄，今據《邠州石室錄》補。

[四]"之"，《新編》未識作"□"，今據《邠州石室錄》補。

[五]"實"，《邠州石室錄》作"乃"。

[六]"摩"，《邠州石室錄》作"靡"。

[七]《新編》及《邠州石室錄》"曰"後有"子"字，文義不通，本次整理予以删除。

[八]"蔚"，《邠州石室錄》作"扇"。

[九]"表"，《新編》未識作"□"，今據《邠州石室錄》補。

[十]"靈"，《邠州石室錄》作"聖"。

[匯考]：

[一]《邠州石室錄》稱："十九行，行二十四字，字徑一寸強，在上下兩龕間，真書。右銘沙門廣濟書，劍弩蹶張，森如武庫。譬之勁翮凌空，絕無翾翩之態，在釋子書中尚不逮後之無可輩。書人之上無撰人，但有'朝散大夫守長史同行塞梓'十一字，同姓不見於經

典。惟《元史·儒學傳》有'同恕，字寬夫，奉先人'，邵思《姓解》引《前涼錄》有'同善'在恕前，始末未詳。又按《廣韻》'一東'同字下無同姓，但有'同蹄'，云'羌複姓，望在渤海'。同官縣有'同琗氏造像'，後列邑子姓名百六十餘人，而同琗氏逾其半。王蘭泉謂'琗'為'蹄'之俗體。……竊謂北朝複姓，如陸渾、萬紐，於後皆節一字為姓，'同'姓或出於'同蹄'，節'蹄'字耳。餘典學西陲，同官有同太守正興，此寺有'王稷造像碑'、'陳香泉題名'，其上偕遊者亦有同令，是同氏在今陝中尚為著姓。隋唐石刻，碑匠曰'鐫'，曰'刊'，曰'模勒'，或曰'刻'字，无曰'梓'者。梓为木工，施于刻石，失其义矣。又考《旧书·职官志》，上州刺史之下有别驾一人，从四品下；长史一人，从五品下，位在司马之上。朝散大夫，为从五品下，散官。同行塞官长史，其阶在李齐之上，即能执槧，不应自侪于手民，所谓'梓'者，非出钱助缘，即省工视成耳。武氏子婿左千牛楊玄道，史无徵。'千牛'，隋官有備身二十人，煬帝改名備身府。唐始改為千牛府，龍朔改左右奉宸衛，神龍中又為千牛府，此像造於長安二年，在神龍前，蓋唐之千牛猶今侍衛之職，屬車豹尾，本由門蔭而得，碑文追書其前所歷官也。"

[二]《關中金石文字存逸考》稱："右二石（校者按：還包括"幽州司馬柱國漢川郡開國公造像殘碑"）均在邠州大佛寺前。一石吳清卿學使訪得，後一石彭古香大令訪得。以官爵考之，係一人也，故併列於此。《新唐書·百官志》勳級十有一轉，為柱國，視從二品。"

漢川郡公造像殘碑

（見《存逸考》卷九"邠州"）

碑已殘缺，尺寸、行數、字數無考。

（缺）之門，大雄開汲引之路，故能（缺）扇。失之者，手足無措[一]，得之者（缺）幽州司馬、柱國、漢川郡開國

（缺）□□題輿於百城，憑粹業以持（缺）之真源，以為暗室無[二]欺，冥途[三]易（缺）形[四]之應，謹捨公俸，敬造等身釋（缺）□□定水，遙涵月殿之中；直聳（缺）之場，雁塔斜臨，輕雲澄靄；虹幡[五]（缺）石立真容，圖玉毫之實相[六]，寫[七]□（缺）更是降魔之席[八]，用能救度危苦（缺）生之父母，為苦海之舟航，斯乃（缺）求玄門，可以潛啓福應之理，實（缺）□拯含類於三途，遺教迢宣，濟（缺）既妙，亦玄亦沖，拯拔危苦，良資（缺）綱，金口遺質，玉毫垂象，法雨流（缺）髣髴如來，□教[九]易遠，遂跡難陪[十]（缺）深□□妙雕鐫大矣調御悠（缺）（《鄜州石室錄》卷一。《關中金石文字存逸考》卷九。《金石萃編補遺》卷二。《陝西金石志》卷一〇。《續修陝西通志稿》卷一四四。）

［校記］：

［一］"措"，《新編》作"錯"，今據《鄜州石室錄》改。

［二］"無"，《鄜州石室錄》作"難"。

［三］"途"，《新編》未識作"□"，今據《鄜州石室錄》補。

［四］"形"，《新編》未識作"□"，今據《鄜州石室錄》補。

［五］"虹幡"，《新編》未識作"□□"，今據《鄜州石室錄》補。

［六］"相"，《新編》作"想"。據上下文意，作"相"是，今據《鄜州石室錄》改。

［七］"寫"，《新編》未識作"□"，今據《鄜州石室錄》補。

［八］"席"，《新編》未識作"□"，今據《鄜州石室錄》補。

［九］"教"，《新編》未識作"□"，今據《鄜州石室錄》補。

［十］"陪"，《新編》未識作"□"，今據《鄜州石室錄》補。

［匯考］：

［一］《鄜州石室錄》稱："上截斷裂，行字未詳。造像姓名，適

在裂損之處，以職事、勳爵證之，知亦李齊所造也。書法古拙，兼有分隸筆意，頗似趙文淵《華嶽頌》及匡喆經像諸碑。雁塔即慈恩寺，為唐進士題名處。據《長安志》，慈恩寺在萬年縣東南八里，距邠州尚遠。又考杜工部《登慈恩寺塔》詩，《草堂詩箋》謂'慈恩西院浮圖，永徽三年玄奘所造'，即在高宗御極之初，文士操筆，不應遽援為故實。文中'雁塔'與'虹幡'對文，疑是藻飾之詞。汎詠皋壤，鍥舟以求之，固矣。既云'救度危苦'，銘文又有'拯拔危苦'之詞，想見牝雞扇虐，禍熸燃萁，唐室宗支人不自保，不得以而檀施以求福，其詞危，其旨苦矣。"

朝□郎造像殘石
（見《存逸考》卷九"邠州"）

石已殘缺，尺寸、行數、字數無考。

（缺）經□養無（缺）於此龕（缺）彤鐫（缺）三年歲次庚子五月□□朝□郎行新平縣（缺）（《關中金石文字存逸考》卷九。《金石萃編補遺》卷二。）

[匯考]：

[一]《關中金石文字存逸考》稱："右三種（校者按：除本造像外，還包括'殘造像記'、'心經殘刻'）均在邠州大佛寺，彭古香大令洵訪得之。《新唐書·地理志》：'邠州'之'邠'，古作'豳'，開元十三年，以字類'幽'改。鳳枝案：經典多作'豳'，惟《孟子》作'邠'。《說文》'邑'部：'邠，周太王國，在右扶風，美陽從邑，分聲。'"

校者按：本造像頗缺泐，造像時間及造像發起人均未詳。然造像銘內有"新平"字樣，前聖曆元年"高叔夏造像記"中叔夏歷官有

"□□郎行豳州新平縣丞"，頗疑本造像之發起人亦高氏也。又，文稱"三年歲次庚子"，據陳垣《二十史朔閏表》（古籍出版社，1956年），聖曆三年正為庚子，則本文作時當即聖曆三年五月。

殘造像記
（見《存逸考》卷九"邠州"）

石已殘缺，尺寸、行數、字數無考。

既苻（缺）福地（缺）寄言（缺）

僅存數字，餘均模糊不可識。（《關中金石文字存逸考》卷九。《金石萃編補遺》卷二。）

李延祚、董□□造像銘文
（見《存逸考》卷一"西安府上"）

石高三寸，廣二尺三寸，前刻造像記，二十三行，行五字，正書。後刻佛像。

（缺）像銘文

應制舉人范元哲撰

長安四年六月一日，令史李延祚、董□哲、馬承□、□禮、馬靈運□敬造阿彌陀佛。採他山之石，寫淨土之尊，恐歲□坐遷，迺為銘曰：

巍巍乎淨土彌陀，肅肅乎霜府金科。其教也，學而□聖；其像也，□彼諸魔。或小低頭兮一合掌，皆獲福兮在婆娑。（《關中金石文字存逸考》卷一。《金石萃編補遺》卷二。

《陝西金石志》卷一〇。《續修陝西通志稿》卷一四四。《咸寧、長安續志》卷一二。）

[匯考]：

[一]《關中金石文字存逸考》稱："此石近時出西安，为南康謝椿兰觀察收藏。按：《寶刻類編》有'司刑寺佛蹟碑銘'，閻朝隱撰，范元哲書，長安二年立，在京北。是元哲在當時亦善書者。"

[二]《陝西金石志》稱："按此石當由謝氏攜之回南，今未詳所在。"

光宅寺寶□□
（見《存逸考》卷一"西安府上"）

石高五寸六分，廣一尺七寸，字跡模糊。行數、字數無考。

　光宅寺寶□□

第一行僅存此四字，餘均不可識。（《關中金石文字存逸考》卷九。《金石萃編補遺》卷二。《陝西金石志》卷一〇。《續修陝西通志稿》卷一四四。）

[匯考]：

[一]《關中金石文字存逸考》稱："此石近出寶慶寺塔上，首行僅'光宅寺寶'四字可辨，餘均剝落。前人未經著錄，故表而出之。"

校者按：《金石萃編》卷六五收錄有武周長安四年（704）九月《姚元景造像銘》一通，中有"朝散大夫、行司農寺丞姚元景……發願上下平安，爰於光宅寺法堂石柱造像一鋪"語，王氏於文後按稱"《長安志》：唐京城朱雀街西門光宅坊橫街之北光宅寺。望氣者言此坊有興氣，敕令掘得石函，函內有佛舍利骨萬餘粒，遂立光宅寺。武太后始置七寶臺，因改寺額焉"，則毛氏所錄之"光宅寺"殆即《長安志》所記"光宅寺"也。又，前引造像之姚元景為姚崇之兄，兩《唐書》無傳，其名見《新唐書·宰相世系表》，今姑識於此。

寶慶寺造像銘
（見《存逸考》卷一"西安府上"）

石之右下缺一角，高五寸五分，廣一尺四寸四分，二十一行，行六字，正書。

天際飛（缺）虹舒□（缺）踴出弟（缺）嚴訓早□（缺）露葉增感（缺）集戀思宏□（缺）之基冀漸□（缺）之福，竊以因□山而紀石，劫火所不能，託慧海而乘舟，嵐風所不能擊，爰憑瑞塔，敬勒尊容，願無際之生，咸陟有緣之路，銘曰：

妙矣大雄，慈門是闢。納芥留想，乘蓮躍跡。宝臺恒净，珠柱无夕。庶此刊金，期諸拂石。

碑中"託慧海"之上脱一字。（《關中金石文字存逸考》卷一。《金石萃編補遺》卷二。《陝西金石志》卷一〇。《續修陝西通志稿》卷一四四。）

[匯考]：

[一]《關中金石文字存逸考》稱："今在寶慶寺塔上，首行有'天際'二字，此行有'虹舒'二字，石右方之下缺一角，造像人名正當缺處，前人亦未著錄焉。"

校者按：造像以"劫火"與"嵐風"對文，"劫火"為佛教常用語，為"壞劫"之末三大災之一。"嵐風"應為"毗嵐風"之省稱，又譯作"吠嵐婆風""毗藍婆風""毗藍風"等，指"劫初"與"劫

211

末"所起之大風，"火""風"相照，正堪作對。

敬節法師塔銘

（開元十七年七月　見《存逸考》卷五"咸寧縣"）

石高一尺三寸八分，廣一尺七寸八分，十六行，行二十一字，正書。

大唐□義寺故大德敬節法師塔銘并序

夫王而作則者大雄，見而遄歸[一]者大寶，聲被周漢，義逸齊梁，學比犉毛，富如崑玉。道飾其行，俗賞其音，或内秘靈知，或外見常迹，起伏不拘於代，出沒所謂於須臾。孰有以兼之？公得其門也。

惟大德俗姓盧，諱敬節，范陽人也。祖尚書遠葉，栖志邱園。父樂司徒季英，閑居遁世，愍于稚子，遏以群流，放令出家，不從文秩，上可以益后，下可以利人，不累莊嚴，足陪淨藏，令投虔和上受業。年甫什歲，日誦千言，維摩妙高，飛峯□海，法華素月，吐照情田，奏梵音以雲揚，感神明而雷激。厭俗之垢，王澤遐沾；落髮之貞，天魔為憎。至二十九，入道具臈寺，舉都維那二十載，清拔僧務，造長廊四十間，不日克就。光嚴帝宇，粹表祇園，結棟凌霞，飛簷振景。士拜左顧，摩怯風搖；人謁右旋，非憂雨散。亦嘗柔外以定，定力振振；順中以如，如心奕奕。吁法橋而虹斷，切義舫之神移，莫不悼哉，何嗟及矣！以開元十七年七月十五日終於私房，春秋七十有五。窆於神和原，律也。門人處玉叡、延祚等念松迴茂，仰蕙遙芬，悵[二]頹景之不留，恨驚風之早落。師魂遠何至，資影痛何孤。恐岸成川，起塔崇禮。式為銘曰：

跡滿三界，神放六通。教令遞屬[三]，德位常融。轉延像世，運及都公。木選寒柏，山寶舒虹。行高獎下，言貴居忠。俗承遠聲色，道洽化無窮。水搖魚徒動[四]，人斷院悲空。日影何旋北，山陰遽已東。荒郊悲慘慘，煙氣亂蒽蒽。式修[五]營兮妙塔，用表列於仁雄。柩窆歸於泉壤，性遙拔於樊籠。挫一代之濁命，流千古之清風。

碑中"見而遄者大寶"，又"起伏不拘於"二句皆有脫字，父樂司徒季英，樂字當係其父之名，季英當係其字也。(《金石文字記》卷三。《金石錄補》卷十三。《觀妙齋藏金石文考略》卷八。《關中金石記》卷三。《授堂金石文字續跋》卷三。《古墨齋金石跋》卷四。《平津讀碑記》卷五。《金石續編》卷七。《八瓊室金石補正》卷五三。《求是齋碑跋》卷二。《全唐文》卷九一五。《關中金石文字存逸考》卷五。《金石萃編補遺》卷二。《長安縣誌》卷二四。《陝西金石志》卷一二。《續修陝西通志稿》卷一四六。)

[校記]：

[一]"歸"，《新編》未錄，今據《全唐文》補。

[二]"悵"，《新編》作"恨"，《全唐文》作"悵"，《金石續編》《八瓊室金石補正》作"悢"。校者按：此句後接"恨驚風之早落"，則前不得重作"恨"，"悵""恨"對舉，差為近是，今姑據《全唐文》改。

[三]"屬"，其他各本作"囑"。

[四]"動"，《新編》未錄從闕，今據《全唐文》補。

[五]"式修"，《金石續編》所錄同，《八瓊室金石補正》作"修式"，《全唐文》作"式作"。

[匯考]：

[一]《金石文字記》稱："今在西安府城外杜永村。"

213

[二]《金石錄補》稱："右碑無書、撰人姓名，開元十七年七月建。法師盧氏葺古刹、造長廊於象教中，能作有為功德者。窆於神和原，亦陝碑僅存而僻者也。"

　　[三]《授堂金石文字續跋》稱："塔銘予所收得已裝潢成帙，無撰、書人名氏。……按：敬節七十五示寂，在開元十七年己巳，距其生實當高宗永徽六年乙卯，奄忽汨沒，尚賴塔銘略具其名系，然則語言文字亦何負彼教哉。"

　　[四]《古墨齋金石跋》稱："銘有云'學比犉毛，富如崑玉'，世俗以'犉毛'為喻學之多，今按：以'富如崑玉'相儷，則上句當是言學之精微耳。書者無姓名，而正書特謹嚴有法。"

　　[五]《平津讀碑記》稱："右'敬節法師塔銘'在咸寧縣杜永村。……'隆闡法師碑'亦云'遂於鳳城南神和原崇靈塔也'，神和原亦當時僧眾攢葬之所。"

　　[六]《金石續編》稱："按：'敬節法師塔銘'，撰、書人皆不著。開元十七年，法師年七十有五，則生於高宗永徽六年。十歲出家，為麟德元年。二十九入道，為弘道元年。'神禾原'，見景龍三年'法琬碑'、景雲二年'蕭思亮墓誌銘'、開元十四年'思恒律師墓誌'。是刻作'神和原'，與開元十五年'于士恭墓誌'同。宋張禮《游城南記》'陟神禾原，西望香積寺塔，原下有樊川、禦宿之水'，今西安府南杜曲社之西有神禾原。"

　　[七]《八瓊室金石補正》稱："石高一尺四寸六分，寬一尺九寸五分，廿六行，行廿一字，字徑六分，正書，在咸寧。……右塔銘始見於《關中金石記》，云在咸寧杜永村。文敍先世，祖下原空一字，樂亦無考。"

　　[八]《求是齋碑跋》稱："按首行題曰'大唐□義寺故大德敬節法師塔銘'，'義'上一字漫漶，諦視似'褒'字。考《長安志》'嘉會坊西南隅褒義寺，本隋太保吳武公尉遲剛宅。初，剛兄迴置妙象寺於故都城中，移都後，剛捨宅立寺，名褒義，材木皆舊寺者'，據此，則褒義寺是尉遲剛所置。……此碑有云'窆於神和原，律也'，與《濟度寺尼法願墓誌銘》云'乃以其年十月十七日營空（校者按：疑當作"窆"）於少陵原之側，儉以從事，律也'，不稱禮而言律，蓋當時

214

為方外作文，或有此例耳。"

［九］《全唐文》稱："處玉叡，開元時沙門。"

［十］《關中金石文字存逸考》稱："《關中金石記》云'在咸甯杜永村'，案：此石今破碎矣。"

校者按：本碑開頭有"見而遄歸者大寶"一句，諸家所錄皆作"見而遄者大寶"，毛氏《新編》於文後按稱"碑中'見而遄者大寶'……二句皆有脫字"，惟《全唐文》所錄"遄"後有"歸"字，當是其所據之拓本較諸家所見為精耳。

任令則碑

（開元十八年　見《存逸考》卷九"武功縣"）

石高六尺四寸，廣三尺一寸，二十八行，行五十五字。行書。
□□□□□□□大都督府別駕[一]上柱國任府君神道碑并序
（缺）史□□[二]李邕文并書
　　□□□□□□□□□之宏□。至[三]若享以令德，□以懿□□□[四]啓其深□□□覆[五]其前敵[六]，故能名重於位，德廣於時[七]。夫高者[八]不以固國[九]□□□□□□□□□□□□□□史策，歿紀簡□，豈揚親之自躬[十]，信翼[十一]子之惟肖[十二]矣。公諱令則，字大猷，本樂安博昌，因[十三]居官，今為西□□□□□□□□封於任□有子國，與薛同姓，故滕侯曰："寡[十四]人若朝於薛，不敢與諸任齒。"漢御史大夫敖、後漢司空隗、魏吏部尚書愷，並朝□□□□□□□□□□軍府君，祖皇朝郇[十五]州司馬辯府君，考皇朝資州司馬直太史

215

盛[十六]□□□□退身，周仁形志，或[十七]雲□□□□□□□□□驚微尚無悔，幼安□□梅福永歸，□如也。公駿發炳靈[十八]，丕承□[十九]訓，風神散逸，軌度閑□，□□成□[二十]，鏘金有聲，雜以詩書。□□□□□之□□□□名教之中□□□其制，文[二一]其德，武其望[二二]，仁其行，禮其□[二三]，智其謀，義其斷，司馬□□□□□□□□□□□□□□□□□□□□□□□□，蓋未□□□□汝器用已周，與興補遠□□斯□□□可[二四]襲，汝其□□□□也。公[二五]乃執顏拜[二六]首□□□□□□於□□□□何如□□□□□□□以□下情。是歲安□府□在□毀過於□□□□傾落亦□□□□□結茅[二七]匝營[二八]，植柏祥鳥，□至甘□□□君子□之。則天□□□□德音數加以□宗□聖□□帝□□出鎮之初□□□□□□□□□□諸子□□質□事相歷數載，或□公□□觀書，雖□儲學貫，□習□□□□□□□□之□京兆府□□□□□上，無何轉左果毅，累除右□府左果毅，仍長坐議□，歎曰：揚公執戟，潘子□□□□□□[二九]於代也，一從一橫，一□一□□□□□□遷□□□□□□□□泉[三十]府折衝。時吏部尚書、朔方□使王[三一]公諱□，忠義倜儻之□□□□□足威邊，略能戡難，奏□□□□□□□□□擊□□公□以五戒，惑以五轉，伐交闢其兩[三二]武，□樹伏其三軍，□虜懾焉。□康待[三三]賓□□□□□[三四]朝廷以弓勁馬□□□□□□□□□之□□□事留守王公諱愔，公直嚴簡，□正人也，□歎公□：昔者李□封侯，孫□□□□□□用而[三五]命舛[三六]莫登，雖□□□□刀□□□□□□嘗所乘馬，備公□壇。或□病者，乃[三七]奏公副[三八]前相國李公元紘以討之。□[三九]旅飲至，授甯王府左親事典軍，

216

隨班例也。尋以西南□□□□有□，遷公朝議大夫、□州大都督、府別駕，專[四十]知西川[四一]靈關兩道遊弈使。公[四二]刺候每精，什伍尤練，罰[四三]明而賞信，眾附而師和，賈勇者投石而□行，□義者□□而思□。是以石堡諸□，相次[四四]歸□者，累八九焉。方將□四夷，掃[四五]萬里，為□□防，作邊長城[四六]，而天不遂良，神或助逆，□凶酋□□刻□□臣之□子。嗚[四七]呼，以開元十六年十一月八日寢疾[四八]，終於官舍，春秋六十有五[四九]。悲夫！夫人吳興郡君謝氏，輔德[五十]□行，和鳴齊□，□□□□□□□□同期，以[五一]開元十八年十[五二]月十八日合[五三]葬於武功縣[五四]仙原[五五]，禮也。□王府屬令方[五六]，公之弟也；岷州刺史奉國，公之姪也，□縣臻於□□□□□□□□實□□之英彥，國[五七]之棟樑也。嗣子神鼎府左果毅武貞、仲子左司禦司戈奉先、次子兵部常選黃、季子孝國□□□□□稟□永□□□下□從事景託窮□，□月電[五八]□，松柏風緊，泣血將訴[五九]，號天莫追，願[六十]紀述於先塋，□光揚於往行。其詞曰：

　　□□黃帝，地□□□。□封命□，滕薛分流。□□□□，鼎臣輔周。人[六一]為[六二]國寶，學是家邱。（其一）。族有[六三]賢英，業尚韜晦。藏用明□，鳴謙[六四]用背。有典有[六五]則，可久可大。知□□安，□□□□（其二）。赫弈□子，芬芳盛時。風□代□，軌□人[六六]師。絕編[六七]廣業，□□陳詩。永惟名父，特許清資[六八]。（其三）。代[六九]邱方開，醴酒□設。既本文□，□□□□。□□懷隱，□為□□。乍奏戎謀，因加武烈（其[七十]四）。揚雄執戟，王粲□□。□橫[七一]絕漠，氣遏[七二]長雲。三邊金鼓[七三]，萬里功勳。興言蔦領[七四]，恥與□□（其五）。一□□□，明廷一德。舉以爪牙，生茲羽翼。胡虜久

217

摧[七五]，戎羌屢北[七六]。□□□□，元[七七]功未塞[七八]（其六）。悠悠旅櫬[七九]，眇眇山[八十]行。歸途劒閣，返葬墳塋[八一]。□□□□，□□□民。□□□□，□樹先傾（其七）。禮樂詩書，伯仲叔季[八二]。號天追攀，泣血是□。□心是日，紀[八三]德茲地。刻□美於[八四]豐碑，懸孝敬於[八五]荒隧（其八）。

天寶四載十二月廿八日建。（《關中漢唐存碑跋》。《隋唐石刻拾遺》上。《宜祿堂金石記》卷四。《非見齋碑錄》。《金石續編》卷八。《唐文拾遺》卷一六。《補寰宇訪碑錄》卷三。《關中金石文字存逸考》卷九。《金石萃編補遺》卷二。《續語堂碑錄》丁。《八瓊室金石補正》卷五七。《三邕翠墨簃題跋》卷一。《陝西金石志》卷一三。《續修陝西通志稿》卷一四七。《增補校碑隨筆》五九五頁。《碑帖敘錄》六一頁。《善本碑帖錄》一三二頁。《北京圖書館藏中國歷代石刻拓本彙編》二五冊一〇二頁。）

[校記]：

[一]《新編》所錄"上柱國"前從闕，今據《金石續編》《八瓊室金石補正》補。

[二] "史□□"，《新編》未錄從闕，今據《金石續編》《八瓊室金石補正》補。

[三] "至"前十七字《新編》未錄從闕，今據《唐文拾遺》補。

[四] "啓"前十一字《新編》未錄從闕，今據其他各本補。

[五] "覆"，《新編》未錄從闕，今據其他各本補。

[六] "敵"，《新編》未錄從闕，今據《唐文拾遺》補。

[七] "故能名重於位，德廣於時"，《新編》未錄從闕，今據其他各本補。

[八] "夫高也"，《新編》作"天高者"，今據其他各本改。

[九] "固國"，《新編》未錄從闕，今據《唐文拾遺》《八瓊室金石補正》補。

[十] "躬"前廿八字，《新編》惟錄"之"字，余皆從闕，今據

《唐文拾遺》補。

［十一］"信翼"，《新編》未識作"□□"，今據其他各本補。

［十二］"之惟肖"，《新編》未錄從闕，今據其他各本補。

［十三］"因"，《新編》未錄，今據其他各本補。

［十四］"寡"前廿四字，《新編》未錄從闕，今據《唐文拾遺》補。

［十五］"廊"前十八字《新編》未錄從闕，"廊"作"廓"，今據其他各本補正。

［十六］"盛"後五字諸本皆未識作"□"，《新編》從闕，今補足之。

［十七］"周仁形志，或"，《新編》作"同仁形□□"，今據其他各本補正。

［十八］"炳靈"前廿九字《新編》未錄從闕，今據《唐文拾遺》補。

［十九］"承□"，《新編》未錄，今據其他各本補。

［二十］"□□成□"，《新編》未錄從闕，今據《八瓊室金石補正》補。

［二一］"文"前廿二字，《新編》未錄從闕，今據《唐文拾遺》補。

［二二］"望"，《新編》未識作"□"，今據《八瓊室金石補正》補。

［二三］"禮其□"，《新編》未識作"□□□"，今據其他各本補。

［二四］"可"前四十八字《新編》未錄從闕，今據《唐文拾遺》補。

［二五］"公"前六字《新編》未錄從闕，今據《唐文拾遺》補。

［二六］"顏拜"，《新編》未識作"□□"，今據其他各本補。

［二七］"茅"前五十字《新編》未錄從闕，今據《唐文拾遺》《八瓊室金石補正》補。

［二八］"匝營"，《新編》未識作"□□"，今據其他各本補。

［二九］《新編》所錄自"植柏祥鳥"後從闕，下逕接"於代也"

三字，今據《唐文拾遺》《八瓊室金石補正》補。

［三十］"泉"前廿字《新編》未錄從闕，今據其他各本補。

［三一］《新編》所錄自"朔方□使王"後從闕，中間只錄"之"字，下接"鬭其"句，今據《唐文拾遺》《八瓊室金石補正》補。

［三二］"兩"，《新編》未識作"□"，今據《八瓊室金石補正》補。

［三三］"待"前八字《新編》未錄從闕，今據其他各本補。

［三四］"賓"後五字《新編》未錄從闕，其他錄本未識作"□"，今補足之。

［三五］"而"前四十九字《新編》未錄從闕，今據《唐文拾遺》《八瓊室金石補正》補。

［三六］"舛"，《新編》作"科"，今據其他各本改。

［三七］"乃"前廿六字《新編》未錄從闕，今據《唐文拾遺》《八瓊室金石補正》補。

［三八］"公副"，《新編》未錄從闕，今據其他各本補。

［三九］"□"，《新編》未錄從闕，今據其他各本補。

［四十］"專"前廿五字《新編》未錄從闕，今據《唐文拾遺》補。

［四一］"西川"，《新編》作"□川"，《金石續編》《八瓊室金石補正》作"和州"，今姑據《唐文拾遺》補。

［四二］"公"，《新編》未識作"□"，今據其他各本補。

［四三］"尤練，罰"，《新編》未識作"□"，今據《唐文拾遺》補。

［四四］"次"前廿三字《新編》未錄從闕，今據《唐文拾遺》《八瓊室金石補正》補。

［四五］"掃"前八字《新編》未錄從闕，"掃"誤作"婦"，今據《唐文拾遺》補正。

［四六］"城"前八字《新編》未錄從闕，今據《唐文拾遺》補。

［四七］"嗚"前十七字《新編》未錄從闕，今據其他各本補。

［四八］"八日寢疾"，《新編》未錄從闕，《唐文拾遺》《八瓊室金石補正》作"八日"，《金石續編》作"廿六日"，今姑據《唐文拾

遺》《八瓊室金石補正》補。

　　[四九]"五",《新編》未識作"□",今據《金石續編》《八瓊室金石補正》補。

　　[五十]"輔德",《新編》未識作"□□",今據其他各本補。

　　[五一]"以"前十六字《新編》未錄從闕,今據《八瓊室金石補正》補。

　　[五二]"十",《新編》未識作"□",今據《金石續編》《八瓊室金石補正》補。

　　[五三]"合",《新編》未識作"□",今據其他各本補。

　　[五四]"縣",《新編》未識作"□",今據《金石續編》《八瓊室金石補正》補。

　　[五五]"原",《新編》未識作"□",今據《金石續編》《八瓊室金石補正》補。

　　[五六]"方",《新編》未識作"□",今據其他各本補。

　　[五七]"國"前廿字《新編》未錄從闕,今據《唐文拾遺》《八瓊室金石補正》補。

　　[五八]"電"前廿四字《新編》未錄從闕,今據《八瓊室金石補正》補。

　　[五九]"將訴",《新編》未識作"□□",今據《金石續編》《八瓊室金石補正》補。

　　[六十]"願",《新編》未識作"□",今據其他各本補。

　　[六一]"人"前廿四字《新編》未錄從闕,今據其他各本補。

　　[六二]"為",《新編》未識作"□",今據其他各本補。

　　[六三]"族有",《新編》未識作"□",今據其他各本補。

　　[六四]"藏用明□,鳴謙",《新編》未錄從闕,今據《金石續編》《八瓊室金石補正》補。

　　[六五]"典有",《新編》未錄從闕,今據其他各本補。

　　[六六]"人"前廿六字《新編》未錄從闕,今據《唐文拾遺》補。

　　[六七]"編",《新編》作"倫",今據其他各本改。

　　[六八]"□□陳詩,永惟名父,特許清資",《新編》所錄惟

221

"名交""資"三字,且"父"誤作"交",余皆從闕。"永",《金石續編》《八瓊室金石補正》作"承",《唐文拾遺》作"永",今姑據《唐文拾遺》補正。

[六九]"代",《新編》作"丹",今據其他各本改。

[七十]"其"前廿一字《新編》未錄從闕,今據《唐文拾遺》補。

[七一]"王粲□□。□橫",《新編》未錄從闕,今據其他各本補。

[七二]"氣遏",《新編》未識作"□□",今據其他各本補。

[七三]"三邊金鼓",《新編》未錄從闕,今據其他各本補。

[七四]"鷲頜",《新編》未識作"□□",今據其他各本補。

[七五]"摧"前廿三字《新編》未錄從闕,今據其他各本補。"茲",《金石續編》《八瓊室金石補正》作"長"。

[七六]"戎羌屢北",《新編》作"戎□屢",今據其他各本補。

[七七]"□□□,元",《新編》未錄從闕,今據其他各本補。

[七八]"塞",《新編》未識作"□",今據其他各本補。

[七九]"旅櫬",《新編》未識作"□□",今據《八瓊室金石補正》補。

[八十]"山",《新編》未識作"□",《八瓊室金石補正》作"幽",《金石續編》作"山",《唐文拾遺》作"凶",今姑據《金石續編》補。

[八一]"返葬墳塋",《新編》作"□□□□墳塋",今據其他各本刪、補。

[八二]"季"前廿五字《新編》未錄從闕,今據《唐文拾遺》補。

[八三]"紀"前五字《新編》未錄從闕,今據其他各本補。

[八四]"□美於",《新編》未識作"□□",今據《唐文拾遺》《八瓊室金石補正》補。

[八五]"於"《新編》作"於於",今據其他各本補。

[匯考]:

[一]顧廣圻《跋任令則神道碑》(見王大隆輯《思適齋序跋》)稱:

"此碑李北海書，天寶四載建，卅行，每行五十五字，諸家著錄皆未見。近年武功令段君嘉謨得之於文廟。宋人用其石刻《大觀聖作碑》，而碑陰尚存此文也。字既曼患，拓本又草率，讀之大半不能成句。其'公諱令則，字大猷'，獨完好。下云'本樂安博昌，因居官，今為西'云云。考《元和姓纂》，樂安博昌任氏、西河任氏同出。是次行必接'河'云云也。《姓纂》復云又居成都。故銘詞言'歸途劍閣'，而序則亦在闕字中矣。十五行有'時吏部尚書朔方囗使王公'云云，十六行有'康待賓'云云，十七行有'命舛莫登'云云。考王公者，王晙也。《舊唐書》本紀，開元九年夏四月庚寅，蘭池州叛胡康待賓、安慕客為多覽殺大將軍何黑奴，攻陷六胡州。兵部尚書王晙發隴右諸軍及河東九姓掩討之。秋七月己酉，王晙破蘭池州叛胡，殺三萬六千騎。辛酉，討諸酋長，斬康待賓。《新書》本紀亦云己酉王晙執康待賓。其詳在舊、新書晙兩傳。又《通鑒》二百十二卷同。蓋令則即晙所發諸軍之數，與有勞焉，而不及敘功，故言命舛也。十八行有'乃奏公囗前相國李公元紘討之'，舊、新元紘兩傳不載此事。考元紘以十四年相，十七年罷，事當在十四年之前。其稱前相國者，據撰文時言耳。詳令則官位不顯，事跡亦無大關係，獨賴北海之文與書，歷千餘年後，其名晦而復顯。此古人之所以欲托壽於碑版歟。拓本為同里葉君紉之所得。戊子冬出而共讀，輒舉所知相質。葉君手釋其文，因書下方。"

［二］《隋唐石刻拾遺》稱："案碑在武功縣學。……北海書法，'嶽麓'、'雲麾'數種外，僅見此碑，穹然峙立於縣學，已近千年，從來金石家既未著錄，而閭書鄉獻皆未言及，直待段君搜訪始得之，可見名人遺蹟，汨沒於從祠里社者尚多也。"

［三］《金石續編》稱："按：李北海撰、書'任令則碑'，偃師段襄亭大令嘉謨任武功時訪得之，拓以寄贈。碑凡一千五百餘字，可辨者尚及三分之一，姓名、官階、卒葬年月以及先世後嗣猶得諦審錄之。任氏之先，始于薛侯，下至漢魏，則有御史大夫敖，司空隗，吏部尚書愷。考《元和姓纂》，漢御史大夫、廣阿侯任敖，任敖之後為晉尚書任愷，望系樂安博昌。《後漢書》任光子隗，章和元年拜司空，乃南陽宛人，非任敖支派，豈北海所據譜系或有傅會耶？祖辨，鄜州司馬，考盛，資州司馬、直太史。《唐書·地理志》'鄜州，關內道，

廊坊節度管',‘資州，劍南道，西川節度管'。《職官志》‘上州司馬、太史令，並從五品下'。‘□州大都督、府別駕，專知西川靈關兩道遊弈'，《唐書·地理志》‘揚州大都督府，督揚、除（校者按：當作‘滁'）、常、潤、和、宣、歙七州'，‘靈關'當即和州之東關。‘王公諱□忠'，‘諱'下闕‘嗣'字，即王嗣忠也。"

[四]《八瓊室金石補正》稱："右‘任令則碑'，歐、趙所遺，《金石續編》《筠清館金石記》均載其文，而吳氏所錄，多得七十餘字，曩訂《續編》，以所蓄拓本不精，僅據吳氏本校勘而補正之。近復得一紙，較為明顯，復諦審，得六十字。不敢遽定，偏注於旁者，又得九字。並正訛十四字，益歎校勘之難也。向之所訂，有以不誤為誤者，如‘於代'也之‘於'，‘八'日之‘八'，‘松柏'之‘柏'，‘清資'之‘資'，‘孝敬'之‘敬'，雖由吳氏，究甚粗莽錄之，以志吾過。"

又稱"碑云‘吏部尚書、朔方□使王公諱□'，陸氏謂‘諱'下闕‘嗣'字，即王嗣忠也。按：唐有王忠嗣，曾為朔方節度使，別無王嗣忠其人，此記憶偶誤耳。王忠嗣為朔方節度使在天寶初年，此碑所敘當是開元時事，亦不相合。以余考之，則王晙也。《新唐書·王晙傳》‘以功遷左散騎常侍，朔方行軍大總管，改御史大夫，嗣拜兵部尚書，復為朔方軍大總管。九年，蘭池胡康待賓據長泉反，陷六州，詔郭知運與晙討平之。晙所降附，知運輒縱擊，賊意晙賣己，乃復叛，坐貶梓州刺史，改太子詹事，進吏部尚書、太原尹，代張說為兵部尚書、同中書門下三品，充朔方軍節度大使'，又《玄宗本紀》‘開元六年二月，朔方道行軍大總管王晙伐突厥。八年九月，契丹寇邊，王晙檢校幽州都督、節度河北諸軍大使，黃門侍郎韋抗為朔方道行軍大總管以伐之。九年正月，王晙執康待賓。十一年四月，王晙為兵部尚書，同中書門下三品。五月，王晙持節朔方軍節度大使。十二月，貶王晙為蘄州刺史'，碑於此後有‘康待賓'字，雖上下均闕，而其名尚存，然則‘使'上所闕當是‘大'字，‘諱'下所闕，蓋是‘晙'字。覆審拓本，‘晙'字日旁尚能辨識，其下‘忠'字乃屬下句耳。惟碑云‘吏部尚書、朔方大使'，傳于討康待賓之時，云‘兵部尚書、朔方大總管'，而系‘吏部尚書、朔方大使'於貶梓州之後，與碑不符，或傳之誤也。《本紀》但言大使，不言吏部尚書，碑不言幽州都督，皆略之耳。碑又有'留守王公，諱憎'字，按王志愔於開元九年留守京師，疑即其人，惟單名憎為不合耳。碑又云'乃奏公副前相國李西元紘以討之'，案《新書·李元紘傳》于出為曹州刺史之後，但云徙蒲州，復起為太子詹事，而不及統兵致討一節，殆史有闕漏，或即在蒲州時事亦未可知。然元紘罷相在開元十七年六月，令則卒於開元十六年，當令則時不應有'前相國'之稱。又案：《弘簡錄·玄宗紀》於元紘同平章事下即接云'置軍於定、恒、莫、易、滄等五州，以備突厥'，碑所稱'討之'者，或即指此。然其時甫經入相，何由稱前，豈所謂'前相國'者，乃北海撰文時追敘之詞耶？顧《元紘傳》載其生平事蹟，從未與軍旅之事，闕疑可也。碑又云'授甯王府左親事典軍'，考《讓皇帝憲傳》云'始王永平，長壽年降王壽春，唐隆年進封宋，開元年徙王甯'，《玄宗紀》'開元七年九月，徙封宋王憲為甯王。十六年十一月幸甯王憲第'，是甯王者，即睿宗之子讓皇帝憲也。碑又云'□王府屬令方，公之弟也'，案：《弘簡錄·玄宗紀》'開元二十二年，嚴私鑄錢，禁沒。京兆商人任令方，資財六十餘萬貫'，時代、籍貫相符，當即其人。惟碑云'□王府屬'，紀云'商人'為異耳。'神鼎府'不見於地志，亦府名之逸者。又案《宰相世系表》，敘任氏先世云'漢有御史大夫、廣阿侯任敖，世居於沛，其後徙居渭南'，與碑言'樂安博昌'者不符。表不及隗與愷，愷仕晉，而碑云'魏吏部尚書'，亦復歧異。仕魏者有任峻、任嘏，北海所據譜牒殆不足徵信歟？南北朝任遐、任昉為樂安博昌人，令則豈其苗裔耶？"

[五]《關中金石文字存逸考》稱："此碑於嘉慶二十年七月出於武功，縣令偃師段襄亭嘉謨訪得之，移置縣學。碑陰為宋人'大觀聖作碑'。北海碑版照四裔，文字震耀一時，集晉唐之大成，開宋元之先路。其佳處尤以縱筆勝，縱橫如意，姿態橫生，令人把翫不厭。惜傳世碑版，如'娑羅樹'、'嶽麓寺'諸碑，半經後人重刻，'雲麾碑'椎拓日久，筆劃漸細，'靈巖寺碑'鋒穎亦鈍，惟此碑存字無多，而神采飛動，著紙欲活，實為北海真蹟，吉光片羽，可勿寶諸？甯王名憲，睿宗子，後諡'讓皇帝'。'神鼎府'，《新唐書·地理志》未載，疑亦雍州百三十一府之一。《百官志》：太子左右司禦、率府司戈，各

二人，從八品上。"

[六]《陝西石刻文獻目錄集存》稱："清嘉慶二十年（1815）出土於武功，後移置縣署。三年後，吳榮光在末刻款。嘉慶己卯聶銳敏又刻題識，現存武功縣。"

校者按：毛氏《新編》《存逸考》以本碑為開元十八年刻，因其未錄碑末"天寶四載十二月廿八日建"字樣，遂以葬年為本碑撰述之年也。

多寶塔銘

（開元二十九年　見《存逸考》卷一"西安府上"）

石高一尺一寸九分，廣一尺三寸四分。二十行，行十七字，正書。

多寶塔銘并序

夫朗質浮乾，高明無以秘其象；真儀括牝[一]，厚載安可遁[二]其形？惟聖界[三]巨[四]千，大海寫浮珠之偈；商城六度[五]，提[六]河啟[七]淨囊之口。故得慈航並汎，香軫分駐[八]，濟七水之沉淪，演三乘而弘懿。爰有郭楚貞昆弟眷等[九]太夫人李氏，自開元七年受持《法華經》第八[十]，《金剛觀經》《尊勝》《藥師》等經，每日夜持頌一遍，脩詞進業，蹋實謙虛，棄五濁之樊籠，居四緣之淨域。又捨緣身裙帔等數十事，造多寶塔一所，上為過去，下緣見在。嗚呼！性均泣扇，哀壎跪書，故能智炬潛輝[十一]，通《四分》而外朗；慧根凤潔，演《十頌》而齊貞。醍醐灑煩惱之津，寶地鏤業因之果。于時營構宇，託勝裁規，採崑閬之名珎，琢鍾巖之美玉，霧竦雲立，月映星離，類天上之飛來，疑地中之湧出。勒以琬琰，鎪以琳琅，知靈心之凜凜，表禪識之蒼蒼[十二]。其詞曰：

彼美昆弟，粵有尊堂。攀緣性相，經構津梁。情擯東岱，業樂西方。傾企精進，長緣頂王。

開元廿九年歲次辛巳閏四月辛巳朔十八日戊戌建立。

碑中"營構宇"句中有脫字。(《平津讀碑再續》。《補寰宇訪碑錄》卷三。《宜祿堂金石記》卷四。《金石續編》卷七。《續語堂碑錄》戊。《關中金石文字存逸考》卷一。《金石萃編補遺》卷二。《雪堂金石文字跋尾》卷四。《八瓊室金石補正》卷五六。《唐文拾遺》卷六二。《陝西金石志》卷一二。《續修陝西通志稿》卷一四六。《咸寧、長安續志》卷一二。《北京圖書館藏中國歷代石刻拓本彙編》二四冊一四一頁。)

[校記]：

[一]"牝"，《新編》未錄，今據其他各本補。

[二]"遁"，《新編》未錄，今據其他各本補。

[三]"聖界"，《新編》未錄，今據其他各本補。

[四]"巨"，《唐文拾遺》作"叵"，當誤。

[五]"商城六度"，《新編》惟錄"城六"兩字，餘未錄，今據其他各本補。

[六]"提"，《新編》未錄，今據《金石續編》《八瓊室金石補正》補。

[七]"啓"，《新編》未錄，今據其他各本補。

[八]"駈"，《新編》未錄，《金石續編》《八瓊室金石補正》作"駈"，《唐文拾遺》作"馳"，今細諦北圖藏拓，當為"駈"字，今據改。

[九]"眷等"，《新編》未識作"□□"，今據《金石續編》《八瓊室金石補正》補。

[十]"八"，《新編》作"人"，今據其他各本改。

[十一]"輝"，《新編》未錄，今據其他各本補。

227

〔十二〕"蒼",《新編》未錄,今據其他各本補。

[匯考]:

〔一〕《金石續編》稱:"按此石出土未久,從西安帖賈購得拓本,未知在西安否也。'於時營構宇'句,以四字例之,'營'下當有脫字。"

〔二〕《八瓊室金石補正》稱:"高一尺三寸,廣一尺四寸。……字徑五分許,正書,在扶風。"

〔三〕《關中金石文字存逸考》稱:"今在西安府學碑林。"

優婆姨段常省塔銘

(天寶十二載　見《存逸考》卷一"西安府上")

碑高八寸,廣一尺,正書,十六行,行十一字。

唐故優婆姨段常省塔銘并序

蓋聞宿殖勝因,生逢政教,仰尋師友,意達直心,學普敬法門,慕不輕密行,貞心守志,塵俗不污。其性情等虛空,證真如之境,獨拔愛網,厭世榮華,□薩埵雄悲。重迦文之妙典,火宅之內,駕馭三車,捨內外之財,望三祁願滿。春秋七十有六,以天寶八載九月十日卒於私第,捨報歸林。以天寶十二載建塔於茲,知神魂而不固。其詞曰:

妙慧歸真,德超上智。慈悲起行,忠孝無二。敦故重新,心存剛志。宿〔一〕殖德本,動靜合理。

女劉三娘建。(《平津讀碑三續》上。《補寰宇訪碑錄》卷三。《金石萃編補略》卷二。《宜祿堂金石記》卷四。《十二硯齋金石過眼錄》卷一二。《關中金石文字存逸考》卷一。《金石萃編補遺》卷二。《續語堂碑錄》甲。《唐文拾遺》卷六二。《八瓊室金石補正》卷五八。《陶齋藏石記》卷二五。《陝西金石志》卷一三。《續修陝西通志稿》卷一四七。《咸寧、長安續志》卷一三。《北京圖書館藏中國歷代石刻拓本彙編》二六冊一〇六頁。）

[校記]：

[一]"宿"，《新編》未錄，今據其他各本補。

[匯考]：

[一]《十二硯齋金石過眼錄》稱："按此刻金石書皆未著錄，書法近褚登善。阮氏《小滄浪筆談》引祖庭《事苑》云：'梵言貧婆，華言叢林。梵言優婆塞，華言善士。'《中州金石志》跋'齐天统造像記'云'菩萨字，即菩薛'，《一切经音义》作扶'薛'，盖声之转。六朝隋唐皆作'萨'，不从'产'，犹见古义。"（校者按：《陶齋藏石記》引此為《宜祿堂金石記》跋語）

[二]《陶齋藏石記》稱："按拓本第七行'菩'字泐，據《宜祿堂金石記補注》，朱氏所據當是舊拓，'菩薩埵'當作'菩提薩埵'，《翻譯名義》'菩提名佛道，薩埵名成眾生'，天臺解云'用諸佛道，成就眾生，故名菩提薩埵'，賢首云'菩提，此謂之覺；薩埵，此曰眾生'，以智上求菩提，用悲下救眾生，故曰'菩薩埵雄悲'。建墖人劉三娘書名銘詞之前，'詞曰'之後，志銘中此例廑見。再，此銘並為趙之謙著錄。"

[三]《陝西金石志》稱："原出土於長安縣梗梓谷，後歸陶齋。"

肚痛貼

（見《存逸考》卷一"西安府上"）

石高七寸三分，廣一尺三分，共六行，每行字數不等。草書。

229

忽肚痛不可，不知是冷熱所致，如服大黃湯，冷熱俱有益，如何為計。張旭書。（《石墨鐫華》卷四。《關中金石文字存逸考》卷一。《金石萃編補遺》卷二。）

[匯考]：

[一]《石墨鐫華》稱："此貼殊勝'斷碑千文'十倍，當與'藏真'、'聖母'三帖同觀。"

[二]《關中金石文字存逸考》稱："右三石（校者按：除此帖外，還包括"心經"、"千文斷碑"）均在西安府學碑林。"

尉遲氏造像題名
（見《存逸考》卷十"扶風縣"）

石高六寸四分，廣一尺七寸五分。皆刻畫像，題名刻於畫像之間，共十四行，字數不等。

尉遲葆、□達奘、□妹[一]二娘、□子三娘、□子孟大娘、□子李三娘、弟子王玄應、弟子尉遲、弟子尉遲、弟子尉遲三娘、□子尉遲二娘、□子尉遲大娘、□□貞裕、□□□感。

法門寺井上殘石，蓋唐女子禮佛像并鐫姓名，余防其湮沒，取置署中，且為石盤以貯之，因銘於盤上，其詞曰：

我行法門，不見佛骨，井甃之陰有殘片，石碣諷蓮花，人天不隔，姓名尚存，拋棄是惜，尚共珍之唐人遺蹟。嘉慶庚辰春三月臨海宋世犖左行書，姪興洲侍。（《關中金石文字存逸考》卷十。《金石萃編補遺》卷二。《八瓊室金石補正》卷七八。）

[校記]：

[一]"妹"，《新編》未錄，今據《八瓊室金石補正》補。

[匯考]：

[一]《關中金石文字存逸考》稱："《古書屋金石遺文》云'本在扶風縣，後移置縣署之雙清軒'，今未詳所在矣。"

[二]《八瓊室金石補正》稱："三石上方殘缺，高七寸五分。二石廣九寸，一廣一尺三寸。題名十四行，十三人，字徑五分，正書。在扶風。"

校者按：尉遲氏本出代北鮮卑，《周書·尉遲迴傳》（中華書局，1971年，349頁）云"其先魏之別種，號尉遲部，因而姓焉"，唐高僧窺基俗姓尉遲，其傳亦稱"尉遲之先，與後魏同起，號尉遲部，如中華之諸侯國。入華則以部為氏也"（《宋高僧傳·唐京兆大慈恩寺窺基傳》，中華書局，1987年，63頁）。關於其部落最初所居之地，《魏書·太祖紀》（中書書局，1974年，40頁）稱"天興六年春正月辛未，朔方尉遲部別帥率萬餘家內屬，入居雲中"，姚氏《北朝胡姓考》（中華書局，1962年，193頁）云"上引《太祖紀》，'朔方尉遲部'，與《官氏志》'西方'之說似有抵牾，實則《太祖紀》乃就其歸魏後入居雲中而言，此族原居地，則遠在西方也"，並引《晉書·乞伏國仁載記》考其地在大非川（今青海布哈河）附近。另有一支尉遲出于闐，為其王姓，其說詳見姚書。源自大非川之尉遲氏入居雲中後，一度改姓尉氏，《魏書·官氏志》（中華書局，1974年，3012頁）即稱"西方尉遲氏，後改為尉氏"，《廣韻》《元和姓纂》所紀略同。然至元魏末，代郡尉氏又改復本姓，姚氏列舉見諸史冊者，如魏末萬俟醜奴大行臺尉遲菩薩，北周尉遲迴、尉遲綱兄弟，唐尉遲敬德、尉遲寶林、尉遲瓌等。據姚氏考證，至宋初又有尉遲氏改尉氏者，此種反復亦見於前述"豆盧寬碑"之"豆盧氏"，初由"豆盧氏"改"盧氏"，西魏時追復舊姓，唐初又改盧氏，至豆盧通時仍復本姓，期間曲折再三，這也是北方少

231

數族在民族融合中普遍的歷史經驗。尉遲氏於何時進入關中地區，史未詳書，北魏太安二年（校者按：一說太延年間）所立《中嶽嵩高靈廟碑》碑陰題名中有"扶風公尉遲初真"，初真封扶風，或與其居於關中有關。如果這一推測大致不誤，則尉遲部中一支至少在公元五世紀中葉已遷徙至關中地區。此外，甘肅正寧出土北周保定元年（561）一月"合邑生一百三十人等造像記"題名中有"邑生尉遲世眛"，保定四年（564）六月長安出土"同琋氏造像記"中有"尉遲袖祭"，其進入關中地區或與北魏末因六鎮起義所引發的戰爭有關，前姚氏所引尉遲迥兄弟即屬於這一情況。本造像題名中，除尉遲氏之外，其他均為漢姓，從性質上應屬於異族間的合邑造像，此種情況在北朝末已經出現，至唐代已變成極為普遍的現象，這也說明民族間的融合在關中地區已成為不可阻擋的歷史潮流。

空寂寺大福和上碑

（寶應二年見《存逸考》卷六"藍田縣"）

碑高六尺八寸，廣三尺四寸，共二十四行，每行字數不等，行書。

大唐空寂寺故大福和上碑
尚書主客員外郎陸海撰
安國寺沙門惟嵒[一]書

水之流也，激[二]風以成其波[三]；人之生也，積行以成其道。木有火，石有金。火非燧而莫出，金非鍊而莫見，則知定以慧發，覺為行先，得之本無[四]，求之不有，道[五]自釋迦[六]，□傳達摩，末傳於[七]我大師矣。師族于張，家于豐，含育在胎，異氣取[八]感，誕厥彌月，其目猶閉。有異僧見而驚曰："此西夏[九]之聖者，當度眾累，以弘大乘。"雙眸忽開，允符[十]授記。其卝也，識潛智葉，意裁道身[十一];其緇也,行苦業淨,福薰果熟。初於西明寺精《五分律》,後於南荊州宗[十二]大通。師默領法印,暗[十三]通幽鍵。大通謂師曰:"萌乃花,花乃實,可不勉矣!"師聞之惕息,言下而悟,以為不生者生,超心即妄,無說是說,對境皆空。師得法而還,大通[十四]承詔而至,雖有靈山之別,不異龍花之會。無何,大通居東洛師,師願偕往。大通錫以如意杖曰[十五]:"吾道盡在于茲。"以為如意杖者,比如意珠也,用之不盡,可教西土之眾。于是我師遂留,施物以安,誘物以漸,慈攝神鬼,威伏虎狼,昆蟲草木,罔不霑潤。景龍歲,敕授塗山寺上座。當有神僧宴居曰:"後四十年間,當有勝士繼體[十六]是處。"事由冥契,因以宿感,我師應焉。又授薦福、慶山、龍興三寺上座,皆承天詔,允從[十七]人願。時[十八]之經[十九]名,於我何有。後經行於聊[二十]浮東山曰:"思公有記生之石,豈惟南岳。古猶今也,此地當可終焉。"開廿六[二一]年五月五日,果敕置空寂寺。泉生景[二二]中,花雨象外,我師未兆而見,亦先天而不違。岑嶺廻環[二三],川[二四]原沃蕩,宨為勝槩,愜於所得。道侶請於[二五]安國寺,以[二六]睿宗舊邸,肅宗躍龍之所,資於法器,以住持也。總持寺地[二七],遠一道□,又請安居,誨[二八]凡及聖,推[二九]賤等貴。久而謂門人曰:"理本無礙,寧繫我身?物皆有終,寧住於世?"以天寶二年二月廿二日右脅而臥,隨化□也。國慟悲號,天地變色,八[三十]十九甲子矣,六十三僧臘矣。精氣已去,容狀不改,眉生髮長,與世殊異。其年八月十八[三一]日入塔[三二],乃□□□□靈□□□水咽,歸櫬□□□長道之□國[三三]人哀送,是切情[三四]之終,色界皆空,法身不滅,且天之□,賢愚□功□□之所[三五]□□□□□□□傳□□□也。不然者,安得[三六]異僧而所稱焉。師之教也,不可以智知;

233

師之道也，不可以□□知[三七]。□□□□□□□□□□□□□□□為榮也□以[三八]夫能息念，念獨證如。如付囑弟子：大雄大俱，契心真僉[三九]□□□□□□□圓□□□自在故上□□□□□□□□悟具梵宮，成[四十]立[四一]佛刹，入[四二]室弟子上座□福[四三]寺主□□□等材以天而生器也□而就，精修由己身□因□□也□□□□□也[四四]，誓存於守護[四五]。釋氏之塔，猶儒士之墳□□□□□□在注以甘露□□人天沈理□自如而相□悲□□[四六]使[四七]大[四八]劫將壞，而妙教常存，爰刻[四九]貞石，紀其銘曰：

真空□□，□□無住。朗然西方，□□東土。□□川□，出[五十]生死苦。我師懸解[五一]，尚資於學。□□□□，□□□□。□□，□□。□□俱□，湛然本□[五二]。怖鴿既棲，騰猿亦定。□其□目，□寺□身、□吞日月[五三]。□□□□，□□□塔，雨泣[五四]門人。空山之巔，松柏蒼然。

貞元□六（缺）月丁酉五日辛丑當寺門人比邱□□□□校法□持[五五]國天王寺主志澄等建□□□□□刻字比邱實悟。（《寶刻叢編》卷八。《關中漢唐存碑跋》。《關中金石文字存逸考》卷六。《金石萃編補遺》卷二。《唐文續拾》卷三。《八瓊室金石補正》卷六七。《陝西金石志》卷一四。《續修陝西通志稿》卷一四八。）

[校記]：

[一]"嵒"，《新編》作"嵩"，《寶刻叢編》《八瓊室金石補正》並作"嵒"，今據改。

[二]"激"，《唐文續拾》《八瓊室金石補正》作"微"。

[三]"波"，《新編》未識作"□"，《唐文續拾》作"穀"，《八

瓊室金石補正》作"波",今姑據《八瓊室金石補正》補。

[四]"無",《新編》未識作"□",今據其他各本補。

[五]"道",《八瓊室金石補正》作"首",《唐文續拾》作"者"。

[六]"自釋迦",《新編》未識作"□□□",今據《八瓊室金石補正》補。

[七]"於",《新編》未識作"□",今據其他各本補。

[八]"取",《唐文續拾》《八瓊室金石補正》作"所"。

[九]"夏",《新編》未識作"□",今據其他各本補。

[十]"符",《唐文續拾》作"付"。

[十一]"身",《唐文續拾》《八瓊室金石補正》作"牙"。

[十二]"宗",《新編》未識作"□",今據《八瓊室金石補正》補。

[十三]"暗",《新編》未識作"□",《唐文續拾》作"暗",《八瓊室金石補正》作"潛",今姑據《唐文續拾》補。

[十四]"通",《八瓊室金石補正》作"師"。

[十五]"曰",《新編》未錄,今據其他各本補。

[十六]"體",《新編》未識作"□",今據《唐文續拾》補。

[十七]"允從",《新編》作"先後",今據其他各本改。

[十八]"時",《唐文續拾》作"寺"。

[十九]"經",《八瓊室金石補正》作"巠"。

[二十]"聊",《新編》未識作"□",《唐文續拾》作"州",《八瓊室金石補正》作"聊",今姑據《八瓊室金石補正》補。

[二一]"六",《新編》未識作"□",《唐文續拾》作"八",《八瓊室金石補正》作"六",今姑據《八瓊室金石補正》補。

[二二]"生景",《新編》未識作"生意",《唐文續拾》作"生景",《八瓊室金石補正》作"出景",今據《唐文續拾》改。

[二三]"環",《唐文續拾》《八瓊室金石補正》作"互"。

[二四]"川",《唐文續拾》作"州"。

[二五]"請於",《唐文續拾》作"神機",《八瓊室金石補正》作"精構"。

235

［二六］"以"，《新編》未錄，今據《八瓊室金石補正》補。

［二七］"地"，《唐文續拾》作"物"。

［二八］"一道□，又請安居，誨"八字，《新編》未識作"□"，惟所空十六格，今據《八瓊室金石補正》刪、補。

［二九］"推"，《新編》作"猶"，今據《八瓊室金石補正》改。

［三十］"而臥，隨化□也。國慟悲號，天地變色，八"十五字，《新編》未識作"□"，今據《八瓊室金石補正》補。

［三一］"八月十八"，《新編》作"□月十□"，《唐文續拾》作"四月十八"，《八瓊室金石補正》作"八月十八"，今姑據《八瓊室金石補正》補。

［三二］"入塔"，《新編》未識作"□□"，今據其他各本補。

［三三］"國"前廿字，《新編》未識作"□"，今據《八瓊室金石補正》補。

［三四］"情"，《新編》作"清"，今據其他各本改。

［三五］"之□，賢愚□功□□之所"十字，《新編》未識作"□"，今據《八瓊室金石補正》補。

［三六］"然者，安得"，《新編》未識作"□□□□"，今據《八瓊室金石補正》補。

［三七］"知"，《新編》未識作"□"，今據《八瓊室金石補正》補。

［三八］"為榮也□以"，《新編》未識作"□□□□"，今據《八瓊室金石補正》補。

［三九］"心真僉"，《新編》未識作"□□□"，今據《八瓊室金石補正》補。

［四十］"圓□□□自在故上□□□□□□□□□□悟具梵宮，成"，《新編》未識作"□"，今據《八瓊室金石補正》補。

［四一］"立"，《八瓊室金石補正》作"五"。

［四二］"入"，《新編》作"之"，今據其他各本改。

［四三］"福"，《新編》未識作"□"，今據《八瓊室金石補正》補。

［四四］"也"前廿九字《新編》未錄從闕，今據《八瓊室金石補

正》補。

〔四五〕"誓存於守護",《新編》作"存於守□",今據其他各本改。

〔四六〕"在注以甘露□□人天沈理□自如而相□悲□□"廿字,《新編》未識作"□",惟空五格,今據《八瓊室金石補正》補。

〔四七〕"使",《新編》作"矢",今據《八瓊室金石補正》改。

〔四八〕"大",《新編》未識作"□",《唐文續拾》作"萬",《八瓊室金石補正》作"大",今姑據《八瓊室金石補正》補。

〔四九〕"刻",《唐文續拾》《八瓊室金石補正》作"刊"。

〔五十〕"出"前廿字《新編》未識作"□",今據《八瓊室金石補正》補。

〔五一〕"懸解",《新編》未識作"□□",今據其他各本補。

〔五二〕"□□俱□,湛然本□",《新編》未識作"□",今據《八瓊室金石補正》補。

〔五三〕"□其□目,□寺□身,□吞日月",《新編》所錄惟"春日月"三字,春即"吞"之譌,餘皆未識作"□",今據《八瓊室金石補正》補正。

〔五四〕"塔,雨泣",《新編》未識作"□□□",今據其他各本補。

〔五五〕"持"前諸字,《新編》未識作"□",今據《八瓊室金石補正》補正。

[匯考]:

〔一〕《寶刻叢編》引《京兆金石錄》稱:"唐陸海撰,僧惟昌書,寶應二年。"

〔二〕《關中金石文字存逸考》稱:"今在藍田縣。新建胡大令元烘重修縣誌,載其全文,並云書法頗佳,有李北海筆意。雖漫漶頗甚,尚可句讀。前代考據、金石家皆未著錄,惟宋陳思《寶刻叢編》載其目,近時碑估搜出,始行於世。"

〔三〕《八瓊室金石補正》稱:"高七尺二寸二分,廣三尺七寸五分。廿五行,行四十七字,字徑一寸,行書,在陝西。……右'大福

237

和尚碑記'在關中，不能實指其地。後九行磨泐不少，尚可句讀，而前半完善，自來金石家均未著錄，出土不久也。紀年漫漶，幾于莫辨，諦審數四，始得'貞'字，'貞'下似'元'。大福卒于天寶二年，即以其年八月入塔，至貞元間立碑，相距已四十餘年矣。文內肅宗已稱廟號，代宗紀號無'貞'字，故可定為'貞元'，'元'下'六'上一字已闕，當是'十六年'也。《通鑒目錄》，是年七月為丁酉朔，碑云'五日辛丑'亦合。惟碑云'道侶精構安國寺，以睿宗舊邸，肅宗躍龍之所，資於法器，以住持也'，下云'總持寺□遠□□又請安居'云云，再下方敘久而謂門人等語，則尚在大福未卒之前開元、天寶間，可以言肅宗躍龍之所，殊不可解。豈後來追述其事，一意鋪張而臨文失檢耶？至開廿六年，脫一'元'字，則它碑亦已有之。"

［四］《貞石證史》"肅宗躍龍之所"條稱："《補正》云：'大福卒於天寶二年，……惟碑云，……則尚在大福未卒之前開元、天寶間，何以言肅宗躍龍之所，殊不可解。豈後來追述其事，一意鋪張而臨文失檢邪。'余謂陸說殊誤會也。《長安志》八長樂坊大安國寺注云：'睿宗在藩舊宅，景雲元年，立為寺。'則此舊宅玄宗當嘗居之，惟肅宗以景雲二年九月三日乙亥生於東宮之別殿，（參據《舊唐書》一〇、《唐會要》三及《舊唐書》校勘記五，唯《會要》訛二年為三年。）睿邸即元年改寺，則其得孕恐不在是地，意當日民間未事深考，故目此為肅宗躍龍之所也。建寺係二十六年五月五日奉敕，肅宗係同年六月三日庚子冊立，則精構之前，已曉然皇嗣所屬，碑文之意，在開元未言之，猶云先帝舊邸曁皇太子躍龍之所；但《大福碑》遲至貞元始立，陸氏業有考定，後來追述，自應改曰肅宗躍龍，謂非事實或有之，若責以臨文失檢，則直未瞭解操翰者之用意矣。"

［五］《陝西石刻文獻目錄集存》稱："（碑）原在藍田縣，現仍存藍田縣。"

校者按：本文撰者陸海，其名見於《唐尚書省郎官石柱題名》（岑仲勉《金石論叢》，上海古籍出版社，1981年，388頁）"主客員外郎"下，與碑題銜正同。據碑可知，其為主客員外郎當在寶應年間。又，《寶刻叢編》引《京兆金石錄》以本碑寶應二年立，陸氏以為貞元十六年立,《新編》所錄未見紀年,而以本碑係寶應二年,當是轉錄《叢編》之說。兩相比較,《叢編》所據《京兆金石錄》時代較先,碑之紀年應尚未磨泐,故其說更為可信,從陸氏"自來金石家均未著錄"一語可知,其未嘗翻檢《叢編》,亦一時失察耳。

一切如來心真言並明光寺持律尼心印記
（大曆十三年正月　見《存逸考》卷四"長安縣下"）

石高一尺,廣一尺。正書,十七行,行十七字。經咒不錄。
明覺寺持律比丘尼心印記

粵以梁國郡喬氏台息,有女如雲,匪我思存,是大道之法象,為真如之律身。知涅槃之安樂,表世界之苦空,返迹潛道,歸戒至尊。道尊德貴,空寂亡神,守律虛院,三年化體。體氣去至,劫劫生天,緣住來依,仏仏連聲。悲夫！魄無華月之光,魂有法明之至,故以法華之理而歸妙焉。乃以大曆十三年歲次戊午正月戊申廿七日甲戌於上都西長安承平鄉,瞻仰至尊,俯臨仏位,爰命下才,斲石刻記。(《十二硯齋金石錄》卷一二。《關中金石文字存逸考》卷四。《金石萃編補遺》卷二。《唐文拾遺》卷六一。《八瓊室金石補正》卷六四。《陝西金石志·補遺上》。《續修陝西通誌稿》卷一六五。)

[匯考]：

[一]《十二硯齋金石錄》稱："右'明覺寺比邱尼刻經記'陝西喬中丞松年所贈,文筆、書勢皆佳。按宋敏求《長安志》：'明覺尼寺'在皇城布政坊街東之北,本隋御史大夫裴蘊宅。開皇中太保河間王弘立為寺。戌字少一撇,與北周天和四年造像同。錢大昕《金石文

字跋尾》謂顏魯公'千福寺碑'……亦如此,蓋書家省筆,非有所迴避也。"

［二］《八瓊室金石補正》稱:"石高一尺一分,寬一尺八分。十八行,行十七字,末行空。……正書,時帶行筆,在西安貢院。……同治四年,秦中重修試院,掘得此石,嵌明達樓東壁。尼不詳名,寂化後喬氏命記之,撰、書皆不著人。"

［三］《關中金石文字存逸考》稱:"同治四年乙丑西安重修貢院,工人掊土得之,今未知移徙何處矣。"

張維岳碑

(貞元八年三月　見《存逸考》卷六"高陵縣")

碑高五尺八寸,廣三尺二寸五分。二十九行,行二十五字,正書。額題"大唐故贈工部尚書張府君神道之碑銘",四行,行四字,篆書。

唐故開府儀同三司兼左羽林軍大將軍知軍事文安郡王贈工部尚書清河張公神道碑銘并[一]序

秘書監安陽邵說撰
前太常寺奉禮郎□□膺書

大曆乙卯歲夏四月,有星犯於北落。洎秋九月癸巳,大將軍維岳薨於位。冕旒悼惜,贈工部尚書,申命有司備禮,以其[二]年十月乙酉葬於高陵縣奉政原之先塋。公髫髦敏異,弱[三]冠宏達,風儀朗澈,望之巍然。業於武,專於學,精於戰陣,□於兵鈐,萬人之敵也。天寶末[四],改服仗劍,北趨朔邊。屬幽陵首禍,安羯稱亂,汾陽王郭公子儀偉其材畧,引為步將。清渠之戰,特拜左衛將軍。黨□背[五]德,恣為陵逼,肅宗命公以麾下敢死,亟往摧之。遷右衛大將軍。乾元中，汾陽蕩定咸洛，追鉏元惡，公奮無前□，勇拔棘而馳。自衛抵鄴，煞傷滿野，加通義大夫、太僕卿，封南陽縣男。思明繼逆，再擾東夏，太尉李光弼扼河陽之險，制覃懷之寇。公凌[六]堞□□，□擒魁渠，矢貫其背，血流被臆。聖私表異，遷銀青光祿大夫，試鴻臚卿。李國貞繼掌師律，身戕衆潰，虎旅散掠，居人駭亡。公□□寇盜，完安郡邑。僕固懷恩之授鉞也，亦仗公以心腹。公閱視材力，教之引滿，藝成徹札者，凡[七]二千人，署曰平射營，為師之左右先後。今聖踐極，改試殿中監，進封開國伯。自是走朝義，踰九河，梟兇馘逆，日聞凱獲。授特進，試太常卿，進封南陽郡公，食以實封，累加開府。懷恩之遁，封漢東郡王，增封一百五十戶，充朔方都知兵馬使。公以三軍無帥，審於避嫌，馴歸闕下，□食四百五十戶，拜左羽林軍將軍，知軍事。公固辭爵邑之大，食二百五十戶，前此軍政壞，蠧習以生，常有無其人而私入其食與其衣者，有市井屠沽之伍，避屬所征役而冒趨戎行者。公悉罷斥，歸之尹京，解紫紱而從褐衣者，凡千二百輩。其餘慰撫字恤，討而訓之，皆趫材勇悍，一以當百。丁憂去職，柴毀過禮，而官曹之務，復曠紊無章。大君深惟其人，莫克纘奉，起公於苴絰之内，俾復舊官，改封文安郡王。泣乞終喪，抑而不納。於[八]是圖贍軍實，貿遷有無，制良弓勁矢，強弩堅甲，動萬萬計。其長戟利劍，戈矛殳鋋，亦萬萬計。至於經費餘羨，緡錢繒縞、米鹽稻麥之數，莫之能紀，咸登於内府，實於禁倉。其有牛車、什器入於中者，亦數十百萬。上所獎重，遷本軍大將軍。公以天時地利，明主之所當知也。創風□氣候圖，蜜[九]以上獻。復慮國用不足，奉私財佐軍，帝益加[十]歎，因而賜弔。公始自將校，驟隨節制，幕下之碩畫，公必佐焉；軍中之右職，公必更焉。迨[十一]□禁旅，洊濡渥澤，一人之顧問，公實參焉；九重之謀議，公皆造焉。錫以金券，仍畫像於凌煙閣，謂享駘耆，為邦翰垣。不及中身，何剝喪之速，寢瘵之日，御醫結轍，傾落之後，中貴盈門，賵襚之數，加常一等。或弔唁其室，或奠祭於塗，其恩□之厚也如此。

公外強毅而內淳至，其奉親也，竭力於養，盡心於疾。養則問其所欲，視其所膳，晨昏莫之違也。疾則頵其色，致其憂，冠帶莫之解也。雖迫以嚴命，竟從於金革，而飲恨終身，永痛於創鉅。加以義禮接於姻戚，任恤深於子姓，寠貧飽其惠，孤藐[十二]忘其亡，蓋孝悌之極也。本乎世系，則隨齊州刺史政之曾孫，皇太子家令元濟之孫，豐王府司馬、贈靈州大都督履仁之子。世尚忠肅，以術學理行聞，蓋靈源之濬也。議其祚胤[十三]，則益王府長史曼，左監門衛率府錄事參軍杲，太子司議郎晟，崇文生畢，長未及冠，弱纔知方，然而因心克孝，率禮不越，蓋積慶之深也。公視其母弟有志，切於己焉，家之餘財，身之後事，盡委於志。既而喪紀辦護，豐碑篆刻，皆令季之所為也。人謂文安友愛，有志弟悌，張氏之業，其不替乎！銘[十四]曰：

勳臣之賢，將有文安。累康屯艱，為邦垣藩。婪婪[十五]巨猾，射天吠主。帝[十六]念汾陽，專征耀武。惟公憤發，願從旗鼓。肇自朔裔，南馳關輔。關輔既清，復東其旅。訓激貔虎，戕摧寇虜。思明繼逆，再擾三河。河陽之師，實制獍牙。桓桓太尉，將定諸華。忿是覃懷，附於兇邪。公擒其帥，勳伐居多。懷恩授鉞，討除姦羯。翳公烈烈，遂掃逋孽。汾上之潰，我成其功。違難遠嫌，宛[十七]□清風。訓馭北落，聲華有融。如何昊穹，而降斯凶。贈以冬官，洪惟飾終。輀發京邑，堋歸渭汭。精魄何之，英名孰繼。空留片石，萬有千歲。

貞元八年三月十日建。(《關中漢唐存碑跋》。《金石萃編補略》卷二。《補寰宇訪碑錄》卷三。《關中金石文字存逸考》卷六。《金石萃編補遺》卷二。《續語堂碑錄》丁。《唐文拾遺》卷二四。《八瓊室金石補正》卷六六。《陝西金石志》卷一六。《續修陝西通志稿》卷一五〇。《增補校碑隨筆》六二九頁。《碑帖敘錄》一七三頁。《善本碑帖錄》一四六頁。《北京圖書館藏中國歷代石刻拓本彙編》二八冊八九頁。)

[校記]:

[一]"銘并",《新編》未識作"□□",今據《唐文拾遺》補。

[二]"其",《新編》未錄,今據其他各本補。

[三]"弱",《新編》未識作"□",今據《唐文拾遺》補。

[四]"末",《新編》未識作"□",今據其他各本補。

[五]"背",《新編》未識作"□",今據《唐文拾遺》及北圖藏拓補。

[六]"凌",《新編》作"陵",今從其他各本改。

[七]"凡",《新編》未錄,今據其他各本補。

[八]"於",《新編》未識作"□",今據《唐文拾遺》補。

[九]"蜜",《八瓊室金石補正》及北圖藏拓同,《唐文拾遺》作"密"。

[十]"加",《新編》作"嘉",今據其他各本改。

[十一]"迨",《新編》未識作"□",今據其他各本補。

[十二]"孤藐",《新編》作"藐孤",今據其他各本改。

[十三]"胤",《新編》作"允",《八瓊室金石補正》《金石粹編補略》"胤"字闕末筆,北圖藏拓作"胤",當是避清世宗諱改,後文凡遇有相同諱字於文內徑改,不再出校。

[十四]"銘",《新編》未識作"□",今據《唐文拾遺》補。

[十五]"婪",《新編》未錄,今據其他各本補。

[十六]"帝",《新編》未識作"□",今據《唐文拾遺》補。

[十七]"宛",《新編》未識作"□",今據其他各本補。

[匯考]：

[一]《關中金石文字存逸考》稱："此碑道光時出於高陵，未經前人著錄，今在高陵縣。題銜曰'清河張公'，蓋稱其郡望也。維岳官爵已不為卑，而《新唐書》無傳。案：《通鑒》云'安史之亂，諸道用兵，是時府庫無蓄積，朝廷專以官爵賞功，諸將出征，皆給空名告身，自開府、特進、列卿、大將軍下至中郎、郎將，聽臨事注名，其後又聽以信牒授人官爵，有至異姓王者'（注云：信牒，未有告身，先給牒以為信也。鳳枝案：唐之信牒，即今捐納官職，未領執照，先給實收之類。），諸軍但以職任相統攝，不復計官爵高下。及清渠之敗，復以官爵收散卒，由是官爵輕而貨重，大將軍告身一通，纔易一醉，凡應募入軍者，一切衣金紫，至有朝士僮僕衣金紫稱大官而執賤役者，名器之濫，至是而極焉。碑云維岳於清渠之戰特拜左衛將軍，即至德二載郭子儀與安守忠戰，清渠之敗以官爵收散卒時也。碑又云維岳畫像淩煙閣，考淩煙畫像功臣位次見《新唐書》一百六十卷《忠義傳上》，而無維岳之名。案：畫像者，武德功臣十六人，貞觀功臣五十三人，至德功臣二百六十五人，大中初又續圖三十七人，共三百七十一人，今傳中有名者，僅一百八十七人，則傳中未經列名者，不僅維岳一人也。豐王名珙，玄宗子，益王名迺，代宗子，均見《新唐書》十一《宗諸子傳》中。撰文之邵說，見《新唐書·文藝傳》，《藝文志》云'說有集十卷'，是說於當時固有文名者。此碑敍事未見筆法，惟銘詞鏗鏘壯健，朗朗可誦，不愧大手筆焉。碑中'北落'字兩見，案《史記·天官書》云：'虛宿其南有眾星曰羽林天軍，軍西為壘，或曰鉞，旁有一大星曰北落。師門一星在羽林西南，天軍之門也，長安城北落門以象此也。'《新唐書·百官志》'左右衛將軍，各二人，從三品；大將軍，各一人，正三品；文散階正四品下曰通議大夫；太僕寺卿一人，從三品；七等爵開國縣伯，食邑七百戶，正四品上；鴻臚寺卿一人，從三品；左右羽林將軍各三人，從三品；大將軍各一人，正三品；東宮官太子家令、寺家令一人，從四品上；司議郎二人，正六品上；左右監門衛率府錄事參軍各一人，正九品上；崇文館學士二人，貞元八年隸左春坊，有館生十五人'，維岳子為崇文生，即其職也。"

[二]《筠清館金石記》稱："右'張維岳碑'，近時出土，諸家均未著錄。維岳兩《唐書》俱無傳，案《李寶臣傳》'寶臣死，軍中推其子，張維岳為留後，求襲父位，為王武俊所殺'，當別是一人也。《僕固懷恩傳》'懷恩頓軍汾州，使禆將李光逸守祁，李懷光拒（校者按：當作"據"）晉州，張維岳據沁州'。又，《舊書·懷恩傳》'子儀至河中，僕固瑒已為朔方兵馬使，張維岳等四人斬其首，獻於闕下'，《郭子儀傳》'懷恩子瑒主兵榆次，為帳下張維岳所殺，傳首京師。維岳以瑒之眾歸於子儀'，即其人也。碑稱其屢建功業，洊封至文安郡王，蓋以殺僕固瑒事拜左羽林將軍，改封文安郡王，碑僅云'公以三軍無帥，審於避嫌，驛歸闕下'，而隱約其辭為之諱耳。碑又稱'遷本軍大將軍'、'錫以金券，仍畫像凌煙閣'云云，案《代宗本紀》'廣德二年，元帥、雍王兼中書令僕固懷恩加太保、廻紇登可汗，進徽號，功臣皆賜鐵券，藏太廟，畫像凌煙閣'，考其時維岳正隸懷恩帳下，故亦得以功臣與其事焉。此碑建於維岳死後七年，文為邵說撰。說，《唐書》有傳云'安陽人，舉進士，為史思明判官。朝義之敗，降於軍前，郭子儀愛其才，留於幕下，累授長安令、秘書少監'，與碑前結銜正合。"

　　[三]《八瓊室金石補正》稱："碑高六尺四寸六分，廣三尺四寸五分。廿八行，行五十五字，年月一行。正書，在高陵。……維岳先世、後嗣史俱無考。太子家令，從四品上。龍朔二年改家令寺曰宮府寺家令，曰大夫。此稱家令，是玄濟官，此在龍朔未改之前也。……左監門衛率府當即太子左監門率府，左監門衛不稱率府也。武德五年，改左、右宮門將曰左、右監門率府，龍朔二年改左、右監門率府曰左、右崇掖衛。垂拱中，改左、右監門率府曰左、右鶴禁衛，此稱左監門衛率府者，蓋後來復改，亦稱衛也。……崇文生，崇文館學生也，貞觀十三年置崇賢館，顯慶元年置學生二十人，上元二年避太子名改曰崇文。貞元八年隸左春坊，有館生十五人，此碑立於貞元八年，時隸於左春坊也。……'恩□之厚'，似是'華'字。……碑已斷為兩截，稍有缺損，尚屬完整。"

　　[四]《陝西石刻資料目錄集存》稱："原刊立於高陵縣奉政原，道光時出土，現存高陵縣文化館。碑缺，下截存者高四尺六寸，廣三

尺八寸，二十九行，行三十五字或三十六字不等。"

校者按：碑主歷官中值得注意者為其任"左羽林軍將軍"一職，其具體所統領為"北衙"禁軍，《新唐書·兵志》稱"夫所謂天子禁軍者，南、北衙兵也。南衙，諸衛兵是也；北衙者，禁軍也"（中華書局，1976年，1330頁），由此可知，唐代禁軍由兩部分組成，即南衙十六衛所統之兵與北衙禁軍。唐代北衙禁軍之發展，初有元從禁軍，以後陸續出現飛騎、百騎、千騎、萬騎等名目，演變為左右羽林、左右龍武、左右神武、左右神策、左右神威等十軍。從兵源性質上看，南衙禁軍基本由"番上宿衛"之府兵構成，而北衙禁軍則多由招募配充之士兵組成。就其重要性而言，陳寅恪先生在《唐代政治史述論稿》（河北教育出版社，2002年，212頁）中稱"唐代之北軍即衛宮之軍，權力遠在南軍即衛城之軍之上"，則其輕重可知。但是，由元從禁軍發展而來之北衙兵，很長時間卻沒有自己獨立的機構和官署，而长期為隸屬南衙的一個下級單位。其形成獨立的軍事行政機構一般以為要到高宗龍朔二年（662）成立左、右羽林軍時。但也有學者認為，這一時間還要靠後，龍朔二年只是把北門屯營兵改名為羽林軍，但行政上仍是"領以諸衛將軍"，其真正獨立要直到垂拱二年。張氏任"左羽林軍將軍"，後遷"本軍大將軍"，時間在代宗初，其時距北衙禁軍之獨立已近百載。又，碑文提及至代宗朝，北衙禁軍體制開始出現許多問題，概括言之，約有二端：一則，碑稱"有市井屠沽之伍，避屬所征役而冒趨戎行者"；前面已經提到，北衙兵多以揀練勇健者為之，一旦入選即免其征徭等項負擔，這就導致大量有經濟能力者為避征徭而以錢代行，時稱之為"納課戶"。《唐會要》卷七二《京城諸軍》"元和十三年條注"即稱"自貞元以來，長安富戶皆隸要司求影庇。禁軍掛籍十五六焉，……身不宿衛，以錢代行，謂之納課戶，至是禁絕"（中華書局，1955年，1294頁），唐長孺先生就此專門指出："《會要》謂至是禁絕，實不然……唐代敕書無不敘及諸軍、諸司影占避役之事者，而納課戶則不限於兩軍，所有色役並有之。蓋既隸名官府，即不屬州縣，名為在役，其實納資以避役也。"（《〈唐書·兵志〉箋正》，科學出版社，1957年，101頁）由此帶來的直接後果是實際執役者數量不足，其整體戰鬥力自然大打折扣。一則，碑所云

"常有無其人而私入其食與其衣者"；即冒領衣、食之資，俗所謂"吃空餉"也。此一問題亦由來已久，《唐會要》卷七二"神策軍"條云"京兆尹楊於陵奏：'諸軍影占編戶，無以別白，請置挾名敕……'從之"，唐長孺先生稱"挾名者即姓名清冊"（中華書局，1955年，1295頁），並引《唐會要》仝卷"京城諸軍"條云"（開元）十八年十一月五日敕'應補萬騎，宜待本使挾名奏錄，敕下然後給食糧者'"，唐先生補充說"當時命挾名奏錄者，恐本使擅補衣糧，或致侵吞，用意雖殊，而同為姓名清冊也"（《〈唐書·兵志〉箋正》，科學出版社，1957年，102頁），則北衙禁軍"擅補衣糧，或致侵吞"事常有發生，導致政府以"挾名奏錄"之方式加以應對。但從張碑可知，這一現象事實上從未真正得到禁絕，只是程度或有輕重而已。碑又稱張氏針對"影占逃役"之弊，乃將市井屠沽之輩"悉罷斥，歸之尹京"，其人數多達一千兩百餘人，亦可見當日情形之嚴重。至於其具體採取之措施，碑未詳書，恐與史書所稱之"挾名敕"大同小異耳。在罷斥影占之餘，對其他未被清理之士兵張氏則"慰撫字恤，討而訓之"，使其戰鬥力有一定提高，碑所謂"趫材勇悍，一以當百"，雖不無誇飾，但多少也反映出這一整頓所產生的積極結果。

東陵聖母帖
（貞元九年己月　見《存逸考》卷二"西安府下"）

此文照裝本錄出，尺寸、行數、字數無考，草書。

聖母以[一]俞至言，世疾冰釋，遂奉上清之教，旋登列聖之位。仙階崇者靈感遠，豊[二]功邁者神應速。乃有真人劉君，擁節乘麟，降於庭內。劉君名綱，貴真也。以聖母道應寶錄，才合上仙，授之秘符，餌以珍藥，遂神儀爽變，膚骼纖妍，脫異俗流，鄙遠塵愛。杜氏初怒[三]，責我婦禮，聖母脩然，不經聽慮。久之生訟，至於幽圄，拘同羑里，倐忽[四]霓裳仙駕降空，卿雲臨戶，顧召二女，踐[五]虛同升。旭日初照，聳身直上，旌幢彩煥，輝耀莫倫，異樂殊香，沒空方息。康帝以為中興之瑞，詔於其所[六]置仙宮觀，慶殊祥也，因號曰東陵。聖母家於[七]廣陵，仙於東土，曰東陵焉。二女俱[八]升，曰聖母焉。邃宇既崇，真儀麗設。遠近歸赴，傾幣江淮，水旱札瘥，無不禱請，神既昭答，人用大[九]康。奸盜之徒，或未引咎，則有青[十]禽翔其廬上，靈徵[十一]既降，罪必斯獲。閭井之間，無隱慝焉。自晉暨隨，年將三百，都鄙精奉，卒[十二]徒奔屬。及煬帝東遷，運終多忌，苛禁道侶，元元九[十三]聖丕承，慕揚至道，真宮秘府，罔不旌[十四]建。況靈縱可訊，道化在人。雖蕪翳荒頹[十五]，而奠禱雲集，棟宇未復，耆艾銜悲。誰其興之？粵因碩德從叔父淮南節度觀察使、禮部尚書、監軍使太原郭[十六]公，道冠方隅，勳崇南服，淮沂[十七]既蒸，試[十八]作而不朽，存乎頌聲。貞元九年歲在癸酉巳[十九]月。

元祐戊辰仲春模勒上石此行係篆书

左拾遺裴休

試大理評事柳乘

鄉貢進士柳槃

大和四年十月十二日

同登

右題名五行，正書，左行。(《石墨鐫華》卷四。《金石史》下。《金石文字記》卷四。《來齋金石刻考略》下。《金石錄補》卷一八。《金石續錄》卷三。《關中金石記》卷四。《雍州金石記》卷九。《潛研堂金石文跋尾》卷八。《鐵橋金石跋》卷二。《平津讀碑三續》下。《古泉山館金石文編殘稿》卷二。《關中漢唐存碑跋》。《金石續編》卷九。《唐文續拾》卷四九。《八瓊室金石補正》卷一〇五。《關中金石文字存逸考》卷二。《金石萃編補遺》卷二。《陝西金石志》卷一六。《續修陝西通志稿》卷一五〇。《增補校碑隨筆》六三〇頁。《碑帖敘錄》二〇〇頁。《善本碑帖錄》二一二頁。）

[校記]：

[一]"以"，《唐文續拾》作"心"。

[二]"豐"，《新編》作"營"，今據其他各本改。

[三]"怒"，《新編》作"忿"，今據其他各本改。

[四]"忽"，《新編》作"覺"，《八瓊室金石補正》《金石續編》未錄作"□"，今從《唐文續拾》改。

[五]"踐"，《新編》作"躡"，今據其他各本改。

[六]"所"，《新編》作"縣"，今據其他各本改。

[七]"於"，《新編》作"出"，今據其他各本改。

[八]"俱"，《八瓊室金石補正》所錄同，《金石續編》《唐文續拾》作"從"。

[九]"大"，《八瓊室金石補正》所錄同，《唐文續拾》《金石續編》作"太"。

[十]"青"，《八瓊室金石補正》所錄同，《唐文續拾》《金石續編》作"鳥"。

[十一]"徵"，《新編》作"衛"，今據其他各本改。

[十二]"卒"，其他各本作"車"。

[十三]"九"，《新編》作"乃"，今據其他各本改。

[十四]"旌"，《唐文續拾》作"擇"。

[十五]"頹"，《新編》作"郊"，其他各本改。

[十六]"郭"，《關中金石記》作"郡"。

[十七]"沂"，《新編》作"河"，今據其他各本改。

[十八]"試"，《唐文續拾》作"識"。

[十九]"已"，《八瓊室金石補正》《金石續編》所錄同，《唐文續拾》作"五"。

[匯考]：

[一]《石墨鐫華》稱："此帖輕逸圓轉，幾貫王氏之壘而拔其赤幟矣，亦元祐年刻。刻手極佳，與'藏真'、'律公'帖俱不失素師筆意。"

[二]《金石文字記》稱："'聖母帖'，僧懷素草書，貞元九年五月。今在西安府儒學。"

[三]《金石錄補》稱："右'聖母帖'，素書於貞元九年五月，而'左拾遺裴休、試大理評事柳乘、鄉貢進士柳槩大和四年十月十二日同登'，則觀此貼署名也。董尚書謂孫過庭草書難讀，如食多骨魚，得不償失，因為注釋，予於此帖亦云。"

[四]《金石續錄》稱："唐懷素'聖母帖'，貞元九年書，元祐戊辰上石。所記述者亦謝自然之流而稱聖母，殊為可笑。素書輕逸圓轉，直似張伯英。黃長睿所謂'授、裳、像、爽等字雜章草法'者，即是書也。"

[五]《關中金石記》稱："聖母者，晉康帝時人，其得建號為東陵聖母者，以其主食江淮故也。《禹貢》'導江過九江，至於東陵'，《漢書·地理志》'廬江郡金蘭西北有東陵鄉'者是也。王松年《仙苑編珠》曰'聖母，杜氏妻也，學劉綱術，坐在立亡。杜氏不信，誣以姦淫，告官付獄。聖母入獄，即從窗中飛出，入雲中而去'，與帖所云正合。聖母自晉訖隋，無不崇奉，至唐尤盛。此帖書於德宗時，又稱'皇從叔父淮南節度觀察使、禮部尚書、監軍使太原郡公'，而不署名，蓋指建立祠宇之人。案其文義，當在廣陵郡地。帖蓋宋時以墨本摹刻者。後有柳槩、柳乘、裴休同登題名。"

[六]《雍州金石記》稱："今在西安府儒學，前有正書'唐釋懷素書'五字，後有篆書'元祐戊辰仲春模勒上石'十字，又後有正書'左拾遺裴休、試大理評事柳乘、鄉貢進士柳槩大和四年十月十二日同登'，其文左旋，凡五行，殊不可解。"

[七]《潛研堂金石文跋尾》稱："右'聖母帖'，不著書、撰人姓名，相傳以為僧懷素書。考《宣和書譜》云'懷素，長沙人，俗姓錢'，故《自敍帖》稱'司勳員外郎吳興錢起為從父'。此帖有'從叔

父淮南節度觀察使、禮部尚書'，雖不書名，以史證之，則是杜岐公佑也。錢與杜不同宗，疑非藏真所書。如果出於藏真，則撰文必別自一人矣。或以為'皇從叔父'，驗石刻，無'皇'字。"

　　[八]《鐵橋金石跋》稱："是刻俗稱'聖母帖'，余讀其文知是'重修東陵聖母宮碑'，前為序，後為銘。其碑久毀，宋時得殘拓本，摘其完字重勒橫石，取便臨仿，俗因謂之帖也。東陵在海陵，今江都縣東。《關中金石記》以《禹貢》東陵當之，恐非。《續漢·郡國志》'廣陵有東陵亭'，劉昭引《博物記》曰：'女子杜姜，左道通神，縣以為妖，閉獄桎梏。卒變形，莫知所極，以狀上聞，因以其處為廟祠，號曰東陵聖母。'《一統志》'古東陵亭在江都縣東'，引舊志所載《寰宇記》云'張綱溝在廣陵縣東三十里，里（校者按：疑'里'為衍文）綱於東陵村東開溝引水'，蓋即故亭之地。《寰宇記》又云'東陵聖母廟在江都縣南三十里'，'南'字蓋'東'之誤，或縣南亦有廟矣。葛洪《神仙傳》：'東陵聖母，廣陵海陵人也。適杜氏，師劉綱學道，能易形變化，隱見無方。杜不信道，常怒之。聖母理疾救人，或有所詣，杜恚之愈甚，訟之官，云聖母奸妖，不理家務。官收聖母付獄，頃之，已從獄窗中飛去，眾望見之，轉高入雲中，留所著履一雙在窗下。於是遠近立廟祠之，民所奉事，禱之立效。常有一青鳥在祭所，人有失物者，乞問所在，青鳥即飛集盜物人之上，路不拾遺。歲月稍久，亦不復耳。至今海陵縣中不得為奸盜之事，大者即風波沒溺，虎狼殺之；小者即復病也。'碑敘聖母事，皆取之傳。海陵，今泰州也，西鄙改屬廣陵縣。宋熙寧五年，省廣陵縣入江都，其地當有大阜，故云東陵。據碑後太和四年裴休等題名曰'同登'，則祠不在平地，今遺址不可見矣。碑云'從叔父淮南節度觀察使、禮部尚書'，考是年淮南節度為杜佑，則撰此碑文者杜佑從子也。《舊書·杜佑傳》'貞元三年，徵為尚書左丞，又出為陝州觀察使。遷檢校禮部尚書、揚州大都督府長史，充淮南節度使。十三年，以淮南兼徐泗節度使。十九年入朝，同平章事'，《舊書·德宗紀》'貞元六年七月，淮南節度使竇覦卒'，是佑之充淮南節度當在六年七月之後。聖母宮即修於兩三年中，故九年五月立碑也。碑云'監軍使太原郭公'，則宦官也，其名莫考。《關中金石記》謂文稱'皇從叔父淮南節度觀察使、禮部尚書、監軍使太原

251

郭公'，合二人為一。又添'皇'字，刪'監軍使'，以'郭'為'郡'，蓋草書難識，故屬讀違異如此。碑後半多闕文，銘詞僅存十字，其裴休等題名，舊當在碑側或碑陰，宋時得殘拓本有此，故附刻於末。《金石錄補》謂觀此帖者署名，恐誤。裴休等乃謁廟觀碑，故云'同登'也。"

[九]《古泉山館金石文編殘稿》稱："此帖第一行下數字及十六行'霓'字上空一格、十七行'雲'字、十八行'虛'字上半字俱有殘缺，其餘筆劃亦有傳模失真之處，頗難審讀。前輩未有釋文，予細加辨識，尚有十餘字未敢遽信，姑從闕疑。文中敘'東陵聖母'四字之義，謂聖母'家於廣陵，仙於東土，曰東陵焉。二女從升，曰聖母焉'，畢尚書引《禹貢》《漢志》以證'東陵'二字，似非其義。又謂'文稱皇從叔父'，今審'從'上並無'皇'字，錢少詹已正之矣。至'郡公'之'郡'，與素師書'千文'中'郡'字不同，以草法考之，疑是'郭'字。郭氏望出太原，則讀為'太原郭公'，義亦可通。要之，此刻草書出自素師，其文必非素師所作也。文有'元元九聖'云云，乃指開元中立元元皇帝廟事，又自太宗至德宗貞元時共九世，故云'九聖'也。帖後但有勒石年月，而無姓名，疑亦出於游景叔輩所為。其後又有大和四年裴休等題名，而云'同登'，則必是登臨遊覽題記，而非此帖之題跋矣。蓋好事者從他處轉摹入石也。文中'神儀'之'儀'，黃伯思作'像'，非是。又明弘治二年晉世子所刻《寶賢堂帖》第十卷懷素書有此帖，其缺處悉同，似出一本。"

[十]《八瓊室金石補正》稱："高二尺一寸，廣四尺五分。二截，共五十三行，草書上石，年月一行篆書。又題名五行，正書，左行，行字均不一。在西安府學。……永州綠天庵亦有此帖，近今以此帖鉤橅者，又有'自敍帖'、'千字文'、'論書帖'、杜工部'秋興詩'、李太白'贈歌'，皆近人所為，悉置勿錄。"

[十一]《關中金石文字存逸考》稱："今在西安府學碑林。湖南零陵縣綠天庵'瑞石帖'中亦刻此帖。……又《關中金石記》云'……'。鳳枝案：拓本云'時因碩德從叔父淮南節度觀察使、禮部尚書、監軍使太原郭公，道冠方隅，勳崇南服'云云，'從'字上無'皇'字，畢氏既增一'皇'字，復將'郭'字誤作'郡'字，

因以其叔父與監軍使合為一人,以大草龍蛇,未能諦視故也。此帖字跡難識,釋文亦不多見。光緒四年,武威劉夢惺大令開第遊宦關中,與予善素,喜顛、素草書,嘗為此帖釋文出以示余,余復為校定數字,始可成誦云。此帖當係宋人以墨蹟模刻者,後有'左拾遺裴休、試大理評事柳乘、鄉貢進士柳槃大和四年十月十二日同登'題名,正書五行,左行。"

[十二]《陝西石刻文獻目錄集存》稱:"唐懷素草書,宋元祐間刻石於西安碑林,現存西安碑林。石高二尺,廣四尺上下,兩截,五十行,行字不等。"

藏真、律公二帖
(見《存逸考》卷二"西安府下")

石高三尺七寸四分,廣一尺三寸五分。藏真帖一則六行,律公帖二則,一三行,一九行,字數不等。草書。

藏真帖

懷素,字藏真,生於零陵。晚遊中州,所恨不與張顛長史相識,近於洛下偶逢顏尚書真卿,自云頗傳長史筆法,聞斯法[一],若有所得也。

律公帖

律公好事者,前後數度,遂發懷[二]素小興也,可深藏之篋笥也。懷素。

律公帖

貧道頻患腳氣,異常憂悶也。常服三黃湯,諸風疾兼,心中常如刀刺,乃可處[三]方數服[四],不然,客[五]舍非常之局[六]耳。律公能夜[七]步求貧道顛草,斯乃好事也,奉復[八],不盡垂悉[九]。沙門懷素白。

253

越觀懷素之書,有飛動之勢,若懸巖墜石,驚電遺光也,珍重珍重。

景祐三年五月十六日

其年七月十九日馬宗誨承之題。

元祐四年季秋十二日寬夫題。

懷素遺帖多矣,此書結字小異,徵仲書[十]。

懷素草聖,識之者少。如周越亦號能書,其珍愛如此。

固

劉摯莘老觀。

元祐四年九月十二日

趙瞻大觀同日覽此。

韓忠彥師朴是日同觀。

己卯歲九月十三日宿齋中書觀懷素書,沖元記。

余既連得見魯公真跡三帖,其筆法遒勁溫潤,竊甚愛之。及讀懷素書,乃云"所恨不得與張顛長史相識,近於洛下[十一]偶逢顏尚書真卿,自云頗傳張長史筆法",然後知魯公[十二]書蓋得張顛之梗概云。穎叔書。

後序此序之前有李白贈懷素草書歌,習見,故不書。

唐僧懷素書藏真[十三]、公二帖,最號精妙。自五代以[十四]來,為余[十五]亡友安師孟家藏,後為王思同子孫所有,近歲復歸於安氏。噫!豈斯文之顯晦,亦有數耶?因模刻於長安漕臺之南廳,及以諸公之[十六]題跋、李白所贈草書歌同附於卷尾,傳諸好事云。元祐八年九月初一日武功游師雄景叔題長安安宜之模。鐫匠安敦[十七]。

唐懷素帖及諸公題跋,游景叔摹於石,舊在使宇南齋簷砌[十八],□元符三年七月孫軫龕於便廳之東壁。(《石墨鐫華》卷四。《金石史》下。《金石文字記》卷四。《來齋金石刻考略》卷四。《金石續錄》卷三。《金石錄補》卷一八、一九。《關中金石記》卷四。《雍州金石記》卷九。《潛研堂金石文跋尾》卷八。《古墨齋金石跋》卷五。《關中漢唐存碑跋》。《天下金石志》。《關中金石文字存逸考》卷二。《金石萃編補遺》卷二。《唐文拾遺》卷四九。《八瓊室金石補正》卷一〇七。《陝西金石志》卷一六。《續修陝西通志稿》卷一五〇。《碑帖敘錄》一一八頁。《善本碑帖錄》二四五頁。）

[校記]：

[一]"法"，《新編》作"語"，《八瓊室金石補正》作"八法"，陸氏注稱"二字添注"，當以"法"為是。

[二]"懷"，《八瓊室金石補正》作"於"。

[三]"處"，《唐文拾遺》所錄同，《八瓊室金石補正》作"變"。

[四]"數服"，《唐文拾遺》作"數日服"，《八瓊室金石補正》作"數數耶"。

[五]"客"，《唐文拾遺》所錄同，《八瓊室金石補正》作"容"。

[六]"局"，《唐文拾遺》作"憂"。

[七]"夜"，《唐文拾遺》作"柱"。

[八]"奉復"，《唐文拾遺》作"奉涗"，《八瓊室金石補正》作"率復"。

[九]"悉"，《唐文拾遺》所錄同，《八瓊室金石補正》作"愛"。

[十]"書"，《八瓊室金石補正》所錄無"書"字。

[十一]"下"，《八瓊室金石補正》作"中"。

[十二]《八瓊室金石補正》"公"後有"之"字。

[十三]《八瓊室金石補正》"真"後有"律"字。

[十四]"以"，《八瓊室金石補正》作"已"。

[十五]"余"，《八瓊室金石補正》作"予"。

[十六]"之"，《八瓊室金石補正》所錄無"之"字。

[十七]"敦"，《八瓊室金石補正》作"敬"。

[十八]"南齋簹砌"，《新編》作"南簹"，今據《八瓊室金石補正》補。

255

[匯考]：

[一]《石墨鐫華》稱："'藏真'、'律公'共三帖，宋游師雄刻之於石者。所謂師遊絲筆法也，有驚蛇飛電之悅渺，有挽強拔山之氣力，最奇筆也。後刻諸跋，太半皆宜刪去，李太白歌贋作，尤為此帖之玷。"

[二]《金石文字記》稱："草書，今在西安府學。"

[三]《金石錄補》稱："右'藏真帖'云'恨不與張長史相識，逢顏尚書，自云頗傳長史筆法'，然後知平原亦宗顛旭，如爭座位。祭伯、祭姪文，行草皆極自然也。此帖似張伯英，以一筆書行，斷則再連續，真有霆不暇繫、電不及飛之妙。"

又稱："右素貽律公者，即今之尺牘也。歐公以懷素之徒棄百事而學書為可笑，米海嶽云'智永硯成臼，乃到右軍，若穿透，始到鐘、索'，則歐公之言，似非篤論。此帖作遊絲筆法，若懸崖墜石、驚電遺光，觀止矣。"

[四]《關中金石記》稱："無年號，釋懷素草書。元祐八年九月，元宜之刻，有游師雄跋，並在西安府學。後有宋人題名，蓋亦以墨本鉤摹者。'藏真'，懷素字也，文云'所恨不與張旭長史相識，近於洛下逢顏尚書真卿，自云頗得長史筆法'，考今世猶有魯公傳《長史十二筆法記》，與帖所云正相合。然則為後人依託為之者，是非也。"

[五]《雍州金石記》稱："今在西安府學，'藏真'一則，'律公'二則，宋游師雄刻石。"

[六]《潛研堂金石文跋尾》稱："右僧懷素草書藏真'、'律公'二帖，宋時為京兆安師孟家藏，有周越、馬宗誨、劉摯、韓忠彥、趙瞻諸人題跋，其云'寬夫'者，文彥博也；'微仲'者，呂大防也；'穎叔'者，蔣之奇也；'沖元'者，許將也；'固'者，孫固也。元祐八年游師雄以安氏藏本模刻於長安漕臺之南齋，元符三年，孫輅龕置便廳壁間，俱有題識。"

[七]《關中金石文字存逸考》稱："今在西安府學碑林。"

[八]《八瓊室金石補正》稱："高四尺二寸五分，廣二尺四寸六分，五截，上二截帖，下三截題後贈詩跋，行數、字數、大小、真草

均不一，在西安府學。"

[九]《陝西石刻文獻目錄集存》稱："原在西安府碑林，現存西安碑林。石高五尺，廣二尺，分五截書。上二截，唐懷素草書藏真帖一則，六行，律公帖二則，十三、十九行不等，下三截後人題跋，首一行題懷素法帖，末一行移置年月。"

應福寺西閣功德記

（開成元年十一月　見《存逸考》卷九"邠州"）

石高九寸，廣一尺四寸六分。十三行，字數不等，行書，左行。

應福寺西閣功德記

鄉貢進士張居簡撰

夫至相無為，即無為之妙自於有為而起，今館[一]驛使介寶興、內侍省內僕令丁有興共脩功德，亦自有為而起也，依山鐫勒，明並日月，伏願聖慈加被，得在彌勒下生會中，嘗聞[二]有感必應，故陳此精懇[三]，時開成元年十一月十二日述。（《邠州石室錄》卷一。《關中金石文字存逸考》卷九。《金石萃編補遺》卷二。）

[校記]：

[一]"館"，《新編》未識作"□"，今據《邠州石室錄》補。

[二]"聞"，《新編》未識作"□"，今據《邠州石室錄》補。

[三]"懇"，《新編》未識作"□"，今據《邠州石室錄》補。

[匯考]：

[一]《邠州石室錄》稱："十三行，行自八字至十字不等。字徑一寸至二寸，亦不等，行書，右行。……狄梁公《試武后疏》有云

'今之伽藍，制過宮闕，里陌動有經坊，闤闠亦立精舍。尊容既廣，不可露居。覆以百層，尚憂未徧，想見當時營造之盛'，今此寺雖無百層，自平地特起，共五級，中空為罍，一巨象屹然穿中而上，上顧下踵，自肩及膝一體，各占一龕，依山鐫勒，雖未知視開成舊制何如，在西陲可為勝刹。唐制：內僕局令二人，正八品下，掌中宮車乘，出入導引，丞為之貳。'驛使'上一字蝕損，按《舊書·吐突承璀傳》'內侍省常侍宋惟澄為河南陝州河陽以東館驛使，內官曹淮玉、劉國珍、馬江朝分為河北行營糧料、館驛等使'，此闕字疑為'館'字。館驛有使，以內官充之，猶之觀軍、權稅，因事所置，非常職也。開成初元，正當大和之季甘露變後，貂璫竊柄，天子閉目搖手，等於贅疣，介、丁二豎名不見於史冊，么麼螽孽，奉使所經，廣營佛事，文士濡筆以頌功德，其威燄尚爾，而仇士良輩滔天之勢，更無待言矣。"

［二］《關中金石文字存逸考》稱："張居簡撰，行書，左行。開成元年十一月。……今在邠州大佛寺。"

劉沔碑

（大中二年十一月　見《存逸考》卷九"永壽縣"）

碑高五尺，廣二尺五寸五分。三十七行，行六十五字，正書。額題"唐故太子太傅致仕贈司徒劉公神道碑"，四行，行四字，篆書。

唐故光祿大夫守太子太傅致仕上柱國彭城郡開國公食邑二千戶贈司徒劉公神道碑銘并序

朝請大夫、守左諫議大夫、上柱國、賜紫金魚袋韋博撰

金紫光祿大夫、左散騎常侍、上柱國、河東郡開國公食邑二千戶柳公權書

翰林待詔、朝議郎、守越州都督府司馬唐玄度模勒並篆額

公諱沔，字子汪，其先彭城人。世為將，習孫、吳兵

法，皆以騎射善鬭名聞開元、天寶間，□公覽群書，工《春秋左氏傳》，雅厚□對，謙謹□□，夙有大志，卒[一]成功名。曾祖玄，銀青光祿大夫、檢校太子賓客、利州長史、兼監察御史。生王父嵩，銀青光祿大夫、檢校國子祭酒、□□刺史、兼侍御史，遇天下無□，時號太平，雖□戰功，官不甚顯，忠厚積慶，必大其胤，是生皇考，奉天定難功臣，興元元從，驃騎大將軍、行左驍騎衛大將軍、兼御史中丞、上柱國、東陽郡王，食實封□[二]百戶，贈左僕射、□□□□□，時奸孽起於輦下，嘯呼叛寇，狂刃指闕，六軍無素，大駕西幸，僕射公與侍中□□□□□□□扈□德宗皇帝於奉天縣，分守壁壘，力戰前後凡數十合，賊不敢近其[三]界。地雄□□□□□□□□□□[四]公僕射之幼子也。生知慈愛，□□□[五]不以金玉[六]實橐中。居僕射喪，哭無時，親戚僕使[七]給所奉外，餘財封植松檟，無所留。制終，杖劒北遊，至單于□□□□□□□□□[八]希朝，希朝與語愛□，□立署衙門將，□□□□客[九]，公佩刀侍階下，希朝目之使與坐，指其眾曰："此子他年必有吾位。"公戰悚拜謝，軍中□□□□□□□□□□□□□大將將□□□□□□□□□大夫[十]、檢校左散騎常侍、兼將軍，知軍事。公善射，能擊毬，與其輩角於[十一]公場，數勝，群輩企羨。屬□□□□□□□□□□公慨然□前興軍□□之□□□□□前後[十二]高下。太和元年□月十七日，遷大將軍，依前知軍事。嚴慎簡重，恩威洽肅，動靜規矩，一皆法度□□□□□□□□□崒數四□涇原北庭□□□□□□□□九[十三]月十七日，以北地危[十四]急，藉公威聲，詔守本官，移理振武。涇人惜其去，閉壘留乞。公曰□□□□□□□□□□□□□□[十五]振武也[十六]，軍中將□□□□□□□□義[十七]，稍

259

相解諭。會傳鼓□自闕來，公給之迎迓，引[十八]眾出，前揖其使，遂鞭馳數十里，入振武城□□□□□開成三年，突厥□□□營田公□□□□□□□□□□歸[十九]戰卒，故士卒樂其□。公善緝破碎，不事冗長，無虛費誇飾，故廩盈而庫實，人閑而力逸[二十]，築都□□□堡及□□□堡□計錢百餘[二一]貫。文宗皇帝嘉能軍，詔曰："卿材膺將帥，道茂公忠，立城堡於要衝，禦番戎於□□□□之□□□□多，悉皆支[二二]持，不更論請□□□□□□□□[二三]術業而出群，何能臻此。其年九月十七日，加戶部尚書。五年三月十六日，檢校左僕射。其年，迴紇□天德□□□□詔公權[二四]領天德軍，興振武之師，據雲伽關□□退歸[二五]，賜繒錦銀彩，監軍使劉元政、大將百姓、僧道耆老、蕃部首領具公休績，聞於朝，請建碑紀。公抗表固讓[二六]，無勞□□虛□[二七]芳藹之遺實[二八]焉。會昌二年春，迴紇又入天德[二九]，掠[三十]太原、振武北界。詔兵部郎中李拭往視[三一]，經畧器備城戍，且觀其節將之能否，使還，實辭唯公可委。三月廿三[三二]日，以本官除河東節度使。五月，迴紇寇雲州。六月，出太原之師。九月，制兼充招撫迴紇使。其時徵四方之師已集，命公指揮進退，遂屯於雁門關，斬雲[三三]州失□將七人以徇，然後分部據險，秣馬教射，積食礪器，練驍傑，第猛力，程其材而任之。頻詔促戰，公上表曰："不及獻歲之初，必見誅夷之効。"朝議不聽，責戰益速，誠筭既決，堅正不撓。其年冬移軍天甯。又移雲[三四]州，得諜者曰：迴紇已卜正月一日將校當晨謁都護府，我併兵[三五]力攻，必得其城，食其粟。陰山、漠[三六]南，舊吾土，可以爭衡，取安[三七]之道，□公[三八]召邢[三九]州刺史石雄、馬步都知兵馬使王逢、遊奕先鋒使劉萬佺，令之曰："與尔□一萬至安眾寨，遇寇當戰，復須以捷報，如乘其虛，即盡虜妻男女牛馬，倍道歸我。比[四十]虜還，已失旗[四一]帳，吾遣士[四二]登城呼[四三]之，可一麾來降。"時[四四]三年正月九日矣。至十一日夜，□□於殺胡嶺大破之，斬首三千級，得太和公主，還于[四五]上京，降特勤王[四六]子二十一人，□汙[四七]達干將軍卅餘人，首領及俘纍四千餘眾，牛馬駝羊萬計。犒旋，加檢校司空[四八]。物議賞未直其功，再加金紫光祿大夫，仍[四九]賜一子正員八品官。軍還，次代州。時歸義軍迴紇三千餘人并首領卅三人隸食諸道，以[五十]天子新與其號，而又恃思忠宿衛之寵，不受詔曰："我虜也，死於此足矣，南州不復往。"夜大呼連營，據呼沲河叛。公曰："夫[五一]權貴於合道，是宜誅之。不俟詔旨。"奏[五二]還，果契上意，軍還河東。六月，又詔領師南討澤潞，屯榆杜，歸百姓男女五百餘口，得歸義將李丕[五三]及健卒送闕下。公以劉積宗姓，往[五四]為鄰封，從諫每[五五]欲濟師助我。今諸軍或不捷，必貽論指目，禍基此矣。上疏切言，移滑州節度使，守本官。會昌四年二月廿五日，以萬善之戰□尅，詔除河陽節度使，領滑師二千人，為萬善聲勢，實欲[五六]公師[五七]焉。自河陽又遷光祿大夫、檢校司空，鎮許昌。詔將到，公曰："吾聞無德而祿，猶無基而厚墉，不危[五八]何待！"稱疾堅去[五九]，風□亟聞於朝，人不[六十]之知，如卿士[六一]嘆惜，喧問相續。除太子太保，以不任朝謝報。復除太子太保，致仕。又遷太子太傅。辭榮知止，或筋力不任[六二]，待[六三]年而請。公纔齡六十，持節三[六四]鎮，以[六五]全力盛，功高位尊[六六]，恃[六七]勳名無驕怠[六八]色，日以盈滿是懼，退休為切。二百年強寇一旦廓清，北方無虞，胡馬不牧。閒室私第，不妄遊止，出抵[六九]別墅，素衣小馬，從惟數人，道遇□貴[七十]，必除騎屏□，人[七一]

仰遜下，聞風□退[七二]，優遊自遂，不悲[七三]不戚。以大中二年十一月七日遘疾薨於昇平里，享年六十五。天子悼痛，輟朝二日，賻□□□□贈司徒[七四]。公兩子，長□□□，神[七五]勇武毅，為右神策軍押衙、銀青光祿大夫、檢校太子詹事、前蔣王府長史、兼侍御史，繼其家聲，不隳先業。幼從周，前左監軍衛將軍[七六]兼侍御史節服儒□□□書千[七七]□□□公之爱子□秋，遺祉及焉。博[七八]自殿中侍御史，改檢校司封員外郎，佐公幕於太原，從行營於雲州，周旋始終，目覩盛績，□□□□不刻□□。銘曰[七九]：

旄頭耀芒，爪牙用張。繫公而功，孰材可當。厥惟匈奴，軼陸跳樑。在昔不馴，北方稱強。既寇既[八十]擾，如虎如□。維公□□，□□以□。□□□類，□□□□[八一]鳥無遺[八二]飛，獸無伏藏。界際萬里，野寂三光。休烈巍巍，慊若無有。恩愧寵踰，功懋祿厚。二疎繫思，五湖在慮。不盈不傾，□□□□。匪□匪[八三]□，□□□□。

李從慶[八四]刻字。（《金石錄》卷十。《寶刻類編》卷四。《懷岷精舍金石跋尾》。《關中金石文字存逸考》卷九。《金石萃編補遺》卷二。《唐文拾遺》卷三一。《八瓊室金石補正》卷七四。《雪堂金石跋尾》卷四。《陝西金石志補遺》上。《續修陝西通志稿》卷一六五。《北京圖書館藏中國歷代石刻拓本彙編》三二冊二六頁。）

[校記]：

[一]"□對，謙謹□□，夙有大志，卒"，《新編》未識作"□"，今據其他各本補。

[二]"□"，《新編》未錄空一格，《八瓊室金石補正》未識作"□"，今據補。

[三]"近其"，《新編》作"近□"，《八瓊室金石補正》作"進

其",今據補"其"字。

［四］"雄□□□□□□□□□□",《新編》未錄從闕,今據其他各本補。

［五］"□□",《新編》未錄從闕,今據其他各本補。

［六］"玉",《新編》未錄,今據其他各本補。

［七］"使",《八瓊室金石補正》作"役"。

［八］"□□□□□□□□",《新編》未錄從闕,今據其他各本補。

［九］"署衙門將,□□□□客",《新編》未錄從闕,今據其他各本補。

［十］"夫"前三十二字《新編》未錄從闕,今據《八瓊室金石補正》補。

［十一］"於",《八瓊室金石補正》作"技"。

［十二］"□□□□□□□□□□公慨然□前興軍□□之□□□□□□前後",《新編》未錄從闕,今據《八瓊室金石補正》補。

［十三］"法度□□□□□□□□□崊數四□涇原北庭□□□□□□□□九",《新編》未錄從闕,今據《八瓊室金石補正》補。

［十四］"危",《新編》未識作"□",今據《八瓊室金石補正》補。

［十五］"□□□□□□□□□□□□□",《新編》未錄從闕,今據其他各本補。

［十六］"也",《新編》未識作"□",今據《八瓊室金石補正》補。

［十七］"中將□□□□□□□□義",《新編》未錄從闕,今據其他各本補。

［十八］"引",《八瓊室金石補正》作"別"。

［十九］"□□□□□□開成三年,突厥□□□營田公□□□□□□□□□□□歸",《新編》未錄從闕,今據《八瓊室金石補正》補。

［二十］"逸"，《八瓊室金石補正》作"足"。

［二一］"都□□□堡及□□□堡□計錢百餘"，《新編》未錄從闕，今據《八瓊室金石補正》補。

［二二］"□□□□之□□□□多，悉皆支"，《新編》未錄從闕，今據《八瓊室金石補正》補。

［二三］"□□□□□□□□"，《新編》未錄從闕，今據其他各本補。

［二四］"□天德□□□□詔公權"，《新編》未錄從闕，今據《八瓊室金石補正》補。

［二五］"據雲伽闗□□退歸"，《新編》未錄從闕，今據《八瓊室金石補正》補。

［二六］"讓"，《八瓊室金石補正》作"謂"。

［二七］"□□虛□"，《新編》未錄從闕，今據《八瓊室金石補正》補。

［二八］"實"，《新編》作"置"，今從其他各本改。

［二九］"又入天德"，《新編》作"大入寇"，今據《八瓊室金石補正》補正。

［三十］"掠"，《新編》未識作"□"，今據《八瓊室金石補正》補。

［三一］"往視"，《新編》未錄，今據其他各本補。

［三二］"三"，《新編》未識作"□"，《八瓊室金石補正》作"三"，《唐文拾遺》作"七"，今從《八瓊室金石補正》補。

［三三］"雲"，《新編》作"靈"，今從其他各本改。

［三四］"雲"，《新編》未識作"□"，今據其他各本補。

［三五］"併兵"，《新編》作"兵併"，今從其他各本改。

［三六］"漠"，《八瓊室金石補正》作"漢"，誤。

［三七］"安"，《新編》未識作"□"，今據其他各本補。

［三八］"公"，《新編》未識作"□"，今據《八瓊室金石補正》補。

［三九］"邢"，《唐文拾遺》作"并"，《八瓊室金石補正》作"朔"。

［四十］"比"，《新編》作"以"，今據其他各本改。

［四一］"旗"，《新編》作"族"，《八瓊室金石補正》作"旂"，今據《唐文拾遺》改。

［四二］"士"，《新編》未識作"□"，《八瓊室金石補正》作"其"，今據《唐文拾遺》補。

［四三］"呼"，《新編》作"薄"，今從其他各本改。

［四四］"時"，《新編》未識作"□"，今據其他各本補。

［四五］"于"，《新編》未錄，今據其他各本補。

［四六］"王"，《新編》未識作"□"，今據其他各本補。

［四七］"汙"，《新編》未識作"□"，今據其他各本補。

［四八］"空"，《新編》未識作"□"，今據《唐文拾遺》補。

［四九］"仍"，《新編》未識作"□"，今據其他各本補。

［五十］"以"，《新編》未錄，今據其他各本補。

［五一］"夫"，《新編》作"□"，《八瓊室金石補正》作"大"，今據《唐文拾遺》補。

［五二］"奏"，《新編》未識作"□"，今據其他各本補。

［五三］《新編》"丕"下有"不"字，今據其他各本刪。

［五四］"往"，《八瓊室金石補正》作"江"。

［五五］"每"，《新編》未錄，今據其他各本補。

［五六］"欲"，《新編》未識作"□"，今據其他各本補。

［五七］"師"，《唐文拾遺》作"歸"。

［五八］"危"，《唐文拾遺》作"亡"。

［五九］"稱疾堅去"，《新編》作"稱□堅□"，《唐文拾遺》作"稱病堅□"，今據《八瓊室金石補正》補。

［六十］"人不"，《新編》未識作"□□"，今據《八瓊室金石補正》補。

［六一］"如卿士"，《新編》未識作"□□"，今據《八瓊室金石補正》補。

［六二］"任"，《八瓊室金石補正》作"仁"。

［六三］"待"，《唐文拾遺》作"持"。

［六四］"三"，《新編》未識作"□"，今據其他各本補。

265

［六五］"以"，《新編》未識作"□"，今據《唐文拾遺》補。

［六六］"尊"，《新編》作"等"，今據《八瓊室金石補正》改。

［六七］"恃"，《新編》未識作"□"，今據《八瓊室金石補正》補。

［六八］"怠"，《唐文拾遺》《八瓊室金石補正》作"德"。

［六九］"抵"，《新編》未識作"□"，《唐文拾遺》作"按"，今據《八瓊室金石補正》補作"抵"。

［七十］"貴"，《新編》未識作"□"，今據《八瓊室金石補正》補。

［七一］"除騎屏□，人"，《新編》未識作"□□□□□"，今據《八瓊室金石補正》補。

［七二］"退"，《新編》未識作"□"，今據其他各本補。

［七三］"悲"，《新編》未識作"□"，《八瓊室金石補正》作"思"，今從《唐文拾遺》作"悲"。

［七四］"贈司徒"，《新編》未識作"□□□"，今據《八瓊室金石補正》補。

［七五］"子長□□□，神"，《新編》未識作"□□□□□□"，今據《八瓊室金石補正》補。

［七六］"前左監軍衛將軍"，《新編》作"左領軍將軍"，《唐文拾遺》作"前左鎮軍騎將"，今據《八瓊室金石補正》補正。

［七七］"書千"，《新編》未識作"□□"，今據《八瓊室金石補正》補。

［七八］"博"，《八瓊室金石補正》作"搏"。

［七九］"刻□□。銘曰"，《新編》未識作"□□□□□"，今據《八瓊室金石補正》補。

［八十］"寇既"，《新編》未錄，今據《八瓊室金石補正》補。

［八一］"擾"後廿字《新編》未錄從闕，今據《八瓊室金石補正》補。

［八二］"遭"，《新編》未識作"□"，今據《八瓊室金石補正》補。

［八三］"匪"，《新編》未識作"□"，今據《八瓊室金石補

正》補。

　　［八四］"慶"，《新編》未識作"□"，今據《八瓊室金石補正》補。

［匯考］：

　　［一］《金石錄》稱："案《舊史》云'沔，許州牙將也。少事李光顏，為帳中親將。元和中，討吳元濟有功，隨光顏入朝。憲宗留宿衛，歷三將軍、鹽州刺史、天德軍防禦使，移振武節度使'，而碑乃云'沔北游至單于都護府，謁節度使范希朝，希朝署牙門將，入右神策軍為大將。累遷大將軍，拜涇原節度使，移振武'，蓋沔初未嘗為許州牙將，從李光顏平蔡，及為鹽州刺史、天德軍防禦使，皆當以碑為正。至《新史》所書，悉與碑合，疑史官嘗得此碑，以訂《舊史》之失云。"

　　［二］《寶刻類編》稱："韋博撰。大中二年十二月立京兆。"

　　［三］《懷岷精舍金石跋尾》稱："劉沔，唐書有傳，字子汪，碑作'子淮'，史誤也。曾祖玄，王父冐，史無官位與名，賴此碑以存。皇考'奉天定難功臣，興元元從，驃騎大將軍、行左驍騎衛大將軍'，下缺。史稱'父廷璽，以羽林軍扈德宗奉天，以戰功官左驍衛大將軍'，碑較史為詳。碑文云希朝與語曰'此子他年必有吾座'，史亦載之。史稱武宗立，遷尚書左僕射，據碑則文宗時先加戶部尚書，開成五年三月十六日檢校左僕射，則正武宗初立時也。碑稱會昌二年，李拭使還，稱公可任，與沔本傳合。三月，除河東節度，本紀不載，惟云'六月河東節度使劉沔及回鶻戰於雲州，敗績'，碑云'六月，出太原之師'，諱其敗也。碑云召并州刺史石雄云云，時三年正月九日矣，至十一日夜於殺胡嶺大破之，按《本紀》'會昌三年正月庚子，天德軍行營副使石雄及回鶻戰於殺胡山，敗之'。《通鑑目錄》'是年正月庚寅朔十一日庚子'，與史合。'太和公主還上京，加檢校司空，物議賞未直其功'，史亦云'議者恨其薄'。又，史稱'錄李靖平頡利事賜之'，碑不載。碑云'兩公子（缺）為右神策軍押衙、銀青光祿大夫、太子詹事、前蔣王府長史兼侍御史。幼從□，前左鎮軍騎將、兼侍御史'，兩子之名皆缺，史亦無文。按之石刻'劉從周劉氏幼子

葬銘'、'劉氏室女墓銘'，則沔之長子名德章，官杞王傅、御史中丞，蓋即碑所稱'神策押衙、前蔣王府長史者'。碑'從'下缺一字，當是'周'字，即從周也，後乾符中官光祿卿致仕，乃沔之次子。於石刻得沔之曾祖、祖及二子名位，金石之有益於史學如此。"

〔四〕《關中金石文字存逸考》稱："此碑今在永壽縣好畤溝，一云在縣東南鄉好留里。雖文字斷續不全，而神采奕奕，可寶也。劉沔，新、舊《唐書》皆有傳。碑中所載事蹟多與史合。撰文之韋博，《新唐書》亦有傳。博嘗為沔從事，故敘次特詳也。案此碑《寶刻類編》曾載其名，此後金石諸書多未著錄，至道光時復出於永壽，由此觀之，前人著錄碑刻，無拓本者未必皆逸，特晦而不章耳，如此碑與咸陽《焦贛碑》，均載《寶刻類編》，久已無傳，越數百年而復顯於世，雖物之隱見不常，尤賴有心人勤於咨訪也。又《扶風縣新志》引劉《志》云'縣東北柳公權書《劉沔碑》尚存，今無考'。案扶風東北實為永壽縣界，此碑當在其地。惟扶風重修縣誌，未經訪得此碑，故云無考也。蔣王名宗儉，文宗子，見'十一宗諸子傳'中。《新唐書·百官志》：武散階從一品曰驃騎大將軍，戶部尚書一人，正三品。東宮官署，太子太師、太子太傅、太子太保各一人，從一品。"

〔五〕《八瓊室金石補正》稱："高五尺七寸二分，廣二尺八寸五分，三十七行，行六十五字，字徑七分，正書。……右'劉沔碑'，卅七行，行六十五字，惟第廿七行多一字，磨泐不可辨者三百餘字。碑敘沔父，不詳其名，據《新唐書》，知為廷珍。史不言其兼御史中丞，贈左僕射也。碑敘沔功績，悉與傳合。其署牙門將，入為神策將，均在泐處，趙德甫所見有之。傳云'武宗立，遷檢校尚書左僕射'，碑不言左僕射，則碑略而傳詳也。碑云'檢校左散騎常侍、兼將軍，知軍事'，又云'遷大將軍，依前知軍事'，傳第云累遷大將軍，則傳略而碑詳也。碑云'自河陽又遷光祿大夫，檢校司空，鎮許昌'，傳云'進檢校司徒，忠武節度使'，稍有不符。碑又云'除太子太保'，傳略而不載。朔州刺史石雄，《新唐書》亦有傳。馬步都知兵馬使王逢見《王沛傳》，逢，沛之子也。殺胡嶺之戰，《石雄傳》敘之極詳，李丕、劉積及從諫等，均見《劉□傳》。又案《弘簡錄》云'從李光顏討蔡為先鋒，歷鹽州刺史、天德軍防禦使'，蓋據《舊史》載之，趙德甫已言其誤。又云'檢校右散騎常侍',則誤敘於遷大將軍之後,復誤'左'為'右'。其檢校司空,則誤敘於迎還公主之時,皆當以碑為正。至夢人授燭一事,碑無一語言及,或亦傅會不足信耳。"

[六]《續修陝西通志稿》稱:"按此碑上段完好,下段餘七、八字,惟中段漫漶,不見一字。其為牧童敲損無疑。篆額之'唐玄□',當即'唐玄度',結銜與傳合。毛氏之書成於五十年前,故猶見其長子德章之名。今並此無之,又損數十百字。可知曠野荒墳,愛護無人,良可惜也。"

[七]《金石證史》"劉沔碑"條稱:"按《新唐書》一七一《劉沔傳》,大致據碑改作,可無疑義。……碑云:'會昌二年……五月,迴紇寇雲州。六月,出太原之師。九月,制兼充招撫迴紇使。其時徵四方之師已集,命公指揮進退,遂屯於雁門關,斬靈州失□將七人以徇……頻詔促戰。'按《武宗實錄》會昌二年'六月,回鶻寇雲州,劉沔出太原兵禦之',又云'劉沔救雲州,為回鶻所敗'。所敘沔敗,當未有誤,而碑顧不特著其事者,撰文韋博實佐沔幕,為沔諱也。下文之靈州,應正作雲州,——此毛氏轉錄之訛,非原碑之訛,《金石補正》七四正作雲州——失下所泐一字,或是'律'字,所謂雲州失律將七人者,即指此事。蓋當日迴紇侵軼,純在天德迤東,安有靈州失律之事,且河東節度得轄雲州,不得轄靈州,是博雖諱沔敗而未盡諱者也。《新唐書》傳不善讀碑,乃云,'進屯雁門關,虜寇雲州,沔擊之,斬七裨將,敗其眾,以還太和公主功,……'與會昌三年正月之役,連接簡敘,則六月雲州之敗反為勝,誤一。所斬七裨將乃唐將,因其失律也,傳文敘來,乃為斬迴紇之將,誤二。此非徒太簡,直與事實矛盾矣。"

又稱:"傳云:'以還太和公主功,加檢校司空……積平,進檢校司徒。'碑則云:'旋加檢校司□……自河陽又遷光祿大夫,檢校司空。'(《補正》同)按司空位亞司徒,故《舊唐書》一六一《劉沔傳》亦先司空而後司徒,今碑前者泐下字,後者乃作司空,如非轉錄之訛,必原碑之訛也。"

又稱:"復次,碑云:'(上缺)月十七日,以北地□急,藉公威聲,詔守本官,移理振武,涇人惜其去……'據《舊唐書》本紀一七下，大和九年九月，'乙亥，以涇原節度使劉沔為振武麟勝節度使'。按九月癸卯朔，月內無乙亥，紀前文為九日辛亥，下文為十四日丙辰，則乙亥乃十三日乙卯之訛，碑文月上所泐，當是'九'字，九月十七日者，詔到涇州之日也。"

又稱："《長安志》八，昇平坊有太子太傅致仕劉沔宅。畢沅云：'案《唐書》傳作太子太保致仕。'依碑則沔除太子太保致仕，又遷太子太傅，《長安志》不誤，又碑稱沔薨於昇平里，里與坊蓋通稱也。"

[八]《陝西石刻文獻目錄集存》稱："原在永壽縣，現存永壽縣文化館。碑連額高九尺，廣三尺八寸，三十八行，行六十五字。"

唐安寺尼廣惠塔銘

（大中十二年六月　見《存逸考》卷二"西安府下"）

石高一尺六寸七分，廣一尺六寸六分，二十三行，行二十八字，正書。

唐故上都唐安寺臨壇律大德比邱尼廣惠塔銘并序

令狐專撰上

維像教東度，秘墨南飜，玄元云吾師竺乾，宣尼稱西方有聖。厥後感夢孝明，漸于中國。菩提達摩降及大照禪師，七葉相承，謂之七祖。心印傳示，為最上乘。羣生以癡蓋愛網，纏覆身宅，不以慧炬燭之，慈航[一]濟之，即皆蹈昏溺之中，迷方便之路矣。於戲！文殊戾止，金粟來儀，窮象譯之微言，罄龍宮之奧典，即我唐安大德其人也。

大德諱廣惠，俗姓韋氏，漢丞相之遺祉，周司空之遠孫。地承華緒，門藉清流，靈根夙殖，道性天授，積金翠之莫飾，視葷腴而不味。於是分瓶灌頂，染法壞衣，奉乾越之真諦，識楞伽之要義。賓波羅窟，深入禪菁；阿耨達池，恒藏戒水。傍灑甘露，俛導蒙塵。運智慧之妙，其動也雲舒曾漢；了般若之性，其息也月鑒澄泉。帝緇徒，皆以宗師敬受初法，我皇十年，以名臘隆抗，充外臨壇。大德德弥高而身弥遜，聲愈廣而志愈沖。負笈執經，扣鶴林者請益如市；無明有漏，傳心印者皆脫其網。豈謂毗城示老，雪山現疾，雖菩薩之善本，生沒是常，而金剛之威力，堅持不壞。以大中十三年夏五月廿六日寂然入滅，報齡五十七，僧臘卅八。弟子性通等號奉衣履，如將復生，以其年六月十八日幢蓋香花，遷座於韋曲之右。嗚呼！如來留影之壁，石室空存；舍利全身之函，珠臺永閟。專微眇凡品，因緣甚親，嘗蒙引諭人天，粗探真覺。承筵作禮，肩繞玉之師子；出囂入淨，同生火之蓮花。追荷法誘，爰薦菲詞，慙非陸氏之雄[二]文，終謝蔡侯[三]之健筆。銘曰：

四流易染，萬類難化。世同驚飆，色如奔馬。非習調御，孰明般若。非習能行，甯俗[四]喜捨。生既不有，滅亦不空。無去無來，大觀體同。至寶深藏，慧光不息。松塔新成兮秦山北，後天地不泯者惟師之德。

孔□□書

道光辛卯仲春餘獲此石城南韋曲西北。按陝西《咸寧志》無唐安寺，或年久湮沒，未可知也。長安李殿淳容菴[五]氏識。(《關中金石文字存逸考》卷二。《金石萃編補遺》卷二。《唐文續拾》卷三一。《八瓊室金石補正》卷七五。《陝西金石志》卷一八。《咸寧、長安續志》卷一二。《北京圖書館藏中國歷代石刻拓本彙編》三二冊一六四頁。《唐代墓誌彙編》二三六八頁。)

[校記]：

[一]"航"，《新編》作"舫"，今據其他各本改。

[二]"雄"，《新編》未識作"□"，今據《唐文續拾》補。

271

〔三〕"侯"，《新編》作"俟"，今據其他各本改。

〔四〕"脩"，《唐文續拾》《八瓊室金石補正》作"有"。

〔五〕"李殿淳容菴"，《新編》未錄，今據《八瓊室金石補正》補。

[匯考]：

〔一〕《關中金石文字存逸考》稱："此石今藏渭南趙乾生詹事元中家。末有隸書一行云：'道光辛卯仲春餘獲此石城南韋曲西北。'又有楷書一行云：'長安□□□□氏識。'"

〔二〕《八瓊室金石補正》稱："高一尺八寸二分，廣一尺七寸五分，前後廿五行，廿八、廿九字，字徑五分，正書，在陝西咸寧。……右'尼廣惠塔銘'出土四十二年矣，未見著錄，《補訪碑錄》亦未載。撰文者令狐專見《宰相世系表》，宣宗相綯之子也，而史不附見於綯傳。書人名泐，書學誠懇，頗不惡俗。拓本為鼠所齧，破損九字，空以待補。……而'世同驚飆'不避'世'字，'恒藏戒水'亦不避'恒'字，然非偽作。"

〔三〕《陝西金石志》稱："按此石光緒二十八年歸於陶齋。"

沙洲千佛洞李氏再修功德記

（乾寧元年　見《存逸考》卷十"敦煌縣"）

此文自《敦煌縣誌》錄出，尺寸、行數、字數無考，志云：額題"唐宗子李氏再修功德記"十二字，篆書。

原夫天垂萬象，以遵中極之官；四輔匡持，翼一人於元首。固有承乾御宇，總[一]玉葉之貞芳；贊佐金門，必維城之所[二]尚。所以帝室千房，宗城萬里，因本根而枝葉遂繁，承皇族而圖籍縻廣。乃有故府君諱明振，字九皋，即西涼武昭王之系也。曾祖顥，唐正义大夫□□□司郎中，賜緋魚袋□□□□□□□□□□，祖暉，歸唐贈右散騎常侍，英髦驥駬，河嶽粹靈，皆以稽古微言，留心儒素。或[三]登華第，更高拔幟[四]之名，又[五]戰都堂，每中甲科之的。雖云流陝[六]，居戎而不墜弓裘。暫冠蕃朝，猶次將軍之列，子既承恩鳳闕，父乃擢處貂蟬。朱門不愧於五侯，樹戟崇隆於貴族。至其[七]源分特秀，門繼簪裾，家承九錫之枝，流派祥雲之胤。時遭西陲汨沒，洎於至德年中，十郡土崩，殄絕玉關之路，凡二甲子。運偶大中之初，中興啟運[八]，是金星耀芒之歲，皇化溥洽[九]，通乎八紘，退占雪山，綿邈萬里。府君春秋纔方弱冠，文藝卓犖，進止規常，迥然獨秀，時則妻父河西、隴右一十一州節度、管內觀察處置押蕃落、營田、度支[十]等使、金紫光祿大夫、特進、食邑二千戶、實封三百戶、賜紫金魚袋南陽張公，諱義潮，慕公之高望，藉公之文武，於是乃為秦晉，遂申伉儷之儀，將奉承祧，世祚藩楊[十一]之美，公其時也。始蒙表薦，因依獻捷，親拜彤庭，宣宗臨軒問其所以，公具家牒面奏玉階，上亦沖融破顏，群公愕視，乃從別敕授涼州司馬、檢校國子祭酒、兼御史中丞，賜紫金魚袋，錫金銀寶貝，詔命陪臣，乃歸戎幕。二十餘載，河右麾戈，拔幟抉囊，龍韜盡展，克復神烏，而一戎衣。殄勍寇於河蘭，瀸獯戎於瀚海，加以隴頭霧卷，金河泯湍瀨之波；蒲海梟鯨，流沙馳列烽之患。復天寶之子孫，致唐堯之壽域。晏如也，百城無拜井之虞。十郡豐登，吏士賀來蘇之政。此乃三槐神異，百辟稀功，英雄半千，名流萬古。公又累蒙朝獎，恩渥日深，方佩隼旟，用堅磐石，勳猷未萃，俄已云亡，享齡五十有二，終於敦煌之私第。亡叔僧妙弁，在蕃以行高才峻，遠邇瞻依，名達戎王，贊普追召，特留在內，兼假監壇供奉之號，師以擅持談柄，海辯吞流，恩洽敦煌，庇廕家井。高僧寶月，收[十二]以為儔，僧叡餘蹤，扇於河隴。亡姚汜氏太夫人，龍沙鼎鼐，盛族孤標，庭訓而保子謀孫，軌范而清資不乏。承家建業，薦累代而揚名。閥閱聯綿，長緒帝王之室。今乃逝矣！佳譽存焉。故府君贈右散騎常侍。生前遇三邊無警，四人有暇於東皋。命駕傾誠，謁先人之寶剎。迴顧粉壁，念疇昔之遺蹤；瞻禮玉毫[十三]，歎紅樓之半側。豈使林風透閫，埃塵寶座之前；峇嶺陽烏，曝露荼毗之所。嶝道之南，復有當家三窟，今亦重修，巨[十四]金華石，篆籀字[十五]存焉。於是乃募良工，訪其祀梓，貿材運斧，百堵俄成。魯國班輸，親臨勝境，雲霞大豁，寶砌崇墉，未及星環，斯構矗立。雕簷化出，巍峨不讓於龍宮，懸閣重軒，繞萬層於日際，其功大矣！筆何宣哉？兄河西節度衙推、兼監察御史明達，天與孤貞，松筠比節。懷文挾武，有張賓之策謀；破虜擒奸，每得玉堂之術。曾朝絳闕，敷奏金鑾。指畫山川，盡縱橫於天險。兄明德，任沙洲錄事參軍，操持吏理，六曹無阿黨之言。深避四知，切慕乘鷗之詠。兄明詮，敦煌處士。今古滿懷，灑落卿[十六]雲之彩；仁先効義，光騰喬露之文。五柳間居，慕逍遙於莊老。夫人南陽郡君張氏，即河西萬戶侯、太保張公第十四之女，溫和雅暢，淑德令聞，深遵陶母之仁，至切齊眉之操，先君歸覲，不得同赴於京華，外族流連，各分飛於南北。於是兄亡弟喪，社稷傾渝[十七]，假手託孤，幾辛勤於苟免，所賴太保神靈，辜恩剿斃，重光嗣子，再整遺孫。雖手創大功，而心全棄致，見機取勝，不以為懷。乃義立姪男，秉持旄鉞，總兵戎於舊府，樹勳績於新壋。內外肅清，秋毫屏跡。慶豐山湧，呈瑞色於朱軒；陳霸動容，歎高梁[十八]壯室。四方響義，信結鄰羌。運籌不愧於梓橦，貞烈豈慚於世婦。間生神異，成太保之徽猷，雖處閨門，實謂丈夫之女。然栖心悟道，併棄樊籠，巡禮偬巖，願圖鐐於瑞像，於時頓捨青鳧，市紫金於上國，解瓔珞，棄珠珍，銷金鈿於廊廡，運虛橐於庭際，乃得玉毫朗耀，光衝有頂之峰；寶相發輝，直抵大羅之所。長男使持節、沙洲刺史、兼節度副使、檢校右散騎常侍、御史大夫、上柱國弘願，輔唐憂國，政立祥風，忠孝頗懇於君親，禮讓靡忘[十九]於伯玉，六條布化，千里隨車，人歌來暮之謠，永紹[二十]龔黃之績。次男使持節、瓜州刺史、墨離軍押藩落等使、兼御史大夫弘定，文武全材，英雄賈勇。晉昌要險，能布頗、牧之威；巨野大荒，屏瀅匈奴之跡。挾纊有幽於士卒，泯燧不媿於襄陽。都河自注，神知有道之君；積貯萬箱，東郡著雕金之好。次男使持節、甘州刺史、兼御史中丞、上柱國弘諫。飛馳拔拒，唯慶忌而離儔；七剳穿楊，非由基而莫比。洎分符於張掖，政恤惸孤；布皇化於專城，懸魚發詠。次男朝議郎、前守左神武軍長史、兼侍御史弘益，三端俱備，六藝精通，工書有類於鐘繇，碎札連芳於射戟，子雲特達，文雅而德種[二一]玉音。於時豐年大稔，星使西臨，親抵敦煌，頒[二二]宣聖旨，內常侍□□□□□康玉裕稱克珣、副倅師大夫稱齊琪、判官陳大夫曰思忠[二三]偕殿廷英俊，樞密杞材，迴耀天威，呈祥塞表，因鑿樂石，共紀太平，餘所不材，斐然狂簡。(《隴右金石錄》稱"卷子本止此")

　　□□元年歲次甲寅拾月庚申朔五日甲子□宋國□伊西等州節度使兼司徒張淮深妻弟前沙瓜伊西□河節度使、檢校□部尚書、兼御史大夫張淮□□史□等州節度使、兼御史大夫（下缺）

　　原跋云："右至'狂簡'字，其文已完，後特記年月。考甲寅歲，昭宗乾寧元年也。後尚有二行，俱剝落，隱隱見官號，字較密於前，然多不可識矣。按此碑所謂'涼州司馬、檢校國子祭酒、兼御史中丞'者，姓李氏，唐之宗族，名闕不可考。其妻父，則唐歸義軍節度使張義潮也。考《唐史》，義潮降唐在宣宗大中五年，發兵略定河西十郡，令其兄義澤奉圖籍以獻宣宗，因於沙洲置歸義軍，以義潮為節度使鎮之。咸通四年克復涼州，八年朝京師。文中敘李君戰功，雖涉鋪張，然大約從義潮與有勞績者。至再修功德，味其文義，蓋李氏之先曾於千佛巖建有寺宇，李君之父贈右散騎常侍者重為整理，後李君之妻義潮女南陽郡君又於巖窟繪畫佛像，故云再修，因作此記備載李氏三世官閥、政事及修寺梗概。刻石置洞中，今寺已久湮，而圖畫極工，以不見風日，金碧粉墨之色不變，與此碑同為塞外舊觀也。武威曾誠思菴跋。"（《西域水道記》卷三。《關中金石文字存逸考》卷十。《金石萃編補遺》卷二。《宣統甘肅通志》。《甘肅新通志稿》。《隴右金石錄》卷二。《西陲石刻錄》。《沙洲文錄》。《敦煌石室真跡錄》。《敦煌千佛洞遺碑及其相關的石窟考》（中研院《史語所集刊》34本上，1962年）。《中亞的十種漢文碑銘》。《伯希和敦煌石室筆跡·題記與壁畫》。《北京圖書館藏中國歷代石刻拓本彙編》三四冊三一頁。《敦煌碑銘贊集釋》四一頁。）

［校記］：

［一］"總"，《隴右金石錄》所錄同，《敦煌碑銘贊集釋》作"繼"。

［二］"所"，《隴右金石錄》所錄同，《敦煌碑銘贊集釋》作"可"。

［三］"或"，《敦煌碑銘贊集釋》所錄同，《隴右金石錄》作"武"。

［四］"幟"，《隴右金石錄》作"隊"，《沙州文錄》作"次"，碑作"墜"，《敦煌碑銘贊集釋》錄作"墜"。

［五］"又"，《隴右金石錄》《敦煌碑銘贊集釋》作"文"。

［六］"陝"，《隴右金石錄》《敦煌碑銘贊集釋》作"陷"。

［七］"其"，《隴右金石錄》《敦煌碑銘贊集釋》作"而"。

［八］"運"，《隴右金石錄》《敦煌碑銘贊集釋》作"途"。

［九］"溥洽"，《隴右金石錄》所錄同，《敦煌碑銘贊集釋》作"洽溥"。

［十］"度支"，《隴右金石錄》作"支度"。

［十一］"藩楊"，《隴右金石錄》《敦煌碑銘贊集釋》作"潘陽"。

［十二］"收"，《隴右金石錄》《敦煌碑銘贊集釋》作"取"。

［十三］"毫"，《隴右金石錄》《敦煌碑銘贊集釋》作"豪"。

［十四］"巨"，《隴右金石錄》《敦煌碑銘贊集釋》作"泥"。

［十五］"字"為衍文，《隴右金石錄》《敦煌碑銘贊集釋》所錄無。

［十六］"卿"，《隴右金石錄》所錄同，《敦煌碑銘贊集釋》作"輕"。

［十七］"渝"，《隴右金石錄》《敦煌碑銘贊集釋》作"淪"。

［十八］據上下文意，"梁"後當闕"於"字。

［十九］"忘"，《敦煌碑銘贊集釋》作望。

［二十］"紹"，《隴右金石錄》《敦煌碑銘贊集釋》作"續"。

［二一］"種"，《隴右金石錄》《敦煌碑銘贊集釋》作"重"。

［二二］"頒"，《新編》作"頓"，《敦煌碑銘贊集釋》作"頌"，今據《隴右金石錄》改。

［二三］"忠"，《隴右金石錄》《敦煌碑銘贊集釋》作"回"。

［匯考］：

［一］《關中金石文字存逸考》稱："唐沙洲敦煌郡治敦煌縣，即今敦煌縣。瓜州治晉昌縣，即今安西州。（洪氏《府廳州縣誌》云'唐晉昌城在今安西州東'）《新唐書·地理志》云：'瓜州西北千里有墨離軍。'《方輿紀要》云：'杜氏曰：墨離軍在瓜州西北千里，本月氏地，唐置墨離軍，屬河西節度。天寶五載，王忠嗣討吐蕃於墨離軍，獲其全部而還。'又《方輿紀要》'歷代州域形勢'云：'唐河西節度治涼州，景雲元年置，統涼、甘、肅、伊、西、瓜、沙七州。廣德初，吐蕃陷涼州。大曆初，河西軍鎮移治沙洲。貞元中，又為吐蕃所陷。大中五年，吐蕃衰亂，沙州人張義潮結眾逐其州將，遂攝州事。奉表來

降，授沙州防禦使。既而，義潮發兵略定其旁瓜、伊、西、甘、肅、蘭、鄯、河、岷、廓十州，奉圖籍歸唐，於是盡復河、湟地，改置歸義節度使以授之。咸通四年義潮又復涼州。'鳳枝案：涼州之役在後，十一州之役在前，此碑所云隴右十一州，即沙州及瓜、伊、西、甘、肅、蘭、鄯、河、岷、廓十一州矣。"

又稱："此碑未見拓本，文載《敦煌縣誌》。志為武威曾思菴先生所撰，先生諱誠，字元魯，亦號思菴。道光壬午科陝西舉人，與先大夫鄉試同年。……鳳枝案：此志修於道光辛卯年，距今五十餘年，為時尚近。今新疆已為郡縣，敦煌與內地無殊，官斯土者，倘有嗜古好文之士，公餘之暇，加意訪求，似尚不難蹤跡也。"

［二］《宣統甘肅通志》稱："'唐宗子隴西李氏再修功德碑記'在敦煌縣城東南四十里，俗號千佛洞。洞南北俱深沟，草木森茂，东傍黑水余波，出山渐流入沙，其水頓沒。西傍陡崖，高二十余丈，大小各洞，層叠麟列，計三百四十二座。……洞內竪大碑，碑額篆書十二字曰'唐宗子隴西李氏再修功德記'。碑文首行漫漶，自第二行至二十六行雖有剝落，猶可讀。"

［三］《西陲石刻錄》稱："碑高八尺一寸，廣三尺二。十八行，行六十三字，正書。碑額'唐宗子隴西李氏再修功德記'十二字，在敦煌。"

［四］《甘肅新通志稿》稱："此碑徐松《西域水道記》斷為昭宗乾寧元年所刻，與《敦煌志》合。"

［五］《隴右金石錄》稱："按此碑即'李府君修功德記'之一面，所述'李君夫人南陽張氏兄亡弟喪，社稷傾沦，手創大功，義立姪男'諸語，蓋瓜、沙張氏世為節帥，中間發生變亂，未幾仍為張氏所定。史冊失載，獨賴此碑存其概略，唐末諸藩鎮爭奪之禍，雖邊陲亦所不免，甚可叹也。"

校者按：此碑（簡稱"乾寧碑"）與大周聖曆元年五月《李克讓修莫高窟佛龕碑》（簡稱"聖曆碑"）、大曆十一年八月《大唐隴西李府君修功德碑》（簡稱"大曆碑"）合稱"李氏三碑"，為研究敦煌莫高窟營建史、唐末河西歸義軍政治史及敦煌李氏之興衰史提供了極為珍貴的資料，所以歷來受到金石家和唐史研究者的重視，有關其著錄和研究的狀況可參考謝生保《敦煌李氏三碑研究綜述》(《敦煌研究》，2000年2期)一文。

又，此碑與"聖曆碑"同刻一石，現存莫高窟148窟前室南側南向面，碑石底座高40釐米，寬100釐米，長103釐米，碑高282釐米。正文部分，北面216釐米，南面222釐米，碑頭北面66釐米，碑寬78釐米，厚22釐米。此外，本碑尚有鈔本傳世，見敦煌藏經洞P4640中，原卷此篇無标題。鈔本与碑文相較，除沒有立碑時間和署名外，其他則基本一致。

三階大德禪師碑額

(見《存逸考》卷五"咸寧縣")

石高八寸九分，廣七寸六分。三行，行三字，正書。

皇唐三階大德禪師碑 (《關中金石記》卷四。《雍州金石記》卷十。《金石萃編》卷一一八。《金石萃編補遺》卷二。《關中金石文字存逸考》卷五。《陝西金石志》卷一九。)

[匯考]：

[一]《關中金石記》稱："正書，在咸寧薦福寺。此不知何碑之額，今存寺中，碑猶存半截，卻無一字可見。"

[二]《雍州金石記》稱："今在西安府城南三里荐福內，額正書'皇唐三階大德禪師碑'九字，碑文已失，額存寺內，以唐時物紀而存之。"

[三]《關中金石文字存逸考》稱："《咸寧縣誌》云：'在薦福寺，俗名小雁塔。'此石在寺內鐘樓下，鳳枝曾見之。"

校者按：碑額所稱之"三階"為隋唐時期佛教別派之稱，又名三

279

階宗、三階佛法等，為隋代僧人信行所創。此派把全部佛教依時、處、人分為三類，每類又各分三階。所謂"時"之三階，即以佛滅後初五百年的正法時期為第一階，第二個五百年的像法時期為第二階，一千年後的末法時期為第三階。所謂"處"（即所依世界）之三階，又有淨土、穢土之分。淨土是第一階一乘所依之世界，穢土是第二階三乘及第三階世間眾生所依之世界。所謂"人"之三階，是依人的根機而作之區分。第一階是最利根的一乘，包括持戒正見與破戒不破見兩種根機。第二階是利根正見成就的三乘，包括戒見俱不破和破戒不破見兩種根機。第三階則為戒見俱破的世間顛倒眾生的根機。三階教以苦行忍辱為宗旨，每天只吃一頓乞來之食，以吃寺院之食為不合法。見人不論男女，一概禮拜。死後置屍體於林中，供鳥獸食，稱為以身佈施。反對淨土宗所提倡的念佛三昧，主張不念阿彌陀佛，只念地藏菩薩。稱一切佛像皆是泥龕，不須尊敬。而一切眾生乃是真佛，故要尊崇。這些宗旨與當時佛教界的理論和行持很不協調，因此不斷受到打擊，至唐末更被視為異端邪說，乃漸趨衰微，終於湮滅不傳。關於"三階教"之研究，以日本學者矢吹慶輝《三階教の研究》一書為發軔之作，具有重要影響，可參見。此碑額據上引諸書所稱曾存於西安薦福寺小雁塔內，則唐時此寺或曾為三階教之道場亦未可知，惜碑已不存，未知所稱"三階大德"為何時、何地、何許人也。

沙弥清真塔銘

（見《存逸考》卷一"西安府上"）

石僅存前半方，高八寸四分，廣若干無考。十二行，行十五字，正書。

沙弥尼清真塔銘并序

大安國寺沙門季良撰兼書

勤榮尼者，扶風馬公左武衛中候順之季女，大招福寺鄰法師之猶子子[一]也。幼而聰慧，性善管絃，耳所一聞，心便默記，仁賢溫克，尤重釋門。父母違而嫁之，遂適隴西李氏，宿衛榮之貴妻。自入夫門，便為孝婦，雖居俗禮，常樂真乘。每持《金剛經》，無間於日，迨十許稔。不意染綿羸之疾，藥物不救，委臥匡床，由是□□□心，舍俗從道，契宿願[二]以下闕（《關中金石文字存逸考》卷一。《金石萃編補遺》卷二。《唐文續拾》卷五十。《八瓊室金石補正》卷七八。）

[校記]：

[一]"猶子子"，後一"子"字為衍文，當係誤刻。"猶子"，這裏指侄女。

[二]"心，舍俗從道，契宿願"，《新編》未錄從闕，今據《唐文續拾》補。

[匯考]：

[一]《關中金石文字存逸考》稱："蓋此石僅存其半耳。尼本俗人，已適夫家，其卒也從浮圖之葬法，唐人佞佛往往如是，不足異也。此石今藏渭南趙乾生詹事元中家。《新唐書·百官志》：左右武衛、左右中候各三人，正七品下。"

[二]《八瓊室金石補正》稱："高九寸七分，廣從七寸四分。十二行，行十五字。字徑六分，正書，方界格。"

校者按：塔銘作者出身之大安國寺為當日長安之名剎，宋敏求《長安志》卷八載"朱雀門街東第四街，即皇城東之第二街。街東從北第一長樂坊。後改延政坊。大半以東，大安國寺。睿宗在藩舊宅，景雲元年立為寺，以本封安國為名"（成文出版社，1970年，195頁），據此可知，大安國寺占地頗廣。徐松《唐兩京城坊考》卷三引《寺塔記》稱"東禪院亦曰木塔院。院門西北廊五壁，吳道玄弟子釋思畫釋梵八部，不施彩色，尚有典型"，又引《名畫記》云"安國寺有吳道玄、楊廷光、尉遲乙僧畫"，可見一時之盛，所以《南部新書》稱

281

"長安名德多聚安國寺"（中華書局，1985年，70頁）。另，《全唐詩》中多有與安國寺有關之題名作品，這裏限以篇幅，不贅。

奉先縣懷仁鄉敬母村經幢

（貞元五年　見《存逸考》卷九"蒲城縣"）

　　幢高五尺六寸，共八面，每面廣一尺，刻佛經十二行，共佛經八十四行。餘刻題名，字數多寡不等，正書。

　　佛頂尊勝陀羅尼經并序經咒序文均不載，後俱仿此。

　　大唐奉先縣懷仁鄉敬母村宿老郭令什等奉為國王太子，下為文武百官、群品等建造尊勝陀羅尼幢。

　　□□□四品孫楊崇絢、前竹馬府果毅□敘功歿故、和尚法廣、泰陵故副使張果報、僧真行歿故、僧志誠、同玄觀主道士許洞玄、僧惠雲、□□意、尼無礙、尼了性、僧良寄、□□□滿、尼凝暉、尼月尚、僧道德、尼圓滿、□法寂、尼勝寂、尼明悟、尼正信、書經人前鄉貢明經郭謂、大幢主扈從遊擊將軍守左金吾衛翊府中郎將員外置同正員賜金魚袋上柱國昕和高□、副主王元俊、幢身主李楚金、垂裙主李祐母法寂、大生花主郭岑母法才、次生花主雷昌、垂花主郭英□、

　　佛龕主僧如灼、曹朝、裝南面西面像主僧惠雲、郭□□為亡妣、覆傘主王奉先、何岳、小生花主陳玭、暢金、頻伽主周鸑母邢、張才、火珠主趙璋、平座主李提伽母屈氏、都子游、劉物希、八龍碣主郭義瓊、張從心、王玉、□朝、李希望、郭延母雷、郭進達、吳詢、雷進、史明俊、張子貢、魚秀滔、雷昌妻呂、曹秀母王、党金藏、党金逸、李惠興母成氏、劉羅妻法超、韋貞、宗朝、史金、索允、

佛龕主隴州閣川府左果毅何景進、郭守義、幢身主郭□□為亡考、垂化主李常榮、大生花主郭進昇、大幢主上都國子監學生上柱國子司馬璘、副主郭守允、□成施主昨和方妻李氏、男文晟、女寶心、曹端為亡考弼、魚滔母馬氏、雷璀母韋氏、雷寂妻杜、李望母淨照、李楚進妻薛三娘、郭庭瑜、周鸞妻王氏、楊崇俊妻四德、男曹九、李承明男天養、權清華、昨和進、妻淨德、女金運閣、李承昂、李芬妻郭、男彩奴、陳玭妻雷、郭□母吳郭□、曹暉姊三娘、劉五娘、李惠興姊娘九娘、十一娘、成師奴、姊嬌[一]娘、朱九娘、孫党寶、雷昌男嘉和、雷寂女大娘二娘、楊宇絢妻和氏、女三娘、女賢娘、何岸女薛氏、郭勝妻法源。

正月十五日李祐男福子賣興尊勝幢改名惠通、忠奴李惠昌、李尚仙。(《關中金石文字存逸考》卷九。《金石萃編補遺》卷二。《陝西金石志》卷一五。《續修陝西通志稿》卷一四九。)

[校記]：

[一]"嬌"，《新編》作"女"加"高"，當為"嬌"字。

[匯考]：

[一]《關中金石文字存逸考》稱："此幢今在蒲城縣，規模雄偉，題銜有'扈從遊擊將軍守左金吾衛翊府中郎上柱國昨和高□'、'竹馬府果毅楊崇綱'、'泰陵副使張果報'、'右驍衛中候上柱國吳國清'、'國子監學生上柱國子司馬璘'，其餘題名尚多，皆鄉農村嫗及僧尼也。《寰宇訪碑錄》云此幢在乾州，案此幢題為'奉先縣'，唐奉先在今蒲城，若乾州乃唐之'奉天'，非'奉先'也。唐奉先縣開元四年屬京兆府，天祐三年屬同州馮翊郡，係睿宗陵邑，奉天縣屬京兆府，係高宗陵邑，均在《新唐書·地理志》。《新唐書·地理志》'竹馬府屬太原郡'，又隴州有'開川府'，則此幢之'閣川府'矣，宜從石刻

283

為正。《百官志》：國子監博士五人，正五品上，掌教。三品以上及國公子孫從二品以上曾孫為生者，有學生八十人。此幢之司馬璘題為'國子監學生上柱國子'者，上柱國視正二品，璘父曾為上柱國，故其子璘得為國子監學生也。今恩蔭一子入監讀書，即其遺制。"

[二]《渭河以北各州縣的羌民和他們的漢化過程》稱："以上十七項內（校者按：指本經幢後部分題名）包括了建經幢男女羌民的各種親屬關係，其中有夫妻關係、父母子女關係、祖孫關係和岳父母女婿關係等等。從各種關係的姓氏可以看到，唐代在奉先縣懷仁鄉敬母村內，羌漢互婚的習俗已經十分流行了。漢男娶羌女為婦的，有李提伽之母屈氏，郭延之母雷氏，陳玭之母雷氏，楊宇絢之妻和氏，共四起。反之，羌男娶漢女為婦的，有雷昌妻呂氏（可能是氐人），昨和方之妻李氏，雷璀母韋氏，雷寂母杜氏，党寶之祖母朱九娘，共五起。此外，昨和進之妻淨德，是佛名，不知其姓氏。其'女金運，閤李承昂'，語義不明，疑即昨和進之女金運適李承昂為妻，或贅李承昂為壻。如果不錯，漢男娶羌女的例子又多了一起。唐代的奉先縣就是西魏、北周的蒲城縣，懷仁鄉敬母村在縣東北，與唐玄宗的泰陵相近。蒲城縣自古以來就是西羌村落的集中之所，這裏的羌漢通婚既如此盛行，其他地區羌族婚俗的變化就可想而知了。"

好畤縣鎮經幢

(長慶四年歲次甲辰　見《存逸考》卷九"永壽縣")

幢高四尺四寸，共八面，每面廣六寸。刻字八行，每行字數不等，正書。

佛頂尊勝陀羅尼幢記

城都府沙門國威述

蓋聞三光有象，燭萬物而可尋；天地分區，鼓陰陽以埏埴。宣尼闡五常之大[一]，則忠孝君親；玄元立自然之宗，設無為之化。雖不言之教理，終非解脫之源。而因心[二]所期，苟有恤人之志，而況吾師正覺，成就神通，事顯多門，開秘密教，總攝三藏，統御十□，□可隨平施則，生靈[三]音普等者曰"佛頂尊勝陀羅尼"矣。加以傍生擾攘，影觸而惑苦，頓[四]□善住執持。乃□□立[五]身，不受波利，恨空來而無益，悲往西天，文殊申誨，勸以殷勤，喜傳東夏。自是而後，勝□之相興焉。或標之以四衢，或建之以迥野，非定方所。弘之者，人幾亭巽，隅捨布金之地。充建祇園，則知人天之淨界非遙，迴換於足指之內。有若神策都虞侯、侍御史史公，氣直而方，志柔而剛。不吐不茹，遇[六]盤根而必錯；寸陰是競，睹片善而克修。乃與總持社邑人王□等同力檀施，聿[七]建茲幢。公等一結真侶，三□體□，歷寒暑而松心自貞，更變移而石席非卷。或青鳧見捨，或轉乞傍人，奉國為家，刊乎貞石，冀滔滔臣福，逾法界而無窮；聖善遐敷，與天長而地久。國威不敏，見託為文，心以表言，直書其事。時大唐長慶甲辰歲十月冀落十二葉記。

　　院主鳳璘、朝議郎權知京兆府好時縣令飛騎尉鄭縣開國男□什、右神策軍好時鎮遏兵馬使朝散郎檢校太子右諭德兼殿中侍御史王從矩、監軍使朝議郎行內侍省內府局令員外置同正員上柱國王文幹、都虞侯金紫光祿大夫檢校太子詹事兼侍御史上柱國史惟㝡。

　　大唐京兆府好時縣為國敬造尊勝陀羅尼幢一所，施七祖院人劉□□、劉士峯、大興善寺和尚惠應。

　　大中九年歲次乙亥四月□□[八]朔廿九日丁□，七祖院主大德寶政建立尊勝幢一所。寶□、寶掌、布施幢人史公約、三老趙文檢、三老衛□、社戶朱立、社戶趙國清、社會俱文□、社戶尹海□、社戶程舟□、社戶焦忠□、社戶

285

張□□、社戶栗□、社戶李□□、社戶張建□、邑老□□□、三老王□□、三老景□□、三老杜□□、社官楊□□、錄事宋□□、虞候□□□、維那王□□、社戶許□□、社戶邵逸□、社戶□□□、社戶樊□□、端公夫人李氏、社戶栢忠、施主趙蓮花、男散副誠、散副趙惟□□□一千丈。

國及父母生淨土。

施主楊□、施主李□、施主、施主□則母、施主□□、施主段□妻劉氏□、施主將判官王德超、施主仇氏清淨、施主孟忠順、施主俱文□、僧文爽□爲沒故和尚施錢一千文、施主張□□□、施主張、施主□有智、施主潘元亭。（《關中金石文字存逸考》卷九。《金石萃編補遺》卷二。《唐文續拾》卷八。《陝西金石志》卷一七。《續修陝西通志稿》卷一五一。）

[校記]：

[一]"大"，《新編》未識作"□"，今據《唐文續拾》補。

[二]"因心"，《新編》未識作"□□"，今據《唐文續拾》補。

[三]"靈"，《新編》未識作"□"，今據《唐文續拾》補。

[四]"頓"，《新編》未識作"□"，今據《唐文續拾》補。

[五]"立"，《新編》作"之"，今據《唐文續拾》改。

[六]"遇"，《唐文續拾》作"逸"。

[七]"聿"，《新編》未錄，今據《唐文續拾》補。

[八]據陳垣《二十史朔閏表》，唐宣宗大中九年四月爲己酉朔。

[匯考]：

[一]《關中金石文字存逸考》稱："光緒五年博山張竹西大令培之訪得此幢於永壽縣東南鄉好留里桃源村，題云'大唐京兆府好畤縣爲國敬造尊勝陀羅尼幢一所'，題名有'……'又一行云'朝議郎權知京兆

府好畤縣令飛騎尉鄠縣開國男蕭什'等名。案《方輿紀要》云'唐武德二年分醴泉縣置好畤縣，屬雍州。貞觀二十年，改置上宜縣，旋復曰好畤。貞元中以神策軍分屯近畿'，此為好畤鎮，此幢題為'好畤縣鎮'，與《方輿紀要》合。又按漢好畤縣屬右扶風，《史記·陸賈傳》所謂'好畤田地善，可以家焉'，即其地矣。《乾州志》云'州東十里有好畤村'，即漢縣城。洪氏吉亮《乾隆府廳州縣誌》云'上宜城在乾州西北'，案上宜即唐之好畤縣，在乾州西北正當永壽東南，此幢適出其處，所稱好畤乃唐之好畤非漢之好畤矣，宜辨之。'好留'之'留'當係'畤'字之偽，附記於此。《新唐書·百官志》：東宮官屬，左右春坊諭德各一人，正四品下。勳級三轉，為飛騎尉，視從六品。"

[二]《陝西石刻資料目錄集存》稱："原在永壽縣，現存永壽縣文化館。"

校者按：據毛氏《新編》錄文，可知本經幢當係兩次刻石，一次為長慶四年十月，一次為大中九年四月，前後相隔二十餘年。後一次刻石還詳列參與建造經幢有關社戶和施主的姓名，可知其為結社造經，而長慶四年刻文中有"與總持社邑人王□等同力檀施，施建茲幢"等字樣，以兩次刻石時間相去未遠，當係同一社也。

又所謂"七祖院"所稱之"七祖"，唐代各宗說法不一，華嚴宗以馬鳴、龍樹、杜順、智儼、法藏、澄觀、宗密為七祖，禪宗南宗則以達摩、慧可、僧璨、道信、弘忍、惠能、神會為七祖。北宗以弘忍的另一弟子神秀為六祖，普寂為七祖。淨土宗則指慧遠、善導、承遠、法照、少康、延壽、省常，或除始祖慧遠外，以余之六祖加宗賾，立為七祖。密宗七祖指大日如來、金剛薩埵、龍猛、龍智、金剛智、不空、惠果。本銘記中殘存有"國及父母生淨土"字樣，則所稱"七祖院"之"七祖"或即淨土七祖矣。

千手千眼觀世音咒

（咸通十二年正月　見《存逸考》卷二"西安府"下）

石高一尺，廣二尺六寸。四十二行，字數不等，正書。

千手千眼觀世音菩薩，廣大圓滿無礙大悲心陀羅尼無量壽如來根本陀羅尼阿彌陀心真言。

咸通十二年辛卯歲月次孟春（缺）

授持教法比邱洪雅。

弟子王元諗。(《金石萃編》卷六七。《寰宇訪碑錄》卷四。《關中金石文字存逸考》卷二。《金石萃編補遺》卷二。《陝西金石志》卷一九。《續修陝西通志稿》卷一五三。)

[匯考]：

[一]《關中金石文字存逸考》稱："今在西安府城內臥龍寺。"

[三]《陝西石刻資料目錄集存》稱："石橫廣三尺九寸，高一尺六寸，共四十二行，行約二十字。"

靜難軍梨園鎮經幢銘記

（大順二年歲次辛亥　見《存逸考》卷九"淳化縣"）

幢僅存四面，高四尺四寸，每面廣三寸六分。二十八行，字數不等，正書。

靜難軍梨園鎮新修禪院建尊勝經幢銘記

節度衙推充梨園鎮判官將仕郎前（缺）參軍兼監察御史趙珏撰

我儒宗以仁、義、禮、智、信、溫、涼、恭、儉、讓，修文教，立大學，所以萬國投（缺）□也，道以沖虛澹泊，理躰自然，守志存神，融通三一，猶小聖也。

釋迦文佛於根本智（缺）大悲心從大悲心生，後德□□清淨母地，解脫涅槃，以無我人顯差別，法三聚戒等，攝六度門（缺）成一切智化，無不備極，而無上具十種身，綰三界四生，為大聖也。是以垂大法教。付囑國王、大臣於後惡世之中，普使弘護也。即有梨園鎮遏使王知進，河嶽間氣，川谷挺生，卓犖而神采□□，奇特而威儀迥拔。矧以籌謀莫疋七德，而已振八紘；智術無過八座，而位□四海。以氣義為垣塹，謂今日之孟嘗；以忠烈為鎧戈，乃昔時之孫子。自我唐廣明歲，賊寇憑凌，□今十（缺）公曾備歷艱苦，幾効戰征，乃懷心膂之雄，蕩滌妖氛之跡，泊廓清寰海，謐靜神州，同□大勳，尅膺殊寵，□□霆動山移，勢如□武，宿有道性，可謂奇仁者哉。頻謂流輩大將□人生（缺）能而幾何。□賞翫無時，追游莫暇，且去年今年之花色，朝夕不同；今日昨日之顏容，鏡光時□。故云一念中有九十刹那，一刹那經九百生滅，是以栖心佛理，略無片功，除公事寢食之期，餘不離梵宮（缺）或念或飾或嚴，如此之勞，無憚寒暑。公除先修廢寺，捨莊磴、資財、六畜外，再發宏□，奉為國及當道侍中、南北官僚，軍人百姓等，將先祖舊宅充修禪院及建佛頂尊勝經幢，別施（缺）屋宇等，並充□飯供養之費。夫尊勝陀羅尼經者，蓋如來密印、秘藏之要也。示八正路，□七返身，最勝難思，無越茲耳。見聞永登妙果，影暎罪滅。河沙諸聖，自在之門，隨意遊入也。故此院建金□□□，彩煥玉堂，層層而紺殿崢嶸，寂寂而竹房隱暎。所冀青眸來往，敷楊睹路之文；自足依栖，□暢曹溪之義。使元燈永曜，白業增輝，有情開七覺之花，無念契一如之理。居六凡而登十地，捨五分而獲□□。□□□有頂風輪，同躋覺道，銘曰：

　　禪宮宏壯動梨園，八座精誠護法門。□日命僧吟貝倡，長年譚道厭官尊。人無冤濫謌盈路，善友恬和德自存。從此國禎災□滅，誓（缺）皇恩。

　　維大唐大順二年歲次辛亥正月庚寅朔一日壬子建立。
　　安聖宣義功臣靜難軍節度衙前都知兵馬使充梨園鎮遏使

銀青光祿大夫檢校刑部尚書（缺）兼御史大夫上柱國王知進、左都押衙陳□頊、右都押衙高仲宣、□都虞候何敬柔、靜難軍節度押衙充梨園鎮副兵馬使銀青光祿大夫檢校右散騎常侍榮王府司（缺）□虞候曹寰、□士宗□主（缺）李元真、趙懷真、羅□武李□、張迺（缺）靜難（缺）光祿大夫檢校左散騎常侍兼御史大夫上柱國李文敬、李行均、□□□鉥、李行鉢、李行言、李行宣、令□、令奇、令安、令林、令寶、□兒、上座繼宣、寺主紹宗、都維那方友、院主□郁博叉、院主（缺）思真、法真、子真、銓益。

經幢記中"溫涼"之"涼"，當作"良"；"忠列"之"列"，當作"烈"；"謐靜"之"謐"，當作"謚"；"奇仁"之"仁"，當作"人"。(《關中金石文字存逸考》卷九。《金石萃編補遺》卷二。《北京圖書館藏中國歷代石刻拓本彙編》三二冊六二頁。)

[匯考]：

[一]《關中金石文字存逸考》稱："今在淳化縣，未經前人著錄，光緒乙酉博山張竹西大令培之訪得之。題銜云'……'又云'……'餘則諸僧題名也。《新唐書·方鎮表》'光啟元年，邠寧節度賜號靜難軍節度'。榮王名憒，憲宗子，咸通三年始王，廣明初拜司空，見《十一宗諸子傳》。此幢題名之曹寰，為榮王府官屬，所謂榮王，即榮王憒矣。《通鑒·唐紀》昭宗乾寧二年十月戊子'李克用將李罕之等克梨園三寨，獲王行瑜子知進'，即造幢之王知進矣。行瑜身為叛逆，舉兵犯闕，追逐君上，其子事佛求福，卒之不免於禽戮哉。乾甯二年距大順二年僅四年耳。"

[二]《淺議碑刻墓誌的整理與史料價值》稱："仔細分析此方銘記，它所傳遞給我們的歷史信息是多方面的。其一，是'靜難軍'的問題。唐乾元二年（759年），置邠寧節度使，屬關內道，治邠州，在今陝西彬縣治；大中年間（847—860年）移治寧州，在今甘肅寧縣治，尋還治邠州，領邠、寧、慶、鄜、坊、丹、延、衍等州，在今甘肅慶

陽、寧縣及陝西邠縣等地。中和（881—885年）年中，賜號'靜難軍'；光啟以後，朱玫、王行瑜據有其地，相繼作亂；其後，此地屬於李茂貞。至宋代亦置靜難軍節度，金廢。……又曰'元燈永曜，白業增輝'。南朝時期沙門慧琳於宋元帝元嘉十年（433年）前後作《白黑論》，設'白學先生'代表中國傳統理論，設'黑學'道士代表佛教，……而且還涉及到佛教與中國傳統文化，不僅使佛教之'元燈永曜'，而且還要使'白業增輝'。"

校者按：此經幢銘記於儒、道、釋三教頗有議論，以為儒、道雖各有其獨造，但仍未究竟根本，故為小聖。而釋氏"成一切智化，無不備極，而無上具十種身，綰三界四生"，是為最終救濟之道，所以為大聖。此種爭競比較之論，并非肇端於李唐之世，自中古以來即引發三教之間的激烈爭論，一般稱之為"三教論衡"。梁釋僧佑所輯《弘明集》中就收錄了大量三方互相辯難之作，後釋道宣又續輯《廣弘明集》，可見一時風氣所趨。唐政權建立後，因偽託李耳之後，所以特崇道教，但於三教之間並未明顯抑揚，而是採取並行發展之策略以收各取所需、互為制衡之效。本銘記即為佛教經幢而作，自然站在自身立場對其他兩家有所褒貶，《新編》卷二所收長慶四年"好時縣鎮經幢"中也宣稱"宣尼闡五常之大，則忠孝君親；玄元立自然之宗，設無為之化。雖不言之教理，終非解脫之源"，雖未如本銘直言儒、道為小，但卻含蓄地表達了相似看法。可以想見，這種議論在當日佛教世界是普遍的認識，只是在具體如何措辭時略有差異而已。

尊勝陀羅尼經幢並記
（見《存逸考》卷二"西安府下"）

　　幢已殘缺，尺寸無考。佛經三十九行，行書。記七行，正書。
□中散大夫試太子贊善（缺）真理於幽魂，仰戀連枝

（缺）職盡善之美，罔不知乎。（缺）毒，哀感嗚咽，纏綿凶慇，（缺）泉將遠，五蘊皆空，非輝（缺）難之義也。神道之應（缺）六日建。（《關中金石文字存逸考》卷二。《金石萃編補遺》卷二。）

[匯考]：

[一]《關中金石文字存逸考》："今在西安府學碑林。《新唐書·百官志》：東宮官屬左春坊、左贊善大夫五人，正五品上。"

華岳廟題名（八種）

石已殘缺，尺寸無考。

劉仁□修廟題名正書四行

大中四年十月十一日修訖。

右見《華岳志》。

李深題名正書一行

中丞李深。

蔣羅漢題名正書二行

內供奉開國公上柱國賜紫金魚袋蔣羅漢。

韓解題名正書三行，左行。

前大理評事韓解獻金天王金花盞，貳留在殿。

成麟等題名正書三行，左行。

夏陽縣尉成麟、前趙王府司馬梁亘、將軍阮易。

張懷進題名正書一行

監軍判官、內謁者張懷進。

于賁等題名正書三行，左行。

許州許昌縣丞于賁。

押衙左金吾將軍、賜紫金魚袋、內侍省掖廷局□王嘉欽弟景暉。

鄭搏題名正書一行

進士鄭搏。

經幢及題名仿《金石萃編》之例匯錄如右。（《關中金石記》卷四。《關中金石文字存逸考》卷九。《金石萃編補遺》卷二。《同州府志》卷二六。《陝西金石志》卷一五。《續修陝西通志稿》卷一四九。）

[匯考]：

[一]《關中金石志》稱："大中四年十月刻，正書，並在華岳廟。"（校者按：所指僅為"劉仁□修廟題名"）

又於"李益等題名"條稱："廟內凡為唐人題名而無號年可見者，又有盧舒、韓解、劉承□、李賞、李成允、崔恭、將羅漢、韋彪等，共八石。考《宰相世系表》，韓解官至太子中允……餘皆不得其人，蔣羅漢則內侍省官也。"

[二]《關中金石文字存逸考》稱："右'蔣羅漢題名'以下共六種，題字均見《金石萃編補遺》，均在華陰縣華岳廟中。"

[三]《陝西石刻文獻目錄集存》稱："原在華陰縣岳嶽廟，已佚。"

《關中石刻文字新編》卷三

（墓誌類）

甘泉毛子林鳳枝輯撰
會稽顧燮光鼎梅校印

北　周

賀屯植

（保定四年　見《存逸考》卷九"三水縣"）

周故開府儀同賀屯公之墓誌

公諱植，字永顯，建昌郡人也。其先侯姓，漢司徒霸之後。瓊根盤鬱，歷千載而彌隆；寶葉駢羅，貫終古而獨茂。芳烈垂而不窮，英聲著於方策。公稟川岳之休靈，資[一]乾像之妙氣。孝敬基於自然，仁讓發於天性。不競邑里之華，而存倜儻之節。至如揮戈跨馬，氣籠六郡之奇；囑矢控弦，妙奪樓煩之術。加以膽氣兼[二]人，才武絕世。故能戰必有功，陣無不捷。平寶賊於小關[三]，尅恒農於陝虢。戮河橋之封豕，摧沙苑之莨蛇。騁驍悍於洛陽，効武勳於隋陸。其餘功戰，難得詳言。而公忠簡帝心，勳德諧懇，賞祿既崇，寵榮斯及。歷位衛大將軍、右光祿大夫、太子中舍人、河陽郡守，稍遷使持節、驃騎大將軍、開府儀同三司、大都督、義州諸軍事、義州刺史、司倉大夫、肥城縣開國公，食邑一千七百戶。公率禮讓以□民，總威惠以禦衆，供出納於儲宮，秉綸綍於玉[四]府。襄帷三[五]載，民興五袴之謠；擁鉞十周，士懷赴火之節。魏前二年十二月中，太祖文皇帝以公忠効累彰，宜加旌異，爰命史官，賜姓賀屯氏。時惟[六]姓首，寔[七]主宗祀。穆穆之訓，流美閨門；惟馨之德，實臻遐福。春秋五十八，以保定三[八]年歲次癸未正月廿三日寢疾，薨於坊。主上嗟悼，賵贈有加，以保定四年歲次甲申四月己丑朔廿一日戊申窆於齒州三水縣棒川之良平原。追贈公使持節、驃騎大將軍、開府儀同三司、大都督、光楊平三州諸軍事、光州刺史、肥城縣開國公，謚曰斌公，禮也。陵谷不常，幽顯[九]或改，敬鐫玄石以誌焉。

世子定遠，次子定徽，次子定高，次子定國，次子定周，次子定貴。

原誌石刻二十五行，行二十二字，正書。(《寰宇訪碑錄》卷二。《懷岷精舍金石跋尾》。《關中金石文字存逸考》卷九。《古志石華續編》卷一。《寶鴨齋題跋》中。《慕汲軒志石文錄續編》。《八瓊室金石補正》卷二三。《陝西金石志》卷六。《續修陝西通志稿》卷一四〇。《咸寧、長安兩縣續志》卷一三。《增補校碑隨筆》四一八頁。《碑帖敘錄》一九五頁。《漢魏南北朝墓誌集釋》卷七。《北京圖書館藏中國歷代石刻拓本彙編》八冊一一一頁。《漢魏南北朝墓誌彙編》四八〇頁。)

[校記]：

[一] "資"，《八瓊室金石補正》作"纘"，誤。

[二] "兼"，《新編》作"出"，《慕汲軒志石文錄續編》作"驚"，《八瓊室金石補正》《漢魏南北朝墓誌彙編》作"兼"，諦北圖藏拓，當以"兼"為是，今據改。

[三] "關"，《慕汲軒志石文錄續編》《漢魏南北朝墓誌彙編》作"開"，誤。"小關"為潼關左邊一條山谷，形勢險要，誌稱"平寶賊於小關"，當指東魏天平四年竇泰進攻潼關為宇文泰所殺事，《北齊書》卷一五《竇泰傳》(中華書局，1972年，193頁)載："天平三年，

神武西討，令泰自潼關入。四年，泰至小關，為周文帝所襲，眾盡沒，泰自殺。"《周書》卷二《文帝下》（中華書局，1971年，22頁）亦有記載而略詳，據誌序賀屯植應該參與了是役並立有戰功。關於"小關"的具體位置，胡三省《資治通鑒注》稱"小關在潼關之左，唐時謂之禁谷"（中華書局，1956年，4876頁），顧祖禹《讀史方輿紀要》卷五二亦云"又小關曰禁谷，亦曰禁坑。……關左有谷，平日禁人往來，以權徵稅，所謂禁坑也"（商務印書館，1937年，2286—2287頁），可備參考。

　　［四］"玉"，《新編》作"王"，其他各本作"玉"，今據改。

　　［五］"三"，《新編》示錄作"□"，今據其他各本補。

　　［六］"惟"，《漢魏南北朝墓誌彙編》作"推"。

　　［七］"寔"，《新編》作"適"，今據其他各本改。

　　［八］"三"，《新編》作"二"，今據其他各本改。

　　［九］"顯"，《漢魏南北朝墓誌彙編》作"題"，誤。

［匯考］：

　　［一］《關中金石文字存逸考》稱："此誌今藏三水縣邑紳唐氏家，楷字最小而極有古秀之致，耐人尋翫。案植本姓侯氏，《北周書》《北史》皆有傳。誌中所敘戰功、官爵多與史合，惟傳言植為宇文護所忌，懼不免禍，遂以憂卒，誌中不言，蓋諱之也。……又傳言'植，上谷人。高祖恕，魏北地郡守，子孫因家於北地之三水，遂為州郡冠族。父欣，泰州刺史，奉義縣公'，而誌中既不詳其祖、父之名，又未言其移徙之故，但云植為'建昌郡人'，與史迥異。魏收《魏書·地形志》，涼州建昌郡治榆中。《方輿紀要》云'漢榆中縣，屬金城郡，故城在陝西蘭州西百里，後魏時為建昌郡治，後周廢'，案後周已廢建昌郡，而誌言植為建昌郡人，當舉舊貫言之也。……誌所謂建昌郡，未知即其地否？誌云'平寶賊於小關'，《方輿紀要》云'潼關之左有谷，謂之小關，一曰禁谷，一曰禁坑'，蓋潼關之間道也。……又云'効武勳於隋陸'，隋為隋州，陸為安陸，皆蕭梁疆圉，史言植從于謹平江陵，誌中所言，即其事矣。誌有序無銘，末列諸子之名，亦金石一例也。誌云'塋於三水縣棒川鄉良平原'，《新唐書·地理志》'邠

州'有蠭川府、西安府，有唐蠭川府長史（《焦璀墓誌》），《方輿紀要》云'半川府在陝西三水縣北十五里'，然則此志之'棒川'，《唐志》之'蠭川'，《方輿紀要》之'半川'，實一川也。……又志中'隨'字作'隋'，然則去辵作'隋'，不自隋朝始也。"

［二］《八瓊室金石補正》稱："高一尺二寸七分，廣一尺二寸。廿五行，行廿二字，字徑四分，正書。"

又云"《補訪碑錄》云在三水，當是據其葬地言之。賀屯植，即侯植，《魏書》《北史》俱有傳。史家追書原姓，志立當時，書賜姓也。傳與誌多歧異，誌云'字永顯'，傳云'字仁幹'（《世系表》同），植或有二字耶？誌云'建昌郡人'，傳云'上谷人，高祖恕，北地郡守，因家北地之三水'。按《唐書·宰相世系表》'鄭有侯宣多，生晉，漢末徙上谷'，《元和姓纂》亦云漢末侯氏徙上谷。傳敘其祖貫，故稱上谷，《姓纂》分'三水'、'上谷'為二望，不知其同系也。《魏書·地形志》，建昌郡屬涼州，北地郡屬雍州，三水縣屬涇州新平郡，而誌前云建昌郡，後云葬於豳州三水縣，當是北周所更置。《隋書·地理志》，三水縣屬雍州北地郡。北地郡，後魏置豳州，隋蓋因周之舊也。建昌郡當亦周所割隸，抑或周所別置，非即北魏之建昌耶？誌敘歷官與史亦大同小異，傳言'起家奉朝請，拜統軍，授驃騎將軍、都督，進大都督，拜車騎大將軍、儀同三司，進爵郡公'，誌皆略而弗詳。惟進爵郡公，誌何以亦從略耶？誌言'衛大將軍、太子中舍人'，傳皆失載。誌言'河陽郡守'，傳作'清河'；誌言'右光祿大夫'，傳作'左'，當以誌為正。誌言'司倉大夫'，傳言'司倉下大夫'，誌省'下'字，似異而實同。誌言'贈光、揚、平三州諸軍事'，傳言'正、揚、光'；誌言'謚曰斌'，傳言'節'。誌有六子，上一字皆以'定'命名，傳言'子定'，則傳之誤也。唐侯君集為植之孫，《世系表》缺其父名，史傳不載，《姓纂》亦弗詳，殆不可考。《表》稱植為'肥城節公'，亦誤'斌'為'節'。《姓纂》作'肥成公'，雖'成'、'城'可通，要當以'城'為正。誌云'漢司徒霸之後'，《姓纂》侯霸出丹徒望，與三水異派，《世系表》敘植先世亦不及侯霸，當是作誌者附託霸裔耳。……《魏書》'大統元年，賜姓侯伏侯氏'，《北史》作'侯伏氏'，《世系表》同，當是《魏書》之誤，而誌不詳也。賜姓'賀屯'，《世系表》誤作'賀吐'，證以此誌，更顯然矣。四月己丑朔廿一日，當是己酉，誌作戊申，或是廿日誤多一字。《通鑒目錄》是年三月己未朔，則四月己丑朔當不誤也。"

［三］《寶鴨齋題跋》稱："誌出陝西三水縣。按《北史·侯植傳》'仕魏為義州刺史，從孝武西遷，賜姓侯伏氏。從周文破沙苑，戰河橋，進大都督，涼州刺史文仲據州作逆，植從開府獨孤信討擒之，封肥城縣公，賜姓賀屯氏。……植以憂卒，贈大將軍、平州刺史，諡曰節，子定嗣'，誌謂'……'較本傳詳明。卒贈'光楊平三州諸軍事、光州刺史'，'平州'當是'光州'之訛。"

［四］《陝西金石志》稱："案此石原為唐氏所藏，今歸長安朱氏。毛氏謂字有古秀之致，然筆劃太不講求，……雖曰文士好奇，其如不能成字何。"

［五］《北朝胡姓考》"侯氏"條八五頁注四稱："石刻有《周開府賀屯植墓誌》（保定三年）。核其官銜事蹟，即侯植也。惟傳稱上谷人，而誌稱建昌郡人，似不合。然按植傳，植從孝武西遷，從戰沙苑，以功進涼州刺史。建昌郡屬涼州，蓋植以官涼州，因家建昌。《周書》稱其舊望，墓誌記其新居，因兩歧耳。"

［六］《周書·侯植傳》校勘記"四九"條稱："正、陽、光三州諸軍事平州刺史，宋本'陽'作'楊'，南本、北本、汲本、局本都作'揚'。張森楷云'陽誤，作揚是。'按既稱平州刺史，諸軍事所舉第一個州，也應是平州。《賀屯植墓誌》稱：'追贈公使持節、驃騎大將軍、開府儀同三司、大都督、光楊平三州諸軍事、光州刺史。'植為宇文護所忌，死後恐只贈本官。大將軍或是誅護後加贈。傳之'正州'，據誌也可證為'平州'之訛，但哪一州刺史也不同。"

校勘記"五〇"條又稱："諡曰節，《賀屯植墓誌》云'諡曰斌公'，按可能是初諡'斌'，宇文護死後，因他曾觸犯權臣，故改諡'節'。"

［七］《陝西石刻文獻目錄集存》稱："原在邠州三水縣棒川浪平原，出土後藏三水縣紳唐氏，後歸長安朱氏，已佚。"

校者按：本誌最可注意者有二：一為誌主之籍貫；一為誌主之賜

姓。關於前者，《周書》《北史》植本傳皆稱其先為上谷人，《周書》更以植為燕散騎常侍龕八世孫，後高祖恕官北地郡守，子孫因家於北地之三水，論者因此或以上谷為植舊望，校者頗疑此係偽冒。《元和姓纂》"侯"氏諸望中，上谷列第一，為中古侯氏最著之望，被其他侯姓攀附正意料中事，《姓纂》載"絳郡"侯氏"狀云本上谷人"（中華書局，1994年，724頁），與植本傳稱其為上谷人正一例也。又《魏書·侯剛傳》（中華書局，1974年，2004頁）稱剛"河南洛陽人，其先代人也"，係《姓纂》所列"河南"侯氏一支，為"胡引氏"所改稱，但北魏孝昌二年（526）《侯剛墓誌》（趙超《漢魏南北朝墓誌彙編》，天津古籍出版社，1992年，188頁）則稱其為"上谷居庸人"，則"河南"胡姓侯氏亦冒附"上谷"矣。至於誌稱植為"建昌郡人"，論者或以其為侯氏舊望，或認其為侯氏新居之地，或以此建昌為宇文周所割隸，抑或別置，非即北魏涼州所轄之建昌，頗多歧異。姚薇元先生《北朝胡姓考》"侯氏"條以"建昌"為植新居之地，其論見上引《匯考》。此係誤讀，查《周書》《北史》植本傳皆云"從太祖（《北史》作周文）破沙苑，戰河橋，進大都督，加左光祿大夫（《北史》不載此授）。涼州刺史宇文仲和據州作逆，植從開府獨孤信討擒獲之"云云，則姚先生以植為涼州刺史係連下誤讀耳，此不待辯。按《周書》《北史》植本傳稱侯恕因官北地而子孫家于三水，《姓纂》亦稱"三水"侯氏"代居邠州"，誌又稱植卒後葬於"豳州三水縣棒川之良平原"，則三水為植占籍之地無疑，校者前既以"上谷"非植舊望，則誌所稱"建昌"當為植之舊望無疑，毛氏亦持此意見，則此支侯氏當從涼州因宦東遷而來。關於侯植之賜姓，較為特別的是先後凡兩次，這在西魏、北周以來的賜姓中較為少見。第一次在大統元年，所賜"侯伏侯氏"，即《魏書·官氏志》所稱"胡古口引氏"，姚薇元先生《北朝胡姓考》"侯氏"條辨之甚詳，可參考。所欲申說者，有關西魏、北周賜姓之研究已多，但是關於其中賜姓與賜姓之前姓氏之關係相對討論不多。以校者閱讀史料所及，大致有以下幾種情形：一種賜姓事實上是複姓，即是對孝文改姓的一種反動，比如《周書·王盟傳》（中華書局，1971年，333—334頁）稱"其先樂浪人"，後"賜姓拓王氏"，實際上王盟一支本係遼東高麗種之拓王氏，北魏平中山，拓王氏一支內徙，孝文改姓時遂以"拓王"為"王"，至西魏時賜姓"拓王"，不過復其舊耳，此例甚多，無須備舉。此外，尚有原為漢姓，因功被賜複姓者，侯植之賜姓侯伏侯氏即其一例，又庾信作《周上柱國宿國公河州都督普屯威神道碑銘并序》稱"公諱某，字某，河南洛陽人也。舊姓辛，隴西人"（《全後周文》，中華書局，1999年，244頁），隴西辛氏為北朝名門，辛威被賜姓普屯氏與侯植情形一致。較為特殊者，侯植從獨孤信討平宇文仲和後，又賜姓賀屯氏，這種例子並不多見，翻檢史料所及，另有唐謹曾前後兩次賜姓，一次因戰功賜姓宇文氏，後因與于謹親善，更賜姓萬紐於氏。又，"賀屯"氏不見《魏書·官氏志》所載，《新唐書·宰相世系表》作"賀吐氏"，當是一音之轉，殊無足怪。

又，《新唐書·宰相世系表》記侯君集祖侯植，然失其父名諱，君集本傳亦不言植孫。趙超《〈新唐書·宰相世系表〉集校》"侯氏"條按稱："陝西栒邑出土貞觀十一年二月二十九日《大唐故泰州諸軍事泰州刺史侯使君夫人竇氏墓誌》載：'第五子君集，兵部尚書、潞國公。'惜不載其夫名。"（中華書局，1998年，302頁）誌稱"夫人諱娘子，扶風平陵人也，……祖弘，魏新野、扶風二郡太守、建昌縣開國公。……父璨，京兆郡丞、隋襄州長史"（周紹良，《唐代墓誌彙編續集》，上海古籍出版社，2001年，19頁），竇氏於貞觀十二年二月廿九日歸葬於"豳州三水縣仁安鄉山"，似與侯植所葬之"豳州三水縣棒川之良平原"並非一地，姑存疑待考。

隋

惠雲法師

（開皇十四年　見《存逸考》卷三"長安縣上"）

大隋太尉晉王慧日道場故惠雲法師墓□

法師俗姓賈氏，河南洛陽人。祖懷德，本州主簿。父成，梁司空元法僧諮議參軍、衡陽令。法僧在魏，作鎮彭城，成亦隨府，翻入梁國。法師聖善，金陵舊姓，故誕於建鄴焉。若夫星躔鶉柳，地殷[一]交會。先王敬止，歷聖□塵，故能矯弱冠於辭林，擅長經於儒肆。武公顯八命於晉室，遠師晦四依於廬阜。遙哉煥矣，濟濟洋洋，未有士[二]風先賢，若斯之盛者也。

法師□慶長源，標華峻極，供養前佛，光揚□□。十歲入道，事天安寺□□法師。□騰聲數論，擁徒淮海。禪花內炳，戒香外馥。□此成章[三]，卓然蘊器。及[四]先教經唄，卻授名理，昔歌頌法言，道門盛式。億日[五]行海，玉豪賞其能□；子達遊山，金字傳其妙響。降斯以後，名□間出，音聲佛事，誼[六]重閻浮。齊□□文宣，令問令望，兼外兼內，夢感賢聖授[七]瑞，應□聲梁，高祖武皇帝□宏舍衛，述作迦維，敕諸寺沙彌四百人就至心寺智測法師學，竟□□集三百餘，聲并贊唄，大[八]□四百。法師少年，獨標□□，□送[九]溫雅，一時[十]□道[十一]。梁武□定，由斯價重。請業之徒，恒至數百。

我大隋皇帝平一□□，同書共軌，聖照天[十二]臨。太尉晉王文武英劭，親董元戎，□定[十三]江表，□□法師，便以家僧禮異，從遊京洛[十四]，陪鎮汾[十五]河。于時，主上巡幸并部，大[十六]□名德，敷问[十七]《仁王般若經》，法師□□之儀容，法□之聲韻，奉對□□，妙演梵□，道俗傾耳，幽顯□聽。還隨飛蓋，重牧江都，復奉安車，再朝象魏。方流勝則，垂範後昆，而石火不停，岸樹非久，□斯有累，入彼無為。以開皇十四年歲次甲寅三月十二日[十八]辰時，端坐正色，稱彌勒佛名，願生兜率天上，捨壽於內侍省。先是月初自克此日，似如知命。聖心嗟悼，喪事優禮。低昂寶綱，徒出郭門，裊娜珠幡，虛飛松路。何輪餘之足歎，豈蟬蛻之多悲。有□教法論，幸疾誄[十九]行，俾魂感於恩光，乃銘碣而遺芳[二十]。其辭曰：

至人應物，多方設教。詎斯忍土，音聲是樂。微言尚在，遺頌修德。魚山感悟，藥瑞其[二一]宣。迴鶯動日，駐鶴凝煙。誰其嗣矣，獨有夫賢。梵天清越，淨居流便。寫妙奪真，壑盈空遍。道心內直，威儀外現。共弈袞王，提攜藻盼。方陪葆軑，旋影具區。空花奄滅，石火歸無。緣藤切鼠，度隙傷駒。生勞可息，死□還俱。我有泥洹，真為□□。燎彼紅舌，煙開玉縞。唄斷松阿，幡收壙道。幸銷毒器，何嗟宿草。

原誌石刻共二十八行，行二十七字，末行十二字刻於碑側，正書。(《關中金石文字存逸考》卷三。《古志石華續編》卷一。《慕汲軒志石文錄續編》。《八瓊室金石補正》卷二五。《西安府志》卷三。《陝西金石志》卷七。《續修陝西通志稿》卷一四一。《咸寧、長安兩縣續志》卷一三。《漢魏南北朝墓誌集釋》三八八頁。《增補校碑隨筆》四三六頁。《善本碑帖錄》八九頁。）

[校記]：

[一]"殷"，《新編》未錄作"□"，今據其他各本補。

[二]"士"，《新編》未錄作"□"，今據其他各本補。

[三]"章"，《新編》作"童"，《慕汲軒志石文錄續編》《八瓊室金石補正》作"章"，今據改。

[四]"及"，《新編》"器"後接"先"字，《慕汲軒志石文錄續編》"器"後兩字未識作"□□"，後接"教"字，《八瓊室金石補正》"器"後作"及先教經"，知"器"字與"教"字之間當有兩字，今據《八瓊室金石補正》補。

[五]"日"，《慕汲軒志石文錄續編》作"貝"，《八瓊室金石補正》作"耳"。

[六]"誼"，《新編》未錄作"□"，今據其他各本補。

[七]"授"，《新編》未錄作"□"，今據其他各本補。

[八]"大"，《新編》未錄作"□"，今據其他各本補。

[九]"送"，《八瓊室金石補正》錄作"選"。

[十]"一時"，《新編》錄作"飛□"，《慕汲軒志石文錄續編》作"□□"，今據《八瓊室金石補正》改。

[十一]"道"，《新編》作"適"，《慕汲軒志石文錄續編》《八瓊室金石補正》錄作"道"，今據改。

[十二]"照天"，《新編》未錄作"□"，今據其他各本補。

[十三]"定"，《新編》未錄作"□"，今據其他各本補。

[十四]"京洛"，《新編》未錄作"□□"，今據其他各本補。

[十五]"汾"，《新編》未錄作"□"，今據其他各本補。

[十六]"大"，《新編》未錄作"□"，今據其他各本補。

[十七]"问"，《新編》未錄作"□"，今據其他各本補。

[十八]"三月十二日"，《新編》未錄作"□月□日"，今據其他各本補。

[十九]"幸疾誄"，《新編》未錄，今據其他各本補。

［二十］"遺芳"，《新編》未識作"□□"，《八瓊室金石補正》作"圖□"，今據《漢魏南北朝墓誌集釋》補。

［二一］"其"，《八瓊室金石補正》作"冥"。

［匯考］：

［一］《慕汲軒志石文錄續編》稱："正書。石高、廣各一尺三寸八分，二十八行，二十七字。"

［二］《關中金石文字存逸考》稱："此石本出長安，今久逸矣。'太尉、晉王'，即隋煬帝也，元法僧為北魏陽平王熙之后，叛魏投梁，事詳《資治通鑒》。此志書法秀逸，隋刻之佳者。惜石已磨泐，非諦觀之不能得其筆妙也。"

［三］《八瓊室金石補正》稱："方一尺五寸五分，厚一尺二寸五分。廿八行，行廿七字，末一行十二字刻於銘側，字徑四分，正書。"

又稱："右《慧日道場僧惠雲墓銘》，未詳所在。標題稱'太尉晉王'，煬帝於開皇元年封晉王。九年，平陳，拜太尉。慧日道場或即在其府內。《陝西通志》'慧日寺，開皇六年立'。惠雲誕於建鄴，《隋書·地理志》無建鄴縣，《避諱錄》云'晉愍帝改建業為建鄴，後以嫌名，又改建康'。《隋志》於'江寧縣'下云'平陳，以秣陵、建康、同夏三縣入焉'。又，《晉書》有建鄴無建業，云孫氏改為建業，平吳以為秣陵。太康三年，分秣陵北為建鄴，改鄴為業。《宋書》云'愍帝即位，避帝諱改建康'，餘與《晉書》同，《南齊書》亦作建康，似宜稱建康矣。然《隋書·帝紀》'開皇九年，韓擒進師入建鄴'，固稱建鄴不稱建康。梁改建寧，其復稱建鄴者，當是陳時所改。《隋書注》稱建康者，誤也。至改業為鄴，在武帝時，不因愍帝之諱，《避諱錄》誤也。文云'父成，梁司空元法僧諮議參軍'，考元法僧，陽平王熙之曾孫也，《魏書》附《道武七王傳》云'孝昌元年，殺行臺高諫（《帝紀》《北史》均作高諒，此作諫者，誤也。），反於彭城，大軍致討，攜諸子擁掠城內及文武，南奔蕭衍'，《肅宗紀》及《北史》略同，誌所謂'作鎮彭城，翻入梁國'者，此也。其為司空，則《北史》傳、《南史·梁紀》《梁書·帝紀》及本傳皆載之，《魏書》傳又云'王、賈諸姓，州內人士，法僧皆招為卒伍'，成即賈姓中人。《梁

307

書·帝紀》又云'以魏假平東將軍元景隆為衡州刺史',景龍即法僧之子,成為衡陽令,其在此時歟?'齊有□□文宣',□者,疑是蕭道成,然道成諡太祖高皇帝,無文宣之號。北齊高洋,諡顯祖,文宣帝又不在建鄴,或誌之誤歟?'□祖武皇□',當是蕭頤,所缺是世、帝二字。若北齊。則稱武成帝,不稱武帝。誌文似就建鄴言之,故下文接言梁武也。巡幸并部,事在開皇十年。卒書日并書時,前此罕見。……賈成為衡陽令,可補入《湖南通志》。"

[四]《漢魏南北朝集釋》稱:"出長安,舊藏諸城劉氏,今佚。……文稱'太尉晉王親董元戎,□定江表,□□法師,便以家僧禮異,從遊京洛,陪鎮汾河。……還隨飛蓋,重牧江都,復奉安車,再朝象魏',而不言道場建立事。考晉王廣於開皇十一年從天臺智者大師受戒,《廣弘明集》二十二載'其受菩薩戒疏,自署"使持節、上柱國、太尉公、揚州總管諸軍事、揚州刺史、晉王弟子楊廣"',蓋平陳後高祖初以秦王俊為揚州總管,歲余徙晉王鎮廣陵,計時當在開皇十年冬。則受戒時,晉王鎮廣陵僅期年也。其建慧日道場,自當與受戒相前後。《續高僧傳》十一《釋智脫傳》'煬帝作牧邗江,初建慧日,盛搜異藝,海岳搜揚,脫雅為論士,眾所推焉',又十三《釋智炬傳》'隋煬往鎮揚越,採拔英靈,徵居慧日,處以異倫',又十四《釋慧覺傳》'煬帝昔居藩屏,化牧淮甸,欽佇勝人,義逾仄席。乃賜書曰:今於城內建慧日道場,延屈龍象,大弘佛事,盛轉法輪',又二十一《釋慧越傳》'隋煬在藩,搜選英賢,遣舍人王延壽往招,延入晉府慧日道場',又三十一《釋慧乘傳》'太尉、晉王於江都建慧日道場,遍詢碩德,奉旨延住'。《國清百錄》二載晉王與智者大師書,亦有'建立慧日道場,安置照禪師以下,江陵論法師亦已遠至'語,可知慧日道場之設,乃在遍召名師,開弘經旨。及晉王嗣位,遂徙道場於東京,一時緇流,如智脫、法澄、道莊、法論、智潤、敬脫、三慧、立身、智果諸師,俱蒙甄錄。《續高僧傳》三十四《釋法安傳》'大業之始,又往名山,召諸隱逸,總萃慧日,道藝二千餘人',規制之隆,殆過於前矣。惠雲之識晉王,當在開皇九年平陳時,其識高祖,當在十年二月高祖幸并州(見《高祖紀年》)時,召入慧日,則在晉王移鎮廣陵之初。稍後,似又奉高祖敕召,故誌有'奉安車,朝象魏'等

語，終以是卒於長安，不及見東都之盛，亦憾事矣。《續高僧傳》四十《釋法稱傳》'時有智雲，亦善經唄，每執經對御，響震如雷，時參哀囀，停駐飛走。又善席上談吐驚奇，子史丘索，都皆諳曉，隋煬在藩，彌崇敬愛，召入慧日，把臂朋從，欣其詞令，年登五十，卒於京師，王悲惜焉，教沙門法論為之墓誌'，與誌序惠雲'奉對□□，妙演梵□，道俗傾耳，幽顯□聽'，及'聖心嗟悼，有教法論，幸疾誄行，俾魂感於恩光，乃銘碣而遺芳'，均合，蓋即一人，惟傳誤其名為智雲，誌不及其年壽，為異耳。"

[五]《陝西石刻文獻目錄集存》稱："此誌道光年間出土於西安，後歸諸城劉喜海，已佚。"

校者按：本誌作者法論，俗姓孟，南郡人，活動於梁、陳、隋時期，《續高僧傳》卷十有傳，據前《漢魏南北朝墓誌集釋》引隋煬與智者大師書，知法論亦被召入慧日道場，此誌當係奉命而作。

張通妻陶

（開皇十七年三月　見《存逸考》卷三"長安縣上"）

大將軍昌樂公府司士行參軍張通妻陶墓誌

夫人諱貴，丹楊丹楊人也。赤龍白虎之胤，天官地正之宗。軒冕蟬聯，洎於凌霄之夢；珪璋挺特，標於竹馬之年。篆策紛綸，難可而詳也。祖恪，雍容軌則，示規矩於邦家。父暹，溫肅儀形，表瑚璉於朝野。

夫人承茲桂葉，獨秉翠於秋風；資此蘭花，乍飄香於春日。逾閑婦禮，妙淑女工。加以懇志薰修，歸依正覺，莊嚴供養，其慧日寺者乎？四海欽風，王侯敬之以德；二門彰義，道俗尊之以仁。是知無常無我，驗電影之難留；有死有生，見水泡之易滅。以開皇十七年三月廿一日，奄然長逝，春秋五十有五。即以其月廿六日葬於長安縣之龍首鄉。銘曰：

綿綿瓜瓞，祁祁德音。桂蘭同馥，杞梓齊林。作牧九州，垂門五柳。自稟嘉氣，還生姿首。似蓮出波，如雲暎牖。行重義妻，名高節婦。薰修淨土，莊嚴福田。慧日長照，法炬恒燃。何言燭滅，忽在風前。定知善果，還生梵天。雲屏空捭，月鏡徒懸。行路悲哀，鄉閭淒切。松短未吟，雲生已結。吳亭鶴唳，秦川水咽。一閉佳城，千齡永絕。

原誌石刻共十九行，行十九字，正書。(《香南精舍金石契》。《續語堂碑錄》甲。《關中金石文字存逸考》卷三。《古志石華續編》卷一。《慕汲軒金石文錄續編》。《八瓊室金石補正》卷二六。《陝西金石志》卷七。《續修陝西通志稿》卷一四一。《咸寧、長安兩縣續志》卷一三。《漢魏南北朝墓誌集釋》卷八。《增補校碑隨筆》四四三頁。《碑帖敘錄》一七〇頁。《善本碑帖錄》九一頁。《北京圖書館藏中國歷代石刻拓本彙編》九冊一一六頁。)

[匯考]：

[一]《關中金石文字存逸考》稱："《隋書·韓擒傳》'弟僧壽授大將軍、昌樂公'，此誌之大將軍、昌樂公，當即其人。韓擒，即韓擒虎也。此誌書法精整，原石久逸，今有重摹本。"

[二]《八瓊室金石補正》稱："方一尺二寸。十九行，行十九字，字徑四分許，正書，有界格。在咸寧。"

又稱："標題陶字下不稱夫人，並不加氏字，他誌罕見，亦金石之一例。張通列銜稱'大將軍昌樂公府司士行參軍'，考《隋書》諸傳，封昌樂公者三人：一曰王韶，周武帝時以平齊功進位開府，封晉陽縣公。宣帝即位，改封昌樂縣公。高祖受禪，進爵項城郡公，轉靈州刺史，加位大將軍；一曰僧壽，高祖得政，授大將軍，封昌樂公。開皇初，拜安州刺史，轉熊州，又轉蔚州，進爵廣陵郡公；一曰柳裘，周時自麟趾學士累遷太子侍讀，封昌樂縣侯。宣帝即位，拜儀同三司，進爵為公。開皇元年，進位大將軍，拜許州刺史，轉曹州刺史。案：王韶、僧壽後已進封項城、廣陵，則此稱昌樂公者，或是柳裘也。昌樂即繁水，隸武陽郡。大業初廢，入繁水。此誌在開皇間，故稱昌樂。隋制：國王、郡王、國公、郡公、縣公、侯、伯、子、男皆有法、田、水、鎧、士等曹行參軍，各一人，開皇初改曹為司。張通為司士，蓋在開皇初年。誌敘夫人里貫，稱'丹楊丹楊人'。案《隋書》，丹楊郡無丹楊縣。夫人歿于開皇十七年，春秋五十有五，則生於梁武帝大同九年，然則所稱'丹楊人'者，當是故名耳。"

[三]《奇觚廎文集中》稱："此石舊為甘泉岑建功所藏，今歸南陵徐積餘太守。拓以見貽，遒勁婉約，鋒穎如生，庶幾廬山真面。余考韋述《兩京新記》'東門北慧日寺，本富商張通宅，開皇六年捨而立寺。通妻陶氏，常於西市鬻飯，精而價賤，時人呼為陶寺'，今此誌亦載慧日寺，與述所言脗合。夫通夫婦，不過販脂灑削之儔，而以佞佛之功，附名地記。千餘年後，幽宮片石，又復出而印證。好古者摩挲鉤考，得以詳其姓氏，不可謂非幸也。通結銜題'大將軍昌樂公府司士行參軍'，按《隋書·韓擒虎傳》'擒虎弟僧受，周時從韋孝寬平尉迥有功，授大將軍、昌樂公"，即其人也。僧受入隋，進爵廣陵郡公，改封江都郡公。煬帝即位，又改封新蔡郡公。陶之卒在開皇十七年，而通之府主猶追書周爵者：案銘云'行重義妻，名高節婦'，則通實先卒，是時僧受猶未改封也。進爵廣陵，史無其年，開皇捨宅，通尚無恙，其在六年後乎？隋《百官志》'王公府屬有法、田、水、鎧、士等曹行參軍，柱國無水曹，上大將軍、大將軍無田曹、鎧曹，上開府又無法曹、七曹'，僧受位大將軍，故猶得有士曹。司士，即士曹也。通為富民，而亦策名府屬，或以幸舍而進身，或以高貲而鬻爵，未可知也。誌又稱陶'丹楊丹楊人'，案隋大業初始置丹楊郡，所屬僅江甯、當塗、溧水三縣，無丹楊縣，且開皇初尚未置郡，則誌所稱，尚係晉、宋舊縣。其族望也，觀銘中'作牧九州，垂門五柳'，亦引士行、靖節為重，可見。"

[四]《增補校碑隨筆》稱："石久佚，有重刻數種，皆較原本為瘦。……除南陵徐氏（即上引《奇觚廎文集中》所稱徐積餘）外，尚有陝

311

西重刻本，較徐氏更精。……陝西重刻本後也磨去一層，似更瘦細，雖似挺勁，然與原石不類。"

［五］《陝西石刻文獻目錄集存》稱："誌石原在咸寧縣，已佚。有摹刻多種。一翻刻本字瘦無神，後歸上海徐乃昌。又舊有西安瘦本字較佳，多附入唐誌百種內，故宮藏有另一翻刻肥本，字更劣。北京文物商店收李文田跋藏本，是原石拓。"

校者按：《校碑隨筆》著錄此誌，惟銜題於"陶"後有"貴"字，下列卒年作"開皇十九年三月"，與《新編》等所錄不同。校者頗疑"貴"字為編者妄增，北朝碑誌無此體例，陸氏按語只言"陶字下不稱夫人，並不加氏字，他誌罕見"而已，亦可證也。卒年以"十七"作"十九"，或誤識所致。

蘇慈

（仁壽三年三月　見《存逸考》卷九"蒲城縣"）

大隋使持節大將軍工兵二部尚書司農太府卿太子左右衛率右庶子洪吉江虔饒袁撫七州諸軍事洪州總管安平安公故蘇使君之墓誌銘

公諱慈，字孝慈，其先扶風人也。九曲靈長，河流出積石之下；十城側厚，玉英產琨崙之上。故地稱陸海之奧，山謂近天之高。秀異降生，岐嶷繼體。祖樹仁，魏黑城鎮主。父武，西魏驃騎大將軍、開府儀同三司，兗、雲二州刺史，平遙郡開國公，贈綏、銀、延三州刺史。時[一]魏氏秦趙將分，東西競峙。公王父、顯考立事建功，庇大造於生民，獎元勳於王室。福延後嗣，以至於公。

公承親之道，孜孜先色；奉主之義，謇謇忘私。寬仁篤行之風，彰於弱操；成務理物之志，表於壯年。後魏初，起家右侍中士。三年，加曠野將軍。周明革運，授中侍上士。天和二年，授右侍上士。四年，授都督，充使聘齊。五年，治大都督，領前侍兵。六年，授正大都督，仍領前侍兵。公久勞禁衛，頻掌親兵，慕典君之慎密，似秅侯之純孝。其年，重出聘齊，受天子之命，問諸侯之俗。延譽而出周境，陳詩而察齊風。還，授宣納上士。王言近納，帝命攸宣。咫尺當宸之尊，渙汗如綸之重。七年，授左勳衛都上士。建德元年，授夏官府都上士，治中義都上士。九府分職，六官聯事，公遍歷兼治，庶績咸舉。四年，授持節、車騎大將軍、儀同三司、大都督，領胥附禁兵。台司之儀，功高東漢；車騎之將，名馳朔漢。其年，改領左侍伯禁兵。五年，周武帝治兵關隴，問罪漳鄴。發西山制勝之眾，挫東瀛乞活之軍。一鼓而窮巢穴，三駈而解羅網。公潛稟神算，內沃皇心。慧帷幄之謀，董權勁之卒。欲渡河北，漢光與鄧禹計同；將涉江南，晉武共張華意合。及偽徒平殄，齊相高阿[二]那肱已下朝士數百人，公受詔慰納，並率所領，影援高隆之。兵還，授開府儀同、大將軍，封瀛州文安縣開國公，邑一千五百戶。開幕府而署賢，垂徽章而發号。峻田井之賦，展車服之容。宣政元年，授前侍伯中大夫。其年，授右侍伯中大夫。其年，周宣帝授右少司衛中大夫。大象元年，授司衛上大夫。二年，周靖，授工部中大夫。開皇元年，詔授太府卿。其年，改封澤州安平郡開國公，尋轉司農卿。逢舜日之光華，睹漢官之克復。國淵天府，粟衍泉流。自非物望時材，何以當斯重寄？二年，詔授兵部尚書。其年，兼授太子右衛率。四年，詔知漕渠，總副監事。七年，兼右庶子，尋改授太子左衛率。喉唇治本，元凱樞端，領袖官僚，股肱儲衛。八年，判工部尚書。其年，又判民部、刑部尚書事。十二年，授工部尚書。其年，授大將軍衛率，封如故。十八年，以君王官積歲，承明倦謁，出內之宜，刺舉僉[三]允，授浙州諸軍事、浙州刺史，大將軍，封如故。政平訟理，威申澤被。仁壽元年，遷授使持節、總管洪、吉、江、虔、饒、袁、撫七州諸軍事，洪州刺史。行清明之化，播信順之規。吏畏之如神明，民歸之若江海。時桂部侵擾，交川擁據，詔授公交州道行軍總管。方弘九伐，遽縶千里，邁疾薨於州治，春秋六十有四。粵以三年歲次癸亥三月癸卯朔七日己酉，歸葬於同州蓮芍縣崇德鄉樂邑里之山。諡曰安公，禮也。公樹德為基，立言成訓。揚清以激濁，行古而居今。韜難測之資，蘊莫窺之量。存善無際，歿愛不忘，可謂具美君子矣。先遠協吉，厚夜戒期。祖奠迎晨，徂芳送節。茫茫原野，前後相悲；冉冉春冬，榮枯遞及。世子會昌等，終身茹酷，畢世銜哀。感靜樹於寒泉，託沉銘於幽石。文曰：

岳峻基厚，流清源潔。動靜無滯，方圓有折。舉直平心，連從掉舌。獨悲魏禪，終存漢節。駿發克昌，申甫貞祥。作鎮憂國，隼集鷹揚。遷都尊主，蛇輔龍驤。誕厥令胤，傳茲義方。一毛五色，一日千里。堤封絕際，波瀾莫涘。天經至極，人倫終始。優學登朝，飛英擅美。鉤陳弈弈，陛衛森森。戎章重綰，侯服再廞。端儲率坡，掌庫司金。五曹遍歷，二部頻臨。泌洛泝江，風馳雨布。去歎其早，來歌其暮。除惡伐林，求賢開路。二嶺行涉，五溪將渡。閱世俄盡，觀生易終。泛舟川逝，摧轂途窮。松阡暗日，柳駕搖風。邸戈楚鼎，盛跡元功。

原誌石刻共三十七行，行三十七字，正書。（《關中金石文字存逸考》卷九。《古志石華續編》卷一。《寶鴨齋題跋》中。《慕汲軒志石文錄續編》。《雪堂金石文字跋尾》卷三。《陝西金石志》卷七。《續修陝西通志稿》卷一四一。《漢魏南北朝墓誌集釋》卷八。《增補校碑隨筆》四五三頁。《碑帖敘錄》二五七頁。《善本碑帖錄》九二頁。《北京圖書館藏中國歷代石刻拓本彙編》九冊一五九頁。）

[校記]：
[一]"時"，《新編》未錄，今據其他各本補。
[二]"阿"，《新編》未錄，今據其他各本補。
[三]"僉"，《新編》未錄，今據其他各本補。

[匯考]：
[一]《關中金石文字存逸考》稱："此誌於光緒戊子年出陝西蒲城縣，案《北史》《隋書》蘇孝慈皆有傳，傳以字行，未載其名。閥閱官封，《隋書》多與誌合，亦間有異同者。……誌云'慈父武，西魏兗、雲二州刺史'，《北史》則云'慈父武，周兗州刺史'，《隋書》則云'慈父武周，周兗州刺史'。……慈於當時蓋骨鯁方正之臣，故為文帝所憚，而誌則云'君王官積歲，承明倦謁，授浙州刺史'，不言廢太子事，蓋為當時諱也。'蓮芍'之'芍'當作'芍'（本作勺），《漢書·地理志》'蓮勺縣屬左馮翊'，師古曰'蓮勺'讀曰'輦酌'。如淳曰'蓮勺城南有鹵池，縱廣十餘里，鄉人名曰鹵中，漢宣帝微時，困於鹵中是也'。（鹵中即今之鹵泊灘）案隋時蓮勺縣本屬同州馮翊郡，《地理志》云'大業初，并於下邽'，此誌刻於仁壽時，故有蓮芍之名也。《方輿紀要》云'蓮勺故城在渭南城北七十里，下邽故城在渭南縣北五十里'。至此誌楷法精健絕倫，實為佳刻。蓋隋人楷法集魏、齊之大成，開歐、虞之先路，其沉著痛快處，有唐人所不能到者。歐陽公《集古錄》每跋隋碑，歎賞不置，有以也。《魏書·官氏志》，舊制沿邊皆置鎮都大將，統兵備禦。志言慈祖樹仁為'黑城鎮主'，鎮主亦鎮將之屬也。……又《百官志》'開皇三年四月，詔尚書左僕射判吏、禮、兵三尚書事，尚書右僕射判都官（即刑部）、度支（即戶部，後改稱民部）、工部三尚書事'，僕射為六曹尚書之長，始得判部事，慈以工部尚書兼僕射之任，乃異數也。又《百官志》云'煬帝改戶部為人部'（即民部，唐諱民故言人），此誌刻於仁壽三年，已有民部之稱，

315

改戶為民不自煬帝始矣。誌云慈於周武平齊時嘗率所領影援高隆之兵，此事史中未載，書以俟考。"

[二]《寶鴨齋題跋》稱："光緒十四年，蒲城出'隋蘇使君墓誌銘'一石，文字完全，考《隋書·蘇孝慈傳》世系、官爵事蹟，有誌詳而傳略者，有傳詳而誌略者。誌曰'父武，西魏驃騎大將軍、開府儀同三司，兗、雲二州刺史，平遙郡開國公'，傳作'父武周，周兗州刺史'……誌曰'諡安公'，此皆誌詳而傳略者也。傳曰'決渭水為渠以屬河，孝慈督其役。渠成，上善之'，誌但稱'詔知漕渠，總副監事'；傳曰'將廢太子，憚其在東宮，出為淅州刺史，太子以孝慈去，甚不平，形於顏色'，誌但言'授淅州刺史'，此傳詳而誌略者也。……誌稱'葬同州蓮芍縣'，今出土在蒲城縣，考蓮芍，北魏隸雍州馮翊郡，南宋、南齊隸秦州馮翊郡，隋隸雍州，今同州府蒲城縣，即隋雍州馮翊郡地，讀此誌，知隋雍州亦稱同州也。"

[三]《雪堂金石文字跋尾》稱："《文選》阮嗣宗《詠懷詩》'堂上生荊杞'，李善注引《山海經》'雩夕之山下為荊杞'，今本《南山經》'雩夕'作'虖勺'。玉案：古人寫雩、虖、夕、勺多相混，《山海經》'大戲之山，滹沱之水出焉'，'滹沱'，唐《承天軍城記》作'雩池'，此古人寫雩、虖多相混之證。今此誌'蓮芍'亦書作'蓮夕'，然虖、勺、雩、夕，究不知誰為本字，誰為誤字也。"

[四]《漢魏南北朝墓誌集釋》稱："誌高、廣83.2釐米，三十七行，行三十七字，正書。以誌校《隋書》本傳，誌所詳者惟歷官與家世耳。誌稱'祖樹仁，魏黑城鎮主'，按《魏書·地形志》無黑城鎮，惟《太平寰宇記》三十六'臨真縣'（在今陝西膚施縣境）下注云'黑城在縣東二十五里庫利東流川交口，赫連勃勃置。大象二年於此置郡，其城緣山坡崎嶇不正，故名黑城'，蓋即其地。《魏書·源子雍傳》（附《源懷傳》）'肅宗踐阼，東夏合境反叛，子雍新平黑城'，疑魏時於子雍平黑城後置鎮，至周改置偏城郡，《寰宇記》欠明晰耳。《隋書·高祖紀》'仁壽元年四月以淅州刺史蘇孝慈為洪州總管，六月癸丑卒'，誌失書卒之年月，但云'遘疾薨於州治'而已。《食貨志》'開皇十四年六月，工部尚書蘇孝慈等以為所在官司因循，往昔以公廨出舉興生，惟利是求，於是奏皆給地以營農，迴易取利，一皆禁

止'，本傳亦稱'百寮供費不足，臺省府寺咸置廨錢收息取給，孝慈以為官民爭利，非興化之道，上表請罷之'，此是美德，誌亦失書，未免失於隸事矣。誌於清光緒中出蒲城，文累千二百餘言，字體方整，開歐、柳之先河，關中所出隋誌，除咸陽近出'獨孤羅誌'外，無出其右者。葉鞠裳《語石》十謂'王可莊詆為順德李仲約文田偽作'，當時朝士少見而多所怪，不亦重可哂耶？傳世墨本有光緒戊子知縣張榮光跋，此本字字如新硎，無張跋，知是初拓也。"

[五]《陝西石刻文獻目錄集存》稱："原在蒲城出土，現存蒲城縣文化館。石方三尺，三十七行，行三十七字。"

尉安女富娘

（大業十一年五月　見《存逸考》卷三"長安縣上"）

大隋左光祿大夫吳國公第三女之墓誌
篆蓋，陽文，共四行，每行四字。
大隋左武衛大將軍吳公李氏女墓誌文

女郎姓尉，字富娘，河南洛陽人，吳公之第三女也。曾祖兜，周柱國、太保公。祖綱，周柱國、少傅、大司空、吳國公。父安，皇朝左光祿大夫、左武衛大將軍。洪源與積石爭流，歷葉與鄧林俱茂。德業有光於千祀，軒冕不替乎一時。

女郎生處金穴，長自蘭閨。婦德未教而已成，女工頗習而皆備，絍組彌閑。姿色溫柔。南國羞其桃李；骨像端麗，西子謝其姝妍。每念母勞，深知父一。年猶稚齒，卓尔不群。溫彌勤，昏晨匪懈；庭訓嚴，閨房雍肅。既而家同萬石，產擬四豪。琮寶盈堂，珍胰必備。女郎志希儉率，但慕慈悲。經戒之所，弗虧施捨。於焉相續，方用配君子，

317

能為女師。而與善憑虛，浮生不固。奄然遘疾，砭石不瘳，以大業十一年五月十三日終於京宅，春秋一十有八。仍以其月十七日窆於京兆郡長安縣龍首鄉興臺里。母氏痛盛年之無匹，悲處女之未笄。雖在幽媾婚，歸於李氏，共牢無爽，同穴在斯，嗚呼哀哉。貞桂消亡，更無花采；春蘭萎落，永失芬芳。遂使臺上吹簫，唯聞弄玉；隴頭看月，獨見恒娥。返魂之香，無由可值；更生之草，何處相逢。陵谷易遷，招魂豈識？塋隧方泯，祭酹難知。寄以雕刊，傳之不朽。乃為銘曰：

嵩岳鎮地，洛水浮天。宗枝永遠，世緒蟬聯。鐘鼎係踵，公侯在旂。載弄斯育，圖畫膺焉。稚齒鍾愛，傾城遠傳。梁昇曉日，水映披蓮。孝敬無匹，閒柔孰先？曹文忝誡，班扇慚篇。清潔持躬，閨房靜謐。外語弗聞，內言寧出。篤意滌髓，勤工槃袆。浮生弗永，墜露寧遲？鉛華遽沒，砭石終欺。郊門景落，松徑風悲。筵虛徹奠，柳去空帷。夜臺方掩，無復歸期。

此誌共二十三行，行二十四字，正書。（《關中金石文字存逸考》卷三。《古志石華續編》卷一。《丁戊金石跋》。《寶鴨齋題跋》中。《雪堂金石文字跋尾》卷三。《八瓊室金石補正》卷二七。《陝西金石志》卷七。《續修陝西通志稿》卷一四一。《咸寧、長安兩縣續志》卷一三。《漢魏南北朝墓誌集釋》卷九。《增補校碑隨筆》四六七頁。《北京圖書館藏中國歷代石刻拓本彙編》十冊一二九頁。）

[匯考]：

[一]《關中金石文字存逸考》稱："此誌於同治時出於長安，字跡精整，後為懷甯張木三購去，攜至山左，今未知移徙何處。帖肆所行，則多重摹本矣。按尉安本姓尉遲，即北周尉遲迥從子，其父綱，《北史》有傳，安名附見傳中。……志言'在幽媾婚，歸於李氏'，蓋冥婚也，曹操嘗欲為子倉舒媾冥婚於邴原，原以為非禮，事見《魏

志》，此風自漢魏已然矣。……又誌之篆蓋題云'大隋左光祿大夫吳國公第三女之墓誌'，而誌之首行則題云'大隋左武衛大將軍吳公李氏女墓誌文'，一則從母家之序，一則用其冥婚之姓，皆他誌所罕見者。又《長安志》云'雲際山大定寺內有李順興先生古記，云"順興居居賢村，其地舊有寺，武周末寺廢，大業中乃以此地賜駙馬都尉、吳國公尉遲安，為柴莊"，云云，按安為駙馬都尉，史與誌均未載，得此可補其缺焉。"

［二］《寶鴨齋題跋》稱："同治十年出長安龍首鄉，篆蓋及誌銘二石，並完好不缺一字。土人不以為重，山東張某以四十五金買石而去，予同年友員梧岡太守見貽一紙，宛然初寫。案：女郎姓尉，吳國公尉安之女，許字李氏，未歸而亡。題首作'李氏女'，謬甚。祖為周大司空，父為隋大將軍，又曰'吳公第三女'，或是周、隋二朝祖若父皆襲吳公封。文中脫漏字句，'彌閑'下脫四字，'彌勤'上脫一字，'庭訓'下脫一字。"

［三］《丁戊金石跋》稱："此周尉遲綱之孫女，字於李氏，未婚而歿者。誌云'姓尉，字富娘'，省'遲'字，亦如'萬紐于瑾'但稱'于瑾'也。曾祖兜，周柱國、太保公，案《周書·尉遲迥傳》'父俟兜，尚太祖姊昌樂大長公主，生迥及綱'，而不著其為柱國、太保公，此可補史闕。而只稱'兜'者，亦省'俟'字。祖綱，《周書》有傳，武成元年進封吳國公，按周無吳地而封以吳國者，以其兄迥平蜀即封蜀公，時周志在滅陳，故以吳封綱，以滅吳之計屬綱也。（或謂《隋志》'江都郡，後周有吳州'，按《周書·宣帝紀》'大象二年，梁士彥拔廣陵'，又《趙文表傳》'大象中，拜吳州總管，時于凱為吳州刺史'，是周之吳州，因大象二年拔廣陵所置，武成時無吳州也，足知尉遲綱之吳公為遙封也。）保定元年，拜少傅、大司空，與誌合。綱薨於保定四年，子安以嫡嗣，大象末位至柱國，不言入隋之官，史例也。此誌不溯在周之官，亦金石例也。唯尉遲迥以楊堅有篡逆之跡，以相州起兵，為韋孝寬所破，自殺。其子惇、祐並其姪勤，皆追斬之。勤即綱之庶子也，而安不從坐者，良由隋文本以迥位望夙重，微以會葬圖之，非與迥夙有嫌怨，故不及其族。富娘許字李氏，當其時其父安尚為左光祿大夫、左武衛大將軍，又綱之子運為秦州刺史，子靖大象末儀同大將軍，及入

隋必仍為達官，故誌稱'家同萬石，產擬四豪'，則非李虎、李弼、李遠之裔，莫得而攀附者也。而誌不指明誰家，何耶？李氏早夭，富娘未嫁而歿，其母以其骨歸李氏而合葬，此幽婚之先見者。此誌書法峭健，上嗣丁道護，下開歐陽率更，實出元公、姬氏墓誌上。在今所出古墓誌，無與匹者。同治間出於長安，後為山左李山嚴取去，近日拓本遂希，未知原石存否？有重刻者，遠不逮矣。"

[四]《藝風堂文集》六稱："《魏書·官氏志》'太和二十年正月，詔改國姓曰元氏，於時代人並詔改姓，尉遲氏改姓尉氏'，史稱尉遲，從其始也，當以碑為正。……《長安志》'雲際山大定寺有李順興先生古記，云'其地舊有寺，周武末廢，大業中以此地賜駙馬都尉、吳國公尉遲安為柴莊'，考《隋書·百官志上》'駙馬都尉以加尚公主者，無班秩'，《周書》'安弟敬尚世宗女河南公主'，安未尚主，《長安志》誤。"

[五]《八瓊室金石補正》稱："高一尺四寸，廣一尺三寸六分，廿三行，行廿四字，字徑四分，第十八行及末行無字，正書，方界格。"

又稱："右《尉吳公李氏女富娘墓誌》，大業十一年五月立，近在西安出土。癸酉夏袁裕文自陝攜拓本來，云為山左顯者以重值輦去矣。亟購而讀之，碑標題云'大隋左武衛大將軍吳公李氏女墓誌文'，首云'……'是富娘未嫁而死，死而葬於其夫李氏之冢也。書李氏，著有家也，未成為婦，故仍從父之義系以父官而曰女也，雖事非禮典，可為碑誌文字之例也。漢《相府小史夏堪碑》云'娉會謝氏，並靈柩，古命有之，孔子何詫'，是未嫁蚤隕歸葬於夫氏，漢已有之矣。碑敘先世云'曾祖兜，周柱國、太保公。祖綱，周柱國、少傅、大司空、吳國公，父安，皇朝左光祿大夫、左武衛大將軍'，案：綱即尉遲綱也，《北史》《北周書》皆有傳，其父其子皆附見於傳中。《北周書》'綱，字婆羅，蜀國公迥之弟，世宗即位，進位柱國大將軍。武成元年，進封吳國公。保定元年，拜少傅，俄而授大司空。二年，出為陝州總管。卒，贈太保、同州刺史，諡曰武。第三子安，以嫡嗣。大象末，位至柱國'，《北史》云'入隋，歷鴻臚卿，左衛大將軍'，又第三子作第二子，餘同。又《北周書·尉遲迥傳》云'字薄居羅，代人也。其先，魏之別種，號尉遲部，因而姓焉。父俟兜，尚太祖姊昌樂大長公主，生迥及綱'，《北史》云'武成初，追贈柱國大將軍、太傅、昌樂郡公，謚曰定'，餘同《北周書》，唐立《尉遲迥廟碑》所述亦然。又《魏書·官氏志》'西方尉遲氏後改為尉氏'，《通志·氏族略》'尉遲氏與後魏同起，號尉遲部，如中華之諸侯國，孝文改為尉遲氏'，與《魏書》異。按《元和姓纂》八未有'尉氏'，八物又有'尉遲氏'，'尉氏'條云：'河南《官氏志》，北方尉遲部，如中華諸侯也，魏孝文改為尉氏，尉托奇枝為屈汗莫賀弗，六代孫後周長公侯兜，生迥、綱。綱後周大司空、吳國公，生運安、允安。允安生耆福，唐庫部員外。''尉遲'條云'與後魏同起，號尉遲部，如中華之諸侯，至孝文時改為尉遲氏'，又云'河南洛陽後有托哥拔，五代孫乙紇豆生侯兜、祐兜，樂生迥、綱、安允。迥，周太師、大司馬、蜀公，生寬、順。安，隋鴻臚卿，生耆壽。綱，大司空、吳，生運，運盧國公，允生壽，庫部員外'，是或為'尉氏'，或為'尉遲氏'，唐時已傳述各殊，今讀此誌，知隋時只單稱尉氏，蓋始改尉遲部為尉遲氏，繼改尉遲氏為尉氏。孝文時，代人咸改單姓，惟賀蘭氏不改，尉遲固在改姓之列。'安遲'為'安'，'輾遲'為'展'，皆去'遲'字，與'尉氏'正同。史家之以為'尉遲'者，或就其本初書之，或後裔改復本姓，如'屈氏'復為'屈突'之類，史家未及深考，遂並先人而改之，亦未可知，不得據史以疑碑，亦不得據碑以疑史也。唐《法琬法師碑》，吳國公尉綱之外孫但稱尉氏，北齊有尉長命，贈司空，而《姓纂》列入'尉遲'，亦一證也。又有尉景，善無人，傳云'秦漢置尉堠官，其先有居此職者，因以為氏'，則不與尉遲同系，《姓纂》失採。史云'代人死葬河南，不得還北，於是代人南遷者，悉為河南洛陽人'，故《姓纂》於'尉氏'郡望稱河南，於'尉遲氏'稱河南洛陽。唐《尉遲迥碑》亦加河南於姓氏之上，此誌同之。誌云'曾祖兜'，史作'俟兜'，《姓纂》一作'俟兜'，一作'侯兜'，古人雙名，容或單舉一字，見於史傳、金石者不少。'侯'或'俟'之訛耶？史言'柱國大將軍、太傅，長樂郡公，謚曰定'，誌作'太保'為異，或先官'太保'，後贈'太傅'，或以綱贈太保，因而致誤，俱未可知。其不言大將軍及封地、謚號者，略之耳。誌敘綱之爵位與史脗合，

321

其不言大將軍、陝州總管及贈官、諡法者，亦略之耳。至安之官階，誌言'左光祿大夫'，史所不詳。史言'鴻臚卿'，誌所不及。史言'左衞'，誌言'左武衞'，詳略不同，均不得以碑疑史，以史疑碑也。《北周書》以安為綱之第三子，云'安兄運，運弟勤，安弟敬'，是運、勤皆安之兄，安次第三，《北史》以為第二子，殆誤。《姓纂》'尉氏'、'尉遲氏'所載互殊，'尉氏'下云'後周長公侯兜'，'長'下蓋脫'樂'字。云'綱，後周大司空、吳國公，生運安、允安，允安生耆福，唐庫部員外'，既合運、安兄弟為一人，又遺勤、敬，而多允安，與史不合。迴傳有從迴從孫庫部員外郎耆福，不詳何人之子，不知《姓纂》何據。'尉遲氏'下云'後有托哥拔，五代孫乙紇豆生侯兜、祐兜，樂生迴、綱、安允。迴，周太師、大司馬、蜀公，生寬、順。安，隋鴻臚卿，生耆壽。綱，大司空、吳，生運，運盧國公，允生壽，庫部員外'，案'托哥拔'當即'托奇枝'，哥、奇、枝、拔，形俱近似，究不知孰是孰偽，迴、綱為兜之子，何以言樂生？安允為綱之子，何以亦言樂生？史亦無尉遲樂名，舛錯顯然。'安'生'耆壽'，'允'生'壽'，亦恐有誤。據史，庫部員外名'耆福'，不名'壽'也，竊意吳國公生運、安、允三子，安生耆福，'尉遲'條下誤重，衍'允安'二字耳。或'允'為'勤'與'敬'之改名，或'勤'、'敬'之外，'綱'尚有一子名'允'，則無從揣測矣。又疑乙紇豆生侯兜、祐兜，侯兜長樂公，生迴、綱，《姓纂》于'樂'字上脫'侯兜長'三字，'樂'下脫'公'字。又疑乙紇豆生侯兜、祐兜，長樂公生迴、綱，乙紇豆三子，《姓纂》於'樂'字上下脫'長'、'公'二字，故此誌作'兜'也。'大司空、吳'之下脫'國公'二字，或脫一'公'字，'安允'二字當在'生運'之下。'安，隋鴻臚卿，生耆壽'八字當在'盧國公'之下，孫淵如謂：'耆福當即允子，安子名壽，重出，疑誤。'祥謂上文'生耆壽'之'壽'，疑'福'字之誤，與尉氏條內合。此處'允生壽'或未必誤，惟'庫部員外'四字，當在上文'壽'字之下，孫氏以安子耆壽為重出，恐未必然。抑或尉氏條內本是允生耆福，'允'字上下俱誤衍'安'字，此處允'生壽'之'壽'，係'耆'字之誤，又脫一'福'字耶？史載迴子'誼、寬、順、惇、祐'五人，《姓纂》只載'寬'、'順'，知遺漏為不少也。因跋此碑，附加校訂，以俟博學正之。"

［六］《雪堂金石文字跋尾》稱："誌墓之例，凡'銘曰'以下雖有空格，銘文必跳行別書，以別於誌。此誌則'銘曰'以下無空格，乃空一行乃書銘文。唐《張君政墓誌》'詞曰'以下亦空一行方書銘文，碑版有此變例，操觚者亦不可不知也。"

［七］《漢魏南北朝墓誌集釋》稱："誌高、廣45釐米，二十三行，行二十四字，正書。出長安，初藏南海李山農所，清末歸天津王氏。或云原石久佚，歸王氏者乃覆刻本。無蓋，世傳蓋文篆'大隋左光祿大夫吳國公第三女之墓誌'十六字者，乃贋制也。此誌楷法遒麗方整，與董美人、元氏、姬氏三誌齊名，收北碑之煞尾，開歐、柳之先河，視同時洛中所出以寬博勝者迥別，前人重視此石，職此故耳。誌稱'在幽媾婚，歸於李氏'，按《周禮·地官》'媒氏，禁嫁殤者'，鄭注'生而非夫婦，死而葬遷之使相從也'，又引鄭司農云'嫁殤者，謂嫁死人，今時娶會是也'（趙翼《陔余叢考》三十'冥婚條'亦引《周禮》為說），知幽婚之俗，古已有之。《隸釋》十二《相府小史夏堪碑》'娉會謝氏，並靈合柩'，《魏書·穆平城傳》（附《穆崇傳》）'平城早卒，高祖時始平公主薨於宮，追贈平城駙馬都尉，與公主合葬'，唐《王豫墓誌》'冥婚梁吳郡王孫邢州司兵蕭府君第四女'，自漢以降，此風寖盛，多行於豪門巨族，觀於富娘婚於李氏，益可信矣。"

［八］《增補校碑隨筆》稱："清同治十年陝西出土，出土時陝西碑買即重刻之，並以重刻之蓋並原石之誌，售南海李氏漢石園。另以重刻之誌，原石之蓋售於他人。後為李氏發覺經交涉，復將原石墓蓋售與，誌、蓋始全。故南海李氏出拓本誌真蓋偽，誌、蓋皆真者則稍晚拓也，此石後歸天津王氏，第十三行'興臺里'之'興'，字右旁二豎筆已泐併。"

［九］《陝西石刻文獻目錄集存》稱："清同治十年在長安出土，先歸張木三，後歸南海李山農，宣統初歸天津王氏，曾為浙江周夢坡所藏，石方一尺八寸，縱橫二十四格。"

校者按：此誌關於尉氏冥婚討論已多，惟論者或以尉氏先許李氏，未嫁而歿，遂與李氏合葬，此與一般情理似有未通處，豈李、尉二人一時俱亡，事固未有如許巧合處。或以為尉氏許婚李氏，李氏先亡，尉氏未及再嫁亦卒，尉、李兩家遂將二人合葬一處耳。校者則以為，尉氏殀亡，其母痛其無匹，因事出倉促，遂於當時新亡青年男子中擇李氏子合葬也，初非先有婚約之事。鄭玄注以"生而非夫婦，死而葬遷之使相從也"釋"嫁殤者"之義，亦消息可見也。

另，《藝風堂文集》以安弟敬尚世宗女河南公主，遽斷安未尚主，以《長安志》為誤，然《兩京新記》卷三亦載'安尚周昌樂公主'，似未可輕下結論。

關於尉遲氏之緣起、遷徙之狀，姚薇元先生《北朝胡姓考》"尉氏"條考之甚詳，其結論稱："故尉遲部落原住大菲川（今青海布哈河），為吐谷渾部落之一，或東降代魏而為屬部，即尉遲部氏；或西征于闐而為統主，即vijaya王朝，是代郡尉遲氏與于闐尉遲氏，雖地望各異，實則同出一族也"（中華書局，1962年，196頁），具體分析可參見原書"尉氏"條。

宋永貴

（大業十二年十一月　見《存逸考》卷一"西安府上"）

隋故通議大夫宋君志
篆盖陽文，凡三行，行三字。
隋故左禦衛府長史通議大夫宋君墓誌銘

君諱永貴，字道生，西河郡人也。契以敬敷五教，錫茅土而封商；湯以來蘇八遷，從先王而居亳。洪源括地，與懸米爭深；高峰極天，共雲邱比峻。時稱冠族，世挺民英，楚客多才，周寔在位。昌則參謀代邸，夜拜九卿；弘迺燮輔中興，職登三事。箕裘必繼，堂構莫虧，烏弈連華，衣纓累襲。曾祖丞，桑干郡守、恒州刺史。祖業，河州刺史。褰帷作牧，分竹出守。布政有感，則秬麥興歌；遺愛在民，則甘棠勿剪。父暉，使持節、車騎大將軍、儀同三司、鄉伯大夫、萬年縣開國子。持節假奉使之威，將軍實爪牙是任。苴茅土而開國，均儀服於台階，光覆[一]五宗，貴延百世。君擢幹芳苑，耀質驪淵，稟庭訓而知言，奉家聲而立德。風神閑雅，播自齠年；書劍明能，聞諸學歲。既而振纓來仕，解褐登朝。以周天和四年，出身授殄寇將軍、強弩司馬。大象元年，任右宮伯、右侍散二命士。二年，遷大馭都下士。力堪引強，威能殄寇。雖非右職，允此嘉名，所奉二君，歷應四選。既仕不擇時，官未為達，曠大才於高位，沉英俊於下僚。周德之衰，所由來矣。及皇基肇創，神武膺期，則哲自天，官人有敘。開皇六年，引授殿內將軍。九年，詔授蒲坂縣開國子。其年，加授儀同三司，出為蕃禾鎮將。殿內則出入臥內，儀同則具擬台司。將軍朝廷之虎臣，鎮將京畿之虎落。出撫則旌旄疊映，入侍乃環佩交暉。十四年，蒙授婺州長史。十七年，詔授觀州司馬。大業三年，改授慶州司馬，累遷朝請大夫、漢川贊治。贊邦佐治，自郡遷州。慈惠以撫細民，溫恭而待國士，示賒以儉，糾猛以寬，煦之以春陽，威之以秋霜，潤洽傍鄰，時稱善政。五年，入為左禦衛長史。三軍務重，六衛為最，總管營校，兼臨卒伍，教戰勿失，閱武以時。八年，天子親臨遼隧，問罪燕郊，分命方叔，長驅被練，四綱周設，一鼓[二]而摧。以勳進授通議大夫，長史如故。十年，從駕北巡，言經朔野，不幸構疾，終於樓煩郡，春秋五十有四。

　　君少而沉懋，長而弘深；英猛冠時，清華映世。堤封峻而不測，牆[三]宇高而莫窺。自國自家，至誠至孝，可畏可愛，為政為德。清白以遺子弟，澹雅以交友朋。入其室者，鬱若芝蘭之芳；與其游者，自染朱藍之色[四]。歷官兩代，從宦十遷。在軍在國之容，允武允文之藝。出臨九縣九[五]，則民吏扇其風；入佐六軍，則貔虎資其略。何常不竭誠盡義，虔奉憲章，謹龤勞謙，以全名節，九德備舉，百行無虧。可謂令問令望，有始有卒者矣。以大業十二年歲次丙子十一月癸丑朔廿一日癸酉歸葬於京兆郡長安縣龍首鄉之山。柏庭迢阻，蒿里幽深，九原無可作之期，千年絕見日之義。人間易遠，身世難追，歲月不居，山河莫顧。世子匡節，酷此茹荼，崩心泣血。風樹之感，萬古踰深，霜露之悲，百身彌切。庶傳盛德，敬勒泉隅。文曰：

天際玄鳥，神呈白狼。佐禹惟契，革夏伊商。極天峻峙，控地靈長。或升或降，且公且王。有客有容，俾建其侯。祚土於宋，作賓於周。禮樂尚在，英靈可求。鄴都賞賦，代國申謀。爰泉迺祖，褰帷出撫，弈世載德，重規疊矩。顯考標秀，揚庭接武。服袞儀司，苴茅開宇。惟君篤生，惟民之英。松柏在性，金石有聲。允諧文武，藉甚公卿。表光內潤，入孝出誠。妙年筮仕，飛纓即政。為臣擇君，去危歸聖。飾像三台，官成四命。行標世範，德流民詠。昊天不愁，折桂銷芳。泉幽燧古，風悲樹涼。寒來暑謝，地久天長。遺德不朽，斯文永彰。

石刻共三十四行，行三十四字，正書。（《宜祿堂金石記》卷二。《香南精舍金石契》。《關中金石文字存逸考》卷一。《古志石華續編》卷一。《八瓊室金石補正》卷二八。《慕汲軒志石文錄續編》。《陝西金石志》卷七。《續修陝西通志稿》卷一四一。《咸寧、長安兩縣續志》卷一二。《漢魏南北朝墓誌集釋》卷九。《碑帖敘錄》八三頁。《北京圖書館藏中國歷代石刻拓本彙編》十冊一六〇頁。）

[校記]：

[一]"覆"，《新編》未錄，今據其他各本改。

［二］"鼓"，《新編》作"發"，今據其他各本改。
［三］"牆"，《慕汲軒志石文錄續編》作"墉"。
［四］"色"，《新編》作"藝"，今據其他各本改。
［五］"九"，審前後文意，當為衍文。

[匯考]：

［一］《關中金石文字存逸考》稱："今在西安府学碑林。"
［二］《八瓊室金石補正》稱："據《訪碑錄》謂在長安，永貴及其曾祖、祖、父，史皆無傳。曾祖丞，桑干郡守，祖業，河州刺史，父暉，鄉伯大夫。桑干郡歷代所無，即桑乾也，《隋書·地理志》'善陽'注云'又有後魏桑乾郡'，丞蓋仕於魏者。枹罕郡舊置河州，大業初置郡，業剌河州，亦在魏時。永貴歷官初授殄寇將軍、強弩司馬，擢右宮伯、右侍散二命士，遷大馭都下士。入隋，授殿內將軍、蒲阪縣開國子，加儀同三司，出為蕃禾鎮將，歷婺州長史、觀慶二州司馬，累遷朝請大夫，入為左禦衛長史，進通議大夫，從駕北巡，卒於樓煩郡。蒲阪、蕃禾、婺、觀、慶等州皆《隋書·地理志》所無。按：蒲阪，即隋之河東，舊曰蒲阪縣，置河東郡，開皇初郡廢，十六年析置河東縣。大業初，置河東郡，併蒲阪入焉，永貴於開皇九年封蒲阪子，時未併省，且未析置河東縣，故有蒲阪也。'蕃禾'即'番和'，後魏置番和郡，後周郡廢置鎮，開皇中為縣，永貴為鎮將時，未改縣也。'番和'亦作'番禾'，見《晉書》。禾者，和也，故'禾'、'和'可通。'番'、'蕃'亦古通，《左氏傳》襄四年注'曾國蕃縣東南'，《釋文》云'番本作蕃'。《禮·明堂》'位黃馬蕃鬣'，《釋文》云'蕃本作番'。《書·洪範》'庶草蕃蕪'，古文《尚書》作'番'，漢《無極山碑》'番茂隆□'，《白石神君碑》'永永番昌'，皆即'蕃'字。婺州，即隋之東陽郡，平陳置婺州，大業初置東陽郡，永貴為長史在九年平陳之後大業改郡之前，故稱婺州也。觀州，即隋之東光，開皇九年置觀州，大業初州廢，永貴為司馬在十七年，置州已歷八載，尚在大業廢州之前，故稱觀州也。慶州，即隋之弘化郡，開皇十六年置慶州，大業初置郡，永貴為司馬在大業三年，知改郡在三年以後，故尚稱慶州也。樓煩郡，大業四年置。鄉伯大夫、殄寇將軍、強弩司

馬、右宫伯、右侍散二命士、大馭都下士，皆周官，史不備詳，得此志可略知北周官名之遺也。考後周左、右宫伯為軍衛之官，左、右衛大將軍之屬，右侍散無聞焉。内命：上士三命，中士再命，下士一命。外命：子男之孤，卿侯伯之大夫、公之上士，二命，此云二命士者，疑是中士内命也。殄寇將軍、強弩司馬，正二命，餘無考證。……左禦衛，大業初置，煬帝即位，改領軍為左、右屯衛，加置左、右禦。文云'八年，天子親臨遼隧，十年從駕北巡'，按《帝紀》'八年正月，分左、右各十二軍大征高麗，二月車駕渡遼，大戰於東岸，擊賊破之，進圍遼東'，誌所稱一鼓而摧者，當即東岸之捷也。十年三月行幸涿郡，次臨渝宫，親禦戎服，祃祭軷鼓。四月次北平，七月次懷遠鎮，高麗遣使請降，誌所稱'言經朔野'者，此也。書體多用古字……'奢'作'賖'，古通，《後漢書》王充、王符、仲長統論注云'賖、奢同'。"

[三]《陝西金石志》稱："按文内'出臨九縣'句下多一'九'字，當係筆誤，亦由察書者無其人也。"

[四]《漢魏南北朝墓誌集釋》稱："誌高55釐米，廣56.2釐米。三十四行，行三十四字，正書。蓋題篆文'隋故通議大夫宋君誌'九字，出長安，移置碑林，今不知存否？"

[五]《陝西石刻文獻目錄集存》稱："原在長安出土，現存西安碑林。石方二尺四寸。（《八瓊室金石補正》為石方一尺七寸九分）"

唐

尹貞

（貞觀廿年五月　見《存逸考》卷五"咸寧縣"）

大唐前齊府功曹參軍尹君墓誌

君諱貞，字善幹，京兆人也。嶽靈降祉，勤王之績已宣；神氣凝精[一]，大道之風斯聞。長源派其餘烈，盛德蘊其家聲。七世祖景，魏侍中；祖遊洛，隨觀城令。獻納九重，貂蟬光於七葉；弦歌百里，政績最於一同。君早擅英聲，夙標令望，志存夷簡，性尚恬虛，淡矣無為，蕭然物表。但以時逢昌運，官不遺才，遂禮盛九徵，榮高五聘。貞觀初，乃應齊府辟，屈節於功曹參軍。俄而辭疾去官，從其所好。於是栖身廡下，晦跡塵中，開通德之門，居全節之里。縉紳攸仰，遐邇挹[二]其雌黃；雅俗所歸，中外酌其淳素。君心存愛敬，情篤友于，事不願從，遂纏痼疾。時不我與，以至彌留。悲夫！天地不仁，與善無效。長生之藥，祈王母而莫從；反魂之香，想漢皇其何遠。粵以廿年五月十四日卒於家，春秋六十有五。傷哉！摧領袖於人物，墜模楷於鄉閭，遂使里閈相悲，遠近同恨。嗚呼！文魚旦躍，空見於銜哀；綠笋晨抽，徒聞於淒慟。荒涼原野，

329

寂寞階庭，無復池臺之遊，遽瞻松賈之列。其月廿九日，殯於終南山，禮也。前對蓮峰，冠紫微而獨秀；還瞻魏闕，干青雲而直上。左臨玄灞，右望濁涇，縈帶郊原，沃蕩雲日，實神遊之勝地也。既而靈輀肅路，祖奠凝庭，長風曉哀，鳴笳夕引，薤歌淒而入漢，素蓋飄以搏空，白馬徘徊，朱旐委鬱，掩松扃於文石，窆玉質於白楸。恐舟壑之屢遷，懼市朝之數變，故勒銘於泉戶，庶休烈之永傳。其詞曰：

靈嶽降神，翔雲入候。九列既顯，五千方授。功高前[三]古，德流遺冑。世濟不殞，惟君挺出。蘭薰雪映，金聲玉質。情深孝友，性敦閒逸。屈節從命，委質名藩。匪榮黻冕，養疾邱園。光華掩謝，令問空存。白綍斂帷，華輴解馭。佳城永鬱，夜臺何曙。貞石既刊，芳塵是著。

原誌石刻二十四行，行二十四字，正书。(《香南精舍金石契》。《關中金石文字存逸考》卷五。《古志石華續編》卷一。《唐文續拾》卷六四。《陝西金石志》卷八。《續修陝西通志稿》卷一四二。《北京圖書館藏中國歷代石刻拓本彙編》一一冊一四四頁。《唐代墓誌彙編》八四頁。)

[校記]：

[一]"精"，《新編》所錄帷左半"米"傍，今據其他各本補。

[二]"搏"，《新編》作"抱"，其他各本作"搏"，當以"搏"為是，今據改。

[三]"前"，《新編》作"千"，誤，今據其他各本補。

[匯考]：

[一]《關中金石文字存逸考》稱："全文見《古志石華續編》。……此石本出咸寧，今未詳所在。《新唐書·太宗諸子傳》'庶人祐，字贊，武德八年王宜陽，進王楚，又王燕，已乃封齊，領齊州都督。貞觀十一年，始歸國'，案貞以貞觀初為齊府功曹參軍，則志中

所謂齊王當即庶人祐也。"

　　[二]《陝西石刻文獻目錄集存》稱："唐貞觀二十年（646）五月刻。（《存考》为貞觀二十五年刻）原出土於咸寧縣。石方二尺二寸，縱橫二十四格。"

　　校者按：尹貞誌載其七世祖及祖名諱，而不言其父名，在碑誌文字中並不多見，亦金石之一例。誌所稱七世祖景、祖遊洛並不見史傳，《元和姓纂》卷六"尹氏"條於"天水"一望中稱"後魏燕郡太守尹思，曾孫景，同淅州刺史。生徹，隋梓州長史，生元備，左武侯郎將"（中華書局，1994 年，971 頁），其所稱尹景與本誌尹貞七世祖同名，但以世代推之，似非一人。又，誌稱貞為"京兆人"，《元和姓纂》尹氏"天水"望下云"姚秦謨謀主尹緯。又西海太守尹玖，生猛，晉昌太守，又居京兆"（中華書局，1994 年，970 頁），貞或即尹玖之裔耶？姑存疑待考。尹貞祖遊洛為"隨觀城令"，據《隋書·地理志》，觀城屬武陽郡，誌注稱"舊曰衛國，開皇六年改"（中華書局，1973 年，845 頁），則遊洛宰觀城當在開皇六年之後。

湯君夫人傷氏

（永徽二年正月　見《存逸考》卷三"西安府補遺"）

　　大唐故荊州松資縣令湯府君妻傷氏墓誌銘并序
　　夫人姓傷氏，諱大妃，京兆鄠縣人也。其先受氏於傷琳，得姓於湯武。父薄俱，隨懷遠公、成州刺史。夫人即刺史之長女也。幼而貞潔，少而明敏，年纔二八，即適湯氏之門。卷耳之行早聞，昏定之文先注[一]。以大唐永徽二年正月四日卒於禮泉里第，春秋八十有二。行路悲歎，親識流淚。即以其年正月十五月葬於長安縣嚴村之左。乃為銘曰：

賢哉哲婦，孝矣難同。長埋玉體，永墜花紅。孟母之本，令姬之宗。如何玄鳥，喪此名龍。

原誌石刻共十四行，行十五字，正書。（《十二硯齋金石過眼錄》卷九。《續語堂碑錄》丁。《關中金石文字存逸考》卷二。《古志石華續編》卷一。《唐文拾遺》卷六四。《八瓊室金石補正》卷三五。《陝西金石志》卷八。《續修陝西通志稿》卷一四二。《咸寧、長安兩縣續志》卷一三。《北京圖書館藏中國歷代石刻拓本彙編》一二冊一九頁。《唐代墓誌彙編》一三九頁。）

[校記]：

[一]"注"，《新編》未錄作"□"，今據其他各本補。

[匯考]：

[一]《關中金石文字存逸考》稱："此石今藏渭南趙乾生詹事元中家。'松資'，《新唐書·地理志》作'松滋'，屬荊州江陵府，此誌作'松資'，當係筆誤。《元和姓纂》及王伯厚應麟《姓氏急就章》均未見'傷'姓，志云'受氏於傷琳'，未知其審。"

[二]《十二硯齋金石過眼錄》稱："右《松資令湯府君妻傷氏墓誌銘》為陝西喬中丞松年所贈，文曰'夫人姓傷氏，諱大妃，京兆鄠縣人也。其先受氏於傷琳，得姓於湯武'，《通志·氏族略》有'盪氏'，宋桓公之子公子盪之後也，無'傷氏'。按：'傷'當作'商'，《史記》'契毋簡狄，有娀氏之女，行洛見玄鳥墮卵，吞而生契，契佐禹治水有功，命為司徒，敬敷五教，乃封於商而受姓焉'，銘末又有'如何玄鳥，喪此名龍'之句，明言玄鳥，定為商姓無疑。碑云'年纔二八，即適湯氏之門'，《氏族略》謂'夏商以前，未有諡法，堯、舜、禹、湯，皆名也，《南史》乃有道人湯休'，計從契至湯凡十四代，則'商'、'湯'本是一脈，當日何以同姓為婚，則不可解。《說文》'傷，創也、病也；商，從內知外也'，兩義各殊，碑強借'傷'為'商'者，蓋欲為同姓諱耳。碑文悖謬如此……皆沿魏、齊之陋，不足怪也。"

[三]《八瓊室金石補正》稱："高一尺三分，廣一尺四分。十四行，行十五字，字徑八分，有界格。正書，在西安。"

又稱："誌無撰、書人姓名，首行題'荊州松資縣令湯府君妻傷氏'，《唐書·地理志》，荊州無松資縣，蓋松滋之誤也。湯府君不詳其名，文云'受氏於傷琳，得姓於湯武'，上以傷言，下以湯言。下'父薄俱'云云，又就夫人追述之，敘次無法，字多俗體，非文人所為。顧以千數百年之物近始出土，前人所未及見，且傷氏不見於《姓書》，傷琳、傷薄俱可以補其闕而廣希姓錄之。此石與'崔夫人誌'、'李孫孫記'、'王夫人李氏誌'、'楊夫人韋氏誌'、'苻載妻李氏誌'、'焦璀誌'、'張銳誌'、'韋希損誌'、'明覺寺心印記'均秦中新出土者，呂曼叔觀察以拓本寄其猶子慎伯大令懋恒，知餘有此癖，因以移贈。關中戎事方殷，殘碑斷碣且慮不克永久，曼叔于旁午之餘，蒐羅而傳播之，洵真好古矣。"

[四]《陝西金石志》稱："按傷氏卒于正月四日，葬于本月十五日，十日之間撰文、正書、刻石，本屬急就章也，故文未敘其夫之歷官，亦不言子女之有無。云'受氏於傷琳，得姓於湯武'，既無可稽，又混傷、湯為一字……醴泉作禮泉，以酉为示……無處不形其潦草。毛氏謂石藏渭南趙氏，今聞轉徙揚州矣。"

[五]《陝西石刻文獻目錄集存》稱："原在西安。石方一尺二寸，十四行，行十五字。"

蕭勝

（永徽二年八月　見《存逸考》卷五"咸寧縣"）

大唐蜀王故西閣祭酒蕭公墓誌

公諱勝，字玄寂，東海蘭陵人。梁中宗宣皇帝之孫，太尉安平王周柱國巖之第十三子也。豐谷雕雲，騰三傑於星漢；金陵王氣，軼五馬於天枝。爰自綺年，已膺茅社，封為宜陽侯。俄而青蓋云歸，咸陽起布衣之歎；家聲不[一]隕，高辛[二]□□□□。隨[三]授散騎郎，皇朝為上輕車都尉、蜀王西閣祭酒。□□質[四]虛玄，立操貞白，學綜書府，文藹詞林，錙銖珪絞[五]，脫落塵滓，□物我於臨濠，照空有於虛室。龍宮之旨，無以□□□□之[六]□，自足符其想，信圻岸之金碧，為羽毛之麟鳳。然而過鳥忽驚，悲鼠藤之何促；隙駒俄謝，怨鶴林之已空。春秋七十有四，永徽二年八月十五日遘疾，薨於萬年縣之崇義里。即以其年歲次辛亥八月壬戌朔廿三[七]日甲申窆於萬年縣寧安鄉鳳栖之原。嗚呼哀哉！山可移兮日難繫，海成田兮川而逝，因寶宇於窮泉，振芳聲於來裔。其詞曰：

楚國琴響，秦時故侯。寂寥下位，栖遲一邱。情涵水月，心泛虛舟。持蓮淹盡，援桂芳留。人事超忽，生涯浮脆。溢露銷津，翻霜賈蒂。夕陰先下，泉扃早閉。長夜不追，悠然來隙。

原誌石刻共二十行，行二十字。正書。末行"刺史褚遂良書"六字係後人補刻，故不書。(《香南精舍金石契》。《八瓊室金石袪偽》。《懷岷精舍金石跋尾》。《關中金石文字存逸考》卷五。《古志石華續編》卷一。《吳興金石記》卷三。《寫禮廎讀碑記》。《碑帖敘錄》頁二三九。《續語堂碑錄》乙。《唐文拾遺》卷六四。《陝西金石志》卷九。《續修陝西通志》卷一四三。《咸寧、長安二縣續志》卷一二。《北京圖書館藏中國歷代石刻拓本彙編》一二冊三二頁。《唐代墓誌彙編》一四八頁。)

[校記]：

[一]"不"，《新編》未錄作"□"，今據其他各本補。
[二]"辛"，《新編》未錄作"□"，今據其他各本補。
[三]"隨"，《新編》未錄作"□"，今據其他各本補。
[四]"質"，《新編》未錄作"□"，今據其他各本補。

[五]"絞",《新編》作"組",《續語堂碑錄》《唐文拾遺》作"紖",《唐代墓誌彙編》作"絞",諦審北圖藏拓當以"絞"字為是,今據改。

[六]"之",《新編》未錄作"□",今據其他各本補。

[七]"三",《新編》作"二",《續語堂碑錄》《唐文拾遺》《八瓊室金石袪偽》《唐代墓誌彙編》作"三"。按:以永徽二年八月壬戌推之,甲申當為廿三日,知《新編》所錄非是。又,《唐代墓誌彙編》(上海古籍出版社,1992年,148頁)同年八月尚錄有《唐故處士張君墓誌銘並敘》,誌文稱其"永徽二年歲次辛亥八月壬戌朔廿三日甲申"與妻車氏合葬,亦可證當作"三"字。

[匯考]:

[一]《八瓊室金石袪偽》稱:"誌石四裂,十餘年前得諸都中,審為贗作,勿錄也。去夏海琴復以寄贈,云書款數字係後人所妄鑿,嗣見《補訪碑錄》載此誌,亦云:'後署六字乃偽作'。覆審字跡,前後無區別耳。《新唐書·宰相世系表》'巖安平王',不言其為太尉,亦不載勝名,此誌云巖之第十三子,而表於巖之後,絕未載其一子,可疑也。蜀王,高祖弟湛所封爵。"

[二]《懷岷精舍金石跋尾》稱:"誌云'公諱勝,字玄寂,梁中宗宣皇帝之孫,太尉安平王周柱國巖之第十三子也',按《周書·蕭詧傳》'巖,字義遠,詧第五子,歷侍中、荊州刺史、尚書令、太尉、太傅。入陳,授平東將軍、東楊州刺史。陳亡,百姓推巖為主,為總管宇文述所破,死',隋文《本紀》'開皇元年五月丁未,梁主使其太宰蕭巖來賀。七年八月庚申,梁主蕭琮來朝。九月乙酉,梁安平王蕭巖掠於其國以奔陳',《外戚傳》'琮來朝,遣武鄉公崔弘度將兵戍之,軍至都州,琮叔父巖及弟瓛等懼弘度掩襲,遂引陳人至城下,虜居民而叛',所歷官太尉、安平王、均與史合,惟周柱國,不見於史志。又云'爰自綺年,已膺茅社,封為宜陽侯',勝之名不見於周、隋諸史,宜陽之封猶是後梁時也,故其下云'俄而青蓋云歸'云云。誌又云'隨授散騎郎,皇朝為上輕車都尉、蜀王西閣祭酒',按諸史,高祖兄次曰湛,武德初追封蜀王,《職官志》'王府官屬有東、西閣祭酒各一

人，從七品上'，史謂湛封蜀王為追封，則湛當歿於唐氏建國之先，不應建置官屬，恐武德初湛猶未沒。然《本紀》高祖受禪即封湛子博乂為隴西王，則湛已前沒可知。《宰相世系表》'齊梁房'嚴安平王下缺四世，據誌足以補之。"

［三］《關中金石文字存逸考》稱："全文見《古志石華續編》。……此石本出咸寧，時人因其字似褚河南書，續刻刺史褚遂良書六字，今原石久逸，帖肆所行，皆重摹本也。勝為梁中宗宣皇帝蕭詧之孫，太尉、安平王、周柱國蕭巖之第十三子，《新唐書·宰相世系表》有'巖'無'勝'，得此可補其缺。《北史·蕭詧傳》云'巖，字義遠，詧之第五子'，其安平王爵乃蕭詧所封，傳言巖歷官尚書令、太尉、太傅，誌但言巖官太尉，而尚書令、太傅，誌中未載。誌言巖在北周為柱國，亦《北史》所未載也，互相參觀，乃得其實。《新唐書》列傳，高祖子霍王元軌，武德六年始王蜀，後徙吳。太宗子郁林王恪，貞觀二年徙王蜀，十年改王吳。又有蜀王愔，貞觀五年始王梁，後徙王蜀，因弋敗民稼，典軍楊道整叩馬諫，愔捽擊之，御史李乾祐劾愔罪，高祖怒貶愔黃州刺史。案：勝為蜀王西閣祭酒，卒於永徽二年，其時霍王元軌、郁林王恪久已徙封，惟愔仍王蜀，是勝為祭酒，當在蜀王愔府矣。《新唐書·百官志》：'吏部司勳郎中掌官吏勳績，八轉為上輕車都尉，視正四品。王府官屬有東西閣祭酒各一人，從七品上。'"

［四］《寫禮廎讀碑記》稱："考太宗子梁王愔，徙封蜀在貞觀十年，《新書》太宗諸子傳'愔數畋遊為非法，帝頻責教不悛，乃削封戶及國官半'，然則'西閣祭酒'當是國官之未削者也。永徽二年，勝年七十四，梁亡於隋開皇丁未，勝纔十歲耳。誌稱薨於'萬年縣之崇義里'，又云窆於'萬年縣寧安鄉鳳栖之原'，鄉名、里名皆足補《長安志》之闕。誌末題'刺史褚遂良書'，考遂良貶同州刺史為永徽元年十一月事，此誌在二年八月，故尚題刺史。至三年正月，遂良復入相矣。或謂唐時碑誌，撰、書人名俱列在前，因疑誌末六字為後人所加。案：《李孝同碑》《碧落碑》《獨孤仁政碑》，書人俱繫於末，唐碑如此者非一，然則以此誌書人為後加者，非也。"

［五］《陝西石刻文獻目錄集存》稱："舊說褚遂良正書。原在咸寧出土，後移置西安碑林。清道光年間吳縣吳氏得此誌，置於己宅，

336

後輾轉流至國外。石方一尺三寸，二十行，行二十字。"

［六］《唐代墓誌彙編》稱："'際'下四格有'刺史褚遂良書'六字，乃近人偽加。"

杜延基妻薛氏

（顯慶三年十二月　見《存逸考》卷五"咸寧縣"）

大唐太子左衛杜長史故妻薛氏墓誌銘
篆盖，阳文，共四行，行四字。
大唐太子左衛杜長史故妻薛氏墓誌銘并序

　　夫人諱瑤華，河東人也。綿宗貴烈，疊照縉紳之林；勝躅殊聲，累冠高華之秀。並光惇史，咸振旺謠，近懿今芳，可得而略。曾祖冑，大理卿、刑部尚書、內陽文公；祖獻，工部侍郎、泉資定隴四州刺史，贈洪州都督、內陽穆公；父元嘏，通事舍人、朝散大夫，行益州晉源令。或材挺國楨，或譽標時彥，英明相纘，璁珩代襲。夫人誕靈鴻族，育彩瓊田，幼資神穎，長而懿淑。太子左衛長史、上輕車都尉、京兆杜延基，藉望清華，聲芳寓縣，求我令德，宜其室家。夫人展禮惟勤，薦虔誠於蘋藻；承夫思順，終克諧於琴瑟。羨柔芳於懿戚，溢惠譽於中閨。藹藹嘉聲，雜紅蘭而灑馥；亭亭潔操，鑒皓月以分暉。既而朝露易侵，慘沈扃之遽積；隙光遄徙，愴宵箪之俄空。以顯慶二年十一月十二日遘疾卒，時年廿六。粵以三年歲躔戊午十二月一日己酉安措於少陵之南原。想音容之未遐，歎居諸之驟易，感人神之方廣，痛顯晦之悠隔，嗟鳳去而聲銷，悵鸞沉而影寂，閟殊美於柔翰，寄餘哀於貞石。其銘曰：

337

烏奕高門，蟬聯遐祉。虹圭交暎，文軒疊軌。效功垂德，飛芳擅美。照灼清猷，紛綸緗史。（其一）餘慶是襲，載誕淑靈。溫儀粹行，玉麗蘭馨。動容中軌，敷辭有經。浹[一]華邦族，飫美閨庭。（其二）始暉朝景，行悲夜壑。月掩娥沉，星潛婺落。露凋芳秀，霜摧豔萼。潘悼已深，荀傷可度。（其三）靈軒鳳駕，素幰晨空。霜塗咽泣，曉挽鏘風。幽扃杳藹，寒野蒙籠。千秋已矣，蓄恨何窮。（其四）

原石二十三行，行二十二字，正書。（《十二硯齋金石過眼錄》卷九。《續語堂碑錄》丁。《懷岷精舍跋尾》。《關中金石文字存逸考》卷五。《古志石華續編》卷一。《咸寧、長安兩縣續志》卷一二。《唐文拾遺》卷六四。《八瓊室金石補正》卷三六。《陝西金石志》卷九。《續修陝西通志稿》卷一四三。《北京圖書館藏中國歷代石刻拓本彙編》一三冊九三頁。《唐代墓誌彙編》二八三頁。）

[校記]：

[一]"浹"，《新編》作"決"，今據其他各本改。

[匯考]：

[一]《八瓊室金石補正》稱："方一尺二寸五分，廿三行，行廿二字，字徑四分，正書，方界格。在長安。"

又稱："右《太子左衛長史杜延基妻薛氏墓誌》，未見著錄。薛冑，《隋書》《北史》俱有傳，字紹元，河東汾陰人。據傳，于刑部尚書之後檢校相州事，以縱良事除名，配防嶺南，道卒，誌不言配防者，諱之。並不言檢校相州者，略之也。傳言周明帝時襲爵文城郡公，入隋後並無封爵，亦無諡號。其子獻，史僅附見其名曰'子筠、獻，知名'而已。《唐書·宰相世系表》'冑，隋刑部尚書；獻，工部侍郎、內陽公'，元嘏不書官職。竊意《表》所稱內陽公者，子襲父爵，而傳與《表》均不備。傳不言獻官，表不言獻給為泉、資、定、隴四州刺史及贈洪州總管，諡曰穆，並不言元嘏官職，皆可據誌補之。獻有兄筠，表亦失載。又按隋、唐皆無內陽郡縣之名，惟《隋書·地理志》'文城郡昌寧縣'注云'後魏置，並内陽郡，開皇初郡廢'，'吉昌縣'注云'大業初置文城郡'，'文城郡'注云'後周改為汾州。平齊，置總管府，開皇四年府廢'，然則誌所稱内陽公者，即史所稱文城公也。獻之襲爵在大業以前，故稱内陽。後周時無文城之名，史家以隋代郡名書之，未得其實，假無此誌，讀史時亦漫不加察耳，金石之有裨史學，匪淺鮮也。'晉源'，隋、唐書皆作'晉原'，'原'、'源'通用，隋屬蜀郡。蜀郡，舊置益州，開皇初廢。後周置總管府，開皇初置西南道行台，省，嗣復總管府，大業元年，府廢。唐屬蜀州。蜀州，垂拱二年析益州置。元叚為令在隋時，抑在垂拱前，不能定也。十二月一日己酉與《通鑑目錄》合。又按《金石錄目》有《杜延基造心經》，總章元年六月，當即夫人之夫。"

　　[二]《十二硯齋金石過眼錄》稱："按《新唐書·宰相世系表》'冑，隋刑部侍郎'，《隋書》冑傳謂冑'有惠政，徵拜衛尉卿，轉大理卿，後遷刑部尚書'，與碑合。冑子獻，唐工部侍郎、内陽公，與《世系表》同。誌謂夫人父元叚'通事舍人、朝散大夫，行益州晉原令'，而《世系表》僅曰'孝廉，工部郎中'，與碑異。惟夫杜延基無考。夫人以顯慶二年卒，次年戊午措於少陵南原，宋敏求《長安志》'少陵原在奉元城南、鳳棲原旁'。碑以'措'作'厝'，按《說文》'厝，厲石也。從厂昔聲，措置也'，'措於少陵南原'，作'措'極是，而今皆作'厝'，何也。"

　　[三]《懷岷精舍金石跋尾》稱："按：冑，《周書》《隋書》俱有傳，誌所書則隋官也。其封内陽，謚文，史不書。《隋書》傳云'子筠、獻，俱知名'，《唐書·宰相世系表》薛氏西祖房'冑，隋刑部尚書；獻，工部侍郎、内陽公'，元叚不著爵位，然則冑之封、謚，獻之為刺史、贈都督、謚穆，元叚之官位皆可補史之缺。又《隋書》云獻（校者按：當為冑）二子筠、獻，今表列獻而無筠，亦徵《世系表》之不足據也。"

　　[四]《關中金石文字存逸考》稱："此石出咸寧縣南鄉杜曲。文藻清麗，字跡遒秀，唐刻佳品也。所載薛氏祖、父官爵、名謚均與《新唐書·宰相世系表》合。杜延基之名不見於史傳，惟《寶刻類編》有'《杜延基所造心經》，總章元年立'，考總章元年上距顯慶三年，共十

339

一年，為時尚不甚遠，則誌中所謂杜延基，當即其人。又安'厝'之'厝'作'措'，蓋古字通用也。《新唐書·百官志》'大理寺卿一人，從三品；刑部尚書一人，正三品；工部侍郎一人，正四品下；太子左、右率府長史各一人，正七品上'，太子左、右率府本名太子左、右衛率府，此誌但稱'太子左衛'而無'率府'二字，未知其審。"

[五]《陝西石刻文獻目錄集存》稱："石方一尺三寸（一說一尺二寸五分），字徑四分。"

路詮

（顯慶六年二月十九日甲申　見《存逸考》卷五"咸寧縣"）

大唐故銀青光祿大夫使持節泰州諸軍事泰州刺史上柱國宣城以下缺

公諱詮，字文昇，陽平清水人也。昔漢啟元圖，伏波功參於（缺）異人間出，公門必復，其在茲乎。祖彩，魏奉朝請、禮部侍郎、周使持節（缺）恒、懷、夏四州刺史、陽平郡開國公。神機朗察，逕邁挹其清潤（缺）父充，隋大興縣令、內史舍人、兵部侍郎、左武侯將軍、長秋令、太府卿、金紫光祿大夫、閿鄉縣開國良公。天縱英明，□茲文武，功格廊廟，眇絕周行。公□□標星，□神冠嶽，五色儀鳳，千里友龍。蘊和順而內融，挺英葉而外晰。年甫□□，志邁老成，文史見□，公卿藉甚。弱冠調補隋文皇帝挽郎，兼□太子通事舍人。允該□，稟神規於玉□；載□□辯，恢懿□於銅樓，雖名級未優，而賓實已遠。屬明□損秀，賓寮去職，自安天爵，且戢機心，□□□□□□延時傑，庭開郭隗之館，席汎穆生之醴，以□□□所□，奏為府屬。東平寬□，難勖樂善之資；廣陵驕□，竟速亡軀之禍。特詔府佐，僉授遠官，出為南海郡司功書佐，從班例也。石林遐阻，銅柱遼□，翠嶺□□，滄波沃日，蠻風險詖，町俗薦居，不藉（缺）公履冰思□，□□初心，委質亮□，直（缺）黃金作粟，不□都尉之（缺）失□城之寶，惠為令德。□□遠大□之俄（缺）相府子孫□□□屈降曲成之惠（缺）縣令公錟以時宗（缺）高祖太（缺）變望氣（缺）任下六（缺）高祖（缺）宣城縣開國公（缺）日薨於州府正寢，春秋六十有三（缺）以顯慶六年歲次辛酉二月□□□十九日甲申遷窆於萬年縣少陵原，禮也。以下缺

　　此誌出土後鄉人將磨為擣衣石，一村塾先生見之，因其有字，亟阻之，已十去七八矣。今就其略成句讀者，存其大都云。毛鳳枝記。(《關中金石文字存逸考》卷五。《古志石華續編》卷一。《陝西金石志》卷九。《續修陝西通志稿》卷一四三。《咸寧、長安兩縣續志》卷一二。《唐代墓誌彙編》三三三頁。)

[匯考]：

[一]《關中金石文字存逸考》稱："全文見《古志石華續編》。……此誌近出咸寧，文字均有可觀，惜磨泐已甚，惟其祖、父官爵尚可辨認，又誌云'薨於州府正寢，春秋六十有三，以顯慶六年二月□□十九日遷窆於萬年縣少陵原，禮也'，此三十五字亦可辨，其餘均類無字碑矣。誌前題銜其姓適當缺處，因誌中有'漢啟元圖，功參伏波'之語，係用《漢書》伏波將軍路博多事，而路氏郡望實出陽平也。因以《新唐書·宰相世系表》考之，詮之三代官爵均列路氏表中，與鄙見恰合，為之一快，故定為路氏云。誌云詮官泰州刺史，《表》云詮官平、愛、泰三州刺史，《元和姓纂》作平、愛、秦三州刺史，'秦'字蓋'泰'字之譌。誌之題銜，所卒之官也；《表》之所載，所歷之官也。(志中所載平、愛二州事蹟，當在敘文中，惜磨泐矣。)《新唐書·地理志》平州有三：一為河北道平州北平郡，治盧龍縣；(在今直隸永平府境)一見河北道孟州溫縣下注云'武德四年，隋令周

仲隱以縣去王世充來降，置平州（在今河南懷慶府溫縣境），名縣曰李城，是年州廢'；又一見江陵府荊州當陽縣下注云'武德四年，置平州，並析置臨沮縣。六年曰玉州，八年州廢'（在今湖北荊門州當陽縣境）。愛州一，屬嶺南道，治九真縣。（在今越南國境）泰州有二：一見河東道河中府蒲州寶鼎縣下注云'本汾陰，義甯元年以汾陰、龍門置汾陰郡，武德元年曰泰州；（在今山西蒲州府滎河縣境）一見嶺南道藤州感義郡（本永平郡）寧風縣下注云'武德五年，以縣置鷰州，貞觀五年置新樂、寧風、梁石、羅風四縣。七年，更名泰州，徙置寧風。十八年，州廢'，詮所官泰州係寧風之泰州，（《方輿紀要》云'唐寧風廢縣，在今廣西梧州府藤縣西百里'）因其與愛州相近，同屬嶺南道也。（今江蘇揚州府所屬泰州係南唐昇元年置，與此迥別焉。）若詮所官之平州確係何州未能實指其處，又《表》云'文昇字文昇'，誌云'諱詮，字文昇'，蓋《表》遺其名，賴誌而其名始彰也。又，唐龍朔元年歲次辛酉，誌作顯慶六年歲次辛酉，考《通鑒·唐高宗紀》'二月乙未晦改元龍朔'，此誌刻於二月十九日甲申，在改元之前十一日，故仍用顯慶之號也。又，《韓昌黎集》有《襄陽郡王平陽路應碑》云'惟路氏遠有代序，自隋尚書、兵部侍郎諱袞，四代而至冀公'云云，韓文之路袞即此志之路兗，韓文之'平陽'即此志之'陽平'，均當從誌為正。《舊唐書·路隋傳》作'陽平人'，與誌合。《隋書·百官志》'大興令，從五品；內史舍人，正六品，後加為從五品；六部侍郎各一人，正四品；有武侯將軍，從三品；長秋監令一人，從五品；丞二人，從七品，均用士人；太府卿、金紫光祿大夫均正三品；開國郡公，從一品'。《隋書·地理志》武陽郡館陶縣下注云：'舊置毛州，大業初州廢。又有舊陽平郡，開皇初廢。'《唐書·地理志》魏州（本武陽郡）魏郡館陶縣下注云：'武德五年，以館陶、冠氏及博州（今山東東昌府）之堂邑，貝州（今直隸廣平府清河縣）之臨清、清水置毛州，貞觀元年州廢，省清水入冠氏（今為冠縣，屬山東東昌府）。'又《方輿紀要》云'直隸大名府本漢魏郡地，三國魏分置陽平郡，治元城縣。（今直隸大名府元城縣）晉因之，宋文帝置東陽平郡，後魏因之，治館陶。後週末置魏州，治貴鄉縣，（貴鄉縣城在今直隸大名府大名縣境），隋初因之，大業初改為武陽郡。唐武德四年，復為魏州'，又云'臨清州館陶縣（館陶縣今屬山東東昌府），三國魏屬陽平郡，晉因之。石趙時，徙陽平郡，治此。劉宋及後魏因之，後週末兼治毛州。隋廢郡存州，大業初州廢，縣屬武陽郡。唐初，復置毛州。貞觀初，州廢，縣仍屬魏州'，又云'東昌府冠縣有清水堡，在縣東北四十里，唐初置清水縣，屬毛州。貞觀初，省入冠氏縣，今亦為清水堡城'。案：毛州與後趙徙治館陶之陽平郡同一治所，是清水縣既屬毛州亦屬陽平郡，故誌云'陽平清水人也'，（隋唐之時州郡互稱，如京兆長安人亦可云雍州長安人，蓋州郡同一治所，文字中或稱郡或稱州，改易不常），惟顯慶之時陽平郡已廢清水縣，已省入冠氏，而志猶從其朔，豈郡邑沿革年月，史志有舛誤歟？抑作誌之人，敷典而不忘其祖歟？未敢臆定也。陽平本漢縣，屬東郡，至三國魏因縣名而置郡，惟漢陽平縣在今山東東昌府莘縣境。三國魏陽平郡治在元城，在今直隸大名府元城縣境，後趙陽平郡治館陶，在今山東東昌府館陶縣境（即後周、隋、唐毛州治所），相距者不甚遠而實非一地，不可不辨也。（《舊唐書·路巖傳》'陽平冠氏人也'，是時清水已省入冠氏，故稱為冠氏人。)"

[二]《陝西石刻文獻目錄集存》稱："原在咸寧縣，已佚。誌磨泐已甚，不可卒讀，文僅存四百餘。"

楊智積

（乾封二年八月　見《存逸考》卷八"同州府"）

大唐故上柱國咸陽府長上果毅楊君墓誌銘
君諱智積，字仲謀，弘農華陰人也。瑞禽旌祉，戢翮馴箱；祥魚表符，奮麟飛陛。而乃曜台雲閣，敷爕理於炎行；端揆禮闈，播宰物於金馭。於是潛流景福，暉光本枝，爰墍我尊，貂蟬靡絕。曾祖欽周，任夏州刺史，贊竄興祠，惠政纔揚，蜑銷啟詠。祖磨，隋鷹揚，宏謀遠略，獨冠當時。仁勇英姿，器光前代。父神通，居義府果毅、大將軍、商河男。

幼而奇傑，倜儻[一]逸群，體道懷真，學該內外，恥隋陸之無武，嗤絳灌之無文。運策齒孫、吳，擊劍齊張、項。

君素稟瓊津，夙承蘭秀，挺不羈於卝歲，縱任俠於髫年，仁孝自天，忠恪彌著。績効克隆，光斯顯職。以功授上柱國，除咸陽府長上左果毅，夫爪牙之寄，實屬貞良，警儆文楯，信惟武將，委之以心膂，寵之以榮班。執戟列含香之臣，曳朱參紫綬之袟。但以甌越閩駱，蟻聚蜂屯，水耨火耕，鴟張鼠跱。公雄謀英略，獨斷如流，九地九天，若指諸掌。以公果勇，差副元戎。前茅慮無，中權後勁，有征無戰，承響自清。旋凱嶺南，倏同諸葛；身死王事，抑類伏波。生入玉門，遂乖定遠。以龍朔二年五月廿二日薨於滕州道行軍所，春秋五十有一。材官銜淚，思吮瘠之深仁；兵士悲嗟，荷簞醪之弘澤。夫人程氏，鶴翔杼表，鸞騫毫端，蘊四德以光時，苞六行而範物。杏梁摧構，奄棄遐齡；桂樹圮枝，馥銷長夜。粵以乾封二年八月十八日合葬於馮翊，北臨高鄉之原。父悼掌珠之匿景，哀弄玉之潛暉，切太尉之深痛，悲司徒之形衰，勒斯銘而表德，播令質於冥泉，冀佳城之一啟，希千載而揚徽。迺為銘曰：

長河帶地，高掌極天。誕茲靈秀，挺此英賢。奕代台鉉，朝野羽儀。令德遐備，寔為帝師。於穆祖考，工劍工書。舞于華陛，靜析[二]穹廬。惟公克荷，紹隆堂構。內侍禁闈，外韜氛寇。武陵沉影，汧水亡魂。身死王事，流芳後昆。厥父追悼，旌其淑貞。風淒隴首，月慘山扃。刊茲玄石，永播嘉聲。

原誌石刻共二十六行，行二十六字，正書。（《關中金石文字存逸考》卷八。《古志石華續編》卷一。《陝西金石志》卷九。《續修陝西通志稿》卷一四三。《北京圖書館藏中國歷代石刻拓本彙編》一五冊三八頁。《唐代墓誌彙編》四六四頁。）

[校記]：

[一]"儻"，《新編》作"償"，今據《陝西金石志》及北圖藏拓改。

[二]"柝"，《新編》作"拆"，以文意推之，當是"柝"字。唐褚亮《明堂樂章·舒和》（《全唐詩》卷三二，中華書局，1999年，443頁）有"偃武修文九圍泰，沉烽靜柝八荒寧"句，可知"靜柝"為唐人常用語。北朝碑誌字體俗濫，多以"扌""木"互置，今據改。

[匯考]：

[一]《關中金石文字存逸考》稱："全文見《古志石華續編》。……此石近時出土，《同州府續志》云'在同州府'。案：唐時同州治馮翊縣，《方輿紀要》云'唐馮翊縣舊城在今同州城南'，又《新唐書·地理志》'同州有府二十六，第十四曰臨高府'，此誌之'臨高鄉'即《唐志》之'臨高府'矣。又《新唐書·兵志》'凡天下十道置府六百三十四，皆有名號，而關內二百六十有一'，是關內將居天下之半。《地理志》云'京兆府有府百三十一'，是京兆又居關內之半，惟京兆所屬僅存十一府，其餘皆逸，此誌所載'居義'、'咸陽'二府，當即京兆所屬府兵之名也，可以補史之闕。此志雖初唐人書，而沉著勁快猶有北朝遺意，且鋒穎如新，可寶也。"

[二]《陝西石刻文獻目錄集存》稱："正書，原在同州府。石方二尺，縱橫二十六格。"

校者按：誌主楊智積隸身軍府，唐代府兵之主要任務是宿衛宮禁，誌稱其"爪牙之寄，實屬貞良，警儆文櫓，信惟武將"，消息可通。但也偶有臨時之調撥征鎮，誌主即參加了對閩越地區的戰爭，並殞身嶺南。此外，府兵為世兵制，兵、民分籍管理，智積祖父楊磨、父神通皆係府兵出身，可為明證。

又，本誌的作者應為智積夫人程氏之父，觀誌中"父悼掌珠之匿景，哀弄玉之潛暉"諸語可知。

345

李府君夫人王氏

（咸亨元年十二月　見《存逸考》卷五[一]"咸寧縣"）

大唐李府君之夫人王氏墓誌銘并序

夫人諱琬，字令璣，其先太原之望族也。尔其崩疏源香綿圖而薦祉[二]；夢蘭開馥，騰芳藹於瑤編。夫人稟月摛祥，分星落媛，婦儀女誡，少自天挺，華姿豔範可言焉。方期永茂蘭儀[三]，豈謂彌留大漸，以大唐咸亨元年歲次庚午十二月庚午朔一日庚午，因疾卒於萬年縣永昌里第，春秋八十有一，即以其月十五日甲申遷窆於雍州白鹿山之北原，禮也。給事郎伏奴，踏厚地以崩心，仰玄穹而俵感，將恐岸渝陵谷，水變灰桑，凝貞礎以題徽，冀慈芳而不朽。其詞曰：

杳淼浚源，閑華令質。稟月開貺，崇蘭滿室。折菱懸範，移鄰就吉。積善無徵，樹風寧謐。遽徙夜舟，俄從朝露。白楊吹夕，青松霜暮。代日恒新，泉扃永故。庶憑貞琰，餘芳靡盡。

原誌石刻共十六行，行十七字，正書。誌中"可言焉"句，缺一字。"永茂閨儀"，"儀"字下衍一字。又志中"徙"、"從"二字均作"徔"。

（《關中金石文字存逸考》卷五。《古志石華續編》卷一。《陝西金石志》卷九。《續修陝西通志稿》卷一四三。《咸寧、長安兩縣續志》卷一二。《唐代墓誌彙編》五二八頁。）

[校記]：

[一] "五"，《新編》作"三"，按：《存逸考》卷三為"長安縣

上"，"咸寧縣"為卷五。

　　[二]"尔其崩疏源香綿圖而薦祉"一句，疑有闕、誤。

　　[三]"儀"，《新編》《唐代墓誌彙編》皆錄作"儀儀"，後一"儀"當係衍字，本次整理，從刪。

　　[匯考]：

　　[一]《關中金石文字存逸考》稱："全文見《古志石華續編》。……此誌本出咸寧，今未詳所在矣。《方輿紀要》引《通釋》云'白鹿原在咸寧縣城東二十里。相傳周平王時，有白鹿遊此，因名'，志中'白鹿山'即'白鹿原'也。《雍勝錄》云：'白鹿原者，南山之麓，坡陁為原也。東西十五里，南北二十里，灞水行於原上，至於灞陵皆此原云。'《咸寧縣誌》云：'白鹿原在縣東，亙韓森、元興、狄寨、曹家堡四社之境，其東南接藍田，蓋城東之大原也，今灞水皆從原上行，北入於渭。'"

　　[二]《陝西石刻文獻目錄集存》稱："正書。原在雍州白鹿原，久佚。"

裴可久

（咸亨四年二月廿九日　見《存逸考》"咸寧縣"）

　　大唐故左親衛裴君墓誌銘并序

　　君諱可久，字貞遠，河東聞喜人也。祖勛，衛尉少卿、邢州刺史、翼城公；父居業，梁州都督府司馬。君擅美藍田，虹光絢彩，標奇渥水，龍友呈姿，見賞通人，知名先[一]達。選補國子生，俄轉左親衛。既而魂驚大夢，運迫小年。夏首西浮，徒切思歸之望；邯鄲北走，永絕平生之遊。咸亨三年七月廿八日遘疾，終於襄陽，春秋廿五。粵以四年歲次癸酉二月丁巳朔廿九日乙酉窆於京兆之朱坂。其銘曰：

卿相舊門，公侯子孫。荷戈運否，離經道存。佳城俄寂，夜臺寧曉。獨有仙禽，空游華表。

原誌石刻共十四行，行十五字，正書。(《十二硯齋金石過眼錄》卷十。《懷岷精舍金石跋尾》。《續語堂碑錄》寅。《關中金石文字存逸考》卷五。《古志石華續編》卷一。《咸寧、長安兩縣續志》卷一二。《八瓊室金石補正》卷三七。《唐文拾遺》卷六四。《陝西金石志》卷九。《續修陝西通志稿》卷一四三。《北京圖書館藏中國歷代石刻拓本彙編》一五冊一八九頁。《唐代墓誌彙編》五六八頁。)

[校記]：
[一]"先"，《新編》未錄，今據其他各本補。

[匯考]：
[一]《八瓊室金石補正》稱："方九寸三分，十四行，行十五字，字徑五分，正書。在西安。"

又稱"右《左親衛裴可久墓誌》在西安新出土，未見著錄。案《新唐書·宰相世系表》東眷裴氏'鏡民次子曰熙勳，洛州長史。熙勳子居業'，此即'可久'之祖若父也。《表》名'熙勳'，志名'勳'，《表》云'洛州長史'，誌云'衛尉少卿、邢州刺史、翼城公'，均不相符，《表》之誤也。《裴鏡民碑》云'第二子太僕少卿、洛州都□□長史、上柱□、翼城縣開國公勳'，是其單名'勳'，與此誌同。《鏡民碑》立於貞觀十一年，前乎此誌者三十餘載，是'太僕少卿、洛州長史'者，勳之初官，'衛尉少卿、邢州刺史'者，後來遷轉之官也，《表》失實矣。'居業'官階，《表》亦失載，可久早亡，故其名不見於《表》，史臣無由知，皆可據此補之。"

[二]《十二硯齋金石過眼錄》稱："碑高九寸，廣九寸，正書。十四行，行十五字。……右《裴君墓誌》云'祖勳，衛尉少卿、邢州刺史、翼城公；父居業，梁州都督府司馬'，按《新唐書·宰相世系表》'東眷裴'下有名'熙勳，洛州刺史'，'居業'僅書其名而無

'梁州都督府司馬'職銜，皆當以志為正。'左親衛'，《百官志》'為資蔭之職，武德、貞觀間以二品、三品子補親衛'，裴君此職當由勳官後而遷至者。"

［三］《懷岷精舍金石跋尾》稱："按誌云'君諱可久，字貞遠……祖勳，衛尉少卿、邢州刺史、翼城公；父居業，梁州都督府司馬'，考《唐書·宰相世系表》'東眷裴氏'鏡民子'熙勳，洛州長史'，子'居業'不著官位，'居業'以下世系缺，是'勳'即'熙勳'無疑，其為衛尉少卿、邢州刺史、爵翼城公及'居業'之為梁州司馬，'可久'之初補國子生，轉左親衛，皆足補《表》之闕書。考'居業'為武后相'居道'嫡弟，其時代亦合。"

［四］《關中金石文字存逸考》稱："全文見《古志石華續編》。……此誌同治時出於咸寧，今未詳所在矣。'可久'為'東眷裴氏'，其祖、父之名均見《新唐書·宰相世系表》。惟《表》作'裴熙勳'，誌作'裴勳'，為小異耳。……又《世系表》中有兩'裴居業'，一為'裴勳'子，一為'裴大方'子，亦考古者所當知也。誌云'窆於京兆之朱坂'，案：咸寧縣南鄉金霶霂社有朱坡村，或曰漢丞相朱博故里，未知即朱坂否？《新唐書·百官志》'衛尉少卿二人，從四品上；大都督府司馬二人，從四品下；中都督府司馬一人，正五品下；下都督府司馬一人，從五品下；十六衛、親衛之府一曰親府，所屬親衛正七品上'，'武德、貞觀重資蔭，二品、三品子皆補親衛'云。"

［五］《陝西石刻文獻目錄集存》稱："原在咸寧縣，清同治時出土，已佚。石方一尺一寸（《八瓊室金石補正》為方九寸三分）。"

朱遠

（咸亨四年二月廿八日　見《存逸考》卷六"咸陽縣"）

大唐故道王府典軍朱公墓誌并序

公諱遠，字元[一]通。若夫峙茂族於陽陵，聲高俠窟；

植華宗於沛國，業峻儒宗。是以貞宣易名，騰士林而結藹；文忠孝行，振家葉而連芳。代襲珪璋，門傳紱冕。曾祖廣，鎮軍大將軍。神窮豹略，藝洽隼壎，恢七校之宏模，闡三門之秘術。祖緯，齊洺州長史。升榮展驥，底績効於康莊；奉職題輿，令問[二]馳於輦轂。父寬，隨嵐州司馬。卷舒人野之際，隱不違親；逍遙得喪之間，貞不絕俗。

公騰暉驥浦，凤標千里之姿；濯耀驪宮，早發十城之價。禮而後動，苞五本而潤身；謙以自居，蘊四美而光德。暨乎解巾捧檄，把投翰之雄圖；攬轡升車，蔑調蟲小技。俄而，擢拜絳州同鄉府果毅。趙冠耀首，趙劍文腰，神交黃石之符，訓洽青巾之侶。固已望華蘭錡，聲重羽林，三臺推殉國之功，六郡掩干城之譽。於是皇枝列壤，資武略以恢藩；帝葉分珪，仵戎昭而肅邸。遂轉公為道王府典軍。風驚楚澤，時陪雁沼之遊；月上梁園，屢奉猿巖之宴。既而先[三]衰蒲柳，景謝桑榆，固申匪石之祈，頗展揮金之樂。萬里封侯之願，終屈志於風雲；百齡遷壑之斯，遽纏悲於霜露。以咸亨三年九月廿五日卒於大賢里之私第，春秋七十有五。即以四年二月廿八日遷葬於咸陽之原，禮也。長扃萬古，終寂寞於滕公；永託九原，空流連於隨會。嗣子護，任三原縣天齊府左果毅。哀纏霜岵，欷結風枝，撫松劍而無追，贍楹書而靡託。敬刊沉石，永播芳聲。其銘曰：

慶發指河，祥開鑑日。譽宣蘭檻，威橫石室。狩人誕命，荷茲隆吉。逸志請纓，壯心投筆。策名羽校，委質玳筵。飲石餘勇，揮金暮年。光賢薤露，影謝蒿泉。山悲夜月，隴思寒煙。

咸亨四年二月廿八日。

原誌石刻共三十四行，行三十五字，正書。志中"遷壑之斯"

350

當作"期","珗筵"之"珗"當作"玳"。(《關中金石文字存逸考》卷六。《古志石華續編》卷一。《匋齋藏石記》卷一八。《唐文續拾》卷一四。《陝西金石志》卷九。《續修陝西通志稿》卷一四三。《北京圖書館藏中國歷代石刻拓本彙編》一五冊一八四頁。《唐代墓誌彙編》五六七頁。)

[校記]：

[一]"元",《新編》未錄,今據其他各本補。
[二]"問",《新編》作"門",今據其他各本改。
[三]"先",其他各本皆作"光","光衰"不文,疑誤。

[匯考]：

[一]《匋齋藏石記》稱："石高一尺六寸七分,廣一尺六寸五分。二十二行,行二十五字,界有棋格,正書。"

又稱："右按：朱君為道王府典軍,《唐書·高祖諸子傳》有'道王元慶',《百官志》王府官屬有'親事府典軍'、'帳內府典軍'之分,均正五品上,此朱君之歷官也。《前漢書·公孫賀傳》'詔捕陽陵朱安世,安世者,京師大俠也',又《儒林傳》有'九江朱普',《後漢書·朱穆傳》'初穆父卒（穆父名頡）,穆與諸儒考依古義,諡曰貞宣先生。及穆卒,蔡邕復及閘門人共述其體行,諡為文忠先生',此誌鋪陳朱氏故實,至於八句之多,若朱普、朱頡、朱穆,有光先世,猶可引重,如安世大俠陷人於禍,身亦不免,乃亦稱為'茂族',曰'聲高',是以人之所諱而為美談,其不審如此。誌言'曾祖廣,鎮軍大將軍',考魏與北齊皆有鎮軍大將軍之號,朱君之祖為齊洺州長史,則其曾祖之官於魏於齊,俱未可定。誌言'闡三門之秘術',按《後漢書·高彪傳》云'天有太一,武將三門',章懷注'三門者,開門、休門、生門',乃兵家奇門之言,故曰'秘術'。《隋書·地理志》'武安郡'下云'後周置洺州','嵐州'之稱,誌亦未載。據《元和郡縣誌》'嵐州設於後魏,至隋置樓煩郡,唐重置嵐州',誌言其'祖齊洺州長史；父寬,隨嵐州司馬',皆與《隋志》不合。朱君擢拜絳州同

351

鄉府果毅，據《唐書·兵志》'太宗貞觀十年，更號統軍為折衝都尉，別將為果毅都尉，諸尉總曰折衝府，凡天下十道置府六百三十四，皆有名號。府置折衝都尉一人，左、右果毅都尉各一人'，朱君之官'同鄉府果毅'及其子'天齊府左果毅'，'同鄉'、'天齊'皆府兵之名號，馬端臨所謂'其府多因其地各自為名者也'。朱君起家府尉，入為王府官屬，誌言'時陪雁沼之遊'、'屢奉猿巖之宴'，當為'帳內府典軍'，故時得陪從。其後乃以告歸，卒於私第。誌中'雕蟲'誤作'調蠱'，於義無取。'流漣'則為'流連'，假借字。如'隱不違親'、'貞不絕俗'、'空流漣於隨會'，則又皆用古人成語，其腹笥頗不薄云。"

〔二〕《關中金石文字存逸考》稱："全文見《古志石華續編》。……案：此誌未詳所在，因其葬地在咸陽，故屬之咸陽云爾。'道王'名元慶，高祖子，見《唐書·高祖諸子傳》。'絳州同鄉府'之'同'，《新唐書·地理志》作'桐'，蓋音同字異也。又《志》云'關內道京兆府有府百三十一'，《志》中有名者僅十一府，其餘皆逸，此志所載'三原縣天齊府'，即百三十一府所逸之一也。'天齊府'亦見三原縣'齊士員造像記'。"

〔三〕《陝西石刻文獻目錄集存》稱："原在咸陽原上。誌高二尺三寸，廣二尺二寸，二十四行，行二十五字。"

劉守忠

（咸亨五年八月　見《存逸考》卷一"西安府上"）

大唐故秘閣歷生劉君墓誌銘并序

君諱守忠，字高節，楚國彭城人也。原夫元珪錫成，擾龍所以命氏；金刀發彩，斬蛇所以握符。況乎派別五宗，□□源而不測；枝分再命，播神葉而逾芬。其後雄才接武，揚蕤□國[一]；逸氣成章，鏡華七子。曾祖和，秀暎嵇松，彩韜潘璧，得粹旨於濠上[二]，靡輟逍遙；獵玄風於柱下，無希寵辱。祖延，隨西平郡化隆縣令；父捧，杞王府記室。或馴翟舞鸞，敷恭阜之良政；或瑇簪珠履，侍楚趙之英蕃。君秀氣資靈，元精毓粹。纔登齠[三]歲，即蘊黃中之心；未越韶齡，先預元文之賞。既而凝神圖史，瀝思緹油，步七耀而測環迴，究六曆而稽疎密。精通五劍，有薛蜀之高風；諾重百金，負季布之奇意。雖復用存過儉，居滿誡於宥卮；施而勿念，益[四]寡符於《易》象。而福善茫昧，神塗超忽。臨溟激水，翻閱逝於黃陂；披霧觀天，遽聞傾於趙日。粵以咸亨五年七月廿一日遘疾，終於崇仁里第，春秋卅。即以其年歲次甲戌八月壬寅朔十三日庚寅，遷窆於高陽原之舊塋，禮也。元子[五]志誠懼夜舟之移壑，憂桑田之變海，勒翠琰於玄泉，俾風徽而斯在。其銘曰：

上哉神葉[六]，□矣[七]靈條。分枝炎漢，錫胤伊堯。白珩紫紱，金蠮華貂。累踐[八]□□，代躡清飆。（其一）爰挺若人，是稱奇儁。雕鞏繡帨，瓊敷玉振。□□括羽，莫窺牆仞。水鏡成姿，徵商飛韻。（其二）西景駿驅，東川□□。潘髮未見，滕城奄襲。楸壟月寒，松埏露泣。儀形可泯，徽猷[九]靡戢。（其三）

原誌石刻二十二行，行二十三字，正書。（《續語堂碑錄》庚。《關中金石文字存逸考》卷一。《古志石華續編》卷一。《八瓊室金石補正》卷三八。《匋齋藏石記》卷一八。《唐文拾遺》卷六四。《陝西金石志》卷九。《續修陝西通志稿》卷一四三。《咸寧、長安兩縣續志》卷一三。《唐代墓誌彙編》五八九頁。）

[校記]：

[一] 蕤□國，《新編》未錄作"□□□"，今據其他各本補。

[二] "得粹旨於濠上"，《新編》作"得粹□□於濠上"，《八瓊

室金石補正》《匋齋藏石記》作"得粹□□□□"，《唐文拾遺》《唐代墓誌彙編》作"得粹旨於濠上"，以此知《新編》作錄多一格，今據改。

〔三〕"覉"，《新編》未錄作"□"，今據《唐文拾遺》《唐代墓誌彙編》補。

〔四〕"益"，《新編》所錄與《匋齋藏石記》《八瓊室金石補正》《唐代墓誌彙編》同，《唐文拾遺》作"并"，誤。

〔五〕"子"，《新編》作"良"，《唐文拾遺》《唐代墓誌彙編》作"子"，當以"子"為是，今據改。

〔六〕"上哉神葉"，《新編》作"上□神□"，今據《唐文拾遺》《唐代墓誌彙編》補。

〔七〕"矣"，《新編》未錄作"□"，今據《唐文拾遺》《唐代墓誌彙編》補。

〔八〕"踐"，《新編》未錄作"□"，今據《唐文拾遺》《唐代墓誌彙編》補。

〔九〕"猷"，《新編》未錄作"□"，今據《唐文拾遺》《唐代墓誌彙編》補。

〔彙考〕：

〔一〕《關中金石文字存逸考》稱："全文見《古志石華續編》。……此誌今藏渭南趙乾生詹事元中家。考《通鑒目錄》'唐高宗咸亨四年歲次癸酉，上元元年歲次甲戌'，《高宗紀》'上元元年八月壬辰始改元'，此誌刻於改元前三日，故仍用咸亨之號。又誌云'八月壬寅朔十三日庚寅'，考《通鑒目錄》，是年七月為戊申朔，以逐日建辰推之，八月當為'戊寅'朔，況誌明言十三日'庚寅'，若'壬寅朔'，則十三日當為'甲寅'。惟'戊寅朔'推至十三日，正得'庚寅'耳。誌作'壬寅'朔，確係筆誤。又《文林郎王君夫人柏氏墓誌》刻于上元元年，題為'八月戊寅朔'，益足證此誌之誤。此誌書法秀勁，頗似歐、褚，惜磨泐矣，若得精拓本，則豐神韻致，尚可十得八九焉。"

又稱："《新唐書·百官志》'龍朔二年改太史局為秘書閣局'，其屬有'裝書歷生'，守忠官秘閣歷生，即其職也。守忠之父捧，為杞王府記室，《新唐書·三宗諸子傳》'高宗子澤王上金，始王杞'，誌中所謂杞王，即上金也。"

[二]《八瓊室金石補正》稱："方一尺四寸三分，廿二行，行廿三字，惟第十五行多一字。字徑四分，正書。在長安。"

又稱："案《新唐書》'司天臺'注'歷生五十五人'，司天臺改於乾元元年，舊名太史監，迭次更易，時隸秘書省，時而不隸，亦經屢改。天寶元年，太史局復為監，自是不隸秘書省，此稱'秘閣'，則在天寶以前可知。'化隆'縣不避'隆'字，則在先天以前又可知；景雲元年以前不隸秘書省，則非睿宗時刻又可知；不用武后所制字，則非偽周時刻又可知。………龍朔二年改太史局為秘書閣，武后光宅元年改渾天監。碑近平漫，'咸□□年'之'咸'字，及'甲戌'之'甲'字，皆僅存形似。其所書干支又復錯誤。壬寅朔，則十三日是甲寅，不是庚寅；十三日庚寅，則是戊寅朔，不是壬寅，幾於無從推究。所幸'戊'字尚存，猶可因以考定年月。溯自龍朔二年壬戌至光宅元年以前，歲陰值'戌'者，惟上元元年'甲戌'耳，《通鑒目錄》'龍朔二年八月丁亥朔'，與'壬寅朔十三日庚寅'均不相合。上元元年七月戊申朔，九月丁未朔，然則八月為'戊寅'朔，十三日值'庚寅'，志蓋誤'戊'為'壬'也。是年八月始改上元，守忠卒於七月，尚是咸亨五年。'年'上所缺當是'亨五'二字，八月以前不稱上元也。《高宗紀》'是年八月壬辰改稱帝為天，皇后為天后，大赦，改元'，壬辰為十五日，是十三日尚未改元，故誌第以干支紀之，不書上元元年也。守忠父捧，為杞王府記室。案：杞王即高宗子澤王上金也，永徽元年始封杞王，文明元年徙王畢，又徙王澤，旋為武后所殺，此稱杞王，益徵志之刻于高宗時矣。"

[三]《匋齋藏石記》稱："石高、廣各一尺四寸八分。二十二行，行二十三字，第十五行二十四字，字徑四分，正書。……此誌余向藏舊拓本，不在行篋，茲據新拓本錄入。書極精整，在歐、褚之間，惜刻痕太淺，字悉漫患，精心審辨，幸所遺無幾。《元和姓纂》載有'劉守忠'，亦出彭城，但世系、官職均不同，蓋同時同姓名者。'秘閣'即'秘書閣'，《百官志》'龍朔二年改太史局曰秘書

閣，有歷生五十五人'。西平郡，故鄯州。仁壽初，改'廣威'為'化隆縣'。'咸'下二字泐，不可辨。因下有其年'甲戌'字，知為咸亨五年，高宗新、舊兩《紀》皆書是年八月壬辰改元上元。據誌，八月為壬寅朔，則是月不當有壬辰日。朔為'壬寅'，則十三日當是'甲寅'，而誌作'庚寅'，知'壬寅朔'乃'戊寅朔'之誤，然則壬辰改元為十五日，劉君窆時尚在改元前二日也。"

[四]《陝西石刻文獻目錄集存》稱："原在長安高陽原舊墳。石方一尺八寸。"

王某妻柏氏

（上元元年八月　見《存逸考》卷一"西安府上"）

大唐故文林郎王君夫人墓誌銘并序

夫人雍州乾封人也。原夫靈根梡茂，秀玉樹之青蔥；純派悠長，控珠流而浩汗。由是聲塵盼蠁，冠蓋蟬聯，備在方冊，可略言矣。曾祖等並抽芒星緯，毓慶雲枝，漸鴻陸而遊天，激龍津而運海。父義通，任秦州上邽縣令。牛刀游刃，武城之譽克隆；魚躍享鱻，萊蕪之芳式序。積善餘慶，信而有徵。夫人則柏明府第三女也。驪川孕彩，虹浦翹姿，藻四德而揚芬，劭三從而有裕。年甫十五，適于王氏。粉繪徙鄰之訓，財成斷織之規，欽若張箴，允釐曹誡。所[一]謂蘭閨淑慎，襲蘅薄而流芳；豈圖夜臺超忽，掩泉扃而褫魄。粵以上元元年歲次甲戌八月戊寅朔廿二日己亥，寢疾終於醴泉里第，春秋七十有一。即以其年八月廿九日權殯于長安城西一十五里高烽原，禮也。子安仁等風枝結欷，寒泉增感。青烏演兆，猶未祔於重衾；黃壚啟壧，軫分塋於改卜。恐丹青歇滅，人事推遷，爰闡德音，式題貞石。其詞曰：

龍邱錫祚，虹姿絢美。猗歟令淑，克明終始。柔婉自天，徽猷在己。丹桂流馥，紫蘭貽祉。于嗟婉[二]範，倏掩芳蓀。鵃機網織，鸞鏡塵昏。風淒隴墜，月落山門。天長地久，身翳名存。

原誌石刻二十一行，行二十字，正書。(《補寰宇訪碑錄》卷三。《古泉山館金石文編殘稿》卷一。《十二硯齋金石過眼錄》卷十。《關中金石文字存逸考》卷一。《古志石華續編》卷一。《咸寧、長安兩縣續志》卷一三。《八瓊室金石補正》卷三八。《續語堂碑錄》戊。《匋齋藏石記》卷二六。《唐文拾遺》卷一八。《北京圖書館藏中國歷代石刻拓本彙編》一六冊一頁。《唐代墓誌彙編》五九四頁。)

[校記]：

[一]"所"，《新編》作"可"，今據其他諸本改。

[二]"婉"，《新編》所錄惟左半"女"傍，今據其他各本補。

[匯考]：

[一]《古泉山館金石文編殘稿》稱："右墓誌首尾廿一行，行廿字，正書，字徑五分許，縱橫有界格。雖無撰、書人姓名，而文甚清麗，書法亦秀勁，頗具歐、虞風格。惟其首標題但云'大唐故文林郎王君夫人'，而不書夫人之姓，幸文中書其父義通任秦州上邽縣令，而下有'夫人則柏明府第三女也'一語，知其為柏姓。又言'年甫十五，適于王氏'，下以寥寥數語讚美之，並不詳王君名字、事蹟及卒葬年月地名，即書其疾終之年月日等，云'粵以上元元年歲次甲戌八月戊寅朔廿二日己亥，寢疾終於醴泉里第，春秋七十有一。即以其年八月廿九日權殯於長安城西一十五里高烽原。子安仁等'，而文首云'夫人雍州乾封人也'，考《唐書·地理志》'京兆府京兆郡本雍州。又長安縣，總章元年析置乾封縣。長安二(《長安志》作"三")年省'，則上元元年長安似正當稱乾封。蓋因長安本漢縣，亦秦以前鄉聚之名，

357

漢於其地築未央宮，謂大城曰'長安城'（詳《長安志》），故此文稱'長安城'而不云長安縣西也。又以夫人卒年七十一，上推則生於隋煬帝之大業六年庚午，而其十五歲適王氏時，當唐高祖之武德七年，是年隋末群雄皆平，天下始一統，則王君之生亦必在隋時矣。而考《唐六典》，言品官凡敘階二十九云，隋開皇六年始置六品已下散官，並以郎為正階，尉為從階，從九品，上文林郎，下羽騎尉。皇朝以郎為文職，尉為武職，遂採其制以為六品以下散官，然則文林郎亦隋之官明矣。愚疑王君當是隋官，而末季亂離以死，或有所忌諱，皆不能詳書其名字、卒葬等事，故於文闕如歟？宋敏求《長安志》載長安縣六鄉無醴泉鄉，而云'朱雀街西之第四街，即皇城西之第一街有醴泉坊'，蓋即'醴泉里'也。'高烽原'亦不見於《長安志》。道光己亥十月，劉吉甫在西安搨寄唐人墓誌四種，此誌之外，有元和十四年《邵才志墓誌》、太和元年《盧士瓊墓誌》、太和四年《劉公夫人楊氏墓誌》，皆前人所未著錄，蓋新出土者。"

[二]《八瓊室金石補正》稱："方一尺三寸，廿一行，行廿字，正書。在西安。"

又稱："'純人悠長'句疑有譌字，下云'珠流'，云'浩汗'，則當是就其地之水言也。'夜臺走忽'，當是'超忽'，然已半泐矣。瞿氏跋云'夫人生於大業六年庚午，其適王氏當武德七年'，均誤。上元元年甲戌，卒年七十一，則當生於隋文帝仁壽四年甲子，其適王氏當武德元年也。"

[三]《關中金石文字存逸考》稱："全文見《古志石華續編》。……此石原刻藏渭南趙乾生詹事元中家，書法清婉，得歐、褚遺意，唐之佳刻也。又有重摹本，則遜原刻遠甚矣。誌云'夫人雍州乾封人'，《新唐書·地理志》'總章元年，析長安縣地置乾封縣，長安二年省'，此誌作於上元元年，在總章之後、長安之前，故有'乾封'之號。《方輿紀要》云'乾封初析長安地置。乾封縣治懷直坊，長安三年復併入焉'，與《新唐志》微異。又誌中'高烽原'之名，今《長安縣誌》未載，得此可補其闕。《新唐書·百官志》：'吏部郎中掌文散階二十九，從九品上曰文林郎。'"

[四]《匋齋藏石記》稱："石高一尺四寸三分，廣一尺四寸。二

十一行，行二十字。界有棋格，正書。……'張箴'、'曹誡'指張茂先女《史箴》、曹大姑《女誡》而言。"

［五］《陝西金石志》稱："按此石光緒二十八年歸於匋齋，惟《藏石記》以此誌屬於肅宗之上元，其跋尾云'《唐書·地理志》：長安縣總章元年析置乾封縣，長安二年省。夫人卒於上元元年，此雍州及乾封之名皆已省改，若溯夫人生時之州縣書之，則於文章之例似有未合'，是第知肅宗有上元之號，不知高宗已有上元之號，匋齋豈未之深考耶？"

［六］《陝西石刻文獻目錄集存》稱："唐上元二年刻。正書。原在長安城西十五里高烽原上，後藏渭南趙乾生，光緒二十八年（1902）歸於陶齋。石高一尺四寸三分，廣一尺四寸。"

校者按：據墓誌序文，誌作者應為柏氏子安仁，陸氏《唐文拾遺》即將其歸於王安仁名下。

張仁

（調露元年十月　見《存逸考》卷三"長安縣上"）

大唐故張府君墓誌銘[一]
大唐故辰州辰溪縣令張君墓誌并序

君諱仁，字義寶，南陽西鄂人也。粵若祥禽翊景，襄城參問道之遊；瑞獸披圖，天幄薦圯橋之冊。博通群籍，對亡書於鼎川；識洞幽微，辯孳神於璜浦。曾祖嵩，隋貝州清河縣令；祖生，沙州錄事參軍；父寬，稟性清虛，不希榮祿。無為戰勝，賦潘岳之《閒居》；空觀坐忘，詠嗣宗之襟抱。遂使揚雄寂寞，不謝卿相之尊；梁竦清高，恥從州縣之職。

惟君傳鈞襲[二]慶，落印開祥，龍節孤標，韻黃鐘於嶰谷；鳳條危聳，韞白雪於朝陽。隱隱詞峰，滔滔學海，孔仞成半邱之土，黃陂為尺畎之流。爰自弱齡，光茲筮仕，解褐任太倉丞。秩滿，遷辰州辰溪縣令。涵牛大鼎，烹小鮮於一同；舞鶴清琴，播弦[三]歌於三善。冰壺湛照，水鏡凝清，戒三惑於機前，銘四知於座右。日者南中逆節，徼[四]外虧恩，聚餘孽於牂牁，照明燧於包滿。以君文武兼備，奉律龔行，師不踰時，殄茲兇醜。是用授公上護軍，特加優錫。然則絳灌英謀，下車慚撫字之術；蒲密佳政，揚麾乏禦侮之功。兼而有之，實惟君矣。鴻漸于陸，希參鶴鼎之榮；鯨波不留，遽兆夢雞之豐。以儀鳳二年八月十日，春秋六十有二，卒于辰州辰溪縣官第。以調露元年十月廿三日葬于高陽原。惟君忠孝稟天，仁義成性，芳流桂岳，澤潤蘭泉，滑稽皋朔之辯[五]，藻續卿雲之筆。既而青蓱[六]瘞鍔，白玉淪光，勒芳徽於玄壤，將地久兮天長。其詞曰：

孕靈軒系，命氏星弓。珠胎產月，玉浦暉虹。龍生瑞渥，鳳下猗桐。彼美之子，實代之雄。誕秀公族，毓粹卿宗。迺文迺武，出孝入忠。丹青國化，幹蠱門風。敦詩復禮，善始令終。蒲密清政，仁洽道豐。采繢春秀，鑒明秋沚。學擯垂帷，才優閱市。文峰千仞，詞瀾萬里。繁露蛟申，談玄鳳峙。南鄉金玉，西巖杞梓。日薄崦岫，波驚地紀。與善無實，夢祆斯起。風結松郊，雲愁隴趾。鏤芳徽於泉戶，庶無昧於年祀。

原誌石刻二十五行，行二十五字，正書。（《關中金石文字存逸考》卷三。《古志石華續編》卷一。《唐文拾遺》卷六五。《八瓊室金石補正》卷三九。《陝西金石志》卷九。《續修陝西通志稿》卷一四三。《咸寧、長安兩縣續志》卷一二。《北京圖書館藏中國歷代石刻拓本彙編》一六冊一一三頁。《唐代墓誌彙編》六六三頁。）

360

[校記]：

[一] 此九字為《張仁墓誌》志蓋所鐫篆文，今據《八瓊室金石補正》《唐代墓誌彙編》補。

[二] "襲"，《新編》作"錫"，今據其他諸本改。

[三] "弦"，《新編》作"絃"，《唐代墓誌彙編》據周紹良拓本錄作"弘"，北圖藏拓作"弦"，今據改。

[四] "徽"，《新編》作"嶠"，今據其他諸本改。

[五] "辯"，《新編》未錄作"□"，今據《八瓊室金石補正》《唐代墓誌彙編》補。

[六] "萍"，諸本所錄皆作"艸下加汧"字，校者以為當為"萍"，即"萍"字。"青萍"相傳為古代名劍之一，陳琳《答東阿王箋》（《建安七子集校注》，天津古籍出版社，2005年，171頁）有"君侯體高俗之材，秉青萍、幹將之器"語，又李白《送族弟單父主簿凝攝宋城主簿至郭南月橋卻迴棲霞山留飲贈之》（《全唐詩》卷一七六，中華書局，1999年，1800頁）詩亦有"吾家青萍劍，操割有餘閒"之句，可知"青萍"為東漢以降常用之詞，喻指人物才幹優長如懷神兵利器，此誌以"青萍瘞鍔"比擬誌主離世，亦善於形容。

[匯考]：

[一]《八瓊室金石補正》稱："方一尺四寸五分。廿五行，行廿五字。字徑四分，正書。篆蓋題'大唐故張府君墓誌銘'九字，在長安。"

又稱"丙子冬，秦中始出此誌，瞿經孳以拓本寄貽。按誌稱'南陽西鄂人'，《新唐書》：鄧州南陽郡有南陽縣，無西鄂。西鄂故縣名，漢晉、北魏皆有之，此蓋從舊稱也。漢張衡為南陽西鄂人，仁或其苗裔歟？仁籍於西鄂，卒於辰溪，而葬於長安，豈以其祖官沙州，後距家遼遠，因轉徙長安耶？《隋書》：'清河郡，後周置。貝州清河縣，舊曰武城，置清河郡，開皇初郡廢，改名。'《新唐書》：'沙州本瓜州，武德五年曰西沙州，貞觀七年曰沙州。'《太平寰宇記》'高陽原，渭水西自鄠縣界流入'，誌於'沙州'上不言'皇朝'、'皇唐'等字，于葬地不言縣名，皆文之疏略也。……張仁令辰溪可補入《湖南通志·職官》。"

[二]《關中金石文字存逸考》稱："全文見《古志石華續編》。今在關中書院。……此石字迹秀逸，文亦駢雅可誦，唐初佳刻也。《長安縣誌圖》：'高陽原在城西焉。'《新唐書·百官志》：'司農寺卿所屬有太倉署丞五人，從八品下。'"

[三]《陝西石刻文獻目錄集存》稱："文正書。蓋篆書題'大唐故張府君墓誌銘'九字，原在長安。縱橫二十五格。"

王善相夫人祿氏

（永隆二年二月　見《存逸考》卷一"西安府上"）

大唐故大都督王府君夫人祿氏墓誌銘并序

夫人諱□，祿氏，嫡于太原王善相之妻也。若夫鴻源迥派，與四瀆而方深；積構崇基，將五岳而齊峻。芳苗盛冑，代襲簪裾，奕葉光華，足可言矣。乃祖乃宗，蟬聯繼踵，譽標朝野，謀略有聞，奮氣橫衝，英雄烈熾。惟公稟靈清幹，夙著勳資，少事戎行，久陪營陣，先沉痼瘵，久奄黃墟，作配雙魂。早婚祿氏夫人，粵以永隆元年十一月廿七日卒於崇賢之里，春秋七十有七。即以永隆二年二月九日合葬于京城南洪固鄉界韋曲之，禮也。孤子□等痛傷脾胃，切甚心腸，懼陵谷有遷，式旌不朽。其詞曰：

邈矣華宗，崇基峻極。嗟乎盛德，俄逾晷昃。夫人[一]淑姿，奄傾遄電。四德久傳，六行斯見。

原誌石刻十五行，行十六字，正書。誌中"瘵"字譌作"瘂"。（《關中金石文字存逸考》卷一。《古志石華續編》卷一。《唐文拾遺》卷六五。《匋齋藏石記》卷一九。《陝西金石志》卷九。《續修陝西通志稿》卷一四三。《咸寧、長安兩縣續志》卷一二。《北京圖書館藏中國歷代石刻拓本彙編》一六冊一四三頁。《唐代墓誌彙編》六七四頁。）

［校記］：
［一］"夫人"，《新編》錄作"人之"，今據其他諸本改。

［匯考］：
［一］《關中金石文字存逸考》稱："全文見《古志石華續編》。……韋曲在西安府城南二十里，其地有牛頭寺、杜子祠。此石今藏渭南趙乾生詹事元中家。祿氏不多見，今秦中猶有此姓。《新唐書・百官志》'大都督府都督一人，從二品；中都督府都督一人，正三品下；都督府都督一人，從三品'，注云：'都督本稱總管，武德七年改曰都督。蓋漢刺史之任，總十州者為大都督，加使持節則為將，諸將亦通以都督稱。'夷考唐制都督之職，無事則察吏安民，有事則都兵剿賊，蓋兼任文武，與府兵之義相表裏焉。其後府兵既廢，建立節度使，遂成偏重之勢，因釀藩鎮之禍云。"

［二］《匋齋藏石記》稱："石高、寬各一尺三寸三分。十五行，行十六字，字徑五分，正書，有碁格。"

又稱："祿姓，《扶風徵音》：'殷封紂子武庚，字祿父，之後以王父字為氏。'謹按：欽定《古今圖書集成・氏族典》甄錄姓氏書極博，其'祿姓部'，《列傳》唯漢有祿東贊，明有祿存祿，祿祿永食。自三國迄元則並缺，如今得此墓誌。又四川涪州白鶴梁石魚有'宋判官祿幾復題名'，並可補姓氏書之缺。惜夫人先世，誌殊略而弗詳耳。誌云'夫人卒於崇賢之里，葬於京城南洪固鄉韋曲'，按《長安志》'崇賢坊（坊即里）在朱雀街之第三街延康坊次南，為唐皇城西十三坊之一'，洪固鄉在萬年縣南一十五里，管邨四十八。《太平寰宇記》：'洪固一作鴻固，在長安縣南，接咸寧縣界。'謹按：《大清一統志》：'韋曲在咸寧縣南。'《三秦記》：'在皇子陂之西韓鄭莊北，逍遙公讀書臺猶存。'《縣誌》：'韋曲東西倚龍首，南面神禾，潏水繞其前，為樊川第一名勝，諸韋世居於此。'"

［三］《陝西石刻文獻目錄集存》稱："正書。原在西安。石方一尺八寸，十五行，行十六字。"

校者按：《元和姓纂》"祿氏"條稱"《風俗通》云：'殷紂子武庚字祿父後，以王父字為氏'。今涇陽有此姓，又吐蕃酋長有祿東贊。"另，《元和姓纂》記有"祿悉"一支，稱'悉為西魏光祿大夫、河內公；孫善，隋長春宮監、河內公，生願、裕、注'云云，岑仲勉先生校稱"余按此節已見前文'鹿姓'，後人不知因何誤'鹿'為'祿'，致屬入'祿姓'之下，應刪卻"（《〈元和姓纂〉四校記》，中華書局，1994年，1446—1447頁），所言是。

另，誌稱祿氏卒後與王善相"合葬於京城南洪固鄉界韋曲之禮也"，疑"之"後有闕字。

法樂法師

（永隆二年三月　見《存逸考》卷一"西安府上"）

大唐濟度寺故比邱尼法樂法師墓誌銘并序

法師諱法樂，俗姓蕭氏，蘭陵人也。梁武皇帝之五代孫，高祖昭明皇帝，曾祖宣皇帝，祖孝明皇帝，父瑀，梁新安王、隨金紫光祿大夫、行內史侍郎、皇朝中書令、尚書左右僕射、特進、太子太保、上柱國、宋國公，贈司空。赫奕蟬聯，編諸史諜，芳猷盛烈，可得而詳。

法師則太保之長女也。勤懇之節[一]，爰自[二]幼童；玄妙之體，發於岐嶷。年甫三齡，歸誠六度，脫屣高族，落髮祇園。既而禪室淪精，罵象心而有裕；法場探秘，蘊龍偈而無遺。覺侶攸宗，真門取範。而念想云促，景落須彌之峰；福應斯甄，神升兜率之殿。以咸亨三年九月十九日遷化於蒲州相好之伽藍，春秋七十有四，權殯于河東。以永隆二年歲次辛巳三月庚午朔廿三日辛卯歸空于雍州明堂縣義川鄉南原，禮也。恐松坰難固，柏槺終虧，式鑴貞石，用勒芳規。乃為銘曰：

華宗襲慶，寶系承仙。爰誕柔質，歸心福田。功登十地，業贊三天。神遊法末，覺在童先。喻筏俄捨，慈舟遽捐。幽扉永晦，雅譽空傳。

原誌石刻共十九行，行十九字，正書。（《關中金石文字存逸考》卷一。《古志石華續編》卷一。《唐文拾遺》卷六五。《八瓊室金石補正》卷三九。《匋齋藏石記》卷一九。《陝西金石志》卷九。《續修陝西通志稿》卷一四三。《北京圖書館藏中國歷代石刻拓本彙編》一六冊一四八頁。《唐代墓誌彙編》六七六頁。）

[校記]：

[一] "節"，《新編》未錄作"□"，今據《唐文拾遺》《匋齋藏石記》《唐代墓誌彙編》補。

[二] "爰自"，《新編》未錄作"□□"，今據《匋齋藏石記》《北京圖書館藏中國歷代石刻拓本彙編》《唐代墓誌彙編》補，《唐文拾遺》"爰"錄作"乃"，誤。

[匯考]：

[一]《匋齋藏石記》稱："石高、廣各一尺一寸四分。十九行，行十九字，字徑五分，正書。"

又稱："瑀好佛，舊傳所載較新傳尤詳，嘗自請捨家為桑門，既不果，而其女則皆出家，今見於誌石者，有《法願墓誌》，為瑀第三女；又有《惠源神空誌》，為瑀之女孫；法樂則又其長女，皆捨身為濟度寺尼者也。瑀為梁武帝玄孫，其家風固有自來矣。法願、惠源兩誌，文極華贍，此志簡潔，而敘先世及瑀官爵較兩誌特詳，誌稱法師為武帝五代孫，法願誌則稱為六葉孫，錢氏大昕據《漢書》'諸侯王、功臣、外戚諸表'，玄孫之子即為六世，以為彼從漢表之例，是也。昭明終梁世，皆稱太子，至其子詧即位江陵，始追尊為'昭明皇帝'，廟號'高宗'，事見《北周書》蕭詧本傳，志書瑀所歷官爵與本傳悉合，惟兩傳皆袛云'同中書門下三品'，不云為'中書令'。案《惠源志》書瑀官亦作'中書令'，與此同。據此，兩傳及《宰相表》皆失載也。《長安志》載'京城朱雀街西第一街安業坊東南隅有濟度尼寺'，注云'隋太師、申國公李穆之別宅，穆妻元氏立為修善僧寺。其濟度尼寺本在崇德坊，永徽中置宮，乃徙於此。其額太子少詹事殷令名所題'，今法樂姊妹姑姪皆為濟度寺尼，當即此寺矣。誌云'三月庚午朔廿三日辛卯歸空于雍州明堂縣義川鄉'，案：朔為庚午則廿三日當為壬辰，必有一誤。《新唐書·地理志》'萬年縣'下注云：'總章元年析置明堂縣，長安二年省。'《舊志》則云：'乾封元年分置，治永樂坊。長安三年廢，復併萬年。'《長安志》《太平寰宇記》皆從《新書》，《元和郡縣誌》則又與《舊書》同，未詳孰是。畢氏沅僅據《舊志》和《元和志》謂《長安志》為誤，亦未考《新書》矣。《長安志》載萬年縣僅七鄉，畢氏歷舉唐時碑誌各鄉名，增注於下，今此誌有義川鄉，則又其一也。"

[二]《八瓊室金石補正》稱："方一尺一寸。十九行，行十九字，字徑五分，正書。方界格。"

又稱："永隆無二年，其年十月改元開耀，誌刻於三月，故稱永隆。'三月庚午朔'與《通鑒目錄》合，'辛卯'是'廿二日'，誌作'廿三日'，蓋書碑之誤也。蕭瑀，字時文，《唐書》有傳，誌敘官爵與史悉合。瑀好浮屠法，嘗請捨家為沙門，故其女以貴族為尼，三歲出家，必瑀之命也。瑀之女兄為后，而其女於孩提時即令為尼，異哉！《陝西通志》：'濟度尼寺，永徽中徙。'"

[三]《關中金石文字存逸考》稱："全文見《古志石華續編》。……此石今藏渭南趙乾生詹事元中家。法師蓋蕭瑀之女，瑀好佛法，故其女多出家為尼，《法燈誌》中所謂'姊弟四人，同出法界'是也。案瑀女為尼見於墓誌者凡三人：一為法樂，為瑀之長女，即此誌；一為法願，瑀之第三女，誌見本卷'龍朔元年'；一為法燈，瑀

之第五女；又有惠源和上，為瑀子蕭鈗之女，乃瑀之係女也。二誌均見咸寧縣。誌中所謂‘昭明皇帝’，即昭明太子統；‘宣皇帝’，蕭詧也；‘孝明皇帝’，蕭巋也。瑀在梁朝封新安王，後歷仕隋、唐，誌中載瑀官爵多與《新唐書》本傳合。又《新唐書·地理志》‘總章元年於萬年縣（唐萬年縣即今咸寧縣也）析置明堂縣，長安二年省’，《方輿紀要》云‘乾封初，于萬年縣分置明堂縣，治永樂坊。長安三年，復併入焉’，與《新唐志》微異。梵語謂佛寺為‘伽藍’，蒙古語謂城圈為‘庫倫’，‘庫倫’二字即‘伽藍’二字之轉音。《隋書·百官志》：‘金紫光祿大夫，從二品；內史侍郎，正四品。’《新唐書·百官志》：‘尚書省尚書令一人，正二品；左、右僕射各一人，從二品；門下省侍中二人，正二品；中書省中書令二人，正二品（唐人謂之三省長官）。’唐因隋制，以三省之長中書令、侍中、尚書令共議國政，此宰相職也。其後，以太宗嘗為尚書令，臣下避不敢居其職，由是僕射為尚書省長官，與侍中、中書令號為宰相。其品位既崇，不欲輕以授人，常以他官居宰相職而假以他名。自太宗時杜淹以吏部尚書（正三品）參議朝政，魏徵以秘書監（從三品）參預朝政，其後或曰‘參議得失’、‘參知政事’之類，其名非一，皆宰相職也。貞觀八年，僕射李靖以疾辭位，詔‘疾小瘳，三、兩日一至中書、門下平章事’，而‘平章事’之名蓋起於此。其後，李勣以太子詹事‘同中書、門下三品’，謂同侍中、中書令也，而‘同三品’之名，蓋起於此。然二名不專用，而他官居職者猶假他名如故。自高宗以後，為宰相者必加‘同中書、門下三品’，雖品高者亦然，惟三公、三師、中書令則否。其後改易官名，張文瓘以東台侍郎‘同東、西台三品’（《百官志》：‘龍朔元年，改中書省曰西台。二年，改門下省曰東台。’），同三品入銜自文瓘始。永淳元年，以黃門侍郎（唐時門下省亦有黃門之稱）郭待舉、兵部侍郎岑長倩等‘同中書、門下平章事’，‘平章事’入銜自待舉等始。自是以後，終唐之世不能改。錢竹汀先生《廿二史考異》云‘《唐六典》：侍中、中書令並正三品’，杜氏《通典》：‘侍中、中書令舊班正三品，大曆二年升為從二品。’《舊唐書·職官志》‘大曆二年十一月升為正二品’，《新唐書·百官志》於侍中、中書令但書‘後定之品，而同中書、門下三品之稱’，遂難通矣。鳳枝案：《新唐書·百官志》云‘而同中書、門下三品'，謂同侍中、中書令也，此處如添小注云'侍中、中書令本正三品'，則其說自明。因此處既未加注，而於'侍中、中書令'下但載'正二品之階'，故令人疑惑也。得錢先生《考異》之說，'同三品'之銜始能得其確解。又《廿二史考異》引《新唐書·百官志》云'李勣以太子詹事同中書、門下三品，謂同侍中、中書令也，而同三品之名蓋起於此'，竹汀先生曰：'太子詹事與侍中、中書令階皆正三品，然惟侍中、中書令為宰相，故云同中書、門下三品，以別於他三品也。大曆以後，升侍中、中書令為二品，自是無同中書、門下三品之稱。'鳳枝案：《新唐書·宰相表》自肅宗至德二載李麟同中書、門下三品之後，凡屬宰相均稱'同中書、門下平章事'，遂無同三品之稱矣。"

[四]《陝西石刻文獻目錄集存》稱："原在雍州明堂縣義川鄉南原，出土後歸渭南趙乾生，光緒二十八年（1902）歸於匋齋。"

法燈法師

（永隆二年三月　見《存逸考》卷五"咸寧縣"）

大唐故比丘尼墓誌銘[一]
大唐濟度寺故比邱尼法燈法師墓誌銘并序

法師諱法燈，俗姓蕭氏，蘭陵人也。梁武皇帝之五代孫。高祖昭明皇帝，曾祖宣皇帝，祖孝明皇帝。父瑀，梁新安王，隨金紫光祿大夫、行內史侍郎，皇朝中書令、尚書左右僕射、特進、太子太保、上柱國、宋國公，贈司空。崇基茂趾，國史家諜詳焉。

法師即太保第五女也。年甫二八，脩行四諦，膏澤無施，鈆華靡飾[二]。精誠懇至，慕雙樹之高蹤；童子出家，殊柏舟之自誓。具戒無閡，傳燈不盡，姊弟四人，同出三界。花臺演妙，疑開棠棣之林；成等至真，還如十方之號。豈□法輪纔轉，道器先摧，以總章二年十月五日遷化於蒲州相好寺，春秋卅有九。權殯於河東縣境，以永隆二年歲次辛巳三月庚午朔廿三日辛卯歸窆於雍州明堂縣義川鄉南原，禮也。恐陵谷貿遷，田海變易，式題貞礎，用紀芳猷。乃為銘曰：

丞相輔漢，司徒佐唐。功格天下，奄有大樑。暨茲令淑，爰慕武皇。家風靡替，法侶成行。慈雲比影，慧炬傳光。中枝犯雪，小葉摧霜。未登下壽，忽往西方。一超欲界，千載餘芳。

原誌石刻二十行，行十九字，正書。(《關中金石文字存逸考》卷五。《古志石華續編》卷一。《續語堂碑錄》。《唐文拾遺》卷六四。《陝西金石志》卷九。《續修陝西通志稿》卷一四三。《咸寧、長安兩縣續志》卷一二。《北京圖書館藏中國歷代石刻拓本彙編》一六冊一四九頁。《唐代墓誌彙編》六七七頁。)

[校記]：

[一] "大唐故比丘尼墓誌銘"九字係法燈誌蓋刻文，今據《唐代墓誌彙編》補。

[二] "飾"，《新編》作"飭"，今據其他各本改。

[匯考]：

[一]《關中金石文字存逸考》稱："全文見《古志石華續編》。……此誌與其姊《法樂法師志》均出咸寧，《法樂志》今歸渭南趙乾生詹事元中家，此誌未詳所在。考證已詳《法樂志》後，茲不復贅云。"

校者按：誌主法燈與其姊法樂同日葬於同地，且葬前都曾暫厝於河東，觀誌文措辭命意，當出一人之手。法燈於總章二年（669）去

369

世，時年三十九，則其當生於唐貞觀四年（630）。法樂咸亨三年（672）去世，時年七十四，則其當生於隋開皇十六年（596），則法樂長法燈三十四歲。

楊政本妻韋氏

（永隆二年八月　見《存逸考》卷五"咸寧縣"）

唐故楊君夫人韋氏志
篆蓋陽文，三行，行三字。
大唐故幽州范陽縣令楊府君夫人韋氏墓誌銘

　　夫人諱檀特，字毗耶梨，京兆杜陵人也。神皋華實，總陸海之紛敷；巨派靈長，控八川之泱瀁。珠光集乘，已聞賢之談；金氣衝簾，實重聖人之道。貂蟬之美相繼，蘭菊之芬不絕。

　　夫人魏太傅鄖襄公之曾孫，周内史京兆尹河南公之孫，隨尚衣奉御舒國公之第二女。體少陰之精，苞太和之靈，佩張《箴》以自勖，擁曹《誡》以飛馨。神彩嶷然，英姿獨茂。庭前白雪，得飛絮之奇情；琴裏清風，知絕絃之不[一]調。年甫十五，歸於隨尚書左丞、國子祭酒、弘農楊汪第五子幽州范陽縣令政本。河魴之美，乘龍之慶，休祉冠於二門，榮耀罩於九族。足不妄動，用遵珩佩之聲；口無擇言，必叶詩書之味。然而四節流邁，百齡飄忽，如賓之敬不居，遠客之遊斯盡。卅有幾，即喪所天，惸惸獨處，哀哀長疚，撫衾幬而歎息，望閶闔而洞開。仙草十洲，反魂之語徒說；庭梧半死，餘生之望幾何。粵以永隆二年八月一日終於永寧里，春秋七十有四。即以其月十八日窆於雍州明堂縣義善鄉，禮也。恐雙龍有會，將申共穴之儀；

駟馬長鳴，無復佳城之記。式鎸金石，用播蘭荃。其詞曰：

英英之秀，灼灼其芳。家承鐘鼎，德潤珪璋。女儀閑淑，母範妍詳。地宣六氣，天迴二光。龍孤劍没，鶴寡琴亡。長終帷縞，永絕穹蒼。餘生可見，奄逐徂光。薤音凄囀，松路虛涼。勒金聲與玉質，固地久而天長。

原誌石刻二十二行，行二十二字，正書。(《十二硯齋金石過眼錄》卷十。《續語堂碑錄》丁。《懷岷精舍金石跋尾》。《關中金石文字存逸考》卷五。《古志石華續編》卷一。《唐文拾遺》卷六五。《八瓊室金石補正》卷三九。《陝西金石志》卷九。《續修陝西通志稿》卷一四三。《北京圖書館藏中國歷代石刻拓本彙編》一六冊一五八頁。《唐代墓誌彙編》六八一頁。)

[校記]：

[一]"不"，其他諸本所錄與《新編》同，惟《唐文拾遺》作"下"，誤。

[匯考]：

[一]《十二硯齋金石過眼錄》稱："碑高一尺，廣一尺。正書，二十二行，行二十二字。……右《楊府君夫人韋氏墓誌》云'夫人京兆杜陵人'，按《隋書》'韋師'、'韋世康'傳皆為京兆杜陵人，夫人父'隋尚書奉御、舒國公'，諸韋傳皆無此爵。誌云'夫人年十五歸於隋尚書左丞、國子祭酒、弘農楊汪第五子'，《隋書·楊汪傳》'高祖受禪，汪遷尚書左丞'，與誌合，但第五子之名未附於傳。"

[二]《關中金石文字存逸考》稱："全文見《古志石華續編》。……此石同治時出於咸寧，今未詳所在矣。'郿襄公'者，韋孝寬也(《北周書》《北史》皆有傳)；'河南公'者，韋總也；'舒國公'者，韋匡伯也，均見《新唐書·宰相世系表》中，誌中官銜多與史合。'楊汪'，《隋書》有傳，亦見《宰相世系表》，而'政本'之名，《表》中未載，得此可補其闕。"

[三]《八瓊室金石補正》稱："高一尺二分半，廣九寸八分。廿

二行，行廿二字，正書，時帶行體。在陝西。"

又稱："右誌近始出土，無撰、書人名。……'檀特'、'毗耶梨'皆西域譯言，修鮮都督府有'檀特州'。夫人先世不顯，其名考《新唐書·宰相世系表》韋氏邵公房'文惠公旭次子叔裕，字孝寬；子總，字善會，後周京兆尹、河南貞公；子柱成，襲鄖國公；匡伯，隋尚衣奉御、舒國懿公；子思仁，尚衣奉御；子巨源，相武后、中宗'，是夫人為匡伯之女，巨源之姑也。又案《隋書·韋壽傳》云'字世齡，父孝寬，周上柱國、鄖國公'，《新唐書·韋巨源傳》云'後周京兆尹總曾孫，祖貞伯，襲鄖國公，入隋改舒國'，《弘簡錄·韋巨源傳》云'曾祖總，後周京兆尹、鄖國公，祖貞伯襲爵，入隋改舒國，至尚衣奉尉"，是夫人之曾祖為韋孝寬，《表》作叔裕者，《北史》《周書》傳皆云'叔裕字孝寬，少以字行也'。孝寬於周天和五年進爵'鄖國公'，大象二年卒，贈太傅，諡曰'襄'。誌係之魏，撰文者之誤。夫人之祖為總，《北史》傳云'追封河南郡公，諡曰貞'，誌不言諡者，略之。《弘簡錄》云'鄖國公'，與《表》、誌均異，誤也。夫人之父，據《隋書》（校者按：當為《新唐書》）及《弘簡錄》為'貞伯'，據《表》為'匡伯'。《表》所載襲爵者為'柱成'，《北史》傳襲爵者為'國成'，皆非'匡伯'。《元和姓纂》'總生匡伯、圓照'，'匡'、'貞'不同，或宋人避諱所改。'柱成'當即'國成'，而《姓纂》不列其名，'柱'、'國'又復互異；'圓'，《表》又作'圜'，皆疑不能明矣。《隋書·百官志下》'尚食、尚藥、尚衣、尚舍、尚乘、尚輦等六局各置奉御二人，皆置直長以貳之'，別無'奉尉'之名，《弘簡錄》誤矣。又考《隋書·楊汪傳》云'字元度，本弘農華陰人。曾祖順，徙居河南'，此誌云'弘農'者，舉其郡望也。汪於高祖時'拜尚書左丞。煬帝即位，守大理卿，歲余拜國子祭酒。大業中，為銀青光祿大夫，嗣出為梁郡通守。後越王侗為主，徵拜吏部尚書'，誌蓋約舉之耳。傳不詳其子姓，《新唐書·宰相世系表》云'汪，字元度，隋梁郡通守；子令本，庫部郎中'，不及'政本'，據此可補之，尚有三子則無從考矣。《新唐書·地理志》'幽州范陽郡大都督府，本涿郡，天寶元年更名，領縣九，無范陽。范陽本涿，武德七年更名，屬涿州，不屬幽州。涿州大曆四年析幽州之范陽、歸義、固安置此'，誌云'幽州范陽縣'者，時未改置也。又案《志》'京兆府京兆郡本雍州，開元元年為府。萬年本大興，武德元年更名，析置芷陽縣，七年省。總章元年，析置明堂縣，長安二年省，天寶七載曰咸寧，至德三載復故名'，此誌云'雍州明堂縣'者，在總章析置之後，尚未省改也，均與史合。《高宗本紀》'永隆元年八月乙丑立英王哲為皇太子，改元開耀'，此誌云'二年'者，永隆二年十月始改開耀也。"

[四]《陝西金石志》稱："按此誌字甚小而瘦勁，亦唐刻之佳者。惟'珠光集乘，已聞賢之談'二句有脫字。"

[五]《陝西石刻文獻目錄集存》稱："原在雍州明堂縣義□鄉，清同治間（1862—1874）在咸寧出土。石方二尺，行二十二字。"

[六]《〈元和姓纂〉四校記》稱："《匡伯志》'父總，柱國、京兆尹、河南貞公'，匡伯終尚衣奉御，大業十三年卒。(《芒洛遺文》上)《唐文拾遺》六五《楊夫人韋氏志》'……'，據《新表》七四上，其祖即總，父即匡伯，《十二硯齋跋》十失考。"

[七]《〈新唐書·宰相世系表〉集校》稱："鄭開明二年七月二十日《韋匡伯墓誌》載：鄭封贈其為大將軍、舒懿公。故《新表》載其爵'舒國懿公'之上應加'鄭'字。又志云'母弟尚豐寧公主'，此弟未職是否為'圓照'，如是，則應注明'圓照'為'隋駙馬都尉'。"

校者按：《新唐書·韋巨源傳》與《弘簡錄》均稱巨源為"後周京兆尹總曾孫，祖貞伯，襲郿國公，入隋改舒國"，據鄭開明二年《韋匡伯墓誌》可知，"貞"當為"匡"，兩書於此皆誤。又兩傳皆稱襲郿國公爵者為匡伯，後入隋改舒國，據誌可知舒國為鄭匡伯卒後鄭所封贈，殊無入隋改郿國為舒國之事，襲郿國公爵者固為《宰相世系表》所載之柱成（《北史》作"國成"）矣。

又誌稱韋氏"佩張《箴》以自勗，擁曹《誡》以飛馨"，其隸事命意與前上元元年《文林郎王君夫人墓誌》之"欽若張箴，允釐曹誡"正相仿佛，亦碑誌文字所習見也。

張懿

（永淳二年六月　見《存逸考》卷一"西安府上"）

大唐故朝請大夫張君墓誌銘并序

君諱懿，字萬壽，清河人也。昔玉耀南輝，抗炎精於翠鳳；金鉤西慶，肇昌緒於靈禽。或輔翼攀龍，創蟾丸於漢日；或飛榮總秀，捧雀環於晉朝。父緒，隨任汾州戶曹參軍。質表[一]珪璋，心苞[二]松竹。堂堂張也，未足標其美；懍懍志也，秋霜詎得比其威。釋褐，蒙授朝請大夫。觀國觀光，筮仕之期纔遘；夢楹夢奠，止隅之釁已丁。先薨於延康斯里，春秋八十，即以永淳二年癸未二月己未朔十五日癸酉，遷於長安縣龍首鄉之原，禮[三]也。五百昌期，於斯永謝；三千冥契，即此長歸。骼瘞幽垌，無復長安之日；魂收拱木，仍疏京兆之阡。嗚呼哀哉！乃為銘曰：

基裘靡墜，弁冕聯綿。投身送款，寔乃良賢。不求祿位，養性邱園。月之變改，年隨逝川。（其一）猷永謝，玉質無全。誰知積善，不復長延。春秋遞往，日月旬還。令德不朽，歷代流傳。（其二）

原誌石刻十七行，行十七字，正書。文中"堂堂張也"下脫二字，銘詞"其一"下脫一字。（《十二硯齋過眼錄》卷十。《續語堂碑錄》丁。《關中金石文字存逸考》卷一。《古志石華續編》卷一。《唐文拾遺》卷六五。《八瓊室金石補正》卷三九。《匋齋藏石記》卷一九。《陝西金石志》卷九。《續修陝西通志稿》卷一四三。《咸寧、長安兩縣續志》卷一三。《北京圖書館藏中國歷代石刻拓本彙編》一六冊一八九頁。《唐代墓誌彙編》七〇五頁。）

[校記]：

[一]"表"，《新編》所錄與其他諸本同，惟《唐文拾遺》作"秉"，誤。

[二]"苞"，《新編》未錄作"□"，今據其他諸本補。

[三]"禮"，《新編》作"里"，今據其他諸本改。

[匯考]：

[一]《十二硯齋金石過眼錄》稱："碑高一尺二寸，廣一尺二寸。正書，十七行，行十七字。"

又稱："《新唐書·宰相世系表》清河張下無'懿'與父'緒'名，誌序有'輔翼攀龍'及銘有'投身送款'之句，意懿仕隋而歸唐者。懿薨年八十，唐舉義旗在大業間，約計懿方壯歲來歸，暮年筮仕，未久即薨於位。誌未書薨時年月，僅以永淳二年遷於長安縣隆首鄉，按宋敏求《長安志》'隆首'作'龍首'，在萬年縣而非長安也。"

[二]《八瓊室金石補正》稱："方一尺二寸五分。十七行，行十七字，惟第十三行多一字，字徑六分，正書。在西安。"

又稱："右《朝請大夫張懿墓誌》是西安新出土者，刊刻有舛錯處：'心苞松竹'上空一格；'堂堂張也'下脫二字；'其一'兩字用大字連書，與下不一例；'猷永謝'上脫一字，悉依原石錄之。……永淳二年即弘道元年，是年十二月改元，誌刊於二月故稱永淳。銘曰'投身送款，寔乃良賢'，蓋自隋歸唐者。永淳二年，春秋八十，則生於隋仁壽三年也。'延康里'即'延康坊'，在朱雀街西，長安所領，隋楊素宅亦在其地。'清河'隸河北道貝州，懿葬長安，則所謂'清河人'者，或舉郡望而言。"

[三]《關中金石文字存逸考》稱："全文見《古志石華續編》。……此石今藏渭南趙乾生詹事元中家。案：永淳二年即弘道元年也，考《新唐書·高宗本紀》，弘道元年十二月丁巳方改元，此誌作於二月，故仍用永淳之號。《新唐書·百官志》：'文散階，從五品上曰朝請大夫。'"

375

［四］《匋齋藏石記》稱："石高一尺二寸九分，廣一尺二寸四分。十六行，行十七字，有界格，正書。"

又稱："'玉耀南輝'四語不知何指，'漢日'、'晉朝'疑指張留侯及張茂先。'凡'字其上微泐，略似'丸'字。'蟾丸'、'雀環'皆疑為文者之點綴，非竟為張氏故實也。其父緒，隋任汾州戶曹參軍，按《隋書·百官志上》'上州有戶曹參軍'，《文獻通考·職官門》'隋罷郡置州，以曹為名者改曰司'，又云'隋有戶曹參軍，文帝時為司戶參軍'。按隋開皇三年罷天下諸郡，以州統縣，故'戶曹'改為'司戶'，懿之父緒官戶曹參軍當在開皇三年之前。誌於'堂堂張也'下應奪去兩字，'相'字為'霜'之半字，上應以'春厶'二字作對。朝請大夫為唐從五品之文散階，懿以散階不仕，卒於長安延康里，葬於龍首鄉，其地皆見宋敏求《長安志》。……'冥契'二字見《世說新語》'傷逝篇'，若以為'真契'，誤矣。'止隅'，用賈誼《鵬鳥賦》；'骼瘞'二句，乃夏侯嬰事；'拱木'二句，上用江淹《恨賦》，下用《漢書·原涉傳》，初唐人之文，隸事便美流轉，略見一斑。"

［五］《陝西金石志》稱："按此誌清光緒二十八年為匋齋攜去。誌中'堂堂張也'四偶句脫二字，'觀國觀光'四句多一字，銘內'猷永漸'句脫一字，且錯字絡繹，亦未敘孤子何名，殊非佳品，故略其文。"

［六］《陝西石刻文獻目錄集存》稱："原葬長安縣龍首鄉，出土後於光緒二十八年（1902）為匋齋攜去，後歸渭南趙乾生，後存西安。石高一尺六寸，廣一尺五寸三分，十六行，行二十七字。"

杜君夫人朱氏

（高宗時　見《存逸考》卷一"西安府上"）

唐故上騎都尉通直郎行永康令杜府君夫人朱氏墓誌銘并序

若夫桂曄松貞，表恭姜之逸操；蘭薰雪白，彰孟光之閑雅。寢地之訓，無爽於幼年；弄磚之儀，有成於卝歲。

能兼之者，寔夫人之謂乎！夫人朱氏，即榮之後也。分官命族，唐典邁於知人；揚曆開基，魏史光於進德。父琛，才兼文武，位列周行，冀燮鹽梅，將調鼎鼐。夫人問名納禮，適於杜氏之門。承舅姑以敬恭，事娣姒而柔順，中饋酒食之禮，幣帨榛栗之儀，皆闇合於前經，終可為於後則。不謂藏舟靡固，陽劍先沉，志負寒霜，撫其孤蘖。每心歸向，祈以淨因，虔仰六時，匪虧一念，知岸樹之非久，識井藤之不堅。豈積善之無徵，忽遷神於大暮。於是夜臺空掩，遊月肆而無歸；草露晨晞，望雲衢而不返。春秋七十有八。嗣子君信，泉樹多感，欒棘有傷，思答無由，號天叩地。即以其年十一月廿五日葬於龍首原，禮也。白楊淒切，素柳縈紆，丹旐繽翻，黃壚靜寂。恐陵移海變，冥漠無追，敢勒翠球[一]，式旌不朽。銘曰：

萊梁之妻，夫人能似。幼彰[二]令德，實佐君子。家襲冠紱，名傳策史。俄化一生，溘焉萬紀[三]。（其一）容[四]駕晨裝，哀歌曉徹。庭酹告辭，崩心歷血。聞者悽楚，見之嗚咽。恐音徽之寂寥，庶揚芳於鏤碣。

原誌石刻二十行，行二十字，正書。（《關中金石文字存逸考》卷一。《古志石華續編》卷一。《唐文拾遺》卷六七。《匋齋藏石記》卷三六。《陝西金石志》卷十。《北京圖書館藏中國歷代石刻拓本彙編》三四冊一二〇頁。《唐代墓誌彙編》二五四六頁。）

[校記]：

[一]"球"，《唐文拾遺》作"琰"。

[二]"彰"，《新編》作"形"，今據其他各本改。

[三]"紀"，《唐文拾遺》《匋齋藏石記》作"祀"，誤。

[四]"容"，《新編》作"客"，《唐文拾遺》《匋齋藏石記》作"容"，北圖藏拓殊模糊。端方於誌尾跋稱："此誌銘詞'容駕晨裝'，'容'字小有缺損，然其跡尚可辨仞（校者按：當作認）。劉熙《釋名·

377

釋車》'容車'：'婦人所載小車，其蓋施帷，所以隱蔽其形容'，此'容駕'所本，非'客'字也。"其說可通，今據改。

[匯考]：

[一]《關中金石文字存逸考》稱："全文見《古志石華續編》。……此石近時出土，今藏渭南趙乾生詹事元中家。題銜為'永康令'，篆蓋為'永康陵令'，考《新唐書·百官志》'宗正寺屬官有諸陵臺令，建初（宣皇帝諱熙之陵）、啟運（光皇帝諱天賜之陵）、興寧（景皇帝諱虎之陵）、永康（元皇帝諱昞之陵）陵令各一人，從七品下'，又《禮樂志》云'開元二十八年，制以宣皇帝、光皇帝、景皇帝、元皇帝追尊號、諡有制'，而陵寢所奉未稱。建初、啟運陵如興寧、永康陵置官署、陵戶。蓋興寧、永康昭穆較近，故置陵令在先。建初、啟運，昭穆較遠，故置陵令在後。然則永康設置陵令實在開元以前，而此誌書法亦似初唐人手筆，故列於高宗之末焉。志云'夫人朱氏，即榮之後也'，'榮'謂北魏尔朱榮，疑夫人本姓'尔朱'，後乃改姓'朱'氏也。《新唐書·百官志》：司勳郎中掌官吏勳級，凡十有二轉，六轉為上騎都尉，視正五品，文散階正六品下曰通直郎。"

[二]《匋齋藏石記》稱："石高、廣均一尺五寸五分微強。二十行，行二十字，正書。"

又稱："據誌夫人為早寡守節，故以恭姜、孟光相比，'恭'與'共'同，《詩》傳'柏舟之共姜'，'弄磚'用《詩》'斯幹篇'。毛傳'廿'，今之毛詩'總角卯兮'，作'卯'，惟唐石經作'廿'。志言'廿歲'，知唐傳習之本尚不誤也。誌言夫人即榮之後，而上未及榮事，敍述顯漏。'分官命族'四語，俱隸杜氏事。《唐書·宰相世系表》杜氏出自祁姓，帝堯裔孫。杜畿、杜恕均著於《三國·魏志》。夫人之父'琛'，既云'才兼文武，位列周行'，而《唐書》無傳，殆亦虛詞飾美，儷偶之文，往往如此。《後漢書·周磐傳》章懷注引《汝南先賢傳》云'蔡順事母至孝，井桔橰朽，在母生年上，而順憂不敢理之，俄而有扶老藤生，繞之，遂堅固焉'，誌云'識井藤之不堅'，用此事。'岸樹非久'，似本鬼谷子示張儀、蘇秦河邊柳句，尚未可定。……永康縣屬江南道婺州。《宰相世系表》杜氏無官永康令者，則其人亦不甚著可知。"

校者按：端氏跋以《汝南先賢傳》所引蔡順事及鬼谷子示張儀、蘇秦河邊柳句為"井藤""岸樹"典之所出，恐未確。校者以為兩事均出釋典，《翻譯名義集》引《大集經》云："昔有一人，避二醉象，緣藤入井。下有三龍吐火張爪，彼即懸藤而住。上有黑白二鼠齧藤將斷，傍有四蛇欲螫。其人仰望，二象已臨井上，憂惱無托。忽有蜂過，遺蜜五滴入口，是人唼蜜，全忘危懼"，此"藤井"典之所出。在上引故事中，醉象喻生死，藤為命之所系，入井意指無常，二鼠喻日月，誌言"藤井不堅"者，正釋教人生無常、人命危脆之意耳。另，隋開皇十四年（594）三月《惠雲法師墓誌》（《全隋文補遺》，三秦出版社，2004年，27頁）中有"緣藤切鼠，度隙傷駒"語，與本誌同出一典；"岸樹"喻亦出佛典，《涅槃經》曰"是身易壞，猶如河岸臨峻大樹"，命意與"井藤"正相仿佛，上引《惠雲法師墓誌》亦有"岸樹非久"句。

又，從誌文可知朱氏丈夫早卒，誌主除撫育孤子之外（誌中有"志負寒霜，撫其孤藐"句），其精神上的主要依靠則是來自佛教的安慰，誌稱其"每心歸向，祈以淨因，虔仰六時，匪虧一念"，即是明證。這種現象在中古貴族女性墓誌中非常普遍，不獨朱氏為然，而"岸樹""井藤"兩句正接前文而來，從文意連屬和作者的措辭命意來看，亦知此二事當與釋教密切相關。

孫義普

（文明元年五月　見《存逸考》卷六"高陵縣"）

大唐故孫府君之墓誌
篆蓋陰文，三行，行三字。
唐故魏州昌樂縣令孫君墓誌銘并序
　君諱義普，字智周，樂安人也。受命作周，懿親分衛，肥泉自遠，瓜瓞攸興。儒術著聞，卿有聲於霸楚；兵法修列，武流稱於強吳。興公之藻思文河，安國之屬詞史筆，竝播之謠俗，傳諸好事。曾祖信，魏拜露門博士。武闈訓胄，槐市說經，玉柄增輝，璧池逾濬。祖進，周晉州長史、魏州刺史。題輿奧壤，露冕雄州，譽重沂歌，愛深并竹。父乾，隋鄢城、陳倉二縣令。絃桐表逸，綰墨凝威，卓令恥其移螟，成人媿其冠范。君積基三襲，騰芳八桂，參玄蘊睿，辯曰[一]飛英，涯岸自高，波瀾莫究。以明經擢第，釋褐魏州昌樂縣令。導德齊禮，今古攸難，君顧水火以銘懷，佩韋弦而取誡。疲人有恥，獷俗知方。子承景至孝有聞，高材緝譽，情深色養，有懷捧檄。上元之歲，從宦河東，奉以之官，獲申溫清。而徂春不駐，靖樹難追，粵以二年正月二日終於官舍，春秋九十有三。夫人李氏，言容著美，琴瑟克諧，逝先風露，奄同泉壤。君雅道絕倫，貞風邁俗。穎川英傑，許以黃中；譙國俊賢，方之白起。重以虛舟在己，仁心拯物，妙達玄言，歸心釋教。爰自弱冠，洎乎華髮，飲食薰辛，嗜慾咸遣，每行般舟道，常誦《法華經》。未終之前，若有神應，恒詠薛開府詩云："昨望巫山峽，流淚滿征衣。今赴長安道，含笑逐春歸。"詞氣淒婉，左右傷惻。自是數日而終。嗟乎！知命不憂，託文見意。君嘗以為次房交夢，近乎懷土之心；卞壺言留，幾乎達人之智。故[二]趙文子之擇地，楊王孫之不襲，其得意哉！承景今任雍州高陵縣尉，聿遵先旨，改窆京畿。即以文明元年五月廿一日卜葬於高陵縣之西南樂安鄉之偶原，禮也。尔其東界黃河，遙臨晉邑，西郊黑水，近帶秦垌。前望終南，得夏公之寶氣；卻居渭北，枕尚父之璜津。是知黃壤四隅，白楸三衽，延陵魂魄，無所不之，邱也東西，焉能不識。嗟原窆之難曉，歎陰溝之永閟，託玄石以披文，庶清徽之不墜。其詞曰：

邠葦載頌，淇竹傳詩。悠哉長發，邈矣丕基。卿傳儒雅，武善兵師。家承簪紱，業懋[三]基茲。於鑠通賢，惟材之秀。禮義韁鎖，人倫領袖。環堵業殫，金籯學富。從政之道，德音以茂。制錦非學，棼絲易理。潘詠[四]自輕，遊絃知恥。脫屣城邑，披襟田里。傲睨風雲，徘徊林汜。夜壑舟徙，悲泉景昃。鬭蟻翻聲，巢鳶馭翼。萬化斯盡，九冥誰測。亹亹清風，泠泠不息。

原誌石刻二十八行，行二十八字，正書。（《香南精舍金石契》。《十二硯齋金石過眼錄》卷十。《關中金石文字存逸考》卷六。《古志石華續編》卷一。《唐文拾遺》卷六五。《陝西金石志》卷九。《續修陝西通志稿》卷一四三。《北京圖書館藏中國歷代石刻彙編》一七冊四頁。《唐代墓誌彙編》七一四頁。）

[校記]：

[一]"日"，《新編》作"曰"，今據其他諸本改。

[二]"故"，《新編》未錄，今據其他各本補。

[三]"懋"，《唐文拾遺》《十二硯齋金石過眼錄》作"茂"，誤。

[四]"詠"，《唐文拾遺》《十二硯齋金石過眼錄》作"訓"，誤。

[匯考]：

[一]《十二硯齋金石過眼錄》稱："按君諱義普，字智周，樂安人也。《新唐書·孫伏伽傳》'太宗即位，封伏伽樂安縣男'，義普為樂安人，當是伏伽之族人，特曾祖迄父無考，遂不能詳。義普以上元二年卒於昌樂官舍，年九十三，約計其年，當與伏伽不相上下。伏伽卒於顯慶三年，僅先十三年耳。子承景任高陵縣尉，遂以文明元年葬於高陵縣。按宋敏求《長安志》：高陵縣唐屬京兆府，天授二年始隸鴻州。文以駢儷，書勢亦佳，又未經前人著錄，故存之。"

[二]《關中金石文字存逸考》稱："全文見《古志石華續

編》。……此石本出高陵，今未詳所在矣。《水經注》'渭水又東逕霸城縣北……渭水又東得白渠枝口，又東與五丈渠合水，出雲陽縣石門山，謂之清水。……又東南入萬年縣，謂之五丈渠，又逕藕原，東南流注於渭水'，此誌之'偶原'矣。《水經注》又云：'白渠首起谷口，東逕宜春城南，又東南逕池陽城北，枝瀆出焉。東南歷藕原下，又東逕鄗故城北，東南入渭，今無水。'誌云義普之曾祖信魏拜露門博士，蓋西魏時也。《北周書·沈重傳》有'露門博士'，蓋西魏所置，而北周沿其舊云。"

[三]《陝西石刻文獻目錄集存》稱："誌石原在高陵縣。石方一尺八寸，縱橫二十六格。（又據《新編》作二十八格）"

校者按：誌稱義普曾祖信"魏拜露門博士"，汪氏跋稱"蓋西魏時也"，所論是。汪氏又藉此推論"露門學"為西魏所置，北周不過沿其舊耳，所說亦大體不誤。"露門"一稱"路門"，為古代宮室最裏層之正門，"露門學"為當時官學之一種。北周"露門學"設立於天和二年（567）七月，初置生員七十二人，其事見《周書·武帝紀上》。"露門學"擔任講授之職者為"露門博士"，入其選者皆為當時學問淹通之士，《周書·蕭撝傳》稱"及撝入朝，屬置露門學，高祖以撝與唐瑾、元偉、王褒等四人為文學博士"（中華書局，1971年，752頁），又《周書·沈重傳》"（天和）六年，授驃騎大將軍、開府儀同三司、露門博士"，傳稱"重學業該博，為當世儒宗"（中華書局，1971年，810頁）。此外，如北朝大儒熊安生、樂遜等均曾為"露門博士"，皆可證其選擇之標準。"露門博士"外，又有"露門學士"之稱，《隋書·劉臻傳》稱"周冢宰宇文護辟為中外府記室，軍書羽檄，多成其手。後為露門學士"（中華書局，1973年，1731頁），則"露門學"之功能除教育之外似尚有文化研究、討論之性質。進入"露門"學習者多為貴族子弟，《周書·沈重傳》記重於露門館為皇太子講《論語》，樂遜也有在露門教授皇子的經歷，可知生員出身非一般家庭可比。當然也非全部如此，《隋書·辛公義傳》載"公義早孤，為母氏所養，親授書傳。周天和中，選良家子任太學生，以勤苦著稱。武帝時，召入露門學，令受道義"（中華書局，1973年，1681頁），辛氏入"露門學"，而史稱其良家子，顯非貴冑。又，入"露門"學習者一般為青年子弟，但也偶有例外，《隋書·豆盧勣傳》稱"明帝時，為左武伯中大夫。勣自以經業未通，請解職遊露門學。帝嘉之，勑以本官就學"（中華書局，1973年，1155頁），勣開皇十年（590）卒，時五十五歲，則其當生於535年，周明帝556年至560年在位，以此推之，豆盧勣遊學露門時已年過三十，亦所謂好學之士也。又，"武闈訓冑"，"武"字當係避太祖諱改，"虎闈"正國子學之代稱，南齊王融《三月三日曲水詩序》"出龍樓而問豎，入虎闈而齒冑"，李善注引《周禮》稱"師氏以三德教國子，居虎門之左"（《文選》，上海古籍出版社，1986年，2059頁），李周翰注云"虎闈，教國子之學所也"（《六臣注文選》，中華書局，1987年，869頁）。《魏書·世宗紀》（中華書局，1974年，211頁）亦有"虎闈闕唱演之音，四門絕講誦之業"的話，均可證"武闈"即"虎闈"也。

誌中稱孫氏臨終之前恒詠薛開府詩，此薛開府未知何時人，其詩未見於逯欽立所輯《先秦漢魏晉南北朝詩》，《全唐詩》亦未錄此篇，今人陳尚君《全唐詩續拾》卷二錄此詩，下按稱："孫義普卒於高宗上元二年，年九十三，墓誌謂其臨終前恒詠薛開府此詩，知薛應為高宗前人。一說即薛道衡。"（《全唐詩·續拾》卷二，中華書局，1999年，10921頁）校者以為此薛開府當為薛道衡：一者薛氏於隋初任內史侍郎，加開府儀同三司，此與誌稱"開府"相合；再者，玩味詩意，此詩殆作於遷謫江南後北返長安日作，考《隋書·薛道衡傳》，薛氏一生凡先後兩次外放，一次配防嶺表，其時在隋初；後於仁壽中出為襄州總管，煬帝即位，轉番州刺史，後還為司隸大夫，兩次皆遠竄嶺外，诗中所述情事亦与道衡经历相符。如此，本诗可编入《全隋诗》"薛道衡"名下。

又，陳氏《全唐詩續拾》記本詩出處為"《陝西金石志》卷六五《唐故魏州昌樂縣令孫君（義普）墓誌銘》引"。按：此未確，本誌《陝西金石志》著錄於卷九而非六五，著錄於卷六五者為陸心源《唐文拾遺》耳，或為一時失檢，今姑誌於此。

王行威

（垂拱二年九月　見《存逸考》卷三"長安縣上"）

大唐故王府君墓誌銘[一]

大唐故左衛翊衛武騎尉王府君墓誌銘并序

君諱行威，字國寶，其先太原晉陽人也。自後因官播越，又為雍州明堂縣人焉。若乃輔嗣談玄，濬沖閑放，纂清徽於遠系，繼盛德以追蹤者，於王府君見之矣。祖金，朝議郎、益州司兵參軍事；父師保，朝散大夫。並志尚老莊，屏忽名位，優遊天地之際，託賞風月之間。爰誕異人，乃邦之彥。叶媚川而藻性，夙著溫恭；稟圓折以資生，弱稱歧嶷。起家以門蔭補充左衛翊衛。提戈玉宇，荷戟琁墀，既申之以爪牙，亦罄之以心膂。秩滿不仕，從私欲也。於是孔座陳筵，招攜於執友；牙琴秬玉，留連於勝託。將謂永貞眉壽，天假大年，豈期董澤先秋，榆關遽落。以垂拱二年歲次景戌七月己亥朔十四日壬子，遘疾終於頒政里第，春秋五十有六。即以其年九月戊戌朔五日壬寅，歸葬於京兆西南龍首之原，禮也。長子武騎尉義方、次子麟臺御書手義端等，茹茶集蓼，懼平海以成田；陟岵循陔，慮高春而徙照。敬刊貞琬，為之誌云。其銘曰：

景冑華宗，干霄括地。師王友帝，懷忠抱義。挺生才彥，有美珪璋。留連風月，優遊老莊。入仕登庸，提戈荷戟。翊奉宸極，罄於心跡。邱園養性，琴酒怡神。方希懸解，遽返天真。云亡殄瘁，人良殲喪。霧黯雲低，松高野曠。勒方礎兮泉之幽，紀四序兮有迴周。庶縢棺兮照白日，識九原兮栢與楸。

招福寺上座彥琮撰。

原誌石刻二十二行，行二十二字，正書。（《關中金石文字存逸考》卷三。《古志石華續編》卷一。《唐文拾遺》卷四九。《八瓊室金石補正》卷三九。《常山貞石志》。《陝西金石志》卷一〇。《續修陝西通志稿》卷一四四。《北京圖書館藏中國歷代石刻拓本彙編》一七冊四七頁。《唐代墓誌彙編》七四六頁。）

[校記]：

[一]"大唐故王府君墓誌銘"九字係誌蓋篆書，《新編》未錄，今據《八瓊室金石補正》補。

[匯考]：

[一]《八瓊室金石補正》稱："方一尺四寸。廿二行，行廿二字，字徑四分，正書。方界格，篆蓋題'大唐故王府君墓誌銘'九字，四周刻十二生肖形。"

又稱："行威次子官麟臺御書手，考《唐書·選舉志》'集賢院御書手百人'，《百官志》'集賢殿有書直寫御書手九十人'，又'司天臺監隸秘書省有五官楷書手五人，掌寫御書'。垂拱元年改秘書省曰麟臺，是誌所稱者司天臺監之御書手，隸秘書省時稱麟臺也。惟誌又云'光宅元年，不隸麟臺'，則又不甚相合。秘書省有楷書十人，或此十人亦掌御書耶？至集賢院則未嘗稱麟臺也。誌石為劉燕庭所得，後置於浙之淨慈寺，兵後無存。甲戌夏，借張松坪藏本錄之。"

[二]《關中金石文字存逸考》稱："全文見《古志石華續編》。……此石舊為寧武楊君元泗所得，今未知移徙何處。書法清勁可喜，唐初佳刻也。余嘗謂東晉以後書法至唐而極盛，唐人書法以唐初為極盛。自貞觀至開元，其誌石傳於世者，無慮數十百種，而遒麗精勁，酷肖歐、褚者，十常八九也。所惜者，原石既出，移徙他處，日久不可蹤跡一二，拓本流傳世間，幾等吉光片羽，是可慨也。《新唐書·百官志》'四品孫、五品及上柱國子補翊尉'，誌云行威'以門蔭

補充左衞翊衞'，即其職也。'左衞'者，十六衞之一。'翊衞'，正八品上，'左衞'之屬也。行威之父散階為'朝散大夫'，從五品下，故行威得補是職也。吏部司勳郎中掌官吏勳級，凡十有二轉：一轉為武騎尉，視從七品，又誌云'武后垂拱元年，改秘書曰麟臺'，而御書手九十人則屬於集賢殿校書，秘書省之下無其名焉，豈史有缺文歟？誌為僧彥琮撰，《新唐書·藝文志》有僧彥琮，所撰《大唐京寺錄傳》十卷、《沙門不敬錄》六卷，注云'龍朔時人'，即撰此誌之彥琮也。隋時僧亦有名彥琮者，撰《崇正論》等書，故注云'並隋有二彥琮也'。此誌四圍有字跡，隱隱可辨，係磨舊誌重刻者。"

[三]《陝西石刻文獻目錄集存》稱："僧彥琮撰文並正書。原在長安，已佚。石方二尺，二十行，行二十二字。"

校者按：本誌所稱之招福寺位於朱雀街東第二街之崇義坊，宋敏求《長安志》卷七稱"坊內橫街之北招福寺"（成文出版社，1970年，166頁），本隋正覺寺，乾封二年睿宗在藩日改立，其南北寺額皆睿宗手題。

張某妻田氏

（天授二年六月　見《存逸考》卷一"西安府上"）

大周朝散大夫上柱國行司府寺東市署令張府君妻田雁門縣君墓誌文

　　錯絡緹緗，憑陵縹帙，命氏冑庭之表，得姓皇軒之初。周漢蔚興，曹馬彌盛，或封茅土而列子男，或剪珪桐而總侯伯。擊鐘鼎食，縱橫於六國之奇；動珮鳴珂，響亮於二劉之際。衣冠簪紱，可略言焉。祖德家風，則雁門縣君也。曾祖達，隨魏州冠陶縣令，懸車捨仕，灌園自樂。祖文政，唐沛王府大農，器局宏壯，基宇高深，鄉黨挹其風規，縉紳推其道義。父什善，鄜州三川縣令，廊廟其姿，瑚璉其質，冰潔其清，玉潤其白。豈止臨淮朱季，吏敬其威；蜀郡張堪，人歌其惠。固可擬儀嵇幹，准的黃陂，鳴弦素翟之馴，製錦朱鸞之儦。其縣君即明堂縣人也。交川降德，龍嶠誕靈，端淑為姿，婉柔成性。聰惠明辯，廣讀詩書，兼善管弦，知音絕代，無嫉無忌，惟孝惟貞。每以雞曙傳音，無不晨而問舅。落鴉沉彩，會晚拜以參姑。內外所以和安，大小咸其無怨。論其婦德，實曰成家。假若張氏修《箴》，懸知少伴；曹家設《誡》，定是無般。何煩苦說三從，深陳四德者也。頃以儀鳳之歲，出歸張氏，一經繾綣，十有三年。當時洛浦親迎，芝田引駕，雙輪轉路，五馬連珂，燭光將扇月爭明，花影共桃蹊競色。冀與南山[一]比壽，北極齊年，何期積善無徵，禍殃先至。雖越人秘術，不救將至之魂；秦媛神方，寧駐欲歸之魄。痛芳桃之墜瞼，悲翠柳之凋眉，哀隻影而無依，歎孤魂而何託。春秋卅有三，以天授二年五月十六日薨於萬年縣平康坊之私第。嗚呼哀[二]哉！哀子承家等[三]悲纏扣地，殆莫能興，痛貫捫天，杖而後起。一溢之禮，不逾酌飲；三年之喪，情過泣血。其張君遠哂王生，違詩不哭；近嗤莊氏，越禮盆歌。覿明鏡而傷神，對空床而泣簟。以其年六月三日遷窆於城東龍首原長樂鄉王柴村南一里，向南與壽春坊路通也。其地北帶涇渭，南望秦原，四塞之固，名箸安葬，自無殃柩，必出公侯。于時畫輴東送，侍翣排進，風雲隱其郁彩，蔽日沉其霞影。田歌起頌，行路興少夭之悲；楚吹傳聲，親戚恨上年之歎。恐日月之深遠，防馬鬣之荒摧，援立斯題，紀標刊石。其詞[四]曰：

　　家傳舄奕，族茂蟬聯。安平五里，賓客三千。朱邸流眄，綠軫鳴絃。霜高白雪，月上青煙。（其一）飛皇啟兆，丹鳳來儀。轂城秘府，薛縣多奇。道義膠漆，芳蘭被涯。千金白首，一代清規。（其二）閨門令淑，綺帳流芳。昔聞秦晉，今是潘陽。聲同琴瑟，風度筠篁。三星百兩，地久天長。（其三）鳳樓絕響，鸞匣沉輝。桂花夕落，薤露朝晞。白楊風斷，翠櫬煙歸。紅顏掩兮隴黑，素質秘兮泉扉。一朝寂寞，萬古霏微。（其八字四）

還以其年歲次辛卯六月庚子朔三日壬寅。

原誌石刻二十九行，行三十字，正書。誌中"谷"字訛作"柩"，上石之訛也。（《關中金石文字存逸考》卷一。《古志石華續編》卷一。《唐文拾遺》卷六五。《續語堂碑錄》癸。《八瓊室金石補正》卷四〇。《匋齋藏石記》卷一九。《陝西金石志》卷一〇。《續修陝西通志稿》卷一四四。《咸寧、長安兩縣續志》卷一二。《北京圖書館藏中國歷代石刻拓本彙編》一七冊一五二頁。《唐代墓誌彙編》八〇五頁。）

[校記]：

[一] 《新編》"山"後有"山"字，當係衍文，本次整理，從刪。

[二] "哀"，《新編》未錄，今據其他各本補。

[三] "等"，《新編》未錄，今據其他各本補。

[四] "詞"，《新編》作"詩"，今據其他各本改。

[匯考]：

[一]《八瓊室金石補正》稱："方一尺九寸。廿九行，行三十字，字徑五分，正書。方界格。"

又稱："右《東市署令張君妻田氏墓誌》標題稱'司府寺東市署令'，龍朔二年，改太府寺曰外府寺，光宅元年改曰司府寺，此在天授年，故稱司府。'達'官'魏州冠陶縣令'，《隋書》'武陽郡，後周置魏州'，有館陶，有冠氏，而無冠陶縣，疑是館陶之誤。'文政'官

'沛王府大農'，章懷太子始封潞王，徙王沛，又徙王雍。親王國大農一人，從八品下。'自無殃柩'，'柩'當是'咎'之誤。畫輴，'畫'當是'畫'之誤。"

[二]《匋齋藏石記》稱："右按《舊唐書·職官志》'太府寺，光宅改為司府'，又'兩京都市署令一人'，注'京都有東西兩市'，張君官'東市署令'，應在光宅之後。《周書·田弘傳》'累封雁門郡公'，此之'雁門縣君'乃承田氏郡望。《新書·百官志》'五品母、妻為縣君'，按東市署令為從六品，朝散大夫則從五品，張君故以朝散之文散階得封其妻為縣君也。其云曾祖'隨魏州冠陶縣令'，按《隋書·地理志》'武陽郡，後周置魏州，大業初置武陽郡'，縣君之曾祖官隋應在大業前，則仍魏州之屬縣令也。《舊書·職官志》：'王府官屬有大農二人。'鄜州領縣五，其三為三川，為文者頌縣君之父，如'擬儀嵇幹'、'准的黃陂'，隸嵇叔夜、黃叔度事，皆近湊砌。……縣君應生於三川令署，三川有黑水、華池水、洛水交會，與洛交縣相接，故曰'交川降德'。又云'定是無般'，'般'字微有漫漶，其跡尚見。'般'與'班'同，即謂'曹大家'也。'平康坊'在唐皇城東之第一街，《長安志圖》有龍首原在渭水之南，所謂'北帶涇渭'，庶幾似之。文中'名箸安葬'、'自無殃柩'，'葬'、'柩'皆誤字。……銘詞末二句注有'字四'兩字，所以明此二句皆為四字，此亦一例。又別一行'還以其年歲次辛卯'云云，其下應有數語蝕去，今不可得而知矣。"

[三]《關中金石文字存逸考》稱："全文見《古志石華續編》。……此石今藏渭南趙乾生詹事元中家。誌云夫人'曾祖達，隋魏州冠陶縣令'，考《隋書·地理志》'魏州武陽郡統縣十四'，'館陶縣'第十一（今仍為館陶縣，屬山東東昌府），'冠氏縣'第十三，而無'冠陶縣'之名，此公或為冠氏令，或為館陶令，或為冠氏、館陶二縣令，均未可知，誌中必有一誤也。'沛王'即章懷太子賢，始王潞，後王沛，又徙王雍，後立為太子。《新唐書·百官志》：'親王府官屬，大農一人，從八品下，掌判國司。''司府寺'，即'太府寺'，'屬官兩京諸市署令一人，從六品上'，誌稱夫人為'雁門縣君'，《唐志》'五品母、妻為縣君'，此誌題銜張君階為'朝散大夫'，秩從五品下，

故其妻得稱縣君也。"

[四]《陝西金石志》稱："無書、撰人名，文詞駢儷，有生湊語，字亦多訛。"

[五]《陝西石刻文獻目錄集存》稱："原在萬年縣。(《咸長》載：原石藏渭南趙氏，後歸匋齋) 誌石高一尺九寸三分，廣一尺九寸，二十八行，行三十字。"

仇道朗

（萬歲通天元年五月　見《存逸考》卷三"長安縣上"）

周故國子律學直講仇君墓誌銘并序

君諱道朗，平陵人也。門傳鼎鼎，世襲簪裾，享茅土於東齊，光印綬於西漢。曾祖，周任驃騎大將軍、簡州刺史。蘊龍韜之秘略，勇冠三軍；當虎符之重寄，化行千里。祖絢，隋任車騎將軍、鷹揚郎將，材力過人，雄傑概世。父詵，唐任相國朝散大夫，攀鱗附翼，鳴珮鏘金。

君道稟自然，智由天縱，幼彰令問，資孝友以基身；長習文儒，體仁義而成性。珠明玉潤，桂馥蘭芳，兼以才辨有聞，功能克劭，拜騎都尉。既而志識甄[一]明，學藝該博，亦婆娑於禮則，復優遊於憲典。迺授宣德郎，行國子監律學直講。雖環林[二]璧水，弘其待扣之材[三]；方領圓冠，承茲鼓篋之致。實以君道泰身否，德尊位卑。於是飛鴻鍛翮，寧聞漸陸之誼；不謂棲鷟斂羽，俄歎沉舟之酷。以咸亨三年五月二日，春秋五十有四，終於京兆私第。嗚呼！幾傷埋玉，更軫摧蘭，雖振青徽於萬業，而戢形骸於一棺。嗣子元暕，通直郎、行鹵州三水縣主簿、上柱國，悲深陟岵，孝著循陔，啟楹書而切慕，瞻手澤而增哀。夫人隋太常寺太醫令黃鸛之女也。以萬歲通天[四]元年五月廿六日合葬於京兆南高陽之原，禮也。隧路浮煙，泉門少日，嗟蒿裏之窅眇，聽松風之蕭瑟。嗚呼！寸晷難常，尺波易往，勒芳猷於玄石，銘懿□於黃壤。其銘曰：

歲時不待，光陰□謝。倏矣浮生，悲哉厚夜。松檟森森，泉臺窅窅。百身何贖，千秋詎曉。

原誌石刻二十二行，行二十二字，正書。(《關中金石文字存逸考》卷三。《古志石華續編》卷一。《八瓊室金石補正》卷四四。《唐文拾遺》卷六七。《匋齋藏石記》卷二〇。《陝西金石志》卷一〇。《續修陝西通志稿》卷一四四。《咸寧、長安兩縣續志》卷一三。《北京圖書館藏中國歷代石刻拓本彙編》一八冊八五頁。《唐代墓誌彙編》八九一頁。)

[校記]：

[一]"甄"，《新編》未錄作"□"，今據其他各本補。

[二]"林"，《新編》未錄作"□"，今據其他各本補。

[三]"材"，《新編》未錄作"□"，今據其他各本補。

[四]"天"，其他各本所錄無"天"字(《唐代墓誌》據《新編》錄文亦不闕)，《八瓊室金石補正》陸氏按稱"'萬歲通元年'，脫一'天'字"，北圖藏拓亦無"天"字，當是刻工漏刻。

[匯考]：

[一]《關中金石存逸考》稱："全文見《古志石華續編》。……此石本出長安，今未詳所在矣。《新唐書·百官志》'國子監有律學博士三人，從八品下；助教一人，從九品下'，而無'直講'之名，得此可補其缺焉。'仇'姓之'仇'，吾鄉人讀若'述'，關中人讀若'裒'，蓋'九'字本有'軌'音，是以從'九'之字，如'奸究'之'究'，'同軌'之'軌'，'汃泉'之'汃'，皆讀'軌'音。而《周南》'肅肅兔罝，施於中逵；赳赳武夫，公侯好仇'，'逵'與'仇'韻，此其明證也。又'九'字音'舉有切'，'九'、'有'本係

391

同部，而從'有'之字，如'溱洧'之'洧'……皆讀'羽軌切'，則'九'、'有'二字古音亦係疊韻，關中人讀'仇'為'裒'，實為'軌'字一音之轉，乃由雙聲而得。故余嘗云俗語多存古音，此楊雄所以著《方言》也。誌中'手澤'之'澤'作'澡'，六朝唐初人，'成皋'之'皋'多作'睪'，故'澤'亦可作'澡'也，隋《龍臧寺碑》（今在直隸正定縣）碑側題名'成皋'作'成睪'；《扈志碑》，'成皋'亦作'城睪'，六朝隋唐人書'皋'、'睪'二字不分也。又誌中'萬歲通天元年'，'通'字下少一'天'字，豈上石時無察書之人歟？誌云道朗之父詵'唐任相國朝散大夫'，按《唐書·高祖本紀》'隋恭帝義寧元年，進唐王位相國，唐國置丞相等官'，詵為相國朝散大夫，正值其時，故有'攀鱗附翼'之說也。《隋書·百官志》：鷹揚郎將屬左、右雄武府；太常寺所屬有太醫令二人。《新唐書·百官志》：文散階正七品下曰宣德郎。"

[二]《匋齋藏石記》稱："石縱橫各一尺二寸二分。二十二行，行二十二字，正書。"

又稱："仇氏蓋宋大夫仇牧之後。據《漢書》，王莽時有仇延，後漢有仇香，亦見《元和姓纂》及鄭樵《通志略》。自時厥後，代罕聞人，所謂'享茅土於東齊，光印綬於西漢'，殆不知所指。然《姓纂》載及開元時'左衛將軍仇克義'，《通志》並及宦者'仇士良'。今仇君，祖、父官位不卑，且時在其前，二書皆漏而不舉，亦譜牒家所當考也。隋代律學隸大理寺，唐興，改隸國子監，其後廢、置不常。自龍朔二年復置，遂為永制。故國子監所屬凡七學，'律學'其一也。然《百官志》所載，僅'國子'及'四門館'設有'直講'，為博士助教之佐，而'律學'無之。今仇君為'律學直講'，可見唐初猶設，其後不知廢於何時耳。隋唐郡縣並無'平陵'，此舉漢舊名也，漢平陵縣在今興平縣東北，昭帝陵在焉。'簡州'，則《隋志》僅於'蜀郡陽安縣'下注云'仁壽初置簡州，大業初州廢'，夫既稱仁壽時始置，則是北周並無簡州也，其後唐雖復置，然誌稱曾祖'周任簡州刺史'，此係官制，不應借用後代之名，當是北周時置而復廢，至仁壽初復置，《隋志》未及細考耳，得此可以正其誤矣。隋府兵之制，初置'驃騎'、'車騎'二府，皆有將軍。煬帝即位，改'驃騎'為'鷹揚郎將'，正五品；'車騎'為'鷹揚副郎將'，從五品。'絢'蓋先為車騎將軍，煬帝時遷郎將也。誌稱父詵'唐任相國朝散大夫'，案'相國'非唐官名，乃即指《高祖本紀》載'義寧二年三月，隋帝進唐王位相國，總百揆，唐國置丞相等官'，是必高祖為隋相國，而詵又為相國府之官屬，故書法如此。觀下'攀鱗附翼'語，亦即可證。第不解是年五月高祖即受禪，何以僅為相國官屬而不以入本朝後官爵書之，豈在官僅一月，未及即位即罷黜耶？以仇君卒時年歲逆計，當生於武德二年，是其父亦非前卒也。'騎都尉'五轉，視從五品上；'柱國'十二轉，視正二品；'宣德郎'，正七品下；'通直郎'，從六品下，蓋'元崠'勳階皆高於其父矣。唐縣六等皆置主簿，惟京縣二人，餘皆一人。'豳州'，即《地理志》'邠州'，開元十三年以字類'幽'始改，今墓誌在前，故尚稱'豳州'，實則此字孟子作'邠'，《毛詩》作'豳'，兩字通用，故《說文》亦兩存之也。隋太常寺所屬有太醫署，置令一人，後增之為二人。'棲鵷'，用'張駬'事，《魏志》：'正始元年，戴鵀之鳥巢駬門陰，駬告門人曰"夫戴鵀陽鳥，而巢門陰，此凶祥也"，乃援琴歌詠，作詩二篇，旬日而卒。'……'萬歲通'下脫'天'字。

[三]《八瓊室金石補正》稱："方一尺一寸九分，廿二行，行廿二字，字徑四分，正書。直界格。篆蓋題'大周故仇府君墓誌銘'九字。在諸城劉氏。"

又稱："誌在西安出土，劉燕庭得之，今不知存佚矣。首題'國子律學直講'，考《新書·百官志》'國子監統國子、太學、廣文、四門、律、書、算七學'，'國子學直講四人，掌佐博士助教，以經術講授。四門館直講四人，此外諸學無之'，據此誌，知'律學'亦有直講，官志失載。'律學'武德間廢，貞觀六年復置，顯慶三年又廢，龍朔二年復置，道朗為直講，當在龍朔後也。道朗，'平陵'人，考《地理志》，齊州章邱下云'武德二年，縣民李義滿以縣來降，於平陵置譚州，並置平陵縣。貞觀元年，州廢，以平陵（原誤平城）等縣來屬。十七年，齊王祐反，平陵人不從，更名全節。元和十五年，省入歷城'，此誌立於萬歲通天元年，其時當名'全節'，不書'全節'書'平陵'者，道朗初生之年，正平陵初置之年，就其初生時書之，臨文不苟也。仇氏，宋大夫仇牧之後，望出陳留、南陽，又有考城、遼西。牧之先世無徵，此云'享茅土於東齊'，未詳；'光印綬於西漢'者，當是仇延也，見《王莽傳》。《姓氏急就篇》注《戰國策》有仇赫，《史記》趙有仇液，《王莽傳》有仇延，後漢仇覽，唐仇冕、仇公遇，宋仇悆。《元和姓纂》：'王莽時有仇延；後漢有仇香，一名覽，考城主簿；後燕尚書仇儒；開元左衛將軍仇克義，滄州刺史'。《萬姓統譜》又有'三國仇稱，豫州刺史；南北朝仇璋；唐仇源，太宗時即墨令'。又案前漢有仇景，南道人，見《遊俠·郭解傳》。後漢仇元（覽之少子），北魏宦者仇洛，齊仇儼，後梁仇殷，皆見於史傳，仇氏之可考者如此。……宋仇悆之父仇公著，定州觀察判官，今青州有其志銘，銘曰'昔在漢覽，赫矣循吏。徙家於青，豈其苗裔'，是仇氏之在東齊者，久不得其所自始矣。……武后天冊萬歲二年，改元萬歲登封，九月又改萬歲通天，此志在五月已書萬歲通天，殊不可解。"

趙智侶

（長安三年八月　見《存逸考》卷三"長安縣上"）

□周故遊擊將軍上柱國南陽趙府君墓誌銘并序

　　□諱智侶，南陽人也。其先承帝顓頊之苗胄，隆周之別族，若敖之胤，趙文子之裔。奕葉邯鄲，傳光周封，黼黻相承，歷晉卿之後。自我先君肅侯之代，名振九邦，爰泊敬侯，聲揚遐邇。終晨假寐，愛流冬日之暉；朝夕匪懈，卿大夫傳嚴明之美。神馬覆育，分為二族之昌；秦雍興宗，青益任四州岳牧。君即京兆侯元鳳之十代孫，司空公之支派，因官京師，今為長安人也。曾祖純，隨任隆州新井縣丞；祖謙，隨任利州綿谷縣令；父僧德，唐任天官朝議郎、上柱國。並器包瑚璉，材實棟樑，詞令聞於綠幃，章奏動於丹地。玳簪珠履，元僚光展驥之能；墨綬銅章，下邑標舞鸞之政。止戈為武，柱國垂後之名；七德俱兼，高門降文武之効。

君拔俗挺生，異時間出。落落垂象，有劍士之光芒；郁郁騰文，有賢人[一]之氣色。坐高[二]林而臥盤石，嘯明月而傲清風。蕭然獨王，自謂神仙；俛夢兩楹，俄驚二豎。不謂西州石折，已年之夢有期；東國山巔，庚日之災奄及。孟嘗君之富貴，臺榭終平；羊叔子之登臨，江山徒在。以聖曆二年歲次己亥四月八日殞於神都來庭縣會節坊私第，春秋五十有九。夫人宗氏，悲夫逝川易往，同激箭而不追；浮景難迴，豈麾戈而能駐。夫人慶鐘蘭室，才冠柳風，執四德以乘龍，遵二儀而卜鳳。當晨起夢，始泣秦嘉之書；徙[三]宅垂恩，俄悲張胤之扇。成龍弱篠，染別淚以孤生；待鳳喬梧，抱空心而半死。豈期朝露溘至，菱花奄逝，以長安二年七月廿九日終於延康坊私第，春秋卌有七。嗚呼哀哉！桃李春風，與子偕老，桑榆暮景，攜手同歸。生榮死哀，抑斯之謂也！暫分生死之桐，終合雄雌之劍，黃泉路遠，白日年深，悽吹動於簫笳，愁雲暗其旌旐。青烏卜葬，惟嗣子之纏哀；白馬奔塋，逢故人之來哭。粵以長安三年歲在癸卯二月癸巳朔廿八日庚申合葬窆於長安縣神禾原，禮也。其日，同遷葬祖父母及叔等，俱同塋限。長子相王直司、上護軍令詮，次子上護軍萬慶等，孝逾天性，禮備哀榮，泣血無迨，思竭送終之範。至於葬禮，今古罕儔，痛結九泉，哀深毀瘠，絕漿止美，顧悌高慚，孝感飛禽，仲由聞而下媿。庶防桑移谷變，勒琰雕銘，希海樹遷陵，千齡鑒茲遺志。其詞曰：

終南東峙，交潤西流。寶符鼎氣，載膺洪休。（其一）
廊廟彝器，珪璋令名。學綜三篋，詞雄二京。雲中仰德，日

395

下推英。（其二）莫事王侯，實欽巢許。桂叢攀折，芝蘭延伫。人代共貴，天年不與。欲聽雞鳴，翻聞鶴語。（其三）家承積慶，傲俗遺榮。一邱一壑，無欲無營。琴歌酒賦，月契風情。道義相得，林泉共清。一歸長夜，永閟佳城。（其四）鏡塵埋月，履跡封苔，松深霧慘，樹古風哀。泉扃一閉，幽顯悠哉。式追南峴，用讚銅臺。魂兮長去，神兮無來。

原誌石刻三十一行，行三十字，正書。此誌句讀多不屬，蓋石刻脫字甚多也。（《關中金石文字存逸考》卷三。《古志石華續編》卷一。《咸寧、長安兩縣續志》卷一三。《唐文續拾》卷一四。《陝西金石志》卷一〇。《續修陝西通志稿》卷一四四。《北京圖書館藏中國歷代石刻拓本彙編》一九冊六五頁。《唐代墓誌彙編》一〇〇九頁。）

[校記]：

[一]"人"，《新編》錄作"一"下加"生"，即"人"字，為武則天新造字。《唐文續拾》作"聖"，誤。

[二]"高"，《唐代墓誌彙編》據《新編》作"高"，《唐文續拾》《陝西金石志》錄作"喬"，北圖藏拓殊模糊難辨，"高林""喬林"意均可通。

[三]"徙"，《新編》作"從"，《唐文續拾》《陝西金石志》作"徙"，"從宅"不文，今據改。

[匯考]：

[一]《關中金石文字存逸考》稱："全文見《古志石華續編》。……此石近時出土，未詳所在。《新唐書·百官志》'武后光宅元年改吏部曰天官'，誌云智侃之父僧德唐任天官，是嘗官吏部，而不云所官何職，此他誌所罕見者。又，《志》云'勳階十轉為上護軍，視正三品；遊擊將軍，為武散階，從五品下'，又《志》云'王府屬官有百司問事謁者一人'，而無'直司'之名，豈'百司'即'直

司'之誤耶？又《新唐書·地理志》：'武后光宅元年，改東都為神都。天授三年，析洛陽永昌置來庭縣，長安二年省。'《方輿紀要》云：'來庭縣治東都內從善坊焉。'"

［二］《陝西金石志》稱："按此誌書精整秀逸，饒有歐、褚筆意，係唐刻之佳者。"

［三］《陝西石刻文獻目錄集存》稱："原在長安縣神禾原。誌石高三尺四寸，廣三尺三寸。三十一行，行三十字。"

校者按：趙智侃妻宗氏卒於延康坊，其名見宋敏求《長安志》卷十，在朱雀街之第三街，即皇城西之第一街，坊內西南隅有西明寺，顯慶元年高宗為孝敬太子病癒所立，本隋尚書令、越國公楊素宅。此外，北門之西為大畫家閻立本宅，其西亭有立本所繪山水。

安令節
（神龍元年三月　見《存逸考》卷三"長安縣上"）

大唐故公士安君墓誌銘并序
進士、將仕郎滎陽鄭休文撰

稟淳和以為人，含神爽以為用，在家為孝子，在國為忠臣，於鄉黨而則恂恂，於富貴而不汲汲，諧大隱於朝市，笑獨行於山林，斯則安君見之矣。

君諱令節，字令節，先武威姑藏人。出自安息國王子，入侍於漢，因而家焉。歷後魏、周、隨，仕於京洛，故今為［一］鹵州宜祿人也。若夫澶旌鼓吹，西臨白獸之壚；國界城池，北拒玄龍之塞。鐘山瑤樹，所以齊其積德；閭闔金精，所以生其壯氣。漢年侍子，先處烏［二］城之域；魏代侍中，爰列蟬冠之地。亦由班家十紀，初則朔野揚聲；金氏七貂，終以近臣為盛。祖贍，皇唐左衛潞川府左果毅，武人貞吉，智果為毅。或奇或正，知玉帳之兵雄；千夫百夫，識金壇之卒勁。父生，上柱國。南荊則昭陽始居，西楚則共敖初作，戰功所與，今古榮之。

君星辰河漢之精，泰一終南之氣，鴻鶴羽翼，雲壽風摶，松柏枝條，霜封雪抱。處長安遊俠之窟，深鄙末流；出京兆禮教之門，雅好儒業。溫良泛愛之德，振人趨急之心，固以發自冥機，關諸天性者矣。屬天地大有，朝野多歡。梁上銀蛇，餘祥未竭；地中犀犬，積慶仍傳。開北阮之居，接南鄰之第。翟門引客，不空文舉之座；孫館延才，還置當時之驛。金鞍玉帖，連騎而不以驕人；畫卯乳犢，陳鼎而未為矜俗。加以馮良居室，端肅如對於嚴賓；仇覽定交，矜莊豈聞於媟狎。義之所去，縱千乘而猶輕；道之所存，雖一介而猶重。聲高郡國，名動京師。豈猶柳市萬章，貴人爭揖。茂陵原涉，群公慕之。惜夫靜樹含悲，壞[三]梁多恨。鵠書來赴[四]，忽游司命之天；鳩杖[五]有儀，不及鄉亭之歲。以長安四年十一月廿三日疾終於醴泉里之私第，春秋六十。有子如岳、國臣、武臣等，喪以過哀，幾於滅性。鄰母聽哭，投箸而輟餐；櫪馬聞號，銜蒭而落淚。即以神龍元年三月五日葬於長安縣之龍首原，禮也。邐迤平原，參差拱樹。三千年之見日，馬識幽泉；一千歲之來歸，鶴知荒塚。乃為銘曰：

猗遠祖之揚名，桂馥松貞；粵夫君兮挺異，珠明劍利。宿昔何從？禮教為容。平生何託，琴樽聚樂。月之望，年之辰，石折智士，山頹哲人。短歌送葬，長笛哀鄰。墳橫鳳綬，塚次龍鱗。夜臺長夜，春非我春。

渤海石抱壁書。

未詳行數、字數。（《關中金石文字存逸考》卷三。《古志石華續編》卷一。《唐文續拾》卷一。《八瓊室金石補正》卷四九。《匋齋藏石記》卷二一。《陝西金石志》卷一〇。《續修陝西通志稿》卷一四四。《咸甯、長安兩縣續志》卷一三。《北京圖書館藏中國歷代石刻拓本彙編》二〇冊六頁。《唐代墓誌彙編》一〇四五頁。)

[校記]:

[一]《新編》所錄自"入侍於"下接"薊州宜祿人也",中間"漢,因而家焉。歷後魏、周、隨,仕於京洛,故今為"十七字據其他各本補。

[二]"鳥",《新編》作"烏",今據其他各本改。

[三]"壞",《新編》所錄與諸本同,惟《唐文續拾》作"懷",誤。

[四]"來赴",《新編》作錄與諸本同,《唐文續拾》作"未越",誤。

[五]"杖",《新編》作"枝",今據其他各本改。

[匯考]:

[一]《八瓊室金石補正》稱:"方一尺七寸九分。廿七行,行廿七字,字徑五分,方界格,正書。"

又稱:"右《安令節墓誌》,當在長安,未見著錄。首題云'公士安君','公士'之稱,不見於《唐書》官志。按《漢書·百官公卿表》'爵一級曰公士',師古曰'言有爵命,異於士卒,故稱公士',是品秩之最下者。《王仁求碑》,長子王善寶自署'公士';《三門樓石柱》'劉文宗題名'有'公士行通、公士相卿、公士珍寶、公士靜寶'四人;《靳元恪題名》,元恪自署'公士',又有'公士楚玉',是唐固有'公士'也,史不詳耳。誌云'翟門引客,不空文舉之座;孫館延才,還置當時之驛',蓋當事者所辟引之人也。文云'先武威姑藏人。出自安息國王子,入侍於漢,因而家焉',《魏書·安同傳》云'遼東胡人,其先祖曰世高,漢時以安息王侍子入洛,歷魏至晉,避亂遼東,

399

遂家焉'，'武威'、'遼東'占籍雖異，要與安同同系也，特不知是同之後裔否？令節及其祖若父，俱無傳可考。又按《宰相世系表》'武威李氏本姓安氏，出自姬姓，黃帝生昌意，昌意次子安，居於西方，自號安息國。後漢末，遣子世高入朝，因居洛陽。晉魏間，居於安定，後徙遼左以避亂。又徙威武。至抱玉，賜姓李'，碑所敘先世與《表》相合，是其支系無疑。'宜祿'屬關右道邠州，此作'豳'者，開元十三年始改'豳'為'邠'也。'潞川府'不見於地志，惟幽州有'潞城府'，豈即是歟？以'鴻鶴'為'鴻鵠'，以'鵠書'為'鶴書'，'鵠'、'鶴'古通。'處'作'廈'，……他碑未見。"

[二]《關中金石文字存逸考》稱："全文見《古志石華續編》。……此石本出長安，今未詳所在。余友陽湖楊豫生昌勳得拓本一紙，出以示余，因錄其全文，載入《古志石華續編》中，撰文之鄭休文見《新唐書·宰相世系表》。又《元和姓纂》云'《廬山記》：安高，安息王子入侍'，《宰相世系表》云'武威李氏本安氏，出自姬姓，黃帝生昌意，昌意次子安，居於西方，自號安息國。後漢末，遣子世高入朝，因居洛陽。晉魏間，居於安定，後徙遼左以避亂。又徙威武。後魏有難陀，孫婆羅，周、隋間居涼州武威為薩寶，生興貴、修仁，至抱玉，賜姓李氏'，'令節'之先與'抱玉'同族也。令節之祖'贍'，官'左衛潞川府果毅'，'潞川府'，唐時府兵屯營之名，《新唐書·地理志》未載，得此可補其缺。公士，秦漢時爵名，唐時無此爵名而此誌列入題銜，未詳其故，姑闕疑以俟考云。"

[三]《匋齋藏石記》稱："石高一尺八寸七分，寬一尺八寸三分半。二十七行，行二十七字，字徑五分彊，正書，有棋格。"

又稱："考公士，秦爵也，《漢書·百官公卿表》記秦爵二十爵，一級曰公士，師古曰：'言有爵命，異於士卒，故稱公士也。'《新唐書》'乾封元年正月，封泰山禪社，首賜文武官階勳，民年七十以上至八十，賜古爵一級'，又'神龍元年九月，祀天地於明堂，賜文武官勳爵，民為後父者，古爵一級'，安君為'公士'，蓋曾賜古爵一級者也。誌稱安君之先出自'安息國王子，入侍於漢'，考《漢書·西域傳》'武帝始遣使至安息，王令將將二萬騎迎於東界，因發使隨漢使者來觀漢地，以大鳥卵及犁靬眩入獻於漢'，《後漢書》'（章帝）章和元年，安息王遣使獻獅子、符拔（符拔形似麟無角）'，而無王子入侍之文。前朝故事，賴碑誌以傳者，可補史冊之缺矣。安君祖瞻，'唐左衛潞川府左果毅'、'潞川府'，唐折衝府，《張燕公集》'平冀州賊契丹等露布'有'左衛潞川府果毅員外置同正阿史皎'。安君終於'醴泉里'之私第，《長安志》：醴泉坊在金城坊次南，為唐皇城西第二街十一坊之一，有烈士臺世傳、安金藏之居，'金藏'與'令節'居同里，時代亦相若，或者其族姓歟？"

［四］《陝西石刻文獻目錄集存》稱："原在長安縣龍首原，後歸匋齋。石方一尺八寸，縱橫二十七格。"

校者按："安氏"本西域安國胡，漢世來歸，以國為氏，其後或避亂遼東，或宅茲涼土，至唐有安抱玉為宰相，後賜李姓，此其族遷徙流傳之大較也。可注意者，《新唐書·宰相世系表》稱武威安氏周、隋間為薩寶，姚薇元先生《北朝胡姓考》"安氏"條稱"薩寶為回紇語 sartpau 之音譯，乃管理西域祆教徒之職銜，祆教為安息胡教，安氏為涼州武威薩寶，可證此氏原出安息"（中華書局，1962年，384頁），薩寶本為西域管理祆教之職銜，而北朝於涼州武威設立此職，說明當時居於此地之祆教徒已不在少數，需設專職以管理其宗教事物，由此可見河西地區此時不同宗教、文化之間的交集和互動已經非常豐富。此外，安氏擔任薩寶一職並不只限於武威一地，北周大象元年（579）十月《大周大都督同州薩保安君墓誌銘》稱誌主安伽為"姑藏昌松人"（《西安北郊北周安伽墓發掘簡報》，《考古與文物》，2000年6期），其與令節當同出一族（誌稱伽父"突建，冠軍將軍、眉州刺史"，其名未見《宰相世系表》及《元和姓纂》），誌云安氏"誕之宿祉，蔚其早令。不同流俗，不雜囂塵。績宣朝野，見推里閈，遂除同州薩保"（"薩保"即"薩寶"），《隋書·地理志》馮翊郡下注云"後魏置華州，西魏改曰同州"（中華書局，1973年，809頁），安伽所任薩保一職已在關中地區，則祆教之流傳已漸次西進至於長安了。

401

許公夫人楊氏

(景龍三年七月　見《存逸考》卷一"西安府上")

　　(缺)詠常流非乎高韻自然，靈心無閡，曷能詔問[一]聯古，垂光不朽若是哉！府[二](缺)讓帝；平恩貴戚，敞丹第而封侯。弈葉承家，渝瀾浸遠，莫不光被金簡，炯(缺)夫興歎，當俟雄飛；蕭何以刀筆見稱，初猶雌伏。祖耀，隨滕王東閣祭酒。儀(缺)禮。父神，雅有奇節，居多勝氣，雖簪璽奪目，常泊如也。漆園非遁，自許逍遙，(缺)蹤，生甫初孩，聰而善對，孝悌由乎天性，仁慈發乎率由。自六經筆削之餘(缺)有之不習而妙[三]矣。貞觀年，制授杭州錄事[四]參軍。綱紀六曹，風飆四起，吳(缺)恩信察奸邪。葉縣飛鳧，時來謁帝；中牟乳翟，化及游童。豈唯我述冥恩庸(缺)隆二年，制除恒州司馬。城鄰代野，塞□胡郊，俗負雄邊，人多俠氣。爰自(缺)農桑，張露冕之風，裕題輿之績，嚴城偃柝，偵櫓銷鋒，家含鼓腹之歌，人有(缺)戶。文明年，突厥猖狂，潛伺寇掠，寒膠既折，凍冰[五]初堅，占滿月而宵飛，漲秋(缺)城思周，靈契馬生，則揚煙保穀，精無無方，卒令醜類潛奔，兇徒駭散。尋除(缺)佐，將謂鹽梅利往，鼎調飪於槐司；簪紱時來，節聲明於袞路。而輔仁徒說(缺)六月七日，寢疾卒於私第，春秋六十五。夫人華陰郡君楊氏，赤泉鴻胤，朱(缺)周別生而玉度，長協金箱，奉柔訓以宜家，繕榛修而主饋。若乃篆組之飭(缺)歲通天二年正月五日，春秋七十六，卒於私第。子彥協等思極終憂，情逾(缺)禮，以景龍三年七月十九日合葬於長安縣西龍首原，禮也。若夫纂撰家（缺）深碑遷山頂，而其中有象，與恍忽而無窮，人莫不知其貫幽明而獨在者，不（缺）色絲之雄續，哀哉！俾九原之可作，知孝心於古石。頌曰：

（缺）起乎賢林。嵩邱之陽，汝墳之陰。時之永矣，東箭南金。二祖肅肅，道為君子。（缺）光文史。皇考恬素，獨酌玄猷。風情隘俗，文氣橫秋。濯纓滄渚，洗耳清流。（缺）傳其淑。幽蘭作操，叢蓍韞卜。精動時主，人徵象木。鶴鳴在陰，鴻飛于陸。（缺）生綵詞。情忘恥過，獄去惟疑。災蝗避境，奸吏懲欺。我求寺任，翩然遙集。筆（缺）靡[六]及。北門雄鎮，南望邊衝。戎塵每舉，漢甲常逢。自從為政，亭絕飛烽。允[七]（缺）桑是競。戶聞恥革，家興廉正。旋[八]降璽書，恭承爵命。咨運流之何止，痛□（缺）已窟。碑表徒象，光靈永歇。無復明鏡照春顏，唯有霜枝掛秋月。

陝縣尉河東柳紹先撰，荊府法曹隴西李為仁書。

原誌殘缺，僅存二十六行，每行字數無考。誌中"寢疾"譌"寑疾"，"耻"字兩見，即"恥"字也。(《補寰宇訪碑錄》卷三。《關中金石文字存逸考》卷一。《古志石華續編》卷一。《八瓊室金石補正》卷四九。《唐文續拾》卷一七。《陝西金石志》卷一一。《續修陝西通志稿》卷一四五。《咸寧、長安兩縣續志》卷一三。《北京圖書館藏中國歷代石刻拓本彙編》二〇冊八二頁。《唐代墓誌彙編》一〇九三頁。)

[校記]：

[一] "問"，《新編》作"聞"，今據其他各本改。

[二] "若是哉！府"，《新編》作"□是哉□"，今據《唐文續拾》《唐代墓誌彙編》補。

[三] "妙"，《新編》作"好"，今據其他各本改。

[四] "事"，《新編》作"司"，今據其他各本改。

403

［五］"冰"，《新編》《八瓊室金石補正》《金石粹編補略》作"水"，《唐代墓誌彙編》作"冰"，北圖藏拓作"水"，審文意，當以"冰"為是，今據改。

［六］"靡"，《新編》未錄作"□"，今據《唐代續拾》補。

［七］"允"，《新編》所錄與諸本同，《唐代墓誌彙編》作"元"。

［八］"旋"，《新編》作"族"，今據其他各本改。

[匯考]：

［一］《金石粹編補略》稱："石長方二尺六寸。正書，廿五行，行僅餘二十八字。"

又稱："此碑失去上截，恒州司馬之姓名均無可考，惟有'六月七日痁疾卒於私第，春秋六十五'一行尚有明文。夫人楊氏卒於萬歲通天二年，以景龍三年合葬，歷歷可按。銘詞亦止缺上截，是以不能成誦。所幸書、撰人姓名、官次現俱備，具字極疏秀，搨本亦甚清朗，其界格甚細，且絲絲可辨。想近時出土，蘭泉先生是以未經采入，惟以失去上半為可恨耳。"

［二］《八瓊室金石補正》稱："高二尺一寸三分，寬二尺八分。二十六行，行二十八字，上缺，字徑六分，正書。在長安。"

又稱："《補訪碑錄》載此刻云：'《楊氏合葬殘碑》，正書。景龍三年七月，陝西長安。'又云'《殘墓誌》，李為仁正書，柳紹先文。景龍三年七月，陝西長安'；又於'失編'內云'《殘墓碑》，李為仁正書。景龍三年七月十九日'。魏錫曾以文中有'讓帝平恩貴戚'字，考為許氏一碑，三列，亦已疏矣。誌殘缺不見姓名，魏氏以為許氏，未見其說。祖名耀。父名神，子名彥協，亦無可考其事蹟。可見者，貞觀年授杭州錄事參軍，永隆年除恒州司馬，文明年禦突厥有功而已。"

［三］《關中金石文字存逸考》稱："全文見《古志石華續編》。……今在西安府學碑林。案此石題銜、姓氏已泐，文內敘述家世有'讓帝'字，蓋用許由讓天下事，又云'平恩貴戚，敞丹第而封侯'，蓋用《漢書·外戚傳》許廣漢事，因定為許氏云。誌中'痁疾'之'痁'，當係'寢'之譌。《隋書·百官志》'親王有東、西閤祭酒

各一人',《新唐書·百官志》'上州錄事參軍一人,從七品上;中州錄事參軍一人,正八品上;下州錄事參軍一人,從八品上',杭州,上州也。又志云'上州司馬一人,從五品下;下州司馬一人,從六品上'。"

[四]《陝西石刻文獻目錄集存》稱:"出土地不詳,現存西安碑林。誌石方二尺八寸,二十六行,行二十八字,字徑九分。"

鄭玄果

（開元二年十二月　見《存逸考》卷一"西安府上"）

大唐故右衛中郎將兼右金吾將軍同安郡開國公鄭府君墓誌銘并序

粵若稽古,周之德也,逮宣王母弟,俾侯於鄭,然後有諸侯邦國焉。武公父子匡政王室,然後有周鄭交質焉。及其河洛歸民,虢鄶獻邑,羔裘所以潤色鴻業,雞鳴所以國諷詁[一]訓,而後門見蛇鬭,鼎嘗龜立,陽城入晉,員氶添韓,俗泯時移,姓因國號,自茲以降,世[二]弗乏賢。北海儒門,縉紳仰其高躅;關西驛騎,冠冕欽其甲弟。

公諱玄果[三],滎陽開封人也。其先祖仕魏,名高當代,功冠朝倫。時島夷弗庭,貂戈未戢,迺輟為東光侯,鎮諸滄海,于今裔冑,尚守其業。祖德通,隋平州諸軍事、平州刺史。脩以文德,服以遠人,中外咸寧,夷夏弗擾。父仁泰,少好奇數,預識安危,屬隋綱馳網,諸侯問鼎,人憂塗炭,士弗聊生。武帝建旗,侍鑾輿而吊罪;文皇受禪,翊龍飛以底功。天下所以削平,社稷由其致固。除靈州都督、左武衛將軍、右武衛大將軍,進爵同安郡開國公,食邑二千戶,實封二百戶,銀書鐵券,山河帶礪,卒於涼州都督，謚曰襄。公起家文德皇后挽郎，解褐曹王府兵曹、趙王府法曹，優遊磐石之國，馳騁衣冠之地。轉豳州錄事參軍，舊周則新平漆縣，經紀則提目六曹。遷伊州長史、代州司馬。自西徂北，撫邊鄙以全邦；無私徇公，佐方岳之半刺。未逾旬月，除[四]尚乘奉御，閑廄藉其襟帶，騏驥資其剪拂。遷左率府郎將，乘星夜警，趨少海之波瀾；候月春宮，仰搖山之氣色。除右衛親府郎將、右衛翊府中郎將，爪牙丹禁，鉤陳紫闥。以公恪勤奉職，重加朝命，仍兼右金吾將軍，襲爵同安郡公，委以倉廩，留守京師。榮深寵厚，勳名將衛霍齊驅；道合時來，賞契與山河共畢[五]。主上深思侍衛，追赴洛陽，寄以腹心，弗遑靡鹽。加以劬勞鈐禁，夙夜匪懈，無寧晏寢，邁以膏肓，從此彌留，方隨大漸。以大唐垂拱元年六月十九日卒於位，春秋六十有三。則天大聖皇后痛心哀掉，降使臨祭，別敕造靈轝，給傳郵遞，送至京宅。公與物無競，深恩厚仁，嚮風慕義，悲感行路。

夫人河南郡君河南元氏，後魏景穆皇帝第九子南安王禎七代孫，右衛將軍壽之姪，右驍衛郎將備之女。夫人德潤珪瑾，質敷蘭蕙，舍華方鏡，積昭[六]圓流。於是占夢維蛇，有巢維鵲，作配君子，以降褕狄，標梅無虧於三實，夭桃不爽於九華。既下銅雀之臺，還入和鸞之詠，雅量溫麗，柔姿閑靡，彤[七]管符於稷下，清婉合於淹中。詩禮抑揚，自有椒花之頌；箴規娣姒，非無秋菊之銘。不以驕奢而遺鼎俎，不以富貴而捐紡績，六行克著，四德孔脩，信可謂儀形邦教，丹青閨訓。嗟乎！寒泉夕閱，風樹景搖，仙草途[八]遐，靈香路邈，無復陽臺之雨，空餘魏闕[九]之雲。春秋五十有三，以大唐永淳元年二月十四日寢疾，終於京師龍首里之第。以開元二年歲次甲寅十二月廿九日與公合葬於承平里之原，禮也。長子同安郡開國公、行閬州晉安縣令常[十]嗣等，哀纏薤露，痛結號天，嗚呼哀哉！改卜有典。功成身退，雄威將壯氣俱銷；位達名歸，墨綬與丹青弗朽。閟佳城而鬱鬱，瞻大樹而亭亭，刻石泉扃，列松塋表，播芳猷於萬古，垂令譽於千秋。其銘曰：

欽若宗周，分天錫地。邑封十號，派流千祀。其政維何？平王卿士。其間維何？虢公猜貳。虢鄶獻邑，周鄭交質。詠結緇服，符呈丹字。互宿恒明，芣山弗圮。（其一）姓因國立，人稱潁靈。婚冠之鏡，縉紳之衡。名高北海，價重西京。儒門捲舌，豪族吞聲。推棘知讓，驅毛見迎。（其二）雎鳩有德，和鸞有聞。粉澤閨戶，丹青閫門。玉折知美，蘭摧必芬。空悲陟岵，徒想幽墳。（其三）原隰塊軋，煙雲悽慘[十一]。素駕迴輪，蒼山迥瞰。松悲月照，禽啼夜感。白楊蕭蕭，傷心碎膽。（其四）

原誌石刻三十六行，行三十四字，正書。（《香南精舍金石契》。《關中金石文字存逸考》卷一。《古志石華續編》卷一。《唐文拾遺》卷六五。《八瓊室金石補正》卷五〇。《續語堂碑錄》癸。《匋齋藏石記》卷二一。《陝西金石志》卷一一。《續修陝西通志稿》卷一四五。《咸寧、長安兩縣續志》卷一二。《北京圖書館藏中國歷代石刻拓本彙編》二一冊二七頁。《唐代墓誌彙編》一一五八頁。）

[校記]：

[一]"詰"，《新編》所錄惟左半"言"傍，右半只錄上"十"，今據其他各本補。

[二]"世"，《新編》作"廿"，其他各本作"世"，北圖藏拓為"世"字缺筆，與"廿"字形相似，當是避太宗諱，今據改。

[三]"果"，《八瓊室金石補正》作"杲"，誤。

[四]"除"，《新編》作"餘"，今據其他各本改。

［五］"畢"，《新編》所錄與其他諸本同，《唐文拾遺》作"華"。

［六］"昭"，《新編》作"照"，今據其他各本改。

［七］"彤"，《新編》作"銅"，誤，今據其他各本改。

［八］"途"，《新編》作"逾"，今據其他各本改。

［九］"闕"，《新編》作"閾"，其他各本均作"闕"，按：闕，吳任臣《字彙補》云"俗'闕'字"，今據其他各本改。

［十］"常"，《新編》所錄不全，似"山"字，《匋齊藏石記》作"常"，其他各本未錄作"□"，今據《匋齊藏石記》補。

［十一］"慘"，《新編》作"悽"，今據其他各本改。

[匯考]：

［一］《八瓊室金石補正》稱："高一尺七寸七分，廣一尺八寸四分。三十六行，行三十四字，字徑四分，正書，方界格。"

又稱："右《右衛中郎將鄭玄杲墓誌》當在長安出土。玄杲（校者按：杲當為果）卒於垂拱元年，夫人元氏先卒於永淳元年，至開元二年合葬，距夫人之歿已卅二年。距玄杲之歿亦廿九年矣。玄杲及其祖德通、父仁泰史皆無傳，夫人之先南安王'禎'，史作'楨'，誌誤木旁為示，《隋書》《北史》有《元壽傳》，官至右光祿大夫，兼右翊衛將軍，卒於大業七年。《周書》亦有元壽（見《元偉傳》），官侍中、驃騎大將軍、開府儀同三司、鄘州刺史，皆非此元壽也。《元和姓纂》南安王后有武壽，官左武衛將軍，與此亦不甚合。標題稱'同安郡開國公'，唐無'同安郡'，入唐尚襲隋爵也。玄杲起家文德皇后挽郎，不見於官志，當是尚輦局所屬。解褐曹王府兵曹、趙王府法曹，曹為明所封，趙為福所封，皆太宗子。豳州新平，本漢漆縣地。誌避'世'、'民'等字，而'泯'字獨未缺筆。'輟為東光侯'，'輟'疑'出'字之誤。……'舍華方鏡'，'舍'乃'含'之誤。……'玄杲'之'杲'頗似'果'字，《補訪碑錄》作'果'，其以十二月為十一月，非。"

［二］《匋齋藏石記》稱："石高一尺七寸七分，廣一尺八寸七分。三十六行，行三十四字，正書。"

又稱："《元和姓纂》載'鄭氏出鄭桓公，子孫以國為氏，後徙滎陽開封，晉置滎陽郡，開封隸焉，遂為郡人'，與此誌合。誌并序鄭國始末，大率出《春秋·內外傳》《史記·鄭世家》及《毛詩·鄭譜》，惟《史記》鄭、韓兩世家俱作'負黍'，此作'員黍'，當是筆誤。'北海儒門'自指康成，'關西驛騎'，當指鄭當時置驛通賓客事。誌稱'先祖事魏，名高當代，功冠朝倫'，而不書其名，考《魏書·鄭羲傳》附列宗族子姓多至六十餘人，無封'東光侯'者，'島夷'即指南朝劉宋齊梁諸代，《魏書》於南朝諸帝皆書以'島夷'，且為別立《島夷傳》，是其證也。祖'德通'，《隋書》亦無傳，《地理志》於北平郡下云'舊置平州'，德通官平州刺史，大約當在隋初矣。父'仁泰'，新、舊《唐書》皆無傳，考《通鑒》'顯慶五年八月，左武衛大將軍鄭仁泰將兵討思結、拔也固、僕骨、同羅四部，三戰皆捷，追奔百餘里，斬其酋長而還。龍朔元年十月，回紇與同羅、僕骨犯邊，詔左武衛大將軍鄭仁泰為鐵勒道行軍大總管，以劉審禮、薛仁貴為副。二年三月，鄭仁泰等敗鐵勒於天山。三年正月左武衛將軍（《舊紀》'將軍'上有'大字'）鄭仁泰討鐵勒叛者餘種，悉平之。五月，上以涼州都督鄭仁泰為青海道行軍大總管，帥獨孤卿雲等分屯涼、鄯二州以備吐蕃'，《舊書·高宗紀》僅書仁泰平鐵勒餘種，餘皆不載。《新紀》則歷歷書之，據此則仁泰亦當時名將，戰功甚著，而兩史皆不為立傳，殊不可解。此誌書仁泰官爵甚詳，足可補史之缺。惟仁泰兩為行軍大總管，誌皆未敘，誌稱'右武衛大將軍'，而諸史皆作'左'，未知孰是。考《百官志》'左、右武衛大將軍各一人'，據《通鑒》，則顯慶五年為左武衛大將軍者乃蘇定方，不應同時有二人，似當以誌為正。'武帝'謂高祖，新、舊《紀》皆云'高祖初謚太武皇帝'。《舊書·地理志》'靈州都督府，肅宗即位，靈武升為大都督府，涼州於咸亨元年亦升為大都督府，上元二年改為中都督府'，誌稱仁泰卒於'涼州都督'，而不加'大'字，則其時尚未升可知，是仁泰之卒必在咸亨元年以前矣。《舊書·太宗諸子傳》'趙王福，太宗第十三子，出後隱太子建成。曹王明，太宗第十四子，繼巢剌王元吉'，兵曹、法曹皆其參軍事，親王府有功、倉、戶、兵、騎、法、士七曹。'豳州'治新平縣，開元十三年改為'邠'，此誌作於二年，故尚用'邠'字。《通典》載'錄事參軍掌總錄眾曹文簿'，故此志謂其'提目六曹'。

409

《舊書·職官志》載'上州有功、倉、戶、兵、法、士六曹'，正與此合。《新書》增入'司田'，則為七曹，今證以此誌，當仍從舊史。'伊州'，今哈密，為西邊；'代州'，古雁門，為北邊，故下文云云。'尚乘局'屬殿中省，奉御二人，正五品下。《舊書·百官志》載十六衛之制有'左、右驍衛'、'左、右武衛'、'左、右金吾衛'，而首曰'左、右衛'，各有大將軍及將軍所屬。親衛之府一，曰親府；勳衛之府二：曰勳一府、勳二府；翊衛之府二：曰翊一府、翊二府。每府中有中郎將及左右郎將，太子左右率府所屬亦同，而品差降。凡爵九等，四曰開國郡公，食邑二千戶，正二品。命婦有六，四品母、妻為郡君。夫人為後魏南安王禎七代孫，考《魏書》《北史》，'禎'皆作'楨'。'劉椒房'出景穆皇帝十四男，惟文成帝為長子，見於《本紀》。其餘序次皆不著，據此誌則楨為第九。楨有五子：曰英，曰怡，子孫繁盛，皆附見楨傳，餘三子無考。夫人為備女，壽姪，其淵源莫能上溯矣。'淹中'當是'奄中'之誤，《太平寰宇記》引《續漢郡國志》云'奄中，古奄國'，《史記》云'從郭出魯奄中'，張茂先云'即魯之奄里'，此與上'稷下'為對，則即魯奄中無疑。'閬州'屬山南西道，'晉安'本晉城，武德中避隱太子名改。'邑封十號'，即虢、鄶所獻之十邑，《國語》韋昭注十邑謂：'虢、鄶、鄢、弊、補、丹、依、䣜、曆、華也。'……玄果以垂拱元年卒，夫人又前卒數年，乃至開元二年始葬。蓋相距越三十年矣。"

［三］《關中金石文字存逸考》稱："全文見《古志石華續編》。……此石今藏渭南趙乾生詹事元中家。誌之下方邊際尚有字跡可辨，蓋磨舊石而重刻者，唐誌似此類固甚多也。玄果之名不見於史傳，其父仁泰之名屢見《新唐書·高宗本紀》及《高麗傳》中，貞觀二十一年，以李勣為遼東道行軍大總管，右屯衛大將軍鄭仁泰副之。……今誌中所載仁泰官爵多與史合。"

［四］《陝西石刻文獻目錄集存》稱："原在西安。石高一尺七寸七分，廣一尺八寸七分。三十六行，行三十四字。"

韋希損

（開元八年正月　見《存逸考》卷一"西安府上"）

大唐故朝議郎京兆府功曹上柱國韋君墓誌銘并序

君諱希損，字又損，京兆杜陵人也。□[一]祖量，魏散騎常侍，生[二]高祖瑗，隋陽武令；瑗生曾祖知□，□□建伯，勳領齒州刺史，生祖仁儉，儉早終；生考嗣業，皇□□世[三]為蓬閣[四]之秀。君即秘書公第二子也。少孤而元兄又歿[五]，友于諸弟[六]，鄉[七]党嘉焉。學則不固主忠信，行有餘力而親仁。□歲[八]□□□馬遷之史，廿而冠，洞先儒之經。起家國子生擢第[九]，補梁[十]州城固主簿。一命隨牒，不以臧否經[十一]懷；三載視人，豈與[十二]徒勞屑意。秩滿，歷渭南、藍田二縣尉。下車未幾[十三]，穆如清風。時京尹河東薛公昶偉君之才[十四]，引為四[十五]部尉，□□萬年縣丞[十六]。自西徂東，政不易[十七]□，台伯鼎[十八]相，誇[十九]能者久之。□詔[二十]除京兆府功曹，士歎後時也[二一]。嘗應制和蔡孚《偃松篇》曰："大[二二]廈已成無所用，唯將獻壽答堯心。"作者稱之，深以為遺賢雅[二三]刺矣。由是不可[二四]得而求進，每推遭遇以遣機。悲夫![二五]君子道消，日月逝矣，終而為恨，其唯君乎？享年六十有三，開元七年八月九日傾於新昌里第之中堂。先是，誠次子璞玉曰："昔有虞氏瓦棺，夏后氏堲周，逮德下衰，以寶玉崇窆，浮侈蒿目，我不忍為也。不諱之日，尔其誌之。"及渾金等鞠然在艱，罔知所從，乃祗遵先訓，卜宅之□。以[二六]開元八年歲躔庚申正月八[二七]日，奉神輿權安[二八]厝於城東南曲池里，禮也。櫬中唯貯紙筆、古集六卷，設熬置銘。其詞曰：

我祖哲兮，我君是繼。小子各天兮，不孝於世[二九]。松檟日已拱，尊猷靡嫛兮。

□[三十]子璞玉撰文。

原誌石刻二十二行，行二十三字，正書。(《續語堂碑錄》丁。《懷岷精舍金石跋尾》。《關中金石文字存逸考》卷一。《古志石華續編》卷一。《唐文拾遺》卷一八。《八瓊室金石補正》卷五一。《匋齋藏石記》卷二二。《陝西金石志》卷一一。《續修陝西通志稿》卷一四五。《咸寧、長安兩縣續志》卷一二。《北京圖書館藏中國歷代石刻拓本彙編》二一冊一一七頁。《唐代墓誌彙編》一二一九頁。)

[校記]：

[一] "也。□"，《新編》未錄，今據其他各本補。

[二] "生"，《新編》未錄作"□"，今據其他各本補。

[三] "皇□□世"，《新編》未錄作"□□□□□"，今據其他各本刪補。

[四] "閣"，《新編》未錄作"□"，今據其他各本補。

[五] "歿"，《新編》作"殞"，今據其他各本改。

[六] "弟"，《新編》未錄作"□"，今據其他各本補。

[七] "鄉"，《新編》未錄作"□"，今據其他各本補。

[八] "歲"，《新編》未錄作"□"，今據其他各本補。

[九] "擢第"，《新編》未錄作"□□"，今據其他各本補。

[十] "梁"，《新編》未錄作"□"，今據其他各本補。

[十一] "牒，不以臧否經"，《新編》未錄作"□"，今據其他各本補。

[十二] "人，豈與"，《新編》未錄作"□"，今據其他各本補。

[十三] "未幾"，《新編》未錄作"□"，今據其他各本補。

[十四] "才"，《新編》作"事"，其他各本作"才"，北圖拓本

殊模糊難辨，審上下文意，當以"才"為是，今據改。

［十五］"為四"，《新編》未錄作"□"，今據其他各本補。

［十六］"縣丞"，《新編》未錄作"□"，今據其他各本補。

［十七］"易"，《新編》未錄作"□"，今據其他各本補。

［十八］"台伯鼎"，《新編》未錄作"□□□□"，今據其他各本刪補。

［十九］"誇"，《新編》未錄作"□"，今據其他各本補。

［二十］"詔"，《新編》未錄作"□"，今據其他各本補。

［二一］"也"，《新編》未錄作"□"，今據其他各本補。

［二二］"大"，《新編》未錄作"□"，今據其他各本補。

［二三］"遺賢雅"，《新編》未錄作"□"，今據其他各本補。

［二四］"可"，《新編》未錄作"□"，今據其他各本補。

［二五］"悲夫"，《新編》未錄作"□"，今據其他各本補。

［二六］"以"，《新編》未錄作"□"，今據其他各本補。

［二七］"八"，《新編》未錄作"□"，今據其他各本補。

［二八］"安"，《新編》未錄，今據其他各本補。

［二九］"世"，《新編》未錄作"□"，今據其他各本補。

［三十］除《新編》外，其他各本"子"前無字，毛氏未識作"□"，當以《新編》所錄是，據誌序璞玉為希損次子，則"□"字或當為"次"字也。

［匯考］：

［一］《懷岷精舍金石跋尾》稱："按《唐書‧宰相世系表》小逍遙公房'篆曾孫弘瑗，隋武陽令；弘瑗次子知止，庫部郎中'，子失名，孫嗣業，不書官位。嗣業二子：長曰希；次曰損。希子朗，損子常。按此誌，則瑗為'陽武令'，而表誤'武陽'。瑗之父，《表》不書，而知名'量'，為魏常侍。'知'下泐一字，當為'止'，賴《表》以補之。'仁儉'之名，《表》失書，賴是誌以補之。'嗣業'，《表》不書官位，誌於'皇'字下泐二字，下云'君即秘書公第二子'，則'嗣業'當為秘書監官，《表》既失書，而又誤以'希損'一人為二人，然誌云'少孤，而元兄又歿，友于諸弟'，則希損亦非無兄弟也。誌云'先是誠次

子璞玉'，又云'及渾金等鞠然在艱'，是希損二子，長渾金，次璞玉，而《表》之所書'曰朗、曰常'，其是否即'渾金'、'璞玉'，不可考矣。誌云希損'起家國子生擢第，補城固主簿，歷渭南、藍田二縣尉，京尹河東薛公昶偉君之才，引為四部尉，除京兆府功曹'，按'河東薛公昶'即薛季昶，《唐書·良吏》有傳，其為京尹，則久視元年也。誌又云'嘗應制和蔡孚《偃松篇》曰：大廈已成無所用，唯將獻壽答堯心。作者稱之，深以為遺賢雅刺矣。由是不可得而求進'，是希損之罷官由詩禍也。'櫬中唯貯紙筆、古集六卷'，亦墓誌中所罕見。"

〔二〕《八瓊室金石補正》稱："高一尺一寸五分，廣一尺七寸強。廿二行，行廿三字，字徑四分，正書。在西安。"

又稱："考《新唐書·宰相世系表》韋氏'逍遙公房'出自'東眷'，'穆曾孫鐘，鐘生華，隨宋高祖渡江，居襄陽。生元，以太尉掾召，不赴。二子：祖征，光祿勳；祖歸，寧遠長史。祖歸三子：纂、闡、叡。纂，南齊司徒記室參軍。曾孫弘瑗，隋武陽令，二子：德倫，任邱令；知止，庫部郎中。知止孫嗣業，嗣業二子：希、損。希子朗，損子常'。此誌述韋氏先世云'高祖瑗'，當即《表》所列之'弘瑗'。《表》曰'武陽令'，蓋'陽武'之誤。'陽武'屬滎陽郡，'武陽'屬武陽郡，鄭、魏不同也。'瑗'父名'量'，'嗣業'父名'儉'，表皆闕焉。嗣業官秘書省，碑已闕泐，不詳所職。《表》分'希損'為二人，殊誤。並不言官功曹，皆當據碑校正之。碑云'少孤，而元兄又歿，友于諸□'，則希損固有幾弟，無從考矣。碑'曾祖知'下闕字，疑即'止'字，而官職不符，或別有名'知□'者，《表》所闕失，世系亦誤，未可定也。至希損之子名均不符，或後來改名，或所傳偽誤，未可臆斷。希損遺命，切誡浮侈，其子恪遵先訓，僅用紙筆、古籍，均足為矜式，亟表而出之。'敖者'，煎穀也。設敖，用《周禮·小祝》文，注云：'棺既蓋，設於其旁，所以惑蚍蜉也。'《儀禮·士喪禮》：'敖黍、稷各二筐，設敖禮之古者。'今吾鄉葬親，置飯一盂於壙，即此遺意。然俗尚相沿，輒謂享祀綿長，不至如若敖之餒，昧厥緣起，莫知之矣。'卒'書'傾'，它碑未見。"

〔三〕《關中金石文字存逸考》稱："全文見《古志石華續編》。……此石今藏渭南趙乾生詹事元中家。……誌有'設敖置銘'

語，案'設熬置銘'見《周禮·春官·小祝》。《新唐書·百官志》：'中書省所屬秘書省，監一人，從三品；少監二人，從四品上；丞一人，從五品上；秘書郎三人，從六品上；校書郎二人，正九品上；京兆府功曹參軍事二人，正七品下。'"

[四]《匋齋藏石記》稱："石高一尺一寸八分，廣一尺一寸一分微強。二十一行，行二十三字。界有棋格，正書。"

又稱："右韋君之先，自'量'以及'嗣業'皆無考。其曾祖下有'建伯勳'一語，當是從唐高祖元從之功，官幽州刺史者，與高祖改郡為州，改太守為刺史正合。……韋以國子生任城固主簿，其'州'上蝕去一字，應是'梁'字，城固屬梁州漢中郡，開元十三年改為褒州，韋卒於開元七年，知仍為梁州也。誌言'京兆尹河東薛□□偉君，引為四部尉'，考《舊書·職官》《新書·百官志》，並無'四部尉'之名。《六典》云'後漢有東部、西部、南部、北部尉，魏氏因之。皇朝武德初，始置尉六人'，此云'四部尉'，當存以俟考。……此誌漫漶已極，於日中諦視一時許，始能釋文如右。韋君以'璞玉'、'渾金'名子，隱以山巨源相期。又以應制和詩得名，亦可謂風流好事者，乃無他書證君仕履，殊為可惜。文中言'設熬置銘'，'熬'之字畫顯豁，此義於古無徵，究不知為何字之誤也。"

[五]《陝西金石志》稱："按此石於光緒二十八年為匋齋攜去，字跡漫漶已甚，細心諦視，可得八九。"

[六]《陝西石刻文獻目錄集存》稱："原在西安。石高一尺一寸五分（《陝志》是一尺一寸八分），廣一尺一寸七分（《陝志》是二分）。二十二行，行二十三字，字徑四分。"

校者按：《新唐書·宰相世系表》希損高祖作"弘瑗"，誌作"瑗"，當是避唐孝敬諱省"弘"字。又，景雲二年希損為其姑撰《大唐故司勳郎中楊府君夫人韋氏扶陽郡君墓誌銘并序》，誌敘其先世稱"高祖量，周使持節、撫軍大將軍、散騎常侍、汝南縣開國子。……曾祖瑗，陽武令，襲汝南子。……大父德倫，皇朝瀛洲任丘縣令。……父仁慎，皇朝雍州參軍、同州司戶、屯田、駕部員外、朝請大夫、兵部郎中"（《唐代墓誌彙編續集》，上海古籍出版社，2001年，445頁），其書

415

先代官爵較本誌為詳。希損於景雲二年撰文時結銜為"朝議郎、行萬年縣丞"，本誌稱"時京尹河東薛公昶偉君之才，引為四部尉，□□萬年縣丞"，李氏《懷岷精舍金石跋尾》以薛公為薛季昶，希損為四部尉當在薛氏久視元年（700）任京兆尹後，而最晚至景雲二年（711）希損已任萬年縣丞。

沙陁夫人阿史那氏

（開元八年三月　見《存逸考》卷三"長安縣上"）

　　大唐銀青光祿大夫金滿洲都督賀蘭軍大使沙陁公故夫人金城縣君阿史那氏墓誌銘

　　夫人姓阿史那氏，繼往絕可汗步真之曾孫，竭忠事主可汗、驃騎大將軍斛瑟羅之孫，十姓可汗、右威衛大將軍懷道之長女也。自冒頓驕天，聲雄朔野，呼韓拜闕，禮襲京朝，殊寵冠於侯王，深誠見乎餘羨。夫人天姿淑美，雅性幽閑，自然貞檢之容，暗合蘋蘩之訓。年十有七，歸於沙陁氏，封金城縣君。勤於輔佐，外彼榮滿，藩部所以清謐，戎馬所以滋大。宜其椒衍盈升，保寧榆塞，豈謂桂華渝彩，已矣蒿歌。春秋二十五，以開元七年八月二十四日遘疾，終於軍舍。沙陁府君悲興異室，感極如賓，雖大夜同歸，將鼓盆而自遣；而方春搖落，詠長簟而纏懷。粵以八年三月二十九日遷祔於長安縣居德鄉龍首原先公特府君之塋，礼也。嗚呼！生挚榛栗，殁奉松楸。霜露之祀忽諸，蘭菊之芳無歇。嗚呼哀哉！乃為銘曰：

　　李華白兮桃復紅，歎零落兮委飄風。蘭有秀兮菊有芳，羌淑美兮不可忘。閟音容之寂寂，侍松檟之蒼蒼。

　　原誌石刻二十行，行十九字，正書。（《續語堂碑錄》丙。《開中金石文字存逸考》卷三。《古志石華續編》卷一。《唐文續拾》卷六五。《北京圖書館藏中國歷代石刻拓本彙編》二一冊一二四頁。《唐代墓誌彙編》一二二三頁。）

［匯考］：

［一］《關中金石文字存逸考》稱："全文見《古志石華續編》。……此石道光時出於長安，今為好事者攜去，未知移徙何處。《新唐書·沙陀傳》'沙陀，西突厥別部，處月種也。居金娑山之陽，蒲類海之東。有大磧名沙陀，故自號沙陀突厥云。永徽中，即處月地置金滿、沙陀二州，皆領都督。長安二年，以處月酋沙陀金山為金滿州都督。金山死，子輔國嗣。先天中，避吐蕃徙部北庭，率其下入朝。開元二年，復領金滿州都督'，誌中但稱沙陀公，不書其名，今以史考之，輔國領都督在開元二年，此誌作於開元八年，所謂沙陀公，當即輔國也。考《通鑒》胡身之注'金滿州隸北庭都護府，近古輪臺地'，《唐書·地理志》有'賀蘭州'，《回鶻傳》有'賀蘭都督府'，獨無'賀蘭軍'號，得此可補其闕。誌中所載阿史那步真以下汙名、官職均與《西突厥傳》同。《新唐書·百官志》：武散階四十有五，從一品曰驃騎大將軍。"

下毛氏《金滿州考》云："紀文達公《槐西集志》云：特納格爾（今為阜康縣，屬甘肅迪化，直隸州）為唐金滿縣地，尚有殘碑。吉木薩有唐北庭都護府故城（吉木薩一作濟木薩，在阜康縣東。古城領隊大臣駐紮之北，阜康縣丞駐焉），則李衛公所築也。週四十里，皆以土墼壘成。每墼厚一尺，闊一尺六寸，長二尺七八寸，舊瓦亦廣尺餘，長一尺五六寸。城中一寺已圮，石佛自腰以下陷入土，猶高七八尺。鐵鐘一，高出人頭，四圍皆有銘，鏽澀模糊，一字不可辨識。惟刮視字稜，相其波磔，似是八分書耳。城中皆黑煤，掘一二尺乃見土。……乾隆四十年，駐防大臣索諾穆策淩於其地得唐時殘碑石二方，有'金滿縣令'等字，知古城為唐金滿縣地也。又按：唐金滿縣應即漢車師後部金滿城地，漢時由車師前部北通後部金滿城之路當在今阜康縣東境之濟木薩，阜康東境與奇臺西境接，古城與濟木薩地本相屬，當為金滿縣東境。碑石原建處不必定在縣城也。據此，則今奇臺之西境、阜康之東

417

境均當為金滿故地無疑。何願船氏秋濤曰'拜塔克地以山名，其山在哈布塔克西，青吉斯河南岸，由拜塔克西南行三百里，至奇臺縣界，唐時以沙陁部為沙陁州，此其故壤也。又案奇臺縣隸鎮西府，東距府治六百九十里。奇臺縣，後漢為車師金滿城，唐為金滿州，又為金滿縣。今奇臺縣屬木壘城以西迄於阜康縣境特納格爾以東，正當今關展，古車師前部之北境，應皆金滿地也。金滿亦作金蒲，未知孰是'，案《後漢書・耿秉傳》作'金蒲'，《西域傳》作'金滿'，《文獻通考》引《後漢書・西域傳》亦作'金滿'，蓋字形相似而譌，實一地也。"

《沙陁考》云："《新唐書・沙陁傳》：'沙陁，西突厥別部，處月種也。居金娑山之陽，蒲類海之東。有大磧名沙陁，故號沙陁突厥云。永徽中，即處月地置金滿、沙陁二州。'風枝案：'處月二字，後轉為朱邪，唐末賜姓李氏，即五代後唐之祖。'《方輿紀要》云：'金山在庭州東南，西州西北，亦謂之金沙嶺，一名金嶺。唐貞觀中嘗置城為戍守處，曰金嶺城。開元中改西州，為金山都督府，亦以山名。又謂之金娑山，西突厥別部處月種居金娑山之陽，蒲類海之東，有大磧名沙陁，因自號沙陁。開元中，沙陁金山入貢，即李克用之先也。'……案：金娑山在今吐魯番北，山南曰陽，沙陁居金娑山陽，則在吐魯番之南矣。所謂'蒲類海之東有大磧名沙陁'者，即今吐魯番之南，羅布泊之東之大戈壁矣。是《沙陁傳》之'蒲類海'仍係指'蒲昌海'而言，非指巴里坤之巴爾庫爾泊，漢名'蒲類海'者而言也。"

［二］《陝西石刻文獻目錄集存》稱："正書。原在長安縣。"

張思道

（開元九年十月　見《存逸考》卷一"西安府上"）

大唐故處士張君之銘

篆蓋陰文，凡三行，行三字。右方有"咸豐甲寅長武縣鄉人掘土得石，汾陽韓鈐載歸珍藏"二十一字，正書。

唐故南陽縣開國男行貝州司兵參軍事[一]張府君墓誌銘

夫功崇惟志，業廣惟勤，才子趨班[二]，垂衣道長，忠臣奉國，文思化成。前哲克播彝倫，後胤傳乎載籍。

君諱思道，字勤王，京兆涇陽縣人也。門承鐘鼎，代襲珪璋。氏以國生，斑隋地進。才華挺出，文武秀成。弼諧聖謨，敷奏天闕。薦文儒則清河吐月，僉武士則黃石開符。列史攸存，遺編可驗者矣。曾祖魏輔國、驃騎大將軍，西郡公，諡曰恭。雄風貫代，壯氣凌雲，長劍倚天，揮戈退日。祖隨胡、勝二州刺史、皇朝梁州總管，諡曰順。襟靈雅澹，志節貞明，來蘇遠謠，惟良是賴，位昇九伯，名震二朝。父金紫光祿大夫、司馭正卿，贈原州都督，諡曰安。曠代逸才，博文多藝，僉能見寵，位處列卿。帝曰汝諧，星光照隴，功成身退，歸騎華山。始辭九列[三]之榮，終贈一藩之寄。公思理清遠，心鏡沖虛，膺五百之賢臣，仕[四]千年之聖主。解褐授綿州參軍，親連紫禁，譴發丹墀，望國門而斷心，瞻岱峰而謝魄。自貝州司兵參軍事，如意元年四月廿八日殞於私第，春秋五十有四。以開元九年十月十日遷祔於鹵州宜祿縣之西原，禮也。嗚呼哀哉！哲人長謝，魂兮遙遙[五]，語默斯隔。靈龜啟兆，仙鶴占墳。一代英雄，玉顏掩晦。万春令譽，金石流芳。其詞曰：

望自西涼，乘雲帝鄉。來朝北極，錫命南陽。門傳將相，代襲珪璋。猗歟宗祖，永嗣無疆。（其一）師尹赫赫，功業巍巍。根深葉茂，泉廣龍歸。二朝徵辟，九命聯輝。百城仰則，千里宣威。（其二）代秩公卿，雅譽清英。天王發詔，馹傳辭京。西戎退境，北狄銷兵。哲人其逝，牧馬悲鳴。（其三）承恩紫庭，贊洽貝城。琴前雉雛，鏡下鸞呈。月滿則缺，天道惡盈。暫逢淪翳，終冀康寧。（其四）清河霧斂，黃石霞霏。庭蘭掩馥[六]，□玉[七]沉。輝[八]哺

419

鳥群集，愁雲亂飛[九]。（以下缺）

原志石刻二十五行，今缺末一行，存二十四行，行二十四字，正書。（《關中金石文字存逸考》卷一。《古志石華續編》卷一。《唐文拾遺》卷六五。《八瓊室金石補正》卷五一。《匋齋藏石記》卷二二。《陝西金石志》卷一一。《續修陝西通志稿》卷一四五。《北京圖書館藏中國歷代石刻拓本彙編》二一册一五一頁。《唐代墓誌彙編》一二三八頁。）

[校記]：

[一]"事"，《新編》未錄作"□"，今據其他各本補。

[二]"斑"，《唐代墓誌彙編》錄作"班"，北圖藏拓作"斑"。下"斑隋地進"之"斑"同，不贅。

[三]"列"，《新編》未錄作"□"，今據《唐文拾遺》補。

[四]"仕"，《新編》未錄作"□"，今據《唐文拾遺》補。

[五]"遙"，《新編》未錄作"□"，今據《唐代墓誌彙編》補。

[六]"馥"，《新編》未錄作"□"，今據其他各本補。

[七]"玉"，《新編》未錄作"□"，《八瓊室金石補正》《唐文拾遺》作"玉"，《匋齋藏石記》《唐代墓誌彙編》作"桂"，今姑據《八瓊室金石補正》《唐文拾遺》改。

[八]"沉"，《新編》未錄作"□"，今據《唐代墓誌彙編》《匋齋藏石記》補。

[九]"亂飛"，《新編》於"愁雲"後稱"以下缺"，《匋齋藏石記》《唐代墓誌彙編》作"亂飛"，今據補。毛氏稱"原志石刻二十五行，今缺末一行"，然陸氏《八瓊室金石補正》稱"銘辭不全，或刻在碑側而拓者遺之"，端氏跋亦稱"銘詞當尚有二句，蓋因'愁雲亂飛'已當石盡處，故未竟其文，非斷缺也"，以此知石本廿四行，非如毛氏所稱"原志石刻二十五行，今缺末一行，存二十四行"矣。

[匯考]：

[一]《八瓊室金石補正》稱："方一尺四寸五分。廿四行，行廿

四字，字徑五分，方界格，正書。"

又稱："誌當在長武縣出土，今不明所在。誌敘思道先世，不詳其名，無從考證。誌云'遷祔於豳州宜祿縣之西原'，'豳州'開元中改為'邠州'，此作'豳'，知九年以前尚未改也。'宜祿縣'，今為長武，在邠州西北。……銘辭不全，或刻在碑側而拓者遺之耶？四旁俱有殘損。"

[二]《關中金石文字存逸考》稱："全文見《古志石華續編》。……此石今藏渭南趙乾生詹事元中家。……《隋書·地理志》有'勝州'而無'胡州'，得此可補其闕。《新唐書·百官志》：'武德初，邊要之地置總管以統軍，加號使持節，蓋漢刺史之任。有行臺、大行臺，其員有尚書省令一人，正二品，掌管內兵、民，總判省事。有僕射二人，從二品，掌貳令事。自左、右丞以下諸司郎中，略如京省。七年，改總管曰都督，總十州者為大都督。貞觀二年，去大字，凡都督府有刺史以下，如故。然大都督又兼刺史，而不檢校州事，其後都督加使持節則為將，諸將猶通以都督稱，惟朔方猶稱大總管。'又《百官志》云'吏部郎中掌文官階品有正、有從。自正四品以下，有上、下，為三十等'，'凡文散階二十九，正三品曰金紫光祿大夫'，又'太僕寺卿一人，從三品。永徽中，太僕寺曰司馭寺'。又云'中都督府都督一人，正三品'，又云'上州司功參軍事一人，從七品下；中州司功參軍事一人，正八品下'。爵九等，'九曰開國縣男，食邑三百戶，從五品上'。《方輿紀要》云：'唐邠州宜祿縣城在今陝西邠州長武縣東南。'"

[三]《匋齋藏石記》稱："石高、廣各一尺五寸二分。二十四行，行二十四字，字徑四五分，正書。"

又稱："誌敘曾祖以下皆不書名，《北魏》《唐書》諸人官、諡無相合者，無從考定。'西郡'，西魏時廢，此封'西郡公'，則在未廢之前也。'勝州'，大業初改榆林郡，'胡州'無考。案今山西臨縣永寧州，後周曾置'窟胡'、'定胡'二郡，蓋以劉淵都此得名。隋開皇中廢二郡，併入石州，後又改離石郡，豈中間曾改胡州而史失載耶？春秋鬍子國，在今潁州府阜陽縣境（《漢書·地理志》云'汝陰縣，故胡國'），自來無'胡州'之名。然秦叔寶封胡國公，知當時必有其地矣。唐太僕寺永徽中曰司馭寺，正卿一人，從三品。標題二字缺泐難

421

辨，據誌文知為'涇陽'及'同州'，'如'下所泐自是'意'字。開元十三年，以'豳州''豳'字類'幽'，改為'邠州'，誌作於九年，故仍作'豳州'，'宜祿'其屬縣也。書者喜用古體，亦多俗字。……銘詞當尚有二句，蓋因'愁雲亂飛'已當石盡處，故未竟其文，非斷缺也。"

校者按：據《新編》《存逸考》毛氏所錄，知此石清咸豐甲寅年（1854）於長武縣出土，先歸汾陽韓鉁，後為渭南趙氏所有，又轉匋齋所藏，其流傳轉徙大致如此。

來慈

（開元二十年　見《存逸考》卷十"宜君縣"）

大唐故康州司馬上柱國來府君墓誌銘

公諱慈，字思毓，南陽新野人，其先殷之□。或沉淪東夏，或翼贊南陽，珮帶銀[一]□，□□冠蓋[二]，史冊詳矣。曾祖演，周清水縣侯；宏材廣度，御下[三]□方。祖弘[四]，隋開府儀同，□毅明斷，事上無隱。父表，上谷郡丞，雅[五]志高尚，脫巾不[六]仕。公孝友因心，忠肅內[七]發，閭閻慕義，朝野欽風，起家擢授蓋松、唐安二府都尉。屬西戎不賓，河右時梗，迺拜公河右道鎮守副使。公丹青式舉，干戈未耀，酋渠革面，種落歸心。然淮夷叛[八]而逐其宗，都[九]□□而黜其族，由是左遷春州司馬。後南蠻蟻聚，嶺外蜂飛，廣州都督奏公行康州事。公示以明信，□以威武，踰山繈負，航海譯誠，其訓俗安邊，類若此也。既□秘略未究，奠夢興災[十]，泰山其頹，彌留邁疾，以神龍三年薨[十一]於府第，春秋六十有九。公繫象[十二]文武，獨得心靈，吳阪魯庭，無虧視鑒。公薨[十三]之日，知與不知，揮涕相趨，何止輟舂而已。夫人段氏，褒國公之長女，後夫人吳氏，大將軍志之小女，並母儀令淑，婦德幽閒，俱不終遐齡，先公而殁，開元二十年歲次壬申遷葬於坊州宜君縣石祠東原，禮也。長子斐，次子璟，早亡[十四]。次子邱，次子彝，彝子獎，女婿常令業等，崩心孺慕，泣血纏哀，懼陵穀之推遷，勒斯銘以騰實。□□曰：

悠悠我祖，肇自商殷。歸周佐漢，□馥[十五]蘭芬。或侯或伯，迺武迺文。德音秩秩，垂裕後昆。（其一）世載忠孝，惟公挺生。風流玉潤，道叶金聲。材高位下，心虛[十六]業□。刻石播美，敢[十七]勒芳名。（其二）

照裝本，書未詳行數、字數。（《關中金石存逸考》卷十。《古志石華續編》卷一。《八瓊室金石補正》卷五四。《陝西金石志》卷一二。《續修陝西通志稿》卷一四六。《北京圖書館藏中國歷代石刻拓本彙編》二三冊九一頁。《唐代墓誌彙編》一四〇六頁。）

[校記]：
[一]"銀"，《新編》未錄作"□"，今據其他各本補。
[二]"冠蓋"，《新編》未錄作"□"，今據其他各本補。
[三]"下"，《新編》未錄作"□"，今據其他各本補。
[四]"弘"，《新編》未錄，今據其他各本補。
[五]"雅"，《新編》未錄作"□"，今據其他各本補。
[六]"不"，《新編》未錄作"□"，今據其他各本補。
[七]"內"，《新編》未錄作"□"，今據其他各本補。
[八]"叛"，《新編》未錄作"□"，今據其他各本補。
[九]"都"，《新編》未錄作"□"，今據其他各本補。
[十]"災"，《新編》未錄作"□"，今據其他各本補。
[十一]"薨"，《新編》未錄作"□"，今據其他各本補。
[十二]"繫象"，《新編》未錄作"□"，今據其他各本補。

［十三］"視鑒。公薨"，《新編》未錄作"□"，今據其他各本補。

［十四］"亡"，《新編》未錄作"□"，今據其他各本補。

［十五］"馥"，《新編》未錄作"□"，今據其他各本補。

［十六］"材高位下，心虛"，《新編》作"高□□□"，《唐代墓誌彙編》作"材高位下，虛"，今據《八瓊室金石補正》補正。

［十七］"敢"，《新編》未錄，今據其他各本補。

[匯考]：

［一］《八瓊室金石補正》稱："高一尺八寸，廣一尺八寸四分。廿二行，行廿二字，字徑七分許，正書。"

又稱："右《康州司馬來慈墓誌》，當在宜君出土。來慈及其先世、後嗣，史皆無傳。妻父吳志，女婿常令業亦無傳。《隋書·來護兒傳》云'南陽新野人，後徙江都'，故《唐書·來濟傳》稱'江都人'，此志稱'南陽新野人'，則與來濟同系而異貫也。護兒第五子宏，官至金紫光祿大夫，與慈祖同名，非即一人。慈初授'蓋松'、'唐安'二府都尉，'蓋松'屬絳州，'唐安'屬同州。嗣拜'河源道鎮守副使'。按'西戎不賓'，當指吐蕃而言，《本紀》'永隆元年，黑齒常之為河源軍經略大使。延載元年，婁師德為河源、積石、悅遠等軍營田大使'，不見有河源道鎮守使其人，慈豈嘗為黑齒之副邪？誌云'淮夷叛而逐其宗，都□□而黜其族，由是左遷春州司馬'，史無來姓叛逆之事，惟長壽二年殺廣州刺史來同敏，豈即因是邪？又云'南蠻蟻聚，嶺外蜂飛'，當即指嶺南獠寇而言。廣州都督，不詳何人，春州、康州均隸嶺南道。褒國公者，段志玄也。慈薨于神龍三年，是年九月改元景龍，蓋九月以前薨也，遷葬於開元廿年，慈薨廿六年矣。"

［二］《關中金石文字存逸考》稱："全文見《古志石華續編》。……此誌本出宜君縣，今未詳所在矣。誌云'葬於石祠東原'，即苻秦《廣武將軍□產碑》之'立石山祠'矣。《新唐書·地理志》：春州、康州均屬嶺南道。《方輿紀要》云：'春州今為陽春縣，康州今為德慶州，均屬廣東肇慶府。'誌云'夫人段氏，褒國公長女'，'褒國公'者，段志玄也。《新唐書·地理志》'絳州有蓋松府，同州有唐安府'，

'隴右道鄯州鄯城縣（洪氏《府廳州縣誌》云："唐鄯城縣屬鄯州，即今甘肅西寧府治西寧縣。"）有河源軍'，《方輿紀要》云：'唐河源軍城在陝西西寧鎮西南，蓋與積石山相近。案明西寧鎮今為西寧府，改隸甘肅。'"

孝子房惠琳

（開元二十一年三月　見《存逸考》卷八"同州府"）

大唐故苑西面副監孝子房公墓誌銘并序

公諱惠琳，字惠琳，清河人也。天垂象以齊政，星殿火帝之列；君有命以錫氏，邑祚丹朱之封。世濟其美，咨胡可備言矣。曾祖粲，建州司戶參軍；祖士豐，將作丞；考亮，吏部選。公器古韻清，調閑才逸，敦厖以度禮，純嘏以在邦。解褐調補總監主簿，無何，改蜀州清城縣尉。漂俗歌其能政，京輦許其仙才。轉長寧公主府大農。自玉壘而登金牓，國之優賢；捨劇班而遊散□，人嗟失位。丁太夫人憂，去官，蓬髮垢容，絕漿泣血，毀過於禮，殆無人形。伊曾閔之後身歟？何塵軌之或繼也。孝則不匱，感而遂通，達於神明，彰於休祉。青萱綠篠，凌霜雪而抽萌；狡兔野麕，入邱壟而狎義。鄉黨譽其節焉，朝廷式其門焉。既免服，詔以忠臣資于孝子，除延州延水縣令，尋遷汾州靈石縣令。下車而人吏□欺，彈琴而獄訟自息。入拜苑西面副監，以開元廿年五月十六日遘疾卒於崇化里第也，時年六十五。夫人汝南周氏，女師克訓，壼德惟修，春樹凋零，墳垓蕪沒，以廿一年三月十二日祔葬於龍首原先塋，禮也。長子誨、次子子岳等，慎終追遠，紀德幽石。銘曰：

軒裳奕葉兮人之英，孝友資身兮國之楨，天不憖兮摧梁木，兆其吉兮閉佳城，因烈考之松柏，祔同穴之園塋。

原誌石刻二十二行，行二十字，正書。(《關中金石文字存逸考》卷八。《古志石華續編》卷一。《陝西金石志》卷一二。《續修陝西通志稿》卷一四六。《咸寧、長安兩縣續志》卷一三。《北京圖書館藏中國歷代石刻拓本彙編》二三冊九五頁。《唐代墓誌彙編》一四一〇頁。)

[匯考]：

[一]《關中金石文字存逸考》稱："全文見《古志石華續編》。……案此石本出咸寧、長雲縣境，復為同州某氏所得，故《同州府續志》云：'今在同州也。'房公以孝名，誌中'青萱綠篠、狡兔野麕'，皆其孝道所感，常係實事，非虛語也。文既雅潔，書法酷肖褚河南，而所紀又係孝子，可謂誌中三絕。《新唐書·百官志》'司農卿所屬東都諸宮苑總監、主簿各二人，從九品上；京都諸園苑監苑、四面監監各一人，從六品下；副監各一人，從七品下'，注云'顯慶二年改倉貨監曰東都苑西面監'，房公為苑西面副監，當即此言也。誌云房公嘗為'長寧公主府大農'，案《百官志》惟'親王府有大農一人，從八品下'，公主府則無，豈先設而後省歟？長寧公主，中宗女，下嫁楊慎交，後嫁蘇彥伯。又，《百官志》：'上州司戶參軍事二人，從七品下；中州一人，正八品下；下州一人，從八品下。將作監丞四人，從六品下。'"

[二]《陝西石刻文獻目錄集存》稱："正書。原在長安龍首原，後存大荔縣李氏。志石方二尺，二十二行，行二十字。"

李仁德

(開元二十一[一]年四月　見《存逸考》卷三"長安縣上")

大唐故冠軍大將軍行右威衛將軍上柱國金城郡開國公李公墓誌銘并序

公曰仁德，族李氏，其先蓋樂浪望族也。自堯臣類馬，周史猶龍，真裔散於殊方，保姓傳於奕代。考甲子，皇贈定州別駕。天上降成綸之恩，地下光題輿之寵，公即別駕府君之元子也。風骨驍奇，器用英遠，智為甲冑，義作干戈，談王霸則金火生光，說甲兵則旗鼓動色。當昔中宗晏駕，韋氏亂常，將欲毒黎元，危宗廟，公於是義形於色，憤起於衷，發皇明，披紫闥，奔走電激，左右風趨，心冠鷹鸇，手刃梟鏡，人祇再色，帝宇廓清。翊一人以御天，功存社稷；膺四履而列地，封固山河。是用拜公雲麾將軍、行右屯衛翊府中郎將、金城縣開國子，食邑三百戶。晝巡徼道，環黃屋而竭誠；夜拜殊榮，佩紫綬而光寵。是用遷公右威衛將軍。錫馬承恩，一日三見於天子；以爵馭貴，十卿同祿於諸侯。是用加公冠軍大將軍，進封開國公，增食二千戶。何期昊天不憖，哲人其萎，山岳收神，日月奄壽。欻以開元廿一年正月廿日薨於醴泉里之私第，春秋六十有一。嗚呼哀哉！公履謙謙，杖翼翼，不軒裳而恃，不江海而閑，其生也榮，其死也慟。匪止鄰不相，巷不歌，實亦負戾興嗟，同盟畢弔。特敕贈絹二百匹，賵物一百段，米粟一百石，供喪事也。即以其年四月十三日葬於高陽原，禮也。南面近郊[二]，問三龜而一吉；東首顧命，減大樹而小封。金玉靡藏，誠之智也；琴瑟空置，奉之仁也。有子二人：長曰思敬，右驍衛[三]中候；次曰思讓，右驍衛司階。並七日絕漿，式五月而葬，孺慕罔極，賓拜無容，防地道而變盈，紀天性於幽隧。銘曰：

惟嶽降神，冠軍當仁。忠孝是佩，清白為鄰。曷其榮也，社稷貴臣。曷其哀也，朝市悲人。生可續兮，孰不萬春。死可贖兮，孰不百身。生不可續，死不可贖。歷考古今，誰免風燭。人閱代兮代閱人，倏兮忽兮一邱塵。舟移壑兮壑移舟，蕭兮索兮九原秋。意氣盡兮萬事罷，泉門閉兮九重幽。悲夫悲夫空默默，魂兮魂兮何悠悠。

原誌石刻二十七行，行二十七字，正書。(《補寰宇訪碑錄》卷三。《十二硯齋金石過眼錄》卷一一。《關中金石文字存逸考》卷三。《古志石華續編》卷一。《續語堂碑錄》丙。《唐文拾遺》卷六六。《八瓊室金石補正》卷五四。《陝西金石志》卷一二。《續修陝西通志稿》卷一四六。《咸寧、長安兩縣續志》卷一三。《北京圖書館藏中國歷代石刻拓本彙編》二三冊九九頁。《唐代墓誌彙編》一四一二頁。)

[校記]：

[一]"一"，《新編》作"四"，據誌序可知仁德於開元二十一年四月葬於高陽原，"四"字顯係誤刻，今據改。

[二]"郊"，《新編》所錄與諸本同，惟《唐文拾遺》作"鄰"誤。

[三]"衛"，《新編》未錄，今據其他各本補。

[匯考]：

[一]《八瓊室金石補正》稱："方一尺八寸。首行三十字，文廿六行，行廿七字，字徑五分，正書。"

又稱："右《冠軍大將軍李仁德墓誌》當在長安出土，醴泉里即醴泉坊，在長安東市，宗楚客宅在焉。《補訪碑錄》以誌石為在醴泉，誤矣。"

[二]《十二硯齋金石過眼錄》稱："右《冠軍大將軍行右威衛將軍李仁德墓誌銘》，無撰、書人姓字。誌云'中宗晏駕，韋氏亂常，將欲毒黎元，危宗廟，公於是義形於色，憤起於衷，發皇明，披紫闥，奔走電激，左右風趨，心冠鷹鸇，手刃梟鏡，人祇再色，帝宇廓清'云云，當是隨臨淄王及劉幽求、鍾紹京等誅群逆、靖韋氏之亂，特《玄宗本紀》，韋庶人及劉幽求、鍾紹京等傳未載其人，所見惟聶劍光所錄《玄宗紀》'泰山銘'後刻隨從諸王、大臣名，半皆磨滅，獨存'開國公臣李仁德、上柱國臣李元紘'以下二名而已。據誌，仁德薨

於開元二十一年，而玄宗封泰山在開元十三年冬，仁德隨諸王、大臣扈從東巡，亦臣分應爾。意志中仁德，必其人也。"

［三］《關中金石文字存逸考》稱："全文見《古志石華續編》。……此石本出長安，今未詳所在。史言'玄宗平內難，韋庶人為飛騎所斬，安樂公主方照鏡畫眉，軍士斬之'，今誌有'手刃梟鏡'之語，豈刃者即仁德耶？《漢書·文帝紀》夜拜宋昌為衛將軍，領南、北軍，誌中'夜拜殊榮'，即用其事。《新唐書·百官志》'武散階四十有五，從三品上為曰雲麾將軍；正三品上曰冠軍大將軍；十六衛左右威衛將軍各二人，從三品'，又《十六衛志》注云'武德五年改左、右屯衛為左、右威衛'，此誌刻於開元，時仁德嘗'行右屯衛翊府中郎將'，是開元時復立左、右屯衛，而《百官志》未載也。諸衛中郎將，正四品下；左右驍衛、左右中候各三人，正七品下；左右司階各二人，正六品上。"

［四］《陝西石刻文獻目錄集存》稱："原出土於長安縣高陽原。誌石方二尺七寸，縱橫二十七格。"

校者按：本誌稱仁德之先為"樂浪望族"，《魏書·地形志》"營州"下有"樂良郡"，注稱"前漢武帝置，二漢、晉曰樂浪，後改，罷。正光末復，治連城"（中華書局，1974年，2495頁），然征諸史籍，似未有出身樂浪李氏而顯名於世者。《新唐書·宰相世系表》李氏諸望中，除隴西、趙郡外，尚有遼東、江夏兩望，校者頗疑仁德之先或當出於遼東李氏。據《魏書·地形志》，遼東郡與樂良郡同屬營州，《隋書·地理志》遼西郡柳城縣下注亦云"後魏置營州於和龍城，領建德、冀陽、昌黎、遼東、樂浪、營丘等郡"（中華書局，1973年，859頁），則"遼東"與"樂浪"本相連屬，李氏或先居樂浪後徙遼東耳。此支李氏居遼東之始當在西晉末大亂之後，《魏書·李元護傳》稱"李元護，遼東襄平人。八世祖胤，晉司徒、廣陸侯。胤子順、瑤及孫沉、志，皆有名宦。沉孫根，慕容寶中書監。根子後智等隨慕容德南渡河，居青州，數世無名位，三齊豪門多輕之"（中華書局，1974年，1585頁），李胤孫沉、志等皆有名宦，至李根為慕容寶中書監（《新唐書·宰相世系表》作"後燕中書令"，《周書·李弼傳》作"黃門侍郎"），然未提及沉子即根父之名諱、官爵，則其遷遼東或正在根父時也。北魏平中山，遼東李氏又隨慕容德南遷居青、齊間，《宰相世系表》稱後有"貴，後魏征東將軍、汝南公；永，太中大夫；弼字景和，後周太師、隴西武公"（《新唐書》，中華書局，1975年，2593頁），與《周書·李弼傳》所載略同。此誌於仁德先世皆略而未載，當是元護、弼之疏族，父、祖名位不顯故從闕省。

歐陽瑛夫人裴氏

（列開元後　見《存逸考》卷十"岐山縣"）

（缺）縣[一]尉歐陽府君夫人河東裴氏墓誌
（缺）殿中侍御史內供奉白季隨篆
（缺）唯[二]夏九日，涇陽縣尉歐陽瑛遘疾終（缺）□昭薇之廨[三]，春秋二百五十二甲子（缺）[四]之天興縣邵吉原，從先塋禮也。墅（缺）[五]月二日，夫人裴氏卒，其年十月十有（缺）□[六]歐陽族渤海郡，厥先尚矣，爰自漢（缺）□纓[七]迨曾祖諶，皇朝散大夫、洛（缺）夫[八]邢州鉅鹿縣令。考（缺）[九]黎蒸，卜居郊墅□（缺）[十]慈訓（缺）壺。

原誌石刻僅存右角下方，十二行，正書。（《關中金石存逸考》卷十。《古誌石華續編》卷一。《陝西金石志》卷一九。《續修陝西通志稿》卷一五三。《北京圖書館藏中國歷代石刻拓本彙編》二八冊三〇頁。《唐代墓誌彙編續集》七二六頁。）

[校記]：

[一]"縣"，《新編》未錄作"□"，今據《唐代墓誌彙編續集》補。

[二]"唯"，《新編》未錄作"□"，今據《唐代墓誌彙編續集》補。

［三］《唐代墓誌彙編續集》所錄以"終"直接"昭薇之廯"。
［四］《唐代墓誌彙編續集》所錄以"甲子"直接"之天"。
［五］《唐代墓誌彙編續集》所錄以"堊"直接"月"。
［六］《唐代墓誌彙編續集》作"其年十月十日也"。
［七］《唐代墓誌彙編續集》作"爰自漢纓"。
［八］《唐代墓誌彙編續集》作"皇朝散大夫、洛大夫"。
［九］《唐代墓誌彙編續集》所錄以"考"直接"黎蒸"。
［十］《唐代墓誌彙編續集》所錄以"墅"直接"慈訓"。

［匯考］：
　　［一］《關中金石文字存逸考》稱："全文見《古志石華續編》。……此石本出鳳翔，今歸岐山縣知縣灌縣胡鴻賓大令昇猷。僅存一角，已佚大半。諶為率更兄弟行，《新唐書·宰相世系表》云為'鞏縣令'，此誌'朝散大夫'下有一'洛'字，當係'洛州鞏縣令'也。《表》云'諶'子名'禎'，未載官職，未知即'瑛'祖父否？《新唐書·地理志》'鳳翔府有邵吉府'，此誌'邵吉原'當以此得名，唐'天興縣'即今鳳翔縣。《文獻通考·選舉考》'唐建中元年經學優深科白季隨及第'，即撰此誌之'白季隨'也。"

　　校者按：此誌毛氏於《新編》列開元之末，《陝西石刻文獻目錄集存》則歸入唐"年月不詳"類中，《唐代墓誌彙編續集》列此誌於"建中〇〇六"，時間在建中二年至三年之間，然未言何據也。或以撰者季隨建中元年及第，此誌題銜作"殿中侍御史、內供奉"，抑及第後所授職，遂以本誌列建中二、三年間耶？

　　又，《唐代墓誌彙編續集》據《隋唐五代墓誌彙編》北京卷第二冊錄文，誌文闕損處未作標識而徑以文字相接，以至不可卒讀，今附誌於此。

431

《關中石刻文字新編》卷四

（墓誌類）

甘泉毛子林鳳枝輯撰
會稽顧燮光鼎梅校印

唐

韋元倩

（天寶二年二月　見《存逸考》卷三"長安縣上"）

大唐故安化郡馬嶺□□韋公墓
　公諱元倩，字□□，□□□□人也。自豕韋命族，鐘鼎承家，蟬聯簡諜，可□□□。曾[一]祖□，隨州司[二]馬；祖隱，檀州刺史；考慈藏，衛尉大□。公幼而□聰，長實茂異，孝為德本，忠能奉君。□里□□仁，朋[三]友深於信。年始十有三，屬天子事於南郊，公以俎豆述職，厥有成績，□從[四]□於天官。無何，尉滄州樂陵，初筮仕也。□滿[五]，□潞州屯留，佐庶政也。更□宰慶州馬嶺□□功也。功洽於下，所蒞有方，謂懸望[六]於□□，何奄從於逝水。嗚呼哀哉！以天寶□年八月廿三日怛[七]化於馬嶺之官舍，享年卅[八]八。家摧梁木，輿櫬空歸，以二年二月廿日□□於長安之畢原，禮也。胤子體溫等，敢刊□□，□之銘曰：
　松檟蕭蕭兮畢之原，蔓草□□兮□山門，韋□此地兮何可論。
　原誌石刻十七行，行十七字，正書。末行題名隱約不可識。

（《關中金石文字存逸考》卷三。《古志石華續編》卷二。《唐文續拾》卷一五。《唐代墓誌彙編》一五四六頁。）

[校記]：

[一]"曾"，《新編》未錄作"□"，今據其他各本補。
[二]"司"，《新編》未錄，今據其他各本補。
[三]"朋"，《新編》未錄作"□"，今據其他各本補。
[四]"從"，《新編》未錄作"□"，今據其他各本補。
[五]"滿"，《新編》未錄作"□"，今據其他各本補。
[六]"望"，《新編》未錄作"□"，今據其他各本補。
[七]"悒"，《唐代墓誌彙編》所錄與《新編》同，《唐文續拾》作"泣"。
[八]"卅"，《新編》未錄作"□"，今據其他各本補。

[匯考]：

[一]《關中金石文字存逸考》稱："全文見《古志石華續編》。……此石本出長安，後為邵汴生中丞亨豫購得，攜至京師。"

校者按：元倩父慈藏附見《舊唐書·方伎·張文仲傳》"張文仲，洛州洛陽人也。少與鄉人李虔縱、京兆人韋慈藏並以醫術知名。……虔縱，官至侍御醫。慈藏，景龍中光祿卿"（中華書局，1975年，5099頁）。然志不言其父擅醫之事，殆以岐黃之術近於方伎巫覡之流故諱而不道。志稱慈藏官"衛尉大□"，"□"當作"卿"，漢以後，常以太常、光祿勳、衛尉、太僕、廷尉、大鴻臚、宗正、大司農、少府謂之九寺大卿，"衛尉"正其中之一。

崔君夫人獨孤氏

（天寶二年十一月　見《存逸考》卷一"西安府上"）

大唐故奉義郎行洪州高安縣令護軍崔府君夫人河南獨孤氏墓誌

銘并序

　　夫人河南人也。父諱奉先，果州長史、蜀國公，純粹英靈，傳之勝古，祖姑三代，作配君王，蜀公即唐初元貞皇后父故梁王信之嫡孫也。夫人先舅諱大方，海州刺史。公果行育德，作為人範，無施莫可，家國有聞。夫人德嗣謙柔，性惟恭敏，周旋□□□□母儀，受訓貴門，□天盛族。前室有女嗣，謂繼親鞠育，情深若己□□嘖□□□應，邁此鞠凶，以天寶二年十月十七日育背於長安縣嘉會里私第，時年七十。嗚呼哀哉！逝川無歸，窈冥長往，攀慕不及，糜潰五情。嫡子朝議郎、通事舍人、內供奉季梁，痛慈顏永隔，五內屠裂，號天叫[一]地，罔極難追。嗚呼哀哉！日月不居，卜其宅兆，歲時不便，未得遷祔先塋，不謂存者生疑，實恐未安泉路。今且於府君塋西北一五百十步得地，以十一月二日庚時權安厝於長安縣義陽鄉義陽原，禮也。昔吳雄葬母，不擇地而塋；今季梁所封，有同於往日。嗚呼哀哉！至通年擇日，遷祔於先塋。季梁自鍾艱罰，觸緒崩摧，悲不及文，扶力銘紀：

　　仁包四德，誠信百齡。月懸星署，名其永貞。（其一）世間難事，為□繼親。始終加一，憐念日新。（其二）萬象有類，天地無依。陟彼岵屺，哀荒失儀。（其三）尚存餘喘，將以送終。刊石玄壤，傳紀無窮。（其四）

　　天寶二年十一月二日長子朝議郎通事舍人季梁修并書
　　專檢校營事外孫隴西李曙。

　　原誌石刻二十三行，行二十三字，正書。李曙題字一行，刻於碑側。（《懷岷精舍金石跋尾》。《關中金石文字存逸考》卷一。《古志石華續編》卷二。《唐文拾遺》卷一九。《匋齋藏石記》卷二四。《陝西金石志》卷一二。《續修陝西通志稿》卷一四六。《咸寧、長安兩縣續志》卷一三。《增補校碑隨筆》五九二頁。《北京圖書館藏中國歷代石刻拓本彙編》二五冊四二頁。《唐代墓誌彙編》一五五四頁。）

［校記］：

［一］"叫"，《新編》作"叶"，《唐文拾遺》作"呼"，《匋齋藏石記》《唐代墓誌彙編》作"叫"，細審北圖藏拓，當以"叫"為近是，今據改。

［匯考］：

［一］《懷岷精舍金石跋尾稱》："誌云：'父諱奉先，果州長史、蜀國公。……蜀公即唐初元貞皇后父，故梁王信之嫡孫也。'按《周書》信傳'子羅光在東魏，以次子善為嗣。及齊平，羅至。善卒，又以羅為嗣'，《隋書·外戚》羅傳'以羅嫡長襲爵趙國公。煬帝嗣位，改封蜀國公。子纂嗣，纂弟武、都，並仕至河陽郡尉。庶長子開遠為千牛'，'奉先'之名不見於史，然史不稱纂襲蜀國公，則奉先當為纂兄。官果州，襲蜀國公，羅之長子、信之嫡孫，實可補周、隋二書之缺。誌又云'夫人先舅諱大方，海州刺史'，考《唐書·宰相世系表》，博陵第二房'奕子大方，海州刺史'，與《表》合。大方子孫，《表》缺不書。誌不載高安令之名，額題'奉義郎行洪州高安縣令護軍'，又云'嫡子朝議郎、通事舍人、內供奉季梁'，是'護軍'為大方子，'季梁'為大方孫，皆可補歐史之缺。"

［二］《匋齋藏石記》稱："石高一尺二寸八分，廣一尺二寸六分。二十三行，行二十三字。界有棋格，正書。"

又稱："右誌言夫人'父奉先，果州長史、蜀國公'，奉先，《唐書》《舊唐書·外戚傳》均無其名。《周書·獨孤信傳》'信長女，周明敬后；第四女，元貞皇后；第七女，隋文獻后。隋及皇家三代皆為外戚，自古以來，未之有也'，誌言'祖姑三代，作配君王'，指此。《舊唐書·外戚傳》：獨孤懷恩以謀叛誅，不言有封蜀國公者，《周書》及《北史》'獨孤信傳'，俱言隋文帝踐位，追封信趙國公。此之梁王，當為唐高祖追封外祖之稱，而史特未著，據石以補史，此其一也。

《唐書·宰相世系表》'博陵安平崔氏第二房'有'大方'名,'海州刺史'與志合。宋敏求《長安志》'朱雀街西第四街南有嘉會坊',唐人諸志,坊、里互稱,'嘉會坊'即'嘉會里'也。誌文為其子季梁所撰。《唐書·百官志》:東宮官有'通事舍人',正七品下。'內供'下當是'奉'字,太子官屬無'內供奉'之名,惟'翰林供奉'設於玄宗開元,與此不同。誌以夫人未祔先塋,因存者生疑,改葬他所,應是徇形家言,有此忌避。'義陽鄉',《長安志》有此名,在長安縣西南二里。志言葬以'庚時',錢竹汀少詹《金石文跋尾》'憫忠寺'條下云'遼金石刻之文,多有甲時、乾時、庚時、坤時',此之'庚時',已在遼、金之先,為少詹所未見。《後漢書·郭躬傳》附吳雄,言'雄少時家貧,喪母,營人所不封土者,擇葬其中',此誌即隸其事而取譬甚合。撰文及書,皆為其子,此亦一例。誌中抬頭空格,與今世較為加敬,想其書時固不勝哀慕矣。"

[三]《關中金石文字存逸考》稱:"全文見《古志石華續編》。……此石今藏渭南趙乾生詹事元中家。'元貞皇后',獨孤信第二女,配唐仁公李昞生高祖於長安。武德元年,追諡皇考曰元皇帝,廟號世祖。妣獨孤氏為元貞皇后。……信在北周時封衛國公,隋文帝時襃贈趙國公,以其子獨孤羅為嗣,襲爵趙國公,煬帝時改封蜀國公。羅卒,子纂嗣。奉先為獨孤信之孫,既襲蜀國公,疑即為獨孤羅之子。而《北史》云'羅卒,子纂嗣',既未書'奉先'之名,《新唐書·外戚·獨孤懷恩傳》亦未載'奉先'之名,疑史有缺文也。又獨孤信在北周時本係國公,志云曾封'梁王',當係高祖推恩外家追贈之爵也。又案《新唐書·獨孤懷恩傳》云'懷恩,元貞后弟也。父整,仕隋為涿郡太守,懷恩之幼,隋文帝獻皇后以姪養宮中',今考《北史》,元貞皇后與隋文獻后本係兄弟行,懷恩為文獻后姪,即元貞后之姪矣。《傳》云懷恩為元貞后之弟,弟字下當有脫字。《舊唐書》本傳云'懷恩,元貞皇后弟之子也',可證《新唐書》之譌。……《新唐書·百官志》:文散階從六品上曰奉議郎,唐時石刻皆作'義'不作'議'。官吏勳級九轉為'護軍',視從三品上。州長史一人,從五品上。《地理志》:果州屬山南西道,中州也。《唐志》中州無'長史'之職,而高宗即位時,常改諸州'別駕'皆為'長史',奉先之為

'果州長史',當在高宗時矣。又《百官志》云中書省所屬有'通事舍人十六人,從六品上'。志中有'育背'之'育',當係'棄'字之譌。他誌皆稱'某某撰',此誌獨稱'子季梁修',與他誌異。然《新唐書·百官志》有'史館修撰'之職,則'修'亦'撰'也。又志云'十一月二日庚時',案錢竹汀先生《十駕齋養新錄》云'一日分十二時,每時又分為二:曰初,曰正。是為二十四小時,而選擇家以子初為壬時,丑初為癸時,寅初為艮時,卯初為甲時,辰初為乙時,巳初為巽時,午初為丙時,未初為丁時,申初為坤時,酉初為庚時,戌初為辛時,亥初為乾時',今《時憲書》'寅申巳亥月宜用甲丙庚壬時;卯酉子午月,宜用艮巽坤乾時;辰戌丑未月,宜用癸乙丁辛時'是也,此誌之'庚時'即酉初矣。"

宇文琬

(天寶三載十月 見《存逸考》卷二"西安府補遺")

唐故宇文府君墓誌銘[一]
唐故河南宇文府君墓誌銘并序
國子進士周琛撰

公諱琬,字琬,代郡武川人也。炎帝為所出之先,普回曰受符之祖,則有定侯岳峙,文皇龍躍,承家翊魏,開國稱周,弈葉英華,斯為盛矣。曾祖洪亮,皇靈州迴樂令。祖措,皇綏州義合府左果毅。父延陵,皇朝議大夫、授綿州司馬,雖從事鞅掌,而遊心澹泊,垂裕積慶,寔生我公。洪惟執志謙默,有質端偉,義存展惠,德不近名。空素業能資乏絕,狎朱門匪高軒冕,事親孝而奉兄友,訓家儉而育子慈,慕君平而取給,欽仲長而不仕。於是人倫遐矚,聲芳坐馳。族兄故黃門侍郎嘉而悅之,因而器之,而後朝選,尚其不干祿能幹人之蠱，匪埒財多克家之譽，矢死不倦，輸誠靡他。嗚呼！積善無據，享年未永，春秋六十一，以天寶三載六月五日終新昌里之私第。其載十月廿日窆於萬年縣龍首原，禮也。盈里閭而悽慟，及路衢而惛恫，伯亡友季焉如已，婿違外舅乎猶子。感夫男明敏而趨德，女柔麗而有則，未畢婚娶，如何憫凶。夫人天水趙氏，桃李猶春，室家承式，痛孀嫠而俄及，念遺孤而無怙。嗣子逖、遂等奄茹荼蓼，永違顏色。既號天靡訴，庶刻石銘休。知余先人之故也，將悉其事，能旌其德，撫孤法目，敢不欽承。雖荒唐無取，申梗概而為誌矣。銘曰：

　　和惠因心，謙沖自得。持身無玷，睦親垂則。（其一）昔為英冑，今在齊人。退思赤族，不慕朱輪。（其二）投跡塵俗，勞形奔走。和光葆真，人先已後。（其三）天乎不傭，罹是鞠凶。俄然永隔，仰止無從。愁扃荒壟，泣樹孤松。冀星霜兮，長垂令問。託金石矣，銘彼高蹤。（其四）

　　宣德郎、行左領軍衛長史曹惟良書。

　　原誌石刻二十三行，行二十三字，正書。（《關中金石文字存逸考》卷二。《古志石華續編》卷二。《唐文拾遺》卷二一。《八瓊室金石補正》卷五七。《陝西金石志》卷一二。《續修陝西通志稿》卷一四六。《咸寧、長安兩縣續志》卷一二。《北京圖書館藏中國歷代石刻拓本彙編》二五冊六八頁。《唐代墓誌彙編》一五六八頁。）

[校記]：

[一]"唐故宇文府君墓誌銘"九字係誌蓋刻題，今據《唐代墓誌彙編》（周氏據傅熹年藏拓本錄文）補。

[匯考]：

[一]《八瓊室金石補正》稱："高一尺六寸五分，廣一尺六寸二分。廿三行，行廿三字，字徑五分許，正書。"

又稱："誌云'代郡武川人'，按《元和姓纂》云'拔南環，後魏大司徒，居武川'，《新唐書·宰相世系表》云'目陳、拔拔陵陵號阿諺若，徙居代州武川'，微有不同。所敘宇文先世，'炎帝'、'普回'均見《姓纂》及《世系表》。又云'定侯岳峙'，按《表》'阿若諺仕後魏都牧主、開府儀同三司、安定忠侯。生系，位至內阿干。二子：韜，阿頭'，而《姓纂》所述'西魏大丞相、大冢宰、安定公'者，為內阿干之孫，恐係《姓纂》之誤。抑西魏所封者襲爵而進侯為公邪？其云'族兄故黃門侍郎'者，即宇文融也。銘云'今在齊人'，'齊人'者，'齊氓'也，避諱用'人'。'罹是鞠凶'，'鞠凶'猶言窮凶也。《詩》作'鞠訩'。"

[二]《關中金石文字存逸考》稱："全文見《古志石華續編》。……鐵嶺李勤伯都護慎守西安時訪得此石，字跡遒美，完好無缺，今移至關中書院。《新唐書·地理志》：綏州有府四，第二曰義合。《百官志》：十六衛'諸衛'、'左、右果毅都尉'各一人。上府，從五品下；中府，正六品上；下府，正六品下。"

[三]《北朝胡姓考》"宇文氏"條稱："'宇文'稱號之意義，史籍姓書，說各不同。《周書》卷一《文帝紀》云'（葛烏菟之）後曰普回，狩得玉璽三，紐有文曰皇帝璽，普回心異之，以為天授。其俗謂天曰宇，謂君曰文，因號宇文國，並以為氏'，此釋'宇文'之意為'天君'，顯係掌史者附會之說。宋邵思《姓解》已辨其偽，無待贅論。按《通鑒》八十一《晉紀三》太康六年，'宇文部'下胡注引何承天《姓苑》云：'宇文氏出自炎帝，其後以嘗草之功，鮮卑呼草為俟汾，遂號為俟汾氏，後世通稱侯汾，蓋音訛也。代為鮮卑單于。'又《廣韻》'九麌'釋宇文氏，說與《姓苑》同，惟'侯汾'改作'宇文'。《姓纂》九麌，《氏族略》五，《辨證》二十三，《唐表》七十一下，皆兼載《周書》及《姓苑》二說。薇意《姓苑》出自炎帝之說，固屬附會，然謂'宇文'之原意為'草'，則較可信。蓋宇文氏本遊牧民族，逐水草而居，以'草'為其部落之名，固意中事也。"

[四]《陝西石刻文獻目錄集存》稱："原葬于萬年縣龍首原，出土後移至關中書院，現在西安碑林。志石高二尺二寸，廣二尺二寸。二十三行，行二十三字。"

檢校安東副都護□永

（天寶四載十月　見《存逸考》卷七"三原縣"）

大唐故檢校安東副都護（缺）

前王有聲，本族百世（缺）仙□後嗣□□之仁（缺）為邦之（缺）祖琛，隨銀青光祿大夫、天水郡太守（缺）在其板屋（缺）昭其禮樂。考敬厚，皇朝元從（缺）陽公、行雍州長安縣令（缺）龍飛在天，先十乘以啟行□上，公以□（缺）君諱永，字隆，太原祁縣（缺）邦芳譽□於冠冕，起家（缺）芳蘭錡，德潤太階，□□□□副隊正，又遷左翊衛一府（缺）遷在二府長上校尉。屬海風未靜，以荒大東，爰（缺）凶醜有□命征遼，還拜遊擊將軍、左金吾衛、周陽府左果毅，又遷定遠將軍、□□衛、華池府折衝、上柱國、檢校安東副都護。大臣憂國，□□未□；志士徇名，馬援當遅。以上元元年春二月一日，寢疾薨於安東府之官舍也，春秋五十有八。惟君文足□，武足畏，□齊物，寬以□人。其存也，若流川，其□也，喪之如考妣。夫人安定□氏，封安定君夫人也。□□之□何□冀妻隣智之居胡專孟母（缺）同晚月低輪，共朝雲散質，以開元十五載十月□□□於三原里之第也。越天寶四載歲乙十月乙酉□□□□己酉□葬於三原縣北□□原，禮也。青鳥□□，空勞白鶴之（缺）刊于貞石。銘曰：

有仙之胤，有國之□。允文允武，克□克（缺）聲。

原誌石刻二十一行，行字多寡不等，正書。（《關中金石文字存逸考》卷七。《古志石華續編》卷二。《唐代墓誌彙編》一五八九頁。）

[匯考]：

[一]《關中金石文字存逸考》稱："全文見《古志石華續編》。……此石剝落太甚，其姓適當缺處。……此石本出三原，今未詳所在。《新唐書·百官志》：'十六衛翊衛之府二：一曰翊一府；二曰翊二府。有副隊正二十人，正七品下'。《新唐書·兵志》：'高祖以義兵起太原，已定太原，悉罷遣歸，其願留宿衛者三萬人。高祖以渭北白渠旁民棄腴田分給之，號元從禁軍。後老不任事，以其子弟代，謂之父子軍。及貞觀初，太宗擇善射者百人為二番於北門長上，曰百騎，以從田獵。'又《百官志》云：'三衛校尉各五人，正六品上；左、右翊中郎將所屬長入長上二十人；直長長上二十人；左右羽林軍、左右龍武軍、左右神武軍、左右神策軍所屬有長上各十人。大都護府副都護二人，正四品上。'"

校者按：此誌著錄者無多，毛氏亦不言其所錄出處。《新編》誌主祖作"琛"，《存逸考》作"珍"。又，"祁縣"下有"人"字，"起家"後有"左"字，與《新編》微異。又，墓誌銜題闕誌主姓氏，以"太原祁縣""有仙之胤"諸語考之，當為王氏無疑。王永以征遼勳"還拜遊擊將軍、左金吾衛、周陽府左果毅"，"周陽府"見《新唐書·地理志》，屬河東道，勞格《唐折衝府考》引《括地志》稱"周陽故城在絳州聞喜縣東二十九里"，張沛《唐折衝府匯考》按云"周陽在今聞喜縣東，府疑在其處。此府《新唐書·地理志》有載，然未得其實"（三秦出版社，2003年，142頁），可參考。永後又為"華池府折衝"，華池府屬關內道，勞格引《括地志》稱"華池在同州韓城縣西南七十里，在夏陽故城西北四里"，谷霽光《唐折衝府考校補》引《唐李琦墓誌》云"補同州華池府別將"，張沛《唐折衝府匯考》稱"華池在今陝西韓城市西南，《史記·太史公自序》謂司馬靳"葬於華池"，即此。蓋府因池得名，即在其處"（三秦出版社，2003年，67頁），可參見。

張璈

(天寶十二載二月　見《存逸考》卷六"興平縣")

大唐清河張府君墓誌之銘并序
奉義郎前行儀王府兵曹參軍張晏撰

　　公諱璈，字承宗，清河東武城人也。弧星命氏，鵲印傳芳，歷三代以相韓，因五星而輔漢，可謂世載其美矣。曾祖淵，隨開府儀同三司、江南遼東二道行軍總管、衛尉卿、上大將軍、文安縣開國公，食邑壹千戶，謚曰莊。德懋懋官，功懋懋賞，勳賢之業，克備于茲。祖孝雄，唐尚輦直長、湘源縣令、鄀府司馬。鳳輦是司，鸞庠作化，以資佐理，實在題輿。考敬之，侍御史、司勳郎中、乾封縣令、漢州刺史、太府卿、禮部侍郎。栢署霜威，肅衣冠於北闕；含香伏奏，振起草於南臺。三異久聞，六條逾闡，懍司出納，光我禮闈。公即侍郎公之元子也。弱歲以宿衛出身，中年因常調糜職，授秦州參軍事。子卿之秩，未展驥於長衢；王佐之才，且參名於州縣。方將陟遐自邇，必復於公侯，寧謂夜壑舟移，遽先於風燭。秀而不實，良以悲夫！以神龍二年十一月十一日終于東京溫柔里之私第，享年叁拾有陸。夫人琅琊王氏，祖方茂，伯祖方慶，唐中書令、同中書門下平章事，承相門之慶緒，得女則之深規，識稟天資，禮瑜師訓，貞芳懿範，穆以姻親，服澣齋心，恭於祠祀。將福壽於餘慶，何積仁而不昌，以開元拾柒年柒月貳拾伍日遘疾，終于東京壽安縣之別業，亨年七十有二。並以天寶十二載[一]二月十二日同歸祔于京兆府金城縣三陂鄉舊塋東北卅二步，禮也。嗣子恒，前饒陽郡鹿城縣丞，行為物範，材實天經，徒積慕於高堂，竟流悲於風樹。九原長往，萬古何追？痛泣血以銜哀，期貞石以表德。俾余作□，用紀玄扃者歟！其銘曰：

鍾鼎承家，軒裳祖德。相韓繼代，輔漢表則。勳賢克備，邦家允塞[二]。弈葉傳芳，威儀不忒。邈哉懿範，寔曰哲人。才標吐鳳，業著成麟。一命非偶，二豎何親。舟移夜壑，年夭青春。中野言歸，卜宅于此。日下荒隴，煙埋蒿里。颸颸松風，哀哀孝子。昊天岡極，生涯已矣。

原誌石刻二十五行，行二十五字，正書。

（《懷岷精舍金石跋尾》。《關中金石文字存逸考》卷六。《古志石華續編》卷二。《唐文拾遺》卷二一。《匋齋藏石記》卷二五。《陝西金石志》卷一三。《續修陝西通志稿》卷一四七。《北京圖書館藏中國歷代墓誌彙編》二六冊七九頁。《唐代墓誌彙編》一六八一頁。）

[校記]：

[一] "載"，《新編》作 "年"，其他各本均作 "載"。校者按：《資治通鑒·唐紀》，玄宗天寶三載 "春，正月，丙申朔，改年曰載"（中華書局，1956年，6859頁）。從天寶三載至十四載，又至肅宗至德二載共十四年均以 "年" 為 "載"，直到肅宗乾元元年二月 "復以'載'為'年'"（中華書局，1956年，7052頁），本誌作於天寶十二載，以時間推之，當以 "載" 為是，北圖藏拓正作 "載"，今據改。

[二] "塞"，《新編》作 "奕"，其他各本均作 "塞"。校者按："允塞"，語出《尚書·舜典》"濬哲文明，溫恭允塞"，孔穎達疏 "舜既有深遠之智，又有文明溫恭之德，信能充實上下也"（《尚書正義》，北京大學出版社，1999年，51頁），有充滿、充實之義，引申為滿足，誌銘取其引申意，北圖藏拓正作 "塞"，今據改。

[匯考]：

[一]《懷岷精舍金石跋尾》稱："按《唐書·方伎·杜生傳》

'浮圖泓與天官侍郎張敬之善，敬之以武后在位，常指所服示子冠宗曰"莽朝服耳"。俄冠宗以父應入三品，詣有司言狀。泓忽曰"君無煩求三品也"，敬之大驚，已而知出冠宗意'，《大唐新語》亦載其事，云'累官至春官侍郎'。據誌，璬字承宗，敬之長子，則冠宗另是一子，非璬也。為禮部侍郎，與《新語》合。又按《太平廣記》引《朝野僉載》'張雄為數州刺史，子敬之為考功郎中，改壽州刺史'，據志則雄官止鄀府司馬，當以誌為正。敬之為'司勳郎中'，見於《郎官石柱題名》，此誌以壽州為漢州，皆著最後所莅一官耳。子恒，前饒陽郡鹿城縣丞，于史未見。"

[二]《匋齋藏石記》稱："石高一尺六寸四分，廣一尺七寸七分。二十四行，行二十五字，界有棋格，正書。"

又稱："右按《唐書》無璬傳，《宰相世系表》有'清河房'，亦無'璬'名。《元和姓纂》云'黃帝第五子青陽生揮，為弓正，觀弧星始制弓矢，主祀弧星，因姓張氏'（《宰相世系表》略同），《搜神記》'張顥為梁相，新雨後有雀飛翔近地，令人摘之墮地，化為圓石，顥命椎破，得一金印，文曰：忠孝侯印'，文之'弧星'、'鵲印'二句，即隸此事。……《隋書》卷六十四《張奫傳》'清河人'，言'賀若弼之鎮壽春，恒為間諜，平陳之役，頗有功焉。進位開府儀同三司，封文安縣子。……開皇十八年，為行軍總管，從漢王諒征遼東'，奫眾獨全，有子孝廉。稽以此誌，言淵為'開府儀同三司、江南遼東二道行軍總管、文安縣開國公'，雖與奫傳小異，而官閥相似，其子'孝雄'又與奫傳'有子孝廉'為同輩行，竊疑'淵'即是'奫'，而未得確證。及考之《北史》卷七十八奫傳言'本名犯廟諱'，知'奫'果名'淵'，唐之修史諸臣避因避諱改'淵'為'奫'，頗怪長孫無忌於《隋書》奫傳不著其事，幸李延壽《北史》特揭五字曰'本名犯廟諱'，始恍然於《隋書》《北史》之'奫'即'淵'也。《北史》本傳又有'謚曰莊'三字，與此誌無不相合。又其官階，若'江南遼東二道行軍總管、開國公'等，舉足補史所未及。……《唐書·百官志》'尚輦局直長三人'，注'龍朔元年改尚輦局為奉輦局'，無直長之名，孝雄之官自在龍朔之前，故其名未改。'湘源縣'，《唐書·地理志》屬江南道永州，又隴右道鄯州下都督府，《百官志》'下都督府上司馬一人，從五品下'，孝雄之官鄀府司馬，謂鄯州都督府之司馬也。'乾封縣'屬河南道兗州，'漢州'屬劍南道，俱見《唐志》。'侍御史'、'太府卿'並著於《百官志》。'題輿'為陳蕃事，見輯本謝承《後漢書》。'含香'見沈約《宋書·百官志》，與'三異'（《魯恭傳》）、'六條'（蔡質《漢儀》），均切侍御史、郎中、縣令、刺史而言。文云璬'為侍郎公之元子，弱歲以宿衛出身'，按《唐書·百官志》'禮部侍郎一人，正四品下'，又言'武德、貞觀世重資蔭，二品曾孫、三品孫、四品子補勳衛及率府衛'，璬為四品侍郎之子，例得以資蔭補勳衛及率府親衛，文統言之曰'宿衛'也。文言'夫人王氏，祖方茂，伯祖方慶'，方慶，《唐書》一百十六有傳，'方茂'名見《宰相世系表》，而未紀其官閥。文中紀數，有'叁'、'拾'、'陸'、'柒'、'貳'、'伍'等字，皆武后新改。顧氏炎武《金石文字記》考武后所改數目之字，皆見於古書，陳大昌《演繁錄》論之亦詳。惟《舊唐書·睿宗紀》'先天二年三月癸巳，詔、制、敕、表、狀、書、奏、牋、牒年月等數作一十、二十、三十字'，據此則此前之紀年皆用武后所制之字可知，但神龍在先天前，紀璬之卒年'叁拾有陸'，尚無可議，至'開元拾柒年'，已在先天改字之後，而亦仍用舊字，與神龍二年、天寶十二載諸數目字復參錯不倫，殆書者隨手寫石，未可盡以唐制覈之。文云'東京壽安縣'，《唐書·地理志》壽安縣屬河南府，按'河南府'唐顯慶二年曰'東都'，光宅元年曰'神都'，神龍元年復曰'東都'，天寶元年曰'東京'，璬卒於開元時，准以史例，當書為'東都壽安縣'，不當言'東京'，撰文者之不審，於此可見。《唐志》京兆府無'金城縣'，惟興平縣下注云：'景龍二年（《太平寰宇記》、宋敏求《長安志》均作四年），中宗送金城公主降吐蕃，改曰金城，至德二年更名。'又饒陽郡，唐為深州，有'鹿城縣'，天寶十五年改為'束鹿'，璬之葬年在天寶十二載，'興平'、'束鹿'未改之先，自為'金城'、'鹿城'也。宋敏求《長安志》卷十四興平縣下自注云'唐二十鄉有扶風鄉、湯祠鄉，餘不傳'，今按此文有'三陂鄉'，可以援畢氏《新校正例》補入，以廣異聞。若撰文者張晏之仕履，《唐書·宰相世系表》張氏'始興房'有晏'名注，韶州判官'，晏蓋先仕王府，後為判官。《唐志》王府官屬兵曹參軍，'掌武官簿書、考課、儀衛、假使'。又文階二十九，'從六品上曰奉議郎'。又十一《宗諸子傳》儀王璲為玄宗子，開元十三年封。開元後皇子多居禁內，既長，詔附苑城為大官，分院而處，號十王宅。幕府列於外坊，歲時通名起居。儀王居十王之列，未作外藩，晏官故仍居京師也。"

［三］《關中金石文字存逸考》稱："全文見《古志石華續編》。……此志於同治時出土，今未詳所在，因其葬地在興平，故屬之興平焉。《方輿紀要》云：'漢平陵縣屬右扶風，故城在今興平縣東北二十里。曹魏改曰始平，後魏時遷於今治。唐景龍二年，送金城公主出降吐蕃，至此更名金城。至德二載，改曰興平。''璥'曾祖'淵'見《北史》隋臣傳，改'淵'作'齋'，云齋'字文懿，清河東武城人也。本名犯廟諱，故改之'，傳中載淵官爵多與誌合。……傳云淵子名孝廉，即齋祖父孝雄之兄弟行矣。誌云夫人王氏'伯祖方慶'，案：方慶，唐時賢相，本名綝，以字行，《新唐書》有詩。志云'方慶'嘗官'中書令'，傳中未載。方茂之名，《宰相世系表》亦未載，得此可補其闕。……《隋書·百官志》州置總管者，列上、中、下三等，總管剌受加使持節。上總管行臺尚書僕射，為視從二品；中總管行臺諸曹尚書，為視正三品；下總管，為視從三品。（案：上、中、下總管皆常設之官，行軍總管，用兵乃置，兵罷則已，故稱道不稱州。）"

校者按：端方《匋齋藏石記》稱夫人王氏祖方茂見於《新唐書·宰相世系表》，毛氏《存逸考》以為未載，今查《宰相世系表》，毛氏所說是。據《太平廣記》卷四三五《畜獸二》"張納之"條（引張鷟《朝野僉載》），璥父敬之有弟名"納之"，"從給事中、相府司馬改德州刺史，入為國子祭酒，出為常州刺史"（中華書局，1961年，3535頁），可參考。又，《朝野僉載》稱敬之官"考功郎中"，今查《郎官石柱題名》，未見其名。岑仲勉先生《郎官石柱題名新著錄》"考功郎中"下按稱"考中一曹，實計趙本著錄三十人，王本同，勞本三十六人。本編則著錄十四行，合四十四人。其每行人數，則以漫漶之故，無從估計"（《金石論叢》，上海古籍出版社，1981年，360頁），知缺泐甚多，敬之名或當在其中矣。誌所稱司勳郎中，見《郎官石柱題名》"司勳郎中"下。

韋瓊

(天寶十四載五月　見《存逸考》卷一"西安府上")

大唐故韋君墓誌銘

篆蓋陰文，三行，行三字。

唐故武部常選韋府君墓誌銘并序

廣文館進士范朝撰

君諱瓊，字瓊，京兆杜陵人也。漢葉崇盛，丞相乃擅其名；唐業克昌，逍遙遂因其號。君之苗裔，即其後也。曾祖元整，皇中大夫、使持節、曹州刺史、上柱國；祖緉，皇益州成都縣令；父景，皇廣平郡肥鄉縣令。並箕裘嗣業，弓冶克傳。殷仲文之風流，潘安仁之令譽。君幼年好學，書劍兩全，蔑鄒訞之登科，慕班超之投筆。封侯未就，邁疾俄臻，神草無徵，靈芝靡驗。以天寶四載十二月廿九日終于濛陽郡九隴縣之私第，春秋卅有六。嗟乎！梁木斯壞，哲人其萎，織婦罷機，舂人不相。以十四載五月十三日卜葬於長安縣永壽鄉畢原，祔先塋，禮也。南臨太一，北帶皇城，地勢起於龍蛇，山形開於宅兆。胤子署，居喪有禮，毀瘠劬勞，泣血三年，絕漿七日，輴車永掩，奠徹長施。恐筮短之龜長，懼陵遷而谷徙，式鐫貞石，用紀芳猷。乃為銘曰：

帝堯之裔，豕韋之枝。溫恭其德，淑慎其儀。佳城鬱鬱，王黍離離。月懸新壟，松疏舊碑。墳塋改變，陵谷遷移。萬古幽室，滕公瘞斯。

原誌石刻二十行，行二十字，正書。(《補寰宇訪碑錄》卷三。《香南精舍金石契》。《十二硯齋金石過眼錄》卷一二。《關中金石文字存逸考》卷一。《古志石華續編》卷二。《九鐘精舍金石跋尾甲編》。《唐文拾遺》卷二一。《八瓊室金石補正》卷五八。《匋齋藏石記》卷二五。《陝西金石志》卷一三。《續修陝西通志稿》卷一四七。《咸寧、長安兩縣續志》卷一三。《北京圖書館藏中國歷代石刻拓本彙編》二六冊一三六頁。《唐代墓誌彙編》一七一八頁。）

[匯考]：

[一]《八瓊室金石補正》稱：「高一尺四寸五分，廣一尺四寸九分。廿行，行廿字，字徑五分，方界格，行書。在長安。」

又稱：「右《韋瓊墓誌》在長安。首行標題稱『武部常選』，天寶十一載改兵部為武部，武部常選者，武職未除授之稱也。誌敘韋氏先世云『丞相乃擅其名』、『逍遙遂因其號』，丞相者，賢也，漢丞相、扶陽節侯；逍遙者，瓊也，後周逍遙公，子孫遂稱逍遙公房。誌又云『曾祖元整，皇中大夫、使持節、曹州刺史、上柱國；祖綝，皇益州成都縣令；父景，皇廣平郡肥鄉縣令』，以《新唐書·宰相世系表》證之，『元整』為『萬頃』之子，『隋州刺史達安公瓘』之孫，『逍遙公瓊』之曾孫也，《表》於元整之後皆闕而不載，得此誌可以補其子孫曾玄四世矣。《表》又有名『瓊』者，官考功郎中，是別一人耳。成都縣屬成都府蜀郡，此稱益州者，統言之。廣平郡即洺州，屬河北道，本武安郡，天寶元年更名，是景之令肥鄉已在天寶初年。誌又云『終於濛陽郡九隴縣之私第』，『濛陽郡』即『彭州』，屬劍南道。垂拱二年析益州置。瓊為杜陵人而有私第於九隴者，以其祖令益州後乃流寓於彼邪？」

[二]《十二硯齋金石過眼錄》稱：「碑高一尺四寸，廣一尺五寸。正書，二十行，行二十字。」

又稱：「右《韋瓊墓誌銘》，廣文館進士范朝撰。按《新唐書·選舉志》謂『廣文館，天寶九年始置於國學，以領生徒』，誌云『唐業克昌，逍遙公遂因其號』，《宰相世系表》：逍遙公是後周所錫，韋氏遂號逍遙公房。『曾祖元整，曹州刺史』，《表》與志同。『瓊』為『武部常選』，《選舉志》謂『凡選有文武，若武選為兵部主之』，蓋起于武后之時，韋瓊蓋應武選者，故書銜如此。"

［三］《關中金石文字存逸考》稱："全文見《古志石華續編》。……此石今藏渭南趙乾生詹事元中家。《新唐書·宰相世系表》'逍遙公房'有名元整者，官曹州刺史，即瓊之曾祖，惟《表》中僅載元整之名，元整以下均未載，得此志可補其闕。《新唐書·選舉志》'凡選有文武。文選吏部主之，武選兵部主之'，《潘智昭墓誌》題為'吏部常選'，此誌題為'武部常選'，蓋當時常選可以入銜矣。'武部'即'兵部'，天寶十一載改'兵部'曰'武部'。廣文館屬國子監，天寶九載置廣文館，有知進士、助教，後罷。知進士之名，均見《新唐書·百官志》。杜少陵贈鄭虔詩'廣文先生官獨冷'，蓋指太學學官而言，今則郡縣學官皆以廣文稱之，失其本矣。撰文之范朝見唐詩《國秀集》中，亦開元間能詩文者。此誌書法挺秀，唐時佳刻也。"

［四］《匋齋藏石記》稱："石高一尺五寸一分微強，廣一尺五寸二分。二十行，行二十字，有棋格，正順。"

又稱："右志趙氏之謙已著錄。韋瓊字與名同，若蔡興宗字興宗之例甚夥。漢之丞相指韋玄成，《唐書·宰相世系表》韋氏有逍遙公房，為周韋瓊之後，《後周書·韋瓊傳》'明帝即位，禮敬愈厚，敕有司日給河東酒一斗，號之曰逍遙公'，按此乃旌隱士之號，非爵也，至唐有逍遙公房。……《世系表》有元整名，官曹州刺史。（《元和姓纂》同）其祖緋、父景，《表》皆未見。……宋敏求《長安志》長安縣唐五十九鄉無永壽鄉，此亦可據畢氏《新校正例》補入此名。'太一'，一名'終南'，在萬年縣之南。畢原在縣西南二十八里，唐萬年、咸陽兩縣皆在皇城郭外，故誌言'南臨太一，北帶皇城'也。……嘉興沈氏濤據《唐六典》《唐會要》考知唐制吏、兵二部選人有放選優於處分者，其非優於處分者則謂之常選，猶依常例銓選之意。（見《常山貞石志》卷五）又《選舉志》'天寶九載置廣文館於國學，以領生徒為進士者'，《百官志》'廣文館博士四人，助教二人，掌領國子學生業進士者'，瓊之'武部常選'及撰文之范朝'廣文館進士'俱非實有職官中第之稱。'瓊'既為逍遙公後而不避'瓊'之嫌名，殊所未喻。"

［五］《〈元和姓纂〉四校記》稱："唐初元整官城門郎，見《元龜》九二二。"

［六］《〈新唐書·宰相世系表〉集校》稱"天寶十四載五月十三日《唐故武部常選韋（瓊）府君墓誌銘》，見周紹良先生藏拓。又西安出土永昌元年五月二十一日《成都縣令韋綝墓誌》：'高祖瓊，周號逍遙公。曾祖瓘，周御正大夫、安州總管、隨淮二州刺史。祖萬頃，隋太子直閣祭酒、秘書丞。考元整，皇朝西府東閣祭酒、天策上將府鎧曹參軍事、通曹二州刺史、上柱國。……有子旻、景等。'亦足補證此支世系。"

張毗羅

（天寶十四載八月　見《存逸考》卷四"長安縣下"）

　　唐故定遠將軍守左武衛將軍員外置同正員上柱國內長入供奉張府君墓誌并序

　　公諱毗羅，其先清河人也。父諱毗羅，奕葉承家，隱輪不仕。公累襲沖和之氣，克遵高上之風，芝蘭入室，瑾瑜照廉。其事親也，色難以養之；其行異端，智周以成之。由是蕭灑邱園，恬澹霞月，優遊朝市，不違大隱大趣；弋釣林泉，有光豪士[一]之跡。夫然者，宜其夫奏天階，羽儀帝坐，公家其寵命，遂拜定遠將軍、守左武衛將軍。以天寶十四載八月廿七日薨于金城里之私第，春秋七十。即以其載十一月十七日葬於承平鄉之原，禮也。長子咸哀泣血，咸席詔穴，孟常泣感於大風，賢陵卦劍於心許。乃為銘曰：

　　府君反葬斗城西，吉兆地夏明金雞。千秋萬歲兮松柏齊，魂魄歸兮長不迷。

　　原誌石刻十六行，行十七字，行書。

　　誌中"隱輪"之"輪"，當作"淪"。"夫奏"之"夫"，當作"敷"。"咸哀"之"咸"，當作"銜"。"賢陵"之"賢"，當作"延"。"夏明"當作"下鳴"。又"公家其寵命"及"咸席詔穴"

二語殊不可解。誌云"府君反葬斗城西",案《方輿紀要》:"漢長安城南為南斗形,北為北斗形,人呼為斗城,亦名陽甲城。"甲,始也,取一陽初生之義。(《關中金石文字存逸考》卷四。《古志石華續編》卷二。《唐文拾遺》卷六六。《陝西金石志》卷一三。《續修陝西通志稿》卷一四七。《咸寧、長安兩縣續志》卷一三。《北京圖書館藏中國歷代石刻拓本彙編》二六冊一四三頁。《唐代墓誌彙編》一七二一頁。)

[校記]:

[一]"士",《新編》未錄作"□",今據《唐文拾遺》補。

[匯考]:

[一]《關中金石文字存逸考》稱:"全文見《古志石華續編》。……此石近出長安,未知移徙何處。志中譌字甚多……皆極不可通之字,疑出於村學究之所為也。志前題銜云'內長入供奉',《新唐書·百官志》十六衛、左右監門衛、左右翊中郎將所屬有長入、長上二十人,'內長入供奉'亦長入、長上之類也。山西永寧州有《何知猛墓誌》(天寶七載),何君名知猛,其父亦名知猛,此志張君名毗羅,其父亦名毗羅,皆他志所罕見者。"

[二]《陝西石刻文獻目錄集存》稱:"正書。原葬於承平鄉,後出土于長安。"

劉智墼妻孫氏

(天寶十五載五月　見《存逸考》卷四"長安縣下")

大唐故劉君合葬墓誌銘并序

進士張遘文

君諱智,字奉智,其先彭城人也。恭聞受氏於夏,受命於秦。創庶天官，化被江漢。爰洎魏晉，代列侯伯，今為京兆府涇陽縣人也。曾祖寶，皇右領軍尉、折衝都尉；祖敬，左衛、果毅都尉；父柱，右武衛長上、折衝左羽林軍宿衛。粵國有二柄，武有七德，或干城以禦侮，或腹心以衛上。友兄奉進，見任銀青光祿大夫、行內侍省內侍、彭城縣開國男，食邑三百戶。故當時君子曰：積德積載，奕奕冠蓋者也。君承余慶以謹身，竭忠貞以旌義。勳列餘羨，武部常[一]選。享年不永，春秋卌有五，天寶二載九月十二日終於私第。夫人孫氏，淑慎凝禎，柔儀婉孌，允臧君子，宜爾室家。而脩短有涯，早瘞幽壤，以天寶十五載歲在涒灘五月甲寅朔十九日壬申合葬於京兆府長安縣國城門西七里龍首原龍門鄉懷道里。嗚呼！前矚終南，良木其壞；後臨清渭，逝者如斯。爰恐陵谷遠遷，天長地久。勒茲幽石，夐傳不朽。銘曰：

　　公侯之裔，相傳孝悌。有涯終極，無朽功諱。宅兆增感，豐碑墮淚。悼泉雞之不鳴，傷野鶴之空唳。

　　原誌石刻二十行，行十九字，行書。

　　誌中"友兄"之"友"疑作"有"。(《關中金石文字存逸考》卷四。《古志石華續編》卷二。《八瓊室金石補正》卷五八。《八瓊室金石祛偽》。《陝西金石志》卷一三。《續修陝西通志稿》卷一四七。《咸寧、長安兩縣續志》卷一三。《增補校碑隨筆》六〇四頁。《北京圖書館藏中國歷代石刻拓本彙編》二六冊一四五頁。《唐代墓誌彙編》一七二三頁。)

[校記]：

[一]"常"，《新編》作"帝"，今據其他各本改。

[匯考]：

[一]《八瓊室金石補正》稱："方一尺六寸六分，廿行，行十九

字，字徑六分，正書。在諸城劉氏。"

又稱："右《武部常選劉智妻孫氏合葬誌》出長安土中。劉智先世三代與劉奉芝同，即奉芝之兄弟也。惟父柱署官與彼誌稱'贈將作監'，為不同耳。此誌共有三本：初得一本字畫極肥，疑為偽作；繼得一本，較為圓勁，竊謂曩言之不妄矣；甲戌夏見松坪所藏《古志聚存冊列》有此種，標題下方乃'進士張遘文'五字，與題'武功蘇靈芝書'者絕異。馳書詢之，乃以副本見貽，且謂此誌出土，劉燕庭先生得之，攜以至浙，存置淨慈禪寺，兵火後不知存佚。其題'蘇靈芝書'者，乃陝中碑估翻刻改題，以之欺人而易於牟利。原石只有撰人並無書人名也。甚矣，見聞之宜廣，而同志之講求尤不可少矣。爰重錄而識之。《補訪碑錄》載此為'蘇靈芝正書'，所據者亦贗作耳。"

[二]《關中金石文字存逸考》稱："全文見《古志石華續編》。或以為此石已移至京師，未知其審。……此石本出長安，今未知移徙何處。帖肆本有'蘇靈芝書'者，乃重模也。誌中'友兄'之'友'疑作'有'。《爾雅》'太歲在丙曰柔兆，在申曰涒灘'，此誌但云'歲在涒灘'，未書'柔兆'，蓋僅記地支，未記天干耳。"

[三]《陝西金石志》稱："按此志書法遒勁方整，頗類蘇靈芝書，故原石為人收藏，坊間重模即除去'進士張遘文'五字，另寫'武功蘇靈芝書'六字。惟筆劃稍肥，'武功'六字且有俗氣。缺其上方右角，短九字，不見原拓，盡能亂真也。"

校者按：本書所錄上元二年正月趙昂所撰《故朝議郎行內侍省內寺伯上柱國劉府君墓誌銘并序》，文稱"公諱奉芝，其先彭城人也。……曾祖寶，皇右領軍衛折衝都尉。祖敬，皇左衛、果毅都尉。父柱，贈將作監。公，監之第二子"，知智與奉芝為兄弟行。又奉芝卒後，誌稱"至於小大斂服，塗車芻靈，啟殯祖庭，備物致用，皆取制於右監門衛大將軍伯。將軍自公之亡也，恍如有失，憂色慟容，拊膺而哭曰'天乎！奈何不先罰於予，而乃降禍於汝！手足云斷，心魂得安'，人有聞之，知將軍之為兄也仁矣"，則任右監門衛大將軍者乃劉柱長子，惟志不載其名諱。本誌稱"友兄奉進，見任銀青光祿大夫、行內侍省內侍、彭城縣開國男，食邑三百戶"，孝芝據志任"內侍省內寺伯"，則劉氏兄弟中有兩人供奉內廷。據此可知，劉柱至少有四子：長子任右監門衛大將軍；次子奉芝為內侍省內寺伯；奉進位內侍省內侍，封彭城縣開國男；奉智為武部常選。陸氏《八瓊室金石補正》跋稱"彼誌（校者按：即《劉奉智妻孫氏墓誌》）有兄奉進……此誌亦有兄為右監門衛大將軍，而不顯其名，不審即奉進否？"按兩誌撰時相去不遠，若本誌所稱奉進即奉芝兄，其所紀官爵不應相差如許之大，其當為兩人無疑。

又，《唐代墓誌彙編》據傅熹年藏拓錄文，標題下無"進士張邁文"五字，而有"武功蘇靈芝書"六字，亦當為重模本也。

劉奉芝

（上元二年辛丑月　見《存逸考》卷五"咸寧縣"）

唐故朝議郎行內侍省內寺伯上柱國劉府君墓誌銘并序
宣義郎行左金吾衛倉曹參軍翰林院學士賜緋魚袋趙昂撰
從姪朝議郎行衛尉寺丞翰林院待詔秦書

公諱奉芝，其先彭城人也。著姓史策，略而不書。曾祖寶，皇右領軍衛折衝都尉；祖敬，皇左衛、果毅都尉；父柱，贈將作監。公，監之第二子，夙奉嚴訓，早聞詩禮，謙和仁厚，履信資忠，口不茹葷，心唯奉佛。解褐拜內坊典直，秩滿授內府局丞。無何，轉本局令，尋遷內寺伯。自出身事主廿餘年，三命益恭，四知尤慎，言辭謹密，體貌魁梧，帶盡十圍，眉間一尺，出入宮禁，周遊里閈[一]，望之儼然，真天子之近臣矣。如何位不充器，天不與年，未及懸車，忽焉就本。以上元元年十二月十九日，大漸于輔興里之寢居，時年六十五。公素有通識，不以夭壽嬰心，故自卜龍首原，用開塋域，土周石槨，將反本而歸真。以今上元二年辛丑歲正月丁亥十一日丁酉與前夫人趙氏合祔而同穴。安時處順，不亦禮歟？嗣子景延、庭倩等號天叩地，泣血崩心，充充有窮，杖莫能起。至於小大斂服，塗車芻靈，啟殯祖庭，備物致用，皆取制於右監門衛大將軍伯。將軍自公之亡也，怳如有失，憂色慟容，拊膺而哭曰："天乎！天乎！[二]奈何不先罰於予，而乃降禍於汝？手足云斷，心魂得安。"人有聞之，知將軍之為兄也仁矣。昂學舊史氏，書法不隱，舉善無遺，庶旌恭友之風，以成褒貶之義。銘曰：

劉氏之子，公山正禮。白眉皆良，伯仲一體。同事昭代，威儀濟濟。天何為乎？奪我令弟。能建生死，自為石室。啟手知全，長辭白日。合葬非古，周公已來。哲婦早世，同歸夜臺。舟壑忽遷，孰知桑海。唯公令名，終古不改。

原誌石刻二十四行，行二十五字，行書。(《關中金石文字存逸考》卷五。《古志石華續編》卷二。《寫禮廎讀碑記》。《唐文拾遺》卷二七。《八瓊室金石補正》卷五九。《續修陝西通志稿》卷一四八。《北京圖書館藏中國歷代石刻拓本彙編》二七冊二五頁。《唐代墓誌彙編》一七四七頁。)

[校記]：

[一]"出入宮禁，周遊里閈"，《新編》作"出入周宮禁，周遊里閈"，前一"周"字當係衍文，今據其他各本刪。

[二]"天乎！天乎！"《新編》所錄與諸本同，惟《唐文拾遺》作"天乎"。

[匯考]：

[一]《寫禮廎讀碑記》稱："右《劉奉芝墓誌》，行書，文廿四行，行二十五、六字不等。首題'□故朝議郎內侍省內寺伯上柱國劉府君墓誌銘并序'，次題'宣義郎行左金吾衛倉曹參軍翰林院學士賜緋魚袋趙

昂撰'，又次題'從姪朝議郎行衛尉寺丞翰林院待詔秦書'。誌敘奉芝歷官由'内坊典直'授'内府局丞'，轉'本局令'，遷'内寺伯'。考《唐六典》：太子内坊典直四人，正九品下；内府局令二人，正八品下；丞二人，正九品下；内寺伯二人，正七品下。朝議郎，階正六品上，階高擬卑，故曰行也。誌稱奉芝出身事主二十餘年，又稱上元元年，年六十五，則奉芝開元中始為内監，計其年已三十餘矣。前夫人趙氏，當是未為内監時所娶。錢辛楣少詹跋《吳文碑》稱：'史載高力士娶呂元晤女，李輔國娶元擢女，而文亦有妻，然則唐之宦者，固多有妻。'案唐宦者妻可考者，尚有張元忠妻令狐氏，孫守廉妻趙氏，王文幹妻鄭氏，李輔光妻輔氏，西門珍妻馬氏，王守琦妻張氏、謝氏，皆見於碑誌，則錢說信矣。顧命疾大漸，《列子‧力命篇》'季梁得疾，七日大漸'，《蔡中郎集》"陳留太守胡公碑"'是日，疾大漸'，是大漸本疾甚之謂，後世此二字臣下不敢稱，殊無義。今觀此誌，則唐時固不諱也。奉芝兄官右監門衛大將軍，誌敘於後，又於銘詞舉其字曰劉氏之子，公山正禮，亦誌銘之創例。公山當是奉芝兄字，正禮則奉芝字也。輔興里即輔興坊，在朱雀門之第三街，見《長安志》。"

　　[二]《八瓊室金石補正》稱："方一尺五寸五分。廿四行，行廿五字，字徑七分，行書。"

　　又稱："右《内寺伯劉奉芝墓誌》，未詳所在。誌敘先世與《劉智墓誌》同，惟彼誌云'父柱，右武衛長上、折衝左羽林軍宿衛'，此誌云'父柱，贈將作監'，為不同也。彼誌有兄'奉進，銀青光祿大夫、行内侍省内侍、彭城縣開國男'，此誌亦有兄為'右監門衛大將軍'，而不顯其名，未審即'奉進'否？上元二年去年號不用，此書上元者，去年號在九月，誌刻於正月也。'丁亥'下當有'朔'字，《通鑒目錄》'元年十一月丁亥朔，二年二月丙辰朔。十一、十二月大盡，正月小盡'，均合。"

　　[三]《關中金石文字存逸考》稱："全文見《古志石華續編》。……此石近時出土，未知移徙何處。《新唐書‧百官志》：内侍省内坊典直四人，正九品下；内府局丞二人，正九品下；令二人，正八品下。"

　　[四]《陝西石刻文獻目錄集存》稱："唐上元二年（761）刻。

459

趙昂撰文，劉奉行書。（《新編》《存考》為劉秦）"

校者按：據《大唐故劉（智）君合葬墓誌銘并序》可知，劉柱除長子任右監門衛大將軍者、次子劉奉芝外，至少還有劉奉進、劉奉智兩人，《寫禮廎讀碑記》以銘詞中"公山正禮"為奉芝與兄字，其論恐未確。誌稱"君諱奉芝"，以劉智誌比勘，奉芝當其字，誌未書其名者，應以字行也。

焦璀

（寶應元年　見《存逸考》卷二"西安府下"）

唐故將仕郎守邠州蟀川府長史焦公墓志并序

公諱璀，字潤，河內廣平人也。蓋夏殷之後。古者建德立功，因生賜姓，宗氏[一]以茲而起，枝派自此而起。暨夫溫玉神完，蘭芬鬱□，或[二]揚威於漢魏之代，或宣佈於齊梁之間[三]。其後繼之[四]□，雖百代可知也。隨季崩淪，天下喪亂，高祖以義旗輪轉，元從長安，因官平涼，遂為邠土。曾祖仁，皇職資陪戎校尉；祖貞，皇勳官上護軍。並積行累德，修辭立誠，名播於閭閻之間，聲聞於郡邑之內。父莊，克勤於家，克儉於國，不失色於人而人敬之，不失口於人而人信之，故得聲聞府縣，譽動軍州。公幼而聰敏，詩禮以得於趨庭；長而強學，奧義更聞函杖[五]。志學之年，旋霑一命之職；弱冠之歲，望[六]遷五等之官。何圖福慶外移，不保南山之壽；災纏內豎，奄歸東岱之魂。以寶應元年十二月十二日邁疾，卒於私家，春秋廿。歎苗而之有季，痛秀而之無成。妻子類崩，父母傷割骨之痛。今卜遠有期，龜筮習[七]吉，遂以唐寶應元年歲次壬寅十二月景午朔廿七日庚辛殯于邠州三水縣歸義鄉郏邑原，禮也。父莊悲傷五內，哀感四鄰，但恐田成碧海，水變蒼山，故勒石留文，以旌厥志云爾：

於穆遠裔，肇自周秦。惟祖惟考，乃武乃文。念子聰敏，幼年立身。不幸短命，禍[八]降沉淪。嚴父切骨，慈母割恩。哀哀戀念，泣對孤墳。

原誌石刻二十行，行字多寡不等，正書。(《關中金石文字存逸考》卷三。《古志石華續編》卷二。《續語堂碑錄》丁。《唐文拾遺》卷六六。《八瓊室金石補正》卷五九。《匋齋藏石記》卷二六。《陝西金石志》卷一五。《續修陝西通志稿》卷一四八。《北京圖書館藏中國歷代石刻拓本彙編》二七冊二九頁。《唐代墓誌彙編》一七五三頁。)

[校記]：

[一]"氏"，《新編》作"代"，今據其他各本改。

[二]"神完，蘭芬鬱□，或"，《新編》作"□□，蘭□□□□"，今據其他各本補。

[三]"間"，《新編》未錄作"□"，今據其他各本補。

[四]"繼之"，《新編》未錄作"□"，今據其他各本補。

[五]"杖"，《新編》作"文"，今據其他各本改。

[六]"望"，《新編》未錄作"□"，今據其他各本補。

[七]"習"，《新編》未錄作"□"，今據其他各本補。

[八]"禍"，《新編》未錄與諸本同，惟《唐文拾遺》作"福"，誤。

[匯考]：

[一]《八瓊室金石補正》稱："方一尺三寸。二十行，行二十字至廿七字不等，正書。在西安。"

又稱："右《焦璀志》，近時出土，無撰、書人姓名。文字鎸刻均潦草，無足深取，然非偽造也。'將仕'作'士'，古通；'蟀川府'，見《地理志》。'克勤於家'二語見《尚書》文，而'家'、'國'互易，不可為訓。'詩禮以得於趨庭'，用以為己典義。'更聞函杖'句脫一字，'丈'作'杖'借。'歎苗而之有季'，'季'，'秀'之誤。'妻子類崩'句有脫字。……'庚辛'，'辛'字是'申'之誤。"

[二]《關中金石文字存逸考》稱："全文見《古志石華續編》。……此石今藏渭南趙乾生詹事元中家。《新唐書·地理志》：邠州有府十，其六曰蜯川。今三水縣有北周《賀屯植墓誌》云'葬於豳州三水縣捧川之良平原'，'捧川'即'蜯川'也。《方輿紀要》云'半川府在陝西邠州三水縣北十五里'，案'半川'亦即'蜯川'，皆一音之轉也。又誌云'十二月景午朔廿七日庚辛'，以逐日建辰推之則'丙午'（唐人諱丙字，故稱景午，景午即丙午也），朔之廿七日當作'壬申'，此誌作'庚辛'，選擇家以酉初為庚時，戌初為辛時，'庚辛'二字或紀葬時，亦未可知，不得其詳，姑從闕如。……誌云瓘為'河內廣平'人，考《新唐書·地理志》：懷州河內郡無廣平縣，洺州稱廣平郡，亦無廣平縣，惟《方輿紀要》云'唐置廣平縣，在今直隸廣平府廣平縣之馮鄭堡'，亦未言唐縣屬何郡，姑存其說以俟考云。"

[三]《匋齋藏石記》稱："石高一尺三寸五分強，廣一尺三寸七分弱。十九行，字數不等，正書。"

又稱："右按《唐書·地理志》：邠州有府十，其六曰蜯川。蓋折衝府也。《唐書·兵志》：折衝府有長史、兵曹、別將各一人。……焦君名'瓘'，瓘璨玉光，故字曰'潤'。其云'河內廣平人'，按《地理志》：河內為懷州，無廣平縣。廣平屬幽州，天寶元年析薊縣置，頗疑焦君字'潤河'，而誤衍'內'字，未敢遽定。志云'夏殷之後'，按《廣韻·四宵》焦姓'周武王封神農之後於焦，後以國為氏'，此云'夏殷之後'，當別有據。又云'揚威於漢魏之代，宣佈於齊梁之間'，按漢有焦贛，魏有焦先，一經師，一隱士，不得為'揚威'。《南齊書》有'焦度'，以軍功封東昌子，除遊擊將軍，以云'宣佈'，庶幾近之。……又按《唐故大將軍上柱國郭君碑》太宗詔有'起義元從班例加勳'之語，知唐初故有起義元從班之名，並可互證。'陪戎校尉'，為唐從九品上之武散階。又貞觀十一年，改勳官上大將軍為上護軍，均見於《舊書·職官志》。又司勳郎中掌官吏勳級，十轉為'上護軍'，視從三品。瓘以志學之年已霑一命之職，當承其祖父三品資蔭得補勳衛，故有此選，而後出為折衝府長史。……又云以'唐寶應元年歲次壬寅十二月景午朔廿七日庚辛殯於邠州三水縣'，按《通鑒目錄》：寶應元年十二月乙巳朔，廿七日為辛未。此之朔、日俱誤，不得據石以疑史也。《孝經·援神契》'泰山天帝孫，主招人魂魄'，志云'奄歸東岱之魂'，本此。"

〔四〕《陝西金石志》稱："按此石於光緒初年出土，藏于趙氏。二十八年，歸於匋齋。"

〔五〕《陝西石刻文獻目錄集存》稱："石原葬於邠州三水縣歸義鄉邠邑原，光緒初年出土，藏於渭南趙氏，後歸匋齋。"

校者按：據"父莊悲傷五內，哀感四鄰，但恐田成碧海，水變蒼山，故勒石留文，以旌厥志云尔"諸語判斷，志文當出自璀父焦莊之手。

淨住寺智悟律上人
（大曆六年十二月　見《存逸考》卷六"藍田縣"）

大唐故淨住寺智悟律上人墓誌銘并序

公俗姓劉，諱仲丘，彭城郡人也。緬尋前史，歷討群經。其先皇帝之孫，爰後公劉之裔。秦時為戎所逐，乃居於彭城，遂世為彭城郡人也。至于衣冠奕葉，禮樂風標。史諜具詳，茲難備述。曾祖如願，志高泉石，脫略軒榮，蒲帛累徵，偃仰蘿薜。貴樂生前之志，殊輕身後之名。祖玄福，皇華州下邽縣令。彈琴為不言化成。馴翟得魯恭之遺風，不欺庶先賢之美跡。而公則下邽之愛子也。公淳孝自然，博雅天縱，混流俗而不染，處濁亂而哺糟。雅好無為，深精玄妙。視軒冕如桎梏，等金帛如塵埃。上迫父命，強為婚媾，晚歲

463

歸道，永愜私心。法宇窮不二之門，蓮宮契三禪之妙。公以持律為業，一食長齋。久染微痾，心齊生滅。積以成疾，藥物無徵，漸至彌留，奄先朝露。行年六十有五，殞于來庭坊之私第。嗟乎！哲人不永，太山其頹，明鏡忽掩，寶劍長埋。以大曆六年十二月廿日葬于藍田縣鐘劉村之東原，禮也。公在俗有子四人，皆崑山片玉，桂林數枝，信可克昌家門，榮顯宗族。長子會州黃石府別將、賜緋魚袋光歸，次子朝議大夫、守內侍省奚官局令、上柱國光順，第三子朝議郎、守內侍省內府局令、上柱國光玭，季子絳州新田府折衝、賜紫金魚袋、上柱國光暉等，自丁酷罰，泣血連裳，號天不展其哀，扣地莫申其戚，爰脩宅兆，以展孝思，懇請誌文，略序遺跡，適時詞理荒拙，輒課虛蕪。乃為銘曰：

平原莽莽，松柏蕭蕭。哲人斯逝，泉夜無朝。痛經綿於嗣子，嗟玉樹兮先彫。太山俄頹，泉扃永閉。幽明既殊，慈顏永訣。呼蒼天兮莫聞，潰肝腸以自裂。

朝散郎前汴州司法參軍裴適時撰。

原誌石刻二十四行，行二十五字，正書。

志中彈琴為，為字下脫一字。（《關中金石文字存逸考》卷六。《古志石華續編》卷二。《陝西金石志》卷一五。《續修陝西通志稿》卷一四八。《北京圖書館藏中國歷代石刻拓本彙編》二七冊一一三頁。《唐代墓誌彙編》一七八〇頁。《全唐文補遺》（第四輯）五七頁）

［匯考］：

［一］《關中金石文字存逸考》稱："全文見《古志石華續編》。……此誌近時出藍田。《新唐書·地理志》：會州屬關內採訪使，而無黃石府之名，得此可補其闕焉。《百官志》：諸衛折衝府別將各一人。上府正七品下；中府從七品上；下府從七品下。內侍省奚官局令二人，正八品下。誌中但敘曾祖、祖父而未載其父之名，亦他誌所罕見者。"

［二］《陝西金石志》稱："按此誌未敘厥考之名，且云'祖玄福，

皇華州下邽縣令，而公則下邽之愛子也'，是直以祖為父矣，謬誤殊甚。而'彈琴為'三字，亦不成句，'為'之下應脫'治'字。"

[三]《陝西石刻文獻目錄集存》稱："原在藍田鐘劉村東原上。志石方一尺二寸，二十四行，行二十五字。"

校者按：劉氏長子光歸為"黃石府別將"，其府名又見《唐沙州釋門索法律窟銘》"皇祖左金吾衛會州黃石府折衝都尉諱奉珍"（《敦煌碑銘贊輯釋》，甘肅教育出版社，1992年，72頁）及天寶十載《臧懷亮墓誌》"第五子昭武校尉、守黃石府折衝都尉、上柱國、賜紫金魚袋敬泚"（《唐代墓誌彙編續集》，上海古籍出版社，2001年，632頁）；季子光暉為"新田府折衝"，"新田府"亦屢見於姓氏書及石刻文獻，如勞格《唐折衝府考》引《新唐書·宗室世系表一下》"江王房有右衛絳州新田府折衝希悅"，谷霽光《唐折衝府考校補》引《臧曄墓誌》"祖懷義，皇絳州朔田府折衝都尉"，按稱"朔字疑誤。《太平寰宇記》：'絳邑故城，漢絳縣，本春秋晉都新田也，在曲沃縣南二里。'"今人張沛在彙集眾說後，又引《唐朱保墓誌》"父君同，唐元功臣，絳郡新田府折衝都尉"，後按云"新田府得名於新田邑，在今山西侯馬市西。春秋時晉景公自絳遷都於此"（《唐折衝府匯考》，三秦出版社，2002年，156頁），可參考。

張銳
（大曆九年三月　見《存逸考》卷二"西安府下"）

唐大中大夫太常寺丞兼江陵倉曹張公墓誌銘并序
秘書省著作郎錢庭篠撰
父朝議大夫虢州長史張慆書
姊夫朝議郎秘書省丞兼鄧州穰縣令李西華題諱
　公諱銳，字鄒矣，姓張氏，清河人也。派引南陽，光連景宿，儀以縱橫為秦相，禹以經術作帝師，盛烈茂勳，代有人矣。曾祖志，鄜州洛交縣令；祖彥昇，贈鄧州長史；父慆，朝議大夫、虢州長史。公，虢州之長子也。生則秀異，幼而聰敏。雅傳黃君之經，深得臨池之妙。未弱冠入仕，以門蔭宿衛，解褐授右司禦率府兵曹。至德中，充四鎮節度隨軍判官知支度事，轉恒王府掾，加朝散大夫，轉光祿丞，賞有功也。屬西蕃未靜，國步猶虞，或從幸關東，或隨軍幕下，尋奉使宣傳聖旨，陷沒賊庭者久之。公辯說縱橫，權謀應變，陳之以禍福，懼之以威嚴。既迴，有詔特遷太中大夫、蜀王府司馬，嘉其節也。公以恭承睿略，遠仗天威，於我何功，固辭不拜。前後三表方允，乃授今任焉。由是恩制授太夫人長樂縣太[一]君，禮有崇也。以板輿迎侍於江陵，申祿養也。公幹於從事，清有吏能，勤勞自公，出納惟慎。且夫奉使不屈，忠也；楊名立身，孝也。方期積慶，用以成家。天道何常，降年不永，以寶應二年正月廿五日夭歿于江陵府之[二]官舍，春秋廿有七。以今大曆九年歲次甲寅三月四日癸卯窆于京兆之鳳棲原，從太君之新塋也。澹澹春雲，垂陰陌樹，冥冥厚夜，獨悶幽泉，嗟雨散以風搖，空父臨而弟拜。銘曰：

後生可畏兮誰與為徒，張氏之子兮其庶幾乎。苗而不秀有矣夫，庭折芳蘭兮掌碎珠。太君塋旁兮左愛子，千秋萬歲兮魂不孤。

原誌石刻二十四行，行二十三字，正書。（《關中金石文字存逸考》卷二。《古志石華續編》卷二。《續語堂碑錄》丁。《唐文拾遺》卷二二。《八瓊室金石補正》卷六五。《匋齋藏石記》卷二六。《陝西金石志》卷一五。《續修陝西通志稿》卷一四八。《北京圖書館藏中國歷代石刻拓本彙編》二七冊一三二頁。《唐代墓誌彙編》一七八二頁。）

[校記]：

[一]"太"，《新編》未錄，今據其他各本補。

[二]"之"，《新編》未錄，今據其他各本補。

[匯考]：

[一]《八瓊室金石補正》稱："高一尺四寸，廣一尺三寸八分。廿四行，第十行廿四字，第十二行廿二字，餘俱廿三字，前三行及後銘參差不齊，正書，時帶行筆。在陝西。"

又稱："右誌近時出土。錢庭篠撰，張慆書，李西華題諱，父書子誌，他人題諱，不可為典度也。寶應元年夏，肅宗崩，代宗即位，寶應無二年，此作二年何也？且此誌撰於大曆九年，不得以未奉詔例之。鄜州本上郡，天寶元年更名，誌令洛交已在天寶元年後歟？"

[二]《關中金石文字存逸考》稱："全文見《古志石華續編》。……此石今藏渭南趙乾生詹事元中家。觀誌所云銳於當時傳旨西蕃，奉使不屈，亦忠節之士也。惜史傳未載，賴此誌以傳其人耳。《新唐書·百官志》：文散階正五品下曰朝議大夫；東宮官屬左右司禦率府兵曹參軍事一人，從八品下；節度使兼支度營田則有副使、判官各一人，銳充四鎮節度隨軍判官，四鎮，安西四鎮也。《方輿紀要》云：'唐安西都護府屬隴右道，統龜茲（今新疆庫車地。庫車、龜茲音相近焉）、焉耆（今新疆喀剌沙爾地）、于闐（今新疆和闐地）、疏勒（今新疆喀什葛爾地）四鎮。時又於邊境置節度經略使、安西節度使，治安西都護府。（安西都護府治龜茲城即庫車）開元六年置四鎮節度使，十二年改曰磧西，二十九年又改曰安西，至德初改曰鎮西，大曆三年仍曰安西，亦曰安西四鎮節度使。'《通典》云'安西節度使統龜茲四鎮'，蓋四鎮之地悉屬焉。又《百官志》云'王府官掾一人，正六品上；光祿寺丞二人，從六品上；（銳由王府掾轉光祿丞，以正六品上改從六品上者，蓋中朝之官尊於王府之官。《春秋》之義，王人雖微，必加于諸侯之上，即是道也）王府司馬一人，從四品下。司封郎中所掌文武官，五品母、妻為縣君'，銳官江陵倉曹，係正七品下，而職為太常寺丞，則從五品下，故其母得封縣君也。……又云'遷蜀王府司馬'，蜀王名遡，本名遂，

代宗子。（亦見《十一宗諸子傳》）惟傳云蜀王於大曆十四年始就封，而銳卒於寶應二年，葬於大曆九年，其時蜀王尚未就封，安得為其府司馬乎？豈史誤歟？抑誌誤歟？姑存其說以俟考云。"

［三］《匋齋藏石記》稱："石高一尺四寸三分，廣一尺四寸二分。二十一行，行二十二、三字不等，正書。"

又稱："右誌父為子書與姊夫題諱，年僅二十有七，而重之如此，其例為諸誌所罕見。梁氏玉繩《志銘廣例》云'子孫為祖父撰文并書，金石刻中多有之，而父為子撰文并書者，惟唐高宗為太子弘作《孝敬皇帝叡德紀》一事'，按此誌其父慆為之書，是梁氏所謂一者而竟有二矣。……'四鎮節度'謂安西四鎮節度，考至德時居此官者為李嗣業。據《唐志》，節度兼支度使有遣運判官一人，銳殆從嗣業為知支度判官。……其言尋奉使宣傳聖旨，陷沒賊庭者久之，此事稽之《通鑒》，至德中中使使外者有內侍李思敬與烏承恩宣慰史思明，使將所部兵討安慶緒，後承恩被殺，思明因思敬一事，銳或於此時隨思敬、承恩俱往，為史所不載，未可知也。……銳為江陵府倉曹，江陵乃唐南都，置有府尹、少尹，故其屬有倉曹以別於諸郡之名司倉。但倉曹為正七品，其太常丞乃寄祿官，可得以太常之五品封其母為縣君。以母，故曰太君也。銳之曾祖、祖父仕履俱無考，志稱銳'深得臨池之妙'，亦隸漢張芝事。'題諱'即開宋人之'填諱'，而'題諱'見於唐之刻石如《徐浩碑》，為其子峴書，不忍書親之諱，則箸表姪河南張平叔題諱。此則父為子書石，亦不忍書子之諱，故其姊夫李西華題之，可謂於金石例中別為一格。……惟此誌云'從幸關東，隨軍幕下'，按肅宗未嘗巡幸關東，此當是指廣平王統率諸將克復東京事，銳應此時隨軍。迨銳葬於大曆九年，時廣平王為帝已久，撰文者因追書為'幸'，特少書'今上'二字，使人不憭耳。"

［四］《陝西金石志》稱："按子書父碑誌者屢有之，父書子誌者，於此僅見。且倩人題諱，亦金石之一例也。此誌光緒初年出土，藏於渭南趙氏，二十八年歸於匋齋。"

楊某妻裴氏

（貞元元年十一月　見《存逸考》卷二"西安府下"）

楊君故夫人裴氏墓誌
蓋石正書，陰文，三行，行三字。
唐絳州聞喜縣令楊君故夫人裴氏墓誌銘并序
尚書度支郎中隴西李衡述

　　維唐貞元元年仲冬十一月十有七日，聞喜縣令楊君故夫人河東裴氏葬於京兆之九畍原，禮也。裴氏其先，自周漢命氏，爰及晉、魏，衣冠燀盛，八裴之稱，為冠族歟。至於隋、唐，蘊而不竭，與韋、柳、薛，關中之四姓焉。曾祖友直，皇朝給事中，簡要清通，鬱[一]有時望。給事生子九人，並以文學懿德，盛於當時。祖伯義，皇朝彭州刺史，即給事府君之第四子也。履歷顯官，至于二千石，元純茂于閨閫，教化布于州人。烈考諱就，皇朝大理評事，重以德義聞於盛朝，何才高而位卑，復積慶而無嗣，神亦輔德，故鍾美於二女焉。夫人即評事府君次女也。性根大孝，禮自生知，幼辭嚴母之訓，長習仁姊之教，是有令問，光昭六姻。及笄而嫁楊君，弘農人也，四代五公，寔當榮耀，雅有才器，登于子男。夫人輔佐周旋，韻諧琴瑟，楊君叶和敦敬，禮達閨閫。豈期風落夭桃，露萎芳蕙，神理不昧，泉臺已深。嗚呼哀哉！夫人伯姊嫁於吳氏，吳君大曆之中為國元舅，志匡帝室，承國寵榮。伯姊居貴柔謙，敦睦親族，痛鮮兄弟，哀于禋祀，乃與季妹形影相隨，永言霜露之思，乃發筐篋之有。夫人述伯姊之志，赴東周之宅，由是裴氏之三代祖考而松檟脩焉。建中歲，大盜移國，夫人東北喪朋，從人故絳，天遙地隔，支折形分，乃不茹葷血，積憂成疾，以至於瞑目。哀哉！吳氏伯姊遠自巴蜀，含酸護喪。遠日有期，陵谷攸記，志于泉戶，見託斯文。銘曰：

和氣氳氳，與物青春。芳為夭桃，茂為淑嬪。展矣淑嬪，禮誠德富。奪松之貞，踰玉之素。爰及笄字，適彼良門。婦道光儀，百氏稱云。不有令姊，孰茲歸妹。義隔存亡，名傳中外。惋[二]彼芳質，朝露何先。泉扃一闋，萬古千年。

原誌石刻二十五行，行二十六字，正書。（《關中金石文字存逸考》卷二。《古志石華續編》卷二。《唐文續拾》卷四。《八瓊室金石補正》卷六五。《金石苑·蒐古彙編》卷三〇。《陝西金石志》卷一四。《續修陝西通志稿》卷一四八。《咸寧、長安兩縣續志》卷一二。《北京圖書館藏中國歷代石刻拓本彙編》二八冊三六頁。《唐代墓誌彙編》一八三九頁。）

[校記]：

[一]"鬱"，《新編》作"爵"，《金石苑·蒐古彙編》《唐代墓誌彙編》所錄同，《唐文續拾》《八瓊室金石補正》作"鬱"，今審《北圖藏拓》作"鬱"，即"鬱"之俗寫，今據改。

[二]"惋"，《新編》所錄未全，今據其他各本補。

[匯考]：

[一]《八瓊室金石補正》稱："方一尺四寸。廿五行，行廿六字，字徑五分。蓋題'楊君故夫人裴氏墓誌'九字，均正書。"

又稱："右《聞喜令楊夫人裴氏墓誌》，出長安土中。夫人之曾祖'友直'，見《宰相世系表》，云'司門郎中'，與誌不同，要即此友直也。《表》不載友直子孫，《元和姓纂》同。據誌，友直第四子伯義、孫，就可補《表》之闕文。誌云夫人'伯姊嫁於吳氏'，吳君為國元舅者，章敬皇后之昆弟也。'建中歲，大盜移國'者，朱泚之亂也。夫人之伯姊護歸，殆無子也。其卒日亦不詳，《世系表》肅宗相李揆之弟名衡，郡望、時代相近，疑即此撰文之李衡，《表》不言官，《表》之闕歟？"

[二]《唐文續拾》稱："衡，系大鄭王房，官清漳尉（《新表》），建中四年咸陽令（《奉天錄》），度支員外（《石柱題名》）、郎中（本碑），常州、潭州刺史，湖南、江西觀察使（《舊紀》），以給事中為戶部侍郎、諸道鹽鐵轉運使。(《新書·劉晏傳》)"

[三]《關中金石文字存逸考》稱："全文見《古志石華續編》。……此石本出西安，今未詳所在矣。誌云夫人'伯姊嫁於吳氏，大曆之中，為國元舅'，考《新唐書·後妃傳》：代宗之母為章敬皇后，誌中所謂吳君，即后弟吳溱也。……又誌題銜云'度支郎中隴西李衡述'，衡為李翱叔父，後官戶部侍郎，見韓昌黎所撰《李楚金墓誌》中。又咸寧、長安二志，無'九畡原'之名，得此可補其闕焉。《新唐書·百官志》：大理寺大理評事八人，從八品下；戶部所屬度支郎中一人，正五品上；戶部侍郎二人，正四品下。"

[四]《陝西石刻文獻目錄集存》稱："原在京兆府九畡原上，已佚。"

校者按：本文撰者李衡在志序中稱讚裴氏自周漢以來人物鼎盛，號為冠族，續云"至于隨、唐，蘊而不竭，與韋、柳、薛，關中之四姓焉"，以地理言之，裴、薛、柳三姓郡望屬河東，李氏卻將其與韋氏並稱"關中四姓"，而這並非李氏的個別意見，《新唐書·柳沖傳》引柳芳《氏族論》稱"關中亦號郡姓，韋、裴、柳、薛、楊、杜首之"（中華書局，1975年，5678頁），亦以裴、薛、柳三姓為關中郡姓。又，劉禹錫《薛公神道碑》云"薛在三代為侯國，介於鄒、魯間，傳世三十有一，為齊所並，其公子奔楚，錫土田於沛。漢末，避仇之成都，曹魏平蜀，徙家汾陰，遂為河東臨晉人。……言氏族者署為關內甲姓"（《劉禹錫集》，上海人民出版社，1975年，25頁），亦以薛氏為關中著姓。關於這種劃分，有學者認為出於個別人之臆造（何啟民說），或以為是改置郡望（陳寅恪說），而近有學者指出這一劃分是對裴、薛、柳三大河東勢力與關隴集團結合歷史的認可，又是對三姓著房長期遷居長安以關中諸州郡為本貫這一事實的承認，具體可參考李浩先生《"關中郡姓"辨析》(《歷史研究》，2000年5期) 一文之討論。

又撰者題銜為"尚書度支郎中"，查岑仲勉先生《郎官石柱題名新著錄》"度支郎中"條無"李衡"，其名見"度支員外郎"(《金石論叢》，上海古籍出版社，1981年，374頁)，則李氏當先為員外郎，後遷郎中，今姑識於此。

張公夫人王氏

(貞元八年二月　見《存逸考》卷二"西安府下"[一])

大唐故夫人王氏墓誌[二]
大唐南陽張公故太原郡太夫人王氏墓誌銘并序
前大理評事揚自政撰

　　夫人先裔之太原，曾祖文武不墜，才藝餘美，隱跡邱園，父處泰之二女也。夫人四德備身，內和外睦，敬上撫下，愛之六姻。一念真如，脩持眾行；三歸淨戒，滅即示生。奈何積善無徵，有染來疾，日月已累，厚夜長辭。貞元八年二月廿九日終於京長安縣義寧里之私第，春秋七十有五。即以三月廿二日葬于城西龍首原，禮也。嗣子奉天定難功臣、雲麾將軍、守左金吾衛大將軍、兼試太常卿、上柱國、開國伯、右神榮軍副將、專知苑內都巡突，孤女笄于高氏，並號叫擗地，氣絕無聲。以託斯文，刻之銘記。詞曰：

　　張公之室，太原郡君。名家遠族，非晉即秦。前之與後，永閉雙春。白揚風悲，傷之見人。

　　原誌石刻十七行，行十七字，正書。

誌中"終於京","京"字下脫一"兆"字。(《關中金石文字存逸考》卷二。《古志石華續編》卷二。《續語堂碑錄》戌。《唐文拾遺》卷二三。《八瓊室金石補正》卷六六。《匋齋藏石記》卷二七。《續修陝西通志稿》卷一四九。《咸寧、長安兩縣續志》卷一三。《北京圖書館藏中國歷代石刻拓本彙編》二八冊九〇頁。《唐代墓誌彙編》一八六七頁。)

[校記]：

[一] 毛氏《新編》以本誌見《存逸考》卷二"西安府下"，光緒刊本《存逸考》見卷四"長安縣下"。校者按：此種差異或源於《新編》所據毛氏之本定稿時，《存逸考》尚未最後完成，而光緒廿三年付梓之版本於卷帙、地望有所調整。

[二] "大唐故夫人王氏墓誌"九字為誌蓋刻文，今據《八瓊室金石補正》《唐代墓誌彙編》補。

[匯考]：

[一] 《八瓊室金石補正》稱："高九寸，廣九寸四分。十七行，行十七字，字徑四分，正書。篆蓋題'大唐故夫人王氏墓誌'九字，字長徑九分，方界格。"

又稱："右《南陽張公妻王氏墓誌》，在長安出土，未得拓墨，借松坪藏本錄之。義寧里即義寧坊，在長安街西，其地有戴至德宅。貞元二年，神策軍置大將軍、將軍，此云右神策軍副將，副將疑即將軍。左金吾衛掌宮中、京城巡警、烽候、道路、水旱之宜，此云專知苑內都巡，不見於《百官志》。"

[二] 《關中金石文字存逸考》稱："全文見《古志石華續編》。……此石舊為平湖孫君桂珊三錫所得，今未知移徙何處。"

[三] 《匋齋藏石記》稱："石縱橫各九寸六分。十七行，行十七字，正書。"

又稱："右誌不著其夫名，南陽為張氏郡望。夫人奉佛，誌文無所附麗，故侈言之。……'京'下應脫'兆'字，宋敏求《長安志》

473

'皇城西第三街之十三坊，其三名義寧坊'，按'坊'亦可名'里'，如伊慎宅在'光福坊'，權德輿文稱為'光福里'。李靈輝居在'延壽坊'，自請捨宅稱'延壽里'，皆是。此誌言'終於義寧里之私第'，即'義寧坊'也。誌言'嗣子奉天定難功臣'云云，按《通鑒·唐德宗紀》：'興元元年，諸軍、諸道應赴奉天，及進收京城，將士並賜名奉天定難功臣。'《唐書·百官志》：左右金吾衛大將軍各一人，掌宮中、京師巡警，凡翊府之翊衛及外府佽飛番上皆屬焉。又，左右神策軍有大將軍，有統軍，有將軍，而無副將之稱。雲麾將軍在武散階，從三品上。張君以神策副將專掌衛兵，故云專掌苑內都巡。其金吾衛將軍及太常卿皆試守之職，寵任殊重，殆以扈從之勳，厚酬之故耶？……《唐書·宰相世系表》楊氏無自政名，其摸文亦陋，如'傷之見人'，語頗不詞。其書姓作從才之'揚'，抑為子雲之後，不可知矣。"

李藩女孫孫

（貞元十七年十二月　見《存逸考》卷一"西安府上"[一]）

趙郡李氏殤女墓石記

殤女李氏，趙郡高邑人也，小字孫孫。年十六，貞元十七年十一月廿二日遘疾終於長安永寧里之旅舍。以十二月三日窆於萬年縣高平鄉西焦村之南原，從權禮也。曾祖父諱畬，皇國子司業、贈太子賓客；祖諱承，皇正議大夫、檢校工部尚書、兼潭州刺史、贈吏部尚書，諡曰懿子，歷淮西道、淮南道黜陟使，河中道、山南東道、湖南道節度觀察都防禦都團練等使；父藩，秘書省秘書郎。殤即藩之第三女也。念尒[二]稟天之和，而聰明孝友，得禮之節，而恭敬廉讓，奉上順下，動無所違。吾身苦病，尒之疾畏吾之知；吾家苦貧，尔之欲亦^[三]畏吾之知。淳性感人，逮此增痛，痛莫及矣，哀如之何！唯俟於吉時，歸葬於故國，祔我先塋之松柏，從尔孝思而已矣。銜涕書此，用安幽魂，魂而用知，鑒我誠意。

貞元十七年十二月三日秘書省秘書郎李藩記。

從父淳書。

原誌石刻十七行，行十九字，正書。(《關中金石文字存逸考》卷二。《古志石華續編》卷二。《續語堂碑錄》寅。《唐文拾遺》卷二三。《八瓊室金石補正》卷六七。《匋齋藏石記》卷二八。《陝西金石志》卷一六。《續修陝西通志稿》卷一五〇。《咸寧、長安兩縣續志》卷一二。《北京圖書館藏中國歷代石刻拓本彙編》二八冊六〇頁。《唐代墓誌彙編》一九一六頁。)

[校記]：

[一] 毛氏《新編》以本誌見《存逸考》卷一"西安府上"，光緒刊本《存逸考》見卷二"西安府下"。

[二] "尔"，《新編》所錄"尔"後有"不"字，其他各本無，當係衍文，從刪。

[三] "亦"，《新編》未錄此字，今據其他各本補。

[匯考]：

[一]《八瓊室金石補正》稱："方九寸四分。十九行，行十九字，字徑（闕），末行空，正書。在陝西。"

又稱："右誌近時出土，父記女墓而署款系姓與為人作銘無異，未當也。李承，《唐書》有傳，《湖南通志·職官卷》僅載其為觀察，不言兼譚州刺史。《新唐書》云'趙郡高邑人'，不詳其先世。《弘簡錄》云'祖至遠，吏部侍郎；父畬，國子司業，早卒'，與碑合。惟碑云'贈太子賓客'，則所未載耳。至碑云'正議大夫、兼譚州刺史、贈吏部尚書、謚曰懿子'，云'都防禦都團練等使'，皆史傳所失載，可以證其闕漏也。碑云'淮西道、淮南道黜陟使，河中道、山南東道、湖

475

南道節度觀察'，傳云'淮南西道黜陟使'，云'河中尹、晉絳觀察使，改山南東道節度使'，云'河南觀察使'，或詳或略，悉無不合。傳又云'大理事，為河南採訪使判官，貶臨川尉，除德清令，擢監察御史，遷吏部郎中'，碑皆略之，敘述先代固所宜耳。史傳不及後嗣，而藩有別傳，'藩字叔翰，父承為湖南觀察使徐州張建封辟節度府，以杜兼誣奏，召入都，帝望其狀貌曰：是豈作亂人邪。釋之，拜秘書郎'，事在貞元十六年，後'拜門下侍郎，同中書門下平章事，為李吉甫所譖，罷為太子詹事。明年，出為華州刺史，未行卒，贈戶部尚書，諡曰貞簡'，此志作於貞元十七年，故云'秘書郎'也。至《宰相世系表》云'鵬字至遠，璧州刺史；畬字玉田，考功郎中；（開元中為考功郎中，見《弘簡錄》）承，山南東道節度使'，'藩'作'潘'，亦不言相憲宗，（《宰相表》載之）舛誤多矣。《弘簡錄》云'李藩字叔翰，曾祖至遠，祖畬，父丞，為湖南觀察使'，余與《唐書》同。稱'遠'者，以字行也。'承'作'丞'，誤。"

[二]《關中金石文字存逸考》稱："全文見《古志石華續編》。……此石今藏渭南趙乾生詹事元中家。《咸寧縣誌》云：'焦村在西安府城南，屬金霥霑社。（社在城南十五里焉）'今觀是誌，在唐時已名焦村，其名甚古矣。李畬，字玉田，《新唐書·宰相世系表》言其官'考功郎中'，《循吏傳》言其官'國子司業'，而贈官之事，《表》、傳均未載。李承、李藩，《新唐書》亦均有傳，承傳所載官秩多與誌合，惟諡法失載。書志之李淳，為藩之弟，《宰相世系表》未載，得此可補其闕焉。《新唐書·百官志》：國子監國子司業二人，從四品下；東宮官屬太子賓客四人，正三品；尚書省吏部尚書一人，正三品。又誌云觀察安撫、支度營田、招討經略、團練防禦、觀察處置、採訪處置等使，皆節度使兼領，天寶末又兼黜陟使。"

[三]《匋齋藏石記》稱："石高寬各九寸六分。十七行，行十九字，字徑四分，正書。"

又稱："從父淳即藩從弟，按藩傳云'憲宗為皇太子，王紹避太子諱改名，時議以為謟。藩曰：自古故事由不識體之人敗之，不可復正，雖紹何誅。及憲宗即位，宰相改郡縣名以避上名，惟監察御史韋淳不改。既而有詔以陸淳為給事中，改名質淳，不得已改名處厚，議者嘉之'，李淳不改名避諱，殆猶是藩之微指歟？淳名傳不附見《新書·宰相世系表》，亦失載。誌云'終於長安永寧里之旅舍，窆於萬年縣高平鄉西焦村之南原'，《長安志》：永寧坊在丹鳳門街東迤南親仁坊之次，即永寧里。……萬年縣唐四十五鄉，'高平'其一也，《長安志》失載。太和八年《楊迴墓誌》'安厝於萬年縣高平鄉高望里'，鄉名與此誌合，古地名賴石刻以傳者夥矣。"

校者按：關於李藩一支世系，白居易撰《海州刺史裴君夫人李氏墓誌銘并序》亦有追敘，誌略稱"六代祖素立，安南都護；五代祖休烈，趙州刺史；高祖至遠，天官侍郎；曾祖佘，國子司業；祖諱承，工部尚書、湖南觀察使；考諱藩，門下侍郎同平章事，贈戶部尚書"（《白居易集箋校》，上海古籍出版社，1988 年，3656 頁），可與本誌互作參考。又誌"夫人諱娥，相國長女也"，則李娥為李孫孫姊。李娥於寶曆三年三月一日卒，時年五十有四。則其當生於大曆八年。李孫孫貞元十七年去世，時年十六，則其當生於貞元二年，以此推算李娥長李孫孫十三歲。

王郊

（貞元十九年閏十月　見《存逸考》卷三"西安府下"）

大唐故王府君墓誌銘[一]
大唐故奉義郎行京兆府涇陽縣主簿王府君墓誌銘并序
中大夫恩王府司馬賜紫金魚袋嗣澤王潤撰并書

公諱郊，字文秀，琅耶臨沂人也。曾祖同皎，駙馬都尉、琅耶文烈公，贈太子少保，尚定安長公主。祖繇，駙馬都尉、琅耶懿公，贈太子太傅，尚永穆長公主。父訓，累授光祿卿，娶嗣紀王纖誠之季女。公聰明生知，忠孝天與，出身從仕，為眾所知，不以得失縈懷，不以喜怒形色，謙以自牧，寬以養閑，足可永保盛名，尅終天壽。公自弘文館明經、虢州弘農尉，次任揚州江陽主簿。考秩尋滿，蹉跎江鄉[二]，累佐諸使，勤勞偕著，名績時稱。以去年入調長安，天官以書判取人，授公京兆府涇陽主簿。今春季月，遂赴所任，宿疾不瘳，漸嬰羸療，千禳萬療，神道何依，以其年八月九日終于萬年縣興寧里永穆觀之北院，享年五十七。嗚呼！淮水不絕，君家自昌，豈圖藥餌不靈，與物爭謝，故知脩短是定，古亦無替。夫人則秘書監、贈楊州大都督嗣澤王湅長女，潤之姊也，居家守禮，出事恭儀，淑順不虧，天生自得。公任弘農日，染疾不起，權殯於縣界。長子貞素泣血號天，柴毀過禮，終身之痛，唯茲是憂，遂策杖於弘農，扶護棺櫬，將及合祔。公有子二人，次曰貞鎰。女一人，猶未及笄，出我家也。後娶楊氏，有子三人，女二人。楊氏與貞鎰尚家維楊，嗟之道路遐遠，報不及期，以其年閏十月七日卜擇於萬年縣滻川鄉先塋之側也。貞素以東海尚變，陵谷恐平，啟潤紀之，庶乎不朽。潤以天倫之痛，內兄之哀，託石敘情，備於歲月，慚無刀翰，有媿于文，握管慟傷，銜悲述作。銘曰：

天不藏寶，必降賢良。公貞有度，雅淑無量。將永保於閫祿，何忽變為代傷。嗚呼！郊原寂寂，松柏蒼蒼。嗟白日之晝短，痛泉臺之夜長。

原誌石刻二十四行，行二十五字，行書。（《懷岷精舍金石跋尾》。《關中金石文字存逸考》卷二。《古志石華續編》卷二。《唐文拾遺》卷一二。《陝西金石志》卷一六。《續修陝西通志稿》卷一五〇。《咸寧、長安兩縣續志》卷一二。《北京圖書館藏中國歷代石刻拓本彙編》二八冊一八二頁。《唐代墓誌彙編》一九二九頁。）

[校記]：

[一] "大唐故王府君墓誌銘"九字係誌蓋刻文，今據《唐代墓誌彙編》補。

[二] "鄉"，《新編》作"陽"，今據其他各本改。

[匯考]：

[一]《懷岷精舍金石跋尾》稱："按《唐書·忠義傳》同皎歷封、尚主與誌合，神龍間謀殺武三思，死於都亭驛，睿宗即位，復其官爵。《新書》云'諡曰忠壯'，據碑則諡'文烈'。贈'太子少保'及繇之諡'懿'、贈'太子太傅'，史皆不書。又云'子潛，字弘志'，而無訓之名，皆足補史之闕。紀王鐵誠，《舊唐書·紀王慎傳》'中興初，封慎少子鐵誠為嗣紀王，後改名澄'，《新書》作'證'，而《世系表》仍作'澄'，云'嗣紀王，定州刺史，慎第十子也'。誌又云'夫人則秘書監、贈揚州大都督、嗣澤王溭長女潤之姊也'，《唐書》：高宗第九子義珣生溭，嗣澤王，守光祿少卿，其為秘書監、贈揚州大都督，史皆無文。誌為溭之子嗣澤王潤撰，其署銜'恩王府司馬'，亦不見於史。《王同皎傳》稱'同皎，相州安陽人，其先由琅琊遷河北'，然則此誌所云'琅耶臨沂人'，亦舉其郡望耳。"

[二]《關中金石文字存逸考》稱："全文見《古志石華續編》。……此石今藏渭南趙乾生詹事元中家。王同皎，新、舊《唐書》均見《忠義傳》，《新唐書》本傳較詳。五王誅張易之等，同皎與其謀，後為武三思陷害。睿宗時復官，賜諡。惟《新唐書》本傳言同皎諡'忠壯'，誌云諡'文烈'。而王繇之諡'懿公'，《新書》本傳中亦未載也。訓娶嗣紀王繊誠之女，《宰相世系表》作'鐵誠'，《王訓誌》作'鐵城'，此處作'繊誠'，三處互異，殊不可解。郊父訓有誌在咸寧縣田家灣，訓誌嗣澤王溭撰，郊誌嗣澤王潤撰，潤為溭之子，蓋王氏與宗室世締婚姻，亦以忠臣之裔故也。誌本無紀元，以《資治通鑒》考之，唐德宗貞元十九年係閏十月，故定為貞元十九年云。《新唐書·百官志》：駙馬都尉無定員，與奉車都尉皆從五品下。東宮

479

官屬太子太傅一人，從一品；光祿寺卿一人，從三品。弘文館學士掌詳正圖籍，教授生徒。弘文館明經，殆生徒之屬也。（唐弘文館隸門下省）又《百官志》云：'京縣主簿二人，從八品上；畿縣主簿一人，正九品上；上縣主簿一人，正九品下；中縣主簿一人、中下縣主簿一人、下縣主簿一人，均從九品上。'涇陽，畿縣也。澤王潤題銜稱'恩王府司馬'，按恩王名建，代宗子，見《十一宗諸子傳》。'定安公主'，中宗女，《新唐書》作'安定'，《舊唐書》作'定安'，與誌合。'永穆公主'，玄宗女，見《新唐書·諸公主列傳》中。"

[三]《陝西金石志》稱："按此誌於光緒二十八年歸於匋齋。"

校者按：《陝西金石志》稱此石光緒二十八年歸於匋齋，然《匋齋藏石記》中未著錄此誌，未知何故。又，此誌撰者嗣澤王潤與王文秀為姻親之屬，誌文以第一人稱敘述，又以"去年"、"今春"等語詞來紀錄年歲，無形中增加了文章的感情力度，在唐誌中別是一體。

據《王訓墓誌》（《唐代墓誌彙編》，上海古籍出版社，1992年，1672頁），訓先娶嗣紀王鐵誠季女，誌稱"夫人尋逝，有女方笄"，後'尚博平郡主'，據此可知王文秀應為博平郡主所生。《唐代墓誌彙編續集》收錄《皇堂姑博平郡主墓誌》，序稱"公諱訓，母曰永穆公主，博平之幼子也。……長子郊，幼子郇"（上海古籍出版社，2001年，723頁），則郊尚有弟王郇。王訓大曆二年去世，時年卅一，其年八月葬於萬年縣滻川鄉滻川原，與此誌所述同，可證其地確為王訓一支的家族墓地。

陳義

（永貞元年十一月　見《存逸考》卷四"長安縣下"）

大唐故陳府君墓誌銘[一]
大唐故昭武校尉守左驍衛將軍上柱國陳公墓版文并序

前行左司禦率府倉曹參軍候鋯　撰

公諱義，字興。厥初以大舜之裔，侯於陳而氏焉。敬仲已還，不常其所，今又為河東人也。王父克同，列考福，皆讀叔夜《養生》之論，慕蔣詡斂跡之風，淳素自高，踈于榮祿。公屬天寶季祀，羯胡干紀，激仁為勇，移孝作忠，徇定遠之從戎，期征虜以効節。頃之，官至左驍衛將軍，策上柱國，累有功也。尋入居環衛，載睦親朋。方趣無生以得真，先依有相而宏法，割田園之產，罄俸祿之資。齋筵列於皇州，僧徒畢至；香翰寫於元籍，唐本無遺。允矣知身是幻，而況於財，不亦達乎！將福庶類，而況祖考，不亦仁乎！春秋七十有二，願終遘疾，永貞元年十月六日卒於上都金城里之私第。於戲！嗣子叔寧，年齒尚幼，夫人河南邱氏，夙有淑德，美於壼範，公之善功，皆夫人佐成。逮今茹荼飲泣，庀於喪事，以其年冬十二月二十有五日庚申葬於長安縣龍首原，禮也。銘曰：

尚忠好仁載經籍，公實兼之成懿績。作善精魂當有適，順時松檟斯羃羃。

河南邱頵書。

原誌石刻十九行，行字多寡不等，行書。(《補寰宇訪碑錄》卷三。《關中金石文字存逸考》卷四。《古志石華續編》卷二。《唐文拾遺》卷二三。《八瓊室金石補正》卷六七。《陝西金石志》卷一六。《續修陝西通志稿》卷一五〇。《咸寧、長安兩縣續志》卷一三。《北京圖書館藏中國歷代石刻拓本彙編》二九冊九頁。《唐代墓誌彙編》一九四七頁。)

[校記]：

[一]"大唐故陳府君墓誌銘"九字係誌蓋刻文，今據陳介祺藏拓補。

[匯考]：

[一]《八瓊室金石補正》稱："方一尺三寸六分。十九行，行十九字至廿二字不等，字徑七分，行書。在諸城劉氏。"

又稱："左《驍衛將軍陳義墓版文》。按《宰相世系表》：陳義官少府少監，是別一陳義也。金城坊在長安街西，里即坊也。"

[二]《關中金石文字存逸考》稱："全文見《古志石華續編》。……此志行書頗為遒逸，原石為一士人所得，忽將文字磨去，不知何故。今帖肆所行，乃重模本也。《新唐書·百官志》：武散階四十有五，正六品上曰昭武校尉；左、右驍衛將軍各二人，從三品。"

校者按：據序文，陳義應以平"安史之亂"勳入仕，其生前當係佛教的虔誠信奉者，此為唐人信仰世界之常態，從誌文"公之善功，皆夫人佐成"一語觀之，則其夫人邱氏亦為一佛教徒無疑。又，誌之書者為河南邱瓛，與陳義妻邱氏或係親屬關係，唐誌中固多其例。

裴承章

（元和元年十一月　見《存逸考》卷四"長安縣下"）

唐裴氏子墓誌銘并序

秘書省校書郎于方撰

有唐故侍御史裴公，諱琚，知京北饋餫。時夏州連帥韓全義以王命討淮夷，不尅歸鎮，德宗期孟明於異日，釋而不問，疑懼之甚，而意端公焉，遂有青蠅之間，白圭成玷。貞元十七年，竟貶崖州澄邁縣尉。至廿年十一月，終於南海。明年，靈輴北歸至襄陽，夫人史氏在焉。我之出也，有一子，曰承章，聰勤遊藝，精敏工文，幼學之年，迨成人矣。而志慕賢才，心尚善道，人之所保，不居過地，可謂令子矣。年十八，娶扶風竇氏。父瑞，余之從祖姑之子。七歲以孝廉登名太常，文詞學業，衣冠名表，而四十五十遽歸泉裏，孤女藐然，歸於承章。承章之事親也，孜孜孝敬，親之念承章也，慈愛亦過，至於跬步之間，不見不得。去年端公凶訃遠到襄陽，承章哀號，幾滅天性，將奔迎焉。親以其怯弱，懼其毀也，止而不許。及護靈車由東洛將歸京師，在路遘疾，若輕而未遽其夭也，至永寧竟終焉，春秋廿矣。殆及屬纊，精神分明，辭母別妻，意緒哀恨，所謂天難忱，命靡忱，善人而夭，顏子其如斯乎？太夫人哀念愈痛，晝夜叫呼，殆將不勝。以元和元年四月將柩至城，其年十一月廿六日歸葬於城南，陪先父之塋，禮也。雖其未祿，功德不被於人民，而施於有正，孝友已及於親戚。於此傷悼，彌可以銘。乃作銘曰：

積善之家，必有餘慶。端公之仁，有子之令。其令維何，孝悌恭和。孝悌而夭，天命如何。佳城鬱鬱，松柏森羅。年年孤月，空此經過。

原誌石刻二十三行，行二十四字，正書。(《懷岷精舍金石跋尾》。《關中金石文字存逸考》卷四。《古志石華續編》卷二。《續語堂碑錄》丁。《唐文拾遺》卷二五。《陝西金石志》卷一六。《續修陝西通志稿》卷一五〇。《咸寧、長安兩縣續志》卷一三。《北京圖書館藏中國歷代石刻拓本彙編》二九冊二三頁。《唐代墓誌彙編》一九五三頁。)

[匯考]：

[一]《懷岷精舍金石跋尾》稱："按裴琚不見於史，史稱全義專以巧佞財賄結中貴人，得節鉞。貞元十五年為蔡州行營招討使，……十七年全義自陳州班師，中人掩其敗跡，上待之如初。裴琚時知京北饋餫，必有發全義之敗挫，或全義歸罪於餉運不繼，遂譖而去之也。子承章亦未見於他籍。"

[二]《關中金石存逸考》稱："全文見《古志石華續編》。……此誌本出長安，今未詳所在矣。撰文之于方為于頔子，其名附見《新唐書·于頔傳》中。又《寶刻類編》所載《贈司空于復碑》，係其孫于方八分書，元和十二年六月立。《寶刻類編》所載之于方即此誌之于方也。"

校者按：誌中所稱"夏州連帥韓全義"，新、舊《唐書》均有傳，其鎮夏州，時在德宗貞元十四年，《舊唐書·德宗紀下》："（貞元十四年）閏月庚申，以左神策行營節度韓全義為夏州刺史，兼鹽、夏、綏、銀節度使，以代韓潭。"（中華書局，1975年，388頁）誌中所稱"以王命討淮夷，不尅歸鎮"事，當指貞元十五年朝廷以十七鎮討淮西節度使吳少誠之役，因宦官竇文場推薦，德宗以韓全義為"蔡州行營招討使"（中華書局，1975年，392頁），節制諸軍，但傳稱全義"素懦貪，无紀律"，與吳少誠戰於廣利城，大敗，遂退保陳州。後吳少誠致書監軍，願求和解，朝廷許之，復其官爵。貞元十七年，韓全義自蔡州行營還，傳稱"全義班師，過闕下，托疾不入謁，司馬崔放見帝，謝無功，帝曰'全義誘少誠歸國，功大矣！何必殺敵乃為功邪'"（《新唐書》，中華書局，1975年，4660頁），此即誌文所稱"德宗期孟明於異日，釋而不問"事也。全義之得據尊位全係宦官支持，討吳少誠之役雖諱敗為勝，但朝堂之上必有人持異議，裴琚知京北饋餫，或曾在全義軍中，遂被疑而有崖州之貶。

神兮尼姜氏

（元和二年　見《存逸考》卷二"西安府下"）

昭成寺尼大德三乘墓誌銘[一]

大唐元和元年三月十四日，長安昭成寺尼大德三乘行歸寂於義寧里之私第，春秋七十九，戒臘一十九。伏惟神兮，俗姓姜氏，望本天水，以簪纓承繼，家寄兩都，自頓駕長安，貫移上國，今則長安高陵人也。故中散大夫、贈太子左贊善大夫執珪之女，適昭陵令、贈通州刺史李昕之妻。婦德自天，毋儀生稟，事君子之門，敬姜比德；方擇鄰之愛，敦母其明。神儀惠和，體量凝肅。有二子：長曰誼，終杭州餘杭縣令；幼曰調，終溫州安固縣尉。有嗣孫五人：定、寅、寓、寧、寔。皆夙承嚴訓，克孝克忠，或位崇百里之榮，或再班黃綬之職。神兮自中年鍾移天之禍，晚歲割餘杭之愛，由是頓悟空寂，宴息禪林，自貞元四年隸名於此寺。嗚呼！蓮宮始構，法棟斯摧，定等哀慕悲號，攀援何及？以元和二年二月八日敬奉靈輿，歸窆於城南高陽原，禮也。白日晝昏，悲風慟起，玄雲低壟上之野，苦霧暗行輴之衢。芻靈已陳，穸戶斯掩。泌追[二]承遺，則泣而為銘，勒石紀文，以永終譽。其詞曰：

　　神假溫恭，天資淑德。無言成教，有儀是則。捨故里之喧喧，歸夜堂之寂寂。朝雲出谷兮行雨散，暮烏悲鳴兮去無跡。流光西沒，逝水東極。閉泉壤兮千秋，烈餘薰於貞石。

　　原誌石刻二十一行，行二十一字，正書。(《關中金石文字存逸考》卷二。《古志石華續編》卷二。《唐文拾遺》卷五二。《匋齋藏石記》卷二九。《陝西金石志》卷一六。《續修陝西通志稿》卷一五〇。《咸寧、長安兩縣續志》卷一三。《北京圖書館藏中國歷代石刻拓本彙編》二九冊二四頁。《唐代墓誌彙編》一九五五頁。)

　　[校記]：

　　[一]《新編》所錄無標題，今據《匋齋藏石記》補"昭成寺尼大德三乘墓誌銘"十一字。

　　[二]"追"，《新編》作"退"，今據其他各本改。

485

[匯考]：

[一]《關中金石存逸考》稱："全文見《古志石華續編》。……此石今藏渭南趙乾生詹事元中家。姜氏適昭陵令李昕已有二子五孫，葬法則從浮屠，唐人崇奉佛法，風尚如此，不足異也。誌末云'泌追承遺，則泣而為銘'，所謂泌者，即撰文人名也。《新唐書·百官志》：東宮官屬左、右春坊左贊善大夫五人，正五品上；宗正寺卿所屬諸陵臺令各一人，從五品上。"

[二]《陝西金石志》稱："按此誌光緒二十八年歸於匋齋。"

[三]《匋齋藏石記》稱："石高、廣均一尺一寸九分。二十行，行二十字，正書。"

又稱："右李昕妻年六十時為尼，以夫與子俱即世，有悟空寂，遁而為此。按宋敏求《長安志》：休祥坊萬善尼寺之西有昭成尼寺，據注為昭成皇后追福改為此寺。《通鑒》二百四十九胡注：'僧之能持戒行，謂之大德。'宋白曰：'唐制：諸寺有綱維，有大德。大德主教授三乘。'殆能持戒行，故有此號。'義寧坊'，在唐皇城西第三街之南，誌所云'行歸寂於義寧里之私第'，指此。'中散大夫'及'左贊善大夫'，俱為正五品階。其父'執珪'不見於《唐書》，《宰相世系表》亦無之。《世系表》'東祖房'有'昕'名，不載其官履，其下一格有'詞'、有'諫'，與此誌昕子'誼'、'調'同輩行，疑即此之'李昕'。《百官志》：諸陵臺令各一人，從五品上。昕為昭陵令，以此其贈'通州刺史'。通州，唐屬山南道，今四川綏定府達縣治。……'高陽原'在長安縣西南二十里，見宋敏求《長安志》。此誌云'泌追承遺'，則'泌'應是撰人名而失其結銜。其銘詞言'朝雲出谷兮行雨散'，微近於褻，施之於比邱尼尤不應爾也。"

[四]《陝西石刻文獻目錄集存》稱："原葬於長安城南高陽原，出土後歸渭南趙乾生，已佚。"

邵才志

（元和十四年十一月　見《存逸考》卷四"長安縣下"）

大唐故邵府君墓誌銘
石蓋，三行，行三字，行書。
唐故元從奉天定難功臣遊擊將軍守冀王府右親事典軍上柱國勒留堂[一]高平郡邵公墓誌銘并序
從姪將仕郎試太常寺奉禮郎飛騎尉仲方撰
文林郎前守渠州司戶參軍魏瓊書

夫生滅之相，貫於天地，盛衰之門，業推而化。故期生誠榮祿，奄歿幽泉，機茲褒嚮之靈，刻石於玄扃之記。典軍諱才志，字玄甫，望出高平萬年縣人也。曾諱慶，皇不仕；祖諱儀，皇不仕；父諱明，皇任昭武校尉、守恭王府左帳內副典軍、上柱國，賜緋魚袋，公即長男也。立身從仕[二]卅餘年，自建中四年癸亥歲朱泚寇逆，陷沒城堞，執持堂印，隨駕奉天重圍之內，苦歷艱危，克復之時，功勳崇獎，遂遷五品，職佐台階，累序勳勞，歷更九任，勤效幹蠱，靡[三]資台鼎，孝奉家慶之休，廉謹風猷之德。遂至元和十四年八月廿七日，藕遇朋友，酒筵至夜，有司糾劾[四]，以達聖聰，詔下書刑，貶於坊鎮。又遭寒熱，伏枕數旬，有嗣子全亮，儒直奉孝，過於孟孫，悲泣跪藥，甚於韓伯。孤妻張氏，親看扶舉，洗浣哺飡，食不知味，寢不求安。弟曰才應，官任清資，職司摳密，朝入公門，暮歸奉孝。恭敬悲念，乳藥哺飡，在處求醫，藥餌無効。豈期壽限將畢，大願不從，時年春秋五十有五，至元和十四年己亥歲九月廿七日終於坊州館舍。嗣子等號天泣血，聲一舉兮三絕，女及諸姪、新婦等咸悲慟哭，傷痛四鄰。卜筮有期，至其年十一月十六日舉葬於長安縣承平鄉史劉村，附先代塋之禮也。仲方素諳有德，乃述其詞。銘曰：

典軍功効，安國理民。重圍之內，印信奉陳。光榮先祖，忠直事君。孝義奉母，哭竹求辛。身敗四時，久疾瘦羸。醫藥無愈，奄有云亡。魂歸逝水，形影無光。幽扃悄悄，歸於北邙。筠風吹竹，悲聲白揚。年年松柏，空嚮泉堂。

原誌石刻二十六行，行二十五字，行書。

誌中"曾諱慶"，"曾"字下脫一"祖"字。"幹蠱"之"蠱"，當作"蠱"；"藕遇"之"藕"，當作"偶"；"咸悲"之"咸"，當作"銜"。銘詞"瘦羸"，當作"羸瘦"，音韻方叶。又，"隨駕"，"駕"字空七格；"聖聰"二字空九格，亦他碑所罕見也。

（《補寰宇訪碑錄》卷三。《關中金石文字存逸考》卷四。《古志石華續編》卷二。《續語堂碑錄》戊。《唐文拾遺》卷二六。《八瓊室金石補正》卷七〇。《陝西金石志》卷一六。《續修陝西通志稿》卷一五〇。《咸寧、長安兩縣續志》卷一三。《北京圖書館藏中國歷代石刻拓本彙編》二九冊一四七頁。《唐代墓誌彙編》二〇四五頁。）

[校記]：

[一]《八瓊室金石補正》"堂"後有"頭"字，《唐代墓誌彙編》所錄同，今姑誌於此。

[二]"仕"，《新編》作"事"，今據其他各本改。

[三]"靡"，《新編》未錄，今據其他各本補。

[四]"劾"，《新編》作"刻"，今據其他各本改。

[匯考]：

[一]《八瓊室金石補正》稱："方一尺四寸六分。廿六行，行廿

五字，字徑四分，正書，時涉行體。在咸寧。"

又稱："右《冀王府典軍邵才志墓誌》，《補訪碑錄》作'《邵才墓誌》，尉仲方文'，脫一'志'字。又以'飛騎尉'之'尉'字為仲方之姓，又誤'冀王府'為'冀王事'，舛錯已甚，殆未目見此志邪？首題'元從奉天定難功臣'者，功臣，號也；冀王府者，順宗子絿封冀王也；'勒留堂頭'未詳。恭王府者，代宗子通封恭王也。典軍，正五品上；副典軍，從五品上，親事帳內俱同。才志以朱泚之亂隨駕奉天，事平敘功，錫予功臣封號，勳上柱國，遂遷五品。標題稱'遊擊將軍'者，當即此所謂五品也。歷更九任，文不詳敘，但於標題稱'冀王府典軍'，以最後之官書之也。文云'機茲褒嚮之靈'句，不可解，疑有譌脫。'幹蠱'字作'蠹'，'偶遇'字作'藕'，皆誤。"

〔二〕《關中金石文字存逸考》稱："全文見《古志石華續編》。……此石舊出長安，今未知移徙何處。……《新唐書·車服志》：高宗給五品以上隨身魚袋以防召命之詐，入內必合之，三品以上金飾袋。垂拱中，都督、刺史始賜魚。景雲中，詔衣紫者，魚袋以金飾之；衣緋者，以銀飾之。開元初，駙馬都尉從五品者，假紫金魚袋。都督、刺史品卑者，假緋魚袋；五品以上檢校、試判官皆佩魚。百官賞緋（《車服志》：紫為三品服；緋為四品服；淺緋為五品服。官不及品得著緋、紫，皆賞賜也）、紫，必兼魚袋，謂之章服。"

石忠政

（長慶二年八月　見《存逸考》卷二"西安府下"）

唐故石府君墓誌銘并序

府君曰忠政，字不邪，生於京兆府萬年縣人也。邑崇仁里，清閑不仕，自居其家。婚何氏，不幸元和二年四月逝，葬城西小嚴村。府君壽年八十有二，終於長慶二年七月十日，以其年八月二十二日亦葬於小嚴村。長子義後亡，亦葬於此。後□□[一]元年，當家□□□□義鄉南姚村□[二]掃灑莊一所，遂再後舉[三]遷，厝莊[四]東南□[五]十步已來，遂擇吉晨，以其年八月九□□祔翁婆及兄義，並安於墳闕。乃命□□，存之不朽。銘曰：

八月□風悲切切，安厝先靈歸墳闕。□□孝感理於天，萬代子孫昌不歇。

原誌石刻十四行，行十五字，正書。(《關中金石文字存逸考》卷二。《古志石華續編》卷二。《唐文拾遺》卷六六。《八瓊室金石補正》卷七八。《匋齋藏石記》卷三〇。《陝西金石志》卷一七。《續修陝西通志稿》卷一五一。《咸寧、長安兩縣續志》卷一三。《北京圖書館藏中國歷代石刻拓本彙編》三〇冊五三頁。《唐代墓誌彙編》二〇八六頁。)

[校記]：

[一]《新編》所錄"後"字後三字未識作"□□□"，《匋齋藏石記》《唐文拾遺》《唐代墓誌彙編》均空兩格作"□□"，以文意推之，此處當係年號，應以空兩格為是，今據改。

[二] 其他各本所錄"南姚"後兩字未識作"□□"，下接"掃灑"二字，《新編》所錄"南姚"後多識一"村"字，惟後仍空兩格接"掃灑"。

[三] "後舉"，《新編》未錄作"□"，今據《八瓊室金石補正》《唐文拾遺》補。

[四] "莊"，《新編》未錄此字，今據其他各本補。

[五]《新編》所錄"東南"後兩字未識作"□□"，其他各本均空一格，今據改。

[匯考]：

[一]《八瓊室金石補正》稱："方一尺二寸五分。十四行，行十四至十七字，字徑五分，正書。"

又稱："誌為遷厝而作，石已裂為三矣。紀年'長'下所缺是'慶'字，後又稱'元年'者，不審其為敬宗、文宗，附唐末。"

［二］《關中金石文字存逸考》稱："全文見《古志石華續編》。……此石今藏渭南趙乾生詹事元中家。"

［三］《匋齋藏石記》稱："石高一尺二寸八分，廣一尺四寸。十三行，行十五、六字不等，正書。"

又稱："右按宋敏求《長安志》'丹鳳門街南有崇仁坊'，石君居'崇仁里'，即此坊。其終於'長□二年'，當為穆宗之'長慶'。志云'葬城西小□村'，'小'下當泐'嚴'字，《趙夫人墓誌》'殯金光門外小嚴村'，金光門，長安西門也，與'城西'語正合。"

［四］《陝西金石志》稱："按此石一藏渭南趙氏，字跡草率。……聞光緒二十八年亦歸匋齋。"

［五］《陝西石刻文獻目錄集存》稱："唐長慶二年（822）八月刻。……誌石方一尺二寸，十四行，行二十五字。石裂為五片。"

校者按：此石或言裂為三，或言裂為五。要之，諸家所錄皆非全璧。本誌如陸氏所言為改厝而作，惟紀年闕泐，陸氏遂附唐末，是較為慎重的處理。毛氏《新編》《存逸考》，端方《匋齋藏石記》均列於"長慶二年"，然是年為石君初葬之時，顯非改厝之時。《唐代墓誌彙編》列此誌於寶曆元年，然未言何據。又，武氏以此誌"字跡草率"，觀其文字亦頗荒陋，則撰、書均非名家可知。

權秀嵒

（長慶三年　見《存逸考》卷十"鳳翔府"）

大唐故天水郡權府君墓誌銘并序
穎川陳公肅［一］撰
　　府君諱秀嵒，其先天水人也。祖諱陽，博學儒門，養

491

高不仕。父□俊，皇任丹州通化府左果毅，公即果毅之第二子也。少而敦敏，長而溫愿，性本沖淡，不樂浮華，故冠冕縉紳不能加也。將善積而慶遠，何彼蒼乎不傭，長慶二年閏十月十三日終於鳳翔府建平里之私第，春秋七十有八。嗚呼哀哉！有生有終，古云常道。夫人隴西李氏，幼習女史，夙閑婦道，爰自笄總，歸於我公。亦謂鸞將鳳飛，偕老同穴，豈期大運忽改，俄沉逝川。元和四年四月九日先終於夫之私第，享年四十有七。即以長慶三年歲在癸卯十六日合祔於鳳翔府南原李保村，禮也。嗣子公緒，次子公素，咸泣血毀瘠，見請為誌。公肅雖不敏，用述芳音。詞曰：

英英我公，天祿永終。降年不永，難問黃穹。隴西夫人，先公而卒。逝水東馳，西傾白日。爰脩合祔，嗣子之儀。鳳淒古陌，月吊荒祠。佳城掩兮萬古，痛徽音兮長遺。

原誌石刻十八行，行二十字，行書。（《關中金石文字存逸考》卷十。《古志石華續編》卷二。《唐代墓誌彙編》二〇七一頁。）

［校記］：

［一］"肅"，《新編》作"肅"，毛氏《存逸考》引本誌作"甫"，本誌未見別有著錄，姑存而待考。

［匯考］：

［一］《關中金石文字存逸考》稱："全文見《古志石華續編》。……此石今藏鳳翔邑紳周士甫宗劍家。誌云'長慶二年閏十月'，案《資治通鑑目錄》云'長慶二年閏三月'，明陳明卿氏仁錫以為是年非閏九即閏十，閏三誤也。今以誌證之，長慶二年確為閏十月，片石流傳，可證千載上曆學之差，孟子曰'苟求其故，千歲之日至，可坐而致也'，不信然歟？案《舊唐書·穆宗紀》'長慶二年閏十月戊子朔'，《新書·穆宗紀》未載，是《舊書》與誌合也。《通鑑目錄》

作'閏三月',未知何本。《新唐書·地理志》:丹州有府五,第二曰通天,第三曰同化,而此誌則各得一字曰'通化',豈《地志》誤歟?抑誌誤歟?疑不能明,存以俟考。"

[二]《唐折衝府考補》稱:"《唐袁秀岩墓誌》:遷左威衛丹州通化府折衝、上柱國、賜金魚袋。又英倫博物館藏《唐沙州戶籍》載索遊鸞,丹州通化府折衝。案:《唐志》丹州有通天、同化二府而無通化。"

[三]《唐折衝府匯考》稱:"《唐權秀喦墓誌》:父□俊,皇任丹州通化府左果毅。《唐董希逸墓誌》:次曰叔文,丹州通化府別將。沛按:《新唐書·地理志》作同化府,而出土諸墓誌均作丹州通化府,似當以誌石為是,疑《新唐書》有誤。"

范傳正女阿九

(長慶三年四月　見《存逸考》卷五"咸寧縣")

大唐故范氏女墓誌銘并序

兄鄉貢進士鄭述

皇光祿卿、贈左散騎常侍、順陽公次女字阿九,年十六,以長慶二年十二月十九日疾,終於京兆長興里。太夫人河東縣君裴氏傷悼貞淑,哀疚於懷。噫夫婉順情性,內理尫明,肅閨壺之儀,曉組紃[一]之跡。至美不顯,胡其鑒耶?姻懿知者,垂泣來吊。母兄之悲,其可勝哉!明年四月十三日窆於國之東隅白鹿原之別業。鄭奉高堂之命,忍哀誌焉。銘曰:

斲[二]手裂心兮其痛何禁?欷余之悲兮殆[三]□之深。呼不來兮思往莫得,入九泉兮音姿悄默。天不善善兮奈何,心悽怛兮無極。淚濕栢根兮聲咽曠野,一[四]支長瘞兮孤墳之下。

原誌石刻十七行，行十五字，正書。(《關中金石文字存逸考》卷五。《古志石華續編》卷二。《唐文拾遺》卷五二。《八瓊室金石補正》卷七一。《陝西金石志》卷一七。《北京圖書館藏曆代石刻拓本彙編》三〇冊三〇頁。《唐代墓誌彙編》二〇七二頁。)

[校記]：

[一]"紙"，《新編》未錄此字，今據其他各本補。
[二]"斷"，《新編》未錄作"□"，今據其他各本補。
[三]"殆"，《新編》作"如"，今據其他各本改。
[四]"一"，《新編》未錄作"□"，今據其他各本補。

[匯考]：

[一]《八瓊室金石補正》稱："方一尺二寸四分。十七行，行十五字，字徑五分，正書。"

又稱："右《范氏女阿九墓誌》，首云'皇光祿卿、贈左散騎常侍、順陽□'，按《唐書·范傳正傳》'字西老，鄧州順陽人。官至光祿卿，以風痹卒，贈左散騎常侍'，是誌所稱者，即傳正也。順陽下所缺當是范字，或是之字，史傳不及後嗣，讀此誌知其子名鄭矣。"

[二]《關中金石文字存逸考》稱："全文見《古志石華續編》。……案此石今未詳所在矣。《新唐書》列傳云'范傳正，字西老，鄧州順陽人。父倫為戶部員外郎，與趙郡李華善，有當世名。傳正舉進士、宏辭，皆高第，授集賢殿校書郎。歷歙、湖、蘇三州刺史，有殊政，進拜宣歙觀察使。代還，改光祿卿，卒贈左散騎常侍'，此誌所謂'順陽公'即范傳正也。惟傳中未載順陽公封爵，得此可補其缺焉。又，傳正觀察宣歙時，嘗為李白遷葬當塗之青山，又為立碑誌墓，恤其二女孫，免其女孫夫家之徭役，其人殆賢者也。事詳傳正自撰《李公新墓碑銘》中。(文見鐘惺《唐文歸》)"

張伻

（大和三年十月　見《存逸考》卷五"咸寧縣"）

唐沔王府諮議參軍張公墓誌銘并序
朝散大夫行京兆府戶曹參軍盧從儉撰
昌黎韓造書

　　王者制國，立文武之訓，招選茂異，命百執事。其於興禮樂，陳教化，式繫乎文；禁奸慝，刑暴亂，必資乎武。分鑣并鶩，廢一莫可。其有器識通濟，則兼用之。該二事者，今得之於張君矣。

　　君諱伻，字伻，其先北地貴強族也。曾王父栖巖，皇平州刺史；大父璟，皇龍崗節度、邢洺觀察使；邢洺生道晏，皇左散騎常侍、兼御史大夫、涿州刺史。皆風格奇偉，洞究韜略，張皇戎律，宣布朝經，延慶後昆，濟美不泯。公即涿州第三子。克荷前脩，不隳厥問，始自齠齔，已若老成。抱忠勇果敢之姿，仰祖宗勳重之業，而乃飾以書劍，勵其鋒銛，公之元舅司徒高公每所歎重。司徒公諱霞寓，嘗隨族父崇文平劍南、西川寇難，論功第一，徵拜衛將軍，尋授振武軍節度使，又轉唐、鄧、郊、寧、慶等道節度使，入備爪牙，出膺藩翰，揚歷雄鎮，威重當時，以公孝敬忠勤，可□戎事，曰："吾之宅相，其在爾乎？"因推頰哺之恩，委以牙門之任。歷職既久，官秩累遷，皆著能名，顯赫中外。既登朝序，克揚休聲。方振翮於九霄，忽埋魂於重壤，天乎不憖，嗚呼哀哉！以大和三年八月十一日終於沔王府諮議參軍，年四十四，識與不識，聞風慨然，憫公之有其才而無其時也。夫人清河崔氏，清門淑德，婉娩聽從，有合巹共牢之恩，無齊眉偕老之業。撫棺誰訴，塊然未亡。有子一人曰憲郎，沖[一]孺未立，呱呱以號。公之內弟右衛威將軍扶，即司徒公之元子也。含風雲然諾之分，撫孤雪淚；感平昔指使之恩，爰悉家財。式護窀穸，以其年十月廿三日窆於萬年縣崇義鄉南姚里，蓋從宜也。且曰陵谷靡常，將識泉戶，乃以銘文見託。感其義，故抽毫以應之。銘曰：

於戲張君，方武兼才。業廣運促，遄歸夜臺。風烈則在，精魂不追。淑人如此，彼蒼何哉。龜筮叶從，宅兆將託。晴河天曉，寒郊月落。風悽薤露，塵隨繐幕。度城關兮逶迤，閟音容於泉壑。

原誌石刻二十五行，行二十八字，隸書。（《補寰宇訪碑錄》卷三。《懷岷精舍金石跋尾》。《關中金石文字存逸考》卷五。《古志石華續編》卷二。《唐文續拾》卷五。《陝西金石志》卷一七。《續修陝西通志稿》卷一五一。《北京圖書館藏中國歷代石刻拓本彙編》三〇冊九〇頁。《唐代墓誌彙編》二一一〇頁。）

[校記]：

[一]"沖"，《新編》作"种"，其他各本作"沖"，據上下文意，當以"沖"為是，今據改。

[匯考]：

[一]《懷岷精舍金石跋尾》稱："誌稱'君諱伾，字伾'，'曾王父栖巖，皇平州刺史；大父瓌，皇龍崗節度、邢洺觀察使；邢洺生道晏，皇左散騎常侍、兼御史大夫、涿州刺史'，皆不見於史。伾為高霞寓之甥，據史，霞寓先以左威衛將軍為唐、鄧、隨節度，貶歸州刺史，復為振武節度使，最後授邠、寧節度使，據此誌則先授振武，轉唐、鄧、邠、寧，與本傳不同。子扶為'右威衛將軍'，亦不見於霞寓傳中。"

［二］《關中金石文字存逸考》稱："全文見《古志石華續編》。……此石道光時出土，為涇陽縣尉吳縣姜君榮所得，今未知移徙何處矣。志言伴之大父為'龍崗節度、邢洺觀察'，考《新唐書·地理志》：龍崗為邢州，附郭縣。（《方輿紀要》云：唐龍洰縣即今直隸順德府所治邢臺縣也）又考《方鎮表》，邢、洺二州隸昭義節度，而龍崗之立節度，邢、洺之設觀察，《方鎮表》均無明文，得此可補其闕。高霞寓，《新唐書》有傳，誌中所載霞寓官階，皆與傳合。'洰王'名郇，憲宗子，見《十一宗諸子傳》。書志之'韓逵'，名見《宰相世系表》中。《新唐書·百官志》：王府諮議參軍事一人，正五品上。"

［三］《陝西石刻文獻目錄集存》稱："清道光時出土，為涇陽縣尉吳縣姜君榮所得，後下落不明。"

校者按：此誌清末出土，先為吳縣人姜榮所得，後即下落不明。《唐代墓誌彙編》收錄此誌，後注稱"北京圖書館藏拓本，開封博物館藏石"，則輾轉至河南開封也，姑識於此。

鄭君夫人杜氏

（大和三年十一月　見《存逸考》卷十"鳳翔府"）

唐鄭府君故夫人京兆杜氏墓誌銘并序

維大唐大和三年歲次己酉十一月十五日，夫人終於鳳翔府軍營官舍，享年七十八，以其年其月廿三日安厝於天興縣三良鄉三良里，禮也。

夫人京兆杜陵人也，其先本周杜伯之苗裔，夫人以幼齒遭天寶末年，國有喪亂，至於土地分裂，衣冠淪墜，雖甲族大姓，未知厥所，於是夫人並不記三代官諱。夫人以道自樂，以貞自保，雖單孑惸立而不失閨帷之志，縱蓬居萍食而令問益峻。及適鄭府君之門，薦羞之禮，執笲之勞，未嘗忤纖微之節，不幸府君早亡，有女一人，綵裙相繫，數十年間，教以三從，示其四德，及踐朱軒玉墀而不虧茅屋之操，縱曳金縷綵翠之服而與素皁無異。粉黛花鈿，見如瓦礫。惟親經佛，導潤志性，實謂青敷蓮花生於火中，世塵已出，而享斯壽。雖日奪其嗣女之恩孝，其誰奈生死何？殮藏之禮，裳帷之具，皆嗣女鄭氏躬自營護焉。嗚呼！松梓之栱，歎孤女之煢煢；隟駒將奔，痛夜臺之寂寂。岐山之下，鎮孤墳焉。乃為銘曰：

幼離艱兮長惸居，無夫無子兮晏如如。嗣女所養兮八十餘，體大道兮任（去聲）虛徐。中壽木拱兮命有諸，勒銘紀石兮岐之墟。

西河任唐詡撰

原誌石刻二十行，行二十一字，正書。（《關中金石文字存逸考》卷十。《古志石華續編》卷二。《唐代墓誌彙編》二一一三頁。）

[匯考]：

[一]《關中金石文字存逸考》稱："全文見《古志石華續編》。……此石今藏鳳翔邑紳周士甫宗劍家。誌云夫人'安厝於天興縣三良鄉三良里'，按《史記正義》'秦本紀'注引《括地志》云：'三良塚在岐州雍縣一里故城內。'（雍縣即今鳳翔縣，《方輿紀要》引《括地志》云'雍縣南七里有故雍城，漢右扶風之雍縣也'）《陝西通志》引《鳳翔縣誌》云：'三良塚在城南半里許，有碑記。'"

[二]《陝西石刻文獻目錄集存》稱："正書。原在天興縣三良鄉三良里，後藏鳳翔周土（校者按：當作"士"）甫家。"

校者按：三良，即子車氏的三個兒子奄息、仲行、鍼虎，秦穆公死後以三人為殉，國人哀之，賦《黃鳥》詩以紀其事（事見《左傳·文公六年》）。《存逸考》引《鳳翔縣誌》稱"三良塚"在城南半里，而據考古發現，東周時期的秦國貴族墓葬即主要分佈於鳳翔西南秦都雍城遺址的南面，其中即包括三原秦公園陵，秦公（景公）一號大墓正位於這一區域，由此推斷穆公葬地當亦去此未遠，則三良塚在鳳翔城南殆無疑問。由上所引，誌文所稱之"三良鄉三良里"應在天興城南也。

王公夫人李氏
（大和六年五月　見《存逸考》卷二"西安府下"）

唐幽州節度衙前兵馬使王公夫人故隴西李氏墓誌銘并序
　　正議大夫檢校右散騎常侍兼光祿卿上柱國賜紫金魚袋劉礎撰并書

　　夫人諱元素，其先隴西人也。爰祖及父，俱厭名位，高尚不仕，以從其心。夫人四德克修，五常無爽，鄉黨重其孝，鄰里傳其行。年十九，適王公，因[一]家於幽州之幽都縣。與其娣姒，偕事先姑。夫人藝出自然，孝秉天性，及姑之病，綿歷歲時，夫人色不滿容，行不正履，飲食湯藥，必致其誠，裁縫繡畫，必盡其力。是以先夫人愛之重之，不使離其側。每謂所親曰："我見此新婦，則疾覺小瘳。"其敬順之至，通於神明矣。洎丁先夫人之禍，亦以孝聞。有男二人：長曰從約；次曰從禮。有女一人，早歸於礎。元和之末，穆宗纂位，礎自幽州戍倅[二]，作牧南陽。夫人愛女隨焉，銜命西上。旋屬薊門長惡，嬋黨[三]稱兵，音書兩亡，倏忽十載。九秋明月，不照別離之心；三峽夜猿，應識悲涼之思。粵去年秋七月方達京邑，棄危疑之地，登仁壽之鄉，室家以和，骨肉相保。豈期百花林下，未盡歡娛；三春節中，俄聞哭泣。以大和六年二月廿有九日遘疾，終於道政里之私第，享年六十六。屬纊之時，精神不撓，所有遺託，其詞甚哀。嗚呼！夫人合二姓之好，歷四紀於茲。事夫稟梁鴻之婦道，訓子法孟軻[四]之母儀，理[五]家以正，接下以慈，命也不造，德之何衰。即以其年五月八日歸葬於京兆府萬年縣龍首鄉成義里鳳栖原，禮也。雖音徽昭美[六]，已布於遐邇，而陵谷更變，或資於述作。琢於貞石，用紀遺芳。乃為銘曰：

桃之夭夭，灼灼其華。彼美夫人，宜其室家。既出李宗，嫁為王婦。容止可觀，進退可度。唯靜唯默，以貞以素。誰謂年光，忽[七]如薤露。成義之里，鳳栖之崗。寂寂墓門，蕭蕭白楊。身葬異國，神遊[八]故鄉。萬歲千秋，德音不忘。

原誌石刻二十五行，行二十五字，正書。（《懷岷精舍金石跋尾》。《十二硯齋金石過眼錄》卷一四。《關中金石文字存逸考》卷二。《古志石華續編》卷二。《續語堂碑錄》丁。《唐文拾遺》卷二八。《八瓊室金石補正》卷七二。《匋齋藏石記》卷三一。《陝西金石志》卷一七。《續修陝西通志稿》卷一五一。《咸寧、長安兩縣續志》卷一三。《北京圖書館藏中國歷代石刻拓本彙編》三〇冊一二二頁。《唐代墓誌彙編》二一二九頁。）

[校記]：

[一]"因"，《新編》未識作"□"，《唐代墓誌彙編》《匋齋藏石記》作"門"，《八瓊室金石補正》《十二硯齋金石過眼錄》《唐文拾遺》作"因"。北圖藏拓殊模糊，據文意，當以"因"為是，今據補。

[二]"戌倅"，《新編》未識作"□□"，《十二硯齋金石過眼錄》作"變作"，《匋齋藏石記》《唐代墓誌彙編》作"□倅"，《唐文拾遺》作"戌□"，《八瓊室金石補正》作"戌倅"，《懷岷精舍金石跋尾》引作"戌卒"。北圖藏拓二字殊模糊難辨，合而勘之，當以《八瓊室金石補正》所錄為是，今據補。

[三]"嬋黨"，《新編》錄作"奴虜"，《唐文拾遺》《懷岷精舍金石跋尾》《唐代墓誌彙編》作"嬋黨"，北圖藏拓二字殊模糊難辨，當

以"姻黨"為是，說詳見下引李氏《懷岷精舍金石跋尾》，今據改。

[四]"孟軻"，《新編》作"孟氏"，《唐文拾遺》《唐代墓誌彙編》及北圖藏拓作"孟軻"，今據改。

[五]"理"，《十二硯齋金石過眼錄》《唐文拾遺》作"持"。

[六]"美"，《新編》作"著"，《唐文拾遺》《唐代墓誌彙編》作"美"，北圖藏拓似作"美"，姑據改。

[七]"忽"，《新編》未錄作"□"，今據其他各本補。

[八]"遊"，《新編》作"悲"，《十二硯齋金石過眼錄》作"存"，《唐文拾遺》《唐代墓誌彙編》作"遊"，北圖藏拓殊模糊，以文意推之，以"遊"為是，今據改。

[匯考]：

[一]《懷岷精舍金石跋尾》稱："誌為劉礎撰，夫人之婿也。按礎為總子，見《新唐書·藩鎮傳》'總既歸朝，子礎及弟約至長安者十一人，皆授州刺史'，《舊書》紀謂'五人為刺史，餘朝班環'，汪氏鋆跋謂'兩《唐書》未見者'，未之考也。誌云'元和之末，穆宗纂位，礎自幽州戍倅，作牧南陽'，即此時也。總既遷，天平以張弘靖代，朱克融反囚弘靖，克融朱滔之孫，而礎之曾祖怦為朱滔姑之子，誌所云'屬□門長惡，姻黨稱兵'者，此也。蓋礎歸朝，夫人仍居幽州，至大和五年方來京師，故誌云'音書兩亡，倏忽十載'，又云'粵去年秋七月方達京邑'，則大和五年也，是年幽州軍亂，楊志誠逐李載義，故曰'棄危疑之地，登仁壽之鄉'云云，旋於六年疾終，葬於京兆萬年縣。男二人，長從約，次從禮，俟考。礎後終鄜坊節度使，而《唐書·藩鎮表》無其人。撰碑時著官'正議大夫、檢校右散騎常侍、兼光祿卿、上柱國'。"

[二]《八瓊室金石補正》稱："高一尺二寸二分，廣一尺二寸。廿五行，行廿五字，惟撰、書人題銜一行不拘格，第十三行廿六字，字徑四分，正書微帶行筆。在陝西。"

又稱："石右上角已破損，缺二字，王公名不詳。題銜云'幽州節度衙前兵馬使'，按《新唐書·地理志》：幽州范陽郡大都督府本涿郡，天寶元年更名。《方鎮志》'開元二年，置幽州節度諸州軍管內經

501

略鎮守大使，天寶元年改幽州節度使為范陽節度使。上元二年，復舊名'，此誌係大和六年所立，故云'幽州節度'也。《百官志》：節度之屬無兵馬使之官，惟'天下兵馬元帥'下有'前軍兵馬使、中軍兵馬使、後軍兵馬使各一人'，此云'節度衙前兵馬使'者，殆有兵事則設之邪？幽州本薊縣地，隋置遼西郡，武德元年曰燕州，天寶元年曰歸德郡，建中二年為朱滔所滅，因廢為縣，屬幽州。云'薊門長惡'者，當指朱克融、王廷湊之亂也。撰、書者劉磌。其女夫也，於史無考。'正議大夫'，正四品上。散階'右散騎常侍'，正三品下。'光祿卿'，從三品。'上柱國'，正二品勳。又按《新唐書·王廷湊傳》云'王承宗時為兵馬使'，竊意夫人之夫即王承宗也，廷湊叛逆，故云'危疑之地'。"

〔三〕《十二硯齋金石過眼錄》稱："碑高一尺二寸，廣一尺二寸。正書，二十五行，行二十五字。"

又稱："右《唐幽州節度衙前兵馬使王公夫人李氏墓誌銘》為陝西喬中丞松年所贈，誌為正議大夫、檢校右散騎常侍劉磌撰誌，誌云'穆宗纂位，□自幽州變作，作牧南陽'，按《舊唐書·穆宗本紀》：長慶元年幽州節度使劉總奏請去位，落髮為僧，請以宣武軍節度使張弘靖兼大都督、充幽州盧龍軍節度使。七月，幽州監使奏'今月十日軍亂，因節度使張弘靖於別館，並害判官韋雍等四人'，誌所謂'幽州變作'，當指此也。誌又曰'作牧南陽，夫人愛女隨焉，銜命西上。旋屬□門長惡，□□稱兵'，長慶二年七月汴州軍亂，逐節度使李愿，立牙將李夻為留後。按《地理志》：汴州隸南陽郡下，志所謂'□門長惡，□□稱兵'者，當是此也。劉磌，兩《唐書》未見，獨是誌書夫人名元素，而夫僅書銜而不名，蓋幽州之亂與鎮州推王廷湊之亂先後並舉，誌故不書王公之名者，恐與廷湊同宗，是有所避忌也。萬年縣龍首鄉，宋敏求《長安志》謂'去縣東十里'，是誌未見前賢著錄，當是近年新出者。"

〔四〕《關中金石文字存逸考》稱："全文見《古志石華續編》。……此石今藏渭南趙乾生詹事元中家。題銜稱正議大夫檢校右散騎常侍兼光祿卿上柱國賜紫金魚袋劉磌撰并書，考《新唐書·百官志》：右散騎常侍二人，屬中書省。"

[五]《匋齋藏石記》稱："石高一尺二寸七分微強，廣一尺二寸六分。二十三行，行二十五字，無界格，正書。"

又稱："右誌劉礎為其妻母王夫人所作，前之署銜'幽州節度衙'前下一字泐去，當是'兵'字。唐節度有副使，有都知兵馬使，又有散員兵馬使，為未統兵之稱。此之'衙前兵馬使'，《唐志》及《唐會要》未見，應在雜使散員之列。據誌，夫人家於幽都，礎以幽州倅結姻於彼，及穆宗纂位之初，礎牧南陽，十年之後，夫人始從礎京師，時礎已官光祿卿，夫人卒於其所。誌言'屬薊門長惡'，其下泐二字，再其下有'稱兵'云云，此指穆宗纂位之後而言。考《通鑑》，穆宗初即位，除張弘靖為幽涿營節度使。長慶元年士卒作亂，囚弘靖於薊門館，請朱克融為留後，都虞候張良佐潛引朱克融入幽州，克融遂寇蔚州，乃授克融幽州節度，其後復執留敕使，裴度謂其無禮已甚。寶曆元年，幽州軍亂，克融被殺，李載義為節度。太和五年正月，載義復為兵馬使楊志誠所逐，自長慶元年至太和五年，幽州不靖者，十年有餘，與此誌言'倏忽十載'正合。夫人以太和五年七月方達京邑，蓋在楊志誠初授盧龍留後，弭首恭順，暫得就道，誌所謂'棄危疑之地，登仁壽之鄉'者，此也。夫人卒於'道政里之私第'，'政'字模糊，微見其跡，據宋敏求《長安志》：朱雀街東第五街南有道政坊。唐人'坊'、'里'互稱，'坊'亦可名'里'，考已別見。《長安志》：萬年縣東十五里有龍首鄉，所言'成義里鳳棲原'者，皆不著。礎於《唐書》無傳，《宰相世系表》中亦無其名，而能表其妻母，奉姑之孝，詞為近實。《唐書·百官志》：右散騎常侍，屬中書省。《舊書·職官志》言'欠一階者或為兼，或帶散官，其兩職事者，亦為兼'，按右散騎常侍非散官，礎以右散騎常侍兼光祿卿，殆兩職事之兼歟？"

[六]《陝西金石志》稱："按此石光緒二十八年歸於匋齋。"

校者按：《石刻題跋索引》"墓誌"類有著錄"《唐幽州刺史節度押衙王府君墓誌銘》，大和六年五月，朱士端《宜祿堂金石記》（六）5下"，既列"《幽州節度衙前兵馬使王夫人李氏墓誌銘并序》，陸增祥《八瓊室金石補正》（七二）9下"，當即以朱氏所錄為本誌。然檢朱書，其卷六著錄有《唐幽州隨使節度押衙王府君墓誌銘》，應係楊

503

氏所稱之誌，但朱氏未言此誌作時，其題名又與本誌有別，恐非一石，故本次整理於其出處未予著錄。

辛幼昌

（大和七年三月　見《存逸考》卷二"西安府下"）

唐故試大理司直辛公墓誌銘
姑射处士眭奋撰

　　公諱幼昌，字弘運，其先隴西人。曾父奉國，開府儀同三司、豐州刺史、天德軍使、兼御史大夫、上柱國、隴[一]西郡肅國公，食邑三千戶，贈工部尚書。烈祖榮，朔方節度副使、□會[二]都知兵馬使、兼御史大夫、平陽郡王，食實封一百五十戶。父□，持節通州諸軍事、守[三]通州刺史、兼御史中丞。公累傳茂範，藉[四]振能名，聰博機薈，卓然宏異。始總卝群[五]會，嬉戲[六]之際，識者目落落之清姿，則駭[七]謂固天縱也。暨長□□□瀚[八]墨，撫□□□□□□□□□□□□明示將來□□一□荷□□□莫[九]大之術者，何腰金拖紫之崇貴，得不坐[十]而至乎？何伏波定遠之[十一]□爵，得不俯而置乎？亦何俟矻[十二]矻伏膺，然後為學。繇是六奇三略，開闔襟□，每[十三]鳴弦架鏑，遠近弛張，謂古之破葉號猿，今足當仁矣。公以業□簪[十四]組，旌戟交輝，固欲指掌青雲，捧揚[十五]白日，仕進之廣路，官[十六]學之多門，□躡梯階，式為修立，授試大理司直。□寄結僚，友□追[十七]游，孟仲芬葩，芝蘭疊馥。豈止趨庭申孝敬[十八]之則，□節盡[十九]周旋之誠。遠望前程，熟究邊極。豈其彼蒼者天，修短無算，巨鱗既□，煙溟[二十]勢窮。

以大和六年十二月廿五日卒於平陽郡之私館，□□廿有六[二一]，胤子師周，孺駭未識，熙怡詎悲，零丁雁行，□□荼感且□[二二]中丞自嵐遷牧通川，南北迢遙，山川綿隔，□家於晉，已歷歲時，凶訃難飛，鶺鴒增疚。仲兄幼直等部辦儀具，克叶龜從，以明年三月廿七日，□送[二三]歸祔於京兆萬年縣三趙村東原之大塋，禮也。固恐桑田陵谷，俄徙星霜，庶摭[二四]□，實憑不朽，而雕於石。其辭云：

命運罕知兮杳冥莫惻，□不逮[二五]□兮殲我懿德。不可贖兮永□□春[二六]，閉[二七]玄宮兮松柏為鄰。

原誌石刻二十三行，行二十六字，正書。(《懷岷精舍金石跋尾》。《關中金石文字存逸考》卷二。《古志石華續編》卷二。《續語堂碑錄》戊。《唐文拾遺》卷二八。《八瓊室金石補正》卷七二。《匋齋藏石記》卷三一。《陝西金石志》卷一七。《續修陝西通志稿》卷一五一。《咸寧、長安兩縣續志》卷一二。《唐代墓誌彙編》二一三六頁。)

[校記]：

[一] "上柱國、隴"，《新編》所錄無，今據其他各本補。

[二] "會"，《新編》未錄作"□"，《八瓊室金石補正》作"發"，其他各本作"會"，今據其他各本補。

[三] "守"，《新編》未錄，今據其他各本補。

[四] "藉"，《新編》未錄，今據其他各本補。

[五] "群"，《唐文拾遺》《唐代墓誌彙編》作"郡"，誤。

[六] "戲"，《新編》未錄作"□"，今據其他各本補。

[七] "駭"，《新編》未錄作"□"，今據其他各本補。

[八] "瀚"，《新編》未錄作"□"，今據其他各本補。

[九] "一□荷□□莫"，《新編》未錄作"□"，今據其他各本補。

[十] "坐"，《新編》作"亞"，今據其他各本改。

505

［十一］"何伏波定遠之"，《新編》未錄惟"定"字，餘皆作"□"，今據其他各本補。

［十二］"砭"，《新編》作"吃"，今據其他各本改。

［十三］"開闔襟□，每"，《新編》未錄作"□"，今據其他各本補。

［十四］"簪"，《新編》未錄作"□"，今據其他各本補。

［十五］"揚"，《新編》作"陽"，《八瓊室金石補正》《唐文拾遺》《匋齋藏石記》及北圖藏拓作"楊"，《唐代墓誌彙編》作"揚"。校者按：六朝以來碑誌書體，多"扌""木"不分，以文意推之，當以"揚"為是，今據改。

［十六］"官"，《唐文拾遺》《唐代墓誌彙編》作"宦"，誤。

［十七］"僚，友□追"，《新編》未錄作"□"，今據其他各本補。

［十八］"孝敬"，《新編》未錄作"□"，今據其他各本補。

［十九］"盡"，《新編》未錄作"□"，今據其他各本補。

［二十］"溟"，《新編》未錄作"□"，今據其他各本補。

［二一］"六"，《唐文拾遺》《唐代墓誌彙編》作"七"，北圖藏拓似作"六"，然殊模糊，姑據改。

［二二］"□"，《新編》所錄以"且"接"中"字，其他各本兩字間均有一字未識作"□"，北圖藏拓殊模糊，姑從其他各本補。

［二三］"送"，《新編》未錄作"□"，今據其他各本補。

［二四］"摭"，《新編》未錄作"□"，今據其他各本補。

［二五］"逮"，《唐文拾遺》《唐代墓誌彙編》作"建"，北圖藏拓模糊難辨，姑仍《新編》之舊。

［二六］"永□□春"，《新編》未錄作"□"，今據其他各本補。

［二七］"閉"，《新編》作"閟"，今據其他各本改。

[匯考]：

［一］《懷岷精舍金石跋尾》稱："按奉國之名不見於史，其祖榮則渾瑊將也。貞元三年，清水之盟，結贊却瑊等，會瑊將辛榮以數百人據北阜，與賊血戰，追騎方止，瑊僅得免，辛榮兵盡矢窮，力屈而

降，見《唐書》珹傳，亦見《吐蕃傳》。史又云'結贊送漢衡、叔矩等囚於河州，辛榮、扶餘准等於故廓州、鄯州分囚之。七月詔崔漢衡宜與一子七品官。叔矩等與大將軍孟日華、辛榮、李至言等各與一子八品官。後扶餘准於元和十二年，烏重玘充弔祭使，以准偕歸，授灃王府司馬'，而榮無聞。其歷官'朔方節度副使'當在沒虜之先，'會'上缺一字，疑為'盟會都知兵馬使'。"

[二]《八瓊室金石補正》稱："高一尺二寸五分，廣一尺三寸。廿三行，行廿六字，字徑三分許，正書。在西安。"

又稱："右《大理司直辛幼昌墓誌》，當在咸寧出土。曾祖稱'曾父'，他處罕見。'奉國'為天德軍使，封□西郡公，諡曰肅。'榮'為朔方節度副使，封平陽郡王，即其父，亦為刺史，而史皆無傳，殆無行蹟可紀也。天德軍見《新唐書·兵志》，屬河東道。《地理志》：安北大都護府，開元十二年徙治天德軍。又，中受降城西二百里大同川有天德軍，天寶十二載置，乾元後徙屯永濟柵，故大同城也。據此，則天德軍置於天寶，與所謂開元十二年徙治天德軍者不符。"

[三]《關中金石文字存逸考》："全文見《古志石華續編》。……此石今藏渭南趙乾生詹事元中家。'三趙村'今名三兆社，隸咸寧縣之東南鄉，距西安府城十五里。……《新唐書·百官志》：文散階從一品曰開府儀同三司；御史大夫一人，正三品；中丞三人，正四品下。爵九等，二曰郡王，食邑五千戶，從一品。幼昌之祖榮封郡王，而食邑一百五十戶，蓋指實封而言也。唐自安史之亂，諸道用兵，府庫無蓄，專以官爵賞功，諸將出征皆給空名告身，自開府、特進、列卿、大將軍，下至中郎、郎將，聽臨事注名。其後又聽以信牒授人官爵，有至異姓王者。此誌所云王、公諸爵，殆此類也。《新唐書·百官志》：節度使有副使一人。……《元和郡縣誌》云：'元和八年，李吉甫請修天德舊城以安軍鎮，詔從之。於是復移天德軍理所於舊城焉。西南渡河至豐州二百里。'洪亮吉《府廳州縣誌》云'唐豐州城在今內蒙古鄂爾多斯右翼後旗，中受降城在今內蒙古烏喇特旗西。天德軍城即隋大同城（即《唐志》所謂故大同城也），並在烏喇特旗西北，其中蓋隔一河'，云'又唐時安北大都護府於開元十二年徙治天德軍'，蓋防邊之要地矣。至誌內所云'通州'，為今四川綏定府達縣地，非順

天江蘇所屬之南、北兩通州也。"

〔四〕《匋齋藏石記》稱："石高、廣均一尺三寸，中有裂文。二十一行，行二十六字，正書。"

又稱："右按唐辛氏以功名著者辛雲京、辛秘、辛讜三人而外，乃有此誌辛氏之天德軍使、肅國公奉國，朔方節度副使、平陽□王榮，又使持節、通州刺史某，三世官閥，或膺邊寄，或析爵土，或典大州，一門鼎盛，未見其比，而新、舊兩《書》不為立傳，《宰相世系表》亦無其人。《元和姓纂》列諸辛氏，隴西郡望下至盈百許人，三人之名均不在其內，知史傳之缺漏多矣。據誌，幼昌當以將門子弟用資蔭應試得官，卒時其父尚在，仲兄為之辦喪。唐人以'鶺鴒'喻兄弟者，杜甫詩中最夥，此誌亦有其語，實本之袁彥伯《三國名臣贊》，而俱發源於《毛詩》者也。《唐書·地理志》：豐州，天寶十二載置天德軍，乾元後徙屯故大同城永濟柵。幼昌之曾祖領天德軍、豐州刺史，當在乾元未移之前。'天德軍'下應有奪字，'曾父'為曾祖別稱，始見於此。撰文者署'姑射處士眭□'，按撰人稱號兼箸名者，有貞元十三年《鹽池靈應公碑陰記》署'五山老人劉宇撰'在前，與此稱'姑射山人'，同為石刻中之創例。後人若規而行之，未始不可資談者之一助也。"

〔五〕《陝西金石志》稱："按此石於光緒二十八年歸於匋齋。"

李琮

（大和八年二月　見《存逸考》卷五"咸寧縣"）

大唐故李府君墓誌銘
石蓋，三行，行三字，正書。
大唐故隴西郡李府君墓誌并序
鄉貢進士昔耘撰
兄承務郎行潞州長子縣尉璵書
　　夫地稱膏壤，迺生度用之材；家號忠貞，必育仁義之子。蓋慶由善積，氣自元深，在諭物情，其義一也。

府君諱琮，字溫中，先曰隴西人也。門承台鼎，代襲勳崇，懿範令儀，生而復稟，謹飾挺立，孤高莫儔。爰自稚齡，至於羈歷，抱瑚璉之器，有老成之風，處榮蔭而貌不自媒，為貴胤而心無所伐。曾祖欽，皇金紫光祿大夫、左金吾衛大將軍、贈太子太保，雄名偉望，迥冠古今。祖晟，皇開府儀同三司、太尉、兼中書令、贈太師，間傑之後，特因時生。匡國寧人，事著貞元之世；徇忠奉節，名光圖閣之書。父愿，雲麾將軍、前右龍武軍將軍、知軍事，稟靈[一]祚胄，挺器英枝，韞忠略而候難以行，寘謀猷而候時乃進。府君飽聆教道，足守義方，未踰弱年，兩觀銓選，位[二]官察職，流輩無雙。罄勤恪以務公途，竭俸祿而資私養，朋友歸美，親族稱賢。謂若寒松，永固凌霜之質；翻如春槿，旋飛不實之華。傾自疾纏，暨于莫救，時大和八年二月一日，終官於朝請郎、行都水監丞、雲騎尉，廿有一，何顏子促矣。傅父保母，哀無輟時，恨存歿之有殊，屬穿竇而獲曰，誠有可載，議刊刻焉。遂命末才，俾為紀述，以是年是月十五日墓於京兆府萬年縣寧安鄉杜光里。庶年祀更易，陵谷推移，希播餘徽，用銘於石。其詞曰：

貴葉勳枝，非爾迺誰。挺生秀氣，特稟英姿。體抱沖和，色踰謙敬。宇蓋松寒，肌膚玉淨。中稱孝謹，外伏敦良。威儀自得，行義潛彰。千里之駒，九秋之鶚。方富於年，曷為凋落。原儀將設，送禮斯陳。黃壚日閉，萬古千春。

□裝本寫，不計行數、字數，正書左行。(《懷岷精舍金石跋尾》。《關中金石文字存逸考》卷五。《古志石華續編》卷二。《續語堂碑錄》丁。《唐文拾遺》卷二八。《八瓊室金石補正》卷七二。《陝西金石志》卷一七。《續修陝西通志稿》卷一五一。《咸寧、長安兩縣續志》卷一二。《北京圖書館藏中國歷代石刻拓本彙編》三〇冊一四八頁。《唐代墓誌彙編》二一四五頁。）

[校記]：
[一]"靈"，《新編》作"雲"，今據其他各本改。
[二]"位"，《新編》作"茌"，今據其他各本改。

[匯考]：
[一]《懷岷精舍金石跋尾》稱："按《唐書》晟傳，晟十五子，愿、聰、總最幼，願、懿、聽、憲，史皆有傳，而愿之官位不見於史，惟《宰相世系表》書愿'嵐州刺史'，子缺不書。聽之名，子字，皆從玉，愿子名琮，亦合，皆可補《世系表》之缺。"

[二]《八瓊室金石補正》稱："方一尺四寸二分。廿四行，行廿四字，字徑三分，正書左行。"

又稱："右《都水監丞隴西李丞墓誌》，松坪所贈，其文自左而右，誌石中僅見也。琮官'都水監丞'，而標題不書，但書'隴西'，當時族望之隆、門第之貴，猶可想見。書祖若父，名皆缺筆，出於子孫之手，避其家諱，而曾祖不避，殆不逮事也。其祖即西平郡王李晟也，墓碑具存，與此誌有異者，誌不言'西平王'，當是省文。誌言'開府儀同三司'，則碑文所無，而史傳有之，尚在'四鎮北庭兵馬使'之前，誌何以獨述及之？誌言'贈太師'，與傳合，碑何以獨遺之？"又誌言'欽金紫光祿大夫'，碑所不及。碑言'隴右節度經略副使'，誌所不及，其詳略互殊如此。又，碑言'愿嵐州刺史'，誌言'雲麾將軍、前右龍武軍將軍、知軍事'，絕不相同。碑立於大和三年，此誌作於大和八年，當是立碑後所歷之官，而《世系表》亦稱'嵐州刺史'，則未得其實，恐第據晟碑書之耳。《表》不載愿後，可據誌補之。至《表》書欽官之誤，潛研言之矣。

[三]《關中金石文字存逸考》稱："全文見《古志石華續編》。……此誌本出咸寧，今未詳所在。琮為西平王晟之孫，右龍武將軍愿之子。《新唐書·宰相世系表》：晟子有名愿，官嵐州刺史者，即

琮父也。惟《表》中未載琮名、行，此可補其闕。書誌之李璵當亦琮之兄弟行。《百官志》：太師、太傅、太保各一人，曰三師；太尉、司徒、司空各一人，曰三公，皆正一品；左、右金吾衛大將軍各一人，正三品；左、右龍武軍將軍三人，從三品；文散階正七品上，曰朝請郎；都水監丞二人，從七品上。官吏勳級二轉為雲騎尉，視正七品。《元和姓纂》引《風俗通》'周大夫封昔，因氏焉。漢昔登為烏傷令。開元昔安仁生豐，大理評事，汝州人'，撰文之昔耘，即其後裔也。"

校者按：此誌作時，各本均作"大和八年"，惟《陝西金石志》《陝西石刻文獻目錄集存》作"六年"，未知何據。

楊迥

（大和八年歲次甲寅八月　見《存逸考》卷二"西安府下"）

大唐故楊府君墓誌銘
篆蓋，陰文，三行，行三字。
唐故太府寺主簿弘農楊府君墓誌銘
宣德郎守左春坊太子內直郎賈文度撰

公諱迥，字居然，其先弘農人也。纓冕不歇，炳煥相聯，雖曰四代五公，其後益熾。公曾大父玄珪，任銀青光祿大夫、守工部尚書、贈太子少保。大父錡，任銀青光祿大夫、守衛尉卿、駙馬都尉，尚萬春公主，贈太常卿。父晅，任中散大夫、守光祿卿，尚宜□[一]縣主。世秉懿德，姻襲金枝。初任文敬太子廟令，奉蘋藻，供祭祀，禮敬必誠，嚴謹備至。次任左監門衛冑曹參軍，和[二]而不固，雅而應物，克己復禮，時然後言。次任左威衛冑曹參軍，性專靜內敏，有幹局，無□無[三]為，化成於政。次任河中府河東縣尉[四]，儉[五]慎端默，居官廉恪，所□不過一局，而政行一邑。次任太府寺主簿，守位必敬，臨事必誠[六]，未嘗以悔怪改節，為權豪屈言。府君有子二人：長子[七]曰弘，次子曰□，訓以義方，敦閱詩禮，咸能被服文行，時人稱公善誘善[八]教。何期□不福善，以大和七年十月十七日寢疾終於延康里之私第，享年[九]五十有三[十]。吁！公之歿也，志負其願，壽違其仁，官屈其器，君子是以嗟其才而哀其命。嗚呼！渭水東注，時與之俱，音光緬然，何□□矣。夫人秀谷縣主，禮樂風操，家之範也，柔明孝慈，天之質也，□修采蘋之職，以正家節。楊氏之六姻肅，九簇睦，實夫人是賴。豈期脩短，是歲十一月十日，不勝其哀，薨於靈側，春秋二十有六，後公廿三日而殁。公之難弟前司農寺丞逍，涕血護喪，痛失雁序，謹以歲次甲寅八月己卯朔廿四日壬寅遷公及夫人靈座，合安厝於萬年縣高平鄉高望里，附先塋之禮也。猶懼人世陵谷之不可期，故刻石誌之，冀其名氏之攸遠也。銘曰：

瓊樹零落兮秋夜長，金枝寂寞兮遺清芳。永扃泉戶兮誠感傷，天乎欲問兮徒蒼蒼。

弟通直郎前守司農寺丞武騎尉逍書。

原誌石刻二十六行，行二十五字，正書。(《懷岷精舍金石跋尾》。《十二硯齋金石過眼錄》卷一四。《關中金石文字存逸考》卷二。《古志石華續編》卷二。《續語堂碑錄》戊。《唐文拾遺》卷二八。《八瓊室金石補正》卷七二。《匋齋藏石記》卷三二。《陝西金石志》卷一七。《續修陝西通志稿》卷一五一。《咸寧、長安兩縣續志》卷一二。《唐代墓誌彙編》二一五一頁。)

[校記]：

[一]"□"，《新編》所錄以"宜"直接"縣"字，今據其他各

本知"宜"後尚有一字，諸本所錄皆作"□"，今據補。

［二］"和"，《新編》未錄作"□"，今據其他各本補。

［三］"無"，《新編》未錄作"□"，今據其他各本補。

［四］"尉"，《新編》未識作"□"，其他各本作"尉"。又，《新編》"□"後徑接"慎"字，其他各本"慎"前尚有"儉"字，今據補。

［五］"儉"，《新編》未錄，今據其他各本補。

［六］"誠"，《唐文拾遺》《唐代墓誌彙編》作"端"，北圖藏拓字有闕泐，以殘餘筆劃所見，當以"誠"為近是，姑仍《新編》之舊。

［七］"子"，《新編》所錄無此字，今據其他各本補。

［八］"善"，《新編》未錄，今據其他各本補。

［九］"年"，《新編》未錄作"□"，今據其他各本補。

［十］"三"，《新編》作"二"，今據其他各本改。

［匯考］：

［一］《懷岷精舍金石跋尾》稱："按兩《唐書》皆以國忠子朏尚萬春公主，以錡尚武惠妃女太華公主。及考《公主傳》，太華薨於天寶時，萬春先嫁楊朏，後嫁楊錡，薨大曆時，則在馬嵬之變朏死後復嫁錡也，與史合。《世系表》迴不著官爵，可據誌以補之。'縣主'上缺一字，惜不可考。誌稱迴初任文敬太子廟令，次任左監門、左威衛冑曹參軍，河東縣尉，太府寺主簿。子二人，長曰弘，次（缺）。夫人秀谷縣主，又云'公之難弟前司農寺丞逍，泣血護喪'，'逍'亦不見於《表》，皆足增訂歐史之缺。"

［二］《八瓊室金石補正》稱："方一尺七寸。廿六行，行廿五字，字徑五分，正書。"

又稱："右《太府主簿楊迴墓誌》，當在咸寧出土。迴之先代見《宰相世系表》，惟錡稱'太僕卿'，與誌不同。迴不載官職，亦不載其子。據誌，迴有二子，迴亦有子，皆可據以補正之。'萬春公主'，玄宗女也，《公主傳》'萬春公主杜美人所生，下嫁楊朏，又嫁楊錡，薨大曆時。楊朏，即錡之從子也'，又'太華公主，貞順皇后所生，

513

下嫁楊錡，薨天寶時'，是太華薨後，再尚萬春，而誌不言尚太華。……'延康里'即延康坊，在長安街西，有閻立本宅，後符太元居之。寶曆二年於其地置諸王府。"

［三］《十二硯齋金石過眼錄》稱："按《新唐書》玄宗貴妃《楊氏傳》'天寶初，進冊貴妃，擢叔父玄珪光祿卿，兄錡侍御史，尚太華公主。薨，又尚萬春公主。誌云'父暄，任中散大夫，守光祿卿，尚宜□縣主'，而《楊國忠傳》'暄為太常卿兼戶部侍郎，尚延和郡主'，當以碑為正。按暄即國忠猶子，暄亦死於馬嵬，迥即國忠姪孫也。'太府寺主簿'，按《百官志》為從七品，暄以天寶十五載死於馬嵬，而誌謂迥歿於太和七年，其去暄死之日將八十年矣。意'太和'當是'元和'之誤，文為賈文度撰，迥弟迻所書。"

［四］《關中金石文字存逸考》稱："全文見《古志石華續編》。……此石今藏渭南趙乾生詹事元中家。玄珪等官爵均詳《新唐書·宰相世系表》，惟《表》言錡官'太僕卿'，誌作'衛尉卿'，自當從誌為正。暄之官爵，《表》中未載，得此可補其缺。迥之夫人'秀容縣主'，自迥卒後不勝其哀，薨於靈側，可謂烈婦矣。惟修史之例，自公主而外均不列傳，賴此石流傳，夫人義烈得以復顯於世。誌石下方為土花所蝕，文多缺略，獨夫人殉夫事字畫完好，豈鬼神亦有闡幽之心而為之呵護耶？誌言迥葬於'高平鄉高望里'，案'高望里'當由'高望堆'得名，潘岳《西征賦》'憑高望之陽隈'，《文選》注引《長安圖》云'高望堆，延興門南八里'，今其地在西安府城南，屬咸寧縣境。"

［五］《匋齋藏石記》稱："石高一尺七寸五分，寬一尺七寸七分。二十六行，行二十五字，字徑五分，正書。"

又稱："錡尚萬春公主者，考《新書》玄宗二十九女列傳，太華公主，貞順皇后所生，下嫁楊錡，薨天寶時。萬春公主，杜美人所生，下嫁楊朏，又嫁楊錡，薨大曆時。蓋太華薨逝，朏適見殺，錡遂續尚萬春。誌文追述略於先而詳於後，故不曰太華，而曰萬春也。唐俗不醜再嫁，雖金枝之貴，亦蹈為故常。……據新、舊兩《唐書》，文敬太子謜，順宗之子，德宗愛之命為子，貞元四年封邕王，歷義武、昭義二軍節度大使，年十八薨，陵及廟置令丞云。……迥終'於延康里之私第'，'厝於萬年縣高平鄉高望里'，《長安志》：延康坊在光德坊次南，為唐皇城西十三坊之一。萬年縣唐四十五鄉，《長安志》僅存其七，而無高平之名，貞元十七年《李氏殤女墓記》'窆於萬年縣高平鄉西焦村之南原'，鄉名與此誌合。"

〔六〕《陝西金石志》稱："按此石於光緒二十八年歸於匋齋。"

朱公夫人趙氏

（大和八年十一月　見《存逸考》卷四"長安縣下"）

大唐故夫人趙氏志銘[一]

大唐故興元元從登仕郎守內侍省內侍伯員外置同正員上柱國朱公故夫人天水郡趙氏墓誌銘并序

朝散大夫守太子右贊善大夫兼通事舍人侍御史上柱國崔鍔撰

崇高兮廣大之厚，磐礴兮周流之遠，浚源長派，茂幹脩柯，著於圖諜，可得而言也。夫人姓趙氏，其先天水人。逮乎晉室，克纘威烈，播揚芬馥，歷世輝耀，搢紳之盛，著乎人文，炳然昭彰，備存簡冊。夫人幼稟禮法，長明詩訓，閑惠詳雅，實生之知。及笄而歸於朱氏之門。克承坤順之柔，婉娩謙恭之美，奉舅姑著雍和之稱，睦娣姒有柔愛之儀，垂範可以示後昆，立程可以式九族。加之以恭儉施惠，愛人以禮，慈和溫敬，六親儀形。是宜克保室家，永綏豐祿，良時難再，晝[二]哭二十二年，及茲從心，專意內典。以嗣子奉命雞林三歲，然復疚心疾首，六時禮念，冥期祐助，以福後胤。果符神力保全以歸，洎相見時，悲倍於喜。浹旬，大夫寵命日隆，自宮闈令拜閤門使，中外相慶，咸謂夫人冥求保助，以致於斯。既契夙心，吾無恨矣。嗚呼！方歡娛於色養，遽見悲於夜泉。夫人以大和八年四月十六日終於長安輔興里之私第，享年七十有五。歸全之日，遺命謂大夫曰："汝忠於國，又孝於家，海外三年，吾期重見，於此盡矣，更何恨焉？"啟手足，親戚悲號，皆若終身之酷，可謂生死之義備矣。先府君元和七年即世，權窆於京兆長安縣龍門鄉石井村。今以其年十一月十四日改卜新阡，重安窀穸於承平鄉大嚴村合祔，禮也。嗣子朝政，宮闈局令、充閤門使，克承家之景行，著揮謙於士流，文以飾身，武資忠力，一心匡主，萬里前途，泣血煢煢，杖然後起。兩女；長適濮陽吳氏，先[二]夫人二歲而卒；次適彭城郡劉氏，晝夜哭泣，水漿不入，行路感歎，殆至毀性。鍔嘗忝國命，与大夫同赴三韓，備聞夫人善德，託以敍述，不敢飾讓。庶紀其梗概，其餘美烈，固存乎女史，刊於貞石，以懼陵谷之變也。銘曰：

灼灼蕣華，皎皎如月。既歸我里，禮法斯設。（其一）垂範體則，用光婦德。克奉舅姑，亦展忠力。（其二）永享豐祿，宜其家良。白日不駐，青松已行。（其三）哀哀嗣子，崇崇高原。冥寞長夜，髣髴在焉。（其四）隴隧新啟，壽堂初開。合祔神宮，永安夜臺。（其五）

原誌石刻二十八行，行二十九字，正書。（《懷岷精舍金石跋尾》。《十二硯齋金石過眼錄》卷一四。《關中金石文字存逸考》卷四。《古志石華續編》卷二。《雪堂金石文字跋尾》卷四。《唐文拾遺》卷二八。《八瓊室金石補正》卷七二。《陝西金石志》卷一七。《續修陝西通志稿》卷一五一。《咸寧、長安兩縣續志》卷一三。《北京圖書館藏中國歷代石刻拓本彙編》三〇冊一六二頁。《唐代墓誌彙編》二一五三頁。）

[校記]：

[一]"大唐故夫人趙氏志銘"九字係志蓋篆體刻文，今據《八瓊

室金石補正》補。

[二]"晝"，《新編》所錄無此字，今據其他各本補。

[三]"先"，《新編》所錄無此字，今據其他各本補。

[匯考]：

[一]《十二硯齋金石過眼錄》稱："碑高一尺七寸，廣一尺六寸。正書，二十八行，行二十九字。"

又稱："右《朱君夫人趙氏墓誌銘》，文為崔鍔所撰，按《新唐書·宰相世系表》崔氏'清河小房'下有鄂名，為'當塗尉'，與誌前所書之銜大異。夫人趙氏之夫僅書姓，其子但書銜，而又特書名，非略之也。至於稽考誌內所載鄉、里之名，宋敏求《長安志》僅朱雀街南'輔興坊'，而誌作'輔興里'。"

[二]《八瓊室金石補正》稱："方一尺七寸許。廿八行，行廿九字，字徑五分，正書，雜行體。篆蓋題'大唐故夫人趙氏志銘'九字。"

又稱："右《內寺伯朱公妻趙氏合祔志》，松坪所貽，當在長安出土者。趙氏之夫不顯名，其子朝政亦無考，標題稱'興元元從'，功臣號。文云'嗣子奉命雞林三歲'，又云'鍔嘗忝國命，與大夫同赴三韓'，按《新唐書·東夷·新羅傳》'新羅王彥昇死，子景徽立。太和五年，以太子左諭德源寂冊吊如儀'，朝政及鍔蓋皆隨源寂出使者。源寂為左諭德，正四品下。崔鍔為右贊善大夫，正五品上，當是以崔鍔為副使，而史所不詳也。'撝謙'作'揮謙'，《周易》王弼注云：'指撝，皆謙也。'陸德明《經典釋文》亦云：'撝，指撝，是即指揮字也。撝、揮可通。''輔興里'當即'輔興坊'，在長安東市。'閤門使'，不見於《百官志》。"

[三]《關中金石文字存逸考》稱："全文見《古志石華續編》。……此石本出長安，今久逸矣。《百官志》：內侍省宮闈局令二人，從七品下；丞二人，從八品下。"

校者按：楊殿珣《石刻題跋索引》"墓誌"類"大和八年十一月"下著錄"《趙氏夫人墓誌銘》跋，李宗蓮《懷岷精舍金石跋尾》23

上"，殆以彼誌之趙氏為此誌之趙氏，然李書所錄趙氏誌為"吳郡顧方肅撰"，又序云"年十五，適楊氏。元和六年，楊君卒於京兆府長安縣"云云，則撰者、趙氏之夫與本誌皆異。又，同條下注"《趙氏夫人墓誌》跋，羅振玉《雪堂金石文字跋尾》（四）17下"，按此誌羅氏跋稱"誌稱'夫人以元和十四年七月十一日不起，以元和十五年少帝即位，二月五日改號為永新元年，以其歲戊戌二月十二日歸空'，考《唐書》無'永新'年號，此當是憑草野傳聞記之，世之據碑版以考前史，固不可信此等譸語矣"，則彼趙氏亦非此趙氏明矣，本次整理於此兩出處皆不著錄。

裴澣夫人杜氏

（大和九年歲次乙卯十一月　見《存逸考》卷五"咸寧縣"）

唐故京兆杜氏夫人墓誌銘并序
朝議郎前守太子少詹事上柱國新野縣開國男食邑三百戶賜緋魚袋杜寶符撰
裴澣書

夫人京兆杜氏，氏為名有日月矣，自虞以還，譜牒承美，揮翰於太史氏也，閱周、秦、漢、魏之書，迨於革隋，不遠百祀，而杜之嗣續官業有功於時者，有名赫於代者，有負大人之材不伸於巖野[一]者，有詞清人標為縉紳之準繩者。暨夫神堯帝天下，文皇宅西海，若室屋之時賢相有翼戴之功，推夫人七世祖也，時封萊國公，名見史藉。厥後，隨聖葉而代有煥於文學者：夫人曾大父諱含章，任左千牛，累贈鄭州刺史；夫人大父諱綰，任京兆府司錄，累贈尚書左僕射；夫人父諱黃裳，任[二]檢校司空、同中書門下平章事、兼河中晉絳慈隰等州節度使，累贈太尉。外族李氏，出趙郡，封東祖，世有大官，不書可認，其業茂矣。門風清揚，有[三]弟兄四人，皆服勤儒業。姊妹五人，舉其顯者，由次姊適宰相韋執誼，外生有官於臺閣者。夫人天錫明敏，若非學知，罔究古籍而洞得淑態。笄年適河東裴澣。澣以門子入仕，歷官五任。澣氏之有別也，則涉河而東，直指大山，山突古墳，松檟百里，崗環勢止，徙塋畿洛，自得姓以來，代修儒業，史筆褒之為第一，衣冠凡三世，外內皆顯名跡，追封定諡為琳琅慕嚮。澣之同氣，周行迭進；澣之甥姪，錯落文秀。人不知澣之昭敘，自為闕耳，故不備錄也。澣性謹厚，志尚儒雅，凡未識澣者，見澣之風度俯仰，皆曰："豈非碩德名儒之家耶！"由是人十之七八其詞也。澣曾官於河潼知華驛。時屬河北有師拒王命者，持詔之臣，往復軍師，日之百數輩，闐溢館舍。公食不足，即夫人罄其私室以備官須，往往寒衣不續，簞食絕昧，慮澣之內愧，以職公而不補其家，則假以他事，而飾詞以相怡悅。時家甚窶，而禮義富之。適澣廿年，生子九人：長曰枘，業擅兩經；次及女等，年皆稚子，志性甚高。夫子享年卅七，大和乙卯歲歿於崇賢里僦宅。嗚呼！天施幾何，何人鶴年，餘馨尚存，吉人遺旨，里閈為哭，親愛無生。以其年十一月廿九日權窆萬年縣寧安鄉杜光里。時弟寶符追亡姊之行止，未編史策，願寫誌石。其文曰：

高道浮雲，雲散何尋。德潤和璧，其璧永沉。合門正肥，青樓始構。寂寞其生，煒燁其後。巖壁甚壯，有時而傾。窮冬枯邊，有時而精。滄波萬里，有時而田。邱墟荒野，有時而城。死楊空株，有時而梯。夫人此去，永永無期。善惡莫分，孰宰窅冥。夫人之夭，蒼旻不知。

原誌石刻三十行，行三十字，正書。

誌中"蒼旻不知"，當作"不知蒼旻"，於韻方合。(《懷岷精舍金石跋尾》。《關中金石文字存逸考》卷五。《古志石華續編》卷二。《唐文續拾》卷五。《八瓊室金石補正》卷七二。《陝西金石志》卷一七。《續修陝西通志稿》卷一五一。《咸寧、長安兩縣續志》卷一二。《北京圖書館藏中國歷代石刻拓本彙編》三〇冊一八〇頁。《唐代墓誌彙編》二一六五頁。）

[校記]：

[一]"野"，《新編》未錄作"□"，今據《八瓊室金石補正》《唐文拾遺》補。

[二]"任"，《新編》所錄無此字，今據其他各本補。

[三]"有"，《新編》所錄無此字，今據其他各本補。

[匯考]：

[一]《八瓊室金石補正》稱："高一尺四寸，廣一尺三寸六分。三十行，行三十字，字徑四分，前二行不齊，正書。"

又稱："右《裴澣妻京兆杜夫人墓誌》，在咸寧出土。夫人之父黃裳，《唐書》有傳，'黃裳，字遵素，京兆萬年人'。傳云'贈司徒'，誌云'累贈太尉'，與傳不同。傳云'封邠國公，諡宣獻'，誌略之。傳不敘，《宰相世系表》載之，《表》稱'含章，定州司法參軍'，與誌'左千牛'者不合，當以誌為正，《表》列含章之父'玄道左千牛'，疑與含章官職互誤。含章'贈鄭州刺史'，綰'贈尚書左僕射'，當以黃裳入相推恩先世，而《表》略之也。傳載黃裳（校者按：疑有缺字）曰載，曰勝，誌云'弟兄四人'，後云'弟寶符追亡姊之行止'，是黃裳有四子，'寶符'其一也，傳與《表》皆失載。傳言載官至太僕少卿，《表》亦失載，皆可補之。寶符嘗官'度支郎中'，見《郎官石柱題名》。文云'賢相有翼戴之功，推夫人七世祖也，時封萊國公，名見史籍'，即杜如晦也，封蔡國公，'萊'蓋'蔡'之誤，'七世祖'蓋七世從祖也。文又云'次姊適宰相韋執誼，外生有官於臺閣者'，執誼為黃裳婿，史亦見之，《黃裳傳》云'婿韋執誼輔政，黃裳勸請太子監國'，《執誼傳》云'帝以宰相杜黃裳之婿故，最後貶外'，

'外生'當指執誼之子,《世系表》執誼四子,惟次子瞳為鄭州刺史,餘無官。意當大和時,瞳尚官於臺閣也。文又有'瀚曾官於河潼知華驛'云云,按《柳公綽傳》'長慶元年復為京兆尹,時幽鎮用兵,補置諸將使驛係道,公綽奏曰:比館遞匱乏,驛置多闕,敕使衣緋紫者所乘至三四十騎,黃綠者不下十數,吏不得視券,隨口輒供,請著定限,以息其弊',瀚為驛吏當在其時。夫人罄私室以備官須,至寒衣不繬,簞食絕味,尚復慮瀚之內愧,假事飾詞,夫人賢矣哉!宜其於千載之後,誌石出土而夫人之名不朽焉。"

[二]《懷岷精舍金石跋尾》稱:"夫人為宰相黃裳之女,撰文之杜寶符乃其弟,結銜'朝議郎前守太子少詹事上柱國新野縣開國男食邑三百戶賜緋魚袋'。誌為夫人之夫裴瀚書。考史,黃裳子'勝',天平軍節度,'載'無官,惟《呂衡州集》'河中節度使檢校司空杜公夫人李氏墓誌'稱'有子五人','次曰寶符,前河南府參軍'。《郎官石柱題名》有'度支郎中杜寶符',可以補史之闕。曰夫人'曾大父諱含章,任左千牛,累贈鄭州刺史',《唐書·世系表》:含章官'定州司法參軍',而'含章'父'玄道'任'左千牛',當以誌為正。大父綰,父黃裳,官位與史合,外族李氏與《衡州集》合。惟集云'有子五人',而此誌稱'弟兄四人',然集亦祇載'長載,次翁歸,次寶符、義符',則作'五'者,傳寫之誤。惟合之史所書'天平軍節度勝',則黃裳實有五子。誌稱'姊妹五人,次姊適宰相韋執誼',亦與呂集同。惟集云'女二人'之不同耳。考溫之志李氏墓,時在元和三年,而寶符作此誌則在大和乙卯,夫人享年卅七,母亡時僅十齡耳,或略之也。裴瀚,於史無徵,云'曾官於河潼知華驛'。"

[三]《關中金石文字存逸考》稱:"全文見《古志石華續編》。……此誌本出咸寧,今未詳所在矣。誌云夫人七世祖封萊國公,謂杜如晦也。……誌云夫人'有兄弟四人',撰誌之'杜寶符'即夫人之弟,而《宰相世系表》所載黃裳之子,一名'勝',字斌卿,天平節度使。其一名'載',而未列寶符之名,得此可補其闕。《新唐書·百官志》:上州司法參軍事二人,從七品下;中州司法參軍事一人,正八品下;下州司法參軍事一人,從八品下;京兆府司錄參軍事二人,正七品上。"

521

校者按：本誌稱夫人大父含章"任左千牛"，據《新唐書·宰相世系表》，含章則官"定州司法參軍"，《表》又記含章父玄道任"左千牛"，論者或以為《表》載有誤，當以誌為正，或以為與含章官職互誤。今按權德輿《東都留守檢校吏部尚書判東都尚書省事扶風縣伯杜亞神道碑》稱"曾祖玄道，皇右千牛，王父含章，皇上郡司馬"，則玄道曾官千牛，惟《表》作"左"，碑作"右"，未有與含章官職互誤。又，神道碑稱含章官"上郡司馬"，與本誌、《宰相世系表》皆不合。按之實際，含章一生歷職多矣，碑與誌作時不同，不過各舉其歷官之一，《宰相世系表》所載人物、官爵甚夥，編者勢不能將所記人物之官歷遍錄無遺，亦不過舉其一端而已，這是造成三方資料不同的主要原因。

又，本誌撰者杜寶符女墓誌亦於長安出土，大中五年十一月二日《唐故文林郎國子助教楊君墓誌銘》"夫人京兆杜氏，故相國黃裳之孫，復州刺史寶符之女"（《唐代墓誌彙編》，上海古籍出版社，1992年，2295頁），前《懷岷精舍金石跋尾》所引呂溫撰《河中節度使檢校司空杜公夫人李氏墓誌》稱李氏有子五人，"次曰寶符，前河南府參軍"，結合本誌寶符之題銜，則其一生仕宦經歷得其大概矣。

陳士揀

（開成五年正月　見《存逸考》卷四"長安縣下"）

故金紫光祿大夫檢校太子詹事守右神策軍正將兼殿中侍御史上柱國潁川郡開國公食邑二千戶陳府君墓誌銘并序
　　鄉貢進士扶風斑潯撰
　　有唐武士潁川陳君諱士揀，字適之，其先潁川郡人也。祖新，父運，晦跡不仕。毓德邱園，廩粟萬鐘，稼苗千畝。洎縉財著瞻，謂福可增。傍啟獨園，屢施貧病。厨茵長設，梵念日聆。遠邇荐臻，推為長者。爰有甑中化飰，缽盈香積之飡；室內飛雲，座隱羅漢之客。實由積善之應，慶生于君。君藝攻騎射，學覽詩書，誓志從戎，將身許國。遂大開賓館，廣延時俊，談話韜略，博究兵機。旋遇知音，援入軍伍。既職居北落，名繫南宮，効務二周，家君殂逝，繢瘵之下，侍養繼親，存沒得中，孝恭不匱。逮乎親喪，毀瘠踰儀，蹈正馭家，發於私憾，未幾遭謗，繫于府牢。被髮呼天，行路悽感。故仲尼稱冶長非罪，君在縲絏，事異冤同，咸憤無辜，力共救免。昔我先府君，驃騎都寧王御史大夫，當元和中憲宗之朝也，總司禁旅，拱衛宸居，銓藻期門，搜擇勇敢。才全者不憚寒素，質蘙者不籍門資。視君才質俱備，擢用非次，爰起隊將，昇之階庭，接武衙前，虞候左右。公方恪慎，遷授押衙。及天威併於神策，以右廂隸屬西軍，領職如舊，仍加正將，乃元和九年矣。茲後，屬中外多事，侍衛勞勤，自振威校尉累至金紫，遷試到詹事官，改監察殿中侍御史，轉勳上柱國，進爵潁川公，食邑二千戶。歷事九將軍、五中尉，而始終一貫，咸沐恩知，榮光萃身，可謂盛美矣。頃君未婚，有子三人：曰宗敬、宗直、宗楚，及娶扶風班氏女，淑姿懿範，衣冠之華貴也，生子曰宗峻、宗師。夫人上事六姻，下撫眾子，鹽梅娣姒，規矩閨闈，故潁川仰其德教，發於興歎耳。謂天祐善，必享多福，噫斯遘疾，先君而逝，享年廿二，終於脩德里第，即元和十一年四月廿六日，以其年六月廿六日窆於長安縣承平鄉大嚴村陳氏之先塋，禮也。君後經三娶，分不相膺，或喪或離，家業凋弊，因茲猜悴，寢疾經時，唯二女幼稚，二子謹敬，恭守嚴訓，恥謀東西，曾不告勞，躬侍湯藥，可謂孝耶？嗚呼！潁川綿歷春夏，沉疴匪痊，粵以開成四年八月廿一日終於脩德里第，年五十四，命歟？以來年正月十九日嗣子宗峻等護靈輁合祔於先夫人之塋，遵周制也。宗峻等哀號靡節，仰訴蒼旻，殞淚陳詞，請予言誌。予知也，敢不敘其耿概爾，敬為銘曰：

嗚呼陳君！生逢聖代，沒及明時。妻終令範，子篤孝思。紹家有裕，繼德無疑。予所詳善，為君銘之。丹旐翻翻，春日光光。鵝轝引路，輀車載喪。邱封屼巊。松檟青蒼。魂兮寧斯，地永天長。嗚呼陳君，豈獨我傷。

原誌石刻三十行，行三十字，正書左行。

誌中"荏臻"之"荏"，當作"荐"；"殞淚"之"殞"，當作"隕"；"耿概"之"耿"，當作"梗"。（《關中金石文字存逸考》卷四。《古志石華續編》卷二。《陝西金石志》卷一八。《續修陝西通志稿》卷一五二。《咸寧、長安兩縣續志》卷一三。《北京圖書館藏中國歷代石刻拓本彙編》三一冊五三頁。《唐代墓誌彙編》二一九二頁。）

[匯考]：

[一]《關中金石文字存逸考》稱："全文見《古志石華》。……此志舊出長安，今未詳所在矣。《新唐書·兵志》'元和二年，省神武軍。明年，又廢左、右神威軍，合為一，曰天威軍。八年，廢天威軍，以其兵騎分隸左、右神策軍'，誌云'天威併於神策，以右廂隸屬西軍'，即其事也。《百官志》：武散階四十有五，從六品上曰振威校尉；東宮官，詹事府太子詹事一人，正三品；少詹事一人，正四品上。誌云'合祔遵周制也'，《禮記·檀弓篇》'季武子曰：周公蓋祔。謂合葬自周公以來始'，誌蓋本此。"

[二]《陝西石刻文獻目錄集存》稱："原葬於長安縣承平鄉大嚴村陳氏之先塋，出土後佚。"

校者按：陳揀與夫人斑氏所終之修德坊為朱雀街西第一街九坊之一，坊內原有韋庶人父元真廟，韋氏敗後廢毀。另有太宗為太穆皇后追福所立之弘福寺，後改名興福寺，可參考宋敏求《長安志》有關記述。另，撰文之斑潯當與誌主夫人為姻親，"斑"當作"班"。扶風班氏為漢晉名門，但自北朝以降，無多人物，誌稱其衣冠華貴，當就歷史而言，非謂當時也。

柳氏女

（會昌五年六月　見《存逸考》卷四"長安縣下"）

唐故柳氏長殤女墓誌銘
石蓋，三行，行三字，正書。極精整，似誠懸筆法。
兄中散大夫權知京兆尹上柱國賜紫金魚袋仲郢撰

嗚呼！天不與壽而生不能成其美者，我家之殤妹名曰老師是也。會昌五年五月二十一日，夭於昇平里第，享年一十有六。兄仲郢見任京兆尹，以為家有世祿，著於族係，官諱嚴重，不敢□書，蓋亦以彰幼而有知之體。粵以六月二十一日葬於杜城村，准經制也。兄仲郢揮涕執筆，誌其石云：

惟我幼妹，中和率性。粵在孩提，自知誠敬。名滿姻族，謂宜承慶。天何難達，福乃遄罄。人之有生，脩短前定。其所陰騭，豈不助正。今茲夭忽，綿歷疾病。徒言稟授，實惑余聽。城南別業，□城開逕。臨穴於此，保爾安靜。

原誌石刻十七行，行十七字，正書。（《關中金石文字存逸考》卷四。《古志石華續編》卷二。《唐文拾遺》卷二九。《八瓊室金石補正》卷七四。《匋齋藏石記》卷三二。《陝西金石志》卷一八。《續修陝西通志稿》卷一五二。《咸寧、長安兩縣續志》卷一三。《北京圖書館藏中國歷代石刻拓本彙編》三一冊一四二頁。《唐代墓誌彙編》二二四一頁。）

[匯考]：

[一]《八瓊室金石補正》稱："高一尺三分，廣九寸八分。十七行，行十七字，字徑四分許，正書。在長安。"

又稱："仲郢字諭蒙，其為京兆尹，傳不詳何年。傳稱'奏拜'，此稱'權知'，殆先權後拜也。"

[二]《關中金石文字存逸考》稱："全文見《古志石華續編》。……此誌本出長安，後歸岐山宋氏，今未詳所在矣。有重模本。"

[三]《匋齋藏石記》稱："石高一尺六分，廣一尺二分。十六行，行十七字，正書。"

又稱："按古有三殤女，年十六則為長殤，見《小戴禮·喪服傳》。仲郢，新、舊《唐書》俱有傳，附其父公綽後。仲郢署銜云'權知京兆尹'，《資治通鑑·唐武宗紀》'會昌五年，李德裕以柳仲郢為京兆尹'，女即殤於斯歲，仲郢甫為京兆，准以試守之例，故曰'權知京兆尹'也。文中'我家'及'世祿'上皆空三格，不知其故，度亦自尊其家之意。……宋敏求《長安志》：朱雀街東從北第七坊為昇平坊，有兵部尚書柳公綽宅。女夭於昇平里，益可證坊、里互稱，無有異同。……'杜城'即杜陵，在唐萬年縣東南，唐士大夫多營別業於此，所謂'城南韋、杜，去天五尺'者也。銘言'城南別業，開逕'云云，女當葬於別業之旁。惟'官諱嚴重'一語跳行別書，疑有所謂，尚俟續考。中散大夫為唐文散階之從五品上，《唐書·輿服志》'衣紫者，魚袋以金飾之'，唐制又有'賜紫'、'假紫'之分，仲郢以賜紫、佩金魚袋，京尹之重視檢校試判者有不侔矣。"

翟君夫人高氏

（大中四年十月　見《存逸考》卷二"西安府下"）

唐故朝請郎行太子舍人汝南郡翟府君故夫人（缺）

堂叔將仕郎試太常寺奉禮郎（缺）

　　夫人諱婉，字順美。我先祖渤海蓨人也。曾祖利慈[一]，皇太中大夫、太子僕、贈楊州大都督；祖昇，皇開府儀同三司、鳳翔隴右節度觀察處置使、鳳翔尹、兼御史大夫、上柱國、紀國公、集賢待制；父鐶，皇儒林郎、行鳳翔府參軍。夫人則紀公次子都官之第二女也。生稟敏慧，幼聞詩禮，齠年孝讓，爰睦弟兄。節冠柔規，言成婉則。居無越思，動必脩理。《曹氏誡》成習在心，《列女傳》未嘗廢手。故知懿范出於天性，淑質叶於坤儀。迫有行于翟氏，能輔佐以肥家。婦德備彰，內則之儀遵奉；禋祀豐潔，蘋藻之薦方脩。洎長慶元年秋九月十四日所天傾喪，未亡節苦，哀毀過制。晝哭帷堂，如賓之禮無虧，齊眉之歆罔闕。況以鞠育孤稚，勖其義方。蹈孟母之高蹤，子乃成器；慕敬姜之芳躅，婦道聿脩。嗚呼！仁而不福，是上帝不惠於我家也。久嬰心疾，有增無瘳，惜也。聰智屈於促齡，茂德歸於長夜，以大中三年十一月十一日歿於京兆府鄠縣宜善鄉龐保村莊舍，春秋五十有八。嗣子曰虔，次曰駢，謀及宅兆，龜筮叶從，以四年冬十月五日營窆於當鄉中龐村，祔於先舅、先姑塋之北阡，孝之終也。噫！虔、駢等咸以泣血茹毒，有繼子羔追遠慎終，克全哀敬。府君猶子仲莒等，哀號永慟，息咽而復蘇；攀慕[二]恩慈，號咷而悶絕。立人以痛割五情之際，虔孫號訴以敘陳，緬其令範外彰，何嬰內舉，遂抆涕抽毫而敘之。銘曰：

　　昭昭柔德，大道奚塞，冥不可測。（其一）寂寂幽錄，碎沉珠玉，瑩不可績。（其二）魄散旐歸，白楊風悲，淚零涕垂。（其三）日往月改，松茂栢大，芳徽永在。（其四）

　　原誌石刻二十四行，行二十四字，正書。

　　風枝案：夫人姓高氏（詳見《存逸考》），撰文者乃其堂叔，誌末"立人以痛割五情之際"云云，則"立人"二字，撰文人之名也。(《關中金石文字存逸考》卷二。《古志石華續編》卷二。《續語堂碑錄》丁。《八瓊室金石補正》卷七五。《匋齋藏石記》卷三三。《陝西金石志》卷一八。《續修陝西通志稿》卷一五二。《北京圖書館藏中國歷代石刻拓本彙編》三二冊四九頁。《唐代墓誌彙編》二二七八頁。)

[校記]：

[一] "慈"，《新編》所錄無此字，今據《唐代墓誌彙編》、北圖藏拓補。

[二] "慕"，《新編》作"摹"，其他各本作"慕"，今據改。

[匯考]：

[一]《八瓊室金石補正》稱："方一尺四寸。廿四行，行廿四字，正書。在陝西。"

又稱："右誌近始出土，前兩行下半殘泐，餘皆完好。撰文者，夫人之叔父，姓名已缺，不可得見。序內有'立人以痛割五情之際'語，是'立人'即其名也。《爾雅》'父之晜弟先生為世父，後生為叔父'，又云'父之從祖晜弟為族父'。《釋名》'父之兄曰世父'，又曰'伯父之弟曰仲父，仲父之弟曰叔父，叔父之弟曰季父'，此誌云'堂叔'者，蓋父之從祖晜弟也，知流俗之稱，由來久矣。……'瑩不可繢'，'繢'疑'續'之譌，與祿、玉為韻。翟府君名不可考，夫人之姓及其先世官爵，考之不得。嗣讀《李晟傳》云'鳳翔節度使高昇召署別將'，竊意碑所述'祖昇'者，即高昇，夫人姓高也，云'渤海蓚人'，云'鳳翔節度'，無不合。惟昇之歷官始末，及其父其子之名位，未得其詳，存俟再考。"

[二]《關中金石文字存逸考》稱："全文見《古志石華續編》。……此石今藏渭南趙乾生詹事元中家。誌中夫人姓缺，郡望則為'渤海蓚人'。案'渤海蓚縣'本為高氏郡望，而夫人之祖'昇'曾'官鳳翔節度'，又有'集賢待制'之銜。考《通鑑》，唐代宗廣德元年

'十月吐蕃陷長安，郭子儀收兵，行至藍田，遇鳳翔節度使高昇'，又'永泰元年三月，命文、武臣十三人於集賢殿待制'，注中有'檢校刑部尚書高昇'，此誌云夫人之祖名昇，官鳳翔節度使，又為'集賢殿待制'，與《通鑒》所書高昇官銜適相符合，故定為高氏云。《鄠縣新志》'東鄉有龐村南、北二堡'，疑即此誌中之'龐村'也。《方輿紀要》云：'今直隸景州治所本漢信都國所屬之脩縣，師古曰：脩，音條。文帝時周亞夫封條侯，即此也。後漢改屬渤海郡，晉及後魏因之，隋開皇五年改曰蓚縣，屬冀州。唐屬德州，永泰二年改屬冀州。'案改'脩'為'蓚'，見《隋書·地理志》。今以史冊及石刻考之，隋以前'脩'縣之'脩'，不盡作'脩'也。《北魏書·高聰傳》作'渤海蓨人'，《高肇傳》作'渤海蓚人'。見於石刻者，北魏神龜三年《高植墓誌》作'渤海蓨人'，東魏元象二年《高湛墓誌》作'渤海滌人'，惟正光二年《高貞碑》作'渤海脩人'，而魏收《地形志》渤海屬縣則仍作'脩'，蓋北魏以後，別體字愈多，一地名而書寫各異，亦足見分疆割界不能混一同文也。至隋而蕩平南北，文軌大同，於是改'脩'為'蓚'，而一縣之名始有定字矣。《新唐書·百官志》：東宮官屬，右春坊太子舍人四人，正六品上；僕寺僕一人，從四品上；大都督府都督一人，從二品；鳳翔府尹一人，從三品。文散階正九品上曰儒林郎。唐時京兆為西都，洛陽為東都，太原為北都，謂之三都；鳳翔、成都、河中、江陵、興元、興德謂之六府。所屬有參軍事六人，正八品下。惟六府則自錄事參軍以下皆減一人。"

[三]《匋齋藏石記》稱："石高一尺四寸七分，廣一尺四寸五分微弱。二十四行，行二十四字，正書。"

又稱："右誌石缺處失去姓氏，惟考'渤海蓚縣'為高氏郡望，此其高氏也。檢新、舊《唐書》列傳，若'昇'、若'鐶'，皆無其名，而昇之官閥已尊，例得有傳。按《唐書·百官志》'觀察處置使掌察所部善惡，開元二年曰十道按察採訪處置使，二十年曰採訪處置使，乾元元年改曰觀察處置使'，是昇之官應在乾元之後。《百官志》言'西都、東都、北都、鳳翔、成都、河中、江陵、興元、興德府尹各一人'，又云'至德後諸道使府參佐皆以御史為之，或兼或攝'。《通鑒·唐肅宗紀》'北海太守賀蘭進明詣行在，上命琯以為南海太守兼御史大夫、充嶺南節度使，琯以為攝御史大夫。進明入謝，上怪之，進明因言與琯有隙'，據此知唐制'兼'與'攝'有輕重之分，胡注'是時兵興，方鎮重任必兼臺省長官，其帶臺銜自監察御史至御史大夫為憲銜'，昇官'鳳翔隴右觀察處置使、鳳翔尹、兼御史大夫'，其位甚崇，考之《通鑒・唐代宗紀》'廣德元年吐蕃盡取河西、隴右之地'，乾元至廣德凡七、八年，而《方鎮表》不箸此官，《通鑒》亦無其人，不免有名氏繄如之歎。'集賢待制'，'制'上空一格，亦諸石所僅見。宋敏求《長安志》鄠縣下云'唐二十四鄉，漢有長水鄉，餘不傳'，又云'宜善鄉，連縣郭管、陳平里'，此誌有'宜善鄉'，則鄉乃唐之舊名，足以取證。若'當鄉'及'龐保村'、'中龐村'，《長安志》俱不箸，今特舉其可考者表而出之，其餘官職，並見《唐志》。又按此誌銘詞，每句用韻，三句為節，仿《秦始皇紀》刻石文，亦遠有所承。'瑩不可繢'，'繢'字應作'續'，此乃書者之誤，非撰文者不審也。"

[四]《陝西金石志》稱："按此石於光緒二十八年歸於匋齋。"

校者按：《陝西石刻文獻目錄集存》稱此誌"光緒間出土，歸於匋齋，後又存渭南趙乾坤生家"，於此石流傳經歷未免顛倒。據毛氏《存逸考》，誌當時藏渭南趙氏家，《陝西金石志》引毛氏《存逸考》之說，後按稱"此石於光緒二十八年歸於匋齋"，則石先藏趙氏，後歸匋齋明矣。

李從証

（大中五年正月　見《存逸考》卷五"咸寧縣"）

唐故宣義郎行內侍省內僕局丞員外置同正員上柱國李府君墓誌銘并序

鄉貢進士尹震鐸撰

海波動搖，珠璣先沉；飆風暴起，茂葉前落。秀木先折，甘井先竭，將徵其物，以類於人，不幸短命，少年身歿者，痛乎！府君姓李，名從証，漢將李廣之苗裔，歷魏、晉、宋、齊、梁、陳、隋、唐，於今一千年餘，名氏傳於後，移族開內高陵縣。曾祖諱溫，傲時不仕，東皋自閑，名利去懷，平揖卿士；祖諱進超，興元監軍、賜緋魚袋；烈考諱行邕，磔立偉材，英賢間出，器冠成宇，名揚者德。有命子三人，長曰忠義，故汴州監軍、賜紫金魚袋；次曰從誡，階朝散大夫、行內侍省掖庭局宮教博士、上柱國。公即第三子也。公多藝不群，聰明夭折，博讀經書，偏精《左氏春秋傳》，學晉右將軍書，墨妙筆功，時稱能者。通老氏六博，周人十二棊中得其一，可以對人而閱視。所重者重於道，所耽者耽於琴，德輶如毛，藝成羽翼。獲右神策軍護軍中尉劉公慕而取之，置之於肘腋，知賢眷注，薦用親於閣門。公跂足拳揮，管灑刀翰，立書奏牓，點畫無缺。未逾數歲，出入殿庭，善好和光，明時濟會。厥初入仕，事武宗皇帝，授宣義郎、行內侍省內僕局丞員外置同正員、上柱國，身衣綠綬，面對天聽。復遇方今聖皇帝，受命銜恩，為主心腹，直道事君，結誠許國。是知善人脩短，聰明夭折，身染於疾，漸寢於榻，虛徵百藥，蟾月三缺，心神不惑，知時而終。以大中四年十一月十六日終於廣化里私第。昔禮婚王氏，比有所娶，今無其家，年少失倚，以哭為業。有命子一人，曰敬融，託長富門，未任時務。以喪事辦於仲伯從誡、堂兄敬實，偕曰："蓍筮龜卜而不吉，日吉月兆而不利。"遂不入於大塋，以大中五年正月廿三日葬於先塋碑堂之東地，即京兆府萬年縣滻川鄉上傳村置其墳焉。公仲兄從誡會震鐸於闕下，情深於與遊，請非薄之詞，遂握管搜思。銘曰：

　　瑞雲瞥見，散而成空。念人在世，與此略同。水有迴波，命無重生。名姓榮貴，如風響聲。當官成客，入土是家。冤不長壽，少年可嗟。影滅魂消，藝隨身去。深壙塼床，永為歸處。

試左金吾衛長史林言書

滎陽毛文廣篆額

原誌石刻二十七行，行二十七字，正書。(《補寰宇訪碑錄》失編。《關中金石文字存逸考》卷五。《古志石華續編》卷二。《唐文拾遺》卷三一。《陝西金石志》卷一八。《續修陝西通志稿》卷一五二。《咸寧、長安兩縣續志》卷一二。《北京圖書館藏中國歷代石刻拓本彙編》三二冊五九頁。《唐代墓誌彙編》二二八八頁。)

[匯考]：

[一]《關中金石文字存逸考》稱："全文見《古志石華續編》。……此石本出咸寧，今未詳所在矣。"

校者按：誌主李從証博學多能，經學之外，琴、棊、書俱有造詣。書學王右軍，後以此為右神策軍護軍中尉劉公者所薦，得任內侍省內僕局，由誌文"跂足拳揮，管灑刀翰，立書奏牓，點畫無缺"諸語觀之，當以書寫奏牓為務。又，誌主卒於"廣化里"，即"廣化坊"，為皇城東第一街十五坊之一，坊內有左衛上將軍內侍監致仕仇士良宅，可參考宋敏求《長安志》相關記載。

李郴夫人宇文氏

(咸通八年丁亥八月　見《存逸考》卷二"西安府下")

唐秘書省秘書郎李君夫人宇文氏墓誌銘并序

朝議郎秘書省秘書郎柱國李郴撰

夫人姓宇文氏，初代武川人。太和中遷居洛陽，遂為河南人也。其先因瑞命氏，周紀備詳，至於尊爵顯名，勳烈赫赫者，則史不絕書矣。高祖遠感，皇任梁王掾；曾祖成器，皇任絳州翼城縣丞、贈禮部員外郎；祖邈，皇任御史中丞、左遷灃州刺史、贈太尉；父瓚，見任右散騎常侍。常侍公娶故太子司議郎博陵崔檟女。夫人年始十餘歲，而崔夫人亡，喪禮成人，識者異之。而又生稟直氣，幼知禮法，言必聳尊卑之聽，動不假保傅之訓，雍睦兄弟，令族罕儔。組繡奇工之暇，獨掩身研書，偷翫經籍，潛學密識，人不能探。工五言、七言詩，詞皆雅正。常侍公每賢之，為人曰：「是女當宜配科名人。」咸通甲申歲，因丞相今宛陵楊公媒，適隴西李郴，任以內事。夫人姓鄙華飭而安儉薄，時郴官守京兆府參軍也。明年，郴改長安尉。其夏，轉監察御史裏行，充湖南都團練判官。又明年，敕拜秘書郎。其赴職也，攜手同去；其拜官也，偕行而來。又明年春，夫人得疾長安宣平里，九十日啟手足而化。是歲丁亥夏四月辛卯，享年叁拾有壹。常侍公哀慟致疾，其於追傷痛惜，如掌失明珠耳。由三族六姻，無不泣涕如雨。以其年八月壬申歸葬長安縣承平鄉龍首原南劉村，祔先塋，禮也。有子四人，女二人。長曰召，前婺州義烏縣尉；次曰吉，前宣州溧水縣尉；次曰占，授滁州永陽縣主簿，以[一]親喪不之任；幼曰同，前明經。郴執筆追悼，因誌於石。銘曰：

夫人為女兮既孝且明，夫人為婦兮既順而貞。何善則周兮其福不并，何松之茂兮而柳之榮。無所詰問兮地幽天冥，親者泣血兮疏者涕零。謹其終始兮而刻斯銘，悲哉夫人兮永閟泉扃。

楚封書。

原誌石刻二十五行，行二十七字，正書。

誌中「為人曰之」，當作「謂」。（《補寰宇訪碑錄》卷三。

《香南精舍金石契》。《宜祿堂金石記》卷六。《懷岷精舍金石跋尾》。《關中金石文字存逸考》卷二。《古志石華續編》卷二。《唐文拾遺》卷三二。《八瓊室金石補正》卷七六。《匋齋藏石記》卷三四。《陝西金石志》卷一九。《續修陝西通志稿》卷一五三。《咸寧、長安兩縣續志》卷一三。《唐代墓誌彙編》二四二六頁。)

[校記]：
[一]"以"，《新編》所錄無此字，今據其他各本補。

[匯考]：
[一]《懷岷精舍金石跋尾》稱："按《唐書·世系表》：延子離惑，惑下缺二代名，曾孫庭立，並襲介公。庭立子邈，御史中丞；邈子鼎，字周重；瓚，字禮用。據誌，惟邈為御史中丞與誌合。柳宗元《先君石表陰先友記》'宇文邈，河南人，有文，謹愨人也。為御史中丞，齗齗自守，以直免官，復為刺史卒'，原注'大曆二年進士'，與誌合。抑邈先為美原尉，見《文苑英華》李翰《河中□□樓集序》。遠惑、成器，《表》皆不著，《表》云庭立以上並襲介公，離惑下缺二代名，以誌考之，是《表》之成器絕非庭立，而邈亦非庭立之子也。蓋庭立乃離惑之子，《表》缺二代，誤以為曾孫。誌之遠惑，為離惑兄弟，成器為庭立兄弟。邈為成器子，而《表》誤以為行立子，及考《元和姓纂》，延生離惑，惑生庭立，則果不誤，皆足以訂其偽。瓚之名不見於《表》，尤足補其缺。"

[二]《宜祿堂金石記》稱："士端按：碑係新出土，李梆撰。文稱長安尉轉監察御史裏行，考貞觀初馬周以布衣進用，太宗令於監察御史裏行，自此因置裏行之名。唐《楚州石柱》韋中立自京兆府藍田縣尉奏授監察御史裏行，正同此例。銘辭以'明'、'貞'、'並'、'榮'、'冥'、'零'、'銘'、'扃'通為韻，古音同列'耕都'。銘辭內'榮'字本在十二庚，顧氏《古音表》分十二庚之半，凡從'榮'之字列耕部，知唐人古音部分尚不誤。"

[三]《八瓊室金石補正》稱："方一尺四寸。廿四行，行廿七字，

字徑四分。書人名一行三字略大，正書。在長安。"

又稱："右《李梆妻宇文氏誌》，在長安。考《新唐書·宰相世系表》'宇文氏出自匈奴南單于之裔，有葛烏菟為鮮卑君長，世襲大人，至普回因獵得玉璽，自以為天授也。俗謂天子為宇文，因號宇文氏'，誌所謂'其先因瑞命氏'者，此也。……誌敘夫人先世云'高祖遠惑，曾祖成器，祖邈，父瓚'，《表》於洛之後載有'邈，御史中丞。邈之子鼎，字周重；瓚，字禮用'，是則夫人之祖若父也。邈之祖父，《表》所未載，邈不言'澧州刺史'，瓚不言'右散騎常侍'，皆《表》之闕漏。再《表》有'離惑'，係邈之高祖行，此誌所列'遠惑'當是'離惑'之昆季，為邈之曾祖，是《表》又差一世矣，皆可據誌補正之。遠惑為梁王掾，梁王者，高祖之弟澄所封也，誌有云'丞相宛陵楊公'者，當是收也。李梆父、子名，皆不見於史。……夫人以八月壬申歸葬，是年八月丁卯朔，壬申為六日。誌稱夫人有子四人，女二人，據序言，夫人於咸通甲申適李梆，丁亥卒，是夫人於歸後僅歷四載，安得有四子，俱任尉、簿，舉明經者，殆李梆之繼娶也。……宇文邈為'澧州刺史'，李梆為'湖南都團練判官'，《湖南通志》官表所未及，今方續輯志乘，識之以備採訪。"

［四］《關中金石文字存逸考》稱："全文見《古志石華續編》。……此石今在西安府學碑林。宇文邈、宇文瓚，均見《新唐書·宰相世系表》，'遠惑'及'成器'之名未載。……'丞相宛陵楊公'，乃楊收也。《新唐書·宰相表》'咸通四年五月己巳，翰林學士、承旨兵部侍郎楊收守本官，同中書門下平章事。七年十月壬申，收檢校工部尚書、宣歙池觀察使'，收，字藏之，新、舊《唐書》皆有傳。……《新唐書·百官志》：禮部四司員外郎各一人，從六品上；京兆府參軍事六人，正八品下；監察御史，正八品下。龍朔元年，置監察御史裏行，後亦專以裏行名官。至德後，諸道使府參佐皆以御史為之，謂之外臺。後有檢校、裏行、內供奉，或兼或攝，諸使下官亦如之。又，節度使所屬團練使有判官一人。梁王名忠，高宗子，始王陳，後立為皇太子，顯慶元年廢為梁王，見《新唐書·三宗諸子傳》中。"

［五］《匋齋藏石記》稱："石高、廣均一尺四寸四分。二十五行，

535

行二十七字，無界格，正書。"

又稱："宋敏求《長安志》'漢長安城十二城門，東出北頭三門，第一門曰宣平門'，庾信《哀江南賦》'望宣平之貴里'，此長安'宣平里'之證。誌又言'歸葬長安承平鄉龍首原'，《長安志》長安縣下自注云'唐五十九鄉，有渭陰鄉，餘不傳'，畢氏《新校正》據安附國、茹義忠二碑補入'孝悌'、'永平'兩鄉，今此'承平鄉'可補畢氏所未及。龍首山在唐長安縣北十里，《長安志》'龍首鄉在萬年縣東一十五里'，又龍首渠在長安縣東北五里，俱以龍首山得名。"

［六］《陝西金石志》稱："按此石原在碑林，光緒二十八年亦為匋齋攜去。"

［七］《陝西石刻文獻目錄集存》稱："原在長安縣，後遷入西安府學碑林，現存西安碑林。"

楊發女子書

（乾符五年十月　見《存逸考》卷二"西安府下"）

唐故嶺南節度使右常侍楊公女子書墓誌
兄文林郎前京兆府兵曹參軍檢撰并書

　　□□諱芸，字子書，隋越國公素之裔。顯考公常侍府君諱發第七女。曾祖公諱藏器，邠州三水丞；顯[一]祖公諱遺直，贈右僕射。府君名重於時，德□於世。子書之諸姊皆託華胄，如戶部侍郎[二]、翰林學士劉公承雍五朝達，皆子書之姊婿。子書自童年，則不隨稚輩戲遊，端默靜慮，有成人量，不甚賞絲竹，寡翫好。諸兄所習史氏經籍子集文選，必從授之[三]，覽不再繹，盡得理義。勤於隸學，巧於女功，喜不形色，慍不見容，內外推敬，稱非凡女。會乾符五歲夏京師癘疫，子書之兄姊姪妹，危疹者相次。子書省視力[四]悴，憂勞內侵，疾不涉旬，竟厄夭壽。以六月七日終於延福里第，春秋卅。十月廿八日，葬於長安縣南原姜允村。嗚呼！天與其淑，而不與其壽，夭之[五]灼灼，忍落疾風，四氣輪謝，時可訴[六]乎？於是其兄慟血而銘曰：

華[七]吾族兮，成吾之妹，悴吾門兮，德亦其除。于嗟天兮，付不俱□[八]，生有恨兮，泣血漣如。

原志石刻十九行，行十九字，正書。(《關中金石文字存逸考》卷二。《古志石華續編》卷二。《唐文拾遺》卷三二。《八瓊室金石補正》卷七七。《匋齋藏石記》卷三五。《陝西金石志》卷一九。《唐代墓誌彙編》二四九〇頁。)

[校記]：

[一]"丞；顯"，《新編》未錄作"□"，今據其他各本補。

[二]"侍郎"，《新編》所錄無，今據其他各本補。

[三]"之"，《新編》未錄作"□"，今據其他各本補。

[四]"力"，《新編》未錄作"□"，今據其他各本補。

[五]"之"，《新編》未錄作"□"，今據其他各本補。

[六]"訴"，《新編》未錄作"□"，今據其他各本補。

[七]"華"，《新編》未錄作"□"，今據其他各本補。

[八]"□"，《新編》所錄以"俱"直接"生"，今據《唐文拾遺》補。

[匯考]：

[一]《八瓊室金石補正》稱："高一尺一寸三分，廣一尺一寸七分。十九行，行十九字，字徑五分，正書。"

又稱："右《楊公女子書墓誌》，在長安出土。按女父楊發，史有傳，字至之，官至嶺南節度使。此誌標題稱'右常侍'，傳所不載。曾祖、祖名，見《宰相世系表》。《表》稱'遺直，濠州錄事參軍'，誌稱'贈右僕射'，一書任職，一書贈官也。《表》不載'發'官，可據傳與誌補之。《表》不載'檢'名,可據誌補之。"

[二]《關中金石文字存逸考》稱:"全文見《古志石華續編》。……此石今藏渭南趙乾生詹事元中家。楊發,字至之,為楊收之兄,附見收傳。《新唐書·宰相世系表》亦載'藏器'等名,《表》云'藏器'為'三水縣丞',則誌中'三水'二字下所缺者,當係'縣丞'二字矣。又《表》云'遺直'為'濠州錄事參軍',其'贈右僕射',《表》中未載。'發'之官爵,《表》中亦未書。'發'之子有名'檖,字文逸'者,而未載楊檢之名,得此均可補其闕焉。"

[三]《匋齋藏石記》稱:"石高、寬各一尺二寸一分。十九行,行十九字,字徑四分彊,正書。"

又稱:"按女子芸之曾祖藏器、祖遺直、父發,新、舊《唐書》並附《楊收傳》。收,發之弟也。……遺直位終'濠州錄事參軍',誌但書其贈官,而傳無之。發官'嶺南節度使',誌與傳合。唯'右常侍',則傳亦無之。《新書·宰相世系表》:'藏器,越公五世孫。'傳有'發'之子'乘','登進士第,歷顯職'。《表》有發之子檖,字文逸,而撰誌并書之'檢'失載,誌可補史之闕。誌云'終於延福里第,葬於長安縣南原姜允村',《長安志》:延福坊在朱雀街之第三街街西迤南崇賢坊之次,即延福里,'坊'、'里'可通稱也。'姜允村',《長安志》失載。"

[四]《陝西金石志》稱:"按此石'三水'下本缺一字,當係'丞'字。其一乃顯祖抬頭空格,毛氏謂缺二字,未詳。此石光緒二十八年歸於匋齋。"

張師儒

(廣明元年十月　見《存逸考》卷二"西安府下")

大唐故張府君墓誌銘[一]
唐故朝議郎前行宣州南陵縣尉柱國張府君墓誌銘并序

朝議郎前使持節藤州諸軍事前守藤州刺史上柱國賜緋魚袋蔡德章撰

　　夫銘者，稱其美也，記歷年代，載標行德，因夫子識秦始皇後必開發吾墓，顏回已下乃誌識詞於墓內，使始皇見之，知我先師聖焉。又至後漢，滕公夏侯嬰將葬佳城，駟馬不進而鳴，乃掘其下，遇有穴室，中得石記，亦有識文。是以先王製禮，勒石於泉，慮陵谷有遷，以明柩之德位也。

　　公名師儒，其先清河人也。曾祖景仁，祖昊，父南素，並不仕。公即家任之子也。器宇凝正，容範端華，檢性依方，飾躬由禮。退[二]身而先物，約已而厚人，言合詩書，動遵法式，自少小以勤學苦節而立其身。始自豸府從職，能以幹敏奉公，前後憲長，無不委用。或以糾繩之政而[三]立紀綱，或竭節推刑為霜臺之領袖。優滿，授坊州昇平縣主簿。秩滿，授宣州南陵縣尉。兩任之政，恪著公勤，太守常以重難而委寄也。邑人遵憬，惕懼於製錦之威；賦稅及期，一境無逋懸之簿。既之罷任，方欲歸輦，荏苒未進，適值浙江、淮海等道而多寇逆，所在徵兵，憂以路虞不通，且駐宣城之側。以乾符五年七月初遘疾，至其年八月一日終於宣州權居之所，享年七十有二。時第三男溥，自京侍從至南陵，數載不曾暫闕晨昏，侍疾求醫而忘寢食。公歿之後，護喪歸京，涉歷山河，皆是[四]途步，周迴委曲，三千餘里，二百餘晨，方達家邑。孝道之志，此男偏臻，曾參之儀，祇之此也。公之[五]先域在於馮翊，近載緣諸子從職，多在諸方，南北驅馳，離鄉日久，遂逐便移家於上都崇仁之里，靈筵之禮，備之於堂。以廣明元年十月五日乙酉吉辰，歸葬於萬年縣寧安鄉新塋之禮也。夫人王氏，以其糟糠之情，饗祭從便，阻以地遠，恐後違時，不赴馮翊舊鄉，慮其子孫闕春秋之祀而從近焉，乃卜新阡在鳳棲原也。防其異日無虧灑掃之儀，子孫團圓，不墜松楸之主。伏以賢夫人太原大族之家，引駕王公魯之女也。懷敬姜之志，襲梁鴻之風，嘗以內循機帛之勤，外[六]豐賓客之膳，親族仰重，四德不虧。有男四人：長曰洙，見義武軍節度都押衙、銀青光祿大夫、檢校國子祭酒、前隴州長史、兼御史中丞。屬以時當沙陀悖亂，逆臣李國昌侵逼[七]邊陲，節度使王公知洙有韜略之機，籌算之握，委領兵士，剪伐羌戎，果獲收復鎮城，招攜戶口。上聞帝闕，表以殊功，即領郡符，必酬前効。不久之際，新命當臨，公之此子，光前絕後，迺是德章外甥女婿，備孰德行，請以為誌。次子曰汾，見豸府從宦，而有出群之藝，主執奏章，頗立勤效，即有榮遷。次曰溥，乃是侍從南陵，無虧晨省，護喪歸邑，不憚苦辛，亦非久必榮家族也。次曰湜，與義武軍[八]節度王公弟左神策軍糧料使弘紹同勾當供軍之務。並各負淩雲之氣，皆懷孝道之心，盛德出於眾人，光顯彰於前代。有女一人，聘同州押衙王袞，尋終遐壽，袞及女孫悉在。兒孫二人：長名難胡，即長男洙之子也。年未弱冠，亦是成器之寶，豹澤貴顯之材；次曰周兒，乃是溥之子也，見在繈褓。孫女二人：長適高翊，守職鸞臺之內，官授中郎之榮；次女阿宜，歲[九]未[十]及笄。公時當盛族，年至從心，雖歿殊鄉，得歸帝里。四男泣血，一婦摧傷。備舉哀歌，靈儀崇列。丹旐攸攸，送歸新闕。嗚呼！水無返注，日不東迴，泉門既掩，永而不開，刻石為銘，乃為頌曰：

溫溫府君，令德出群。其聰莫比，其孝有聞。沖和茂著，節操松筠。兩佐名縣，頗立殊勳。方欲竭效，遽有替人。罷秩之後，偶染疾身。豈期倏忽，異鄉[十一]之魂。哀哉上蒼，何至於忙[十二]。行善云吉，豈降其殃。離京之日，骨肉斷腸。不料永隔，生死分張。號天無[十三]及，叫地空傷。卜其宅兆，遷赴玄堂。蕭蕭松柏，杳杳白楊。泉臺將掩，隴樹無光。葬於新闕，永鎮龍崗。

廣明元年歲次庚子十月辛巳朔二日壬午男溥書。

原誌石刻三十七行，行三十八字，正書。(《關中金石文字存逸考》卷二。《古志石華續編》卷二。《唐文拾遺》卷三三。《八瓊室金石補正》卷七七。《匋齋藏石記》卷三五。《陝西金石志》卷一九。《續修陝西通志稿》卷一五三。《咸寧、長安兩縣續志》卷一二。《唐代墓誌彙編》二五〇二頁。)

[校記]：

[一] "大唐故張府君墓誌銘"九字係誌蓋刻文，今據《八瓊室金石補正》《唐代墓誌彙編》補。

[二] "退"，《新編》未錄作"□"，今據其他各本補。

[三] "而"，《新編》所錄無此字，今據其他各本補。

[四] "是"，《新編》所錄無此字，今據其他各本補。

[五] 《新編》所錄"之"後尚有"祇"字，其他各本無，當是衍字，今據刪。

[六] "外"，《新編》所錄無此字，今據其他各本補。

[七] "逼"，《新編》所錄無此字，今據其他各本補。

[八] 《新編》所錄以"護喪"逕接"節度王公"句，中間"歸邑，不憚苦辛，亦非久必榮家族也。次曰浞，與義武軍"二十一字缺，今據其他各本補。

[九] "歲"，《八瓊室金石補正》《唐文拾遺》作"齒"。

[十] "未"，《新編》未錄作"□"，今據其他各本補。

[十一] "鄉"，《新編》未錄作"□"，今據其他各本補。

[十二] "忙"，《新編》未錄作"□"，今據其他各本補。

[十三] "無"，《新編》未錄作"□"，今據其他各本補。

[匯考]：

[一] 《八瓊室金石補正》稱："方一尺九寸。三十七行，行三十

541

八字，字徑四分，正書。蓋題'大唐故張府君墓誌銘'九字篆書。在長安。"

又稱："右《南陵尉張師儒墓誌》，蔡德章撰，其子張溥書，在咸寧出土。師儒及其先代、後嗣，名俱無考。文有'方欲歸輂，荏苒未進，適值浙江、淮海等道而多寇逆'云云，按《唐書·帝紀》'乾符二年，浙西王郢反。又濮州賊王仙芝、尚君長等迭陷諸州，江西賊徐唐莒陷洪州'，誌所稱者，當即爾時之事。《宰相世系表》：太原王衡之子名魯，不言官階，或即夫人之父。誌稱'引駕'其職，極卑也。義武軍在定州，沙陀寇雲朔，李國昌陷岢嵐事，在乾符四、五年，'節度王公'者，當是景崇也。"

[二]《關中金石文字存逸考》稱："全文見《古志石華續編》。……此石今藏渭南趙乾生詹事元中家。誌中所云'義武軍節度'，乃王處存也，與李克用同平黃巢有功，事見《新唐書》本傳。《方輿紀要》云：'唐義武節度治定州，乾符六年王處存有其地。'《新唐書·百官志》云：'十六衛左右金吾衛將軍所屬有引駕仗三衛六十人，引駕欽飛六十六人。'誌云張君夫人之父王公魯曾為'引駕'，當即此官焉。"

[三]《匋齋藏石記》稱："石高一尺九寸六分，廣二尺。並前後標題、年月共三十七行，每行三十八字，正書。"

又稱："誌稱師儒罷職欲歸，適值浙江、淮海等道而多寇，所在徵兵，考是時王郢擾亂浙江，至乾符四年始為劉巨容射殺，平其餘黨。而王仙芝、黃巢稔亂已久，河南、淮南及蘄、黃、郢、鄂等州所在陷沒，當時方鎮如淮南忠武、宣武、義成、天平、平盧、昭義各節度使皆奉詔討賊，又詔山南東道節度使李福選步騎二千守汝鄧，邠寧節度使李侃、鳳翔節度使令狐絢選步兵一千，騎兵五百，守陝州潼關，皆誌所謂'所在徵兵，路虞不通'者也。至誌所稱'義武軍節度使王公'，案當是王處存。據《通鑒》及《舊書·僖宗紀》，處存為義武軍節度使在乾符六年十一月（《舊書》本傳作'十月'），是時師儒歿已經年，尚未歸葬，而洙與湜居官如故，方謀營幹，蓋時在軍中，可援金革勿避之義耳。誌云'時當沙陀悖亂，逆臣李國昌侵逼邊陲'云云，考處存赴鎮後次年春（即廣明元年），沙陀嘗寇忻、代，逼晉陽，陷太谷。六月克用自將拒李可舉，其大將高文集以朔州降，七月克用還討文集，可舉邀擊，大破之。國昌亦戰敗蔚州，父子遂北走韃靼，誌中所稱正指此事。惟處存曾遣將破敵，收復城鎮，史皆不載。且新、舊兩傳及《通鑑》皆稱其與克用世為婚姻，深相締結，不應有鋒刃相向之事，或當時以附近藩鎮迫於朝命，當以兵相從，及既克捷，乃因以為功，志主誇張，遂獨屬之洙耳。兩傳皆稱處存世隸神策軍，故其弟復為‘神策軍糧料使’。據傳，則處存有弟‘處直’，無‘弘紹’名。是時軍中有‘糧料使’，並有‘供軍使’，俱見《僖宗舊紀》。正六品上曰朝議郎，十有一轉為柱國，視從二品；十二轉為上柱國，視正二品。宣州治宣城，屬江南西道。南陵縣，梁置，唐移置青陽城。藤州隋永平郡，武德四年置屬嶺南道，乃下州也。《百官志》：下州刺史，正四品下。《舊書·職官志》‘漢刺史臨部，皆持節。至魏晉，刺史任重者為使持節都督，輕者為持節。後魏、北齊總管刺史則又加使持節諸軍事，以此為常。隋刺史名存實廢，而不落持節之名，至今不改’，《通典》所載略同，惟以刺史加使持節諸軍事屬之後周，與此小異，實則後魏時已有之矣。‘滕公佳城’事見《博物志》及《史記·索引》。《太平寰宇記》《長安志》等書，‘豸府’、‘霜臺’皆謂御史臺，‘憲長’則御史中丞也。《通典》‘御史所居之署，漢亦謂之憲臺。龍朔二年，改御史臺為憲臺，咸亨元年復舊。門北闢主陰殺也，故御史為風霜之任’，唐《百官志》‘殿中侍御史戴黑豸’，蓋取‘獬豸觸邪’之義，猶漢制也。坊州屬關內道，武德二年析鄜州置。昇平，上縣，天寶十二載析宜君置。上縣主簿，正九品下，太守即坊州刺史，蓋唐時州、郡迭易，刺史、太守可互稱矣。誌云‘先域在馮翊’，且云‘阻以地遠’，似即指唐之馮翊，唐馮翊縣即今同州府治也。‘上都’即京城，肅宗元年改曰上都。義武軍治定州，管易、祁二州，《通鑑·玄宗紀》注：‘押衙者，儘管節度使衙內之事。’銀青光祿大夫、國子祭酒，皆從三品。隴州上州，上州長史從五品上。御史中丞，正四品下。‘鸞臺’即門下省，垂拱元年嘗改為鸞臺。中郎，則《通典》載‘漢中郎將，分掌三署。郎有議郎、中郎、侍郎、郎中，凡四等。魏晉後無三署郎，猶置左、右中郎將，大唐亦置諸衛中郎將’，《舊書·職官志》載‘親勳翊五府每府中郎一人，中郎將一人’，《新志》則祇有中郎將而無中郎，以《通典》考之，當以《新志》為是。此誌稱'中郎'者，蓋即中郎將，如蔡邕為左中郎將而後人稱中郎是也。誌文鄙俚，且多別字，不足深辨。"

〔四〕《陝西金石志》稱："按此石光緒二十八年歸於匋齋。"

跋

　　右《關中石刻文字新編》四卷，甘泉毛子林大夫子所輯也。毛公於清咸同間宦游秦中，碩學潛德，名動關輔。詞章、考據外，尤專心於金石之學，所著《關中金石文字存逸考》十二卷，光緒末葉燮光奉先君子命監刊於長沙，其書為考秦中金石必備之書。惜於同治、光緒間關中所出石刻節錄大旨（僅於每條下注：全文見《金石粹編補遺》及《古志石華補遺》），未為全豹耳。武昌柯遜庵中丞昔年視學關輔，與毛公有文字之雅，曾繕錄其金石全稿，未付梓也。嗣中丞開府江西，諗知《存逸考》業已印行，乃舉繕稿以授先君，而《金石萃編》《古志石華》兩補遺各二卷在焉。庋諸行篋有年，甲戌以還，燮光棲遲湖上，得暇讀書，爰取整理，釐為四卷，得文百六十四篇，更名為《關中石刻文字新編》。並將《存逸考》著錄未載全文者注明卷數、縣名，以便參考，俾與前刻《存逸考》相輔以行，俾成完書焉。尚有《關中金石文字古佚考》二卷，業已散佚，胥可恫矣。校印既成，爰識於後。繕稿者兒子培憙，合併志之，時乙亥正月會稽顧燮光跋於西湖金佳好樓。

參考文獻

一 基本文獻、研究著作

《史記》，司馬遷，中華書局1959年版。
《後漢書》，范曄，中華書局1965年版。
《魏書》，魏收，中華書局1974年版。
《文選》，蕭統編，上海古籍出版社1986年版。
《北齊書》，李百藥，中華書局1972年版。
《周書》，令狐德棻，中華書局1971年版。
《晉書》，房玄齡等，中華書局1974年版。
《隋書》，魏徵等，中華書局1973年版。
《北史》，李延壽，中華書局1974年版。
《藝文類聚》，歐陽詢，上海古籍出版社1965年版。
《初學記》，徐堅，中華書局1962年版。
《游仙窟》，張文成，中國古典文學出版社1955年版。
《通典》，杜佑，中華書局1982年版。
《〈元和姓纂〉四校記》，林寶，中華書局1994年版。
《元和郡縣圖誌》，李吉甫，中華書局1983年版。
《兩京新記》，韋述，中華書局1985年版。
《續高僧傳》，釋道宣，中華書局2014年版。
《劉禹錫集》，上海人民出版社1975年版。
《白居易集箋校》，朱金城箋校，上海古籍出版社1988年版。
《舊唐書》，劉昫等，中華書局1975年版。
《舊五代史》，薛居正等，中華書局1976年版。

《太平御覽》，李昉等，中華書局1960年版。
《太平廣記》，李昉等，中華書局1981年版。
《文苑英華》，李昉等，中華書局1966年版。
《冊府元龜》，王欽若等，中華書局1982年版。
《新唐書》，歐陽修等，中華書局1975年版。
《唐會要》，王溥，中華書局1955年版。
《宋高僧傳》，釋贊寧，中華書局1987年版。
《太平寰宇記》，樂史，中華書局2007年版。
《資治通鑒》，司馬光，中華書局2007年版。
《集古錄跋尾》，歐陽修，行素草堂金石叢書本。
《集古錄目》，歐陽棐撰、繆荃蓀輯，雲自在龕從書本。
《長安志》，宋敏求，中華書局1991年版。
《實賓錄》（《四庫全書》本），馬永易，臺灣商務印書館1986年版。
《慶湖遺老詩集校注》，王夢隱等校注，河南大學出版社2008年版。
《金石錄》，趙明誠，行素草堂金石叢書本。
《寶刻叢編》，陳思，十萬卷樓叢書本。
《寶刻類編》，撰人不詳，粵雅堂叢書本。
《古今姓氏書辯證》，鄧名世，江西人民出版社2006年版。
《通志·二十略》，鄭樵，中華書局1987年版。
《類編長安志》，駱天驤，中華書局1990年版。
《石墨鐫華》，趙崡，學古齋金石叢書本。
《金石文字記》，顧炎武，亭林遺書本。
《讀史方輿紀要》，顧祖禹，商務印書館1937年版。
《來齋金石刻考略》，林侗，春暉堂叢書本。
《觀妙齋金石刻考略》，李光暎，雍正七年刊本。
《陝西通志》，沈青崖，雍正十三年刊本。
《金石錄補》，葉奕苞，行素草堂金石叢書本。
《金石錄補續跋》，葉奕苞，行素草堂金石叢書本。
《金石萃編》，王昶，陝西人民美術出版社1990年版。

《潛研堂金石文跋尾》，錢大昕，潛研堂全書本。
《關中金石記》，畢沅，經訓堂刊本。
《雍州金石記》，朱楓，惜陰軒叢書本。
《全唐文》，董誥等，中華書局1983年版。
《金石續錄》，劉青藜，學古齋金石叢書本。
《續古文苑》，孫星衍，中華書局1985年版。
《寰宇訪碑錄》，孫星衍、邢澍，嘉慶七年刻本。
《西域水道記》，徐松，中華書局2005年版。
《唐兩京城坊考》，徐松，中華書局1985年版。
《登科記考》，徐松，中華書局1984年版。
《古泉山館金石文編殘稿》，瞿仲溶，聚學軒叢書本。
《鐵橋金石跋》，嚴可均，聚學軒叢書本。
《漢唐存碑跋》，魯泉，道光七年刊本。
《長安縣誌》，張聰賢，1936年排印本。
《藝風堂文集》，繆荃蓀，光緒二十六年刊本。
《同州府志》，李恩繼，咸豐二年刊本。
《平津讀碑記》，洪頤煊，木犀軒叢書本。
《古墨齋金石跋》，趙紹祖，聚學軒叢書本。
《關中漢唐存碑跋》，王志沂，道光四年刊本。
《唐文拾遺》《續拾》，陸心源，中華書局1983年版。
《宜祿堂收藏金石記》，朱士端，同治二年刊本。
《唐御史臺精舍題名考》，趙鉞、勞格，中華書局1997年版。
《金石續編》，陸耀遹，上虞羅氏刊本。
《邠州石室錄》，葉昌熾，1915年吳興劉氏嘉業堂刊本。
《西安府志》，嚴長明，乾隆四十四年刊本。
《隋唐石刻拾遺》，黃本驥，聚學軒叢書本。
《八瓊室金石補正》，陸增祥，嘉業堂刊本。
《香南精舍金石契》，覺羅崇恩，石印本。
《關中金石文字存逸考》，毛鳳枝，光緒二十七年刊本。
《金石萃編補遺》，毛鳳枝，臺灣圖書館藏稿本。

《古志石華續編》，毛鳳枝，臺灣圖書館藏稿本。
《十二硯齋金石過眼錄》《續錄》，汪鋆，光緒元年刊本。
《求是齋碑跋》，丁紹基，適園叢書本。
《續語堂碑錄》，魏錫曾，光緒九年刊本。
《寫禮廎讀碑記》，王頌蔚，寫禮廎遺著四種本。
《匋齋藏石記》，端方，石印本。
《壬癸己庚丁戊金石跋》，楊守敬，晦明軒稿本。
《雪堂金石文字跋尾》，羅振玉，永豐鄉人稿本。
《昭陵碑錄》，羅振玉，自刊本。
《唐折衝府考補》，羅振玉，開明書店1936年版。
《甘肅新通志》，昇允等，宣統元年刻本。
《昭陵碑考》，孫三錫，咸豐八年刊本。
《陝西金石志》，武樹善，1934年排印本。
《重修陝西通志稿》，吳廷錫等，1934年排印本。
《咸寧、長安兩縣續志》，宋聯奎，1936年排印本。
《寶鴨齋題跋》，徐樹均，1929年石印本。
《九鐘精舍金石跋尾》甲編、乙編，吳士鑑，宣統二年刊本。
《懷岷精舍金石跋尾》，李宗蓮，鉛印本。
《三邕翠墨簃題跋》，李葆恂，自刊本。
《慕汲軒志石文錄續編》，吳鼎昌，鉛印本。
《唐方鎮年表》，吳廷燮，中華書局1980年版。
《隴右金石錄》，張維，1943年甘肅文獻徵集委員會校印本。
《魏晉南北朝墓誌集釋》，趙萬里，科學出版社1956年版。
《二十史朔閏表》，陳垣，古籍出版社1956年版。
《〈唐書·兵志〉箋正》，唐長孺，科學出版社1957年版。
《〈隋書〉求是》，岑仲勉，商務印書館1958年版。
《北朝胡姓考》，姚薇元，中華書局1962年版。
《北周地理志》，王仲犖，中華書局1980年版。
《增補校碑隨筆》，王壯弘，上海書畫出版社1981年版。
《金石論叢》，岑仲勉，上海古籍出版社1981年版。

《碑帖敘錄》，楊震方，上海古籍出版社1982年版。
《善本碑帖錄》，張彥生，中華書局1984年版。
《唐僕尚丞郎表》，嚴耕望，中華書局1986年版。
《北京圖書館藏中國歷代石刻拓本彙編》，北京圖書館金石組，中州古籍出版社1989—1991年版。
《陝西石刻文獻目錄集存》，李慧，三秦出版社1990年版。
《漢魏南北朝墓誌彙編》，趙超，天津古籍出版社1992年版。
《敦煌碑銘贊集釋》，鄭炳林，甘肅教育出版社1992年版。
《〈全唐文〉補遺》（1—8輯），吳鋼，三秦出版社1994—2005年版。
《語石》，葉昌熾，中華書局1994年版。
《中國歷代紀年佛像圖典》，金申，文物出版社1994年版。
《〈新唐書·宰相世系表〉集校》，趙超，中華書局1998年版。
《唐代墓誌彙編》，周紹良，上海古籍出版社1992年版。
《全唐文補遺》（第四輯），吳金岡，三秦出版社1997年版。
《唐代墓誌彙編續集》，周紹良，上海古籍出版社1999年版。
《隋唐兩京坊里譜》，楊鴻年，上海古籍出版社1999年版。
《唐刺史考全編》，郁賢皓，安徽大學出版社2000年版。
《隋唐史》，岑仲勉，河北教育出版社2000年版。
《魯迅輯校石刻手稿·造像》，魯迅，長江文藝出版社2001年版。
《甘肅佛教石刻造像》，張寶璽，甘肅人民美術出版社2001年版。
《兩唐書地理志匯釋》，吳松弟，安徽教育出版社2002年版。
《唐代政治史述論稿》，陳寅恪，河北教育出版社2002年版。
《唐折衝府匯考》，張沛，三秦出版社2002年版。
《登科記考補正》，孟二冬，北京燕山出版社2003年版。
《新出南北朝墓誌疏證》，羅新、葉煒，中華書局2005年版。
《碑銘所見前秦至隋初的關中部族》，馬長壽，廣西師範大學出版社2006年版。
《北魏至隋代關中地區造像碑的樣式與年代考證》，宋莉，西安美術學院，博士學位論文，2011年。

二　研究論文

《北齊庫狄迴洛墓》，王克林，《考古學報》1979 年第 3 期。

《甘肅正寧縣出土北周佛像》，陳瑞琳，《考古與文物》1985 年第 4 期。

《耀縣新發現的一批造像碑》，陝西文物普查隊，《考古與文物》1994 年第 2 期。

《初唐閻羅圖像及刻經》(《唐研究》第六卷)，張總，北京大學出版社 2000 年版。

《敦煌李氏三碑研究綜述》，謝生保，《敦煌研究》2000 年第 2 期。

《"關中郡姓"辨析》，李浩，《歷史研究》2000 年第 5 期。

《西安北郊北周安伽墓發掘簡報》，尹申平等，《考古與文物》2000 年第 6 期。

《豆盧氏世系及其漢化——以墓碑、墓誌為線索》，姜波，《考古學報》2002 年第 3 期。

《〈李文舉墓誌〉考釋》，馬志祥，《文博》2013 年第 1 期。

《河南洛陽新出豆盧軌墓誌研究》，李永，《鄭州大學學報》2013 年第 5 期。

《豆盧氏世系糾補及唐代"過期不葬"問題研究》，吳傑華、管凱燕，《洛陽師範學院學報》2013 年第 12 期。

《法國國家圖書館寫本部藏明清漢文要籍及其價值舉隅》，張興成，《廣東第二師範學院學報》2015 年第 1 期。